KB134884

알고리즘과 그림으로 이해하고 C로 구현하는

자료구조 입문

알고리즘과 그림으로 이해하고 C로 구현하는

자료구조 입문

초판 1쇄 2016년 6월 10일
　　　2쇄 2018년 2월 14일

지은이 이상진
발행인 최홍석

발행처 (주)프리렉
출판신고 2000년 3월 7일　제 13-634호
주소 경기도 부천시 원미구 길주로 77번길 19 세진프라자 201호
전화 032-326-7282(代) **팩스** 032-326-5866
URL www.freelec.co.kr

기　획 안동현
편　집 이강인
디자인 이대범

ISBN 978-89-6540-125-4

이 책은 저작권법에 따라 보호받는 저작물이므로 무단 전재와 무단 복제를 금지
하며, 이 책 내용의 전부 또는 일부를 이용하려면 반드시 저작권자와 (주)프리렉의
서면 동의를 받아야 합니다.
책값은 표지 뒷면에 있습니다.
잘못된 책은 구입하신 곳에서 바꾸어 드립니다.
이 책에 대한 의견이나 오탈자, 잘못된 내용의 수정 정보 등은 프리렉 홈페이지
(freelec.co.kr) 또는 이메일(webmaster@freelec.co.kr)로 연락 바랍니다.

알고리즘과 그림으로 이해하고
C로 구현하는

자료구조
입문

이상진 **지음**

Data Structure

프리렉

서문✳

> "어떻게 개발해야 하나 고민하는 모든 이에게
> 자료구조를 이해하고 구현하는 길을 알려줍니다."

새로운 자료구조 책으로 여러분을 뵙게 되어 무척 반갑습니다. 지난 몇 년 동안 저에게 몇 가지 변화가 있었습니다. 그 중 하나는 소프트웨어 개발팀의 리더가 되었다는 점입니다. 저 스스로 개발도 하지만, 이런 개발 업무 이외에 추가로 팀원들을 관리하는 일을 맡게 되었습니다.

관리라고 하니까 조금 딱딱해 보일 수 있는데요, 개발팀에서의 팀원 관리란 팀원들이 개발을 제 때에 잘 끝낼 수 있을지 확인하고, 혹시 어려운 문제로 고민하고 있으면 도움을 주는 등의 일을 하는 것을 말합니다. 이러한 팀원들을 책임지는 일을 하면서, 자료구조 책에 대해서 많은 생각을 하게 되었습니다. 특별히, 개발의 길을 제시하는 쉬운 자료구조 책이 정말로 필요하다고 느꼈습니다. 왜냐하면, 이제 막 개발을 시작한 새내기 개발자가 자료구조의 기본 개념이 부족하여, 개발에 상당히 어려움을 겪는 경우를 자주 보았기 때문입니다. 물론, 일부 중견 개발자들도 자료구조에 대한 지식이 부족하여 불안한 개발을 하는 것을 종종 보았습니다.

자료구조는 자료를 효율적으로 저장하는 방법을 알려줍니다. 자료구조의 기본 골격을 이해함으로써 어떻게 하면 자료를 낭비하지 않고 저장 할 수 있는지를 알 수 있습니다. 이러한 자료구조의 골격이 있어야, 비로소 개발자는 내 맘대로 프로그램을 만들 수 있습니다. 즉, **자료구조는 새내기 개발자의 개발 실력 향상을 위한 가장 중요한 지식 체계입니다.** 이것은 제 개인의 경험이면서, 동시에 저와 함께한 많은 개발자 분들의 공통된 의견이기도 합니다. 그리고 이들을 위해 좋은 자료구조 책을 집필해야겠다고 다짐하게 되는 주요 원인이기도 합니다.

이 책은 이제 막 개발을 시작하는 초보 개발자를 주 대상으로 합니다. 여기서 말하는 '초보 개발자'란 학교에서 프로그래밍을 막 시작한 대학생 혹은 중고등학생일 수도 있습니다. 물론 저와 함께 일하는 친구들과 같이 회사에서 막 개발을 시작하는 개발자일 수도 있습니다. 이 책은 이분들에게 **자료구조의 개념을 명확하게 갖추게 하는 좋은 동반자**가 될 것이라고 자신 있게 말씀드릴 수 있습니다. 왜냐하면, 이 책은 다음과 같이 2가지 관점에서 쓰였기 때문입니다.

먼저 '**간결한**' 개념의 **전달**입니다. 자료구조를 학문적으로 접근하다 보면, 복잡한 개념을 전달하게 됩니다. 복잡한 개념을 이해하려 애쓰다, 그만 길을 잃고 방황하는 많은 분을 주위에서 보았습니다. 실제 개발에 적용하려면 간결하면서도 정확한 개념의 전달이 필요합니다. 이 책은 이러한 간결하고 정확한 개념의 전달을 위해, 그림과 간결한 표현 등으로 상당히 노력했음을 확인할 수 있을 것입니다.

다음으로 '**정확한**' 소스의 **구현**입니다. 개념을 실제 소스 코드로 작성하지 못한다면, 이것은 제대로 개념이 전달되지 못한 것입니다. 개발 실력이 향상했다는 것은 결국 독자 여러분이 이해한 개념을 스스로 소스로 작성할 수 있다는 뜻이기 때문입니다. 이 책은 일종의 모범답안으로서 지면이 허락하는 한 많은 소스를 제시하고 있습니다. 소스 한 줄 한 줄을 스스로 입력하면서, 앞의 개념이 어떻게 소스로 구현되었는지 경험해 보시기 바랍니다. 만약 이 책의 소스를 온전히 자신의 것으로 만든다면, 여러분의 개발 실력이 훨씬 발전했음을 경험할 수 있을 것입니다. 지면 관계상 생략된 일부 부분은 모두 프리렉 출판사 홈페이지에서 내려받을 수 있습니다.

그런데 여기서 절대 잊으면 안 되는 사실이 하나 있습니다. **개발 실력이 늘려면** 가장 중요한 것은 독자 여러분이 **실제 개발에 투자하는 시간이 많아야 한다는 점**입니다. 여러분이 투자한 소중한 시간에 비례하여 개발 능력이 자라납니다. 다만, 이 책은 여러분의 귀중한 시간이 최대한 많은 실력으로 변환될 수 있도록, 지렛대 역할을 충실히 감당할 것입니다. 어떻게 하면 초보 개발자의 개발 실력이 늘 수 있을까 이러한 고민이 담겨 있는 책이기 때문입니다. 아무쪼록, 이 책을 통해 자료구조의 지식 체계를 완벽히 구축하여, 여러분의 개발 실력이 폭발적으로 성장하기를 기원합니다.

마지막으로, 사랑하는 가족들에게 감사의 말로 마무리하려 합니다. 사랑하는 아내와 두 자녀의 열렬한 지원과 격려가 아니었다면 새로운 책이 나오지 못했을 것입니다. 아울러, 프리렉 최홍석 대표님의 세심한 지원과 안동현 부장님의 수고에 깊은 감사를 드립니다.

2016년 6월

저자 이상진

일러두기*

❶ 누구를 위한 책인가?

이 책은 프로그램을 개발하려는 모든 분을 위해 쓰였습니다. 자료구조를 통해 프로그램 개발 능력을 향상시키고 싶은 분들이 주 대상 독자가 됩니다. 이를 위해 이 책은 자료구조의 기본 개념을 쉽고 간결한 설명으로 제시합니다. 또한, 자료구조에 대한 예제 소스를 제공하여 실제 개발 능력을 향상시키고자 합니다.

❷ 선수 연계 과목

이 책은 C 언어를 기본 구현 언어로 사용합니다. C 언어에 대한 기초 문법 및 개발 도구인 Visual Studio의 간단한 사용 방법을 익힌 분들이라면 충분히 이 책을 시작할 수 있습니다. C 언어의 함수, 구조체 및 포인터를 알고 있으신 분이라면 이 책을 읽을 수 있습니다. 혹시 아직 C 언어 책을 공부하지 않으신 분이라면, 프리렉 출판사에서 발간한 《C 언어 정복 리얼 교과서》라는 책을 추천합니다.

❸ 이 책의 구성 요소

이 책의 각 장은 다음의 흐름으로 이루어져 있습니다.

개념 설명

일상생활의 예를 통해서 자료구조의 기본 개념을 설명합니다. 왜 이런 자료구조가 필요해졌는지 필요성을 이야기하고, 이에 대해서 어떤 개념이기 때문에 대안이 될 수 있는지 설명합니다.

간단 요약

각 장의 자료구조의 핵심 개념을 요약합니다.

사용 시나리오

앞서 정의된 자료구조를 실제 사용한다면 어떠한 시나리오에 의해 사용될 수 있는지, 그 사용

과정을 예를 통해 설명합니다. 자료구조의 사용 과정을 살펴보면서, 독자 여러분은 자료구조를 실제 이렇게 사용할 수 있다는 것을 알게 됩니다.

추상 자료형

자료구조를 구현하기에 앞서, 먼저 각 자료구조에 대한 '추상 자료형'을 정의합니다. 추상 자료형은 1장에서 배우게 되는데, 일종의 설계도라고 볼 수 있습니다. 추상 자료형을 정의함을 통해, 독자 여러분은 자연스럽게 다음 단계로 자료구조의 구현 단계로 나아갈 수 있습니다.

구현

앞서 설명한 자료구조의 개념을 실제 소스로 구현하는 단계입니다. 자료구조의 개념이 실제 소스로 어떻게 구현되는지 주의해서 살펴보아야 합니다. 처음에는 구조체에 대한 설명으로 시작하여, 자료구조의 각 연산 별로 소스를 설명합니다. 보통 소스의 제일 마지막은 앞서 언급한 사용 시나리오를 실제 구현하는 예제 소스로 이루어집니다. 이러한 예제 소스를 통해, 내가 구현한 자료구조를 어떻게 사용할 수 있는지 응용 능력을 키우게 됩니다.

여기서 잠깐

본문의 중간마다 '여기서 잠깐'이라는 참고 내용이 있습니다. 말 그대로 본문의 내용을 쉽게 이해하기 위한 참고 자료가 됩니다.

연습 문제

각 장이 끝날 때마다 본문에서 익힌 핵심적인 내용을 문제를 통해 확인하게 됩니다. 또한, 문제 중에서는 이러한 개념 문제뿐 아니라 소스를 통해 구현하는 문제도 있으니, 이 문제들을 통해 개념을 새롭게 정리하고, 개발 실력을 점검할 수 있습니다.

❹ 이 책의 구성

1장: 자료구조의 시작

자료구조를 시작하기 전에 기본 지식을 배우는 부분입니다. 자료구조의 기본 개념과 분류 및 알고리즘의 개념 등을 배웁니다.

2~4장: 리스트

가장 간단하면서도 대표적인 선형 자료구조인 리스트를 공부하는 부분입니다. 2장에서는 리스트의 개념을 배우고, C 언어의 배열을 통해 실제 구현해 봅니다. 3장에서는 포인터를 이용하여 연결 리스트를 구현합니다. 또한, 연결 리스트를 대상으로 하는 순회 연산 및 연결 연산에 대해서도 살펴봅니다. 참고로, 연습 문제 중에서 오류 점검과 오류 처리에 대한 문제를 해결해 가면서 개발 능력을 향상시켜 보시기를 권장합니다. 4장의 연결 리스트의 확장에서는 연결 리스트를 확장한 원형 연결 리스트와 이중 연결 리스트를 살펴봅니다. 마지막은 연결 리스트의 응용으로 다항식을 리스트를 통해서 구현해 봅니다.

5~7장: 스택과 큐

리스트 이외의 대표적 선형 자료구조인 스택과 큐에 대해서 공부하는 부분입니다. 먼저 5장에서는 스택의 기본 개념 및 구현 방법에 대해서 배웁니다. 이를 바탕으로 6장 스택의 적용에서는 역순 문자열 만들기, 수식에서 괄호 검사하기, 후위 표기법으로 수식 계산하기 등을 배웁니다. 6장 후반부의 수식 관련 부분은 난도가 다소 높은 부분입니다. 이 부분에 이해가 어려운 독자분들은 처음 공부할 때는 넘어가도 되는 부분입니다. 마지막으로, 7장은 큐의 개념과 구현 방법에 대해서 배우는 장입니다. 특별히 배열로 구현한 원형 큐의 개념에 대해서 주의해 주시기 바랍니다.

8장: 재귀 호출

재귀 호출에서는 비선형 자료구조를 구현할 때 사용되는 재귀 호출 기법에 대해서 배웁니다.

9~11장: 트리와 그래프

비선형 자료구조를 배우는 부분이 됩니다. 먼저, 9장에서는 첫 번째 비선형 자료구조로 트리를 배웁니다. 트리의 개념을 살펴보고, 가장 간단한 형태의 트리인 이진 트리를 포인터를 이용하여 구현해 봅니다. 또한, 이러한 연결 이진 트리를 대상으로 순회하는 연산들에 대해서 살펴봅니다. 앞서 배웠던 재귀 호출 기법이 사용되는 부분이 됩니다. 10장에서는 트리의 한 가지 종류로 주로 배열을 이용하여 구현되는 히프에 대해서 살펴봅니다. 히프의 개념 및 구현 방법에 대해서 배우고, 히프의 응용으로 우선순위 큐와 히프 정렬에 대해서 살펴봅니다. 11장에서는 그래프의 개념 및 구현 방법에 대해서 배웁니다. 그래프를 구현하기 위해 인접 행렬을 이용하는 방법과 인접 리스트를 이용하는 두 가지 방법 모두를 살펴봅니다. 마지막으로, 이러한 그 래프를 순회하는 2가지 방법인 깊이-우선 탐색과 넓이-우선 탐색 기법에 대해서 공부합니다.

12장: 검색

12장의 검색은 여러 검색 알고리즘 중에서 가장 기초가 되는 알고리즘을 위주로 살펴봅니다. 즉, 순차 검색, 색인 순차 검색, 이진 검색, 이진 검색 트리에 대해서 살펴봅니다. 특별히 이진 검색 트리는 11장에서 배운 이진 트리를 검색에 적용한 경우가 됩니다.

❺ 학습 로드맵

한 학기 16주를 기준으로 아래의 표와 같은 과정을 통해 이 책을 공부할 수 있습니다.

주	장	내용
1	1	자료구조의 시작
2	2	선형 자료구조: 리스트(2~4장)
3	3	
4	4	
5	5	선형 자료구조: 스택(5~6장) 및 큐(7장)
6	6	
7	7	
8	–	중간 점검
9	8	재귀 호출(8장)
10	9	비선형 자료구조: 트리와 히프(9~10장)
11	10	
12	11	비선형 자료구조: 그래프(11장)
13		
14	12	검색(12장)
15		
16	–	최종 점검

차례

Chapter 10 히프   423

Chapter 11 그래프   467

Chapter 12 검색   551

D A T A S T R U C T U R E

1

자료구조의 시작

1 자료구조란?　**2** 자료구조의 분류　**3** 자료구조와 알고리즘

자료구조는 소프트웨어 개발의 중요한 기초입니다. 소프트웨어 개발을 집짓기에 비유한다면 자료구조는 다음 그림과 같이 기초 공사에 해당합니다.

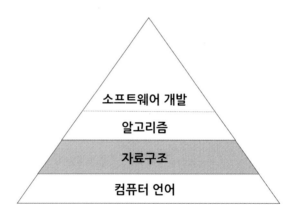

소프트웨어 개발

알고리즘

자료구조

컴퓨터 언어

그림 1-1 자료구조의 필요성

소프트웨어 개발이 처음 시작될 때는 자료구조가 잘 드러나지 않습니다. 파일럿(pilot) 규모로 개발하거나 프로젝트 시작 단계에서 제공하는 기능이 적을 때도 말입니다. 하지만, 자료구조 없이 개발을 시작한다는 것은 기초 공사 없이 고층 빌딩을 짓는 것과 마찬가지입니다. 프로그램의 크기가 커지고 구현할 기능이 많아질수록 자료구조는 매우 중요해집니다. 예를 들어, 간단한 기능을 추가했는데 프로그램의 실행 시간이 무척 늦어질 수 있습니다. 혹은 부실공사 때문에 건물이 무너지는 것처럼 프로그램이 실행 도중에 갑자기 죽어버리는 등의 일이 일어나기도 합니다.

그럼, 왜 자료구조가 이처럼 중요한 것일까요? 자료구조는 자료를 효율적으로 저장하는 기술이기 때문입니다. 자료구조 없이 자료를 저장할 수 있습니다. 다만, 자료가 비효율적으로 저장

될 가능성이 아주 큽니다. 자료가 비효율적으로 저장되면 쉽게 개발할 것도 어렵고 복잡하게 개발하게 됩니다. 이렇게 복잡하게 개발된 프로그램 소스는 당연하게도 많은 버그가 있습니다. 크고 작은 버그가 모이고 쌓이다 보면 도저히 손댈 수 없는 상태가 됩니다. 바로 부실한 기초 공사 위에 세워진 건물이 무너지는 것과 마찬가지입니다.

이 책은 자료구조의 개념을 독자에게 정확하게 전달하는 것이 일차 목적입니다. 정확한 개념을 이해하지 못하고서는 소스 작성이 어렵기 때문입니다. 다만, 개념 이해에만 그치지는 않습니다. 이 책을 읽는 독자가 소스를 스스로 작성할 수 있도록 개발 역량을 높이는 것이 다음 목적입니다. 아무쪼록 이 책으로 공부하면서 자료구조를 완벽히 이해하여 프로그래밍의 기반이 탄탄해지기를, 그래서 독자 여러분의 개발 실력이 지금보다 한 단계 업그레이드가 되기를 기대해 봅니다.

1. 자료구조란?

자료구조는 컴퓨터에 자료를 효율적으로 저장하는 방식을 말합니다. 우리가 개발하는 프로그램은 대부분 실행 중에 필요한 자료를 메모리에 저장합니다. 예를 들어, 다음 그림과 같이 윈도우 탐색기를 살펴보겠습니다. 폴더의 정보를 메모리에 저장하였다가 화면에 폴더 목록을 보여줍니다.

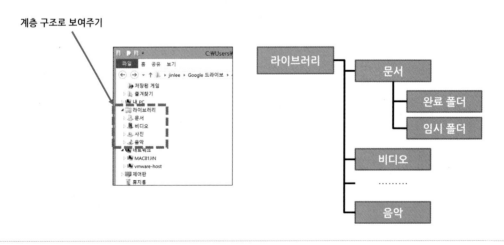

그림 1-2 자료구조를 사용하는 프로그램의 예: 윈도우 탐색기

그런데 **그림 1-2**에서 알 수 있듯이 폴더는 계층 구조로 보여줍니다. 예를 들어, '라이브러리' 폴

더 밑에는 하위 폴더로 '문서', '비디오' 등이 있습니다. 계층 구조이기 때문에, 하위 폴더인 '문서' 폴더도 하위 폴더를 여럿 가질 수 있습니다. 폴더를 이처럼 보여준다는 점에서 윈도우 탐색기가 내부적으로 폴더 목록을 계층 구조로 저장하고 있다고 예상할 수 있습니다.

만약, 계층 구조에 적합하지 않은 자료구조를 이용하여 폴더 정보를 저장한다고 가정해 봅시다. 그러면 계층 구조에 관한 정보만을 따로 저장해야 합니다. 또한, 이러한 추가 정보를 이용하기 위해 별도로 구현해야 합니다. 반면, 계층 구조에 적합한 자료구조를 사용한다면 이러한 추가 정보의 저장이나 별도의 구현 없이도 쉽게 개발할 수 있습니다. 효율적으로 자료를 저장하는 방식인 자료구조가 필요한 이유가 여기에 있습니다. 참고로, 계층 구조는 9장에서 배울 트리(tree)라는 자료구조를 사용하면 됩니다.

> **자료구조: 컴퓨터에 자료를 효율적으로 저장하는 방식**

앞서 살펴본 자료구조의 필요성과 목적을 좀 더 구체적으로 정리해 보면 다음과 같이 세 가지로 정리할 수 있습니다. 첫째로, 프로그램에서 사용하는 **메모리를 절약**하기 위해 자료구조를 사용합니다. 불필요하고 추가적인 정보 없이 본래 프로그램 목적에 부합하는 정보만을 저장하면 되기 때문입니다. 사실 자료구조의 가장 기본적인 사용 목적입니다. 다르게 말하면, 저장 공간(space complexity)을 효율적으로 사용하기 위해서라고도 합니다.

둘째로, **프로그램 실행 시간을 단축**하기 위해 자료구조를 사용합니다. 효율적으로 자료구조를 설계하면 이 시간이 단축되는 효과가 있습니다. 프로그램 실행 시간을 줄이기 위한 절차(방법)를 보통 알고리즘(algorithm)이라고 합니다. 그런데 효율적인 알고리즘을 가능하게 하려면, 먼저 효율적인 자료구조가 선택되어 있어야 합니다. 효율적인 자료구조 기반 위에 효율적인 알고리즘이 적용될 수 있기 때문입니다. 효율적인 알고리즘이 나올 수 있게 한다는 점에서 자료구조는 프로그램의 실행 시간을 단축합니다.

마지막으로, **프로그램의 구현을 쉽게** 하기 위해 자료구조를 사용합니다. 자료구조는 프로그램의 기본 골격에 해당합니다. 프로그램의 목적에 맞게 설계된 자료구조는 프로그램의 구현을 쉽게 해줍니다. 물론, 자료구조를 잘못 선택하면 추가로 개발해야 할 범위가 확대되면서 개발이 한층 어려워집니다.

이제 어떠한 자료구조가 있는지, 이러한 자료구조는 어떤 경우에 적용하는 것이 좋은지 살펴보려 합니다. 이러한 과정을 통해서 독자 여러분이 자신의 프로그램을 개발할 때 프로그램의 목적과 기능에 적합한 자료구조를 선택할 뿐 아니라, 실제 프로그램에 자료구조를 효과적으로 적용시킬 수 있도록 자료구조의 구현 부분까지 살펴보려 합니다. 벌써 자료구조에 대해서 궁금해지지 않나요?

2. 자료구조의 분류

이번 절에서는 자료구조를 배우는 첫걸음으로, 이 책에서 다루는 자료구조에 어떤 것이 있는지 살펴보려 합니다. 이 책에서는 자료구조를 **자료 저장 형태**에 따라 분류하고서 하나씩 살펴봅니다. 자료구조는 자료(data) 를 저장하는 방식이나 형태(type)에 따라 다음 그림과 같이 크게 선형 구조(linear data structure)와 비선형 구조(non-linear data structure)로 나누어집니다.

그림 1-3 자료구조의 분류

2.1 선형 구조

앞서 분류에서 보았듯이 가장 기초가 되는 자료구조로 **선형 자료구조**가 있습니다. 줄여서 선형 구조라고도 합니다. 이 자료구조는 여러 개의 자료를 한 줄로 순서대로 저장하는 구조를 가집니다. 리스트(list)와 스택(stack), 큐(queue) 등이 대표적인 선형 구조입니다. 모두 한 줄로 자료를 연결하여 저장한다는 공통점이 있습니다. 예를 들어, 다음 그림은 선형 구조 중 하나인 리스트(list)를 보여주고 있습니다.

그림 1-4 선형 구조의 예: 리스트

여기서는 3개의 자료가 선형적으로 연결된 자료구조를 나타내고 있습니다. '첫 번째 자료'의 다음 자료로 '두 번째 자료'가 있고, '두 번째 자료'의 다음 자료는 '세 번째 자료'입니다. 즉, 선형 구조에서는 자료들 사이의 앞뒤 관계가 일대일(1:1)입니다. 이러한 구조는 단순하면서 동시에 직관적이어서 여러 프로그램에서 자료를 차례대로 저장하는 목적으로 많이 사용합니다. 예를 들어, 리스트에 순서대로 자료를 저장한 다음, 특정 위치의 자료를 필요할 때마다 꺼내어 쓰게 됩니다.

선형 구조에서는 리스트가 기초가 되는 자료구조이며 스택과 큐는 여기에다 몇 가지 특징이 추가된 자료구조입니다. 이들에 대한 차이점과 적용은 2~7장에서 자세히 살펴보기로 하겠습니다.

2.2 비선형 구조

다음으로, 자료구조에는 **비선형 자료구조**, 줄여서 비선형 구조가 있습니다. 비선형 구조에서는 각각의 자료들 사이의 앞뒤 관계가 일대일이 아닙니다. 트리(tree)와 그래프(graph) 등이 대표적인 비선형 구조입니다. 예를 들어, 다음 그림은 그래프 자료구조의 예를 보여 줍니다.

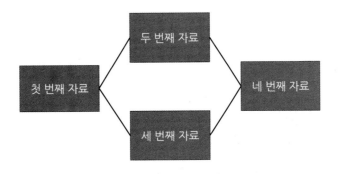

그림 1-5 비선형 구조의 예: 그래프

여기서는 4개의 자료가 비선형으로 연결되어 있다는 것을 알 수 있습니다. 왜냐하면, '첫 번째 자료'와 연결된 자료가 2개('두 번째 자료', '세 번째 자료')이며 '네 번째 자료'와 연결된 자료가 2개 ('두 번째 자료', '세 번째 자료')이기 때문입니다. 즉, 비선형 구조에서는 각각의 자료들 사이의 앞 뒤 관계가 일대일(1:1)이 아닐 수 있습니다.

이러한 비선형 구조는 현실 세계에서 실제 저장해야 하는 자료가 비선형 구조이기 때문에 필요합니다. 예를 들어, 앞 절에서 살펴본 바와 같이 윈도우 탐색기에서 폴더 정보를 저장할 때 계층 구조를 저장하기 위해 트리가 필요합니다. 또한, 지도의 도로 정보를 저장할 때 11장에서 다루는 그래프가 필요합니다. 지도에서 여러 도시는 서로 복잡하게 연결되어 있습니다. 보통 다대다 관계(many-to-many relationship)라고도 하는데, 다음 자료 및 이전 자료가 여러 개 있을 수 있는 구조를 말합니다. 비선형 구조에 대한 자세한 설명이나 적용은 9~11장에서 살펴보기로 하겠습니다.

2.3 그 외: 단순 구조와 파일 구조

이 책은 다른 자료구조 책들과 마찬가지로 주로 메모리상의 자료구조를 대상으로 합니다. 그런데 선형 구조나 비선형 구조 외에 **단순 구조**와 **파일 구조**가 있습니다. 단순 구조는 정수(int)나 실수(float 혹은 double), 문자(char) 및 문자열 등의 프로그램 언어에서 제공하는 기본적인 자료형(data type)을 말합니다. 우리가 보통 자료구조라 부르는 범위에는 포함되지 않지만, 자료를 저장하는 가장 작은 단위라는 점에서 다루었습니다.

그리고 파일 구조는 보조기억 장치(예를 들어 하드디스크)에 저장되는 파일의 자료구조를 말합니다. 앞에서 선형/비선형 자료구조들이 컴퓨터 메모리상에 저장된다는 가정이 있었습니다. 반면, 파일 구조는 메모리가 아닌 하드디스크에 저장되는 경우를 대상으로 합니다. 따라서, 파일 구조는 주로 메모리에 한 번에 올릴(loading) 수 없는 대용량을 다룬다는 특징이 있습니다. 대표적인 파일 구조의 예로는 순차적(sequential) 파일 구조, 상대적(relative) 파일 구조, 색인(indexed sequential) 파일 구조, 다중키(multi-key) 파일 구조 등이 있습니다.

3. 자료구조와 알고리즘

알고리즘(algorithm)은 어떤 문제를 해결하기 위한 효율적인 절차라고 합니다. 예를 들어, 홍대 입구에서 강남역까지 가장 빠르게 가는 방법은 어떻게 찾을까요? 혹은 500명 넘게 저장된 전화번호 주소록에서 내가 입력한 이름을 빨리 찾으려면 어떻게 해야 할까요? 길 찾기 알고리즘과 검색 알고리즘을 이용하면 이런 물음에 가능한 한 빨리 답할 수 있습니다.

> **알고리즘: 문제를 해결하기 위한 효율적인 절차**

효율적인 알고리즘이 만들어지려면 당연히 효율적인 자료구조가 먼저 선택되어야 합니다. 왜냐하면, 자료구조는 모든 개발의 기본이기 때문입니다. 반대로, 알고리즘은 자료구조를 구현하는 데에도 무척 중요합니다. 자료구조가 제공하는 여러 연산을 구현할 때 알고리즘이 필요하기 때문입니다. 예를 들어, 리스트에 새로운 자료를 추가하는 연산을 구현한다고 가정해 봅시다. 그러면, 알고리즘은 어떤 방식으로 추가 연산을 구현하면 빠르게 추가할 수 있는지 알려줍니다. 따라서, 자료구조가 제공하는 연산이 효율적이려면, 그래서 효율적인 자료구조를 구현하려면 알고리즘이 필요합니다. 우리는 여기서 프로그램의 성능과 자료구조 및 알고리즘이 서로 밀접하게 관련되어 있다는 것을 알 수 있습니다.

3.1 알고리즘이란?

이번 절에서는 문제를 해결하기 위한 효율적인 절차라는 알고리즘의 정의를 구체적인 예를 가지고 살펴보도록 하겠습니다. 1부터 100까지의 합을 구하는 문제를 생각해 보겠습니다. 이 경우 해결해야 하는 문제는 1부터 100까지 모든 정숫값을 합하는 것입니다. 어떤 절차를 사용해서 1부터 100까지의 합을 구할까요? 간단한 방법으로, 다음과 같이 1부터 100까지의 정수를 1씩 증가시키면서 값을 차례대로 더하면 됩니다.

$$
\begin{array}{r}
1 \\
+\quad 2 \\
+\quad 3 \\
\cdots \\
\underline{+\ 100} \\
5{,}050
\end{array}
$$

이러한 절차도 하나의 알고리즘이 됩니다. 그런데 이 알고리즘이 효율적인 문제 해결 절차일까요? 하나의 문제를 해결하는 방법(알고리즘)은 여러 개가 있을 수 있습니다. 그중에서 가장 적합한 알고리즘을 찾는 것이 중요합니다.

예를 들어, 서울에서 부산까지 가는 방법은 항공기를 이용하는 방법과 KTX를 이용하는 방법, 자가용을 이용하는 방법 등 여러 가지 방법이 있습니다. 1부터 100까지 합을 구하는 문제에 대해서도 여러 가지 알고리즘이 있을 수 있습니다. 따라서, 알고리즘의 성능을 분석하여 어느 알고리즘이 더 효율적인지 판단할 수 있어야 합니다. 이번 절의 마지막은 알고리즘의 성능 분석 기법에 대해 이야기하도록 하겠습니다.

다만, 알고리즘의 성능을 분석하기 전에 알고리즘을 표현하는 방법을 먼저 살펴보아야 합니다. 예를 들어, 앞서의 그림에서는 알고리즘을 사람이 이해하기 쉬운 그림으로 표현하였습니다. 하지만, 알고리즘은 실제 컴퓨터가 이해하기 쉬운 방식으로 표현해야 합니다. 왜냐하면, 알고리즘이 실제로 실행되려면 프로그램 소스로 구현되어야 하기 때문입니다. 따라서, 자료구조를 본격적으로 배우기 전에 먼저 알고리즘을 표현하는 방법을 배워 보겠습니다. 이 책에서는 알고리즘의 표현 방법 중에서 대표적인 방법인 **의사 코드**(pseudo code)와 **순서도**(flow chart)를 주로 사용합니다.

3.2 알고리즘의 표현

일반적으로 알고리즘을 표현하는 방법을 정리하면 다음과 같이 네 가지로 요약됩니다.

표 1-1 알고리즘을 표현하는 방법

종류	내용	특이점
자연어 (natural language)	사람이 사용하는 일반 언어로 표현	기술하는 사람에 따라 일관성이나 명료함이 달라진다. 그 때문에 알고리즘 표현 방법으로 부적절하다.
프로그램 언어 (program language)	C 같은 프로그램 언어로 표현	알고리즘을 구체적인 프로그램 소스로 구현하기 때문에 추가적인 구현 단계가 필요 없다는 장점이 있다. 하지만, 너무 엄격하게 기술해야 해서 비효율적인 경우가 있다.
순서도 (flow chart)	그림으로 도식화해서 표현	알고리즘 각 단계를 직관적으로 표현한다는 장점이 있다. 하지만, 복잡한 알고리즘을 표현하기에는 비효율적이다.
의사 코드 (peseudo code)	특정 프로그램 언어가 아닌 가상의 (유사한) 언어로 표현	프로그램 언어보다는 덜 엄격한 문법을 갖는다. 또한, 자연어보다는 더 체계적인 기술이 가능하다. 자료구조/알고리즘 책마다 약간씩 구문에 차이가 있다. 가상 코드나 유사 코드, 슈도 코드라고 불린다.

먼저 우리가 일상적으로 사용하는 자연어로 알고리즘을 표현하는 방법을 생각할 수 있습니다. 그런데 사람이 사용하는 언어(자연어)는 컴퓨터가 이해하기에 상당히 모호합니다. 그래서 사람의 언어를 컴퓨터 언어로 바꾸는 과정이 필요한데, 이것이 쉽지 않습니다. 이런 점에서 알고리즘을 기술하는 언어로 자연어를 사용하지는 않습니다.

두 번째로 프로그램 언어 자체로 알고리즘을 표현하는 방법을 생각할 수 있습니다. 예를 들어, 실제 C 언어로 알고리즘을 기술한다는 것이지요. 그런데 이렇게 C 언어로 알고리즘을 나타내면 알고리즘 표현 자체에 집중하기보다는 엄격한 C 구문을 따르기 위해 추가적인 노력을 해야 합니다. 대신에 알고리즘을 실제로 구현할 때 추가로 C 언어로 바꾸는 작업은 필요 없다는 장점은 있습니다.

세 번째로 대부분의 알고리즘 관련 도서에서는 순서도나 의사 코드를 이용해서 알고리즘을 표현합니다. 이 중에서 간단한 알고리즘이나 알고리즘의 대략적인 흐름을 표현할 때는 순서도를 사용합니다. 반면, 다소 복잡한 알고리즘이라면, 주로 의사 코드를 사용합니다. 의사 코드가 자연어와 프로그램 언어의 중간 정도에 해당하기 때문에 체계적으로 알고리즘을 표현하는 것이 가능합니다. 이 책에서는 의사 코드를 실제 프로그램 언어로 다시 구현해야 하는 중복 작업을 피하고자 가능한 한 프로그램 언어로 알고리즘을 설명합니다. 하지만, 간혹 필요한 경우에 순서도나 의사 코드를 사용하겠습니다.

3.3 순서도와 의사 코드

알고리즘을 표현하는 순서도(flow chart)와 의사 코드(pseudo code)에 대해서 대해 좀 더 살펴보겠습니다. 먼저 순서도에서 주로 사용하는 기호를 정리하면 다음과 같습니다.

이들 기호 중에서 특정 연산을 실행하는 **처리** 기호와 조건을 비교하여 흐름(flow)을 결정하는 **판단** 기호를 가장 자주 사용합니다. 간혹 자료의 입력과 출력을 나타

표 1-2 순서도에서 사용하는 기호들

기호	내용
(둥근 모서리 사각형)	시작(start)이나 종료(end)를 나타내는 기호이다.
(사각형)	처리(process)를 나타내는 기호로 특정 연산을 실행한다.
(마름모)	판단(decision)을 나타내는 기호로 주어진 조건을 비교해서 해당하는 조건에 따라 흐름을 결정한다.
(평행사변형)	자료(data)를 나타내는 기호로 자료의 입력(input)이나 출력(output)을 나타낸다.
(화살표)	흐름선(flow line)을 나타내는 기호로 실행 순서를 알 수 있다.

내는 **자료** 기호를 사용하기도 하는데, 알고리즘 설명에서는 그렇게 많이 사용하지는 않습니다. **흐름선** 기호는 각 기호를 연결하여 실행 순서를 나타내며, **시작** 혹은 **종료** 기호는 알고리즘의 시작과 끝을 나타냅니다. 이 외에도 순서도에서 사용하는 기호가 많이 있지만, 알고리즘 설명에 필요한 기호는 앞서의 표에 있는 기호가 대부분입니다. 이들 기호 몇 가지로 알고리즘을 표현한다는 점에서 순서도의 장점이 있습니다.

그러면, 순서도를 사용하여 어떻게 알고리즘을 표현할까요? 실제 순서도를 사용하는 방법은 다음의 의사 코드를 표현하는 방법과 함께 하나씩 살펴보도록 하겠습니다. 참고로, 자료구조나 알고리즘 관련 도서별로 약간씩 구문에 차이가 있습니다. 이 책의 내용과 약간 다르더라도 이해하기 바랍니다.

3.3.1 지정문

알고리즘을 표현하는 의사 코드에서 자주 사용하는 명령 중 하나가 지정문입니다. 지정문은 변수에 특정 값을 대입하는 명령입니다. 다음과 같이 지정문에는 보통 화살표 기호를 사용합니다.

■ 의사 코드의 지정문

문법	예	순서도
변수 ← 값;	sum ← sum + 10;	sum ← sum + 10

지정문에서 연산자(←)의 화살표 방향이 오른쪽에서 왼쪽임에 주의해 주세요. 예에서 sum이라는 변수의 값을 10만큼 증가시키고 있습니다. 이러한 지정문을 순서도로 나타내면 맨 오른쪽과 같이 처리 기호를 사용합니다.

3.3.2 조건문

조건문은 조건식을 만족하는지에 따라 흐름이 결정되는 명령을 말합니다. 대표적인 명령문으로 if-then-else 문이 있으며, 그 외에 switch-case 문 등이 있는데 기본적인 문법은 C 언어와 같습니다. 여기서는 if-then-else 문을 살펴보기로 하겠습니다.

■ 의사 코드의 조건문

문법	예	순서도

if(조건식1) then {
　　명령문 1 ;
}
else if(조건식2) then
{
　　명령문 2 ;
}
else {
　　명령문 3 ;
}
	if(sum >= 90) then {
	　　grade ← 'A'
	}
	else if(sum >= 80) then
	{
	　　grade ← 'B'
	}
	else {
	　　grade ← 'C'
	}	

예는 변수 sum의 크기가 90 이상이면 변수 grade의 값을 'A'로, 80 이상 90 미만이면 변수 grade의 값을 'B'로, 그 외의 경우(변수 sum의 값이 80 미만)에는 변수 grade의 값을 'C'로 지정하는 조건문을 if-then-else 문으로 나타내고 있습니다. 아울러 조건문을 순서도로 나타내면 맨 오른쪽과 같이 판단 기호를 사용합니다. 다만, 이 경우 조건식이 2개(sum >= 90, sum >= 80)이기 때문에 이에 해당하는 판단 기호 또한 두 개인 점에 주의해 주세요.

3.3.3 반복문

반복문은 특정 명령을 여러 번 반복적으로 수행하는 명령입니다. 대표적으로 for 문과 while 문, do-while 문이 있습니다. 먼저 for 문을 사용하여 1부터 100까지 합을 구하는 반복문을 살펴보면 다음과 같습니다.

■ 의사 코드의 반복문 for

문법	예	순서도

for(초깃값; 조건식; 증감값) {
　　명령문 ;
}
	sum ← 0;
	
	for(i ← 1; i <= 100; i ←
	i+1) {
	　　sum ← sum + i;
	}	

반복문 for는 초깃값을 먼저 지정하고, 조건식을 만족할 때까지 명령문을 실행합니다. 단, 루프나 블록이라는 { } 안의 명령문을 실행한 다음, 증감값에 대한 연산을 수행한다는 점에 주의해 주세요. 앞의 예를 살펴보면, 변수 sum에 변수 i 값을 더한 다음, 변수 i의 값을 1만큼 증가시키고 다시 조건식을 검증(i <= 100)하고 있습니다. 이러한 for 문을 사용하여 반복문을 수행하는 것을 맨 오른쪽에 있는 순서도를 통해 살펴보면 좀 더 쉽게 이해할 수 있습니다.

다음으로, while 문에 대한 문법과 예를 살펴보면 다음과 같습니다. while 문은 for 문과 거의 같으나, 명령문 자체에 초깃값을 지정하는 부분과 증감값에 대한 부분이 없다는 차이가 있습니다.

■ 의사 코드의 반복문 while

문법	예	순서도

while(조건식) {
　　명령문 ;
}
	sum ← 0;
	i ← 1;
	while(i <= 100) {
	　　sum ← sum + i;
	　　i ← i + 1;
	}	

반복문 while과 for에 대한 문법은 다르지만, 예에 대한 순서도는 앞의 for 문과 동일함을 알 수 있습니다.

다음으로, 반복문 do-while에 대한 문법과 예를 살펴보면 다음과 같습니다.

■ **의사 코드의 반복문 do-while**

문법	예	순서도

do {
　명령문;
} while(조건식);
	sum ← 0;
	i ← 1;
	do {
	　sum ← sum + i;
	　i ← i + 1;
	}
	while(i <= 100);
		sum ← 0
		↓
		i ← 1
		↓
		sum ← sum + i
		↓
		i ← i + 1
		↓
		i <= 100 — Yes
		↓
		No

특별히 do-while 문은 먼저 do 블록 { } 안의 명령문을 먼저 실행한 다음 조건식을 검사합니다. 따라서, 조건식을 먼저 검사하고 그다음으로 조건식을 만족한 경우에만 다음 명령문을 실행하는 while 문과는 다릅니다. 맨 오른쪽 순서도에서도 이러한 do-while 문만의 특성을 확인할 수 있습니다.

3.4 알고리즘의 성능 분석

지금까지 알고리즘의 정의와 알고리즘을 표현하는 방법에 대해서 배웠습니다. 이제 다음 단계로 알고리즘의 성능을 분석하는 방법에 대해서 배워 보겠습니다. 이를 통해 문제를 해결하는 여러 **알고리즘 중에서 가장 효율적인 알고리즘**이 무엇인지 알 수 있습니다. 예를 들어, 독자 여러분이 자료구조를 구현하다가 새로운 해결 방법을 찾았다고 가정해 봅시다. 이럴 경우 알고리즘의 성능 분석을 통해 새로 찾은 해결 방법이 얼마만큼의 성능 개선을 이루는지를 판단할 수 있습니다.

알고리즘의 성능 분석에 대한 예를 1부터 100까지 정수의 합을 구하는 문제를 통해 살펴보겠습니다. 이 문제에 대해서 다음처럼 두 가지 알고리즘이 제시되었습니다. 먼저 왼쪽은 1부터 100까지 100번을 더하는 절차를 통해 합을 구하는 알고리즘 ⓐ입니다. 오른쪽은 수학 공식을 통해 합을 구하는 알고리즘 ⓑ입니다. 알고리즘 ⓐ는 당연히 100번의 반복 연산이 필요한 반면, 알고리즘 ⓑ는 단지 3번만 계산하면 됩니다.

알고리즘 (a)	알고리즘 (b)
$\begin{aligned}&\quad\ 1\\ +\ &\quad\ 2\\ +\ &\quad\ 3\\ +\ &\quad\ 4\\ &\ \cdots\cdots\\ +\ &\ 100\\ \hline &\ 5{,}050\end{aligned}$	$\dfrac{100\times(1+100)}{2}=5{,}050$
100번의 연산 (덧셈 100번)	3번의 연산 (덧셈 1번, 곱셈 1번, 나눗셈 1번)

따라서, 너무나 당연한 말이지만 오른쪽 알고리즘이 왼쪽 알고리즘보다 더 효율적입니다. 왜냐하면, 연산 횟수가 적기 때문에 문제를 해결하는 시간이 훨씬 적게 걸립니다.

결론적으로 알고리즘의 성능은 결국 연산 횟수가 얼마만큼 적으냐가 핵심입니다. 그런데 이 결론을 바로 내리기 전에 좀 더 생각을 해봐야 할 것이 있습니다. 예를 들어, 앞서의 경우만 가지고 생각을 해보자면 요즘같이 컴퓨터 성능이 좋은 환경에서 연산 횟수 3번과 100번은 사실 큰 차이가 없습니다. 즉, 단순 횟수만을 비교 기준으로 하면, 차이의 의미가 없어져 버립니다. 여기서 다음에 이야기할 시간 복잡도(time complexity)라는 개념이 나옵니다.

3.4.1 시간 복잡도

시간 복잡도(time complexity)는 입력 값에 따라 알고리즘의 수행에 걸리는 시간을 말합니다. 단, 실제 실행에 걸리는 **시간**이라고 하면, 컴퓨터의 성능에 따라 달라질 수 있기 때문에 시간 복잡도에서의 시간은 **수행되는 연산의 횟수**를 말합니다. 즉, 입력 값 n에 따라 연산을 수행하는 횟수가 결정될 때 이를 시간 복잡도 함수라고 합니다. 여기서 중요한 점은 입력 값에 따른 지표라는 점입니다.

> **시간 복잡도: 입력 값에 따른 연산의 수행 횟수**

앞서 살펴본 예에서는 1부터 100까지의 합으로 입력 값이 상숫값이었습니다. 하지만, 알고리즘의 시간 복잡도를 계산하기 위해서는 100이라는 상수 대신에 n이라는 변수로 바꾸어야 합니다. 그럼 이제 1부터 n까지의 합을 구하는 두 개의 알고리즘에 대한 시간 복잡도를 다음처럼 **수행되는 연산의 빈도수**로 나타낼 수 있습니다.

알고리즘 (a)	알고리즘 (b)

<pre>CalcSum(n) {
   i ← start;   // 1번
   sum ← 0;   // 1번
 	
   for(; i <= n; i ← i + 1) { // 1+1번
      sum ← sum + i;   // 1번
   }
 	
   return sum;
}</pre>
	<pre>CalcSum(n) {
	   count ← n;
	   sum ← 1 + n;
	   sum ← sum * count;
	   sum ← sum / 2
	   return sum;
	}</pre>

왼쪽의 알고리즘 (a)는 1부터 n까지의 합을 구하기 위해 몇 번의 연산이 필요한가요? 제일 처음 지정문이 2번 호출됩니다. 또한, n번의 반복문 안에서 각각 3번의 연산이 필요합니다. 즉, 변수 i 비교($i <= n$) 1번, 변수 i 증가 1번($i ← i + 1$), 더하기 연산(sum ← sum + i) 1번이 필요합니다. 이를 식으로 계산해 보면 결과는 다음과 같습니다.

> 알고리즘 (a)의 연산 빈도수: $2 + n \times 3 = 3n + 2$

따라서, 총 ($3n + 2$)번의 연산이 필요합니다. 예를 들어, 1부터 10까지의 합을 구하는 경우라면 n이 10이 되고, 이 경우 총 32번의 연산이 필요한 반면, 만약 n이 10,000이라면, 모두 30,002번의 연산이 필요합니다.

이제 오른쪽의 알고리즘 (b)를 살펴볼까요? n 값에 상관없이 4번의 연산이 필요합니다. 즉, 지정문 1번(count ← n), 더하기 연산 1번(sum ← 1 + n), 곱하기 연산 1번(sum ← sum * count), 나누기 연산 1번(sum ← sum / 2)이 필요합니다. 이를 통해 원래의 문제를 해결할 수 있습니다.

> 알고리즘 (b)의 연산 빈도수: 4

따라서, 만약 n의 값이 10,000이 된다고 하더라도 여전히 4번의 연산이 필요함을 알 수 있습니다.

여기서 중요한 개념이 하나 나오는데요, 바로 **시간 복잡도 함수**라는 개념입니다. 이 함수는 입력 값 또는 입력 개수 n에 따라 연산을 수행하는 횟수가 어떻게 계산되는지 정의합니다. 예를 들면, 알고리즘 (a)의 경우에는 입력 값 n에 따라 시간 복잡도 함수가 $3n + 2$인 반면, 알고리즘 (b)의 경우 4 (상수)입니다. 결론적으로 알고리즘의 성능 분석은 각 알고리즘의 입력 값에 따른 연산의 수행 횟수를 구하는 것인데, 이것은 결국 시간 복잡도 함수로 평가할 수 있습니다.

3.4.2 빅-오 표기법

우리는 지금까지 알고리즘의 성능 분석을 위해 입력 값 또는 입력 개수 n에 따라 결정되는 시간 복잡도 함수를 살펴보았습니다. 이제 마지막 후처리(post-processing) 단계입니다. 일반적으로 알고리즘의 시간 복잡도는 시간 복잡도 함수 중에서 가장 큰 영향을 주는 n에 대한 항만을 표시합니다. 이러한 방법을 **빅-오 표기법**(Big-Oh notation)이라고 합니다. 이 경우 n 항에 붙는 계수(coefficient) 는 1로 보아서 생략합니다.

무슨 말이냐고요? 예를 들어, 앞의 알고리즘 (a)의 시간 복잡도 함수는 $3n+2$입니다. 이 중 가장 큰 영향을 주는 n에 대한 항은 $3n$ 항입니다. 그리고 $3n$ 항에서 계수 3을 생략하면 n이 됩니다. 따라서, 실제 알고리즘 (a)의 시간 복잡도는 빅-오 표기법에 따라 다음과 같이 구해집니다.

$$O(3n + 2) \quad = \quad \underset{\text{최고차항}(3n)\text{만 선택}}{O(3n)} \quad = \quad \underset{\text{계수 3 제거}}{O(n)}$$

빅-오 표기법에 따라 원래의 시간 복잡도 함수 $3n+2$에서 n에 대해 가장 큰 영향을 주는 항 $3n$을 선택하고, 계수 3을 제거하여 n이 되었습니다. 참고로 $O(n)$을 읽을 때 '빅-오 오브 엔(of n)'이라고 읽습니다. 중간의 괄호를 오브(of)로 읽는다는 것인데요, $O(n^2)$를 읽어 보면 '빅-오 오브 엔 스퀘어(big O of n square)'가 되겠네요.

그러면, 알고리즘 (b)에 대한 빅-오 표기법은 어떨까요? n에 대하여 가장 큰 영향을 주는 항은 상수 항인 4입니다. 그런데 상숫값이기 때문에, 가장 작은 정수(상수)인 1이 됩니다. 즉, 이 과정을 요약하면 다음과 같습니다.

O(4) = O(1)

참고로, 빅-오 표기법의 엄밀한 정의는 다음과 같습니다.

> 두 개의 함수 $f(n)$과 $g(n)$이 주어졌을 때, 모든 $n \geq n_0$에 대해 $|f(n)| \leq c|g(n)|$을 만족하는 2개의 상수 c와 n_0가 존재하면 $f(n) = O(g(n))$입니다.

 〈여기서 잠깐〉 알고리즘 성능 분석 기준: 공간 복잡도와 시간 복잡도

알고리즘 성능 분석 기준으로 대표적인 것은 (1) 공간 복잡도(space complexity)와 (2) 시간 복잡도(time complexity)가 있습니다. 공간 복잡도는 '알고리즘 수행에 필요한 저장 공간(메모리나 하드디스크)이 얼마만큼 필요한지를 나타낸 것'이며, 시간 복잡도는 '알고리즘 수행에 시간이 얼마만큼 걸리는지를 나타낸 것'입니다. 예를 들어, 알고리즘 A가 수행에 1MB의 메모리가 필요한 데 비해, 알고리즘 B는 1KB가 필요하다면, 공간 복잡도 측면에서 알고리즘 B의 효율성이 1,024배 더 우수한 것입니다. 또한, 알고리즘 1이 수행에 1시간 걸리는 데 비해, 알고리즘 2가 수행에 10분 걸린다면 시간 복잡도 측면에서 알고리즘 2의 효율성이 6배 더 우수한 것입니다.

그런데 일반적으로 알고리즘의 성능 분석에서 시간 복잡도가 공간 복잡도보다 더 중요한 평가 기준입니다. 그 때문에 알고리즘의 성능 분석이라면 대부분 시간 복잡도를 말합니다. 대부분의 프로그램 환경에서 공간에 대한 비용보다 시간에 대한 비용이 더 많이 들기 때문입니다. 알고리즘을 수행하는 데 필요한 메모리가 문제가 된다기보다는, 알고리즘이 완료되는 데 걸리는 시간이 더 큰 문제가 된다는 것을 의미합니다. 물론, 예외적으로 임베디드 환경에서 공간 비용을 더 크게 평가하는 경우도 있습니다. 따라서, 이 책에서 알고리즘의 성능 분석은 모두 시간 복잡도를 중심으로 설명하겠습니다.

이 정의의 결과로 빅-오 표기법은 최고차항만을 남기고 다른 낮은 차수의 항들과 상수항은 제거합니다. 그뿐만 아니라, 최고차항의 계수도 버려, 결국 최고차항의 차수만을 사용한다는 것입니다. 다음은 시간 복잡도에서 많이 사용하는 최고차항들을 정리한 것입니다.

$O(1)$: 상수

$O(\log n)$: 로그

$O(n)$: 1차, 선형

$O(n \log n)$: 선형 로그

$O(n^2)$: 2차

$O(n^3)$: 3차

$O(2^n)$: 지수(exponential)

$O(n!)$: 계승(factorial)

이들 최고차항은 n이 증가함에 따라 다음 순서로 커집니다. 이들에 대한 크기 비교는 다음의 그림과 표에서 쉽게 확인할 수 있습니다.

$$O(1) \;<\; O(\log n) \;<\; O(n) \;<\; O(n \log n) \;<\; O(n^2) \;<\; O(n^3) \;<\; O(2^n) \;<\; O(n!)$$

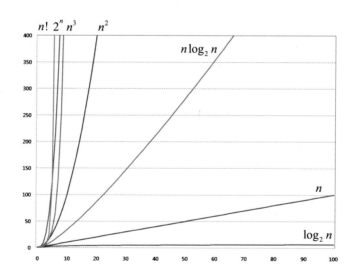

그림 1-6 최고차항의 성능 비교

표 1-3 시간 복잡도 함수별 크기 비교

n	시간 복잡도 함수						
	$\log_2 n$	n	$n\log_2 n$	n^2	n^3	2^n	$n!$
1	0	1	0	1	1	2	1
2	1	2	2	4	8	4	2
3	1.58	3	4.75	9	27	8	6
4	2	4	8	16	64	16	24
5	2.32	5	11.60	25	125	32	120
6	2.58	6	15.50	36	216	64	720
7	2.80	7	19.65	49	343	128	5,040
8	3	8	24	64	512	256	40,320
9	3.16	9	28.52	81	729	512	362,880
10	3.32	10	33.21	100	1,000	1,024	3,628,800

어때요? n의 값이 작을 때는 비슷한 시간이 걸리는 것처럼 보이지만, n이 커지면서 각 최고 차항의 값에 엄청나게 큰 차이가 생긴다는 것을 알 수 있습니다. 예를 들어, 최고차항이 상수인 경우에는 당연히 계속 1이지만, n^3만 되어도 그 값이 기하급수적으로 증가함을 알 수 있습니다.

또한, 표에 의해 어떤 알고리즘의 시간 복잡도가 $O(n\log n)$이고 다른 알고리즘의 시간 복잡도가 $O(n^2)$이라면 시간 복잡도가 $O(n\log n)$인 알고리즘이 더 효율적이라는 것을 알 수 있습니다. 따라서, 작성된 알고리즘의 시간 복잡도를 빅-오 표기법으로 표기하였을 때 앞서의 순서를 참고하여 가장 효율적인 알고리즘을 선택하는 것이 가능합니다.

참고로, 알고리즘의 성능이 선형 로그인 $O(n\log n)$ 정도라면 n의 값이 그렇게 크지 않은 이상 실시간 적용이 가능한, 비교적 빠른 알고리즘이 되겠습니다. 최근 컴퓨터의 성능이 무척 좋아져서 n의 값이 그렇게 크지 않은 이상, 알고리즘의 성능이 $O(n^2)$ 심지어 $O(n^3)$ 정도까지는 괜찮다고 합니다. 알고리즘의 성능 분석에 관한 좀 더 자세한 내용은 다른 알고리즘 책을 참고해 주세요.

어떤가요? 이번 장은 자료구조의 정의와 종류부터 시작하였습니다. 자료구조는 효율적으로 자료를 저장하는 방식이며 크게 선형 구조와 비선형 구조로 나누어진다는 것 기억나시죠? 그리고 이러한 자료구조를 효율적으로 구현하기 위한 방법으로 알고리즘의 기본 개념 및 표현 기법에 대해서 살펴보았습니다. 대표적인 알고리즘의 표현 기법인 순서도와 의사 코드는 이 책에서 자주 사용됩니다. 아울러, 알고리즘의 성능 분석을 위해 시간 복잡도와 빅-오 표기법으로 이번 장을 마무리하였습니다.

이제 다음 장은 리스트라는 실제 자료구조를 배울 예정입니다. 이 책은 자료구조를 실제로 구현하고 자유자재로 다룰 수 있는 능력을 키우는 것을 목표로 합니다. 그러려면 사실 C 언어 자체를 알아야 하고 비주얼 스튜디오 개발 환경을 설정해야 합니다. 독자 여러분이 어느 정도 알고 있다고 가정하겠습니다. 혹시, 이들에 대해 알고자 한다면 《C 언어 정복 리얼 교과서》(이상진 저, 프리렉, 2013)를 참고하기 바랍니다.

연습 문제

1. 자료구조의 정의와 사용 목적은 무엇인지 적어 보세요.

2. 선형 구조에 속하는 자료구조와 비선형 구조에 속하는 자료구조를 각각 적어 보세요.
알고리즘의 정의는 무엇인가요? 그리고 알고리즘이 되도록 만족해야 할 5가지 조건은
무엇인지 적어 보세요.

3. 다음과 같은 소스가 있다고 할 때, 다음 질문에 답해 보세요.

```
for( ; i < n; i ← i+1) {
    for(j ← 0; j < n; j ← j+1) {
        sum ← sum + j;
    }
}
```

(1) n에 대한 시간 복잡도 함수를 구해 보세요. 단, 덧셈과 곱셈, 나눗셈 등의 연산 횟
수를 정확히 고려해야 합니다.

(2) 빅-오 표기법으로 시간 복잡도를 나타내 보세요.

4. 다음 시간 복잡도 함수들을 빅-오 표기법으로 나타내 보세요.

(1) $6n^3 + n! + 5n + 4$

(2) $4n\log n + 5n^2 + 2$

(3) $2^n + n^3 + 5$

5. 다음을 실행 시간이 적게 걸리는 순으로 나열하세요.

$O(n)$ $O(n^2)$ $O(n^3)$ $O(n!)$ $O(\log n)$ $O(2^n)$ $O(n\log n)$

Chapter

2

배열 리스트

1 리스트란? **2** 리스트 사용 시나리오 **3** 리스트의 추상 자료형 **4** 배열 리스트란? **5** 배열 리스트의 구현

이번 장에서 살펴볼 자료구조는 **리스트**(list)입니다. 리스트는 개념이 간단해서 사용하기 편할 뿐 아니라, 소스로 구현하기도 비교적 쉽습니다. 이러한 장점 때문에 대부분의 자료구조 도서에서 제일 먼저 리스트를 다룹니다. 그만큼 리스트가 많이 사용하는 자료구조라는 뜻이겠지요.

리스트는 **순서대로 자료를 저장하는 자료구조**입니다. 여기서 '순서대로 저장한다'는 것은 일상생활에서 물건을 보관할 때에도 자주 사용하는 방법입니다. 예를 들어, 독자 여러분이 여러 권의 책을 책장에 보관한다고 가정하면 다음 그림처럼 책을 구입한 차례나 자주 보는 정도에 따라서 순서대로 꽂아 둡니다. 그냥 생각 없이 꽂아 두나요? 순서 없이 그냥 꽂아 둔다고 하더라도 책들이 책장에 한 줄로 차례대로 꽂혀 있다는 점은 같습니다.

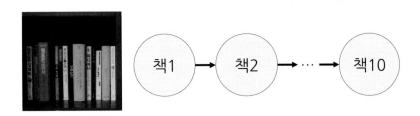

그림 2-1 자료를 순서대로 저장하는 예

이처럼 여러 개의 물건을 저장할 때 물건을 차례대로 놓아두곤 합니다. 리스트도 자료를 저장할 때 이렇게 순서대로 저장합니다. 예를 들어, **그림 2-1**은 리스트가 순서대로 자료를 저장한다는 것을 보여줍니다. 책1부터 책10까지 '책'이라는 자료 10개가 연결되어 순서대로 저장됩니다.

리스트는 쉽게 이해할 수 있는 간단한 구조이기 때문에 자료를 순서대로 저장할 일이 있을 때면 자연스레 가장 많이 사용합니다. 앞으로 직접 프로그램을 개발하면서 자료를 저장하려고 한다면 아마도 가장 먼저 리스트를 떠올리게 될 것입니다. 이에 덧붙여서, 리스트는 다른 자료구조를 구현하는 수단으로도 사용합니다. 예를 들어, 다음 장부터 차례로 소개할 스택(stack)과 큐(queue), 트리(tree), 그래프(graph) 등 다소 복잡한 자료구조를 구현하려면 내부적으로는 이번 장에서 배울 리스트를 활용합니다.

독자 여러분은 이처럼 중요한 리스트를 이번 장을 통해서 꼭 자신의 것으로 만들기를 바랍니다. 프로그램을 개발하는 관점에서 자료구조를 자신의 것으로 만들려면 자료구조가 실제 동작하는 것을 경험하는 것이 최선의 방법입니다. 이 책의 소스를 직접 입력하고 컴파일해 보세요. 그리고 프로그램을 직접 실행하면서 실행 중간마다 값을 출력해 보세요. 그러면서 자료구조의 개념이 실제로 어떤 과정을 통해서 동작하는지 직접 확인하기 바랍니다. 이러한 과정을 통해서 리스트의 개념을 온전히 자신의 것으로 만들 뿐 아니라, 능수능란하게 리스트를 활용할 수 있게 되기를 바랍니다. 그럼, 이제 본격적으로 시작해 보겠습니다.

1. 리스트란?

리스트는 자료를 순서대로 저장하는 자료구조입니다. 여기에서 **순서**란 차례로 한 줄을 세웠다는 뜻이 됩니다. 예를 들어, 여러분이 10, 20, 30 이렇게 3개의 정수(integer) 숫자를 저장한다고 가정해 봅시다. 가장 쉽게 생각할 수 있는 것이 다음 그림과 같이 순서대로 저장하는 것입니다.

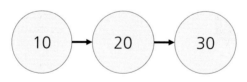

그림 2-2 리스트로 자료를 저장하는 예: 정수의 저장

그림 2-2에서 10과 20, 30 같은 정수 숫자가 바로 저장하려는 자료(data)입니다. 그리고 이러한 정수 숫자가 10부터 30까지 모두 세 개 저장되었는데, 한 줄로 순서대로 저장되어 있습니다. 위의 그림은 특별히 화살표로 세 개의 정수를 연결했다는 점에 주의해 주세요. 여기서 화살표

로 연결한 것은 자료를 순서대로 저장하였다는 의미를 나타내기 위해서입니다. 정리하면 자료를 저장할 때 가장 많이 사용하는 방법인 차례대로 혹은 순서대로 저장하는 방식이 결국 리스트라는 자료구조임을 알 수 있습니다.

그런데 사소하지만 꼭 짚고 넘어가야 할 점이 있습니다. 바로 리스트는 '한 줄'로 저장한다는 점입니다. 한 줄은 줄을 세울 때 연결되는 앞 항목과 뒤 항목이 모두 1개라는 뜻입니다. 따라서, 첫 번째 항목은 다음 항목인 두 번째 항목만 연결됩니다. 두 번째 항목 다음에는 세 번째 항목만 연결됩니다. 이러한 사실은 앞의 그림에서 확인할 수 있습니다. 즉, 시작점이 자료 10인데, 다음에는 자료 20만 연결되어 있고 자료 20 다음에는 끝점으로 30만 연결되어 있습니다.

참고로, 여러 개의 자료가 한 줄로 연결된(sequential) 구조를 다른 말로 **선형 구조**라고도 합니다. 다음 그림과 같이 시작점(자료)이 한 개가 아니라 두 개면 한 줄이 되지 않습니다. 또한, 끝점(자료)이 두 개인 경우에도 한 줄이 되지 않기 때문에 리스트라고 부를 수 없습니다. 리스트의 핵심 개념은 자료가 한 줄로 순서대로 연결되는 것이기 때문입니다.

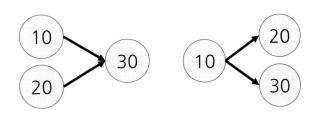

그림 2-3 리스트가 아닌 예: 시작점이나 끝점이 두 개인 경우

그림 2-3과 같이 시작점과 끝점이 여러 개인 경우에는 뒤에서 배우게 되는 그래프를 이용하여 저장할 수 있습니다. 그리고 한 줄 선형 구조가 아닌 이런 경우를 **비선형 구조**라고 합니다.

리스트의 개념: 순서대로 = 차례대로 = 한 줄로 = 선형 구조로

지금까지 리스트의 개념에 대해서 간단히 살펴보았습니다. 다음으로는 리스트를 소스로 구현해 볼 차례입니다만, 그전에 리스트를 사용하는 시나리오를 살펴보도록 하겠습니다.

2. 리스트 사용 시나리오

자료구조를 사용하는 시나리오는 크게 자료의 추가(add)나 값 가져오기(get), 제거(remove) 세 가지 연산으로 구성됩니다. 여기서 '추가'란 새로운 자료를 자료구조에 저장하는 과정을 말합니다. 예를 들어, 정숫값 10과 20, 30을 리스트에 추가해서 이들이 저장된 자료구조를 만들게 됩니다. 다음으로, '값 가져오기'란 앞서 자료가 저장된 자료구조에 접근하여 해당 값을 가져오는 과정을 말합니다. 많은 경우 자료구조에 저장된 자료는 여러 작업에 다양하게 사용합니다. 예를 들어, 앞서 저장된 자료에 대해 평균값을 구하려면 정수 자료 세 개의 값을 자료구조에서 가져와야 합니다. 이때 리스트 자료구조를 사용한다면 리스트에서 정숫값을 가져오는 경우입니다. 마지막으로, '제거'란 사용이 끝난 자료를 자료구조에서 제거하는 과정을 말합니다.

독자 여러분이 새로운 프로그램을 개발하면서 자료구조를 활용한다고 하면 대부분 이러한 세 가지 연산을 혼용하게 됩니다. 리스트에서는 이러한 연산을 어떻게 사용하는지 시나리오를 통해 알아보도록 하겠습니다.

2.1 새로운 자료 추가

먼저 자료구조인 리스트에 새로운 자료를 추가하는 과정을 살펴보겠습니다. 일단, 여기서는 설명의 편의상 정수 자료 10과 20, 30을 순서대로 입력한다고 가정합니다. 하지만, 이들 자료가 실제 저장되는 순서는 30 → 10 → 20이라고 가정하겠습니다. 마지막에 입력한 자료 30이 맨 처음 오는 순서입니다.

> 정수 3개 (10, 20, 30)을 입력받아 30 → 10 → 20의 순서로 저장한다

리스트를 이용하여 세 개의 정수 자료 10, 20, 30을 저장하는 경우 내부적으로 어떠한 일이 일어날까요? 그냥 순서대로 세 개의 정수가 저장되는 게 아니냐고 생각할 수 있습니다. 그런데 리스트는 '선형 구조'로 혹은 '한 줄'로 저장되어야 한다는 것을 기억해야 합니다. 이런 리스트의 핵심 개념이 실제로 어떻게 적용되는지 주의해서 살펴봐 주세요.

자료구조인 리스트를 사용하려면, 먼저 리스트가 있어야 합니다. 리스트도 없이, 여기에 자료를 추가하겠다는 것은 이상하지요? 따라서, 먼저 리스트를 만드는 단계가 필요합니다. 이러한

과정을 그림으로 간략하게 나타내 보면 다음과 같습니다.

물론, 리스트를 만드는 것은 리스트를 사용하기 전 최초에 한 번만 수행하면 됩니다. 그림은 리스트를 만든 결과를 보여줍니다. 빈 상자(box)를 통해서 리스트가 만들어진 것을 보여주고 있으며, 처음에는 아무런 자료가 저장되어 있지 않아서 리스트의 내용이 비어 있는 것을 보여 주고 있습니다.

다음 단계는 비어 있는 리스트에 처음으로 자료를 추가하는 단계입니다. 이 경우 새로 추가되는 자료가 저장되는 위치는 다음 그림과 같이 리스트의 첫 번째 위치입니다.

너무나 당연한 이야기지만, 비어 있는 리스트에 새로운 자료를 추가하는 경우 첫 번째 위치에 자료를 추가합니다. 왜냐하면, 빈 리스트의 두 번째나 세 번째 위치에 자료를 추가하면 리스트의 첫 번째 위치는 아무 자료 없이 비어 있게 됩니다. 리스트는 한 줄로 차례로 자료를 저장해야 합니다. 리스트 중간이 비어 있는 것은 비정상적인 오류입니다. 리스트 중간이 비게 되는 시도가 있다면 "방금 시도한 자료 추가 연산은 오류로 정상적으로 처리될 수 없습니다."라는 오류 메시지를 주고 이런 시도를 중단시켜야 합니다.

다음으로, 리스트의 첫 번째 위치에 자료가 하나 저장된 상태에서 새로운 자료를 추가하는 다음 단계로 넘어가 볼까요? 리스트에 새로운 자료 20을 추가하는 경우를 생각해 보겠습니다. 리스트에 이미 한 개의 자료가 저장되어 있을 때, 새로운 자료는 리스트의 어느 위치에 추가할 수 있을까요? 네, 이 경우 다음 그림에서처럼 기존에 저장된 자료의 앞이나 뒤에 자료를 저장할 수 있습니다.

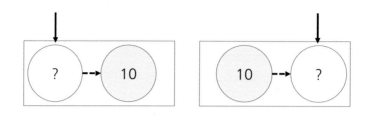

그림 2-4 리스트에 자료 추가: 첫 번째 위치 혹은 두 번째 위치

여기서 우리는 추가적인 입력 파라미터(parameter, 매개 변수)가 필요하다는 것을 알 수 있습니다. 다름이 아니라 바로 추가할 **위치** 정보가 필요합니다. 위의 **그림 2-4**에서는 첫 번째 위치나 두 번째 위치 중 어느 위치에 새로운 자료를 추가해야 할지 먼저 정해야 합니다. 리스트는 자료가 한 줄로 차례로 연결되어 저장되기 때문에 기존에 저장된 자료 사이에 어느 곳에도 끼워 넣을 수 있습니다. 물론, 리스트의 맨 앞이나 맨 뒤에도 저장할 수 있습니다. 이렇게 다양한 위치에 저장하기 위해서는 추가할 위치 정보가 반드시 필요합니다.

여기서는 편의상 두 번째 위치에 자료를 저장한다고 가정하겠습니다. 즉, 자료 10 다음 위치에 자료 20을 저장한다는 뜻입니다. 그러면 아마도 리스트 내부는 다음 그림과 같이 두 자료를 저장하게 되겠지요.

Step-3. 자료 20을 입력받아 리스트의 두 번째 위치(맨 마지막)에 저장한다.	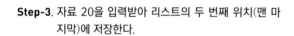

다음으로, 첫 번째 위치에 자료 30을 저장한다고 가정해 보겠습니다. 단, 자료 30을 리스트의 첫 번째 위치에 추가하게 되면 다음과 같이 리스트의 순서가 내부적으로 변경될 것입니다.

Step-4. 자료 30을 입력받아 리스트의 첫 번째 위치에 저장한다.	

다음 절에서는 이렇게 세 개의 자료가 저장된 리스트를 대상으로 원하는 자료에 접근하는 과정에 대해서 살펴보겠습니다.

2.2 값 가져오기

리스트의 자료에 접근한다는 말은 리스트에 저장된 자료의 값을 가져온다는 뜻입니다. 그런데 리스트에서 원하는 자료는 어떻게 가리킬 수 있을까요? 독자 여러분이 예상하듯이 자료가 저장된 위치 정보를 이용하면 원하는 자료를 가리킬 수 있습니다.

앞서 자료 추가 시나리오에 의해 정수 자료 30, 10, 20이 차례로 저장된 리스트가 있습니다. 이리스트에서 원하는 자료를 가리키기 위해서 자료의 위치 정보를 사용합니다. 예를 들어, "두번째 위치에 저장된 자료는 무엇인가요?"라고 요청이 왔을 때 '두 번째 위치'가 원하는 자료를 가리키는 역할을 합니다.

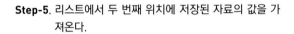

Step-5. 리스트에서 두 번째 위치에 저장된 자료의 값을 가져온다. 30 10 20

만일 리스트의 '값 가져오기' 연산을 C 언어의 함수로 구현한다면 자료의 '위치 정보'가 입력 파라미터가 됩니다. 다음 그림은 함수 getListData()가 기능을 수행하는 과정을 설명하고 있습니다. 함수 getListData()는 자료의 위치 정보에 대한 값을 입력 파라미터로 하여, 실제 리스트의 해당 위치에 저장된 자료를 반환합니다.

그림 2-5 자료의 반환을 수행하는 함수 getListData()

예를 들어, 리스트의 두 번째 위치에 자료 10이 저장되어 있으므로 자료의 '위치 정보'에 해당하는 1을 입력 파라미터로 전달하면 함수 getListData()는 해당 위치에 저장된 자료인 10을 반환하게 됩니다.

그런데 혹시 어떤 이상한 점이 안 보이나요? 자료가 저장된 위치 정보가 가장 눈에 띄는군요. 분명히 두 번째 위치라고 하면서 왜 위치 정보로 1을 사용했을까요? **그림 2-5**에서도 위치 정

보가 1인데 함수 getListData()는 리스트에서 두 번째 위치에 저장된 자료인 10을 반환하고 있
습니다.

이처럼 위치 정보를 1로 적은 이유는 C 언어에서는 위치 정보를 1이 아니라 0부터 시작하기
때문입니다. 위치 정보는 다른 말로 인덱스(index)나 배열 번호라고 합니다. 사람이 사용하는
언어에서는 1이 가장 먼저라는 의미이지만, C 언어에서는 0이 가장 먼저입니다. 그러면 두 번
째 위치의 인덱스(배열 번호)는 무엇일까요? 인덱스는 0부터 시작하기 때문에 1을 빼주어야 해
서 인덱스는 1이 됩니다. **그림 2-5**에서 1은 이러한 C 언어에서의 인덱스(위치 정보)를 의미합
니다.

> **첫 번째 저장된 자료의 인덱스는 0**
>
> **인덱스가 position인 자료 → (position + 1) 번째에 저장된 자료**

이 책에서는 맨 처음 저장되는 위치를 표현할 때 첫 번째 위치라는 말 그대로 사용하겠습니다.
다만, 인덱스(위치 값 혹은 위치 정보)라고 표현할 때는 이 값이 0부터 시작한다는 것에 주의하기
바랍니다.

2.3 기존 자료의 제거

이제 리스트 시나리오에서 자료를 제거하는 과정을 살펴보겠습니다. 사용이 끝난 자료는 리스
트에서 제거하게 되는데 이 연산이 **제거** 연산입니다. 예를 들어, 다음 그림에서처럼 리스트의
첫 번째 위치에 저장된 자료를 제거한다고 가정해 보겠습니다.

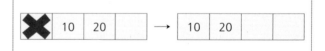

Step-6. 리스트에서 첫 번째 자료를 제거한다.	✖ 10 20 → 10 20

위 그림에서는 리스트에 저장된 자료 중에서 첫 번째 위치에 저장된 자료 30을 제거하는 과정
을 보여줍니다. 이처럼 필요 없는 자료는 제거 연산으로 리스트에서 삭제할 수 있습니다. 이 연
산도 추가 연산처럼 제거할 자료의 위치 정보(인덱스)가 입력 파라미터로 필요합니다. 위의 그림
에서는 첫 번째 자료가 제거되는 경우이므로 위치 정보로는 0이 사용됩니다. 제거 연산의 결

과, 리스트에 남은 자료의 개수는 두 개가 되고 기존의 두 번째 위치에 저장된 자료 10이 첫 번째 위치에 저장된 자료가 됩니다.

이제 리스트 사용 시나리오의 마지막 단계입니다. 사용이 모두 끝난 리스트 자체를 삭제하는 단계인데요, 보통 C 언어는 메모리 해제가 이러한 리스트 삭제에 해당합니다. 다음 그림에서는 현재 자료 두 개를 저장하는 리스트에 대해서 삭제 연산을 수행하는 것을 보여줍니다.

Step-7. 리스트 자체를 삭제한다.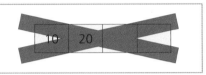

지금까지 리스트 자료구조를 실제 사용하는 시나리오를 살펴보았습니다. 이 과정을 통해 리스트를 어떻게 사용하는지 알 수 있을 뿐 아니라, 리스트를 구현한다면 어떠한 기능(함수)을 제공해야 하는지도 알 수 있게 되었습니다. 어떤 연산들이 기억에 남나요?

자료구조인 리스트를 만들고 여기에 새로운 자료를 추가하는 연산, 리스트에 저장된 자료에 접근하는 함수, 기존에 저장된 자료를 제거하는 함수 등이 떠오르나요? 그리고 이러한 기능이 정말로 필요하다고 생각하나요? 만약 그렇다면, 독자 여러분은 리스트 자료구조로 한 걸음 더 가까이 다가갔습니다. 다음 절에서는, 리스트가 제공해야 하는 이러한 기능을 정리한 리스트의 추상 자료형에 대해서 살펴보겠습니다.

3. 리스트의 추상 자료형

지금까지 리스트 자료구조가 어떤 기능을 제공해야 하는지 살펴보았습니다. 리스트를 만들고, 여기에 자료를 추가하고 제거하는 등의 기능이 있었습니다. 그런데 이들 기능을 정리한 것을 다른 말로 **리스트의 추상 자료형**(ADT, abstract data type)이라고 합니다. 이것을 살펴보기 전에 추상 자료형이 뭔지 간단히 정리하고 넘어가겠습니다.

3.1 자료, 자료형

추상 자료형을 배우기 전에 먼저 자료(data)와 자료형(data type)에 대한 개념 정의가 필요합니다.

추상 자료형은 '추상'이라는 단어와 '자료형'이 결합된 말이기 때문입니다. 자료형은 자료형인데 추상이라는 개념이 더 추가된 용어가 추상 자료형입니다.

자료는 프로그램에서 처리되는 대상으로 특정 값(value)을 의미합니다. 그리고 **자료형**은 다음 그림에서처럼 **자료**(data)**와 이 자료를 처리하기 위한 명령 혹은 연산**(operation)**이 합쳐진 것**을 말합니다.

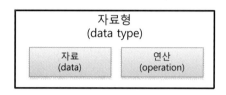

그림 2-6 자료형의 정의

예를 들어, 정수 자료형(int data type)을 살펴볼까요? 저장하고 싶은 자료(data)는 정숫값들(…, −2, −1, 0, 1, 2, …)이 됩니다. 이때 이들 값을 대상으로 하는 연산은 어떤 것이 있나요? 정수 자료를 가지고 할 수 있는 여러 가지 연산, 예를 들어 (정숫값에 대한) 더하기, 빼기, 곱하기, 나누기 등의 연산이 있습니다. 다음 표에서 '정수 자료형'이라는 것은 정수라는 값(자료)과 이들 값에 대한 연산(명령)이 합쳐진 것임을 알 수 있습니다.

표 2-1 자료형의 예: 정수 자료형

구분		예
정수 자료형 (int data type)	자료(data)	…, −2, −1, 0, 1, 2, …
	연산(operation)	더하기(+)
		빼기(−)
		곱하기(*)
		나누기(/)
		나머지 연산(%)

계속해서 추상이라는 용어의 의미를 알아보고, 추상 자료형의 의미가 무엇인지 살펴보겠습니다.

3.2 추상 자료형

추상 자료형은 **추상적으로 정의된 자료형**을 말합니다. 미술에서 추상화는 사물을 있는 그대로 사실적으로 그리는 것이 아니라 화가가 이해한 사물을 본질 위주로 그리는 것을 말합니다. 즉, 복잡한 사물을 모습 그대로 자세히 그리지 않고 사물의 본질로 여겨지는 특징 위주로 그리게 됩니다. 이와 마찬가지로, 추상 자료형에서 추상(abstraction)은 (1) 세부적이고 복잡한 것을 생략하고 대신 (2) 대표적인 것, 중요한 것만이라는 의미입니다. 복잡하고 다양한 구성 요소 중에서 중요하지 않은 것은 생략한다는 의미입니다.

참고로, 이 책의 다음 장부터는 각각의 자료구조에 대해 기본 개념을 설명하고 추상 자료형을 정의합니다. 왜냐하면, 추상 자료형은 자료구조가 제공해야 하는 중요한 기능만을 정의한 것이기 때문입니다. 따라서, 추상 자료형을 먼저 정리한 다음에 정리된 추상 자료형에 따라 실제 자료구조를 구현하겠습니다.

다음 그림은 추상 자료형과 자료구조의 관계를 보여줍니다. 여기서 추상 자료형은 외부에서 호출할 수 있는 인터페이스만을 정의하고 있습니다. 반면, 자료구조는 이러한 추상 자료형뿐 아니라, 여러 내부 자료와 내부 함수를 포함하고 있습니다. 만약, 자료구조를 단순히 사용하는 사용자의 입장이라면 굳이 복잡한 내부 구조를 알 필요가 없습니다. 단지, 추상 자료형만 알고 이를 사용하기만 하면 됩니다.

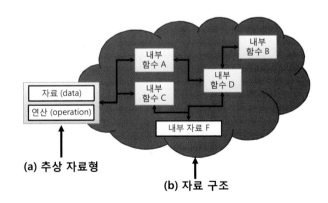

그림 2-7 추상 자료형과 자료구조의 관계

다만, 자료구조를 개발하는 입장이라면 이렇게 정의된 추상 자료형에 맞추어 내부 로직을 구현해야 합니다. 추상 자료형 자체는 실제로 실행되는 소스가 아니라 외부에서 호출하기 위한 인터페이스일 뿐이기 때문입니다. 실제 자료구조가 실행되려면 이러한 인터페이스에 맞추어 실제 실행되는 소스를 구현해야 합니다. 우리는 이번 절에서 추상 자료형을 정의한 다음, 다음 절부터는 추상 자료형에 맞추어 자료구조의 내부 로직을 구현할 예정입니다.

이 책에서는 추상 자료형의 연산을 C 언어의 함수로 구현합니다. 따라서, 리스트의 추상 자료형을 정의한다는 것은 결국 C 언어의 함수를 정의하는 것이라고 하겠습니다. 그런데 독자 여러분은 C 언어에서의 함수가 어떤 구성 요소로 이루어져 있는지 아나요? 바로 함수 이름과 입력, 출력입니다. C 언어에서 함수는 프로그램의 실행 단위입니다. 입력 값을 전달받아, 이를 처리하여 출력 값을 만들어 내는 기능을 합니다.

다음 표는 이러한 관점에서 자료구조인 리스트가 제공해야 하는 연산을 정리한 리스트의 추상 자료형입니다.

표 2-2 리스트의 추상 자료형

이름		입력	출력	설명
리스트 생성	createList()	–	리스트 list	빈 리스트 list를 생성
자료 추가	addListData()	리스트 list 추가할 위치 position 자료 data	성공/실패 여부	자료 data를 리스트의 위치 position에 추가
자료 반환	getListData()	리스트 list 자료 위치 position	자료	리스트의 위치 position에 있는 자료 값을 반환
자료 개수 반환	getListLength()	리스트 list	자료의 개수	리스트의 자료 개수를 반환
자료 제거	removeListData()	리스트 list 자료 위치 position	성공/실패 여부	리스트의 위치 position에 있는 자료를 제거
모든 자료 제거 (리스트 초기화)	clearList()	리스트 list	N/A	리스트의 모든 자료를 제거
리스트 삭제	deleteList()	리스트 list	N/A	리스트의 모든 자료를 삭제하고 리스트의 메모리를 해제

리스트를 사용하기 위해서는 먼저 리스트를 생성할 수 있어야 합니다. 연산 createList()는 빈(empty) 리스트를 생성하는 함수로, 입력 파라미터는 없고 출력 값으로 새로 생성된 리스트를 반환합니다.

이렇게 생성된 리스트에 새로운 자료를 추가할 때는 연산 addListData()를 사용합니다. 이때 입력 파라미터로는 자료가 추가될 리스트 자체, 자료(data)가 추가될 위치, 추가할 자료(값)가 필요합니다. 이렇게 전달되는 세 개의 입력 파라미터로 기존 리스트에 새로운 자료를 추가하는데, 사실 항상 자료의 추가가 성공하지는 않습니다. 예를 들어, 빈 리스트의 두 번째 위치에 자료를 추가하려 한다든지, 기존에 한 개의 자료만 저장된 리스트에서 네 번째 위치에 새로운 자료를 추가하려 한다든지 등이 있습니다. 따라서, 연산 addListData()는 수행 결과인 성공 혹은 실패 여부를 출력 값으로 반환해야 합니다.

또한, 리스트의 특정 자료(값)를 반환하는 연산 getListData()와 제거 연산 removeListData()가 있습니다. 이들 연산은 입력 파라미터로 연산이 수행될 리스트와 자료의 위치 정보를 전달해 주어야 합니다. 단, 연산 getListData()는 출력 값으로 실제 자료를 반환하지만, 연산 removeListData()는 수행 결과로 성공 혹은 실패를 반환하게 됩니다. 또한, 리스트의 모든 자료를 제거하는 연산 clearList()와 리스트 자체의 메모리를 해제하는 연산 deleteList()를 제공해야 합니다.

마지막으로, 앞서 설명하지 않은 연산 중에서 현재 리스트에 저장된 자료의 개수를 반환하는 연산 getListLength()가 있습니다. 이 연산은 입력 파라미터로 리스트를 전달받아 여기에 현재 저장된 자료의 개수를 반환합니다. 예를 들어, 현재 리스트에 정수 자료 10과 20이 저장되어 있다면 연산 getListLength()의 반환 값은 2가 됩니다. 왜냐하면, 리스트에 자료가 두 개 저장되어 있기 때문입니다. 연산 getListLength()는 리스트의 기본 정보를 제공한다는 점에서 꼭 있어야 하는 연산입니다. 활용 예는 다음 절에서 살펴보도록 하겠습니다.

이상으로 리스트에 대한 추상 자료형의 정의를 살펴보면서 리스트 사용에 필요한 기본 연산들을 살펴보았습니다. 추상 자료형을 통해 실제 구현에 한 걸음 더 다가갔습니다. 다음 절에서는 배열을 이용하여 어떻게 리스트를 구현할 수 있는지 알아보겠습니다. 실제 C 소스까지 다가가도록 조금만 더 집중력을 발휘하기 바랍니다.

4. 배열 리스트란?

배열 리스트는 C 언어의 배열을 사용해서 구현된 리스트를 말합니다. 예를 들어, 정수를 저장하는 배열 리스트를 int 형의 배열 data[5]로 구현했다고 가정해 봅시다. 그리고 이러한 배열 리스트에 정수 30, 10, 20이 차례대로 저장되었다고 해봅시다. 그러면 아마도 다음 그림과 같은 상태로 메모리에 저장될 것입니다.

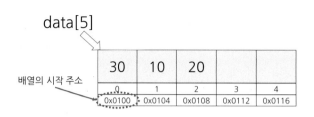

그림 2-8 배열 리스트의 예

위의 **그림 2-8**을 보면 배열의 원소 개수가 5개라는 것을 알 수 있습니다. 그리고 이러한 배열에 모두 3개의 자료가 저장되어 있습니다. 이러한 배열 리스트는 '물리적으로 연속해 있는' 배열의 특성을 이용하여, '논리적으로 연속해 있는' 리스트를 구현한 것입니다.

C 언어의 배열을 이용했기 때문에, 배열 리스트의 가장 큰 장점은 리스트의 특정 위치에 있는 자료에 바로 접근할 수 있다는 점입니다. 왜냐하면, 배열의 원소인 경우 물리적 주소를 바로 계산할 수 있기 때문입니다. 예를 들면, 배열 리스트의 세 번째 자료에 접근하려 한다면 어떻게 접근할 수 있을까요? 이 경우 배열 리스트의 세 번째 자료는 배열의 원소 data[2]가 됩니다.

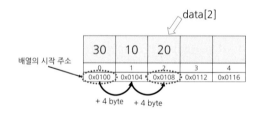

그림 2-9 배열 리스트의 자료에 접근하는 방법

그리고 배열 원소 data[2]의 물리적 주소는 0x0108로 계산됩니다. 배열 원소의 물리적 주소는 배열의 시작 주소에 오프셋(offset)을 더해서 계산됩니다. 여기서 오프셋은 자료형의 크기에 원소 개수를 곱한 값이 됩니다.

```
data[ 2 ]의 주소: 0x0100 + 2 * 4 = 0x0108
```

앞의 예에서 배열의 시작 주소는 0x0100이며 int 자료형의 크기는 4바이트(32비트 운영체제로 가정), 원소 개수는 2개이므로 오프셋은 8입니다. 물론, 이러한 주소 계산은 컴파일러가 내부적으로 처리하기 때문에 우리가 고민할 필요는 없습니다. 결과적으로 C 언어의 배열을 사용하여 구현된 배열 리스트는 내부에 저장된 자료에 한 번에 접근할 수 있습니다.

여기까지만 들으면 배열 리스트가 무조건 좋게만 보일 것입니다. 이러한 오해를 사지 않도록 여기서 배열 리스트의 단점 한 가지만 짚고 넘어가겠습니다. 앞서 예로 든 배열 리스트는 최대로 저장할 수 있는 자료의 개수가 5개입니다. 배열의 크기가 5이기 때문입니다. 현재 저장된 원소 개수는 세 개이기 때문에 빈 저장 공간이 두 개 남아 있습니다. 따라서, 새로운 자료를 최대두 개 더 추가할 수 있습니다. 다음 그림에서는 일단 새로운 자료 40과 50을 추가하는 데 성공했습니다. 그런데 만약 세 개의 자료를 추가한다면 어떻게 될까요?

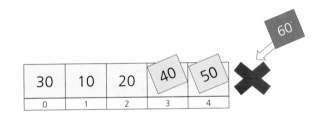

그림 2-10 새로운 자료를 추가할 수 없는 배열 리스트의 예

위의 **그림 2-10**은 자료 60을 추가하는 연산이 실패했다는 것을 보여줍니다. 배열에 최대로 저장할 수 있는 5개의 자료를 넘어섰기 때문입니다. 이런 경우, 기존의 배열을 확장하거나 큰 크기의 배열을 새로 생성해야 합니다. 어떻습니까? 배열 리스트에서 사소한 것 같지만 큰 제약 사항이 있다는 게 이해가 되나요? 참고로, 다음 장에서 배울 연결 리스트는 이러한 최대 저장 개수에 따른 제약 사항이 없습니다.

4.1 추상 자료형

배열 리스트의 추상 자료형은 앞 절에서 다룬 리스트의 추상 자료형과 대부분 같습니다. 다만, 한 가지 경우가 다른데, 바로 리스트를 생성하는 연산입니다. 배열 리스트의 경우에는 초기 배열의 크기가 필요하기 때문입니다.

표 2-3 배열 리스트 추상 자료형: 리스트 추상 자료형과 다른 연산

이름		입력	출력	설명
리스트 생성	createList( )	최대 원소 개수 n	리스트 list	최대 n 개의 자료를 저장할 수 있는 빈 리스트 list를 생성

연산 createList( )는 앞 절에서 선언된 연산과 달리 입력 파라미터로 최대 자료 개수 n이 추가되었음을 알 수 있습니다. 이 값을 전달받아 배열의 크기가 n인 배열 리스트를 생성합니다. 나머지 연산은 앞 절에서 다룬 리스트의 추상 자료형을 참고하기 바랍니다. 이제 배열 리스트의 C 소스로 한 발자국 더 가까이 다가갑니다.

4.2 노드의 구조

배열 리스트에서 먼저 정의할 개념으로 **노드**(node)가 있습니다. 노드는 배열 리스트에서 자료를 저장하는 단위를 말합니다. C 언어의 struct 키워드를 이용하여 노드를 구조체로 선언합니다. 그리고 다음 그림에서 알 수 있듯이, 노드는 실제 저장되는 자료를 내부 멤버 변수로 가집니다.

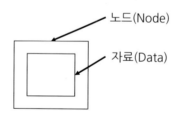

노드(Node)

자료(Data)

그림 2-11 배열 리스트의 노드 구조

배열 리스트에 바로 자료를 저장해도 되는데, 굳이 노드라고 한 번 더 자료를 감싸는 구조체를 사용하는 이유는 무엇일까요? 이러한 구조체로 노드를 선언하면 노드에 한 개의 자료를 저장할 수도 있지만, 동시에 여러 개의 자료를 저장할 수도 있기 때문입니다. 예를 들어, 독자 여러분이 float나 char[ ] 형과 같이 다른 자료형의 원소를 동시에 저장하고 싶을 때 구조체 노드를 이용하면 매우 효과적입니다.

〈여기서 잠깐〉 구조체 struct

구조체란 여러 자료형으로 이루어진 자료들을 하나로 묶어서 새로운 자료형으로 정의한 것을 말합니다. 그리고 C 언어에서는 struct 문을 통하여 이러한 구조체를 정의합니다. 예를 들어, 이름, 나이, 학번으로 이루어진 학생의 정보를 구조체 simple_student로 저장한다고 가정해 보겠습니다. **그림 2-12**는 이러한 struct 문을 이용하여 구조체 simple_student를 정의하는 것을 보여 줍니다.

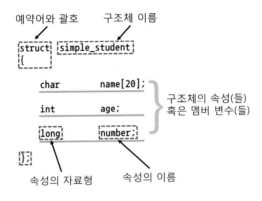

그림 2-12 구조체 정의

여기서 중괄호로 감싼 부분을 구조체 내부라고 합니다. 구조체 내부에서는 구조체가 저장하는 자료들을 변수로 선언해 줍니다. 구조체 내부에 선언된 이러한 변수들을 구조체의 멤버 변수라고 하는데, 쌍반점(;)으로 구분됩니다. 참고로 구조체에서는 멤버 변수가 적어도 1개 이상 선언되어야 합니다.

이제 C 소스를 직접 작성할 차례가 되었네요. 소스에서는 int 형의 자료 한 개를 저장하는 배열 리스트인 노드를 구조체 ArrayListNode로 선언하고 있습니다. 독자 여러분께서 소스를 직접 입력해 보세요.

```
01    #include <stdio.h>
02    #include <stdlib.h>
03    #include <string.h>
04
05    typedef struct ArrayListNodeType {
06        int data;
07    } ArrayListNode;
```

구조체 struct나 typedef 키워드에 대한 보다 자세한 설명은 다른 C 서적을 참고하기 바랍니다. 프리렉 출판사에서 출간한 필자의 졸저 《C 언어 정복 리얼 교과서》에서 구조체 부분을 참고해도 됩니다.

마지막으로 소스와 관련하여 한 가지 말하자면 이 책에서는 소스를 소개하는 순서가 독자 여러분이 이해하기 쉬운 순서입니다. 예를 들어, 앞서의 소스는 줄이 1부터 7까지이며 전체 소스 중 첫 번째 파트에 해당합니다. 독자 여러분이 소스를 다 입력한 다음 컴파일에 문제가 없게 하려면, 소스가 몇 번째 파트인지 왼쪽의 소스 줄을 보고 적절한 위치에 소스를 입력해야 합니다. 혹시 이 부분이 다소 혼란스러우면 프리렉 홈페이지에서 전체 소스를 내려받을 수 있으니 내려받은 소스를 참고하기 바랍니다.

〈여기서 잠깐〉 기존 자료형에 새로운 이름을 부여하는 typedef

C 언어에서 typedef 키워드는 기존 자료형에 새로운 이름을 부여합니다. 다음은 이러한 typedef 키워드를 사용하는 기본 문법입니다. 이러한 typedef를 구조체에 적용해서 구조체에 새로운 이름을 부여할 수 있습니다. 또한, 개발자에게 직관적인 자료형 이름을 부여하는 목적 이외에 struct 키워드를 생략할 수 있게 하여 구조체 선언을 보다 간편하게 한다는 장점이 있습니다.

```
typedef  [재정의되는 기존 자료형] [새로운 자료형 이름];
```

예를 들어, 다음의 그림에서는 typedef를 이용하여 구조체 _simple_teacher에 새로
운 이름 simple_teacher를 부여할 수 있습니다.

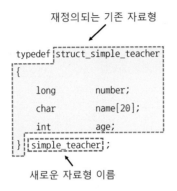

그림 2-13 구조체 재정의

또한, 이렇게 새로 부여된 자료형 정의를 이용하면 소스에서 struct라는 키워드를
생략할 수 있습니다. 예를 들어 볼까요? 기존처럼 구조체 정의만 있었을 때는 변
수를 선언할 때 struct 키워드가 필요했지만, 자료형으로 정의된 simple_teacher는
struct 키워드가 필요 없습니다.

```
simple_teacher teacher1 = {99, "Lee", 37}; // typedef 때문에 struct 생략 가능
struct _simple_teacher teacher2 = {99, "Lee", 37};
```

4.3 배열 리스트의 구조

앞서 배열 리스트의 자료 저장 단위인 노드를 정의하는 소스를 작성해 보았습니다. 다음으로,
이러한 노드를 가지고 자료를 저장하는 실제 배열 리스트를 정의해 보겠습니다. 다음 그림은
배열 리스트를 나타내는 구조체 ArrayListType입니다.

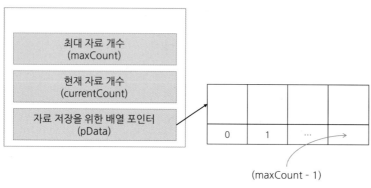

그림 2-14 배열 리스트의 구조

그림 2-14에서 배열 리스트를 나타내는 구조체 ArrayListType에는 멤버 변수가 maxCount, currentCount, pData 모두 세 개가 있습니다. 왜 세 개의 멤버 변수가 필요할까요?

먼저, 멤버 변수 maxCount는 배열의 크기를 저장하여, 최대 몇 개의 자료를 저장할 수 있는지 알려줍니다. 배열 리스트 구조체에서 실제 자료를 저장하는 멤버 변수는 pData입니다. 그런데 pData 혼자만 있으면 pData가 가리키는 배열의 크기가 얼마인지, 즉 원소의 개수가 몇 개인지 알 방법이 없습니다. 왜냐하면, C 언어에서 pData는 동적으로 할당된 메모리의 시작 주소이기 때문입니다. 따라서, 배열의 크기를 저장하는 별도의 변수가 필요합니다. 또한, 우리는 여기에서 배열의 최대 원소 개수가 곧 리스트에서 저장 가능한 최대 자료의 개수임을 알 수 있습니다.

다음으로, 멤버 변수 currentCount는 현재 배열에 저장된 원소의 개수를 알려줍니다. 현재 배열에 저장된 원소의 개수는 곧 리스트에 저장된 자료의 개수와 같습니다. 따라서 배열 리스트에 새로운 자료를 추가하고자 한다면 먼저 배열에 여유가 있는지 알아야 합니다. 이를 이용하면 현재 몇 개의 자료가 배열에 저장되어 있는지 확인할 수 있습니다. 배열의 최대 원소 개수와 현재 원소 개수가 같다면 배열이 가득 찼다는 뜻이 됩니다. 이런 경우라면, 새로운 자료를 더 추가할 수 없습니다. 따라서, 현재 배열에 저장된 원소의 개수를 저장하는 변수가 필요합니다.

그림 2-14에서 pData는 최대 원소 개수(maxCount)만큼 할당된 배열을 가리키는 포인터임을 알 수 있습니다. 이때 각 배열 리스트의 자료는 앞서 선언한 노드 구조체 ArrayListNode 자료형으

로 저장됩니다. 아울러 C 배열에서의 인덱스는 0부터 시작하기 때문에 배열의 마지막 원소의
인덱스는 (maxCount − 1)입니다. 이러한 배열 리스트의 구조체를 실제 C 소스로 정의하면 다음
예제와 같습니다. 참고로, 소스는 앞서 노드를 정의한 소스와 계속 연결됩니다.

예제 02_01.c(2/8)

```
09    typedef struct ArrayListType {
10        int maxCount;               // 최대 자료 개수: 배열의 크기
11        int currentCount;           // 현재 자료 개수
12        ArrayListNode *pData;       // 자료 저장을 위한 1차원 배열
13    } ArrayList;
```

소스 줄 9~13까지 구조체 ArrayList를 선언하고 있습니다. 이 구조체는 최대 저장 가능한 자료
개수를 저장하는 maxCount와 현재 자료 개수를 저장하는 currentCount, 실제 자료를 저장하
는 배열의 포인터 pDatat로 구성됩니다. 이제 이렇게 정의된 배열 리스트 구조체를 이용하여 배
열 리스트가 제공해야 하는 여러 가지 연산들을 어떻게 구현할 수 있을지 살펴보겠습니다.

5. 배열 리스트의 구현

배열 리스트(array list)는 배열을 이용하여 리스트를 구현한 자료구조의 한 종류입니다. 이러한
배열 리스트를 어떻게 구현하는지 이번 절에서 살펴보겠습니다. 앞의 절에서 리스트 사용 시
나리오를 다루었는데 어떤 내용이었는지 기억하나요? 리스트를 생성하고 자료를 추가하여 접
근하고 마지막으로 자료를 제거하였습니다. 이러한 사용 시나리오를 지원하기 위해 앞서 정의
된 리스트의 추상 자료형을 구현합니다. 가장 먼저 살펴볼 함수는 배열 리스트를 생성하는 함
수 createList()가 됩니다. 사용 시나리오 소스 자체는 이번 절의 맨 나중에 보겠습니다.

5.1 리스트 생성

먼저 배열 리스트 자체를 생성하는 함수 createList()를 살펴보도록 하겠습니다. 함수 creat-
eList()를 호출한 결과, 새로 메모리에 할당된 배열 리스트가 반환됩니다. 일단, 줄 15에서 내
부적으로 자료를 저장할 배열의 크기 count를 입력 파라미터로 전달받고 있습니다.

```
15    ArrayList *createList(int count)
16    {
17       ArrayList *pReturn = (ArrayList *)malloc(sizeof(ArrayList));
18       pReturn->maxCount = count;
19       pReturn->currentCount = 0;
20       pReturn->pData = (ArrayListNode *)malloc(sizeof(ArrayListNode) * count);
21       memset(pReturn->pData, 0, sizeof(ArrayListNode) * count);
22
23       return pReturn;
24    }
```

배열 리스트를 생성하는 함수 createList()는 다음 연산들로 구성되어 있습니다. 먼저 앞서 전달받은 최대 저장 가능한 자료의 개수에 해당하는 count 입력 파라미터로, 구조체 ArrayList에 대한 메모리를 할당합니다(줄 17). 배열 리스트에서는 입력 파라미터로 count를 전달받고 이 값으로 최대 저장 가능한 자료의 개수를 지정하고 있습니다. 배열 리스트는 배열의 메모리 할당을 위해 미리 배열의 크기를 정해야 하기 때문입니다.

이후 절차는 다음과 같습니다. 배열 리스트를 새로 생성했기 때문에 현재 저장된 자료 개수는 0입니다(줄 19). 그리고 실제 자료를 저장할 배열에 대해서 메모리 할당을 하고(줄 20), 0으로 초기화합니다(줄 21). 다음으로, 배열 리스트에서 가장 어려운 부분에 해당하는 새로운 자료를 추가하는 함수를 살펴보도록 하겠습니다.

5.2 새로운 자료의 추가

배열 리스트에 새로운 자료를 추가하는 연산 addListData()에 대해 살펴보겠습니다. 사실, 리스트의 맨 마지막에 새로운 자료를 추가하는 데는 별다른 어려움이 없습니다. 단지, 배열의 제일 뒤에 새로운 자료를 대입하기만 하면 됩니다. 반면, 배열 리스트의 중간 위치에 새로운 자료를 끼워 넣을 때는 추가로 고려해야 할 점이 생깁니다. 왜냐하면, 추가된 위치 이후에 있는 자료를 모두 한 칸씩 옮겨야 하기 때문입니다. **그림 2-15**는 인덱스 0 (배열의 첫 번째 위치)에 새로운 자료 30을 추가하는 예를 보여주고 있습니다.

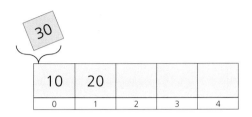

그림 2-15 새로운 자료를 배열 리스트의 중간에 추가

그림에서 알 수 있듯이 배열 리스트의 중간에 새로운 자료를 추가하려면 새로운 자료를 중간에 삽입할 수 있도록 기존 자료를 모두 옮겨야 합니다. 즉, 현재 추가하려는 위치인 인덱스 0의 자료와 그 오른쪽에 있는 자료(인덱스 1의 자료)를 각각 오른쪽으로 한 칸씩 옮겨야 합니다. **그림 2-16**은 이러한 과정을 보여주고 있습니다. 여기서 재미있는 점은 가장 오른쪽 원소부터 차례로 한 칸씩 옮긴다는 것입니다.

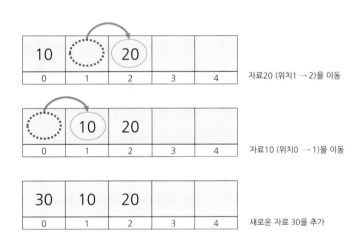

그림 2-16 배열 리스트에서 새로운 자료를 추가하는 과정

그런데, 배열 리스트에서 새로운 원소가 추가될 때 기존의 원소를 옮기는 이유는 무엇인가요? 그 이유는 배열 리스트가 자료를 순차적(sequential)으로 저장하기 위해서입니다. 자료의 논리적 순서를 보장하기 위해 기존 원소의 물리적인 순서를 변경한 것입니다. 이러한 연산 과정을 순서도로 작성해 보면 **그림 2-17**과 같습니다.

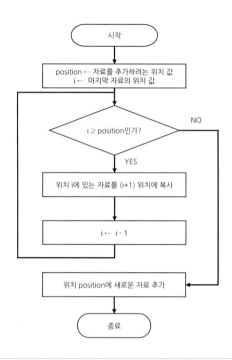

그림 2-17 순서도: 새로운 자료를 배열 리스트에 추가

기존에 저장된 자료의 이동은 결국 배열 리스트의 맨 오른쪽 자료부터 왼쪽으로 차례대로 실시하여 추가하려는 해당 위치의 자료까지 수행합니다. 앞의 예에서는 맨 오른쪽 자료 20의 위치 인덱스 1부터 추가하려는 위치 인덱스 0의 위치에 있는 자료 10까지 차례로 수행했습니다.

따라서, 배열 리스트의 맨 마지막에 새로운 자료를 추가한다면 기존 자료의 이동은 필요 없습니다. 예를 들어, **그림 2-18**과 같이 인덱스 3에 새로운 자료 40을 추가하려고 합니다. 이 경우 기존에 저장된 자료를 옮기지 않고 새로운 자료 40을 추가하였습니다.

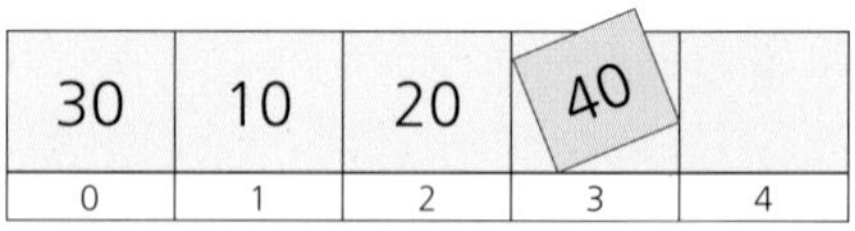

30	10	20	40	
0	1	2	3	4

그림 2-18 기존 자료의 이동이 필요 없는 경우: 맨 마지막에 자료 추가

아울러, 앞서 살펴본 순서도에서도 이러한 점을 확인할 수 있습니다. **그림 2-18**에서는 새로 자료를 추가하려는 위치인 position은 3입니다. 그리고 i는 마지막 자료의 위치 값이므로, 이 경우 2가 됩니다. 따라서, 순서도의 조건문 i ≥ position에서 흐름이 No 쪽으로 빠지게 됩니다. 왜냐하면, i ⟨ position이기 때문입니다. 따라서, 바로 **위치 position에 새로운 자료 추가**가 수행된다

는 것을 확인할 수 있습니다. 위치 인덱스 0에 새로운 자료 30을 추가하는 앞의 예제에 순서도를 적용해 보세요. 정말로 30 → 10 → 20의 순서로 리스트에서 자료가 저장되는지 여러분이 직접 확인해보시기 바랍니다.

 〈여기서 잠깐〉 왜 맨 오른쪽 자료부터 옮기나요?

그림 2-17의 순서도를 보면서 혹시 궁금한 점은 없었나요? 배열 리스트에 새로운 자료를 추가하기 위해 기존 자료를 옮기는데, 왜 맨 오른쪽 자료부터 시작하여 왼쪽으로 1칸씩 이동하면서 기존 자료를 복사할까요? 즉, 위치 i에 있는 자료를 (i+1) 위치에 복사하고 'i ← i − 1'처럼 위치 값 i를 1씩 감소시킵니다. 왜 이렇게 할까요? 맨 왼쪽인 위치 값 0부터 시작하면 안 되나요?

이렇게 하는 이유는, 맨 왼쪽부터 시작하여 오른쪽으로 1칸씩 이동하면서 기존 자료를 복사하면 기존 자료가 (겹치면서) 제거되는 경우가 발생하기 때문입니다. **그림 2-19**는 왼쪽에서 오른쪽으로 이동하면서 위치 i에 있는 자료를 (i+1) 위치에 복사할 때의 문제점을 보여주고 있습니다.

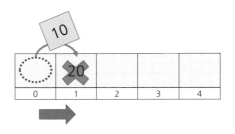

그림 2-19 왼쪽에서 오른쪽으로 이동하면서 자료를 복사할 때의 문제 상황

그림에서 맨 왼쪽 위치인 인덱스 0부터 시작하여 오른쪽으로 이동하면서 자료를 복사하려 합니다. 그런데 위치 값 0의 자료 10을 위치 값 1로 복사하면서 기존에 저장된 자료 20이 제거되어(덮어씌워져) 버렸습니다. 따라서, 배열 리스트에서 새로운 자료를 추가하는 경우 기존 자료를 옮기는 연산은 맨 오른쪽 원소부터 시작해서 왼쪽으로 수행해야 합니다.

지금까지 살펴본 배열 리스트에서 새로운 자료를 추가하는 연산 addListData()를 실제 C 소스로 작성해 보면 다음과 같습니다.

예제 02_01.c (4/8)

```
26    int addListData(ArrayList* pList, int position, int data)
27    {
28        int i = 0;
29        for(i = pList->currentCount-1; i >= position; i--) {
30            pList->pData[i+1] = pList->pData[i];
31        }
32        pList->pData[position].data = data;      // 실제 자료 추가
33        pList->currentCount++;             // 현재 저장된 자료 개수를 1 증가
35        return 0;
36    }
```

> **29~31:** 추가되는 위치와 그 오른쪽에 있는 기존 자료를 모두 오른쪽으로 한 칸씩 이동

소스 줄 29~31에서는 앞서 설명한 바와 같이 자료가 추가되는 위치와 그 오른쪽에 있던 기존 자료를 모두 오른쪽으로 한 칸씩 옮기는 연산을 수행합니다. 인덱스 (currentCount − 1)이 배열의 맨 오른쪽 위치 값이고, position은 새로 자료를 추가하려는 위치 값입니다. 여기서 배열 리스트의 각 자료를 오른쪽으로 한 칸씩 옮기는 부분은 줄 30입니다.

기존 자료를 모두 옮겼으면, 최종적으로 새로운 자료를 위치 값 position에 추가(줄 32)합니다. 물론, 새로 자료를 추가하였기 때문에, 현재 배열에 추가된 자료의 개수 currentCount를 1만큼 증가시켜 줍니다(줄 33).

아울러, 앞서의 소스에서는 함수 addListData()가 항상 성공한다는 의미로 무조건 0을 반환(줄 35)하는데요, 사실 잘못된 위치 값을 전달받으면 새로운 자료 추가에 성공할 수 없습니다. 어떤 경우가 잘못된 위치 값일까요? 이 부분은 뒤의 연습 문제에서 좀 더 다루어 보기로 하겠습니다. 이제 다음으로 배열 리스트에서 기존에 저장된 자료를 제거하는 연산에 대해서 배워 보겠습니다.

5.3 기존 자료의 제거

다음으로, 배열 리스트에서 기존에 저장된 자료를 제거하는 연산 removeListData()에 대해서

살펴보겠습니다. 배열 리스트의 기존 자료 제거 연산에서 일단 중요한 점은 기존의 자료를 제거한 후에 생기는 공백을 없애야 한다는 점입니다. 이러한 예를 간단히 그림으로 나타내면 다음과 같습니다.

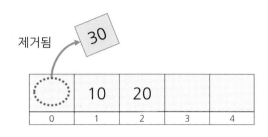

그림 2-20 배열 리스트에서 기존 자료의 제거

그림 2-20은 위치 값이 0에 저장된 기존 자료 30을 제거한 뒤를 보여주고 있습니다. 이 경우 배열 리스트의 중간에 공백이 발생했습니다. 즉, 위치 0에 현재 아무런 자료가 없습니다. 우리는 앞장에서 리스트는 자료를 순서대로 저장하는 자료구조이며 중간에 빈 곳 없이 한 줄로 저장한다고 배웠습니다. 따라서, **그림 2-20**에서 기존 자료를 제거한 이후에 생긴 빈 곳을 없애야 합니다. 이러한 과정을 그림으로 나타내면 아마도 다음 그림과 같을 것입니다.

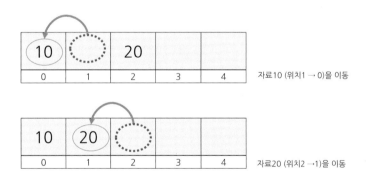

그림 2-21 배열 리스트에서 기존 자료를 제거한 이후 과정

그림 2-21은 앞서 배열 리스트에서 기존 자료를 제거한 이후의 후처리(post-processing) 과정을 보여주고 있습니다. 제거된 자료부터 시작하여 오른쪽 칸에 있는 자료를 왼쪽으로 한 칸씩 옮깁니다. 앞서 자료를 추가하는 연산에서는 왼쪽 위치에 있던 자료를 오른쪽으로 한 칸씩 옮겼다면 자료를 제거하는 연산에서는 이와 반대 방향으로 왼쪽으로 한 칸씩 자료를 옮깁니다.

그림 2-21에서는 첫 번째 위치의 자료를 제거하고 나서 제거된 자료의 위치 바로 오른쪽에 있던 자료 10을 옮겼다는 것을 알 수 있습니다.

이러한 자료 이동은 배열의 왼쪽 자료부터 시작하여 오른쪽으로 차례대로 수행합니다. 그런데 어느 위치부터 시작하나요? 네, 제거하려는 위치부터 시작합니다. **그림 2-21**에서는 제거된 자료 30의 오른쪽 칸에 있던 자료 10 (위치 값 1)을 위치 값 0으로 옮겼습니다. 그리고 배열 리스트의 마지막 자료 직전까지 이러한 연산을 수행합니다. 지금까지의 내용을 순서도로 나타내면 다음 그림과 같습니다.

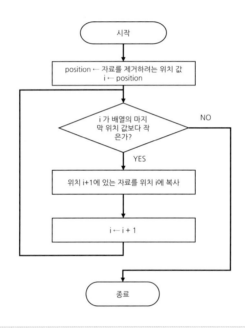

그림 2-22 순서도: 배열 리스트에서 기존 자료를 제거

그림 2-22 순서도를 실제 C 함수 removeListData()로 작성해보면 다음과 같습니다.

예제 02_01.c(5/8)

```
38   int removeListData(ArrayList* pList, int position)
39   {
40      int i = 0;
41      for(i = position; i < pList->currentCount-1; i++) {
42         pList->pData[i] = pList->pData[i+1];
43      }
```

> **41~43**: 제거되는 원소의 위치와 그 오른쪽으로 있는 원소를 왼쪽으로 한 칸씩 이동

```
44        pList->currentCount--;
45        return 0;
46    }
```

소스 줄 41~43은 앞서 설명한 제거되는 원소의 위치와 그 오른쪽으로 있는 자료를 왼쪽으로 한 칸씩 옮기는 연산을 수행합니다. 이때 이러한 **자료의 이동**은 배열의 왼쪽에서 오른쪽으로 이동하면서 수행합니다. 소스에서는 for 루프를 돌면서 임시 위치 값 변수 i의 값이 1씩 증가합니다. 즉, 초깃값이 제거되는 위치 인덱스 position부터 시작하여 배열의 맨 마지막 위치 바로 이전까지 루프를 돌면서 각 원소를 왼쪽으로 한 칸씩 옮깁니다. 왜냐하면, 맨 마지막 자료는 자신의 오른쪽 원소가 없기 때문입니다. 예를 들어, 자료의 개수가 세 개면 맨 마지막 원소의 위치 인덱스는 2입니다. 따라서, 변수가 i의 값이 (맨 마지막의 바로 이전 위치인) 위치 인덱스 1 까지만 이 루프를 반복합니다.

그리고 모든 이동이 끝나면 현재 리스트의 자료 개수를 1개 감소시킵니다(줄 44). 단, 앞서의 소스에서는 위치 인덱스가 position인 자료를 제거하는 부분은 없습니다. 왜냐하면, 위치 인덱스가 position + 1인 자료를 position으로 복사하면 자연스럽게 기존 자료가 없어지기 때문입니다. 따라서, 굳이 위치 인덱스가 position인 자료를 제거할 필요가 없습니다.

다만, 앞의 소스에서는 함수 removeListData()가 항상 성공한다는 의미로 무조건 0을 반환(줄 45)합니다. 그런데 잘못된 위치 값을 전달받으면 기존 자료의 제거가 성공할 수 없습니다. 이 부분은 연습 문제에서 좀 더 다루어 보기로 하겠습니다. 이제 다음으로 배열 리스트에 저장된 자료를 반환하는 연산에 대해서 배워 보겠습니다.

5.4 값 가져오기와 기타 연산

배열 리스트에 저장된 특정 위치의 자료를 가져오는 연산 getListData()는 다음과 같이 비교적 간단히 구현할 수 있습니다.

예제 03_01.c(6/8)

```
48    int getListData(ArrayList* pList, int position)
49    {
```

```
50        return pList->pData[position].data;
51    }
```

소스 줄 48을 보면 전달받은 입력 파라미터 position을 이용하여 배열 리스트 pList의 배열 pData의 위치 position에 저장된 자료(값)를 반환하고 있습니다. 다음으로, 배열 리스트 자체를 삭제하는 연산 deleteList()의 소스를 살펴보면 다음과 같습니다.

예제 03_01.c(7/8)

```
53    void deleteList(ArrayList* pList)
54    {
55        free(pList->pData);
56        free(pList);
57    }
```

결국, 배열 리스트의 멤버 변수인 pData가 배열을 가리키는 포인터이므로 먼저 할당된 배열의 메모리를 해제시킵니다(줄 55). 그리고 최종적으로 배열 리스트 자체에 대한 메모리를 해제시켜 줍니다(줄 56).

사실, 두 함수 deleteList()와 getListData() 모두 입력 파라미터들에 대한 유효성을 점검하는 부분을 보완해야 합니다. 함수의 유효성 점검을 추가하는 부분은 연습 문제에서 다루겠습니다.

5.5 최종 구현

이번 장을 마무리하면서 지금까지 우리가 살펴보았던 '배열 리스트 사용 시나리오'에 따라서 배열 리스트를 사용하는 소스를 구현해 볼까요?

Step-1. 크기가 5인 배열 리스트를 생성한다.						
	0	1	2	3	4	

Step-2~3. 자료 10과 20을 배열 리스트 첫 번째와 두 번째 위치에 차례대로 저장한다.	
Step-4. 자료 30을 배열 리스트의 첫 번째 위치에 저장한다.	
Step-5. 배열 리스트에서 두 번째 위치에 저장된 자료를 가져 온다.	
Step-6. 배열 리스트에서 첫 번째 위치의 자료를 제거한다.	
Step-7. 배열 리스트 자체를 삭제한다.	

이들 7단계를 앞서 리스트의 추상 자료형에서 정의한 함수(연산)로 구현하면 다음 예제와 같습니다.

예제 02_01.c (8/8)

```
59   int main(int argc, char *argv[])
60   {
61      ArrayList *pList = NULL;
62      int value = 0;
63
64      pList = createList(5);              // Step-1
65      addListData(pList, 0, 10);          // Step-2
66      addListData(pList, 1, 20);          // Step-3
67      addListData(pList, 0, 30);          // Step-4
68
69      value = getListData(pList, 1);      // Step-5
70      printf("위치: %d, 값: %d\n", 1, value);
71
72      removeListData(pList, 0);           // Step-6
73      deleteList(pList);                  // Step-7
74
75      return 0;
76   }
```

소스를 보면 줄 61에서 선언된 포인터 변수 pList를 줄 64에서 함수 createList()를 호출할 때 사용하고 있습니다. 단, 이때 최대 저장 가능한 자료의 개수를 5개로 해서 배열 리스트를 생성합니다. 이후 줄 65~67에서 자료 10, 20, 30을 추가하고 있습니다. 앞서 새로운 자료의 추가 연산에서 설명하였던 상황 그대로입니다.

그리고 줄 69에서는 배열 리스트에 두 번째로 저장된 자료(위치 인덱스가 1)를 가져오며, 줄 72 에서는 리스트에 첫 번째로 저장된 자료를 제거하고 있습니다. 이 경우 자료 30이 제거될 것임 을 예상해 볼 수 있습니다. 마지막으로, 줄 73에서는 이렇게 생성된 배열 리스트 pList에 대하 여 함수 deleteList()를 호출하여 메모리 해제를 수행합니다.

지금까지 배열 리스트와 관련된 소스의 구현이 모두 끝났습니다. 지금까지의 소스를 컴파일하 고 실행하면 어떤 결과가 출력되나요? 실제 화면에 출력되는 것은 다음과 같이 줄 70에 의해 배열 리스트의 두 번째 자료입니다.

```
70      printf("위치: %d, 값: %d\n", 1, value);
```

이 시점에서 배열 리스트 pList는 30 → 10 → 20의 순서대로 자료가 저장되어 있습니다. 따라 서, 실제 실행 결과는 화면에 다음과 같이 10이 출력됩니다.

프로그램 02_01.exe의 실행 결과 화면
```
C:\Users\jinlee\Project\02\Release> 02_01.exe <Enter>
위치: 1, 값: 10
```

이상으로 배열 리스트를 어떻게 구현하는지 살펴보았습니다. 이제 배열 리스트를 구현할 수 있을 뿐 아니라 이렇게 구현된 배열 리스트를 자유롭게 응용할 자신감이 생겼나요? 이번 장 의 연습 문제를 차분히 풀어 가면서 배열 리스트를 완전히 자신의 것으로 만들어 보기를 바랍 니다.

연습 문제

1. 다음을 계산해 보세요.

    1) 현재 자료가 10개 있는 배열 리스트에서 두 번째 위치에 새로운 자료를 추가하려 합니다. 모두 몇 개의 자료를 옮겨야 합니까?

    2) 현재 자료가 10개인 배열 리스트에서 두 번째 위치의 자료를 제거하려 합니다. 모두 몇 개의 자료를 옮겨야 합니까?

2. **[추가 함수 구현]**

배열 리스트에 현재 저장된 자료의 개수를 구하는 함수 getListLength()를 구현해 보세요. 함수 getListLength()의 명세는 다음 표와 같습니다.

이름		입력	출력
리스트 생성	getListLength( )	리스트 list	리스트에 저장된 자료의 개수

함수 getListLength()를 실제 사용한 예는 다음과 같습니다.

```
~ 생략 ~
int main(int argc, char *argv[ ]) {
    int value = 0;
    ArrayList *pList = createList(5);
    addListData(pList, 0, 10);
    addListData(pList, 1, 20);
    addListData(pList, 1, 30);
    value = getListLength(pList);
    printf("자료의 개수 %d\n", value);
~ 이하 생략 ~
```

소스를 컴파일하여 실행하면 다음과 같은 결과가 출력됩니다.

    자료의 개수: 3

3. [소스의 안정성 보완: 함수 createList( )의 유효성 점검]

43쪽 '5.1 리스트 생성'에서 구현한 함수 createList( )는 안정성에 다소 문제가 있습니다. 예를 들어, 입력 파라미터 count의 값으로 0 혹은 −1과 같은 비정상적인 값이 전달되면 프로그램이 비정상적으로 종료됩니다. 다음 표는 이처럼 가장 흔하게 실수하기 쉬운, 잘못된 입력 파라미터의 예를 보여주고 있습니다. 물론, 이러한 실수는 자료구조의 연산을 호출하는 쪽에서 주로 일어납니다.

구분	예
0	0
음수	−1
비정상으로 큰 값	9999999999999

이처럼 잘못된 입력 파라미터가 전달될 경우 메모리 할당이 실패하여, 다음 소스 줄 17의 pReturn 값이 NULL이 됩니다. 그러면 연쇄적으로 줄 18 ~ 21의 pReturn을 사용하는 모든 곳이 문제가 됩니다. 즉, 프로그램이 비정상적으로 종료될 수 있습니다. 이러한 경우 메모리 할당 검증을 하지 않은 앞의 소스는 프로그램이 강제 종료되는 등의 문제를 일으킬 수 있습니다.

예제 함수 createList( )

```
ArrayList *createList(int count)
{
    ArrayList *pReturn = (ArrayList *)malloc(sizeof(ArrayList));
    pReturn->maxCount = count;
    pReturn->currentCount = 0;
    pReturn->pData = (ArrayListNode *)malloc(sizeof(ArrayListNode) * count);
    memset(pReturn->pData, 0, sizeof(ArrayListNode) * count);

    return pReturn;
}
```

다음은 이러한 잘못된 입력 파라미터가 전달되도록 하는 소스의 예입니다. 함수 createList( )를 호출할 때 입력 파라미터로 0을 전달하고 있습니다.

예제 잘못된 입력 파라미터 전달

```
pList = createList( 0 );
```

이러한 경우 다음 그림과 같이 프로그램이 비정상적으로 종료됩니다.

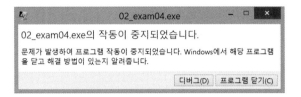

앞서 줄 17에서 함수 malloc()의 메모리 할당이 실패하기 때문입니다. 메모리 크기를 0 만큼 할당하면 당연히 NULL이 반환됩니다. 따라서, 함수 malloc()에서 NULL이 반환 되고 그 영향으로 줄 18에서 프로그램은 비정상적으로 종료하게 됩니다. 메모리가 할당 되지 못한 NULL 주소를 대상으로 추가적인 연산을 수행하려고 시도하기 때문입니다.

이제 소스를 수정해야 하는 문제입니다. 앞서 주어진 함수 createList()의 소스를 수정하 여 다음 두 가지 사항을 보완해 보세요.

(1) 함수 createList()는 입력 파라미터 count의 값이 0보다 작거나 같다면 NULL을 반환 한다.

(2) 소스 줄 18~21은 pReturn의 값이 NULL이 아닌 경우에만 실행되도록 한다. 즉, 만 약 줄 17에서 함수 malloc()의 반환 값이 NULL이면 함수 createList()는 NULL을 반 환한다.

4. [소스의 안정성 보완: 함수 addListData( )의 유효성 점검]

다음 함수 addListData()는 입력 파라미터 pList와 position에 대해서 유효성 점검을 하 지 않습니다.

예제 함수 addListData( )

```
int addListData(ArrayList* pList, int position, int data) {
    int i = 0;
    for(i = pList->currentCount-1; i >= position; i--) {
        pList->pData[i+1] = pList->pData[i];
    }
    pList->pData[position].data = data;
    pList->currentCount++;

    return 0;
}
```

다음 두 가지 유효성 점검 로직을 반영하도록 소스를 수정해 보세요.

(1) 입력 파라미터 pList가 NULL이면 오류 코드 1을 반환한다.

(2) 입력 파라미터 position이 유효한 범위인지 점검하여 만약 유효한 범위가 아니면 오류 코드 2를 반환한다.

> 예) 현재 배열 리스트에 자료가 두 개 저장되어 있으면 배열 리스트에 새로운 자료를 추가할 수 있는 위치 인덱스 값의 범위는 0부터 2입니다. 즉, 맨 앞부터 맨 뒤까지 추가할 수 있습니다.

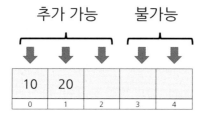

> 만약 위치 인덱스 값 3 혹은 4로 새로운 자료를 추가하려 하면 중간에 공백이 생겨 리스트의 정의를 위배하게 됩니다.

5. **[소스의 안정성 보완: 함수 removeListData( )와 getListData( )의 유효성 점검]**
다음 함수 removeListData()는 입력 파라미터 pList와 position에 대해서 유효성 점검을 하지 않습니다.

예제 removeListData( )와 getListData( )

```
int getListData(ArrayList* pList, int position) {
    return pList->pData[position].data;
}

..........

int removeListData(ArrayList* pList, int position) {
    int i = 0;
    for(i = position; i < pList->currentCount-1; i++) {
        pList->pData[i] = pList->pData[i+1];
    }
    pList->currentCount--;
    return 0;
}
```

다음 두 가지 유효성 점검 로직을 반영하도록 소스를 수정해 보세요.

(1) 입력 파라미터 pList가 NULL이면 오류 코드 1을 반환한다.

(2) 입력 파라미터 position이 유효한 범위인지 점검하여 만약 유효한 범위가 아니면 오류 코드 2를 반환한다.

> 예) 현재 배열 리스트에 자료가 두 개 저장되어 있으면 배열 리스트의 기존 자료를 반환하거나 기존 자료를 제거할 수 있는 위치 인덱스 값의 범위는 0부터 1입니다.

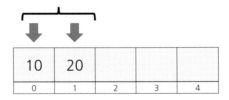

접근 or 제거 가능

> 만약 위치 인덱스 값 2 혹은 3에 있는 자료를 제거하려면 없는 자료에 대한 연산이므로 오류가 발생합니다.

6. [소스의 안정성 보완: 함수 deleteList( )의 유효성 점검]

다음 함수 deleteList()는 입력 파라미터에 대해서 유효성 점검 로직이 없습니다. 입력 파라미터 pList가 NULL이 전달되더라도, pList의 내부 변수가 초기화되지 않았더라도 프로그램이 비정상적으로 종료되지 않도록 소스를 수정해 보세요.

```
void deleteList(ArrayList* pList) {
    free(pList->pData);
    free(pList);
}
```

Chapter

3

연결 리스트

1 연결 리스트   **2** 연결 리스트의 구현   **3** 연결 리스트 관련 함수들

이번 장에서 살펴볼 자료구조는 2장과 마찬가지로 여전히 리스트입니다. 다만, 앞서 2장에서는 배열을 이용하여 구현한 배열 리스트(array list)를 살펴보았다면 이번 장에서는 포인터를 이용하여 구현한 연결 리스트(linked list)에 대해 배워 보겠습니다.

포인터를 이용해 구현한 연결 리스트는 배열 리스트와 비교해서 여러 가지 장점이 있습니다. 따라서, 이번 장에서 연결 리스트를 제대로 배운다면 앞장의 배열 리스트와 더불어 여러분이 작성하는 프로그램의 특성에 맞게 배열 리스트나 연결 리스트를 선택할 수 있을 것입니다. 이 장의 마지막에서는 앞장에서 배운 배열 리스트와 비교해서 연결 리스트가 가지는 장점과 단점이 무엇인지 비교해 보겠습니다. 자 그럼 본격적으로 연결 리스트를 파고들어가 볼까요?

1. 연결 리스트

연결 리스트(linked list)는 포인터를 이용하여 리스트를 구현한 자료구조 중 하나입니다. 리스트는 한 줄로 혹은 차례대로 자료를 저장합니다. 따라서, 독자 여러분은 연결 리스트가 **포인터를 이용하여** 자료를 한 줄로 저장하는 자료구조로 생각할 수 있습니다. 다음 그림은 연결 리스트의 예입니다.

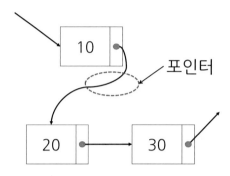

그림 **3-1** 연결 리스트의 예

그림 3-1에서는 정수 자료 세 개가 순서대로 연결되어 있습니다. 자세히 보면 각각의 자료가 정수 부분과 화살표 부분으로 구분되어 있습니다. 즉, 연결 리스트에서 저장 단위는 순수하게 자료를 저장하는 부분(상자)과 자료 사이를 연결하는 부분(화살표)으로 구성되어 있습니다. 여기서 자료 사이를 연결하는 부분인 화살표가 포인터가 됩니다. C 언어의 포인터는 메모리 주소를 말합니다. 즉, 포인터를 이용해서 다음 자료에 대한 연결 정보(링크)를 가지게 됩니다. 따라서, 연결 리스트는 포인터를 이용하여 자료를 한 줄로 연결하여 저장합니다.

앞장의 배열 리스트에서 자료를 저장하는 단위로 노드(node)라는 개념을 사용했었습니다. 따라서, 연결 리스트는 포인트를 이용하여 자료를 한 줄로 연결하여 저장합니다. 배열 리스트의 노드가 단순히 자료만 포함한다면, 연결 리스트의 노드는 저장하려는 자료뿐 아니라 다음 자료의 연결 정보(링크)까지 포함합니다.

연결 리스트의 노드 = 자료 + 연결 정보(링크)

1.1 노드의 구조

연결 리스트의 노드는 앞서 살펴본 것처럼 실제 저장하려는 **자료**와 다음 자료의 **링크**(연결 정보)를 멤버 변수로 가지는 구조체입니다. 노드의 링크를 이용하여 다음 노드에 접근할 수 있습니다. 물론, 다음 노드에 접근할 수 있으면 당연히 다음 노드에 저장된 자료에도 접근할 수 있습니다. 연결 리스트의 노드가 갖는 구조를 그림으로 나타내면 다음과 같습니다.

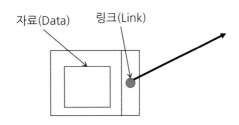

자료(Data)   링크(Link)

그림 3-2 연결 리스트에서 노드의 구조

연결 리스트의 노드는 C 언어의 struct 키워드를 이용하여 구조체로 선언합니다. 그래서 정수 (int)와 실수(float) 같은 자료형(data type)뿐 아니라 또 다른 구조체도 멤버 변수로 저장할 수 있습니다. 즉, 노드가 구조체로 선언되어서 하나의 노드는 동시에 여러 자료를 저장할 수 있습니다. 노드의 링크는 C 언어의 포인터를 이용하는데, 현재 노드와 연결된 다음 노드를 가리킵니다. 이러한 연결 리스트의 노드를 C 언어로 정의한 소스는 다음과 같습니다.

예제 03_01.c (1/8)

```
01   #include <stdio.h>
02   #include <stdlib.h>
03   #include <string.h>
04
05   typedef struct LinkedListNodeType {
06       int data;
07       struct LinkedListNodeType *pLink;
08   } LinkedListNode;
```

소스에서 노드의 자료 부분은 줄 6에서 정의된 멤버 변수 int data입니다. 여기서는 정수를 한 개 저장한다는 것을 알 수 있습니다. 그리고 줄 7에 다음 노드의 연결 정보를 저장하는 멤버 변수인 pLink가 있습니다. 이 링크 pLink를 통해서 현재 노드와 다음 노드가 연결되어 있습니다.

연결 리스트의 노드 중에서 특별히 맨 마지막 노드는 독특한 특징이 하나 있습니다. 바로 이 노드의 링크 pLink의 값이 NULL이라는 점입니다. 왜냐하면, 맨 마지막 노드이기 때문에 다음으로 연결된 노드가 없기 때문입니다.

그림 3-3 연결 리스트의 맨 마지막 노드: 다음 노드가 NULL

따라서, 연결 리스트의 마지막 노드는 다른 노드들과 다르게 링크의 값으로 NULL이 저장된다는 점을 기억하기 바랍니다. 다음으로, 이렇게 선언된 노드를 이용하여 연결 리스트를 선언해 보겠습니다.

1.2 연결 리스트의 구조

앞서 연결 리스트의 자료 저장 단위인 노드를 정의하는 소스를 작성했습니다. 이제는 이 노드를 이용하여 연결 리스트를 정의해 보겠습니다. 다음 그림은 연결 리스트의 구조를 보여줍니다. 다만, 현재 저장하고 있는 자료가 없는 빈 상태입니다.

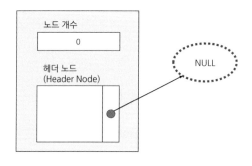

그림 3-4 연결 리스트의 구조: 저장된 자료가 없는 빈 상태

그림 3-4에서 연결 리스트의 멤버 변수로 헤더 노드(header node)가 있습니다. 헤더 노드는 실제 자료를 저장하는 노드가 아니라 다음 노드에 대한 링크를 저장하는 노드입니다. 즉, 노드를 연결하기 위해 사용하는 일종의 더미(dummy) 노드입니다. 헤더 노드 자체는 저장하는 자료가 없습니다.

그리고 **그림 3-4**에서 헤더 노드의 링크 pLink의 값은 NULL입니다. 이 링크는 자료를 저장하는 노드를 가리켜야 하는데, 현재는 가리키는 노드가 없습니다. 따라서, 현재 저장하고 있는 자료가 없는 빈(empty) 연결 리스트라는 것을 알 수 있습니다.

만약, 이러한 빈 연결 리스트에 정수 자료 10을 추가한다고 가정하겠습니다. 빈 연결 리스트에 자료를 추가하는 경우이므로 첫 번째 위치에 자료가 추가됩니다. 그러면 연결 리스트는 아마도 다음 그림과 같이 바뀔 것입니다.

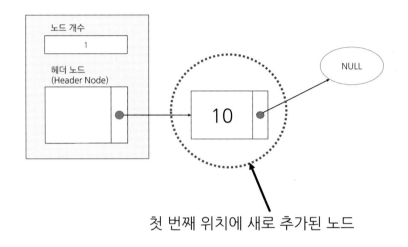

첫 번째 위치에 새로 추가된 노드

그림 3-5 자료 한 개를 저장하는 연결 리스트의 예: 헤더 노드를 사용

그림 3-5에서 정수 자료 10을 저장하는 첫 번째 노드가 보입니다. 그런데 자료를 저장하는 노드는 헤더 노드의 다음 노드로 연결되어 있습니다. 헤더 노드 자체는 여전히 자료를 저장하고 있지 않습니다. 다만, 헤더 노드는 실제 자료를 저장하고 있는 노드를 연결하고 있습니다. 물론, 새로 추가된 노드 10은 연결 리스트에서 첫 번째 노드이자 마지막 노드입니다. 따라서, 노드 10의 링크 pLink의 값은 NULL입니다.

그림 3-5에서 재미있는 점은 노드 개수를 저장하는 멤버 변수입니다. 현재 연결 리스트의 노드가 한 개이기 때문에 이 멤버 변수의 값도 1로 바뀌었습니다. 물론, 배열 리스트와 달리 최대 노드 개수는 저장할 필요가 없다는 점도 기억하기 바랍니다.

만약, **그림 3-5**와 같은 연결 리스트에 새로운 자료를 하나 더 추가하면 어떻게 될까요? 아마도 자료를 저장하는 노드를 새로 만들고 첫 번째 노드의 다음 노드로 추가하면 될 것입니다. 구체적으로 어떤 과정을 거쳐서 새로운 노드가 추가되는지는 뒤에서 실제 소스를 이용해 살펴보도록 하겠습니다.

이러한 연결 리스트의 구조체를 실제 C 언어로 정의한 소스는 다음과 같습니다. 소스에서 구조체 LinkedList가 연결 리스트의 구조체입니다. 앞서 노드를 정의한 소스와 계속 연결된다는 점에 주의해 주세요.

예제 03_01.c (2/8)

```
10    typedef struct LinkedListType {
11        int           currentCount;
12        LinkedListNode headerNode;
13    } LinkedList;
```

위의 소스를 보면 구조체 LinkedList는 멤버 변수로 현재 노드 개수 currentCount와 헤더 노드 headerNode를 가지고 있습니다. 이렇게 정의된 연결 리스트의 구조체를 이용하여 리스트의 추상 자료형에서 정의된 연산을 구현하겠습니다.

2. 연결 리스트의 구현

이번 절에서는 포인터를 이용하여 구현한 연결 리스트(linked list)의 소스를 살펴보겠습니다. 앞서 2장에서 정의한 리스트의 추상 자료형을 포인터를 이용하여 어떻게 구현하는지가 핵심입니다. 이 중에서 먼저 살펴볼 함수는 연결 리스트를 생성하는 함수 createList()입니다.

2.1 리스트 생성

함수 createList()는 연결 리스트의 구조체 LinkedList에 대한 메모리를 할당(줄 16)합니다. 여기서 앞장의 배열 리스트와 비교해 보면 다른 점이 보이나요? 먼저 함수의 이름이 createLinkedList()로 바뀌었습니다. 이렇게 한 이유는 배열 리스트의 함수 이름과 중복을 피하기 위해서입니다. 소스에서 배열 리스트와 연결 리스트를 동시에 사용할 수도 있기 때문입니다.

예제 03_01.c (3/8)

```
15    LinkedList *createLinkedList() {
```

```
16      LinkedList *pReturn = (LinkedList *)malloc(sizeof(LinkedList));
17      memset(pReturn, 0, sizeof(LinkedList));    // 할당된 메모리를 0으로 초기화
18      return pReturn;
19   }
```

다음으로, 함수의 입력 파라미터가 없다는 것을 알 수 있습니다. 배열 리스트의 함수 createList()에서는 배열의 크기에 해당하는 입력 파라미터 count가 있었습니다. 반면, 연결 리스트에서는 이러한 입력 파라미터가 없습니다. 연결 리스트에서는 새로 자료를 추가할 때마다 동적으로 노드를 생성하여 추가하기 때문입니다.

다음으로, 줄 17에서 구조체를 0으로 초기화합니다. C 언어에서 새로 메모리를 할당한 다음에 0으로 초기화하는 것은 프로그램의 버그를 없애기 위해서입니다. 다만, 이 함수에서는 새로 메모리를 할당한 다음에 메모리 할당이 성공했는지 검증하는 부분이 생략되어 있습니다. 이 부분이 없다고 해서 당장 프로그램을 실행하는 데는 문제가 없습니다. 다만, 향후에 프로그램이 강제 종료되는 등의 잠재적인 가능성이 있기 때문에 소스 자체의 품질에는 문제가 됩니다. 이 문제는 뒤의 연습 문제에서 별도로 살펴보도록 하겠습니다.

다음에는 연결 리스트에서 값을 가져오는 함수 getLinkedListData()에 대해서 살펴보겠습니다. 연결 리스트를 생성하는 소스를 다루었으므로 연결 리스트에 새로 자료를 추가하는 함수 addLinkedList()를 다루어야 하지 않느냐고 생각할 수 있습니다. 그런데 함수 addLinkedList()를 이해하는 데 함수 getLinkedListData()에서 다루는 내용이 필요합니다. 연결 리스트에서 자료를 추가하려면 기준이 되는 자료를 먼저 찾고 그 뒤에 추가하기 때문입니다. 따라서, 먼저 함수 getLinkedListData()를 살펴보겠습니다.

2.2 값 가져오기

연결 리스트에 저장된 자료에 접근하여 값을 가져오는 연산에 대해서 살펴보겠습니다. 예를 들어, 다음 그림처럼 연결 리스트의 두 번째 노드에 저장된 자료가 무엇인지 값을 가져온다고 가정하겠습니다.

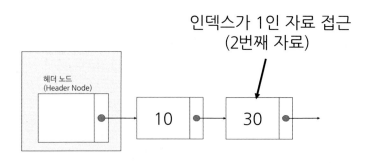

그림 3-6 인덱스가 1인 자료에 접근

이때 '값 가져오기' 연산에서 핵심 알고리즘은 "헤더 노드에서 시작해서 인덱스만큼 다음 노드로 이동한다."가 됩니다. 연결 리스트에서 각 노드는 링크로 서로 연결되어 있습니다. 따라서, 노드의 링크를 이용하면 원하는 위치의 노드까지 이동할 수 있습니다.

예를 들어, 인덱스가 0인 경우, 즉 첫 번째 자료를 생각해 보겠습니다. 이 자료는 다음 그림처럼 헤더 노드와 곧바로 연결된 자료입니다. 따라서, 헤더 노드의 링크를 따라서 한 번 이동하면 첫 번째 자료를 가리킵니다.

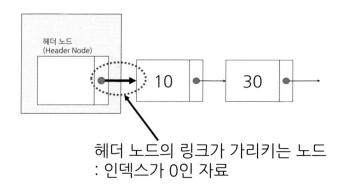

그림 3-7 첫 번째 노드: 헤더 노드의 링크가 가리키는 노드

그러면 인덱스가 1인 경우, 즉 두 번째 자료는 어떻게 되나요? 원하는 자료는 첫 번째 자료의 다음 노드입니다. 따라서, 두 번째 자료는 헤더 노드와 연결된 노드의 다음 노드입니다. 다음 그림은 두 번째 자료로 어떻게 접근하는지 보여주고 있습니다.

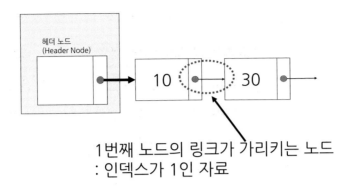

1번째 노드의 링크가 가리키는 노드
: 인덱스가 1인 자료

그림 3-8 두 번째 노드: 첫 번째 노드의 링크가 가리키는 노드

그림 3-8을 보면, 첫 번째 노드의 링크를 따라서 한 번 더 이동하면 두 번째 노드로 이동하게 됩니다. 여기서 인덱스가 1이므로 2번 이동했다는 점에 주의해 주세요. 이러한 과정을 순서도로 정리하면 다음과 같습니다. 순서도에서 입력 파라미터로 전달받은 position은 값을 가져와야 할 노드의 인덱스입니다. 물론 이 인덱스도 0부터 시작합니다.

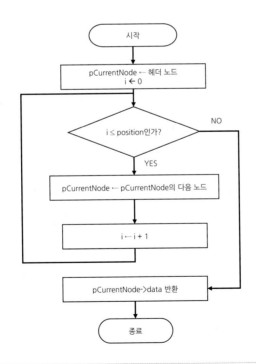

그림 3-9 순서도: 연결 리스트의 값을 가져오기

만약 입력 파라미터 position으로 0이 전달되면 헤더 노드의 다음 링크로 한 번 이동해야 합니다. 또한, 입력 파라미터 position으로 1이 전달되면 헤더 노드의 다음 링크로 한 번, 그리고 다음 노드로 한 번 이동해서 모두 두 번 이동해야 합니다. 순서도는 이런 알고리즘을 표현한 것입니다.

이제 순서도를 C 언어로 작성해 보겠습니다. 소스를 보기 전에 스스로 한번 작성해 보기 바랍니다. 그리고 나서 소스를 보면 이해가 비교적 쉽게 될 것입니다.

예제 03_01.c (4/8)

```
21    int getLinkedListData(LinkedList* pList, int position) {
22        int i = 0;
23
24        LinkedListNode *pCurrentNode = &(pList->headerNode);
25        for (i = 0; i <= position; i++) {
26            pCurrentNode = pCurrentNode->pLink;
27        }
28
29        return pCurrentNode->data;
30    }
```

소스 줄 24를 보면 연결 리스트의 노드를 가리키는 포인터 변수 pCurrentNode에 값으로 헤더 노드의 주소를 대입했습니다. 이 부분을 자세히 살펴보면 다음과 같은 순서로 연산이 수행됩니다.

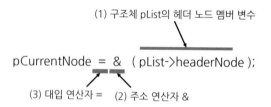

그림 **3-10** 연산자 수행 순서

먼저, 괄호 () 안 부분이 처음으로 수행되는데, 결국 구조체 pList의 멤버 변수인 헤더 노드(headerNode)를 가리키게 됩니다. 다음으로, C 언어의 연산자 우선순위에 따라 주소 연산자 &

가 수행되어 조금 전 헤더 노드 변수 pList→headerNode의 주솟값이 추출됩니다. 마지막으로
대입 연산자 =에 의해 이 주솟값이 포인터 변수 pCurrentNode에 저장됩니다. 다음 그림은 이
러한 과정을 통해 포인터 변수 pCurrentNode가 현재 연결 리스트 pList의 헤더 노드 자체를
가리키는 것을 보여줍니다.

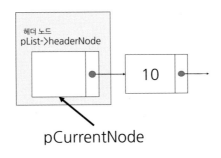

그림 3-11 포인터 변수 pCurrent의 초깃값: 헤더 노드 자체를 가리킴

그런 다음, 줄 25~27에서는 인덱스 position + 1 횟수만큼 노드의 링크를 이용하여 다음 노드
로 이동합니다. 예를 들어, 입력 파라미터 position의 값이 0이면 for 문의 조건에 따라 줄 26이
한 번 실행됩니다. 이 줄은 노드 pCurrentNode의 다음 노드를 노드 pCurrentNode에 대입한
다는 것입니다. 따라서, 줄 26이 한 번 실행되면 포인터 변수 pCurrentNode는 다음 그림과 같
이 헤더 노드의 링크가 가리키는 노드를 가리키게 됩니다.

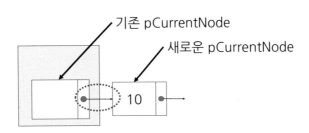

그림 3-12 줄 26이 한 번 실행된 경우(i = 0)

만약 입력 파라미터 position의 값으로 1이 전달되면, 줄 26 부분이 두 번 실행되면서 포인터
변수 pCurrentNode가 두 번째 노드를 가리키게 됩니다. 여기서 줄 25~27이 인덱스만큼 다음
노드로 이동하는 알고리즘이 실제로 구현된 소스임을 알 수 있습니다.

다만, 이 소스는 몇 가지 안정성이 부족해서 실제 업무에서 적용하려면 보완이 필요합니다. 소스 안정성에 대한 보완과 관련해서는 뒤의 연습 문제에서 살펴보도록 하겠습니다. 이제 연결 리스트의 특정 노드로 이동하는 방법을 배웠으니 다음으로 새로운 자료를 연결 리스트에 추가하는 방법에 대해서 배워 보겠습니다.

2.3 새로운 자료의 추가

다음으로 살펴볼 연산은 새로운 자료를 추가하는 연산입니다. 다음 그림과 같이 두 개의 자료가 저장되어 있는 연결 리스트를 가지고 설명하겠습니다. 자료 20의 위치에 자료 30을 새로 추가한다면 연결 리스트는 어떻게 될까요? 아마도 연결 리스트는 10 → 30 → 20의 순으로 자료가 저장될 것입니다. 참고로 노드 20은 두 번째 위치이므로 인덱스(position)가 1입니다.

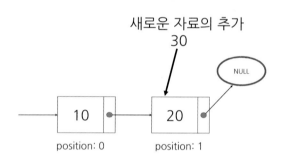

그림 3-13 새로운 자료의 추가

이렇게 새로운 자료를 추가하는 과정은 다음과 같이 세 단계로 이루어집니다.

2.3.1 새로운 노드의 생성

연결 리스트에 새로운 자료를 추가하려면 먼저 새로운 노드를 생성해야 합니다. 연결 리스트에서 자료를 저장하는 단위가 노드이기 때문입니다. 이렇게 새로 생성한 노드는 추가하려는 자료를 멤버 변수로 가지게 됩니다. 지금 예제에서는 정수 30이 새로운 노드가 저장하는 자료가 됩니다. 이렇게 첫 번째 단계를 거치면 연결 리스트는 내부적으로 다음 그림과 같을 것입니다.

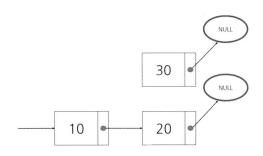

그림 **3-14** Step-A. 새로운 노드의 생성

그림 3-14에서 보면 정수 30을 저장하고 있는 새로운 노드가 보입니다. 여기까지만 하면 연결 리스트에 새로운 자료가 추가된 것이 맞나요? 새로운 자료가 추가된 것은 맞지만, 한 줄로 연결되어 있지 않습니다. 아직 처리해야 할 작업이 남아 있다는 것을 알 수 있습니다. 당장 정수 30을 저장하는 노드가 따로 떨어져 있습니다.

2.3.2 **다음 노드의 처리**

한 줄로 연결된 리스트로 만들고자 먼저 새로 추가한 노드의 다음 노드를 지정해야 합니다. 연결 리스트에서는 새로 추가한 노드의 다음 노드로 **기존 위치의 노드**를 지정합니다. 예를 들어, 다음 그림에서 새로 추가한 노드 30의 다음 노드가 어떤 노드인지 봐 주세요.

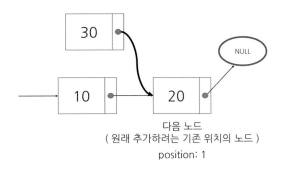

그림 **3-15** Step-B. 다음 노드의 처리

그림 3-15에서 새로 추가한 노드 30의 다음 노드는 원래 추가하려는 위치의 노드 20입니다. 노드 30을 두 번째 위치에 추가하려 한다는 것을 기억하시죠? 두 번째 위치에 해당하는 노드가 노드 20입니다. 따라서, 노드 30의 다음 노드가 노드 20이 되었습니다.

그럼 이제 새로운 자료의 추가가 모두 끝났나요? 아직 한 단계가 더 남았습니다. 연결 리스트
는 여전히 한 줄이 아니기 때문입니다. 한 줄, 선형 구조가 되려면 어떤 단계가 남았나요? **그림
3-15**를 보면 노드 30의 이전 노드가 제대로 지정되지 않은 것을 알 수 있습니다.

2.3.3 이전 노드의 처리

새로운 자료 추가의 마지막 단계입니다. 이 단계에서는 연결 리스트를 한 줄로 만들기 위해 새
로 추가한 노드의 이전 노드를 지정해야 합니다. 연결 리스트에서는 새로 추가한 노드의 이전
노드로 **원래 추가하려는 위치의 노드**의 **이전 노드**를 지정합니다. 이 예제에서는 두 번째 위치에
새로운 노드를 추가하는 것이므로, 원래 추가하려는 위치의 노드는 노드 20이 됩니다. 그리고
노드 20의 이전 노드는 노드 10입니다. 여기서 노드 10은 인덱스 position이 0인 첫 번째 노드
입니다. 따라서, 다음 그림에서 새로 추가한 노드 30의 이전 노드로 노드 10이 지정되는 것을
보여줍니다.

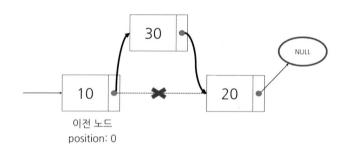

그림 3-16 Step-C. 이전 노드의 처리

다만, 연결 리스트의 노드는 오직 다음 노드에 대한 링크만 가지고 있습니다. 따라서, 연결 리
스트에서 이전 노드를 지정한다는 것은 실제로는 다음 노드를 지정해서 구현합니다. 그래서
그림 3-16에서는 '이전 노드'인 노드 10의 '다음 노드'로 새로 추가한 노드인 노드 30을 지정합
니다. 이러한 과정을 통해서 새로 추가한 노드 30의 이전 노드로 노드 10이 새롭게 지정되었
습니다. 구현과 관련된 이 부분은 바로 뒤의 소스에서 살펴보겠습니다.

이상의 단계를 거치면서 노드가 두 개였던 연결 리스트가 세 개로 바뀌었을 뿐 아니라, 한 줄
로 차례대로 구성된 것을 알 수 있습니다. 지금까지의 내용을 표로 정리하면 다음과 같습니다.

표 3-1 연결 리스트에서 인덱스 position에 새로운 노드를 추가하는 연산

단계	구분	설명
Step-A	새로운 노드의 생성	추가하려는 자료를 저장하는 노드를 새로 생성한다.
Step-B	다음 노드의 처리	새로 추가한 노드의 다음 노드로 기존 position 위치의 노드를 지정한다.
Step-C	이전 노드의 처리	위치가 (position - 1)인 노드의 다음 노드로 새로 추가한 노드를 지정한다.

단계가 다소 복잡해 보이지만, 다음과 같은 그림을 그리면서 단계를 따라가 보면 내용이 별로 어렵지 않다는 것을 알 수 있습니다.

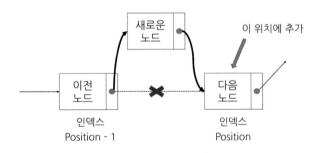

그림 3-17 연결 리스트에서 인덱스 position에 새로 노드를 추가하는 과정

그림 3-17에서 인덱스 position의 값이 1이라고 가정해 보겠습니다. 즉, 두 번째 위치에 새로 자료를 추가하는 경우가 됩니다. 그러면 새로 추가한 노드의 다음 노드는 기존 인덱스 position의 값이 1인 노드입니다. 그리고 인덱스 position이 0인 노드의 다음 노드가 새로 추가한 노드가 됩니다.

지금까지의 내용을 바탕으로 구현한 함수 addLinkedListData()의 소스는 다음과 같습니다.

예제　03_01.c (5/8)

```
32    int addLinkedListData(LinkedList* pList, int position, int data) {
33        int i = 0;
34        LinkedListNode *pNewNode = NULL;
35        LinkedListNode *pPreNode = NULL;
```

33~35: 변수 선언

```
36
37      pNewNode = (LinkedListNode*)malloc(sizeof(LinkedListNode));
38      pNewNode->data = data;
39
40      pPreNode = &(pList->headerNode);
41      for (i = 0; i < position; i++) {
42          pPreNode = pPreNode->pLink;
43      }
44
45      pNewNode->pLink = pPreNode->pLink;   // 다음 노드의 처리
46      pPreNode->pLink = pNewNode;          // 이전 노드의 처리
47      pList->currentCount++;               // 현재 노드 개수 1 증가
48      return 0;
49  }
```

> **37~38**: 새로운 노드의 생성

> **40~43**: (전처리) 새로 자료를 추가하려는 위치의 이전 노드까지 이동

위 소스 중에서 앞서 설명에는 없었지만, 구현에만 특화되어 있는 부분으로 줄 40~43이 있습니다. 이 부분은 연결 리스트에서 새로운 자료를 추가할 위치로 이동하는 소스입니다. 단, 정확하게는 새로운 자료를 추가하려고 이전 노드까지 이동하는 단계입니다. 일단 이전 노드까지 이동해야 다음 노드의 처리 및 이전 노드의 처리를 수행할 수 있습니다.

원하는 자료까지 이동하는 부분은 getLinkedListData() 함수에서 같은 로직으로 구현되어 있습니다. 다만, 이 소스는 함수 getLinkedListData()와 약간 차이가 있습니다. 주된 차이점은 포인터 변수 pPreNode가 이전 노드를 가리켜야 하기 때문에 줄 41에서 position −1번만큼만 루프를 반복하도록 지정한다는 점입니다. 함수 getLinkedListData()에서는 for 문의 조건식이 i <= position인 반면에, 소스에서는 i < position이라는 점에 주의하기 바랍니다. 따라서, 만약 첫 번째 위치(인덱스: 0)에 새로운 자료를 추가하는 경우라면 for 문의 줄 42가 실행되지 않습니다. 이 경우 이전 노드 pPreNode는 헤더 노드가 됩니다. 물론, 두 번째 위치에(인덱스: 1) 새로운 자료를 추가하는 경우라면 for 문의 줄 42가 한 번만 실행됩니다.

앞서 Step-B~Step-C에 해당하는 부분은 줄 45~46입니다. 이해를 돕기 위해 이 과정을 그림으로 나타내면 다음과 같습니다. **그림 3-18**에서 새로 추가한 노드는 pNewNode입니다. 그리고 이전 노드는 pPreNode이며 다음 노드는 pPreNode->pLink 입니다.

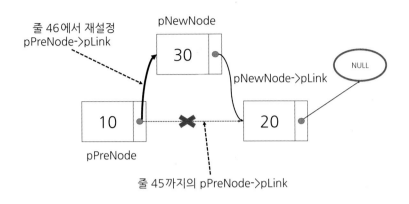

그림 3-18 새로운 노드의 추가와 처리

이러한 단계가 모두 끝난 뒤에 현재 노드 개수를 1만큼 증가시키고(줄 47) 성공했다는 의미로 결괏값 0을 반환합니다(줄 48).

그런데 앞서의 함수는 여러 가지 예외 상황이 발생할 수 있습니다. 예를 들어, 현재 빈 노드인데, 두 번째 위치에 새로운 자료를 추가하라는 등의 엉뚱한 입력 파라미터가 전달될 수 있습니다. 이러한 예외 처리에 대한 부분은 소스에서는 생략되어 있는데, 이 부분은 뒤의 연습 문제에서 다루도록 하겠습니다. 다음으로, 연결 리스트에서 기존의 노드를 제거하기 위해서는 어떤 과정을 거쳐야 하는지 살펴보도록 하겠습니다.

2.4 기존 자료의 제거

연결 리스트에서 기존의 노드를 제거하는 연산 과정에 대해서 살펴보겠습니다. 다음 그림과 같이 세 개의 자료가 저장된 연결 리스트에서 2번째 자료를 제거한다고 가정해봅시다.

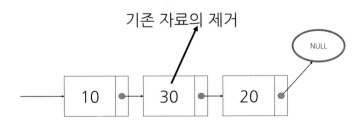

그림 3-19 기존 자료의 제거

연결 리스트에서 기존의 자료를 제거하려면 어떻게 해야 할까요? 핵심은 연결 리스트의 중간에 끊김이 없도록 "남은 노드 사이의 링크를 재지정한다."가 되겠습니다. 이러한 과정을 보다 자세히 살펴보면 다음과 같이 두 단계로 이루어집니다.

2.4.1 이전 노드의 처리

먼저 제거 대상이 되는 노드의 이전 노드를 찾습니다. 그리고 이 이전 노드의 다음 노드를 재설정합니다. 그럼, 이전 노드의 다음 노드로 어떤 노드를 재설정해주면 될까요? 다음 그림에서 알 수 있듯이 이전 노드의 다음 노드는 **삭제 대상이 되는 노드**의 다음 노드가 됩니다.

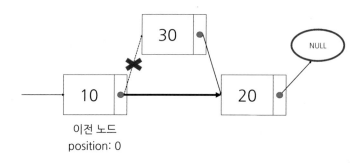

그림 3-20 Step-A. 이전 노드의 처리

그림 3-20에서 보면 인덱스 position이 0인 노드 10이 이전 노드입니다. 그리고 삭제 대상의 다음 노드인 노드 20이 새로운 다음 노드가 됩니다. 이럴 경우, 삭제 노드가 없어지더라도 연결 리스트는 한 줄로 연결됩니다.

2.4.2 제거 노드의 메모리 해제

이제 다음 단계로, 연결 정보가 재설정되었기 때문에 삭제 대상이 되는 노드 자체의 메모리를 해제하면 됩니다.

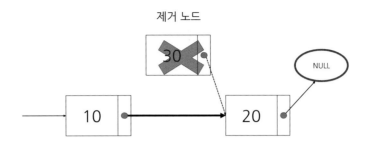

그림 3-21 Step-B. 제거 노드의 메모리 해제

그림 3-21에서 제거 대상인 노드 30의 메모리가 해제되었음을 알 수 있습니다. 이미 앞서 링크를 재지정했기 때문에 메모리 해제만 해주었음에도 연결 리스트가 정상적으로 한 줄로 연결되어 있습니다. 이상의 단계를 표로 정리하면 다음과 같습니다.

표 3-2 연결 리스트에서 인덱스 position에 있는 노드를 제거하는 연산

단계	구분	설명
Step-A	이전 노드의 처리	인덱스가 (position - 1)인 노드의 다음 노드로 인덱스가 (position + 1)인 노드를 지정한다.
Step-B	제거 노드의 메모리 해제	제거하려는 노드의 메모리를 해제한다.

지금까지 살펴본 로직을 바탕으로 실제 C 소스를 작성해 보겠습니다. 다음 소스는 연결 리스트의 특정 위치에 있는 노드를 제거하는 함수 removeLinkedListData()의 소스입니다.

예제 **03_01.c (6/8)**

```
51   int removeLinkedListData(LinkedList* pList, int position) {
52       int i = 0;
53       LinkedListNode *pDelNode = NULL;
54       LinkedListNode *pPreNode = NULL;
55
56       pPreNode = &(pList->headerNode);
57       for (i = 0; i < position; i++) {
58           pPreNode = pPreNode->pLink;
59       }
60
61       pDelNode = pPreNode->pLink;          // (전처리) 제거하려는 노드 지정
62       pPreNode->pLink = pDelNode->pLink;  // Step-A, 이전 노드의 처리
```

52~54: 변수 선언

56~59: (전처리) 제거하려는 노드의 이전 노드까지 이동

```
63        free(pDelNode);                    // Step-B, 제거 노드의 메모리 해제
64        pList->currentCount--;             // 현재 노드 개수 1 감소
65        return 0;
66    }
```

소스 중에서 앞서 설명에는 없었지만, 구현에만 특화되어 있는 부분으로 줄 56~59가 있습니다. 이 부분은 연결 리스트에서 제거 대상이 있는 위치로 이동하는 소스입니다. 즉, 제거 노드의 이전 노드까지 이동하는 단계입니다. 이 부분은 앞의 addLinkedListData() 함수에서와 같은 소스입니다.

앞서 Step-A에 해당하는 부분은 줄 61~62입니다. 이해를 돕기 위해 이 과정을 그림으로 나타내면 다음과 같습니다. 제거 노드는 pDelNode입니다. 그리고 이전 노드는 pPreNode이며 다음 노드는 pPreNode->pLink입니다.

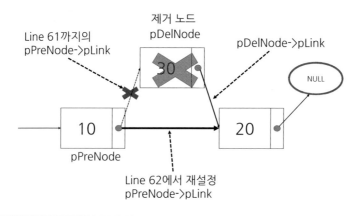

그림 3-22 Step-B. 제거 노드의 처리

그림 3-22에서 포인터 변수 pPreNode는 삭제 노드의 이전 노드를 가리키며 pDelNode는 제거 노드를 가리킵니다. 또한, 포인터 변수 pDelNode->pLink는 제거 노드의 다음 노드를 가리킵니다.

이러한 단계가 모두 끝난 뒤에, 현재 노드의 수를 1만큼 감소시키고(줄 47) 성공했다는 의미로 결괏값 0을 반환합니다(줄 65).

2.5 기타 연산들

이제 구현되지 않고 남은 함수는 무엇이 있나요? 연결 리스트 자체의 메모리를 해제하는 함수 deleteLinkedList( )와 자료의 개수를 반환하는 함수 getLinkedListLength( )가 아직 남았습니다. 다음 소스는 함수 deleteLinkedList( )에 대한 소스입니다. 내부적으로 while 문의 블록을 실행하면서 각각의 노드에 대해서 메모리를 해제하고 최종적으로 연결 리스트 자체의 메모리를 해제합니다. 그렇게 어렵지 않기 때문에 자세한 설명은 생략하겠습니다.

예제 03_01.c (7/8)

```
68   void deleteLinkedList(LinkedList* pList) {
69       LinkedListNode *pDelNode = NULL;                           69~70: 변수 선언과 초기화
70       LinkedListNode *pPreNode = pList->headerNode.pLink;
71       while(pPreNode != NULL) {
72           pDelNode = pPreNode;                                   71~76: 연결 리스트의 각 노드를
73           pPreNode = pPreNode->pLink;                            처음부터 순서대로 메모리 해제시킴
74
75           free(pDelNode);
76       }
77
78       free(pList); // 연결 리스트 자체를 메모리 해제시킴
79   }
80
81   int getLinkedListLength(LinkedList* pList) {
82       if (NULL != pList) {
83           return pList->currentCount;
84       }
85       return 0;
86   }
```

지금까지 구현한 함수들을 실제로 사용하는 main( ) 함수를 구현해 보겠습니다. 이번 장에서 사용할 연결 리스트의 사용 시나리오를 정리하면 다음과 같습니다. 간단히 요약하자면 연결 리스트를 만들어 자료를 추가하고, 추가된 자료를 사용하고 삭제합니다.

표 3-3 연결 리스트의 사용 시나리오

Step-1. 연결 리스트를 만든다.	
Step-2. 자료 10을 연결 리스트의 첫 번째 위치에 저장한다.	
Step-3. 자료 20을 연결 리스트의 두 번째 위치에 저장한다.	
Step-4. 자료 30을 연결 리스트의 세 번째 위치에 저장한다.	
Step-5. 연결 리스트의 두 번째에 저장된 자료의 값을 가져온다.	
Step-6. 연결 리스트의 두 번째 자료를 제거한다.	
Step-7. 연결 리스트 자체를 삭제한다.	

이 7단계를 앞서 리스트의 추상 자료형에서 정의한 함수(연산)로 구현하면 다음과 같습니다.

예제 03_01.c (8/8)

```
088    int main(int argc, char *argv[]) {
089        LinkedList *pList = NULL;
090        int value = 0;
091
092        pList = createLinkedList();     // Step-1. 리스트 생성
093        addLinkedListData(pList, 0, 10);// Step-2. 리스트 1번째 위치에 자료 10 저장
094        addLinkedListData(pList, 1, 20);// Step-3. 리스트 2번째 위치에 자료 20 저장
095        addLinkedListData(pList, 1, 30);// Step-4. 리스트 2번째 위치에 자료 30 저장
096
097        value = getLinkedListData(pList, 1);
098        printf("위치: %d, 값: %d\n", 1, value);
```

88~90: 변수를 선언하고 초기화합니다.

97~98: Step-5. 리스트의 2번째 자료의 값을 가져 와서 화면에 출력합니다.

```
099
100     removeLinkedListData(pList, 0);      // Step-6. 리스트의 1번째 자료를 제거
101     deleteLinkedList(pList);             // Step-7. 리스트 자체를 삭제
102
103     return 0;
104  }
```

소스를 보면 줄 89에서 선언된 포인터 변수 pList를 줄 92에서 함수 createLinkedList()를 호출하면서 사용하고 있습니다. 그리고 줄 101에서는 이렇게 생성된 리스트 pList에 대하여 함수 deleteLinkedList()를 호출하여 메모리를 해제합니다.

지금까지 연결 리스트와 관련된 소스를 모두 구현하였습니다. 앞서 연결 리스트의 사용 시나리오에 따라 구현된 소스를 컴파일하고 실행하면 어떤 결과가 출력되나요? 실제 화면에는 다음과 같이 줄 98에 의해 연결 리스트의 두 번째 자료가 출력됩니다.

```
printf("위치: %d, 값: %d\n", 1, value);
```

현재 연결 리스트에는 10 → 30 → 20의 순서대로 값이 저장되어 있으니 아마도 다음과 같이 화면에 30이 출력될 것입니다.

프로그램 02_01.exe의 실행 결과 화면

```
C:\Users\jinlee\Project\02\Release> 02_01.exe <Enter>
위치: 1, 값: 30
```

지금까지 연결 리스트가 기본적으로 제공해야 하는 연산들을 살펴보았습니다. 그런데 실제 연결 리스트를 능수능란하게 다루려면 이러한 기본 연산들 이외에 추가적인 연산들에 대해서도 충분한 지식을 가지고 있어야 합니다. 그래서 다음 절에서는 추가적인 연산들 몇 가지에 대해서 살펴보겠습니다.

〈여기서 잠깐〉 배열 리스트와 연결 리스트의 장점과 단점 비교

다음 절로 넘어가기 전에, 배열 리스트와 연결 리스트의 장점과 단점을 정리하려 합니다. 리스트 자료구조를 구현하는 방법인 연결 리스트와 배열 리스트를 모두 배웠기 때문입니다. 이들의 장점과 단점을 정리하면 다음 표와 같습니다.

표 3-4 배열 리스트와 연결 리스트의 비교

구분	구현 방식	순차적 저장을 구현한 방식	자료 접근 속도	구현 복잡도	기타 제약 사항
배열 리스트	배열	물리적 저장 순서가 순차적	빠름 $O(1)$	낮음	최대 저장 개수 필요
연결 리스트	포인터	논리적 저장 순서가 순차적	느림 $O(n)$	높음	–

먼저, 배열 리스트의 장점은 자료 접근 속도가 빠르다는 점과 구현이 상대적으로 쉽다는 점입니다.

배열 리스트는 특정 자료에 대한 탐색(접근) 속도가 빠릅니다. 배열의 특정 위치로 바로 접근이 가능하기 때문에 배열 리스트의 자료 접근 연산은 시간 복잡도가 $O(1)$입니다. 이러한 빠른 접근이 가능한 배경에는 물리적으로 연속하여 저장되는 배열의 특성이 있습니다. 반면, 연결 리스트는 원하는 자료를 찾을 때까지 포인터로 노드를 탐색해야 하기 때문에 탐색 속도가 느립니다. 저장하는 자료의 개수가 n개라면 연결 리스트의 자료 접근 연산은 시간 복잡도가 $O(n)$입니다. 그래서 저장하는 자료의 개수에 비례하여 시간이 오래 걸립니다.

연결 리스트는 각각의 노드를 동적으로 생성하고 해제해야 합니다. 따라서, 동적인 메모리 할당과 포인터 연산 등으로 배열 리스트보다 구현하기가 다소 어렵습니다. 또한, 메모리 관리와 관련하여 메모리 누수(leak)로 인한 오류 가능성이 큽니다.

이어서 배열 리스트의 단점은 다음과 같습니다.

배열 리스트는 연속적인 메모리 공간이 필요하므로 리스트 생성 시 반드시 최대 자료 개수를 지정해야 합니다. 즉, 정해진 크기만큼 배열을 미리 생성해야만 합니다.

따라서, 예상보다 많은 자료를 추가하는 경우 초과하는 자료를 모두 저장하기 위해 보다 큰 최대 크기의 새로운 배열을 생성하고 기존 자료를 복사해야 하는 불편함이 있습니다. 또한, 배열 리스트에 저장하는 자료의 개수가 예상보다 적을 때는 불필요하게 메모리를 낭비하게 됩니다.

반면, 연결 리스트는 물리적으로 연속되는 메모리 공간이 필요 없으며 각 자료를 추가할 때마다 필요한 만큼의 메모리를 동적으로 생성합니다. 즉, 최대 자료 개수 지정이 불필요하며 필요한 만큼만 메모리를 할당한다는 점에서 메모리 효율성이 우수합니다.

표에서 설명한 내용 이외에 배열 리스트와 연결 리스트가 모두 공통으로 가지는 특징은 다음과 같습니다.

배열 리스트는 중간에 새로운 자료를 추가하면 추가하는 자료의 오른쪽에 있는 모든 자료를 한 칸씩 옮겨야 합니다. 또한, 배열 리스트의 중간에 있는 자료를 삭제하면 삭제하는 자료의 오른쪽에 있는 모든 자료를 한 칸씩 옮겨야 합니다. 자료 개수가 n이라고 할 때 이들 연산의 시간 복잡도는 $O(n)$이 됩니다.

반면, 연결 리스트는 자료를 추가하거나 삭제할 때 적절한 위치를 찾기 위해 링크를 이용하여 다음 노드로 이동합니다. 이러한 노드 이동 연산의 시간 복잡도는 $O(n)$입니다. 다만, 적절한 위치를 찾은 다음에는 단순히 링크만 수정하면 됩니다. 즉, 모든 자료를 한 칸씩 이동시키는 연산은 필요 없습니다.

정리하자면, 배열 리스트와 연결 리스트 모두 자료의 추가와 삭제 연산의 시간 복잡도는 $O(n)$입니다. 다만, 배열 리스트는 자료의 복사 연산 자체가 많은 반면에, 연결 리스트는 적절한 노드 위치를 찾는 연산에 시간이 많이 소요됩니다. 따라서, 저장하는 자료의 크기가 크다면 배열 리스트는 자료를 추가할 때에 노드 이동으로 말미암아 추가로 더 많은 시간이 소요됩니다. 따라서, 자료의 추가와 삭제가 빈번히 발생할 때에는 배열 리스트보다 연결 리스트로 구현하는 것이 바람직합니다.

〈여기서 잠깐〉 연결 리스트를 구현하는 또 다른 방법: 헤드 포인터 이용하기

연결 리스트를 구현할 때 헤더 노드를 사용하는 이유는 구현이 간편하기 때문입니다. 그런데 이러한 헤더 노드를 사용하지 않고서도 연결 리스트를 구현할 수 있습니다. 예를 들어, 다음 그림처럼 헤드 포인터(head pointer)를 사용해서 연결 리스트를 구현할 수도 있습니다.

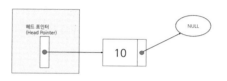

그림 3-23 자료 한 개를 저장하는 연결 리스트의 예: 헤드 포인터를 사용

헤드 포인터는 연결 리스트의 첫 번째 노드를 가리키는 포인터를 말합니다. 이 경우 연결 리스트 구조체에서는 실제 자료를 저장하는 노드를 가리키는 포인터 정보만을 가지고 있습니다. 예를 들어, 헤드 포인터를 이용한 연결 리스트의 정의는 다음과 같이 정의할 수 있습니다.

예제 헤드 포인터를 이용한 연결 리스트의 정의

```
typedef struct LinkedListType {
    LinkedListNode *pHeadPointer;
} LinkedList;
```

헤더 노드 대신 헤드 포인터를 이용하여 구현하면, 보기에는 더 간단합니다. 그런데 실제 소스를 작성하다 보면, 헤드 포인터를 이용한 경우가 더 어렵습니다. 특별히 노드를 추가하거나 삭제하는 소스를 작성할 때면 고려해야 할 경우의 수가 많아집니다. 예를 들어, 리스트가 빈 경우와 리스트에 한 개 이상의 자료가 있을 때의 경우마다 서로 구현하는 방식이 다릅니다. 이처럼 고려할 경우가 많아진다는것

은 그만큼 구현이 어려워진다는 뜻이겠지요? 따라서, 이 책에서는 헤더 노드를 이
용하여 연결 리스트를 구현합니다. 다만, 자료구조 책에 따라서는 헤드 포인터를
이용하여 구현하는 경우도 있습니다.

3. 연결 리스트 관련 함수들

연결 리스트를 마무리하면서 연결 리스트와 관련된 두 가지 함수를 더 살펴보겠습니다. 순회
(iteration) 함수와 연결(concatenate) 함수가 그것입니다. 순회 함수를 살펴보는 이유는 연결 리스
트가 가지는 단점을 보완할 수 있기 때문입니다. 앞서 연결 리스트는 자료에 접근하는 속도가
배열 리스트보다 느리다고 했습니다. 여기서는 이러한 부분을 일부 보완하는 방법을 살펴보려
고 합니다. 연결 리스트에서 여러 개의 연속한 자료들에 접근하려 할 때 어떻게 하면 좀 더 빠
르게 접근할 수 있는지 살펴보겠습니다. 또한, 연결 함수는 연결 리스트를 다루는 능력을 향
상시키기 위해서 살펴보겠습니다. 같은 목적으로 연결 리스트를 역순(reverse)으로 만드는 함수
도 살펴봐야 하는데, 이 부분은 뒤의 연습 문제에서 다루겠습니다.

3.1 연결 리스트의 순회

순회란 내용을 차례대로 살펴본다는 뜻입니다. 따라서, 연결 리스트에서 순회(iteration)란 연결
리스트의 노드를 차례대로 방문하는 것을 말합니다. 이러한 순회 연산을 통해서 연결 리스트
에 저장된 각 자료의 값에 접근할 수 있습니다. 예를 들어, 연결 리스트에 저장된 모든 내용을
순서대로 출력하는 다음 함수 displayList()도 연결 리스트를 순회하는 함수입니다.

예제 순회 함수 displayList()

```
10   void displayList(LinkedList *pList) {
11       int I = 0;
12       for(i = 0; i < pList->currentCount; i++) {
13           printf("[%d],%d\n", i, getLinkedListData(pList, i));
14       }
15   }
```

앞의 소스 줄 13에서 함수 displayList( )가 연결 리스트의 각 노드에 접근할 때 함수 getLinkedListData( )를 호출하고 있음을 알 수 있습니다. 앞서 구현한 함수 getLinkedListData( )는 입력 파라미터로 위치 정보 position을 전달받아서 해당 위치에 있는 노드의 값을 반환하는 함수입니다.

그런데 문제는 함수 getLinkedListData( )는 항상 리스트의 첫 번째 노드부터 시작합니다. 예를 들어, 다음 그림과 같이 1,000개의 자료가 저장되어 있는 연결 리스트를 가정해 보겠습니다. 그리고 연결 리스트에서 1,000번째 자료의 값을 가져오기 위해 함수 getLinkedListData( )를 호출하였다고 가정하겠습니다.

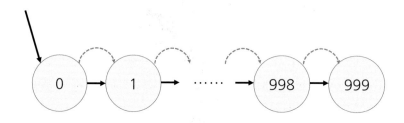

그림 3-24 자료가 1,000개 저장된 연결 리스트의 예

그러면 **그림 3-24**에서 알 수 있듯이 헤더 노드부터 시작해서 자료 999까지 모두 1,000번의 이동이 필요합니다. n번째 자료는 n번의 이동이 필요하다는 것을 예상할 수 있습니다.

그럼 연결 리스트의 모든 내용을 출력하는 함수 displayList( )를 생각해 볼까요? **그림 3-24**와 같은 1,000개의 자료가 저장된 연결 리스트를 대상으로 함수 displayList( )가 실행된다고 가정해 보겠습니다. 노드 0에 접근하기 위해서는 헤더 노드에서 1번 이동, 노드 1에 접근하기 위해서는 2번(헤더 노드 → 자료 0 → 자료 1) 이동, 노드 2에 접근하기 위해서 3번 이동, …, 노드 999에 접근하기 위해서는 1,000번 이동해야 합니다. 이 값을 모두 더하면 무려 500,500번(= 1 + 2 + … + 1000)입니다.

만약, 자료의 개수가 n이라고 하면 빅-오 표기법으로 나타낸 시간 복잡도는 다음과 같습니다.

$$O(1 + 2 + \cdots + n) = O\left(\frac{n(n+1)}{2}\right) = O(n^2)$$

즉, 연결 리스트를 대상으로 구현된 함수 displayList()의 시간 복잡도는 $O(n^2)$이라는 것을 알 수 있습니다. 그런데 연결 리스트의 내용을 한 번 보여주는 함수치고는 너무 비효율적인 함수라는 것을 알 수 있습니다.

반면, 배열 리스트는 같은 방법으로 구현하더라도 함수 displayList()의 시간 복잡도가 $O(n)$이 됩니다. 배열 리스트에서 getLinkedListData()를 호출하면 특정 노드로의 접근이 한 번에 가능하기 때문입니다. 이러한 $O(n)$과 $O(n^2)$의 속도 차이는 리스트에 저장된 자료의 개수 n이 많아 질수록 더욱 커지게 됩니다.

어떻게 연결 리스트에서 함수 displayList()를 구현하면 연결 리스트의 순회 함수에서도 시간 복잡도가 $O(n)$이 가능할까요? 연결 리스트의 순회에서는 이러한 성능 향상이 중요 관심 대상입니다.

결론을 말자면, 연결 리스트에서는 순회 속도를 개선하려면, 순회를 수행하는 루프 안에서 로직을 처리해야 합니다. 다음 소스는 이처럼 순회를 수행하는 루프 안에서 자료를 출력하도록 구현된 함수 iterateLinkedList()를 보여줍니다.

다음 함수 iterateLinkedList()가 수행하는 기능은 앞서 살펴본 함수 displayList()와 같습니다. 단, 순회를 수행하는 루프 안에서 직접 자료를 출력하기 때문에 함수 displayList()와 비교해 무척 효율적입니다. 소스 줄 94~99가 while 문을 이용하여 연결 리스트를 순회하는 부분입니다. 참고로, 03_02.c의 첫 번째 부분 소스(줄 1~87)는 앞서 03_01.c의 소스와 같습니다. 혹시 03_02.c의 전체 소스가 필요한 독자는 프리렉 홈페이지에서 내려받을 수 있습니다.

예제 03_02.c (2/3)

```
088   void iterateLinkedList(LinkedList* pList)
089   {
090       int count = 0;
091       LinkedListNode* pNode = NULL;
092
093       pNode = pList->headerNode.pLink;
094       while(pNode != NULL) {
095           printf("[%d],%d\n", count, pNode->data); // 로직 처리 부분: 자료를 출력
096           count++;
097
```

```
098          pNode = pNode->pLink;
099       }
100       printf("노드 개수: %d\n", count);
101   }
```

함수 iterateLinkedList()가 처리하는 로직은 자료를 출력하는 것입니다. 이 로직에 해당하는 부분이 소스에서는 줄 95로, while 문의 블록 내부에 있습니다. 즉, 연결 리스트가 저장하는 자료를 보여줄 때 리스트의 처음부터 이동하지 않고 현재 노드에서 접근하여 수행합니다. 이럴 경우, 마치 배열 리스트에서 자료를 한 번에 접근하는 것처럼 다음 노드로 한 번 이동해서 바로 다음 자료에 접근이 가능합니다.

여기서 자료구조의 성능을 개선하기 위해서는 자료구조의 내부 구조를 정확하게 파악하고 있어야 한다는 교훈도 얻을 수 있습니다. 연결 리스트의 이러한 연결 속성을 이용하지 않고 함수 displayList()와 같이 배열 리스트의 방식으로 구현하면 속도가 상당히 느린 함수가 됩니다. 같은 추상 자료형을 공유하지만, 내부 구현에 있어 차이가 있다는 점을 확인할 수 있는 경우입니다.

마지막으로, 앞서의 소스와 같이 구현된 함수 iterateLinkedList()를 이용하는 예제 소스는 다음과 같습니다.

예제 03_02.c (3/3)

```
103   int main(int argc, char *argv[]) {
104       LinkedList *pList = NULL;
105
106       pList = createLinkedList();
107       addLinkedListData(pList, 0, 10);
108       addLinkedListData(pList, 1, 20);
109       addLinkedListData(pList, 1, 30);
110
111       iterateLinkedList(pList);
112
113       deleteLinkedList(pList);
114
115       return 0;
116   }
```

이 소스를 컴파일하여 실행하면 다음과 같은 결과를 얻을 수 있습니다. 연결 리스트에 저장된 자료 3개(10 → 30 → 20)가 차례로 출력됩니다.

프로그램 03_02.exe의 실행 결과

```
[0],10
[1],30
[2],20
노드 개수: 3
```

3.2 연결 리스트의 연결

다음으로, 연결 리스트의 연결(concatenate) 연산을 살펴보겠습니다. 이 연산은 두 개의 연결 리스트를 하나의 연결 리스트로 합치는 연산입니다. 정확하게는 두 번째 연결 리스트의 자료를 첫 번째 연결 리스트의 끝에 붙이는 연산이 됩니다.

예를 들어, 연결 리스트 A와 B가 있다고 하면, 연결 리스트 B의 자료를 모두 연결 리스트 A의 제일 뒤에 덧붙입니다(append). 그러면 연결 리스트 A는 기존의 자료 이외에 연결 리스트 B의 자료가 더 추가됩니다. 그리고 연결 리스트 B는 자신의 모든 자료가 삭제되기 때문에 저장하는 자료가 없는 빈(empty) 연결 리스트가 됩니다. 이러한 과정을 그림으로 나타내면 다음과 같습니다. 여기서 연결 리스트 A는 pListA로, 연결 리스트 B는 pListB로 표현하였습니다.

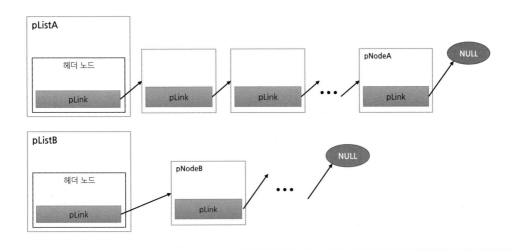

그림 **3-25** 연결 리스트 pListA와 pListB의 연결 전

그림 3-25에서 연결의 대상이 되는 연결 리스트는 pListA와 pListB입니다. 그리고 연결 리스트 pListA의 마지막 노드는 pNodeA이고 연결 리스트 pListB의 첫 번째 노드는 pNodeB입니다.

만약, 두 연결 리스트를 연결한다면 어떤 식으로 연결할까요? 다음 그림은 두 연결 리스트가 연결된 이후의 모습입니다.

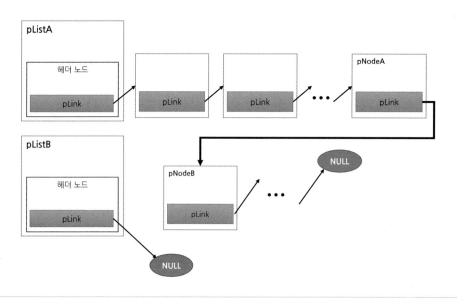

그림 3-26 연결 리스트 pListA와 pListB의 연결 후

그림 3-26에서 노드 pNodeA가 원래는 연결 리스트 pListA의 마지막 노드였다가, 이제는 중간에 있는 노드로 바뀌었다는 것을 알 수 있습니다. 노드 pNodeA의 다음 노드로 pNodeB가 지정되었습니다. 노드 pNodeB는 원래 연결 리스트 pListB의 첫 번째 노드였지만, 이제는 pNodeA의 다음 노드로 지정되었습니다. 또한, 연결 리스트 pListB는 자료를 저장하는 노드가 없는 빈 연결 리스트가 되었습니다.

그림 3-26과 같은 방식에 따라 두 개의 연결 리스트를 연결하는 함수 concatLinkedList()의 소스는 다음과 같습니다. 참고로, 03_03.c의 첫 번째 부분인 줄 1~101까지의 소스는 앞서 03_01.c의 연결 리스트의 연산을 구현한 소스와 같습니다. 앞서 03_02.c에서 구현하였던 함수 iterateLinkedList()를 여기서도 사용합니다. 혹시 03_03.c의 전체 소스가 필요한 독자는 프리렉 홈페이지에서 내려받을 수 있습니다.

예제 03_03.c (2/3)

```
102   void concatLinkedList(LinkedList* pListA, LinkedList* pListB) {
103      LinkedListNode* pNodeA = NULL;
105      if (pListA != NULL && pListB != NULL) {    // 입력 파라미터 유효성 점검
106         pNodeA = pListA->headerNode.pLink;
108         while(pNodeA != NULL && pNodeA->pLink != NULL) {
109            pNodeA = pNodeA->pLink;
110         }
111         pNodeA->pLink = pListB->headerNode.pLink;
113         pListB->headerNode.pLink = NULL;
114      }
115   }
```

> **103**: 연결 리스트 pListA의 마지막 노드를 가리킬 pNodeA
> **106**: 노드 pNodeA가 연결 리스트 pListA의 첫 번째 노드를 가리키게 한다(헤더 노드의 다음 노드)

> **108~110**: pNodeA가 마지막 노드를 가리킬 때까지 루프를 돈다.
> **111**: pNodeA의 다음 노드로 pListB의 첫 번째 노드를 설정한다.
> **113**: 연결 리스트 pListB는 빈 연결 리스트가 되도록 한다.

소스 줄 108~110에 의해 pNodeA가 연결 리스트 pListA의 마지막 노드를 가리키게 됩니다. 그런데 연결 리스트의 마지막 노드인지는 어떻게 아나요? 마지막 노드는 다음 노드가 없기 때문에 링크 pLink의 값이 NULL입니다. 즉, pNodeA->pLink == NULL이면 pNodeA는 연결 리스트의 마지막 노드가 됩니다. 이런 이유로 줄 108에서 while 문의 조건으로 pNodeA->pLink != NULL이 들어가 있습니다.

이렇게 연결 리스트 pListA의 마지막 노드를 찾았다면 줄 111과 113에서 **그림 3-26**에서 보았던 로직을 수행합니다. 즉, pNodeA의 다음 노드로 pListB의 첫 번째 노드를 지정하고 연결 리스트 pListB는 빈 연결 리스트가 되도록 지정합니다.

이제 함수 concatLinkedList()를 이용하는 예제 소스를 살펴볼까요? 다음 main() 함수에서는 연결 리스트 두 개를 생성하고 각 리스트를 출력합니다. 그리고 함수 concatLinkedList()를 호출한 뒤에 두 개의 연결 리스트가 각각 어떻게 바뀌는지 출력합니다.

예제 03_03.c (3/3)

```
117   int main(int argc, char *argv[]) {
118      LinkedList *pListA = NULL;
119      LinkedList *pListB = NULL;
120
```

> **118~119**: 연결 리스트 pListA, pListB 선언

```
121    pListA = createLinkedList();
122    pListB = createLinkedList();
123    addLinkedListData(pListA, 0, 10);
124    addLinkedListData(pListA, 1, 20);
125    addLinkedListData(pListA, 2, 30);
126    addLinkedListData(pListB, 0, 40);
127    addLinkedListData(pListB, 1, 50);
128
129    printf("연결 리스트 결합 전\n");
130    printf("\n연결 리스트 A\n");
131    iterateLinkedList(pListA);
132    printf("\n연결 리스트 B\n");
133    iterateLinkedList(pListB);
134
135    concatLinkedList(pListA, pListB);
137    printf("\n연결 리스트 결합 후\n");
138    printf("\n연결 리스트 A\n");
139    iterateLinkedList(pListA);
140    printf("\n연결 리스트 B\n");
141    iterateLinkedList(pListB);
142
143
144    deleteLinkedList(pListA);
145    deleteLinkedList(pListB);
146
147    return 0;
148  }
```

121~122: 연결 리스트 pListA, pListB 생성

123~125: 연결 리스트 pListA에 자료 10 → 20 → 30 추가

126~127: 연결 리스트 pListB에 자료 40 → 50 추가

129~133: 함수 concatLinkedList() 호출 전 연결 리스트 내용 / 내용 출력

135~141: 함수 concatLinkedList() 호출 후 연결 리스트 / 내용 출력

위 소스에서는 연결 리스트 pListA에는 자료 10 → 20 → 30이 처음에 저장되고 연결 리스트 pListB에는 자료 40 → 50이 저장됩니다(줄 123~127). 이 상태에서 먼저 연결 리스트 pListA와 pListB에 저장된 자료를 출력합니다(줄 131, 133). 이후 줄 135에서 함수 concatLinkedList()를 호출하여 두 연결 리스트를 합친 다음에 두 연결 리스트를 각각 출력합니다(줄 139, 141). 물론, 사용이 끝난 연결 리스트의 메모리를 해제하는 부분(줄 144~145)을 잊으면 안 됩니다.

위 소스를 컴파일하여 실행하면 결과는 다음과 같습니다. 함수 concatLinkedList()를 호출한 뒤에 연결 리스트 pListA에는 자료 10 → 20 → 30 → 40 → 50이 저장되었고 연결 리스트 pListB는 자료가 없다는 것을 확인할 수 있습니다.

프로그램 03_03.exe의 실행 결과

연결 리스트 결합 전

연결 리스트 A
[0],10
[1],20
[2],30
노드 개수: 3

연결 리스트 B
[0],40
[1],50
노드 개수: 2

연결 리스트 결합 후

연결 리스트 A
[0],10
[1],20
[2],30
[3],40
[4],50
노드 개수: 5

연결 리스트 B
노드 개수: 0

어떻습니까? 이번 절을 공부하면서 연결 리스트를 마음대로 다룰 수 있다는 자신감이 생겼나요? 혹시 내용이 이해되지 않는 독자는 앞의 본문을 다시한번 읽고, 실제 소스를 입력하고 실행하면서 한 단계씩 따라 하기를 바랍니다. 아울러, 이번 장의 연습 문제를 직접 풀어 보면서 지금까지 배웠던 내용을 차분히 정리하기 바랍니다.

〈여기서 잠깐〉 함수 concatLinkedList()에 있는 버그

함수 concatLinkedList()와 관련하여 질문 하나 하겠습니다. 앞서 이 함수의 소스 중 줄 108에서 while 문의 조건으로 pNodeA != NULL은 왜 들어 있을까요? 연결 리스트의 마지막 노드를 찾기 위한 조건으로 pNodeA->pLink != NULL만으로 충분하지 않나요?

```
108                  while(pNodeA != NULL && pNodeA->pLink != NULL) {
```

조건 pNodeA != NULL이 들어간 이유는 pNodeA가 초깃값으로 NULL이 전달되었는지 점검하기 위해서입니다. pNodeA의 값이 NULL로 전달될 수 있기 때문입니다. 만약, 연결 리스트 pListA가 자료가 없는 빈 연결 리스트라면 pNodeA의 값이 NULL일 수 있습니다. 그런데 이처럼 pNodeA가 NULL이면 줄 108의 pNode->pLink에 접근하다가 프로그램은 잘못된 연산으로 강제 종료됩니다. 따라서, 줄 108의 pNodeA != NULL 부분이 초깃값 NULL을 점검하기 위한 목적이라면 소스를 다음과 같이 수정해도 됩니다.

```
if(pNodeA != NULL) {                       // 초깃값 NULL 점검
    while(pNodeA->pLink != NULL) {
        pNodeA = pNodeA->pLink;
    }
}

pNodeA->pLink = pListB->headerNode.pLink;
```

이제 소스를 보면 앞서 설명한 내용이 명확하게 드러나 있습니다. 먼저, pNodeA가 NULL인지 점검하여 아닌 경우에만 while 문의 로직을 수행하게 수정했습니다. 명시적으로 pNodeA가 NULL인 경우를 구분하여 구현했다는 것을 알 수 있습니다.

혹시 소스를 수정했더니 앞서 우리가 구현했던 함수 concatLinkedList()가 가지는

치명적인 결함이나 버그가 보일 수 있습니다. 이러한 결함을 보다 명확하게 보기 위해 소스를 다음과 같이 수정해 봅니다.

```
if (pNodeA != NULL) {     // 초깃값 NULL 점검
    while(pNodeA->pLink != NULL) {
        pNodeA = pNodeA->pLink;
    }
}
else {
// 이 경우라면 아래 소스에서 어떤 일이 벌어질까요?
}
pNodeA->pLink = pListB->headerNode.pLink;
// 줄 111: 문제가 발생할 수 있는 부분
```

소스에서 연결 리스트 pListA가 비면 문제가 발생한다는 것을 알 수 있습니다. 왜 나하면, 이 경우 pNodeA가 NULL이기 때문에 소스 줄 111에서 잘못된 연산으로 프로그램이 강제 종료될 것입니다.

```
111        pNodeA->pLink = pListB->headerNode.pLink;
```

사실 C 언어로 개발할 때, 포인터에 대한 처리 부분이 상당히 어렵습니다. 포인터 변수의 초기화와 더불어 NULL 점검 로직을 꼼꼼하게 챙기는 것이 이러한 어려움에 대한 대응책이 됩니다. 그러면 오류를 일으키는 소스는 어떻게 수정해야 할까요? 연결 리스트 pListA가 빈 리스트일 때 어떻게 처리해야 할까요? 이 부분은 뒤의 연습 문제에서 다루겠습니다.

연습 문제

1. [추가 함수 구현]

연결 리스트에 현재 저장된 자료의 개수를 구하는 함수 getListLength()를 구현해 보세요. 함수 getListLength()의 명세는 다음 표와 같습니다.

이름	입력	출력
리스트 생성 getListLength()	리스트 list	리스트에 저장된 자료의 개수

참고로, 함수 getListLength()를 실제 사용한 예는 다음과 같습니다.

```
~ 생략 ~
int main(int argc, char *argv[]) {
    int value = 0;
    LinkedList *pList = createList();
    addLinkedListData(pList, 0, 10);
    addLinkedListData(pList, 1, 20);
    addLinkedListData(pList, 1, 30);
    value = getListLength(pList);
    printf("자료의 개수 %d\n", value);
~ 생략 ~
```

단, 함수 getListLength()를 다음 두 가지 방식으로 각각 구현해 보세요.

(1) 구조체 LinkedList에 현재 자료의 개수를 저장하는 멤버 변수를 추가하여 구현하기

(2) 구조체 LinkedList에 멤버 변수를 추가하지 않고 함수 호출마다 현재 리스트에서 직접 자료의 개수를 구하기

소스를 컴파일하여 실행하면 다음과 같은 결과가 출력되어야 합니다.

```
자료의 개수: 3
```

2. **[리스트를 이용해서 평균을 구하는 프로그램 작성]**

다음 조건과 같이 사용자에게서 double 형의 점수를 입력받아 전체의 평균을 출력하는 프로그램을 작성해 봅니다. 사용자가 −1을 입력하면 −1을 제외한 지금까지 입력받은 숫자들로 평균을 구합니다.

만약, 사용자가 입력한 숫자가 없는 경우에는 "1명 이상의 점수를 입력해야 합니다."라는 메시지를 출력합니다. 단, 입력받은 double 형 숫자는 모두 연결 리스트에 저장하여야 하며 평균값을 계산할 때는 연결 리스트에서 직접 값을 가져와서 계산해야 합니다.

> > 1번째 점수는(−1을 입력하면 끝납니다)? 100 〈Enter〉
>
> > 2번째 점수는(−1을 입력하면 끝납니다)? 90 〈Enter〉
>
> > 3번째 점수는(−1을 입력하면 끝납니다)? 80 〈Enter〉
>
> > 4번째 점수는(−1을 입력하면 끝납니다)? 120 〈Enter〉
>
> > 5번째 점수는(−1을 입력하면 끝납니다)? −1 〈Enter〉
>
> 5명의 평균: 97.500
>
> > 1번째 점수는(−1을 입력하면 끝납니다)? −1 〈Enter〉
>
> 1명 이상의 점수를 입력해야 합니다

3. **[소스의 안정성 보완: NULL 검사]**

다음 소스는 안정성에 다소 문제가 있습니다. 예를 들어, 줄 16에서 함수 malloc()이 메모리 할당에 실패할 수 있습니다.

```
15    LinkedList *createLinkedList() {
16        LinkedList *pReturn = (LinkedList *)malloc(sizeof(LinkedList));
17
18        memset(pReturn, 0, sizeof(LinkedList));
19
20        return pReturn;
21    }
```

함수 malloc()이 메모리 할당에 실패하면 NULL을 반환하는데 이럴 경우 소스는 줄 18 부분을 수행하다가, 다음과 같이 프로그램이 강제 종료되어 버립니다.

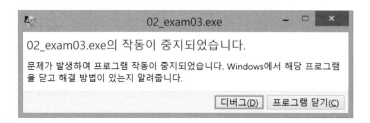

따라서, 줄 17과 19의 빈 곳에 적절한 소스를 추가하여 위 그림과 같이 프로그램이 강제 종료되지 않도록 수정해 보세요.

4. [소스의 안정성 보완: 입력 파라미터 유효값 점검]

다음 소스 줄 98에서는 함수 addLinkedListData()를 잘못된 입력 파라미터로 호출하고 있습니다. 현재 비어 있는 연결 리스트를 대상으로, 세 번째 위치(인덱스: 2)에 새로운 자료를 추가하려고 하고 있기 때문입니다.

예제 잘못된 입력 파라미터 전달

```
96          pList = createList( );
98          value = addLinkedListData(pList, 2, 10);
```

소스를 컴파일하여 프로그램을 실행하면 역시나 다음 그림과 같이 프로그램이 비정상적으로 종료됩니다.

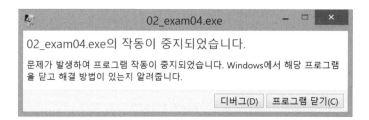

이번 장에서 구현한 함수 addLinkedListData()는 입력 파라미터 position의 유효성을 점검하지 않기 때문입니다. 이렇게 잘못된 범위의 인덱스가 전달되더라도 프로그램이 비정상적으로 종료되지 않도록 기존의 함수 addLinkedListData()를 수정해 보세요. 단, 함수 addLinkedListData()는 새로운 자료를 추가하는 데 성공한 경우에는 0을, 실패한 경우에는 1을 반환하도록 구현해야 합니다.

다음은 수정한 함수 addLinkedListData()의 반환 값을 이용하여 함수 호출의 성공 여부를 출력하도록 한 예입니다.

```
098    value = addLinkedListData(pList, 2, 10);
099    if (0 == value) {
100        printf("함수 addLinkedListData(%d, %d) 호출이 성공했습니다\n", 2, 10);
101    }
102    else {
103        printf("함수 addLinkedListData(%d, %d) 호출이 실패했습니다\n", 2, 10);
104    }
~ 이하 생략 ~
```

특별히 이 문제의 모범 답안 소스는 앞서 소개한 잘못된 입력 파라미터와 NULL 파라미터 등에 대한 방어 코드를 추가하였습니다.

또한, 이번 장의 함수 removeLinkedListData()도 함수 addLinkedListData()와 같은 예외 처리 부분에 대한 문제가 있습니다. 이 부분은 모범 답안 소스를 참고하기 바랍니다. 모범 답안 소스는 프리렉 홈페이지에서 내려받을 수 있습니다.

5. **[논리적 완결성 보완]**

앞서 다음과 같이 구현한 함수 concatLinkedList()에 대해서 입력 파라미터 pListA가 빈 경우(pListA 자체는 NULL이 아니나, 내부에 저장된 자료가 없음)를 보완하여 다음 소스를 수정해 보세요.

```
void concatLinkedList(LinkedList* pListA, LinkedList* pListB) {
    LinkedListNode* pNodeA = NULL;

    if (pListA != NULL && pListB != NULL) {
```

```
        pNodeA = pListA->headerNode.pLink;

        while(pNodeA != NULL && pNodeA->pLink != NULL) {
            pNodeA = pNodeA->pLink;
        }
        pNodeA->pLink = pListB->headerNode.pLink;

        pListB->headerNode.pLink = NULL;
    }
}
```

6. [새로운 기능 구현]

다음 그림과 같이 주어진 연결 리스트의 노드를 반대로 해주는 함수를 구현해 보세요.
예를 들어, 연결 리스트의 첫 번째 노드가 마지막 노드가 되고 두 번째 노드가 뒤에서
두 번째 노드가 되며 기존의 마지막 노드는 첫 번째 노드가 되도록 합니다.

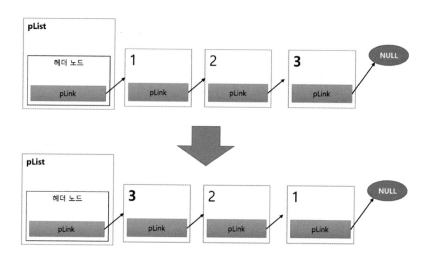

구현해야 하는 함수의 입력 파라미터는 다음과 같습니다.

```
void reverseLinkedList(LinkedList* pList)
```

D A T A   S T R U C T U R E

Chapter

4

연결 리스트의 확장

1 원형 연결 리스트   **2** 이중 연결 리스트   **3** 연결 리스트의 응용: 다항식

이번 장에서 살펴볼 자료구조는 3장과 마찬가지로 여전히 **연결 리스트**(linked list)입니다. 앞서 3장에서 연결 리스트에 대해 충분히 배웠다고 생각했는데, 다시 다룬다니 약간 당황스러울 수 있습니다. 하지만, 3장에서 배웠던 연결 리스트는 엄밀하게 말하면 **단순 연결 리스트**(singly linked list)입니다. 단순 연결이란 기본이 되는 연결 리스트라는 뜻입니다. 일반적으로 연결 리스트라고 하면 대부분 단순 연결 리스트를 지칭합니다.

그런데 실제 현실에서 여러 가지 문제를 접하다 보면 단순 연결 리스트 이외에 다른 연결 리스트가 있었으면 좋겠다는 바람이 생기기도 합니다. 이번 장에서 살펴볼 원형 연결 리스트와 이중 연결 리스트가 이런 바람에 대한 대표적인 답입니다.

원형 연결 리스트(circular linked list)와 이중 연결 리스트(double linked list)는 어떤 연결 리스트일까요? 이들의 특징을 단순 연결 리스트와 비교하여 살펴보자면 다음 그림과 같습니다. 이들은 모두 포인터를 이용하여 구현했다는 공통점이 있으나 구조적인 측면에서 차이가 있습니다.

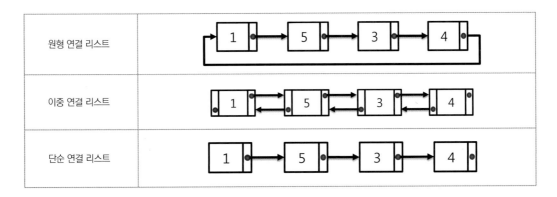

그림 4-1 연결 리스트의 종류

먼저, 원형 연결 리스트는 마지막 노드(노드 4)가 다시 첫 번째 노드(노드 1)와 연결되어 원형 (circular)을 이루는 구조입니다. 끝이 없이 순회하는 일종의 루프(loop) 구조로 되어 있습니다. 반면, 단순 연결 리스트와 마찬가지로 노드 사이의 연결이 **단방향**이라는 공통점이 있습니다.

다음으로, 이중 연결 리스트는 노드 사이의 연결이 **양방향**으로 있습니다. 단순 연결 리스트와 원형 연결 리스트는 노드 사이의 연결이 한쪽으로만 있었습니다. **그림 4-1**의 이중 연결 리스트 에서 노드 1과 노드 5를 보면 노드 1에서 노드 5로 가는 연결뿐 아니라 반대 방향인 노드 5에 서 노드 1로 가는 연결도 있습니다.

이쯤에서 질문이 하나 생깁니다. 원형 연결 리스트와 이중 연결 리스트는 어디에 사용하기에 배워야 하는 걸까요? 결론을 말하자면, 두 연결 리스트가 있으면 구현이 쉬워지는 분야가 있 기 때문입니다. 다시 말해서 단순 연결 리스트를 이용하면 구현이 어려운 분야가 있습니다.

예를 들어, 원형 연결 리스트는 운영체제(OS)에서 시간 할당 문제(timesharing problem)에 사용합 니다. 운영체제는 자신이 생성한 프로세스마다 얼마만큼 CPU를 사용해야 할 지 주기적으로 계산합니다. 이러한 시간 할당을 처리하기 위해서 내부적으로 프로세스 정보를 저장하는데, 이때 다음 그림과 같이 원형 연결 리스트를 사용합니다. **그림 4-2**는 현재 운영체제가 모두 다 섯 개의 프로세스를 관리하는 것을 보여줍니다.

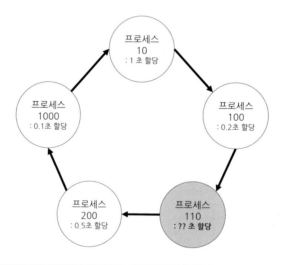

그림 4-2 원형 연결 리스트의 사용 예: 운영체제에서 프로세스 정보를 저장

운영체제는 시간마다 원형 연결 리스트에 저장된 프로세스별로 시간 정보를 변경합니다. 예를 들어, 프로세스 10 → 프로세스 100 → 프로세스 110 → …과 같이 원형 연결 리스트를 순회하면서 각 프로세스에 할당된 시간을 계산합니다. 그런데 이런 과정을 한 번만 하는 것이 아니라 루프를 반복 수행하면서 운영체제가 종료될 때까지 계속 수행해야 합니다. 즉, 리스트 순회가 한 번에 끝나는 것이 아니라 계속 수행해야 합니다.

원형 연결 리스트가 운영체제의 시간 할당 문제에 왜 필요한지 이해가 되는지요? 만약, 단순 연결 리스트로 구현한다면 한 번 리스트의 순회가 끝난 다음에, 다시 리스트를 순회하도록 하려면 추가적인 구현이 필요할 것입니다. 하지만, 원형 연결 리스트는 루프 구조나 순환 구조여서 추가적인 구현 없이도 순회를 지속할 수 있습니다. 그래서 원형 연결 리스트는 운영체제의 시간 할당 문제에 적합합니다.

이중 연결 리스트는 되돌리기(undo) 기능을 구현하는 데 유용한 자료구조입니다. 예를 들어, 다음 그림은 되돌리기 목록을 이중 연결 리스트로 구현한 예를 보여줍니다.

그림 4-3 이중 연결 리스트의 사용 예: 되돌리기 목록을 저장

그림 4-3을 보면 현재 사용자가 세 번에 걸쳐 입력했다는 것을 알 수 있습니다. 처음에는 문자열 "ABC"를, 다음으로 엔터(Enter) 키를 눌렀고 마지막으로 숫자 "123"을 입력했습니다. 만약, 최종 상태에서 한 번 되돌리기를 수행하면 "③ 123 입력"이 취소됩니다. 여기서 다시 한 번 되돌리기를 수행하면 "② Enter 입력"이 취소됩니다. 그런데 '되돌리기' 대신에 '되돌리기 취소'를 하면 앞서 취소되었던 "③ 123 입력"이 다시 수행될 수도 있습니다. 어떻습니까? 이러한 되돌리기 기능을 구현하려면 양방향으로 링크가 있는 이중 연결 리스트가 필요할 것 같지 않나요?

이번 장에서 다루게 되는 원형 연결 리스트와 이중 연결 리스트를 제대로 배운다면 여러분이 작성하는 프로그램의 특성이나 목적에 맞는 적절한 리스트를 선택할 수 있을 것입니다. 마지막으로, 이번 장의 끝에서는 그동안 배웠던 연결 리스트를 활용하여 다항식 문제를 풀어 보도록 하겠습니다. 다항식을 리스트로 어떻게 표현할 수 있는지 그리고 이렇게 표현된 다항식을 계산할 수 있도록 하려면 어떤 연산을 어떻게 구현해야 하는지 살펴보겠습니다. 이제부터 본격적으로 연결 리스트의 심화 과정에 들어가 보겠습니다.

1. 원형 연결 리스트

앞서 설명했지만, 원형 연결 리스트(circular linked list)는 리스트의 마지막 노드가 첫 번째 노드와 연결된 단순 연결 리스트를 말합니다. 노드 사이의 연결이 단방향이라는 점에서는 단순 연결 리스트와 같습니다. 반면, 원형(circular) 구조를 지닌다는 점에서는 단순 연결 리스트와 다릅니다. 이러한 구조는 원형 연결 리스트를 다른 자료구조와 구별되게 합니다.

원형 연결 리스트의 예를 그림으로 나타내면 다음과 같습니다.

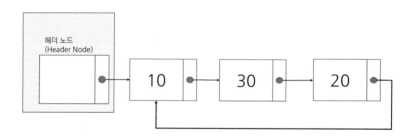

그림 4-4 원형 연결 리스트의 예

그림 4-4에서 원형 연결 리스트는 노드가 세 개이며, 각 노드는 정수 10, 30, 20을 각각 저장하고 있습니다. 그런데 마지막 노드 20이 다시 첫 번째 노드 10으로 연결되어 있습니다. 원형 연결 리스트는 마지막 노드의 링크 pLink가 다시 첫 번째 노드를 가리키는 것을 확인할 수 있습니다. 반면, 앞서 살펴본 단순 연결 리스트는 마지막 노드의 링크 pLink가 NULL입니다.

그러면 이제부터 원형 연결 리스트를 어떻게 구현해야 하는지 살펴보겠습니다. 참고로, 원형 연결 리스트는 기본적으로 단순 연결 리스트와 대부분 비슷합니다. 다만, 마지막 노드가 첫 번째 노드와 연결되어 있어야 한다는 제약 사항이 추가되었습니다. 따라서, 단순 연결 리스트와 비교해서 다른 점을 중심으로 살펴보겠습니다.

〈여기서 잠깐〉 원형 연결 리스트에서 재미있는 특징 하나

원형 연결 리스트에서는 마지막 노드의 다음 노드가 첫 번째 노드입니다. 이러한 특징을 이용하여 현재 노드의 이전 노드를 찾을 수 있습니다. 단순 연결 리스트에서는 현재 노드의 이전 노드에 접근하기 위해서는 다시 첫 번째 노드부터 탐색을 시작해야 합니다. 반면, 원형 연결 리스트에서는 계속 순회하다 보면 다시 자기 자신으로 돌아오게 됩니다.

그렇다면, 원형 연결 리스트에서 현재 위치 인덱스 position에 있는 노드 pNode의 이전 노드를 어떻게 확인할 수 있을까요? 즉, 위치 인덱스가 (position - 1)인 이전 노드를 어떻게 알 수 있을까요?

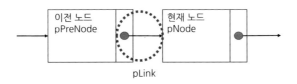

그림 4-5 원형 연결 리스트의 순회: 이전 노드 찾기

노드 pNode의 이전 노드가 pPreNode라면 현재 노드와 이전 노드와의 관계는 다음과 같은 조건을 만족할 것입니다.

```
pPreNode->pLink == pNode
```

원형 연결 리스트에서 이전 노드에 접근하기 위해 각 노드의 링크를 따라 계속 이동하면서 이 조건을 만족하는지를 점검합니다. 그러다 조건을 만족하는 노드에 도달하면 이전 노드를 찾은 것입니다. 그렇지 않으면 다음 노드로 이동하면 됩니다.

1.1 노드의 구조

원형 연결 리스트에서도 자료를 저장하는 단위로 노드를 사용합니다. 그리고 다음 그림에서 알 수 있듯이 원형 연결 리스트의 노드도 실제 저장하려는 자료와 다음 자료의 링크(연결 정보)를 멤버 변수로 가지는 구조체입니다.

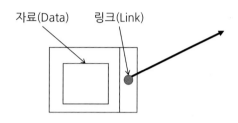

자료(Data) 링크(Link)

그림 4-6 원형 연결 리스트에서 노드의 구조

실제로 원형 연결 리스트를 C 언어로 정의한 소스를 보면 구조체 이름이 **Linked**ListNode에서 **Circular**ListNode로 변경된 부분만 제외하고 나머지 멤버 변수는 단순 연결 리스트와 같습니다.

예제 04_01.c (1/8)

```
01   #include <stdio.h>
02   #include <stdlib.h>
03   #include <string.h>
04
05   typedef struct CircularListNodeType {
06       int data;
07       struct CircularListNodeType *pLink;
08   } CircularListNode;
```

위 소스에서 노드의 자료 부분은 줄 6에서 정의된 멤버 변수 int data에 해당합니다. 여기에서는 정수를 한 개 저장합니다. 그리고 다음 노드로의 링크(연결 정보)는 줄 7에서 정의된 멤버 변수 pLink가 저장합니다. 자세한 설명은 앞장과 같기 때문에 생략하도록 하겠습니다. 이제 이렇게 선언된 노드를 이용하여 원형 연결 리스트를 선언해 보겠습니다.

1.2 원형 연결 리스트의 구조

다음 그림은 원형 연결 리스트의 구조를 보여줍니다. 앞서 단순 연결 리스트와 마찬가지로 헤더 노드와 노드 개수를 멤버 변수로 가집니다. 여기서 헤더 노드는 일종의 더미 노드로, 자기 스스로는 자료를 저장하지 않고 실제 자료를 저장하는 다른 노드를 가리키는 노드라고 배웠습니다. 다만, 현재 저장하고 있는 자료가 없는 빈 상태입니다.

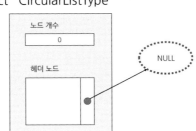

그림 **4-7** 원형 연결 리스트의 구조: 저장된 자료가 없는 빈 상태

혹시 **그림 4-7**을 보고서 원형 연결 리스트의 구조와 단순 연결 리스트의 구조의 차이가 무엇인지 떠오르는지요? 그림에서는 원형 연결 리스트와 단순 연결 리스트가 구조적으로 차이가 없습니다. 다만, 원형 연결 리스트는 새로 자료를 추가할 때 처리하는 로직이 달라집니다. 마지막 노드가 다시 첫 번째 노드와 연결되어야 하기 때문입니다. 새로 자료를 추가할 때 어떻게 처리하는 로직이 다른지 다음 '1.4 새로운 자료의 추가'에서 자세히 살펴보겠습니다.

원형 연결 리스트의 구조체를 실제 C 언어로 정의한 소스는 다음과 같습니다. 단순 연결 리스트의 소스에서 구조체의 이름이 LinkedList였던 것이 CircularList로, 헤더 노드 변수의 자료형(type)이 LinkedListNode였던 것이 CircularListNode로 변경되었습니다.

예제 04_01.c (2/8)

```
10   typedef struct CircularListType {
11       int    currentCount;
12       CircularListNodeheaderNode;
13   } CircularList;
```

1.3 원형 연결 리스트 생성과 값 가져오기

원형 연결 리스트를 생성하는 함수 createCircularList()와 저장된 자료를 가져오는 함수 getCircularListData()는 앞장의 단순 연결 리스트에서 구현된 내용과 차이가 없습니다. 단지, 동시 사용이 가능하도록 함수 이름 중간을 Linked 대신에 Circular로 변경하였으며, 기존의 구조체 타입 LinkedList, LinkedListNode 대신에 CircularList, CircularListNode를 사용하였습니다. 함수 자체에 대한 자세한 설명은 앞장의 내용을 참고하기 바랍니다.

예제 04_01.c (3/8)

```
15    CircularList *createCircularList() {
16        CircularList *pReturn = (CircularList *)malloc(sizeof(CircularList));
17        memset(pReturn, 0, sizeof(CircularList));
18        return pReturn;
19    }
20
21    int getCircularListData(CircularList* pList, int position) {
22        int i = 0;
23
24        CircularListNode *pCurrentNode = &(pList->headerNode);
25        for(i = 0; i <= position; i++) {
26            pCurrentNode = pCurrentNode->pLink;
27        }
28
29        return pCurrentNode->data;
30    }
```

이제 다음으로 살펴볼 함수들은 마지막 노드를 처리하는 로직이 단순 연결 리스트의 함수들과 다릅니다. 원형 연결 리스트에서 마지막 노드의 다음 노드가 첫 번째 노드로 지정되는 개념이 나머지 함수들의 구현에 어떤 영향을 주는지 살펴보겠습니다.

1.4 새로운 자료의 추가

원형 연결 리스트에서 새로운 자료를 추가하는 함수인 addCircluarListData()에 대해서 살펴보겠습니다. 원형 연결 리스트에서도 단순 연결 리스트에서와 마찬가지로 세 단계를 거쳐서 새로운 자료를 추가합니다. 앞장의 내용이 기억나요? 새로운 노드를 먼저 생성하고 난 뒤, 다음 노드를 처리하고 마지막으로 이전 노드를 처리했습니다. 그런데 원형 연결 리스트에서는 세 단계 이후에 후처리(post-processing) 단계가 더 있습니다.

예를 이용하여 설명해 볼까요? 다음 그림은 원형 연결 리스트에 새로운 자료를 하나 추가하는 과정을 보여줍니다.

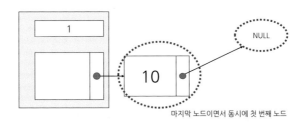

그림 4-8 원형 연결 리스트: 맨 처음 자료 한 개를 추가 중인 상태

새로운 자료를 추가하는 과정이 끝났나요? **그림 4-8**은 단순 연결 리스트와 마찬가지로 세 단계(새로운 노드의 생성 – 다음 노드의 처리 – 이전 노드의 처리)까지만 진행된 상태입니다. 원형 연결 리스트에서는 여기에 단계가 더 있습니다.

원형 연결 리스트에서는 마지막 노드의 다음 노드는 첫 번째 노드가 되어야 합니다. **그림 4-8** 에서 노드 10은 마지막 노드이자 동시에 첫 번째 노드입니다. 따라서, 노드 10은 다음 노드로 자기 자신을 지정해 주어야 합니다. 즉, 원형 연결 리스트에서 맨 처음 자료를 추가할 때는 추가한 노드의 다음 노드로 자기 자신(새로 추가한 노드)을 지정해야 합니다.

다음 그림은 이러한 지정이 끝난 상태를 보여줍니다. 원형 연결 리스트의 첫 번째 노드이자 마지막 노드가 다음 노드로 자기 자신과 연결되었습니다.

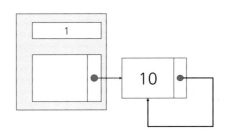

그림 4-9 원형 연결 리스트: 맨 처음 자료 한 개를 추가한 상태(완료)

그럼 자연스럽게 다음 질문이 나옵니다. **그림 4-9**와 같이 원형 연결 리스트에 이미 자료 한 개가 추가된 상태에서 자료를 더 추가한다면 어떻게 해야 할까요? 원형 연결 리스트라 하더라도 후처리 단계가 필요 없습니다. 단순 연결 리스트에서 새로운 자료를 추가할 때와 똑같이 해주면 됩니다. 왜 그럴까요? 이것은 예를 통해 살펴보면 비교적 쉽게 이해됩니다.

그림 4-9와 같이 기존에 자료가 하나 저장된 원형 연결 리스트에 새로운 자료 20을 자료 10 다음에 추가한다고 가정하겠습니다. 그런 경우를 논리적으로 생각해 보면 다음 그림과 같은 상황임을 알 수 있습니다.

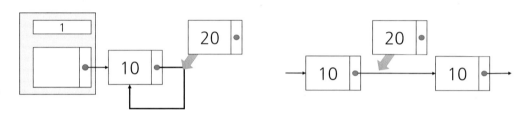

그림 4-10 원형 연결 리스트에서 두 번째 자료를 추가하는 경우

그림 4-10을 보면 원형 연결 리스트에서 새로운 노드를 추가하는 연산은 단순 연결 리스트에서 노드 10과 노드 10 사이에 새로운 노드 20을 추가하는 연산과 같다는 것을 알 수 있습니다. 이미 자료가 하나 이상 저장된 원형 연결 리스트는 순환 구조가 완성된 상태이기 때문입니다. 따라서, 노드 20을 서로 연결되어 있는 두 노드 사이에 삽입하는 경우이므로 단순 연결 리스트에서의 자료 추가 연산 그대로 수행하면 됩니다.

다음은 지금까지 설명한 내용을 바탕으로 함수 addCircularListData()를 구현한 실제 소스입니다. 원형 연결 리스트에서 새로운 자료를 추가하는 소스입니다.

예제 04_01. c (4/8)

```
32   int addCircularListData(CircularList* pList, int position, int data) {
33       int i = 0;
34
35       CircularListNode *pNewNode = NULL;
36       CircularListNode *pPreNode = NULL;
37
38       pNewNode = (CircularListNode*)malloc(sizeof(CircularListNode));
```

```
39          pNewNode->data = data;
40
41          pPreNode = &(pList->headerNode);
42          for(i = 0; i < position; i++) {
43              pPreNode = pPreNode->pLink;
44          }
45
46          pNewNode->pLink = pPreNode->pLink;
47          pPreNode->pLink = pNewNode;
48
49          pList->currentCount++;
50          if(pNewNode->pLink == NULL) {
51              pNewNode->pLink = pNewNode;
52          }
53
54          return 0;
55      }
```

> **32~49**: ① 줄 32~49는 앞장의 단순 연결 리스트에서의 구현과 동일

> **50~52**: ② 원형 연결 리스트에서 첫 번째 노드가 추가된 경우, 다음 노드를 지정하는 부분

위 소스에서 줄 32~49는 앞장의 단순 연결 리스트에서의 함수 addLinkedListData()와 같습니다. 단지 다른 부분이 있다면 구조체 타입이 CircularList와 CircularListNode라는 점입니다. 다만, 줄 50~52에서 앞서 설명한 바와 같이 원형 연결 리스트에서 맨 처음 노드를 추가하는 경우인지를 점검하여 만약 처음이면 추가한 노드의 다음 노드로 자기 자신을 지정하도록 합니다.

1.5 기존 자료의 제거

원형 연결 리스트에서 자료를 제거하는 함수인 removeCircularListData()를 살펴보겠습니다. 이 함수는 단순 연결 리스트의 함수 removeLinkedListData()의 로직을 기본으로 합니다. '이전 노드의 처리'와 '삭제 노드의 메모리 해제' 두 단계는 앞장의 내용과 같습니다. 다만, 추가되는 로직이 있습니다. 이 로직은 원형 연결 리스트의 마지막 남은 자료를 삭제할 때 적용됩니다. 앞서 살펴본 함수 addCircularListData()와 비슷합니다.

다음 그림에서 원형 연결 리스트의 마지막 남은 자료를 제거할 경우를 살펴보겠습니다.

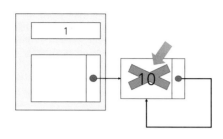

그림 4-11 원형 연결 리스트에서 마지막 남은 자료를 제거하는 경우

만약 마지막 자료를 제거할 때, 단순 연결 리스트의 함수 removeLinkedListData()처럼 두 단계 로직만 수행했다고 가정하겠습니다. 그러면 마지막 노드를 삭제한 뒤에 다음 그림과 같이 헤더 노드가 여전히 삭제된 노드를 가리키게 됩니다. 마지막 남은 노드의 경우에는 다음 노드 연결이 여전히 자기 자신이기 때문입니다.

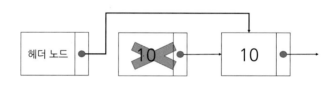

그림 4-12 단순 연결 리스트의 자료 제거 로직만 적용하면 문제 발생

그림 4-12에서 알 수 있듯이 마지막 노드 10은 성공적으로 제거했습니다. 그런데 마지막 노드를 제거하는 경우 단순 연결 리스트의 자료 삭제 로직은 헤더 노드의 다음 노드로 삭제한 노드의 다음 노드를 가리키게 됩니다. 하지만, 원형 연결 리스트이기 때문에 삭제한 노드 10의 다음 노드는 여전히 노드 10입니다. 따라서, 이 경우 이미 삭제된 노드 10이 헤더 노드의 다음 노드가 되는 문제가 발생합니다.

결론적으로 원형 연결 리스트에서는 마지막 남은 노드를 제거할 때 헤더 노드가 NULL을 가리키게 강제적으로 지정해야 합니다. 함수 removeCircularListData()에는 바로 이 로직이 추가됩니다. 이러한 내용을 다음의 소스에서 확인할 수 있습니다.

예제 04_01. c (5/8)

```c
57    int removeCircularListData(CircularList* pList, int position) {
58        int i = 0;
59        CircularListNode *pDelNode = NULL;
60        CircularListNode *pPreNode = NULL;
61
62        pPreNode = &(pList->headerNode);
63        for(i = 0; i < position; i++) {
64            pPreNode = pPreNode->pLink;
65        }
66
67        pDelNode = pPreNode->pLink;
68        pPreNode->pLink = pDelNode->pLink;
69
70        pList->currentCount--;
71        if(0 == pList->currentCount) {
72            pList->headerNode.pLink = NULL;
73        }
74
75        free(pDelNode);
76
77        return 0;
78    }
```

> **57~70**: ① 줄 57~70은 앞장의 단순 연결 리스트에서의 구현과 동일

> **71~73**: ② 원형 연결 리스트에서 마지막 남은 노드가 삭제된 경우, 헤더 노드를 NULL 지정

위 소스에서 줄 57~70은 앞장의 단순 연결 리스트에서의 함수 removeLinkedListData()와 같습니다. 단지 다른 부분이 있다면 구조체 타입이 CircularList와 CircularListNode라는 점입니다. 반면, 줄 71~73에서 앞서 설명한 바와 같이 원형 연결 리스트에서 마지막 남은 노드가 삭제된 경우인지를 점검하여 만약 마지막 남은 노드가 삭제된 경우라면 헤더 노드의 다음 노드로 NULL을 지정하도록 합니다.

1.6 기타 연산들

다음은 원형 연결 리스트에서 구현하는 함수 중 나머지입니다. 비교적 간단한 기능을 수행하기 때문에 특별한 설명이 없어도 이해하기 쉬울 것으로 예상합니다. 앞장의 단순 연결 리스트의 함수와 비교해서 다른 부분을 위주로 간단히 말씀드리겠습니다.

먼저, 함수 deleteCircluarList()는 원형 리스트 자체의 메모리를 해제합니다. 앞서 단순 연결 리스트에서는 마지막 노드의 조건인 '다음 노드의 링크가 NULL'인 조건으로 while 문을 반복 실행하면서 각 노드를 메모리 해제했습니다. 반면, 원형 연결 리스트에서는 마지막 노드가 첫 번째 노드와 연결되어 있습니다. 그 때문에, 리스트의 노드 개수를 나타내는 멤버 변수 currentCount를 이용하여 for 문을 반복 실행하면서 각각의 노드에 대해서 메모리 해제를 수행합니다. 물론, 모든 노드에 대해서 메모리를 해제하면 마지막으로는 리스트 자체의 메모리를 해제합니다.

예제 04_01.c (6/8)

```
80   void deleteCircularList(CircularList* pList) {
81       int i = 0;
82       CircularListNode *pDelNode = NULL;
83       CircularListNode *pPreNode = pList->headerNode.pLink;
84       for(i = 0; i < pList->currentCount; i++) {
85           pDelNode = pPreNode;
86           pPreNode = pPreNode->pLink;
87
88           free(pDelNode);
89       }
90
91       free(pList); // 원형 연결 리스트 자체에 대한 메모리를 해제
92   }
```

> 84~89: ① 원형 연결 리스트의 멤버 변수 count를 이용하여 루프를 돌면서 각 노드의 메모리를 해제

다음으로, 함수 displayCircluarList()는 원형 연결 리스트에 저장된 자료를 출력합니다. 기본적으로 멤버 변수 currentCount를 이용하여 for 문의 블록을 실행하면서 각 노드에 저장된 자료를 출력합니다. 다만, 멤버 변수 currentCount가 0인 경우에는 for 문을 실행하지 않고 별도로 "자료가 없습니다."를 출력합니다.

예제 04_01.c (7/8)

```
094   void displayCircularList(CircularList* pList) {
095       int i = 0;
096       CircularListNode* pNode = NULL;
097
```

```
098        pNode = pList->headerNode.pLink;
099        if(0 == pList->currentCount) {
100            printf("자료가 없습니다\n");
101        }
102        else {
103            printf("노드 개수: %d\n", pList->currentCount);
104
105            for(i = 0; i < pList->currentCount; i++) {
106                printf("[%d],%d\n", i, pNode->data);
107                pNode = pNode->pLink;
108            }
109        }
110    }
```

마지막으로, 지금까지 구현한 원형 연결 리스트를 이용하는 예제 소스는 다음과 같습니다. 자료 10, 20, 30을 추가하는데 20 → 30 → 10 순서로 저장하도록 하였습니다(줄 117~122). 이후 자료 10, 30, 20을 차례로 제거합니다(줄 124-129).

예제 04_01.c (8/8)

```
112  int main(int argc, char *argv[]) {
113      CircularList *pList = NULL;        // 변수를 선언하고 초기화합니다.
114
115      pList = createCircularList();    // 리스트를 생성합니다.
116
117      addCircularListData(pList, 0, 10);
118      displayCircularList(pList);
119      addCircularListData(pList, 0, 20);
120      displayCircularList(pList);
121      addCircularListData(pList, 1, 30);
122      displayCircularList(pList);
123
124      removeCircularListData(pList, 2);
125      displayCircularList(pList);
126      removeCircularListData(pList, 1);
127      displayCircularList(pList);
128      removeCircularListData(pList, 0);
129      displayCircularList(pList);
```

117~122: ① 리스트에 새로운 자료들을 추가하고 내용을 출력합니다.

124~129: ② 리스트의 3번째, 2번째, 1번째 자료를 삭제하고 내용을 출력합니다.

```
130
131    deleteCircularList(pList);        // 리스트 자체를 삭제합니다.
132
133    return 0;
134 }
```

지금까지의 소스를 컴파일하고 실행하면 다음과 같이 출력됩니다. 원형 연결 리스트에 자료가 추가되면서, 리스트에 저장된 자료가 각각 10, 20 → 10, 20 → 30 → 10 순서로 출력됩니다.

또한, 세 개의 자료가 제거되면서 리스트에 저장된 자료가 각각 20 → 30, 20, "자료가 없습니다" 순서대로 출력됩니다.

프로그램 04_01.exe의 실행 결과 화면

```
C:\Users\jinlee\Project\04\Release> 04_01.exe <Enter>
노드 개수: 1
[0],10
노드 개수: 2
[0],20
[1],10
노드 개수: 3
[0],20
[1],30
[2],10
노드 개수: 2
[0],20
[1],30
노드 개수: 1
[0],20
자료가 없습니다
```

지금까지 우리는 원형 연결 리스트에 대해서 자세히 살펴보았습니다. 다음으로, 이중 연결 리스트에 대해서 살펴보겠습니다.

2. 이중 연결 리스트

지금까지 배운 단순 연결 리스트와 원형 연결 리스트는 노드 사이의 연결이 단방향이었습니다. 하지만, 이중 연결 리스트(doubly linked list)는 노드 사이의 연결이 양방향입니다. 각 노드는 다음 노드뿐 아니라, 이전 노드에 대한 링크(연결 정보)를 추가로 가지고 있습니다. 따라서, 이중 연결 리스트에서는 이전 노드로의 접근이 한 번에 가능합니다.

예를 들어, 단순 연결 리스트에서는 이전 노드에 접근하려면, 리스트의 처음부터 다시 순회(iteration)해야 했습니다. 또한, 원형 연결 리스트에서는 새로 순회를 시작할 필요는 없지만, 대신 이전 노드를 찾을 때까지 계속 다음 노드로 이동해야 했습니다. 이중 연결 리스트와 달리, 이전 노드로 한 번에 갈 수 없는 구조였습니다.

다음 그림에서 알 수 있듯이 이중 연결 리스트는 노드들 사이에 링크가 양방향으로 있습니다. 이중 연결 리스트는 노드마다 두 개의 링크가 있는데, 하나는 다음 노드를 가리키며 다른 하나는 이전 노드를 가리킵니다. 단, 첫 번째 노드는 이전 노드가 없어서 이전 노드에 대한 링크가 NULL입니다. 또한, 마지막 노드의 경우 다음 노드가 없기 때문에 다음 노드에 대한 링크가 NULL입니다.

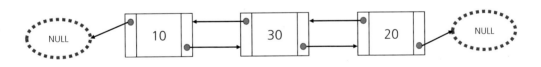

그림 4-13 이중 연결 리스트의 예

그림 4-13에서 이중 연결 리스트는 노드가 세 개이며 각 노드는 정수 10, 30, 20을 각각 저장하고 있습니다. 그런데 마지막 노드 20의 다음 노드는 NULL입니다. 그리고 첫 번째 노드 10의 이전 노드도 NULL입니다.

이러한 양방향 연결은 다음 노드뿐 아니라 이전 노드로도 한 번에 접근할 수 있는 장점이 있습니다. 다만, 이러한 장점에 비해서 각각의 노드에 추가적인 연결 정보를 저장하기 때문에 메모리 공간을 더 많이 사용한다는 점과 구현이 좀 더 복잡해진다는 단점이 있습니다.

2.1 노드의 구조

이중 연결 리스트에서 사용하는 노드의 구조를 그림으로 나타내면 다음과 같습니다. 이중 연결 리스트의 노드는 실제 자료와 두 개의 링크를 멤버 변수로 가지는 구조체라는 것을 알 수 있습니다. 특별히 링크가 두 개라는 점이 중요합니다.

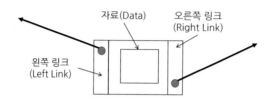

그림 **4-14** 이중 연결 리스트에서 노드의 구조

노드마다 있는 두 개의 링크는 오른쪽 링크(R-Link, right link)와 왼쪽 링크(L-Link, left link)입니다. 이중 연결 리스트는 역방향, 즉 왼쪽 링크를 추가로 사용하여 이전 노드의 연결 정보를 저장합니다. 오른쪽 링크는 다음 노드의 연결 정보를 저장합니다. 참고로, 단순 연결 리스트와 원형 연결 리스트의 노드에서는 그냥 링크 pLink라고 했는데, 이것에 해당하는 것이 이중 연결 리스트에서는 pRLink입니다. 이러한 이중 연결 리스트의 노드에 대한 실제 소스는 다음과 같습니다.

예제 04_02.c (1/12)

```
01    #include <stdio.h>
02    #include <stdlib.h>
03
04    typedef struct DoublyListNodeType
05    {
06        int data;
07        struct DoublyListNodeType* pLLink;  // 왼쪽(이전) 노드
08        struct DoublyListNodeType* pRLink;  // 오른쪽(다음) 노드, 단순 연결 리스트의 pLink
09    } DoublyListNode;
```

위 소스에서 노드의 자료 부분은 줄 6에서 정의한 멤버 변수 int data에 해당합니다. 그리고 줄 7에서 이전 노드로의 연결 정보를 나타내는 왼쪽 링크에 해당하는 멤버 변수는 pLLink임을

알 수 있습니다. 또한, 줄 8에서는 다음 노드로의 연결 정보를 나타내는 오른쪽 링크에 해당하는 멤버 변수 pRLink가 있습니다. 이제 이렇게 선언한 노드를 이용하여 이중 연결 리스트를 선언해 보겠습니다.

2.2 이중 연결 리스트의 구조

다음 그림은 이중 연결 리스트를 나타내는 구조체 DoublyList를 보여주고 있습니다. 앞의 연결 리스트들과 마찬가지로 멤버 변수로 헤더 노드가 있습니다. 이러한 헤더 노드는 일종의 더미 노드로 자기 스스로는 자료를 저장하지 않고 실제 자료를 저장하는 다른 노드를 가리키는 노드라고 배웠습니다. 그리고 구현상 편의를 위해 현재 리스트에 추가된 노드(자료)의 개수를 저장하는 멤버 변수 currentCount가 있습니다.

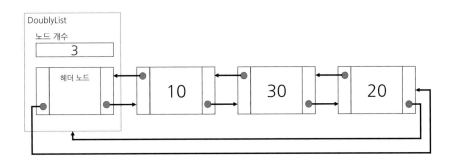

그림 4-15 이중 연결 리스트의 구조

그림 4-15를 보면 자료를 저장하는 노드가 모두 세 개이기 때문에 구조체 DoublyList의 멤버 변수 currentCount의 값은 3입니다. 각 노드는 왼쪽 링크와 오른쪽 링크가 있어서 이전 노드와 다음 노드와 연결되어 있습니다.

다음으로, 이중 연결 리스트의 헤더 노드를 보면 오른쪽 링크인 pRLink는 첫 번째 노드를 가리키고 있습니다. 이것은 기존의 단순 연결 리스트에서 헤더 노드의 pLink가 첫 번째 노드를 가리키는 것과 같습니다. 즉, 오른쪽 링크는 곧 다음 노드를 가리키는 링크가 됩니다. 그리고 헤더 노드의 왼쪽 링크인 pLLink는 마지막 노드인 노드 20을 가리키는 것을 알 수 있습니다. 즉, 이전 링크는 마지막 노드를 가리키게 지정합니다.

여기서 중요한 점은 이중 연결 리스트는 원형 연결 리스트와 달리 원형의 순환 구조가 아니라

는 점입니다. 이러한 비교를 다음 그림에서 확인할 수 있습니다. 이중 연결 리스트는 마지막 노
드의 다음 노드가 헤더 노드입니다. 즉, 마지막 노드와 첫 번째 노드 중간에 헤더 노드라는 더
미 노드가 끼워져 있습니다. 따라서, 순회하는 도중에 헤더 노드를 만나기 때문에 순회가 중
간에 끊어집니다. 반면에, 원형 연결 리스트는 마지막 노드의 다음 링크가 첫 번째 노드를 가
리키기 때문에 순환 구조입니다.

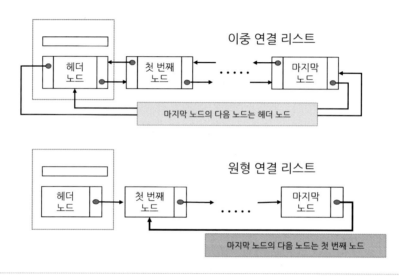

그림 4-16 이중 연결 리스트와 원형 연결 리스트의 차이: 마지막 노드의 다음 노드

그럼, 여기서 간단한 질문입니다. 이중 연결 리스트의 첫 번째 노드의 이전 노드는 어떤 노드인
가요? **그림 4-16**을 보면 헤더 노드가 첫 번째 노드의 이전 노드입니다.

이중 연결 리스트의 속성 두 가지

- **마지막 노드의 다음 노드 = 헤더 노드**
- **헤더 노드의 이전 노드 = 마지막 노드**

이중 연결 리스트의 구조체를 C 언어로 정의한 소스는 다음과 같습니다. 구조체의 이름
은 LinkedList에서 DoublyList로 변경하였으며 헤더 노드 headerNode의 자료형도 구조체
LinkedListNode에서 DoublyListNode로 변경하였습니다.

```
11   typedef struct DoublyListType
12   {
13      int    currentCount;      // 현재 저장된 노드의 개수
14      DoublyListNode  headerNode;  // 헤더 노드
15   } DoublyList;
```

이중 연결 리스트를 나타내는 구조체 DoublyList는 현재 노드의 개수를 저장하는 current-Count와 헤더 노드를 나타내는 headerNode를 멤버 변수로 가집니다. 이제 정의한 구조체를 이용하여 이중 연결 리스트의 여러 가지 연산을 어떻게 구현하는지 차례로 살펴보겠습니다.

2.3 이중 연결 리스트 생성과 값 가져오기

이중 연결 리스트를 생성하는 함수 createDoublyList()를 먼저 살펴보겠습니다. 이 함수는 메모리 할당과 구조체 변수들의 초기화를 담당합니다. 로직이 어렵지 않기 때문에 쉽게 이해할 수 있을 것입니다.

```
17   DoublyList* createDoublyList()
18   {
19      DoublyList *pReturn = (DoublyList *)malloc(sizeof(DoublyList));
20      if(pReturn != NULL) {
21         memset(pReturn, 0, sizeof(DoublyList));
22
23         pReturn->headerNode.pLLink = &(pReturn->headerNode);
24         pReturn->headerNode.pRLink = &(pReturn->headerNode);
25      }
26
27      return pReturn;
28   }
```

소스 줄 19에서 메모리를 할당하고 줄 20에서 메모리 할당이 성공했는지 점검합니다. 메모리 할당이 실패하면 곧바로 NULL을 반환합니다.

반면, 메모리 할당에 성공하면 줄 21에서는 구조체의 변숫값들을 0으로 초기화합니다. 아울러 헤더 노드 변수 headerNode에 대해서는 왼쪽 링크 포인터(headerNode.pLLink)와 오른쪽 링크 포인터(headerNode.pRLink)를 자기 자신으로 지정합니다(줄 23~24). 헤더 노드의 양방향 링크를 헤더 노드로 초기화하는 것 이외에는 앞의 다른 연결 리스트와 특별히 다른 점은 없습니다.

 〈여기서 잠깐〉 이중 연결 리스트의 속성

이중 연결 리스트를 생성하고 초기화할 때 헤더 노드의 왼쪽 링크와 오른쪽 링크 모두 자신을 가리키도록 하였습니다. 왜 이렇게 이중 연결 리스트를 초기화한 것일까요? 그 이유를 알려면 이중 연결 리스트의 중요한 속성 하나를 알고 있어야 합니다.

헤더 노드를 가지는 이중 연결 리스트는 노드 pNode에 대해 항상 다음 식이 성립해야 합니다.

```
pNode == pNode->pLLink->pRLink == pNode->pRLink->pLLink
```

이 식에서 pNode->pLLink->pRLink의 의미는 노드 pNode의 이전 노드(pNode->pLLink)의 다음 노드(pNode->pLLink->pRLink)를 말합니다. 이중 연결 리스트에서 한 노드를 선택한다면 그 노드의 이전 노드로 갔다가 그 이전 노드에서 다음 노드로 간다는 뜻입니다.

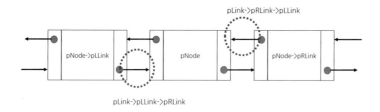

그림 4-17 이중 연결 리스트의 노드 링크의 속성

결국, 처음에 선택한 노드인 pNode를 가리킵니다. 또한, pNode->pRLink->pLLink 의 의미는 **노드 pNode의 다음 노드(pNode->pRLink)의 이전 노드(pNode->pRLink->pLLink)**를 뜻합니다.

식은 노드 pNode의 왼쪽 노드의 오른쪽 노드는 자신이며 동시에 오른쪽 노드의 왼쪽 노드도 자신이라는 뜻입니다. 어떻게 보면 너무 당연한 속성일지 모르지만, 이중 연결 리스트의 중요한 속성 중 하나이므로 꼭 기억하기 바랍니다.

헤더 노드를 사용하면 이중 연결 리스트의 어느 노드에서라도 앞서의 식은 항상 만족합니다. 이중 연결 리스트를 구현할 때 이 속성을 유지하도록 구현해야 이중 연결 리스트의 일관성이 어긋나지 않습니다.

만약 이중 연결 리스트에 저장된 노드가 없는 빈 리스트인 경우에는 어떻게 될까요? 다음 그림은 공백 상태의 빈 이중 연결 리스트를 보여줍니다. 이 경우에도 앞서의 식은 성립한다는 것을 알 수 있습니다.

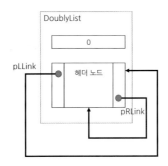

그림 4-18 빈 이중 연결 리스트

그림 4-18에서 알 수 있듯이 헤더 노드의 pLLink와 pRLink는 모두 자기 자신을 가리킵니다. 즉, 헤더 노드의 오른쪽 노드도 헤더 노드이며, 헤더 노드의 왼쪽 노드도 헤더 노드입니다. 따라서, 헤더 노드의 오른쪽 노드와 왼쪽 노드는 당연히 헤더 노드입니다. 결국, pNode == pNode->pLLink == pNode->pRLink 식이 여전히 성립함을 알 수 있습니다.

참고로, 만약 헤더 노드 대신에 헤드 포인터를 이용한다면 앞서의 식이 항상 성립하지는 않습니다. 예를 들어, pNode가 리스트의 첫 번째 노드이면 pNode->pLLink 는 노드가 아니라 단순한 헤드 포인터이기 때문에 pNode -> pLLink -> pRLink가 성립될 수 없습니다. 즉, 헤드 포인터를 이용하여 이중 연결 리스트를 구현하면 노드의 추가/삭제에 고려해야 할 경우의 수가 많아져서 구현이 어려워진다는 뜻입니다. 물론, 헤더 노드를 사용한다고 해서 구현이 쉽다고는 할 수 없습니다. 다만, 헤더 노드를 사용하지 않을 때보다는 간단합니다.

다음으로, 이중 연결 리스트에서 자료를 가져오는 함수 getDoublyListData()의 소스는 다음과 같습니다. 기본 동작 방식이 단순 연결 리스트와 같습니다. 헤더 노드부터 시작하여 입력 파라미터로 전달받은 인덱스 position만큼 반복문을 실행하면서 다음 노드로 이동하고(줄 34~36), 최종적으로 이동한 위치 인덱스의 노드에서 값을 반환합니다(줄 37).

예제 04_02.c (4/12)

```
30    int getDoublyListData(DoublyList* pList, int position)
31    {
32       int i = 0;
33       DoublyListNode* pCurrentNode = &(pList->headerNode);
34       for(i = 0; i <= position; i++) {
35          pCurrentNode = pCurrentNode->pRLink;
36       }
37       return pCurrentNode->data;
38    }
```

다만, 앞서 살펴본 다른 연결 리스트들과 다른 점이 있다면 다음 노드로의 연결 정보를 저장하는 멤버 변수의 이름이 pLink가 아니라 오른쪽 링크에 해당하는 pRLink로 바뀌었다는 점입니다(줄 35).

다음으로는 이중 연결 리스트의 함수 중에서 다른 연결 리스트와 구현 로직이 다른 함수들을 살펴보겠습니다. 먼저, 특정 위치에 새로운 노드를 추가하는 함수입니다.

2.4 새로운 자료의 추가

이중 연결 리스트의 위치 인덱스 position에 새로운 자료를 추가하는 함수를 살펴보겠습니다. 단순 연결 리스트에서의 자료 추가와 마찬가지로, 세 단계를 거쳐서 새로운 자료를 추가합니다. 다만, 단순 연결 리스트와 비교해서 좀 더 복잡합니다. 이중 연결 리스트에서는 노드별로 링크가 두 개이기 때문에 수정해야 할 링크가 두 배 더 많기 때문입니다.

2.4.1 새로운 노드의 생성

이중 연결 리스트에 새로운 자료를 추가하려면 먼저 새로운 노드를 생성해야 합니다. 연결 리스트에서 자료를 저장하는 단위가 노드이기 때문입니다. 이렇게 새로 생성한 노드는 멤버 변수에 추가하려는 자료를 저장하게 됩니다. 이렇게 첫 번째 단계를 거치면 이중 연결 리스트는 내부적으로 다음 그림과 같아집니다.

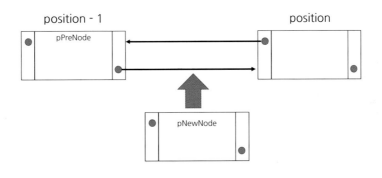

그림 4-19 Step-A. 새로운 노드의 생성

그림 4-19에서 오른쪽 노드에 인덱스 position이 보입니다. 그리고 추가하려는 위치의 이전 노드에 해당하는 pPreNode가 있습니다. 물론, 이 노드의 인덱스는 (position-1)입니다. 그리고 새로 생성하여 추가하려는 노드 pNewNode가 보입니다.

지금까지의 내용을 실제 소스로 작성해 보면 다음과 같습니다. 소스에서 함수 addDoublyList-Data()는 입력 파라미터로 새로 자료를 추가할 이중 연결 리스트 pList, 인덱스 position, 자료 data를 전달받습니다.

예제 04_02.c (5/12)

```
40   int addDoublyListData(DoublyList* pList, int position, int data)
41   {
42      int ret = 0, i = 0;
43      DoublyListNode *pPreNode = NULL, *pNewNode = NULL;
44      pNewNode = (DoublyListNode*)malloc(sizeof(DoublyListNode));
45      if(pNewNode != NULL) {
46         memset(pNewNode, 0, sizeof(DoublyListNode));
47         pNewNode->data = data;
```

위 소스 줄 43에서 새로 생성하는 노드는 pNewNode이며 추가하려는 위치의 이전 노드는 pPreNode임을 알 수 있습니다. 실제 줄 44에서 새로운 노드의 메모리를 할당하고 있으며 줄 46에서는 0으로 새로운 노드를 초기화하고 있습니다. 물론, 줄 47에서는 추가하려는 자료 data를 노드의 멤버 변수로 대입하고 있습니다. 이제 다음 단계로 넘어가서 연결 정보를 지정해 볼까요?

2.4.2 새로 추가한 노드의 처리

이제 어떤 처리를 더 해야 할까요? 연결 리스트에서는 다음 그림과 같이 새로 생성한 노드의 다음 노드와 이전 노드를 지정합니다. 다음 그림에서 새로 생성한 노드는 pNewNode입니다. 새 노드 pNewNode의 다음 노드는 어떤 노드입니까? 추가하려는 인덱스 position에 해당하는 노드인데요, 이전 노드 pPreNode의 다음 노드이기 때문에 pPreNode->pRLink로 표시됩니다. 그리고 새 노드의 이전 노드는 어떤 노드인가요? 추가하려는 이전 인덱스 (position-1)에 해당하는 노드 pPreNode입니다.

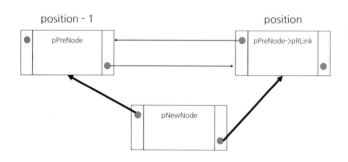

그림 **4-20** Step–B. 새로 추가한 노드의 처리

그림 **4-20**에서 알 수 있는 것은 새로 생성한 노드의 링크를 지정하려면 먼저 이전 노드 pPreNode를 찾아야 한다는 것입니다. pPreNode와 pPreNode->pRLink가 각각 새 노드의 이전 노드와 다음 노드가 되기 때문입니다. 이전 노드 pPreNode를 찾는 방법은 그렇게 어렵지 않습니다. 헤더 노드부터 시작하여 (position-1)번만큼 다음 노드로 순회하면 되기 때문입니다. 이제 이 부분까지만 소스로 작성해 볼까요?

예제 **04_02.c (5/12)**

```
49          pPreNode = &(pList->headerNode);
50          for(i = 0; i < position; i++) {
51              pPreNode = pPreNode->pRLink;
52          }
53
54          pNewNode->pRLink = pPreNode->pRLink;
55          pNewNode->pLLink = pPreNode;
```

위 소스 줄 49~52는 헤더 노드부터 시작하여 (position-1)번 다음 노드로 이동하여 결국 이전 노드 pPreNode를 찾는 것을 보여줍니다. 일단 추가하려는 위치의 이전 노드 pPreNode를 찾았기 때문에 다음으로 새 노드의 링크를 지정할 수 있습니다. 소스에서 줄 54~55가 새 노드의 링크를 지정하는 부분입니다. 새 노드 pNewNode의 다음 노드로 pPreNode->pRLink를 지정합니다. 또한, 새 노드 pNewNode의 이전 노드로 pPreNode를 지정합니다.

지금까지 새로 추가한 노드의 링크를 지정했습니다. 다만, 아직 기존 노드의 링크는 변경하지 않았습니다. 다음에는 기존 노드의 링크를 처리하는 것에 대해서 알아보겠습니다.

2.4.3 기존 노드의 처리

마지막 단계에서는 기존 노드의 링크를 재지정합니다. 먼저, 이전 노드의 링크를 변경합니다. 이전 노드 pPreNode의 다음 노드로 새로 추가한 노드 pNewNode를 지정합니다. 다음 그림은 이와 관련된 과정을 보여줍니다.

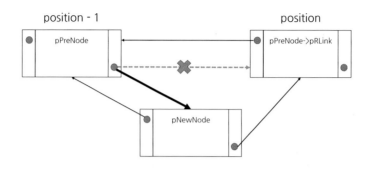

그림 4-21 Step-C. 기존 노드의 처리 (1): 이전 노드

그림 4-21에서 이전 노드 pPreNode의 다음 노드로 pNewNode가 지정되었음을 알 수 있습니다.

이제 다음 노드의 링크를 변경합니다. 다음 노드인 pPreNode->pRLink의 이전 노드로 새로 추가한 노드 pNewNode를 지정합니다. 다음 그림은 이러한 과정을 보여줍니다.

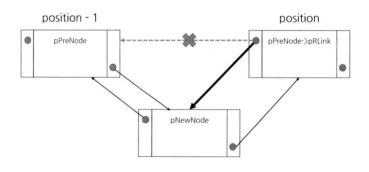

그림 4-22 Step-C. 기존 노드의 처리 (2): 다음 노드

그림 4-22에서 다음 노드 pPreNode->pRLink의 이전 노드가 새로 추가한 노드인 pNewNode로 지정되었습니다.

두 개의 처리를 통해서 기존 노드의 처리가 완료되었습니다. 그래서 새로 추가한 노드 pNewNode를 중심으로 이전 노드와 다음 노드의 연결 정보가 모두 정상적으로 변경되었습니다. 이러한 처리를 실제 소스로 작성해 보면 다음 두 줄과 같습니다.

```
56          pPreNode->pRLink = pNewNode;           // Step-C (1): 이전 노드 처리
57          pNewNode->pRLink->pLLink = pNewNode;   // Step-C (2): 다음 노드 처리
```

위 소스에서 줄 56은 **그림 4-22** 그대로이기 때문에 이해가 비교적 쉬울 것입니다. 그런데 줄 57은 이해가 약간 어려울 수 있습니다. 앞에서 다음 노드가 pPreNode->pRLink라고 했는데, 소스에서는 다음 노드가 pNewNode->pRLink로 되어 있기 때문입니다.

이렇게 된 이유는 줄 56에서 pPreNode->pRLink가 다른 노드를 가리키도록 변경되었기 때문입니다. 즉, 새로 생성한 노드 pNewNode를 가리키도록 pPreNode->pRLink가 변경되었습니다. 대신, 앞서 Step-B의 줄 54에 의해 pNewNode->pRLink가 다음 노드를 가리키도록 변경되었습니다.

```
pNewNode->pRLink = pPreNode->pRLink;
```

줄 54와 줄 56에 의해 pNewNode->pRLink만이 다음 노드를 가리키게 되었습니다. 이러한 정보를 이용하여 줄 57에서 다음 노드의 이전 노드로 새로 추가한 노드 pNewNode를 지정했습니다.

앞서 Step-A부터 Step-C까지의 단계를 통하여 새로운 노드가 위치 인덱스 position에 추가되었습니다. 이제 연결 리스트의 노드 개수를 1만큼 증가시키면 되겠죠? 함수 addDoublyList-Data()의 나머지 부분은 다음과 같습니다.

```
59          pList->currentCount++;
60      }
61      else {
62          printf("오류, 메모리 할당 addListData( )\n");
63          return 1;
64      }
65
66      return ret;
67  }
```

소스에서 줄 59가 이중 연결 리스트의 노드 개수를 저장하는 멤버 변수 currentCount를 1만큼 증가시켜 주고 있습니다. 새로운 자료의 추가가 성공적으로 끝났으면 지역 변수 ret의 값을 줄 66에서 반환해 주고 있습니다. 참고로 지역 변수 ret의 초깃값은 0으로 지정되어 있으며(줄 42) 함수 호출에 대한 반환 값이 0이면 성공을 뜻합니다.

다음으로, 이중 연결 리스트에서 기존 자료를 제거하는 함수를 살펴보겠습니다.

2.5 기존 자료의 제거

이중 연결 리스트에서 자료를 제거하는 함수인 removeDoublyListData()를 살펴보겠습니다. 이 함수는 다음 그림과 같이 위치 인덱스 position을 전달받아 이중 연결 리스트에서 해당 노드를 제거합니다.

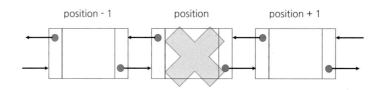

그림 4-23 이중 연결 리스트에서의 기존 노드 제거

물론, 단순히 노드의 메모리를 해제하는 것뿐 아니라 제거 노드의 이전과 다음 노드의 링크를 재지정하여, 이중 연결 리스트의 연결 정보에 문제가 없도록 해줍니다. 그럼, 어떤 단계를 거쳐서 해당 노드를 제거하는지 살펴보겠습니다.

2.5.1 이전 노드와 다음 노드의 처리

기존 자료를 제거하려면 먼저 제거 대상이 되는 노드를 찾아야 합니다. 정확하게 말하면 제거 대상인 노드의 이전 노드를 찾아야 합니다. 그런 다음, 이전 노드의 링크를 제거 대상의 다음 노드로 재지정하면 됩니다.

이러한 과정을 그림으로 나타내면 다음과 같습니다. 위치 인덱스 position인 노드가 제거 대상인 노드 pDelNode입니다. 제거 노드의 이전 노드는 pPreNode입니다. 그리고 제거 노드의 다음 노드는 pDelNode->pRLink입니다.

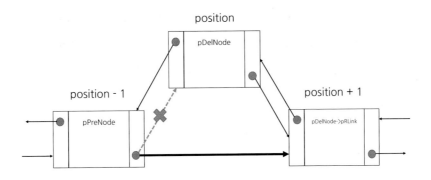

그림 4-24 Step-A. 이전 노드의 처리

그럼, 제거 노드 pDelNode를 제거한다면 이전 노드 pPreNode의 다음 노드로 어떤 노드를 재지정하면 될까요? **그림 4-24**에서 알 수 있듯이 이전 노드 pPreNode의 다음 노드는 제거 노드의 다음 노드인 pDelNode->pRLink 입니다.

지금까지의 과정을 소스로 작성해 보면 다음과 같습니다.

예제 04_02.c (8/12)

```
69    int removeDoublyListData(DoublyList* pList, int position)
70    {
71        int ret = 0, i = 0;
72        DoublyListNode *pPreNode = NULL, *pDelNode = NULL;
73
74        pPreNode = &(pList->headerNode);
75        for(i = 0; i < position; i++) {
76            pPreNode = pPreNode->pRLink;
77        }
78
79        pDelNode = pPreNode->pRLink;
80        pPreNode->pRLink = pDelNode->pRLink;
```

위 소스 줄 69에서 함수 removeDoublyListData()는 입력 파라미터로 이중 연결 리스트 pList와 제거 대상 노드의 위치 인덱스 position을 전달받습니다. 줄 74~77 부분은 제거 대상 노드의 이전 노드인 pPreNode를 찾는 부분입니다. 헤더 노드부터 시작하여 (position - 1)번만큼 반복문을 실행하면서 각 노드의 다음 노드로 이동합니다. 그리고 줄 79에서는 제거 대상 노드

pDelNode를 지정합니다. 그리고 줄 80에서 이전 노드인 pPreNode의 다음 노드로 제거 대상
의 다음 노드인 pDelNode->pRLink로 지정합니다.

이제 다음 노드의 링크를 변경해야 합니다. 다음 그림은 제거 노드 pDelNode의 다음 노드인
노드 pDelNode->pRLink의 링크를 변경하는 과정을 보여줍니다. 특별히, 다음 노드의 이전
노드에 대한 링크를 재지정하고 있습니다.

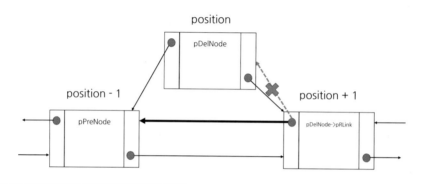

그림 4-25 Step-B. 다음 노드의 처리

그림 4-25에서 제거 노드의 다음 노드는 pDelNode->pRLink입니다. 이 노드(pDelNode-
>pRLink)의 이전 노드에 대한 링크를 기존 pDelNode에서 pPreNode로 변경합니다. 노드 pDel-
Node가 제거되어서 이 노드(pDelNode)의 이전 노드(pPreNode)가 새로운 이전 노드가 되기 때
문입니다. 이 부분을 소스로 작성해 보면 다음 소스 줄 81과 같습니다.

예제   04_02.c (9/12)

```
81      pDelNode->pRLink->pLLink = pPreNode;
```

이제 이전 노드와 다음 노드에 대한 링크 지정이 끝났기 때문에, 다음 단계로 넘어가면 되겠습
니다.

2.5.2 삭제 노드의 메모리 해제

다음 단계로, 링크(연결 정보)를 재지정하였기 때문에 이제 제거 노드 자체의 메모리를 해제하
면 됩니다.

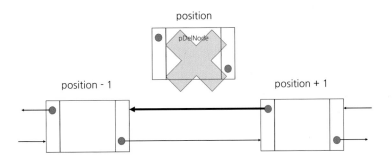

position

pDelNode

position - 1

position + 1

그림 4-26 Step-C. 삭제 노드의 메모리 해제

그림 4-26에서는 삭제 노드 pDelNode에 대해서 메모리를 해제했다는 것을 보여주고 있습니다. 이상의 내용을 포함하는 함수 removeDoublyListData()의 나머지 소스는 다음과 같습니다.

예제 04_02.c (10/12)

```
83      free(pDelNode);
84      pList->currentCount--;
85
86      return ret;
87   }
```

위 소스 줄 83에서 삭제 노드 pDelNode의 메모리를 해제하고 있습니다. 따라서, 노드 개수가 하나 줄었기 때문에 이중 연결 리스트의 멤버 변수 currentCount를 1만큼 감소시킵니다(줄 84). 줄 86에서는 지역 변수 ret의 값을 반환하는데, 앞서 줄 71에서 초깃값으로 0을 지정하였기 때문에 0을 반환합니다. 즉, 노드 삭제가 성공했다는 의미입니다.

2.6 기타 연산들

다음은 이중 연결 리스트의 함수를 구현한 소스 중 나머지입니다. 앞장의 단순 연결 리스트나 원형 연결 리스트를 충실히 공부했다면 어려움 없이 이해할 수 있으리라 예상합니다.

예제 04_02.c (11/12)

```
089  int getDoublyListLength(DoublyList* pList)
090  {
```

```
091        int ret = 0;
092        if(pList != NULL) {
093            ret = pList->currentCount;
094        }
095        return ret;
096    }
097
098    void displayDoublyList(DoublyList* pList)
099    {
100        int i = 0;
101        DoublyListNode* pNode = NULL;
102        pNode = pList->headerNode.pRLink;
103        if(0 == pList->currentCount) {
104            printf("자료가 없습니다\n");
105        }
106        else {
107            printf("노드 개수: %d\n", pList->currentCount);
108
109            for(i = 0; i < pList->currentCount; i++) {
110                printf("[%d],%d\n", i, pNode->data);
111                pNode = pNode->pRLink;
112            }
113        }
114    }
115
116    void deleteDoublyList(DoublyList* pList)
117    {
118        if(pList != NULL) {
119            while(pList->currentCount > 0) {
120                removeDoublyListData(pList, 0);
121            }
122            free(pList);
123        }
124    }
```

마지막으로 남은 소스는 지금까지 구현한 이중 연결 리스트를 실제 이용하는 예제 소스입니다. 다음 소스 줄 133까지 실행하면 연결 리스트 내부에서는 10 → 30 → 20 순서로 자료가 저장되고 이 자료들을 먼저 출력합니다. 그런 다음 줄 136에서 위치 인덱스 0의 자료 10이 제거되면 30 → 20의 자료 두 개가 남게 됩니다. 물론, 다음 줄 137에서 이중 연결 리스트에 저장된 자료를 다시 한 번 출력합니다.

```
126   int main(int argc, char *argv[])
127   {
128       DoublyList *pList = pList = createDoublyList( );
129
130       if(pList != NULL) {
131           addDoublyListData(pList, 0, 10);
132           addDoublyListData(pList, 1, 20);
133           addDoublyListData(pList, 1, 30);
134           displayDoublyList(pList);
135
136           removeDoublyListData(pList, 0);
137           displayDoublyList(pList);
138
139           deleteDoublyList(pList);
140       }
141
142       return 0;
143   }
```

지금까지 이중 연결 리스트와 관련된 소스를 모두 구현하였습니다. 지금까지의 소스를 컴파일하고 실행하면 다음과 같이 출력됩니다.

프로그램 04_02. exe의 실행 결과 화면

```
C:\Users\jinlee\Project\04\Release> 04_02.exe <Enter>
노드 개수: 3
[0],10
[1],30
[2],20
노드 개수: 2
[0],30
[1],20
```

처음 함수 displayDoublyList()를 호출할 때는 이중 연결 리스트에 자료 10 → 30 → 20 순서로 값이 저장되어 있었으나, 첫 번째 자료 10을 삭제한 후 다시 함수 displayDoublyList()를 호출하자 화면에 30 → 20 순서로 출력되는 것을 확인할 수 있습니다.

지금까지 연결 리스트와 관련하여 단순 연결 리스트뿐 아니라, 원형 연결 리스트와 이중 연결 리스트까지 공부했습니다. 리스트 자체에 대한 공부는 모두 끝났습니다. 다음 절은 지금까지 배웠던 리스트를 보다 어려운 문제에 적용하는 과정에서, 자료구조를 응용하는 능력을 키우는 심화 과정이 되겠습니다.

3. 연결 리스트의 응용: 다항식

이번 절에서는 지금까지 배웠던 연결 리스트를 이용하여 다항식을 계산하고 결과를 출력하는 프로그램을 작성해 보겠습니다. 다항식을 계산하려면 먼저 다항식을 표현하는 자료구조가 있어야겠지요? 앞장에서 배운 단순 연결 리스트를 이용하여 다항식을 표현하는 자료구조를 구현하겠습니다. 또한, 이렇게 구현한 자료구조를 이용하여 실제 다항식을 더하는 함수까지 구현하겠습니다.

그런데 먼저 다항식이 무엇인지 알아야겠죠? **다항식**의 엄격한 정의는 '**계수(coefficient)와 차수(degree)로 정의되는 항(term)들의 집합**'입니다. 다음과 같은 식이 다항식의 예입니다.

$$3x^5 + 8x + 1$$

이 다항식은 세 개의 항으로 이루어져 있습니다. 바로 $3x^5$, $8x$, 1이 각각 항이 됩니다. 그리고 하나의 항 $3x^5$을 자세히 살펴보면 계수는 3이고 차수는 5가 됩니다. 그러면 항 $8x$에서 계수와 차수는 무엇인가요? 답은 계수는 8이고 차수는 1입니다. 마지막으로, 상수 항인 1의 경우 상수이기 때문에 계수는 1이고 차수는 0입니다.

좀 더 원론적으로 정리해 볼까요? 다항식을 일반적인 수식으로 나타내면 다음과 같습니다.

$$a_{n-1}x^{n-1} + a_{n-2}x^{n-2} + \ ... \ + a_1 x^1 + a_0 x^0$$

이 식은 모두 n개의 항으로 구성되어 있는데, $a_{n-1}x^{n-1}$, $a_{n-2}x^{n-2}$, $a_1 x^1$, $a_0 x^0$이 그것입니다. 이때 각각의 항은 계수와 차수로 나타낼 수 있습니다. 예를 들어, $a_{n-1}x^{n-1}$의 경우 계수는 a_{n-1}

이며 차수는 $n-1$입니다. 또한, 일반적으로 다항식은 계수가 큰 항부터 차례대로 내림차순으로 정렬해서 적습니다. 즉, 앞서의 다항식을 보면 가장 차수가 높은 $n-1$ 항 ($a_{n-1}x^{n-1}$)부터 가장 낮은 0 (상수항 a_0x^0)까지 차수의 내림차순으로 정렬되어 있다는 것을 알 수 있습니다.

지금까지 다항식의 정의와 특징에 대해서 살펴보았습니다. 이러한 지식을 바탕으로 이번 절에서 해결할 문제를 정의해 보면 다음과 같습니다. 결론적으로 다음의 기능을 수행하는 함수를 구현해야 합니다.

문제

두 개의 다항식을 입력 파라미터로 전달받아 더하는 함수 polyAdd()와 출력하는 함수 displayPoly()를 각각 구현해 보세요. 그리고 구현된 함수로 두 다항식의 합을 구하고 결과를 출력하세요.

> 다항식 1: $7x^6 + 3x^5 + 5x^2$
>
> 다항식 2: $x^5 + 2x^4 + 3x^2 + 4$

이 문제를 해결하려면 두 다항식을 더하는 함수를 먼저 구현해야 합니다. 그리고 전달받은 다항식을 출력하는 함수도 구현해야 합니다. 물론, 이러한 함수를 구현하려면 먼저 다항식 자체를 정의해야 합니다. 다항식 자체가 정의되어 있지 않으면 다항식을 더하는 함수를 구현할 수 없기 때문입니다. 그럼, 다항식을 자료구조로 어떻게 나타낼 수 있을까요?

3.1 다항식의 자료구조 정의

다항식은 **항**(term)의 집합이라는 점에서 리스트로 나타낼 수 있습니다. 만약 다항식을 연결 리스트를 이용하여 구현한다면 리스트에 저장되는 자료는 무엇이 되어야 할까요? 다항식은 항의 집합이므로 리스트에 저장되는 자료는 아마도 항이 되어야 할 것입니다. 그러면 항은 어떤 속성을 가지고 있나요? 항은 계수와 차수로 이루어져 있습니다. 계수는 실수 double 형이며, 차수는 정수 int 형입니다.

이러한 내용을 정리하면 다음 그림과 같습니다. 다항식은 여러 개의 항을 저장하는 연결 리스트로 나타낼 수 있습니다. 그리고 하나의 항은 double 형의 계수 속성과 int 형의 차수 속성을 가집니다.

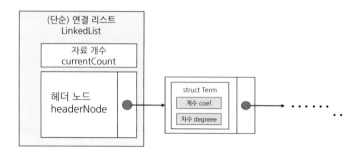

그림 4-27 연결 리스트로 구현한 다항식의 예

그림 4-27은 단순 연결 리스트로 구현된 다항식의 예를 보여줍니다. 먼저 연결 리스트 자체를 살펴볼까요? 앞서 3장에서 다룬 연결 리스트의 멤버 변수로 headerNode와 currentCount가 있습니다. 만약, 현재 저장된 노드가 두 개이면 멤버 변수 currentCount는 2가 됩니다.

다음으로, 연결 리스트의 각 노드를 살펴볼까요? 앞장의 연결 리스트와 다른 부분은 각 노드에 저장되는 자료에 대한 구조체가 Term이라는 점입니다. **그림 4-27**에서 알 수 있듯이 구조체 Term은 멤버 변수로 계수와 차수를 가지고 있습니다. 즉, 연결 리스트의 노드에 직접 계수와 차수를 저장하는 것이 아니라 별도의 구조체를 먼저 정의하고 이 구조체를 멤버 변수로 지장하게 하였습니다. 독자 여러분 어떻습니까? **그림 4-27**을 바탕으로 다항식을 자료구조로 구현할 수 있을까요? 다음은 실제 구현한 연결 리스트의 소스입니다.

예제 04_03.c (1/6)

```
01    #include <stdio.h>
02    #include <stdlib.h>
03    #include <string.h>
04
05    typedef struct TermType {          // '항'을 나타내는 구조체
06        double coef;                   // 계수
07        int degree;                    // 차수
08    } Term;
09
10    typedef struct LinkedListNodeType {    // 노드를 나타내는 구조체
11        Term data;                     // 구조체 'Term' 타입의 자료
12        struct LinkedListNodeType *pLink;
13    } LinkedListNode;
```

```
14
15    typedef struct LinkedListType {        // 다항식을 나타내는 구조체
16        int     currentCount;
17        LinkedListNode  headerNode;
18    } LinkedList, PolyList;
```

소스 줄 10~13은 연결 리스트의 저장 단위인 노드 LinkedListNode에 대한 소스입니다. 특별히 수식의 항에 대한 정보를 저장하기 위해 구조체 Term을 사용하고 있습니다(줄 11). 구조체 Term에 대한 정의는 줄 5~8에 있으며 멤버 변수 두 개로 이루어져 있습니다. 항의 계수를 저장하는 double 형의 coef와 차수를 저장하는 int 형의 degree가 멤버 변수입니다(줄 6~7).

마지막으로, 줄 15~18은 실제 다항식에 해당하는 구조체 PolyList를 정의하는 소스입니다. 앞서 단순 연결 리스트와 같이 headerNode를 멤버 변수로 가지고 있습니다. 또한, 줄 16에서 현재 연결 리스트에 저장된 노드의 개수를 저장하는 멤버 변수 currentCount가 선언되어 있습니다.

다항식에 해당하는 구조체를 정의할 때 특이한 점은 기존에 사용했던 구조체 이름 LinkedList 이외에 추가로 PolyList도 사용한다는 점입니다(줄 18). 다항식에 대한 연결 리스트라는 점을 좀 더 명확하게 나타내기 위해 추가로 이름을 부여했습니다. C 언어의 typedef 키워드를 이용하여 재정의하였기 때문에 LinkedList와 PolyList는 서로 같은 구조체입니다.

다항식의 자료구조를 구조체 PolyList로 정의하였다면, 이 구조체를 이용하여 두 다항식 $7x^6 + 3x^5 + 5x^2$과 $x^5 + 2x^4 + 3x^2 + 4$를 어떻게 저장할까요? 그러면 아마도 다음 그림과 같이 저장될 것입니다.

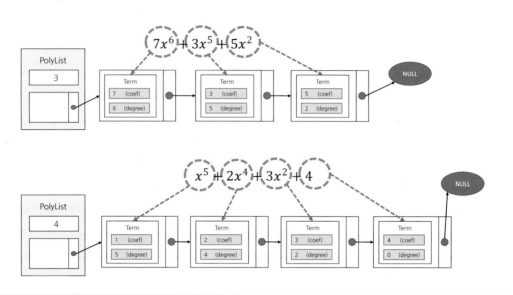

그림 4-28 연결 리스트에 저장된 다항식의 예

그림 4-28에서 알 수 있듯이 다항식을 구성하는 항들이 각각의 노드로 표현되어 있습니다. 그래서 노드의 개수가 각각 3개와 4개임을 알 수 있습니다. 또한, 연결 리스트의 노드에서는 구조체 Term으로 자료(항)를 저장하고 있는데, 특별히 멤버 변수 coef와 degree를 이용하여 각 항의 계수와 차수를 저장하고 있습니다. 또한, 앞서 설명한 바와 같이 다항식 $7x^6 + 3x^5 + 5x^2$의 경우 차수의 내림차순인 x^6, x^5, x^2으로 저장되었습니다. 이렇게 정렬하여 저장하는 이유는 이 장의 마지막에서 살펴볼 다항식의 더하기 연산을 쉽게 구현하기 위해서입니다. 아울러, 저장 공간을 절약하기 위해 계수가 0인 항은 노드로 추가하지 않았습니다. 예를 들어, 다항식 $7x^6 + 3x^5 + 5x^2$의 경우 항 x^4, x^3, x^1, x^0에 해당하는 노드가 없습니다.

지금까지 단순 연결 리스트를 이용하여 다항식의 자료구조를 정의해 보았습니다. 다음은 이렇게 정의한 다항식의 자료구조에 필요한 연산들을 살펴보겠습니다.

3.2 다항식의 기본 연산

앞서 정의한 다항식의 자료구조에 어떤 연산들이 필요한가요? 기본적으로는 단순 연결 리스트를 이용한 것이기 때문에 단순 연결 리스트에서 구현한 함수들이 여기서도 필요할 것입니다. 다음은 함수 createList()와 deleteList(), addListData()에 대한 소스로 단순 연결 리스트에서

정의한 함수 중에서 다항식의 자료구조에서도 동일하게 필요한 연산들입니다. 다항식 자체를
생성하거나 삭제할 수 있어야 하고 다항식에 새로운 항을 추가할 수 있어야 하기 때문입니다.

예제 04_03.c (2/6)

```
20    LinkedList *createLinkedList() {
      ~ 생략 ~
24    }
25
26    Term getLinkedListData(LinkedList* pList, int position) {
27        int i = 0;
28
29        LinkedListNode *pCurrentNode = &(pList->headerNode);
30        for(i = 0; i <= position; i++) {
31            pCurrentNode = pCurrentNode->pLink;
32        }
33
34        return pCurrentNode->data;
35    }
36
37    int addLinkedListData(LinkedList* pList, int position, Term data) {
38        int i = 0;
39        LinkedListNode *pNewNode = NULL;
40        LinkedListNode *pPreNode = NULL;
41
42        pNewNode = (LinkedListNode*)malloc(sizeof(LinkedListNode));
43        pNewNode->data = data;
44
45        pPreNode = &(pList->headerNode);
46        for(i = 0; i < position; i++) {
47            pPreNode = pPreNode->pLink;
48        }
49
50        pNewNode->pLink = pPreNode->pLink;
51        pPreNode->pLink = pNewNode;
52        pList->currentCount++;
53        return 1;
54    }
55
56    int removeLinkedListData(LinkedList* pList, int position) {
```

> 21~23: 03_01.c의 함수
> createLinkedList()와
> 같으므로 생략

```
           ~ 생략 ~
71      }
72
73      void deleteLinkedList(LinkedList* pList) {
           ~ 생략 ~
84      }
85
86      int getLinkedListLength(LinkedList* pList) {
           ~ 생략 ~
91      }
```

57~70: 03_01.c의 함수 removeLinkedListData() 와 같으므로 생략

74~83: 03_01.c의 함수 deleteLinkedList()와 같으므로 생략

87~90: 03_01.c의 함수 getLinkedListLength()와 같으므로 생략

연결 리스트를 생성하고 삭제하는 createLinkedList() 함수와 deleteLinkedList() 함수 등은 3장의 03_01.c에서 정의한 소스와 같기 때문에 여기서는 생략했습니다. 앞장에서 이 소스를 확인하여 입력해도 됩니다. 또한, 04_03.c의 전체 소스는 프리렉 홈페이지에서 내려받으실 수 있습니다.

다만, 함수 getLinkedListData()는 3장의 03_01.c에서 정의한 함수 getLinkedListData()의 소스와 한 가지(줄 26) 차이가 있습니다. 바로 반환되는 자료가 int 형이 아니라, 구조체 Term 형이라는 점입니다. 앞장과 달리 이번 장에서는 노드에 저장되는 자료가 구조체 Term형이기 때문입니다. 마찬가지로, 함수 addLinkedListData()도 3장의 03_01.c에서 정의한 함수 addLinkedListData()의 소스와 달리 저장되는 자료와 전달받은 입력 파라미터가 구조체 Term형입니다(줄 37).

3.3 다항식의 항 추가 연산과 출력 연산

다음으로, 다항식에 특화된 연산들에 대해서 살펴보겠습니다. 먼저 다항식에 새로운 노드를 추가하는 함수 addPolyNodeLast()입니다. 단, 이 함수는 새로운 노드를 연결 리스트의 마지막 위치에 추가합니다.

새로운 자료(항)를 추가하는 함수로 함수 addListData()가 있음에도 함수 addPolyNodeLast()를 추가로 구현하는 이유는 무엇일까요? 그것은 함수 addPolyNodeLast()를 사용하면 다항식에 새로운 항을 추가할 때 편하기 때문입니다. 함수 addPolyNodeLast()를 호출할 때 두 개의 입력 파라미터 coef와 degree를 전달하기만 하면, 내부적으로 적절한 위치에 알아서 새로운 노

드를 추가해 줍니다. 여기서 말하는 **적절한 위치란 연결 리스트의 마지막 위치**를 말합니다.

만약 함수 addListData()만 있다고 가정하면, 사용자는 다음 소스 줄 97~99처럼 별도로 구조체 변수를 선언해야 하고 다음 소스 줄 101~104처럼 노드를 추가하기 위해 적절한 위치(마지막 위치)를 별도로 계산해야 할 것입니다. 이러한 작업을 함수 addPolyNodeLast()가 대신하기 때문에 무척 편리해집니다.

예제 04_03.c (3/6)

```
093    int addPolyNodeLast(PolyList* pList, double coef, int degree)
094    {
095        int ret = 0, position = 0;
096
097        Term term = {0,};
098        term.coef = coef;
099        term.degree = degree;
100
101        if(pList != NULL) {
102            position = pList->currentCount;
103            ret = addLinkedListData(pList, position, term);
104        }
105
106        return ret;
107    }
```

소스 줄 102~103을 보면 새로운 항 노드를 추가하기 위한 위치 인덱스를 구하는데, 현재 연결 리스트 pList의 멤버 변수 currentCount를 이용합니다. 독자 여러분도 알겠지만, C 언어에서 인덱스의 값은 0부터 시작합니다. 따라서, 현재 연결 리스트의 자료 개수 pList->currentCount를 위치 인덱스 position으로 하면 연결 리스트의 마지막 위치가 됩니다.

예를 들어 볼까요? 현재 연결 리스트에 두 개의 자료가 저장되어 있다고 가정하겠습니다. 그러면, 이들 자료의 위치 인덱스는 각각 0과 1이 됩니다. 따라서, 자료의 개수인 2가 위치 인덱스로 사용된다면 실제로는 연결 리스트의 세 번째 위치에 해당합니다. 즉, 새로운 자료를 추가할 때 현재 연결 리스트의 자료 개수를 위치 인덱스로 사용하면 연결 리스트의 마지막 위치에 새로운 자료가 추가됩니다.

이번 절에서 우리가 구현하기로 한 문제 기억나시죠? 두 개의 다항식을 입력 파라미터로 전달

받아 더하는 함수 polyAdd()와 출력하는 함수 displayPoly()를 구현하기로 했습니다. 다음의

함수 displayPolyList()는 다항식의 내용을 출력하는 함수입니다. 앞장의 연결 리스트에서 살펴

본 함수 displayList()와 구조는 비슷합니다. 다만, 각각의 항을 나름 고유의 형식으로 출력한

다는 점에서 차이가 있습니다. 예를 들어, 다항식 $7x^6 + 3x^5 + 5x^2$의 경우, 함수 displayPolyL-

ist()를 호출하면 '$7.0x\hat{\ }6 + 3.0x\hat{\ }5 + 5.0x\hat{\ }2$'와 같이 출력됩니다.

예제 **04_03.c (4/6)**

```
109    void displayPolyList(PolyList* pList)
110    {
111        int i = 0;
112        LinkedListNode* pNode = NULL;
113        pNode = pList->headerNode.pLink;
114        if(0 == pList->currentCount) {      // 내용이 없는 빈 다항식인 경우
115            printf("자료가 없습니다\n");
116        }
117        else {
118            for(i = 0; i < pList->currentCount; i++) {
119                if(i > 0) {
120                    printf(" + ");
121                }
122                printf("%.1fx^%d", pNode->data.coef, pNode->data.degree);
123                pNode = pNode->pLink;
124            }
125            printf("\n");
126        }
127    }
```

소스 줄 114~116은 다항식의 항이 없는 경우에 출력하는 소스입니다. 그리고 줄 117~126이

다항식의 항이 있는 경우에 출력하도록 하는 소스입니다. 특별히 줄 118~124는 for 문을 이용

하여 리스트를 순회(iteration)하면서 연결 리스트에 저장된 각 항의 내용을 출력합니다. 즉, 현

재 연결 리스트에 저장된 자료의 개수 pList->currentCount만큼 반복문을 실행하는데, 이때

줄 123에서 현재 노드에서 다음 노드로 연결 정보를 이용하여 이동합니다.

각 항과 중간에 + 문자를 출력하는 부분은 줄 119~121이 담당합니다. 그런데 변수 i의 크기

가 0보다 큰 경우 + 문자를 출력합니다. 즉, 항과 항 사이에 + 문자를 출력합니다. 변수 i의 값이 0보다 큰 경우에만 출력하게 한 이유는 두 번째 항부터 항 앞에 +를 출력하기 위해서입니다. 첫 번째 항은 앞에 + 문자를 출력할 필요가 없습니다.

다음으로, 줄 122는 항의 내용을 출력하는 부분입니다. 계수 coef는 실수 double 형이므로 함수 printf() 내에서의 포맷 문자열이 %.1f가 됩니다. %f는 실수를 나타내는데, 여기서 '.1'은 소수는 한 자리만 출력하라는 뜻입니다. 또한, 차수 degree는 %d가 포맷 문자열이 되어 정수를 출력하게 합니다. 단, 계수와 차수 사이에 문자 ^을 출력하여 항으로 나타내려 하였습니다.

다음으로는 이번 절에서 핵심적인 함수 polyAdd()를 살펴보도록 하겠습니다.

3.4 다항식 더하기 연산

함수 polyAdd()는 두 개의 다항식을 더해 줍니다. 두 개의 다항식을 입력 파라미터로 전달받는다고 했는데, 이들이 각각 pListA와 pListB입니다. 그리고 더하기 연산 결과는 다항식 pReturn으로 반환합니다. 앞에서 설명한 예를 가지고 다항식에 대한 덧셈 연산의 알고리즘을 생각해 보겠습니다.

다음 그림을 보면 각각 연결 리스트에 저장된 두 개의 다항식 $7x^6 + 3x^5 + 5x^2$과 $x^5 + 2x^4 + 3x^2 + 4$를 더하는 과정을 보여줍니다. 여기서 두 개의 다항식은 항의 차수에 대해 내림차순으로 저장되어 있습니다. 따라서, 더하기 연산의 기본은 **높은 차수부터 낮은 차수 순으로** 항을 저장하고 있는 연결 리스트를 순회하면서 연산을 수행한다는 것입니다.

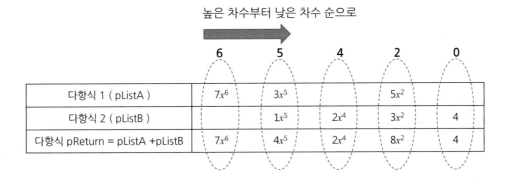

그림 4-29 다항식 더하기 연산의 예

그림 4-29에서 알 수 있듯이 처음에는 가장 높은 차수인 6차 항부터 시작하여 5, 4, 2, 0 순서로 연결 리스트를 순회하면서 더하기를 실시합니다. 두 개의 다항식을 더한다는 것은 결국 두 다항식을 순회하면서 두 다항식의 각 노드를 더한 결과를 다항식 pReturn에 새로운 노드로 추가하는 과정입니다.

그런데 두 다항식의 항마다 차수가 다른 경우도 있습니다. 예를 들어, 표에서 가장 높은 차수 x^6은 다항식 pListA에만 있습니다. 반면 x^4은 다항식 pListB에만 있습니다. 즉, 두 연결 리스트의 노드를 순회하면서 계수(coef)를 더하는데, 한쪽 연결 리스트에만 있고 다른 연결 리스트에는 없는 차수가 있을 수 있습니다. 따라서, 다항식의 더하기 연산은 두 다항식의 어느 한 쪽에 차수가 없는 경우를 고려해야 합니다. 물론, x^5의 경우 두 다항식 모두 있습니다.

그뿐만 아니라, 다항식 1의 경우에는 가장 낮은 항이 2차항인데 비해, 다항식 2의 경우에는 가장 낮은 항이 상수항(차수가 0)입니다. 따라서, 상수항을 더할 때 상수항에 해당하는 다항식 2의 노드는 있지만, 상수항에 해당하는 다항식 1의 노드는 없습니다. 이러한 특징을 생각해 볼때 다항식 더하기는 아래와 같은 네 가지 경우로 나누어 생각할 수 있습니다.

Case-1. 다항식 pListA에만 항이 있는 경우

Case-2. 다항식 pListA와 다항식 pListB에 모두 항이 모두 있는 경우

Case-3. 다항식 pListB에만 항이 있는 경우

Case-4. (후처리) 한쪽 다항식에 더 이상 남은 항이 없는 경우

참고로, 두 연결 리스트 모두 저장된 노드의 차수가 내림차순으로 정렬되어 있다고 가정합니다. 따라서, 리스트 순회에서 다음 노드로 이동하면 차수가 작아진다는 점을 기억하기 바랍니다. 그럼, 네 가지 경우에 대해서 자세히 살펴보겠습니다.

3.4.1 Case-1: 다항식 pListA에만 항이 있는 경우

첫 번째 경우는 다항식 pListA의 현재 노드와 더할 항이 다항식 pListB에 없는 경우입니다. 앞서의 예에서 다항식 pListA의 최대 차수는 $7x^6$에 의해 6입니다. 그런데 차수가 6인 항이 다항식 pListB에는 없습니다. 다항식 pListB의 최대 차수는 x^5에 의해 5입니다.

다항식 1 (pListA)	$7x^6$	$3x^5$		$5x^2$	
다항식 2 (pListB)		$1x^5$	$2x^4$	$3x^2$	4
다항식 pReturn = pListA +pListB	$7x^6$	$4x^5$	$2x^4$	$8x^2$	4

그림 4-30 다항식 pListA에만 항이 있는 차수의 경우 (1)

이럴 때에는 먼저 다항식 pListA의 차수와 계수를 이용하여 결과 다항식 pReturn에 새로운 노드를 추가합니다. **그림 4-31**에서는 다항식 pListA의 6차 노드의 계수는 7입니다. 이 값을 이용하여 결과 다항식 pReturn에 계수 7을 가지는 6차 노드를 추가합니다.

그리고 한 가지 처리를 더 해주어야 합니다. 다항식 pListA에 대해 다음 노드(항)로 이동시키는 처리를 해줍니다. 왜냐하면, 다항식 pListA에만 있는 항에 대해서 더하기 연산을 실행했기 때문입니다. 다항식 pListB의 현재 노드는 아직 사용하지 않았습니다.

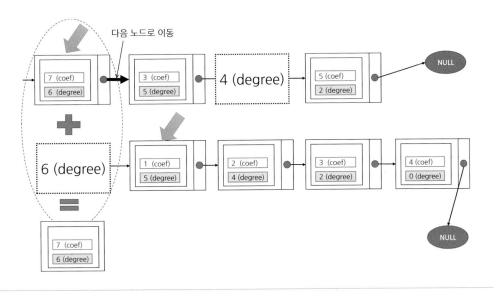

그림 4-31 다항식 pListA에만 항이 있는 차수의 경우 (2)

이렇게 이동한 결과, 다항식 pListA의 다음 노드인 차수가 5가 되고 다항식 pListB의 경우는 이동하지 않았지만, 현재 노드의 차수가 5라는 것을 알 수 있습니다. 자연스럽게 두 번째 경우인 다항식 pListA와 다항식 pListB에 모두 항이 있는 경우가 됩니다. 이럴 경우에는 어떻게 처리해야 하는지 살펴보도록 하겠습니다.

3.4.2 Case-2: 다항식 pListA와 다항식 pListB에 모두 항이 모두 있는 경우

두 번째 경우는 다항식 pListA의 현재 노드와 더할 항이 다항식 pListB에도 있는 경우입니다. 예를 들어, 다음 그림과 같이 다항식 pListA의 5차 항인 $3x^5$와 다항식 pListB의 5차 항인 $1x^5$를 더할 수 있습니다.

다항식 1 (pListA)	$7x^6$	$3x^5$		$5x^2$	
다항식 2 (pListB)		$1x^5$	$2x^4$	$3x^2$	4
다항식 pReturn = pListA +pListB	$7x^6$	$4x^5$	$2x^4$	$8x^2$	4

그림 4-32 다항식 pListA 및 pListB 에 모두 항이 있는 차수의 경우 (1)

다음 **그림 4-33**은 이럴 경우 어떻게 처리해야 하는지를 보여줍니다. 다항식 pListA와 다항식 pListB 노드의 차수는 모두 5가 됩니다. 이럴 경우에는 다항식 pListA의 계수와 다항식 pListB의 계수를 더하여 새로운 결과 노드를 생성합니다. 실제 그림에서는 다항식 pListA와 다항식 pListB의 5차 항에 대한 계수의 합이 4 (=3+1)입니다. 따라서, 결과 다항식 pReturn에 계수가 4이고 차수가 5인 결과 노드를 추가합니다.

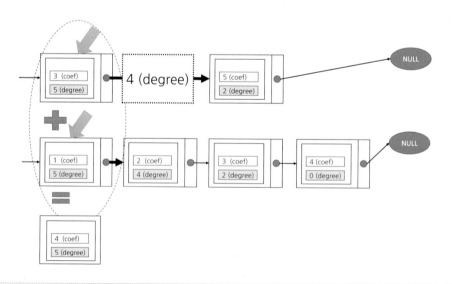

그림 4-33 다항식 pListA 및 pListB에 모두 항이 있는 차수의 경우 (2)

새로운 결과 노드의 추가가 끝났으면, 이제 다항식에서 다음 항(노드)으로 이동합니다. 이 경우

두 다항식 pListA와 pListB의 노드를 모두 사용하였기 때문에 각각 다음 노드로 이동하면 됩니다. 그러면, 이제는 다항식 pListA는 차수가 2인 노드를 그리고 다항식 pListB는 차수가 4인 노드로 이동하게 됩니다. 자연스럽게 세 번째 경우인 다항식 pListB에만 더할 항이 있는 경우가 되었습니다. 이럴 경우에는 어떻게 처리해야 하는지 다음 경우로 넘어가겠습니다.

3.4.3 Case-3: 다항식 pListB에만 항이 있는 경우

다음으로 살펴볼 경우는, 다항식 pListB의 현재 노드와 더할 항이 다항식 pListA에 없는 경우입니다. 예를 들어, 다음 그림과 같이 다항식 pListB의 4차 항인 $2x^4$와 더할 4차 항이 다항식 pListA에는 없습니다.

다항식 1 (pListA)	$7x^6$	$3x^5$		$5x^2$	
다항식 2 (pListB)		$1x^5$	$2x^4$	$3x^2$	4
다항식 pReturn = pListA +pListB	$7x^6$	$4x^5$	$2x^4$	$8x^2$	4

그림 4-34 다항식 pListB에만 항이 있는 차수의 경우 (1)

이럴 때에는 먼저 다항식 pListB의 차수와 계수를 이용하여 결과 다항식 pReturn에 새로운 노드를 추가합니다. 다음 **그림 3-35**에서는 다항식 pListB의 4차 노드의 계수는 2입니다. 이 값을 이용하여 결과 다항식 pReturn에 계수 2를 가지는 4차 노드를 추가합니다.

그리고 한 가지 처리를 더 해주어야 합니다. 다항식 pListB에 대해 다음 노드(항)로 이동시키는 처리를 해줍니다. 왜냐하면, 다항식 pListB에만 있는 항에 대해서 더하기 연산을 실행했기 때문입니다. 다항식 pListA의 현재 노드는 아직 사용하지 않았습니다.

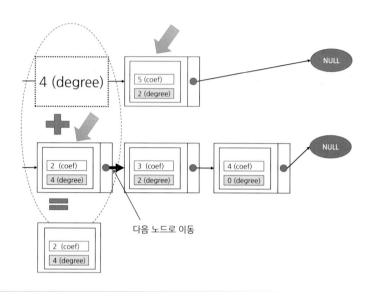

그림 4-35 다항식 pListB에만 항이 있는 차수의 경우 (2)

그러면 다음 **그림 3-36**과 같이 다항식 pListA와 다항식 pListB 모두 차수가 2인 노드로 이동합니다. 즉, 앞서 설명한 두 번째 경우(Case-2. 다항식 pListA와 다항식 pListB에 모두 항이 모두 있는 경우)에 해당합니다. 따라서, 결과 다항식 pReturn에 계수의 합이 8(=5+3)이고 차수가 2인 노드를 추가합니다. 그리고 나서, 다항식 pListA와 다항식 pListB 모두에 대해서 각각 다음 노드로 이동합니다.

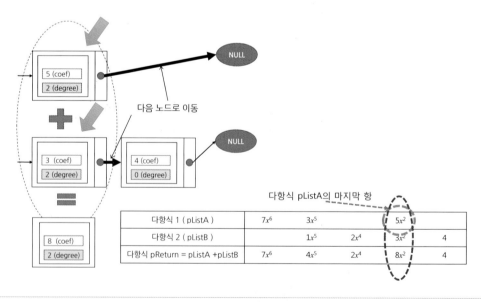

다항식 1 (pListA)	$7x^6$	$3x^5$		$5x^2$	
다항식 2 (pListB)		$1x^5$	$2x^4$	$3x^2$	4
다항식 pReturn = pListA +pListB	$7x^6$	$4x^5$	$2x^4$	$8x^2$	4

그림 4-36 다항식 pListA와 다항식 pListB의 항의 차수가 같은 경우

이제 다항식 pListA는 더 이상 이동할 노드가 없어서 다항식 pListA에 대한 연결 리스트는 순회가 끝났습니다. 반면, 다항식 pListB는 여전히 남은 노드가 있습니다. 지금까지의 살펴본 세 가지 경우는 더하려는 두 다항식이 모두 순회 중이라는 것을 가정했습니다. 그런데 이처럼 다항식 하나에 대해서만 순회가 끝난 경우라면, 순회가 끝나지 않은 다항식에 대해서는 후처리 (post-processing)를 해주어야 합니다.

3.4.4 Case-4: (후처리) 한쪽 다항식에 더 이상 남은 항이 없는 경우

다음 그림은 다항식 pListA의 순회가 끝난 반면, 다항식 pListB는 아직 처리되지 않은 항이 여전히 남았습니다. 차수가 0인 상수 항 4가 아직 남아 있습니다. 이 같은 경우에는 추가적인 처리가 필요합니다. 단, 앞서의 Case-1 혹은 Case-3은 비교 대상이 남아 있는 상황이었다면, 지금 Case-4의 경우에는 비교 대상이 없는 NULL인 상태라는 점이 다릅니다.

다항식 1 (pListA)	$7x^6$	$3x^5$		$5x^2$	
다항식 2 (pListB)		$1x^5$	$2x^4$	$3x^2$	4
다항식 pReturn = pListA +pListB	$7x^6$	$4x^5$	$2x^4$	$8x^2$	4

그림 4-37 다항식 pListA에 남은 항이 없는 경우

이럴 경우, 후처리 방법은 비교적 간단합니다. 남은 다항식을 순회하면서 아직 처리되지 않은 노드를 처리하면 됩니다. 지금은 다항식을 더하는 연산이기 때문에 남은 노드를 결과 다항식 pReturn에 더하는 연산을 수행하면 됩니다.

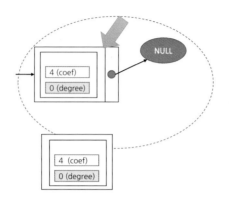

그림**4-38** 다항식 pListA에 남은 항이 없는 경우: 다항식 pListB의 남은 노드 처리

그림 4-38은 다항식 pListB의 남은(더해지지 않은) 노드를 결과 다항식 pReturn에 더하는 과정을 보여줍니다. 즉, 다항식 pListB의 계수가 4이고 차수가 0인(상수항) 노드를 결과 다항식 pReturn에 더하고 있습니다.

어떻습니까? 조금 어려워 보여도 논리적으로 곰곰이 생각해 보면 그렇게 어렵지 않은 로직임을 알 수 있습니다. 지금까지 살펴보았던 알고리즘을 실제 소스를 통해 구현해 보도록 하겠습니다. 다항식을 더하는 함수인 polyAdd()는 두 개의 다항식(pListA, pListB)을 입력 파라미터로 전달받아 두 다항식을 더하고, 이를 나타내는 새 다항식 pReturn을 반환하는 함수입니다. 물론, 결과 다항식 pReturn은 줄 136에서 새로운 다항식으로 생성됩니다. 또한, 함수 polyAdd()는 앞서 설명했던 것처럼 더하려는 두 개의 다항식 pListA와 pListB를 각각 순회하기 위해서 두 개의 포인터 변수 pNodeA와 pNodeB를 사용합니다(줄 132).

예제 04_03.c (5/6)

```
129   PolyList* polyAdd(PolyList* pListA, PolyList* pListB)
130   {
131       PolyList* pReturn = NULL;
132       LinkedListNode *pNodeA = NULL, *pNodeB = NULL;
133       double coefSum = 0;
134
135       if(pListA != NULL && pListB != NULL) {
136           pReturn = createLinkedList();
137           if(pReturn == NULL) {
138               printf("메모리 할당 오류, polyAdd()\n");
```

```
139            return NULL;
140        }
141
142        pNodeA = pListA->headerNode.pLink;
143        pNodeB = pListB->headerNode.pLink;
144        while(pNodeA != NULL && pNodeB != NULL) {
145            int degreeA = pNodeA->data.degree;
146            int degreeB = pNodeB->data.degree;
147            if(degreeA > degreeB) {
148                coefSum = pNodeA->data.coef;
149                addPolyNodeLast(pReturn, coefSum, degreeA);
150                pNodeA = pNodeA->pLink;
151            }
152            else if(degreeA == degreeB) {
153
154                coefSum = pNodeA->data.coef + pNodeB->data.coef;
155                addPolyNodeLast(pReturn, coefSum, degreeA);
156                pNodeA = pNodeA->pLink;
157                pNodeB = pNodeB->pLink;
158            }
159            else {      // (3) A의 차수 < B의 차수
160                coefSum = pNodeB->data.coef;
161                addPolyNodeLast(pReturn, coefSum, degreeB);
162                pNodeB = pNodeB->pLink;
163            }
164        }
165
166        while(pNodeA != NULL) {
167            coefSum = pNodeA->data.coef;
168            addPolyNodeLast(pReturn, coefSum, pNodeA->data.degree);
169            pNodeA = pNodeA->pLink;
170        }
171
172        while(pNodeB != NULL) {
173            coefSum = pNodeB->data.coef;
174            addPolyNodeLast(pReturn, coefSum, pNodeB->data.degree);
175            pNodeB = pNodeB->pLink;
176        }
177    }
178    else
179    {
```

147~151: ① 다항식 pListA의 차수 〉 다항식 pListB의 차수인 경우

152~158: ② 다항식 pListA의 차수 == 다항식 pListB의 차수인 경우

159~163: ③ 다항식 pListA의 차수 〈 다항식 pListB의 차수인 경우

166~170: ④ 다항식 pListA에 남은 노드를 처리하는 부분

172~176: ⑤ 다항식 pListB에 남은 노드를 처리하는 부분

```
180          printf("오류, NULL 다항식이 전달되었습니다, polyAdd( )\n");
181      }
182
183      return pReturn;
184  }
```

위 소스에서 줄 144를 보면 pNodeA != NULL && pNodeB != NULL 조건에 따라 두 개의 연결 리스트 모두가 순회 가능할 동안 while 문을 반복해서 실행한다는 것을 알 수 있습니다. 이렇게 while 문을 실행하면서 줄 147~163을 처리하는데, 이 부분은 앞서 설명한 Case-1, Case-2, Case-3에 대한 처리 부분입니다.

두 개의 연결 리스트 중 한 개 이상에서 순회가 끝날 경우 while 문을 빠져나와서 줄 166~176을 수행합니다. 이 부분은 Case-4의 후처리를 담당하며 다항식 pListA 혹은 다항식 pListB의 노드에서 남아 있는 노드를 결과 다항식에 더합니다. 단순 연결 리스트의 마지막 노드까지 while 문을 반복해서 실행하면서 남은 노드의 계수와 차수를 이용하여 결과 노드에 새로운 노드를 추가합니다.

최종적으로 이렇게 더하기가 끝난 뒤 결과 다항식인 pReturn을 줄 183에서 반환합니다. 물론, 이 경우 결과 다항식 pReturn을 전달받은 쪽에서는 함수 createLinkedList( )를 호출하여 메모리를 할당한 것이기 때문에 사용이 끝난 뒤에는 메모리를 해제해야 합니다.

그럼, 자연스럽게 지금까지 구현한 다항식의 여러 연산을 실제 활용하는 소스를 살펴볼까요? 다음 소스는 이번 절의 마지막 소스로 앞서 사용한 두 개의 다항식 $7x^6 + 3x^5 + 5x^2$과 $x^5 + 2x^4 + 3x^2 + 4$의 합을 구하여 화면에 출력합니다.

예제   04_03.c (6/6)

```
186  int main(int argc, char *argv[])
187  {
188      PolyList *pListA = NULL;
189      PolyList *pListB = NULL;
190      PolyList *pListC = NULL;
191
192      pListA = createLinkedList( );
193      pListB = createLinkedList( );
```

```
194
195      if(pListA != NULL && pListB != NULL)
196      {
197          // 다항식 초기화
198          // pListA: 7x^6 + 3x^5 + 5x^2
199          // pListB: 1x^5 + 2x^4 + 3x^2 + 4x^0
200          addPolyNodeLast(pListA, 7, 6);
201          addPolyNodeLast(pListA, 3, 5);
202          addPolyNodeLast(pListA, 5, 2);
203          displayPolyList(pListA);
204
205          addPolyNodeLast(pListB, 1, 5);
206          addPolyNodeLast(pListB, 2, 4);
207          addPolyNodeLast(pListB, 3, 2);
208          addPolyNodeLast(pListB, 4, 0);
209          displayPolyList(pListB);
210
211          pListC = polyAdd(pListA, pListB);
212          if(pListC != NULL) {
213              displayPolyList(pListC);
214              deleteLinkedList(pListC);
215          }
216
217          deleteLinkedList(pListA);
218          deleteLinkedList(pListB);
219      }
221      return 0;
222  }
```

위 소스 줄 200~202까지 앞서 설명한 함수 addPolyNodeLast()를 이용하여 다항식 pListA를 $7x^6 + 3x^5 + 5x^2$으로 설정하고 있습니다. 그리고 줄 203에서 함수 displayPolyList()를 호출해서 이렇게 초기화된 다항식 pListA를 출력합니다. 다항식 pListB는 줄 205~208에서 $x^5 + 2x^4 + 3x^2 + 4$로 지정하고 줄 209에서 이렇게 지정한 다항식을 출력합니다.

줄 211에서 함수 polyAdd()를 호출하여 두 다항식을 더한 결과 다항식을 pListC에 대입합니다. 즉, 함수 polyAdd() 내부에서 할당된 메모리의 시작 주소를 포인터 변수 pListC에 대입한 것입니다. 이렇게 구한 결과 다항식을 줄 213에서 함수 displayPolyList()를 이용하여 출력하고 줄 214에서 사용이 모두 끝났기 때문에 메모리를 해제합니다.

마지막으로 줄 217~218은 앞서 연결 리스트를 생성하였지만, 사용이 끝난 두 다항식 pListA 와 pListB에 대한 메모리를 해제합니다. 소스에서 메모리 해제에 대한 부분을 주의해서 보기 바랍니다.

위의 소스를 컴파일하고 실행하면 다음과 같이 출력됩니다. 실제 더해진 결과 다항식이 다항 식 $7x^6 + 4x^5 + 2x^4 + 8x^2 + 4$와 같이 정상적으로 출력된다는 것을 알 수 있습니다.

프로그램 04_03.exe의 실행 결과 화면

```
C:\Users\jinlee\Project\04\Release> 04_03.exe <Enter>
7.0x^6 + 3.0x^5 + 5.0x^2
1.0x^5 + 2.0x^4 + 3.0x^2 + 4.0x^0
7.0x^6 + 4.0x^5 + 2.0x^4 + 8.0x^2 + 4.0x^0
```

연습 문제

1.   단순 연결 리스트와 원형 연결 리스트, 이중 연결 리스트의 차이점을 설명하세요.

2.   **[신규 기능 구현]**

두 개의 다항식을 입력 파라미터로 전달받아 빼는 함수 polySub()를 구현해 보세요. 첫 번째 다항식에 두 번째 다항식을 빼면 됩니다. 그리고 구현된 함수로 두 다항식의 차를 구하고 결과를 출력하세요.

예)   **입력 파라미터**

다항식 1: $7x^6 + 3x^5 + 5x^2$

다항식 2: $x^5 + 2x^4 + 3x^2 + 4$

결과 다항식(다항식 1 − 다항식 2)

$7x^6 + 2x^5 - 2x^4 + 2x^2 - 4$

Chapter

5

스택

1 스택이란? **2** 스택의 사용 시나리오 **3** 스택의 추상 자료형 **4** 배열로 구현한 스택 **5** 포인터로 구현한 연결 스택

이번 장에서는 스택(stack)이라는 새로운 자료구조를 살펴보겠습니다. 먼저 스택이라는 단어가 갖는 의미가 무엇인지 알아볼까요? 영어로 stack은 동사로는 물건을 '쌓다'라는 의미, 명사로는 물건이 쌓여 있는 '더미'라는 의미입니다. 그렇다면, 자료구조에서 스택은 어떤 의미일까요? 아마도 쌓여 있는 자료 더미 정도로 여겨집니다. 하지만, 자료구조에서 스택은 단순히 쌓여 있는 자료 더미 이상의 특성이 있습니다. 어떤 특성일까요?

자료구조에서 스택이 갖는 대표적인 특성은 LIFO (Last-In-First-Out, '리포'로 발음)입니다. 말그대로 "가장 나중에 들어간 자료가 가장 먼저 나온다."라는 뜻입니다. 자료 저장에 스택을 사용하는 경우, 가장 나중에 추가한 자료를 가장 먼저 가져오는 특성이 있습니다. 이런 특성은 한자로 표현하면 후입선출(後入先出)입니다. 반대로, 가장 먼저 추가한 자료는 언제 가져올까요? 순서가 반대여서 가장 나중에 가져올 수 있습니다. 스택은 가장 먼저 들어간 자료가 가장 나중에 나온다는 뜻에서 FILO (First-In-Last-Out, 선입후출)라고도 합니다. 의미상 LIFO 혹은 후입선출과 같습니다.

> **스택의 특성: LIFO (Last-In-First-Out) = 후입선출**

앞서 2장에서는 리스트를 설명하면서 책장에 순서대로 꽂혀 있는 책을 이야기했습니다. 이번 장에서 스택을 설명하면서 다음 그림과 같이 컨테이너를 쌓은 더미를 예로 들겠습니다. 스택의 LIFO 특성을 실제 현실 세계에서 경험할 수 있는 예 중 하나입니다.

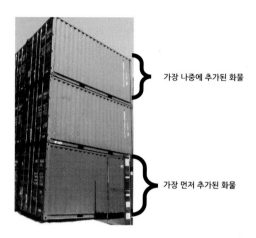

가장 나중에 추가된 화물

가장 먼저 추가된 화물

그림 5-1 실생활에서 스택의 예

그림 5-1에서 컨테이너 더미의 맨 위에 있는 컨테이너가 가장 나중에 추가한(쌓은) 컨테이너입니다. 물론, 맨 아래에 있는 컨테이너가 가장 먼저 추가한 컨테이너입니다. 그런데 이런 컨테이너 더미에서 컨테이너를 하나 꺼낸다면 어떤 컨테이너를 꺼내야 하나요? 당연히 맨 위에 있는 컨테이너입니다. 위에 있는 컨테이너부터 꺼내지 않으면 아래에 있는 컨테이너에는 접근조차 못 하기 때문입니다. 반대로 맨 아래에 있는 컨테이너를 꺼내려면 그 위에 있는 컨테이너를 먼저 옮겨야 합니다.

마지막으로, 스택은 어디에 사용할까요? 스택을 사용하는 이유 중 하나는 앞서 컨테이너 더미처럼 실제 현실 세계를 정확하게 표현하기 위해서입니다. 즉, 선입후출의 특성이 필요한 현실 세계의 다양한 시스템을 표현할 때 스택을 사용합니다. 또한, 후입선출의 특성은 다양한 알고리즘에서 필수적인 요소입니다. 예를 들어, 수치 해석이나 계산에 사용하기도 하며 복잡한 미로에서 길을 찾는 알고리즘에서도 사용합니다. 뒤에서 배울 트리(tree)나 그래프(graph) 등 다른 복잡한 자료구조에서도 내부적으로는 스택을 사용하기도 합니다. 이처럼 다양한 분야에서 널리 사용하는 스택을 이번 장에서 자세히 살펴보도록 하겠습니다.

1. 스택이란?

스택은 앞서 다룬 리스트와 마찬가지로 선형 자료구조입니다. 앞서 1장에서 살펴본 것처럼 선형 자료구조는 저장된 자료들 사이의 앞뒤 관계가 일대일(1:1)이라는 뜻입니다. 앞서 컨테이너가 쌓여 있는 그림을 보면 하나의 컨테이너 위에는 하나의 컨테이너가 쌓여 있었습니다.

하지만, 리스트와 다르게 스택은 LIFO 혹은 후입선출의 특성이 있습니다. 이것은 자료의 추가와 제거가 다음 그림과 같이 스택의 한쪽 끝에서만 이루어지기 때문입니다. 즉, 저장된 자료 중에서 맨 위(Top, 최근에 저장된 곳)에서만 이루어집니다.

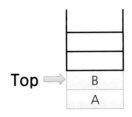

그림 5-2 스택의 끝(top)

그림 5-2에서는 자료 B가 자료 A 위에 있는 상태로 보아, 자료 B가 맨 위라는 것을 알 수 있습니다. 새로운 자료를 추가한다면 자료 B 위에 있게 될 것이고, 기존 자료를 가져온다면 현재 탑(top)인 자료 B가 제거될 것입니다. 이러한 제약 사항 때문에 스택은 선형 구조인 리스트와 구별되는 특성인 선입후출을 가지게 되었습니다.

2. 스택의 사용 시나리오

스택의 선입후출 특성이 실제로 어떻게 동작하는지 사용 예를 통해 살펴보겠습니다. 다음 그림은 스택 사용 시나리오의 한 예로, 세 개의 자료를 차례로 추가하는 과정을 보여줍니다. 참고로 새로운 자료를 스택에 추가하는 과정을 푸시(push) 연산이라고 합니다.

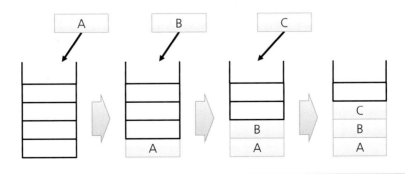

그림 5-3 스택에 새로운 자료 세 개를 추가

그림 5-3은 비어 있는 스택에 자료 A, B, C를 차례로 추가하는 과정을 보여줍니다. 먼저 A를 빈 스택에 추가하고 그다음으로 저장된 A의 위쪽에 새로운 B를 저장합니다. 마지막으로 B의 위쪽에 C를 저장합니다. 푸시 연산을 사용해서 스택에 새로운 자료를 추가할 경우, 새로운 자료는 항상 기존 자료의 위쪽에만 저장할 수 있습니다. 즉, 푸시 연산은 스택의 맨 위에 새로운 자료를 추가합니다.

이렇게 저장된 자료를 사용하려면 어떻게 해야 할까요? 아마도 스택에 저장된 자료를 가져와야 할 것입니다. 스택에서 기존에 저장된 자료를 가져오는 과정을 팝(pop) 연산이라고 합니다. 앞서 리스트에서는 기존 자료의 제거 연산과 값을 가져오는 연산이 따로 있었습니다. 반면, 스택의 팝 연산은 이러한 두 개의 연산이 합쳐져서, 기존 자료를 제거하여 그 값을 가져오도록 하는 연산입니다. 다음 그림은 세 개의 자료가 저장된 스택에서 차례로 자료를 가져오는 과정으로, 팝 연산이라고 합니다.

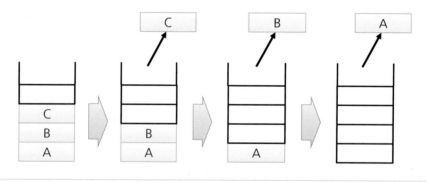

그림 5-4 스택에서 자료 세 개를 제거

팝 연산은 자료를 가져와서 이를 반환하는 연산입니다. 이때 스택의 맨 위에 저장된 자료를 제거해서 이것을 반환하는데, 가장 나중에 추가한 자료가 반환됩니다. 이러한 팝 연산의 특성 때문에 스택은 자료를 추가한 순서와 역순으로 자료가 반환됩니다. 이 점에 주의해야 합니다. **그림 5-4**에서는 자료를 A → B → C 순서로 추가하였기 때문에 자료의 반환은 역순인 C → B → A 순서를 따릅니다.

참고로, 스택에 저장된 자료에 접근할 때 팝 연산과 달리 자료를 제거하지 않고 단지 자료에 접근하여 값을 가져오는 과정을 피크(peek) 연산이라고 합니다. 기존 자료를 제거하지 않는다는 점에서 팝 연산과 다릅니다. 이 경우에도 스택의 맨 위에 있는 자료에만 접근할 수 있다는 점에서는 팝 연산과 같습니다.

이제 소스 구현의 관점에서 푸시와 팝 연산의 동작 과정을 살펴보겠습니다.

2.1 푸시 연산

푸시 연산은 스택에 새로운 자료를 추가하는 연산입니다. 이 연산은 스택의 맨 위에서만 수행된다고 했습니다. 다음 그림은 A, B 두 개의 자료가 이미 저장되어 있는 스택에 새로운 자료 C를 추가하는 과정을 보여줍니다.

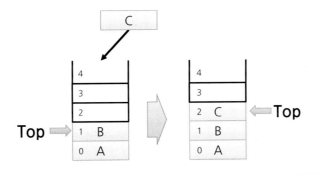

그림 5-5 스택의 푸시 연산

그림 5-5에서 스택의 첫 번째 자료로 A가 그리고 두 번째 자료로 B가 저장되어 있습니다. 자료 A의 위치 인덱스는 0이고 자료 B의 위치 인덱스는 1입니다. 새로운 자료 C를 스택에 저장할 때 이것의 위치 인덱스는 2가 됩니다. 논리적으로 살펴보면 기존에는 위치 인덱스 1이 맨위였기 때문입니다. 즉, 기존에는 위치 인덱스 1인 자료가 스택에서 탑이었습니다. 그런데 새로운 자료 C를 스택에 추가하였기 때문에 여기에 1을 더한 위치 인덱스 2인 자료가 스택에서 새로운 탑이 되었습니다.

스택에서 탑은 항상 최신 자료를 가리키는 끝이나 맨 위를 지칭합니다. 앞서 스택이 후입선출의 특성을 가지는 이유는 자료의 추가와 삭제가 탑에서만 이루어지기 때문이라고 설명했었습니다. 따라서, 스택의 푸시 연산을 구현하면서 탑을 어떻게 변경해야 할지를 주의 깊게 고려해야 합니다.

푸시 연산과 관련해서 한 가지만 더 살펴볼까요? 일반적으로 스택의 크기는 스택이 저장할 수 있는 최대 자료의 개수를 말합니다. **그림 5-5**에서 스택은 최대 5개의 자료를 저장할 수 있어서 스택의 크기는 5가 됩니다. 크기가 5인 스택에 자료를 5개 이상 추가하려고 하면 어떤 일이 발생할까요? 즉, 6번째 자료를 추가할 때 어떤 일이 발생할까요? 아마도 스택 크기를 넘어서기 때문에 자료는 스택에 추가되지 못할 것입니다. 이처럼, 스택의 크기를 초과해 새로운 자료를 추가하지 못하는 현상을 **넘침**(overflow, 오버플로)이라고 합니다.

2.2 팝 연산

다음으로, 팝 연산은 스택에서 자료를 가져오는 연산입니다. 단, 여기서 가져온다는 자료를 스택에서 제거한 뒤 가져온다는 뜻도 포함됩니다. 그리고 이 연산은 푸시 연산과 마찬가지로 스택의 맨 위에서만 수행됩니다. 다음 그림은 자료 한 개가 저장되어 있는 스택에서 팝 연산을 수행하는 과정을 보여줍니다.

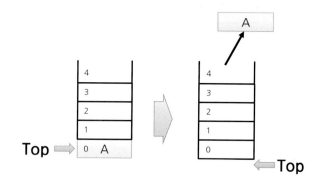

그림 5-6 스택의 팝 연산

앞에서 탑은 항상 스택에서 최근에 추가한 자료를 가리킨다고 배웠습니다. **그림 5-6**의 왼쪽 스택에서는 현재 탑이 자료 A를 가리키고 있습니다. 즉, 현재 자료 A가 스택에서 유일한 자료일 뿐 아니라 최근에 추가한 자료입니다. 이 상태에서 스택에 팝 연산을 수행하면 **그림 5-6**의 오른쪽 스택처럼 자료 A가 제거되어 반환됩니다. 그 결과 최종적으로 스택은 비어 있게 됩니다.

마지막으로, **그림 5-6**의 오른쪽에서 스택은 아무 자료가 없는 빈(empty) 스택입니다. 이 스택에 팝 연산을 수행하면 어떤 일이 발생할까요? 아마도, 제거할 자료가 없기 때문에 아무 자료도 반환하지 못할 것입니다. 이처럼 아무런 자료가 없어서 반환하지 못하는 현상을 **부족**(underflow, 언더플로)이라고 합니다.

2.3 피크 연산

마지막으로 팝 연산과 비슷한 연산으로 피크 연산이 있습니다. 이 연산도 팝 연산과 마찬가지로 스택의 맨 위 자료를 반환합니다. 하지만, 기존 스택에서 자료를 제거하지는 않습니다. 다음 그림은 피크 연산을 수행하는 과정을 보여줍니다.

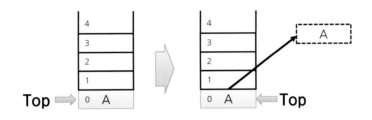

그림 5-7 스택의 피크 연산

그림 5-7의 왼쪽 그림은 현재 스택에 자료 A가 위치 인덱스 0에 저장된 상태를 보여줍니다. 물론, 저장된 자료가 한 개뿐이기 때문에 탑은 최근에 추가된 자료 A를 가리키고 있습니다. 이러한 스택에 피크 연산을 수행한 결과는 오른쪽 그림이 보여줍니다. 그림의 점선에서 알 수 있듯이 피크 연산은 탑을 이용하여 스택의 맨 위 자료 A를 반환합니다. 단, 스택에서 자료 A를 제거하지 않습니다. 피크 연산의 이러한 특징을 특별히 주의해 주세요.

이상으로 후입선출의 특성이 있는 스택과 핵심 연산인 푸시, 팝, 피크 연산을 살펴보았습니다. 다음으로는 이러한 스택을 실제 소스로 구현하겠습니다. 그전에 스택에 필요한 연산을 추상 자료형으로 정의해 보겠습니다.

3. 스택의 추상 자료형

스택을 구현하기 전에 스택에 필요한 기본적인 연산을 정리해 볼까요? 스택의 기본 연산을 정리한 스택의 추상 자료형을 살펴보겠습니다. 스택의 추상 자료형을 정리한 다음의 표를 봐 주세요.

표 **5-1** 스택의 추상 자료형

이름		입력	출력	설명
스택 생성	createStack()	스택의 크기 n	스택 stack	빈 스택 stack을 생성
스택 삭제	deleteStack()	스택 stack	N/A	스택의 메모리를 해제
자료 추가 가능 여부 판단	isFull()	스택 stack	True/False	스택에 푸시를 수행할 수 있는지를 반환, 배열 스택인 경우에만 의미 있음
빈 스택인지 여부 판단	isEmpty()	스택 stack	True/False	빈 스택인지를 반환
푸시	push()	스택 stack	성공/실패 여부	스택의 맨 위에 새로운 자료를 추가
팝	pop()	자료 data	자료	스택의 맨 위에 있는 자료를 제거한 뒤 이를 반환
피크	peek()	스택 stack	자료	스택의 맨 위에 있는 자료를 반환(스택에서 제거하지는 않음)

스택을 사용하려면 먼저 스택을 생성할 수 있어야겠지요? 연산 createStack()이 새로운 스택을 생성하는 함수로, 입력 파라미터 n은 스택의 크기를 의미합니다. 즉, 스택에 저장 가능한 최대 자료의 개수를 미리 지정하게 됩니다. 예를 들어, 스택의 크기를 10으로 지정하면 스택에는 최대 10개의 자료를 추가할 수 있습니다. 만약, 이 스택에 11번째 자료를 추가하면 어떤 일이 발생하나요? 앞서 스택의 크기를 초과하여 자료를 추가하려고 할 때 넘침(overflow)이 발생한다고 배웠습니다. 즉, 새로운 자료를 스택에 추가하지 못합니다.

물론, 이런 최대 저장 개수에 대한 제약은 스택을 어떻게 구현하느냐에 따라 달라집니다. 배열을 이용하여 스택을 구현하면 이러한 제약을 따릅니다. 반면, 포인터를 이용하여 스택을 구현하면 이러한 제약을 따르지 않습니다. 앞서 리스트에서도 이미 경험했었습니다.

연산 isFull()은 스택에 새로운 자료를 추가할 수 있는지를 알려줍니다. 이미 스택이 가득 차 있으면 False를 반환하고 그렇지 않으면 True를 반환합니다. 물론, 이 연산은 배열로 스택을 구현한 경우에만 의미가 있습니다. 배열에서만 자료 저장 개수에 대해 제약이 있기 때문입니다. 이 연산과 비교하여 연산 isEmpty()는 현재 스택이 비어 있는지를 알려줍니다.

스택에 새로운 자료를 추가하는 연산으로 push() 연산이 있습니다. 앞서 설명하였듯이 스택의 맨 위에만 새로운 자료를 추가한다는 점을 기억해야 합니다. 아울러, 스택의 최근 자료를 반환하는 pop() 연산과 peek() 연산이 있습니다. 단, pop() 연산은 스택에서 자료를 반환하면서 제거하는 반면, peek() 연산은 자료를 반환하지만 제거하지 않는다는 점에 주의하기 바랍니다.

마지막으로, 스택의 사용이 끝나서 스택 자체의 메모리를 해제하는 연산 deleteStack()도 있습니다.

이상으로 스택의 추상 자료형을 정의해 보면서 기본적인 연산들을 살펴보았습니다. 다음으로, 실제 C 언어로 구현해 보겠습니다. 구현은 크게 배열을 이용하는 방법과 포인터를 이용하는 방법으로 나누어집니다. 앞서 리스트와 마찬가지로 배열을 이용하면 구현의 복잡도가 낮아지는 대신 스택의 크기를 미리 지정해야 합니다. 반면 포인터를 이용하면 구현의 복잡도는 상대적으로 높아지는 대신 스택의 크기를 미리 지정하지 않아도 되므로 메모리 사용에 있어서 효율적입니다. 참고로, 포인터로 구현한 스택에서 스택의 크기를 미리 지정하지 않아도 되는 이유는 새로운 자료를 추가할 때 동적으로 노드에 대한 메모리를 할당하기 때문입니다.

먼저, 배열을 이용하여 스택을 구현해 보도록 하겠습니다.

4. 배열로 구현한 스택

스택을 구현하는 첫 번째 방법은 배열입니다. 2장의 배열 리스트와 마찬가지로 C 언어의 배열을 이용하여 앞서 정의한 스택의 추상 자료형을 구현합니다. C 언어의 배열은 물리적으로 연속해 있으며 스택을 생성하는 시점에는 배열의 크기를 지정해야 합니다.

4.1 노드의 구조

배열로 구현한 스택에서 먼저 정의할 개념으로 노드(node)가 있습니다. 노드는 앞서 리스트에서 살펴보았듯이 자료를 저장하는 단위입니다. 스택에서도 동일하게 사용합니다. 배열로 구현한 스택에서 노드 사이의 링크(연결 정보)는 필요 없어서 다음 그림과 같이 노드는 단순히 자료만 저장합니다.

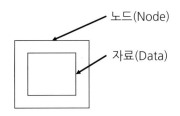

그림 5-8 배열 스택에서 노드의 구조

배열 스택에 바로 자료를 저장해도 되는데 굳이 이렇게 노드로 한 번 더 자료를 감싸는 이유는 무엇일까요? 앞장에서 잠깐 설명하였듯이 동시에 여러 개의 자료를 저장할 수 있도록 하기 위해서입니다.

다음은 배열 스택에서 사용하는 노드 ArrayStackNode를 구현한 소스입니다.

예제 05_01.c (1/10)

```
01    #include <stdio.h>
02    #include <stdlib.h>
03    #include <string.h>
04
05    typedef struct ArrayStackNodeType {
06        char data;
07    } ArrayStackNode;
```

소스 줄 6에서 현재 구현된 배열 스택의 노드는 char형의 자료를 한 개 저장합니다. 다만, 구조체로 노드를 정의하였기 때문에 만약 구조체에 다른 멤버 변수를 추가한다면 동시에 여러 개의 자료를 저장할 수 있습니다.

다음으로, 이러한 노드로 이루어진 배열 스택의 구조와 소스를 살펴보겠습니다.

4.2 배열 스택의 구조

앞서 배열 스택의 자료 저장 단위인 노드와 소스를 작성해 보았습니다. 여기서는 이렇게 정의된 노드를 이용한, 배열로 구현한 스택을 살펴보겠습니다 먼저 배열로 구현한 스택의 전체적인 모습은 다음 **그림 5-9**와 같습니다.

그림 5-9에서 보듯이 배열로 구현한 스택은 스택의 크기(최대 노드 개수)를 멤버 변수 max-Count로 저장합니다. 스택의 크기는 곧 스택이 가진 배열 pData의 원소의 개수와 같습니다. 따라서, 스택을 생성할 때에 스택의 크기 maxCount만큼의 원소 개수를 가지는 배열을 생성해야 합니다.

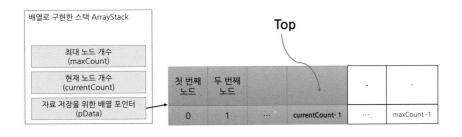

그림 5-9 배열로 구현한 스택의 구조

실제로 **그림 5-9**의 오른쪽에서 원소 개수가 maxCount인 배열을 볼 수 있습니다. 이것을 어떻게 아나요? 배열의 마지막 원소의 인덱스가 (maxCount - 1)이기 때문입니다. 배열의 인덱스는 0부터 시작하기 때문에 마지막 원소의 인덱스는 maxCount가 아니라 (maxCount - 1)입니다.

또한, 배열 스택은 현재 저장된 노드 개수를 멤버 변수 currentCount에 저장합니다. 참고로, 이 변수를 이용하여 탑의 위치를 알 수 있습니다. 현재 탑의 위치 인덱스는 (currentCount - 1)입니다. 배열의 위치 인덱스가 클수록 나중에 저장된 자료입니다.

예를 들어, 현재 스택에 두 개의 자료가 저장되어 있다면, 탑의 위치 인덱스는 1 (= 2 - 1)입니다. 1을 빼는 이유는 배열에서 위치 인덱스는 0부터 시작하기 때문입니다. 새로운 노드를 추가하는 푸시 연산이나 저장된 노드를 반환하는 팝 또는 피크 연산에서는 배열의 탑 위치를 이용하여 처리합니다. 뒤에서 다루는 스택의 연산에서 탑의 위치를 어떻게 사용하는지 주의 깊게 보기 바랍니다.

지금까지 설명한 배열 스택을 C 언어의 구조체로 정의하면 다음과 같습니다.

예제 05_01.c (2/10)

```
09    typedef struct ArrayStackType {
10        int maxCount;              // 최대 자료 개수
11        int currentCount;          // 현재 저장된 자료의 개수
12        ArrayStackNode *pData;     // 자료를 저장하는 1차원 배열
13    } ArrayStack;
```

위 소스 줄 09~13까지는 구조체 ArrayStack을 선언합니다. 이 구조체는 최대 노드 개수를 저장하는 maxCount, 현재 저장된 노드 개수를 저장하는 currentCount, 실제 자료를 저장하는

배열의 포인터 pDatat로 구성됩니다.

이제 이렇게 정의된 배열 스택의 구조체를 이용하여, 배열 스택이 제공해야 하는 여러 가지 연산을 어떻게 구현할 수 있는지 살펴보겠습니다.

4.3 스택의 생성

먼저 배열 스택 자체를 생성하는 함수 createArrayStack()을 살펴보도록 하겠습니다. 추상 자료형에서 정의한 이름 createStack()에서 Stack을 ArrayStack으로 변경했습니다. 함수 이름을 변경한 이유는 다음 절인 '5. 포인터로 구현한 연결 스택'에서 구현하는 함수와 구분하기 위해서입니다. 앞으로 배열 스택에서는 함수 이름에 ArrayStack 혹은 약어 AS(ArrayStack)를 추가하여 연결 스택과 구분 짓도록 하겠습니다.

이제 배열로 구현한 스택을 생성하는 소스를 살펴보도록 하겠습니다.

예제 05_01.c (3/10)

```
15    ArrayStack* createArrayStack(int size)
16    {
17        ArrayStack *pReturn = NULL;
18        pReturn = (ArrayStack *)malloc(sizeof(ArrayStack)); // 메모리 할당
19        memset(pReturn, 0, sizeof(ArrayStack));            // 메모리 초기화
20        pReturn->maxCount = size;                          // 최대 자료 개수 지정
21
22        pReturn->pData = (ArrayStackNode *)malloc(sizeof(ArrayStackNode) * size);
23        memset(pReturn->pData, 0, sizeof(ArrayStackNode) * size);
24
25        return pReturn;
26    }
```

> **18~20:** ① 배열 스택 자체의 생성과 초기화

> **22~23:** ② 최대 자료 개수만큼 원소를 가지는 배열의 생성과 초기화

배열 스택을 생성하는 함수 createArrayStack()은 소스 줄 18~20에서 배열 스택 자체에 대해 메모리를 할당하고 초기화합니다. 줄 19에서 이 구조체에 대해 멤버 변수들을 모두 0으로 초기화합니다. 그래서 최대 자료 개수 maxCount와 현재 자료 개수 currentCount가 0이 됩니다. 줄 20에서 최대 자료 개수만 입력 파라미터 size로 전달받아 재지정합니다. 줄 22~23에서는 최대 자료 개수 maxCount만큼의 노드로 이루어진 배열을 생성하고 함수 memset()을 이용하

여 구조체의 자료 전체를 한 번에 0으로 초기화합니다.

4.4 푸시 연산

이제 배열 스택에서 핵심이 되는 푸시 연산을 실제로 구현해 보겠습니다. 구현 관점에서 이 연산을 그림으로 나타내면 다음과 같습니다.

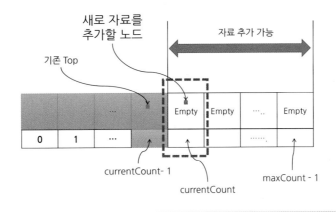

그림 5-10 배열로 구현한 스택에서 푸시 연산

그림 5-10에서 볼 수 있듯이 배열 스택에서 탑 위치보다 한 칸 오른쪽에 자료를 추가합니다. 즉, 현재 탑의 위치 인덱스가 (currentCount - 1)이기 때문에 새로운 자료를 추가할 노드의 위치 인덱스는 currentCount입니다. 여기서 현재 탑의 위치 인덱스가 currentCount가 아니라 (currentCount - 1)인 이유는 C 언어에서 배열의 인덱스는 0부터 시작하기 때문입니다.

물론, 배열에 새로운 노드를 추가한 이후에는 새로운 탑은 새로 자료가 추가된 노드를 가리켜야 하기 때문에 위치 인덱스 currentCount의 값을 1만큼 증가시켜 줍니다. 이 값이 1만큼 증가하면 탑 위치가 한 칸 오른쪽으로 이동합니다.

또한, 배열 스택에서 최대 저장 가능한 자료의 개수는 maxCount입니다. 만약 배열에 자료를 최대로 저장하고 있는 상태라면 마지막에 저장된 자료의 위치 인덱스는 (maxCount - 1)입니다.

다음은 이러한 로직을 실제로 구현한 함수 pushAS()에 대한 소스입니다. 그런데 소스가 05_01. c의 네 번째(4/10) 소스가 아니라 다섯 번째(5/10) 소스라는 점에 주의하기 바랍니다.

```
41    int pushAS(ArrayStack* pStack, char data)
42    {
43        int ret = 0;
45        if(isArrayStackFull(pStack) == 0) {
46            pStack->pData[pStack->currentCount].data = data;
47            pStack->currentCount++;
48            ret = 1;
49        }
50        else {
51            printf("오류, 스택이 가득 찼습니다, pushAS( )\n");
52        }
54        return ret;
55    }
```

45: ① 유효성 점검, 배열 스택 이 가득 차있는지를 판단

46: ② 실제 자료를 탑에 추가 하는 부분

47: ③ 탑의 위치를 변경

위 소스 줄 45에서 현재 배열 스택에 새로운 자료를 추가할 수 있는지를 점검합니다. 즉, 함수 isArrayStackFull()을 호출해서 배열 스택이 가득 차있는지를 판단합니다. 그럼 함수 isArrayStackFull()이 언제 구현되었는지 궁금하지요? 이 부분은 05_01.c의 네 번째(4/10) 소스에서 구현합니다. 바로 다음에서 살펴보겠습니다. 여기서는 배열 스택이 가득 차있는지를 알려주는 함수를 호출해서 유효성을 점검한다는 점만 기억하고 넘어가겠습니다. 참고로, 자료가 가득 찬 기존 스택에 새로운 자료를 추가하면 어떤 일이 발생하나요? 넘침(overflow)이 발생한다고 배웠습니다.

이후 줄 46이 실제 자료를 추가하는 소스입니다. 배열 스택의 현재 맨 위(탑) 바로 위에 있는 노드에 새로운 자료를 저장합니다. 그다음으로 줄 47에서는 배열 스택의 탑이 방금 추가한 자료를 가리키도록 현재 자료 개수(pStack->currentCount)를 1만큼 증가시킵니다. 그러면 푸시 연산의 핵심 로직이 모두 끝납니다. 추가로 줄 48에서 자료가 정상적으로 추가되었다는 뜻에서 지역 변수 ret를 1로 지정하고 이 값을 반환합니다.

이제 배열 스택이 가득 차있는지를 판단하는 함수 isArrayStackFull()에 대해서 알아볼까요? 다음은 이 함수를 구현한 소스입니다. 실제 소스를 입력할 때 앞서 입력한 함수 pushAS()보다 먼저 선언하거나 구현해야 컴파일 오류가 나지 않습니다. 주의하기 바랍니다.

```
28   int isArrayStackFull(ArrayStack* pStack)
29   {
30      int ret = 0;
32      if(pStack != NULL) {
33         if(pStack->currentCount == pStack->maxCount) {
34            ret = 1;
35         }
36      }
38      return ret;
39   }
```

위 소스에서 배열 스택이 가득 차있는지를 판단하는 로직은 줄 33입니다. 현재 탑 위치를 저장하는 변수 pStack->currentCount를 이용합니다. 만약, 현재 저장된 노드 개수와 스택의 크기가 같다면, 배열 스택이 가득 찬 상태입니다.

```
pStack->currentCount == pStack->maxCount
```

만약 배열 스택이 가득 차면 줄 34에서 반환 값을 1 (True)로 지정하여 반환하도록 합니다. 참고로, C 언어에서 if 등의 조건문에서 비교하는 값이 0이면 False로, 0이 아니면 True로 판단합니다.

다음으로, 배열 스택에서 자료를 반환하는 두 연산인 팝과 피크 연산을 살펴보겠습니다.

4.5 팝과 피크 연산

배열 스택에서 노드를 반환하는 연산은 팝과 피크 연산입니다. 일단, 팝 연산을 구현 관점에서 살펴보면 다음 그림과 같습니다.

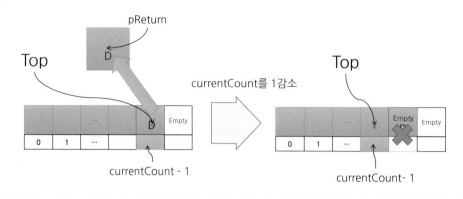

그림 5-11 배열로 구현한 스택에서 팝 연산

그림 5-11의 왼쪽 그림은 현재 탑의 위치 인덱스가 (currentCount - 1)인데, 팝 연산을 통해 탑 노드의 자료가 반환되는 것을 보여줍니다. 단, 새로운 노드를 생성하고 이 생성된 노드에 자료를 대입(복사)하여 반환하는 것을 보여줍니다. 또한, 함수 popAS()에서는 이렇게 노드를 반환하고서 해당 자료는 제거해야 하기 때문에 현재 자료 개수(pStack->currentCount)를 1만큼 감소시킵니다.

그림 5-11의 오른쪽 그림은 팝 연산을 수행한 배열 스택의 상황입니다. 탑의 위치만 왼쪽으로 한 칸 변경하고 있습니다. 이렇게 자료가 반환된 기존 탑 노드에 대해서는 메모리 초기화를 수행하지 않습니다. 초기화를 해주지 않아도 문제가 없기 때문입니다. 탑의 위치가 변경되어서, 만약 새로운 자료를 추가하면 기존 (쓰레기) 값을 덮어쓰기 때문입니다(overwrite).

그런데 한 가지 주의할 점이 있습니다. 바로 함수 popAS()를 호출하는 쪽에서는 반환되는 노드에 대해서 메모리를 해제해야 한다는 것입니다. 이 함수가 반환하는 값은 사실 정확하게 말하자면 메모리를 할당(malloc)하여 생성한 노드 객체의 시작 주소입니다. 따라서, 함수 popAS()를 사용하는 쪽에서는 반환되는 노드가 NULL이 아닌 경우에는 반드시 사용 후에 메모리를 해제해야 합니다. 함수 popAS()에서 반환되는 노드에 대한 메모리를 해제하는 부분은 함수를 호출하는 쪽에서 구현해야 하기 때문에 이 부분은 이번 절의 끝에 있는 main() 함수에서 다시 살펴보겠습니다.

마지막으로 한 가지를 더 생각해 보겠습니다. 만약 현재 배열 스택이 비어 있어서 반환할 자료가 없는 경우에는 어떻게 될까요? 빈 배열 스택이라면 함수 popAS()는 어떻게 해야 할까요? 이때는 NULL을 반환합니다. 물론 함수 popAS()를 호출하는 쪽에서는 반환되는 값이 NULL

인지 점검하여 만약 반환하는 값이 NULL이면 현재 배열 스택이 비어 있다는 것을 알 수 있습니다.

다음은 이러한 로직을 실제로 구현한 함수 popAS()에 대한 소스입니다. 그런데 소스가 앞서 함수 pushAS()의 소스에 이어서 여섯 번째(6/10) 소스가 아니라 일곱 번째(7/10) 소스라는 점에 주의하기 바랍니다.

예제 05_01.c (7/10)

```
70    ArrayStackNode * popAS(ArrayStack* pStack)
71    {
72        ArrayStackNode *pReturn = NULL;
73
74        if(0 == isArrayStackEmpty(pStack)) {
75            pReturn = (ArrayStackNode *)malloc(sizeof(ArrayStackNode));
76            if(pReturn != NULL) {
77                pReturn->data = pStack->pData[pStack->currentCount - 1].data;
78                pStack->currentCount--;
79            }
80            else {
81                printf("오류, 메모리 할당, popAS( )\n");
82            }
83        }
84
85        return pReturn;
86    }
```

> **74**: ① 유효성 점검. 배열 스택이 비어 있는지 점검

> **75~76**: ② 반환할 노드에 대해 메모리 할당 및 메모리 점검

> **77**: ③ 노드에 반환할 자료를 대입

> **78**: ④ 배열 스택의 탑 위치 변경. 한 칸 왼쪽으로

소스 줄 74에서 함수 popAS()는 함수 isArrayStackEmpty()를 호출해서 현재 스택에서 반환할 자료가 있는지 점검합니다. 05_01.c의 여섯 번째(6/10) 소스에 해당합니다. 바로 다음에서 살펴보겠습니다. 일단, 여기서는 팝 연산을 호출할 수 있는지 유효성을 점검한다는 점만 기억하기 바랍니다. 참고로, 기존에 빈 배열 스택에 자료를 반환하라고 요청하면 어떤 일이 발생하나요? 정상적으로 자료를 반환하지 못하게 되는데, 이 현상을 부족(underflow)이라고 배웠습니다. 여기서는 빈 배열 스택에 함수 popAS()를 호출하면 NULL을 반환합니다.

다음으로, 줄 75~76에서는 반환할 노드에 대해 메모리를 할당하고 이를 점검합니다. 정상적으로 메모리 할당에 성공하면 줄 77에서 이렇게 생성한 노드에 반환할 자료를 대입합니다. 마

지막으로, 줄 78에서는 스택의 탑 위치를 한 칸 왼쪽으로 이동시킵니다. 자료가 제거되어 반환
되어서 탑의 위치를 이동시킨 것입니다.

마지막으로, 배열 스택이 비어 있는지 판단하는 함수 isArrayStackEmpty()를 알아볼까요? 다
음은 이 함수에 대한 소스입니다. 실제 소스를 입력할 때 앞서 입력한 함수 popAS()보다 먼저
선언하거나 구현해야 컴파일 오류가 나지 않는다는 점에 주의하기 바랍니다.

예제 05_01.c (6/10)

```
57    int isArrayStackEmpty(ArrayStack* pStack)
58    {
59        int ret = 0;
60
61        if(pStack != NULL) {
62            if(pStack->currentCount == 0) {
63                ret = 1;
64            }
65        }
66
67        return ret;
68    }
```

위 소스에서 배열 스택이 비어 있는지 판단하는 로직은 줄 62입니다. 만약 현재 저장된 노드
개수가 0개이면 배열 스택이 비어 있는 상태입니다. 이러면 줄 63에서 반환 값을 1 (True)로 지
정하여 반환하도록 합니다.

다음으로, 배열 스택에서 노드를 반환하는 피크 연산을 살펴보겠습니다. 다음 그림은 구현 관
점에서 살펴본 피크 연산의 동작 과정입니다.

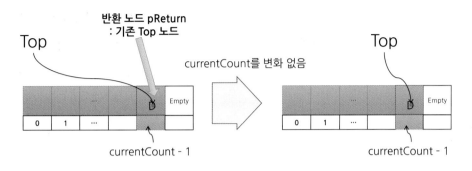

그림 5-12 배열로 구현한 스택에서 피크 연산

그림 5-12의 왼쪽 그림에서 현재 탑의 위치 인덱스가 (currentCount - 1)인데, 피크 연산의 결과로 탑 노드의 주소를 pReturn을 통해 반환하는 것을 보여줍니다. 단, 함수 peekAS()에서는 반환되는 자료가 제거되지 않기 때문에 현재 자료 개수(pStack→currentCount)가 그대로 유지되며 탑 위치도 변경되지 않습니다.

따라서, 함수 peekAS()를 호출한 쪽에서는 반환되는 노드를 대상으로 메모리 해제(free)를 수행해서는 안 됩니다. 새로운 메모리를 할당한 경우가 아니므로 메모리를 해제해서는 안 됩니다. 물론, 현재 배열 스택이 비어 있어서 반환할 노드가 없으면 NULL을 반환합니다. 이 점은 앞서 함수 popAS()와 동일합니다.

이제 실제 함수 peekAS()의 소스를 살펴볼까요?

예제 05_01.c (8/10)

```
88   ArrayStackNode* peekAS(ArrayStack* pStack)
89   {
90       ArrayStackNode* pReturn = NULL;
91       if(pStack != NULL) {
92           if(isArrayStackEmpty(pStack) == 0) {
93               pReturn = &(pStack->pData[pStack->currentCount - 1]);
94           }
95       }
96
97       return pReturn;
98   }
```

92: ① 유효성 점검, 배열 스택이 비어 있는지 점검

93: ② 반환 값 지정, 배열 스택의 탑 노드를 가리키는 포인터 반환

소스 줄 92에서 함수 peekAS()는 먼저 반환할 자료가 있는지 유효성을 점검합니다. 만약 빈 스택이라면 NULL을 반환합니다. 반환할 자료가 있으면 줄 93에서 배열 스택의 탑 노드를 반환합니다. 보다 정확하게 표현하자면 탑 노드를 가리키는 주소(포인터)를 반환합니다. 이 때문에 함수 peekAS()를 호출해서 전달받은 배열 스택의 탑 노드는 메모리 해제가 필요 없습니다.

지금까지 배열 스택을 생성하고 푸시와 팝, 피크 연산을 사용해서 자료를 배열 스택에 추가하거나 반환하는 방법에 대해서 배웠습니다. 이제 남은 함수들을 살펴보고 마지막으로 배열 스택을 이용하는 예제 소스를 살펴보겠습니다.

4.6 그 외 연산

배열로 구현한 스택을 대상으로 남은 연산은 다음과 같이 배열 스택을 삭제하는 함수 deleteArrayStack()과 현재 배열 스택에 저장된 자료를 출력하는 함수 displayArrayStack()입니다.

예제 05_01.c (9/10)

```
100    void deleteArrayStack(ArrayStack* pStack)
101    {
102        if(pStack != NULL) {
103            if(pStack->pData != NULL) {
104                free(pStack->pData);
105            }
106            free(pStack);
107        }
108    }
109
110    void displayArrayStack(ArrayStack *pStack)
111    {
112        int i = 0;
113        if(pStack != NULL) {
114            int size = pStack->maxCount;
115            int top = pStack->currentCount;
116
117            printf("스택 크기: %d, 현재 노드 개수: %d\n",
118                    pStack->maxCount,
119                    pStack->currentCount);
120
```

```
121        for(i = size - 1; i >= top; i--) {
122            printf("[%d]-[Empty]\n", i);
123        }
124
125        for(i = top - 1; i >= 0 ; i--) {
126            printf("[%d]-[%c]\n",
127                    i, pStack->pData[i].data);
128        }
129    }
130 }
```

소스 줄 104에서 함수 deleteArrayStack()은 먼저 노드로 이루어진 배열에 대해서 메모리를 해제한 다음, 줄 106에서 배열 스택 자체의 메모리를 해제합니다. 함수 displayArrayStack()은 먼저 배열 스택의 크기와 현재 노드의 개수를 출력합니다(줄 114~119). 이후 저장하는 자료가 없는 빈 노드를 출력하고(줄 121~123), 저장하고 있는 자료들을 차례로 출력합니다(줄 125~128).

마지막으로, 지금까지 구현한 배열 스택을 이용하여 자료를 추가하고 삭제하고 자료를 출력하는 예제 소스는 다음과 같습니다.

예제 05_01.c (10/10)

```
132  int main(int argc, char *argv[])
133  {
134      ArrayStack *pStack = NULL;
135      ArrayStackNode *pNode = NULL;
136
137      pStack = createArrayStack(6);
138      if(pStack != NULL) {
139          pushAS(pStack, 'A');
140          pushAS(pStack, 'B');
141          pushAS(pStack, 'C');
142          pushAS(pStack, 'D');
143          displayArrayStack(pStack);
144
145          pNode = popAS(pStack);
146          if(pNode != NULL) {
147              printf("Pop 값-[%c]\n", pNode->data);
148              free(pNode);
```

137: ① 최대 저장 자료 개수가 6개인 배열 스택을 생성

137~138: ② 배열 스택의 생성과 점검

139~143: ③ 자료 A, B, C, D를 팝하고 배열 스택 내용을 출력

145~149: ④ 팝 연산을 수행하고 반환된 노드의 자료를 출력하고 노드는 메모리 해제

```
149          }
150
151
152
153          displayArrayStack(pStack);
154
155          pNode = peekAS(pStack);
156          if(pNode != NULL) {
157              printf("Peek 값-[%c]\n", pNode->data);
158          }
162          displayArrayStack(pStack);
163
164          deleteArrayStack(pStack);
165      }
166      return 0;
167  }
```

> **153**: ⑤ 팝 연산을 수행한 뒤의 배열 스택 내용을 출력

> **155~158**: ⑥ 피크 연산을 수행하고 반환된 노드의 자료를 출력

> **162**: ⑦ 피크 연산을 수행한 뒤의 배열 스택 내용을 출력

> **164**: ⑧ 사용이 끝난 배열 스택을 삭제

위 소스 줄 137에서 함수 main()은 최대 노드 개수가 6인 배열 스택 pStack을 생성합니다. 이렇게 생성된 배열 스택에 char형 자료 'A', 'B', 'C', 'D'를 차례로 추가한 뒤, 함수 popAS()를 호출하여 반환된 노드의 자료를 출력합니다. 물론, 이 경우 가장 나중에 추가한 char형 자료 D를 출력합니다(줄 147).

아울러 줄 148에서 반환된 노드(pNode)에 대해 사용이 끝난 다음에는 메모리를 해제한다는 점에 특히 주의하기 바랍니다. 이 부분은 앞서 함수 popAS()에서 이미 살펴본 내용입니다. 함수 popAS()를 한 번 호출한 뒤, 줄 153에서 함수 displayArrayStack()을 호출하여 스택에 저장된 자료를 출력합니다. 이 결과 스택에 저장된 자료가 어떻게 바뀌는지 확인할 수 있습니다. 기존 최상위 노드에 저장된 자료 D가 삭제되고 자료 C가 저장된 노드가 최상위 노드가 되는 것을 확인할 수 있습니다.

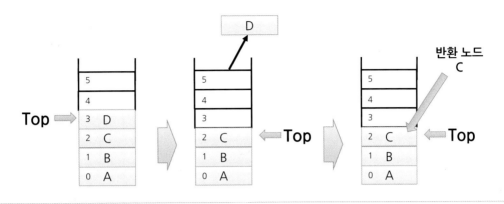

그림 5-13 프로그램 05_01.exe의 실행 과정

이후 함수 peekAS()를 호출하여 반환된 노드의 자료를 출력합니다. 이 경우 현재 최상위 노드에 저장된 자료로 여전히 문자 C가 반환되는 것을 확인할 수 있습니다. 또한, 반환된 노드에 대해서 메모리를 해제하지 않을 뿐 아니라 줄 162에서 함수 peekAS()를 호출한 뒤에 배열 스택에 저장된 자료를 출력해 보아도 문자 C가 저장된 기존의 최상위 노드가 여전히 최상위 노드임을 알 수 있습니다. 실제 앞서의 예제를 실행한 결과 화면은 다음과 같습니다.

<u>**프로그램 05_01.exe의 실행 결과 화면**</u>

```
C:\Users\jinlee\Project\05\Release> 05_01.exe <Enter>
스택 크기: 6, 현재 노드 개수: 4
[5]-[Empty]
[4]-[Empty]
[3]-[D]
[2]-[C]
[1]-[B]
[0]-[A]
```

Pop 값-[D]

스택 크기: 6, 현재 노드 개수: 3

```
[5]-[Empty]
[4]-[Empty]
[3]-[Empty]
[2]-[C]
[1]-[B]
[0]-[A]
```

Peek 값–[C]

스택 크기: 6, 현재 노드 개수: 3

[5]–[Empty]

[4]–[Empty]

[3]–[Empty]

[2]–[C]

[1]–[B]

[0]–[A]

지금까지 배열을 이용하여 구현한 스택에 대해서 자세히 살펴보았습니다. 다음으로, 포인터를 이용하여 구현한 연결 스택을 살펴보도록 하겠습니다.

5. 포인터로 구현한 연결 스택

스택을 구현하는 두 번째 방법은 포인터입니다. 3장의 연결 리스트와 마찬가지로 C 언어의 포인터를 이용하여 앞서 정의한 스택의 추상 자료형을 구현합니다. 포인터를 이용하여 구현한다는 것은 다음 그림과 같이 노드 사이의 연결 정보(링크)를 이용한다는 뜻입니다. 따라서, 포인터로 구현한 스택을 다른 말로 연결 스택(linked stack)이라고 합니다. 책에 따라서는 **연결 리스트로 구현한 스택**이라고도 합니다.

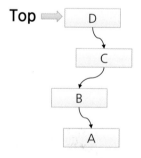

그림 **5-14** 포인터로 구현한 스택의 예

연결 스택은 배열 스택과 비교해서 스택을 생성할 때 스택의 크기를 미리 지정할 필요가 없습니다. 일반적으로 배열 스택을 프로그램에서 사용하려면 사용 전에 미리 저장할 자료의 개수를 예측합니다. 그러고서 약간 여유롭게 스택의 크기를 지정합니다. 그래서 배열 스택에서는 실제 사용하는 개수보다 큰 배열을 생성해야 해서 메모리를 낭비하게 된다는 단점이 있습니다. 반면, 연결 스택은 새로운 자료를 추가할 때마다 동적으로 메모리를 할당합니다. 필요한 개수만큼만 메모리를 할당한다는 점에서 효율적으로 메모리를 사용할 수 있습니다.

아울러, 스택은 자료의 추가와 삭제가 오직 탑에서만 이루어집니다. 따라서, 나중에 구현 소스에서 보겠지만, 연결 스택에서 자료에 대한 접근이나 반환 시간은 배열 스택과 비교해서 큰 차이가 없이 빠릅니다. 다만, 연결 스택은 포인터로 구현하기 때문에 배열 스택보다 다소 복잡하다는 단점은 있습니다.

5.1 노드의 구조

연결 스택의 노드를 먼저 살펴보도록 하겠습니다. 앞서 살펴본 배열 스택의 노드와 다른 점이 다음 그림과 같이 다음 노드를 가리키는 연결 정보(링크)가 있다는 것입니다. 물론, **자료 + 연결 정보(링크)** 구조는 3장의 연결 리스트와 같은 구조입니다.

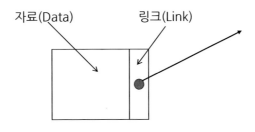

그림 5-15 연결 스택에서 노드의 구조

다음은 연결 스택에서 사용하는 노드 LinkedStackNode를 구현한 소스입니다.

예제 05_02.c (1/9)

```
01   #include <stdio.h>
02   #include <stdlib.h>
03
04   typedef struct LinkedStackNodeType
05   {
06       char data;
```

```
07        struct LinkedStackNode* pLink;
08     } LinkedStackNode;
```

위 소스 줄 6에서 노드에서 저장하는 자료를 멤버 변수 data로 선언하는데, 이때 저장하는 자료는 char형입니다. 또한, 줄 7에서 다음 노드의 연결 정보를 저장하는 pLink를 멤버 변수로 선언합니다.

다음으로, 실제 자료를 저장하는 노드로 이루어진 연결 스택의 구조와 소스를 살펴보겠습니다.

5.2 연결 스택의 구조

앞서 연결 스택의 자료 저장 단위인 노드를 살펴보고 소스를 작성해 보았습니다. 여기서는 앞서 정의한 노드를 이용하여 연결 스택(포인터로 구현한 스택)을 구현하겠습니다. 다음은 연결 스택의 전체적인 모습입니다.

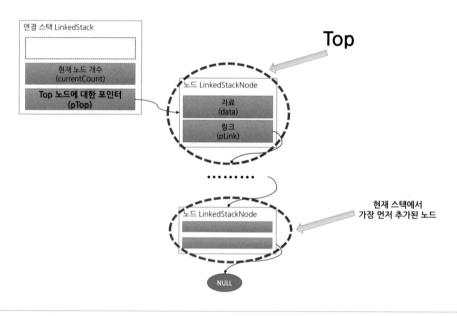

그림 5-16 연결 스택의 구조

그림 5-16에서 볼 수 있듯이 연결 스택의 핵심은 스택 구조체의 멤버 변수로 탑 노드를 가리키

는 포인터가 있다는 점입니다. **그림 5-16**에서 탑 노드를 가리키는 멤버 변수 pTop이 보이나요? 이 멤버 변수를 이용하면 스택의 푸시와 팝, 피크 연산 등을 효과적으로 구현할 수 있습니다.

또한, 멤버 변수 currentCount는 연결 스택에 저장된 현재 노드의 개수를 저장합니다. 배열 스택에서는 멤버 변수 currentCount를 이용하여 탑의 위치를 관리합니다. 반면, 연결 스택에서는 탑 자체를 가리키는 멤버 변수 pTop이 있습니다. 따라서, 연결 스택에서의 멤버 변수 currentCount는 원래의 목적 그대로 현재 노드의 개수를 나타내는 용도로 사용합니다.

다음으로, 그림에서 연결 스택의 노드와 노드 사이에 링크가 있다는 것을 알 수 있습니다. 그런데 링크의 방향이 자료가 추가된 순서와 반대 방향으로 있습니다. 3장의 연결 리스트에서는 자료가 추가된 순서에 의해 각 노드가 다음 노드의 링크를 가지고 있었습니다. 반면, 연결 스택에서는 자료 추가 순서와 역순으로 노드가 연결되기 때문에 이전 노드를 가리킵니다. 이유는 멤버 변수 pTop이 항상 마지막에 추가된 노드를 가리키게 하기 위해서입니다. 물론, 이전 방향으로 노드가 링크로 연결되기 때문에 연결 스택에 맨 처음 추가된 노드는 다음 노드의 링크(pLink)가 NULL입니다.

지금까지 설명한 연결 스택을 C 언어의 구조체로 정의하면 다음과 같습니다.

예제 05_02.c (2/9)

```
10    typedef struct LinkedStackType
11    {
12       int currentCount;            // 현재 노드의 개수
13       LinkedStackNode* pTop;       // 탑 노드의 포인터
14    } LinkedStack;
```

연결 스택이라는 이름 때문에 독자 여러분 중에 일부는 3장의 연결 리스트를 이용하여 스택을 구현하는가 하고 생각할 수 있습니다. 물론, 연결 리스트를 이용하여 연결 스택을 구현할 수 있습니다. 그러나 스택은 탑에서만 자료를 추가하고 삭제하고 접근할 수 있다는 특성 때문에 범용적인 연결 리스트를 이용하는 것은 구현 측면에서 비효율적입니다.

예를 들어, **그림 5-16**을 보면 구조체 LinkedStack에서 탑 노드에 대한 멤버 변수 pTop이 마지막 노드인 탑 노드를 가리키고 있습니다. 따라서, 멤버 변수 pTop을 이용하면 한 번에 탑 노

드로 접근할 수 있습니다. 반면, 3장의 연결 리스트를 직접 이용하면 연결 리스트의 마지막인 탑 노드에 접근하기 위해 연결 리스트 전체를 순회해야 합니다. 노드의 개수가 n 개라고 할 때 탑 노드 접근에 걸리는 시간 복잡도를 구현 방식이 따라 계산해 보면 다음과 같습니다.

표 5-2 연결 스택의 탑 노드 접근에 걸리는 시간 복잡도

연결 스택으로 구현한 경우	연결 리스트로 구현한 경우
$O(1)$	$O(n)$

시간 복잡도 측면에서 연결 리스트를 이용해서 연결 스택을 구현하는 것보다 연결 스택을 직접 구현하는 것이 효율적이라는 것을 알 수 있습니다.

5.3 연결 스택의 추상 자료형

연결 스택은 앞에서 정의한 스택의 추상 자료형과 다른 부분이 있습니다. 먼저 스택을 생성하는 createStack() 연산입니다. 왜냐하면, 연결 스택은 초기 스택의 크기가 필요 없기 때문입니다.

표 5-3 연결 스택이 스택의 추상 자료형과 다른 부분

이름		입력	출력	설명
스택 생성	createStack()	–	스택 stack	빈 스택 stack을 생성
자료 추가 가능 여부 판단	isFull()	스택 stack	True/False	스택에 푸시를 수행할 수 있는지를 반환, 배열 스택일 때만 의미 있음

다음으로, 새로운 자료를 추가할 수 있는지를 판단하는 연산 isFull()은 연결 스택에서는 구현할 필요가 없습니다. 스택의 크기가 정해져 있지 않기 때문입니다. 나머지 연산들은 앞서 정의한 스택의 추상 자료형을 참고하기 바랍니다.

이제 본격적으로 연결 스택의 연산들을 살펴보겠습니다.

5.4 스택의 생성

먼저 연결 스택 자체를 생성하는 함수 createLinkedStack()의 소스는 다음과 같습니다. 앞의 추상 자료형에서 정의한 이름 createStack()에서 Stack을 LinkedStack으로 변경했습니다. 앞으로 연결 스택에서는 함수 이름에 LinkedStack 혹은 약어 LS(LinkedStack)를 추가하여 배열 스택과 구분 짓도록 하겠습니다.

이제 연결 스택을 생성하는 소스를 살펴보도록 하겠습니다.

예제 05_02.c (3/9)

```
17    LinkedStack* createLinkedStack()
18    {
19        LinkedStack *pReturn = NULL;
20        pReturn = (LinkedStack *)malloc(sizeof(LinkedStack));
22        memset(pReturn, 0, sizeof(LinkedStack));
29        return pReturn;
30    }
```

함수 createLinkedStack()은 연결 스택 자체에 대해 메모리를 할당하고 구조체에 대해 멤버 변수들을 모두 0으로 초기화합니다. 참고로, 구조체 변수를 모두 0으로 초기화하기 때문에 구조체 LinkedStack의 모든 멤버 변수는 값이 0이 됩니다. 물론, 모든 변숫값이 0이므로 탑 노드를 가리키는 멤버 변수 pTop은 NULL(실제 값은 0)로 지정됩니다.

5.5 푸시 연산

이제 연결 스택에서 푸시 연산을 실제로 구현해 보겠습니다. 구현 관점에서 보면 이 연산은 크게 세 단계로 이루어집니다. 처음은 다음 그림과 같이 새로운 노드를 생성하는 단계입니다. 물론, 이때 추가하려는 자료를 새로 생성한 노드의 멤버 변수에 저장해야겠지요?

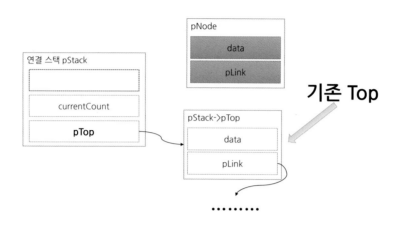

그림 5-17 연결 스택에서 푸시 연산 Step-A. 새로운 노드의 생성

다음은 추가한 노드의 링크를 지정하는 단계입니다. 즉, 새로 추가한 노드가 새로운 탑 노드가 될 수 있도록, 새로 추가한 노드의 이전 노드로 기존의 탑 노드가 되도록 링크를 변경합니다.

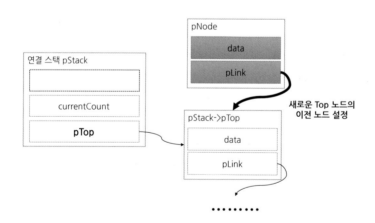

그림 5-18 연결 스택에서 푸시 연산 Step-B. 이전 노드의 생성

그림 5-18은 새로 추가한 노드 pNode의 이전 노드로 기존의 탑 노드인 pStack->pTop으로 지정하는 과정을 보여줍니다.

이제 마지막 단계만 남았습니다. 새로 추가한 노드가 정말로 탑 노드가 되도록 연결 스택의 멤버 변수 pTop을 변경하는 단계입니다. 다음 그림은 마지막 단계를 보여줍니다.

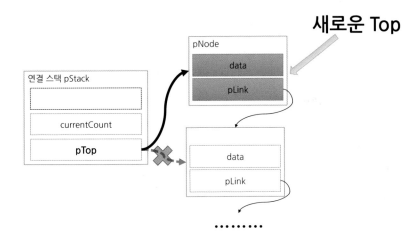

그림 5-19 연결 스택에서 푸시 연산 Step-C. 탑 노드 변경

그림 5-19는 연결 스택의 멤버 변수 pTop이 새로 추가한 노드인 pNode를 가리키도록 변경하는 과정을 보여줍니다. 그 결과, 새로 추가한 노드가 연결 스택의 새로운 탑 노드가 되는 것을 알 수 있습니다.

지금까지의 과정을 실제 소스로 작성해 보면 다음과 같습니다.

예제 05_02.c (4/9)

```
32    int pushLS(LinkedStack* pStack, char data)
33    {
34       int ret = 0;
35       LinkedStackNode *pNode = NULL;
36
37       if(pStack != NULL) {
38          pNode = (LinkedStackNode *)malloc(sizeof(LinkedStackNode));
39          if(pNode != NULL) {
40             pNode->data = data;
41             pNode->pLink = pStack->pTop;
42             pStack->pTop = pNode;
43
44             pStack->currentCount++;
45             ret = 1;
46          }
47          else {
```

38~40: ① Step-A: 새로운 노드를 생성하고 자료를 지정한다.

41: ② Step-B: 새로 추가한 노드의 이전 노드로 기존 탑 노드를 지정한다.

42: ③ Step-C: 연결 스택의 탑 노드를 새로 추가한 노드로 변경한다.

```
48                printf("오류, 메모리 할당, pushLS( )\n");
49            }
50        }
51
52        return ret;
53    }
```

배열 스택의 푸시 함수인 pushAS()와는 다르게 연결 스택의 푸시 함수인 pushLS()는 새로운 자료를 추가하기 전에 연결 스택이 가득 차있는지 확인하는 부분이 없습니다. 줄 38~42를 보면 앞서 살펴본 세 단계에 따라 차례로 푸시 연산을 구현하고 있습니다. 다음 단계로 줄 44에서는 현재 연결 스택에 저장된 자료의 개수를 1만큼 증가시킵니다. 마지막으로, 자료 추가가 성공적으로 이루어지면 지역 변수 ret를 1 (True)로 지정하고 이 값을 반환합니다(줄 45, 52).

5.6 팝과 피크 연산

팝 연산은 탑 노드를 연결 스택에서 제거하여 반환하는 연산입니다. 구현 관점에서 살펴보면 크게 세 단계로 나누어집니다. 첫 번째 단계에서는 다음 그림과 같이 팝 연산의 결과로 반환되는 노드를 지정합니다.

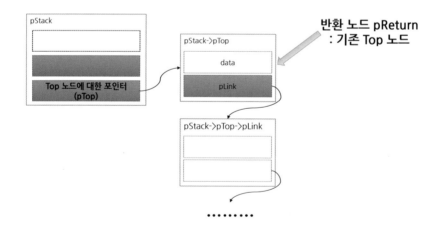

그림 5-20 연결 스택에서 팝 연산 Step-A. 반환 노드 지정

그림 5-20에서 반환되는 노드 pReturn은 현재 연결 스택에서 탑 노드인 pStack->pTop으로 지정된 것을 알 수 있습니다.

다음은 연결 스택의 탑 노드를 변경하는 단계입니다. 어떤 노드가 새로운 탑 노드가 되어야 하나요? 기존 탑 노드가 제거되어 반환되어서, 이렇게 제거된 기존 탑 노드의 이전(Previous) 노드가 새로운 탑 노드가 되어야 합니다.

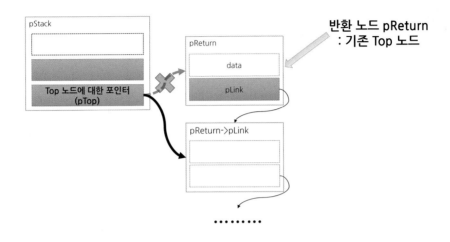

그림 5-21 연결 스택에서 팝 연산 Step–B. 탑 노드 변경

위 그림에서 새로운 탑 노드(pStack->pTop)로 기존 탑 노드의 이전 노드인 pReturn->pLink로 재지정된 것을 알 수 있습니다. 그런데 여기서 이전 노드가 왜 pReturn->pLink가 되나요? 이유는 이전 단계에서 반환 노드인 pReturn가 기존 탑 노드로 지정되었기 때문입니다.

이제 마지막 단계에서는 반환되는 노드의 링크를 초기화합니다.

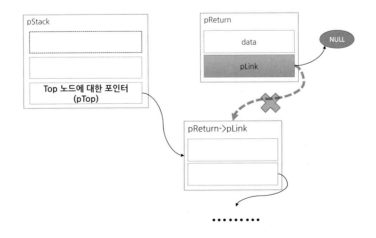

그림 5-22 연결 스택에서 팝 연산 Step–C. 반환 노드의 링크 초기화

이렇게 반환되는 노드의 링크를 NULL로 초기화하는 이유는 무엇일까요? 앞서 반환 노드 pReturn은 연결 스택에서 제거된 노드이기 때문입니다. 만약 반환 노드의 링크인 pReturn->pLink를 초기화하지 않는다고 가정하면 반환 노드를 전달받은 쪽에서 링크를 이용하여 연결 스택의 다른 노드까지 접근이 가능하기 때문에 문제가 발생할 수 있습니다. 정당한 방법이 아니고 불법적인 방법으로 연결 스택 내부에 접근할 수 있습니다. 때문에, 반환 노드의 링크를 NULL로 지정해 줍니다.

함수 popLS()가 반환하는 값은 메모리를 할당(malloc)하여 생성한 노드 객체의 시작 주소입니다. 그런데 노드는 연결 스택에서 제거된 노드입니다. 따라서, 함수 popLS()를 사용하는 쪽에서는 반환되는 노드가 NULL이 아니면 반드시 사용 후에 메모리를 해제해야 합니다.

마지막으로, 현재 연결 스택이 비어 있어서 반환할 자료가 없는 경우에는 함수 popLS()는 함수 popAS()와 마찬가지로 NULL을 반환합니다.

다음은 이러한 로직을 실제로 구현한 함수 popLS()에 대한 소스입니다. 이 소스는 앞서 함수 pushLS()의 소스에 이어서 다섯 번째(5/9) 소스가 아닌 여섯 번째(6/9) 소스입니다.

예제 05_02.c (6/9)

```
68    LinkedStackNode* popLS(LinkedStack* pStack)
69    {
70        LinkedStackNode* pReturn = NULL;
71        if(pStack != NULL) {
72            if(isLinkedStackEmpty(pStack) == 0) {
73                pReturn = pStack->pTop;
74                pStack->pTop = pReturn->pLink;
75                pReturn->pLink = NULL;
76
77                pStack->currentCount--;
78            }
79        }
80
81        return pReturn;
82    }
```

72: 유효성 점검. 연결 스택이 비어 있는지 점검

73: step-A 기존 탑 노드를 반환 노드로 지정

74: step-B 새로운 탑 노드를 기존 탑 노드의 이전 노드로 지정

75: step-C 반환 노드의 이전 노드 정보를 초기화

77: 연결 스택의 노드 개수를 1 감소

위 소스 줄 72에서 함수 popAS()는 함수 isLinkedStackEmpty()를 호출해서 현재 연결 스택

이 비어 있는지 판단합니다. 여기서 함수 isLinkedStackEmpty()는 05_02.c의 다섯 번째(5/9)에 해당하는데, 바로 다음에 소스가 있으니 참고하기 바랍니다. 앞 절의 배열 스택에서 같은 역할을 하는 함수 isArrayStackEmpty()와 내부 로직은 같습니다. 일단, 여기서는 연결 스택에 popLS()를 호출할 수 있는지 유효성을 점검합니다. 만약 연결 스택이 비어 있으면 앞의 함수 popAS()와 마찬가지로 NULL을 반환합니다.

다음으로, 줄 73~75에서는 앞서 설명한 세 단계에 따라 반환 노드를 지정하고 연결 스택의 링크를 재지정합니다. 그리고 줄 77에서는 자료가 삭제되어 반환되어서 연결 스택의 노드 개수에 해당하는 멤버 변수 currentCount를 1만큼 감소시킵니다.

다음은 연결 스택이 비어 있는지 판단하는 함수 LinkedStackEmpty()를 구현한 소스입니다. 컴파일 오류가 없도록 소스 순서에 주의하기 바랍니다.

예제 05_02.c (5/9)

```
55    int isLinkedStackEmpty(LinkedStack* pStack)
56    {
57        int ret = 0;
58
59        if(pStack != NULL) {
60            if(pStack->currentCount == 0) {
61                ret = 1;
62            }
63        }
64
65        return ret;
66    }
```

위 소스에서 연결 스택이 비어 있는지 판단하는 로직은 줄 60으로, 앞서 함수 isArrayStack-Empty()와 마찬가지로 현재 저장된 노드 개수가 0개인지 비교합니다. 만약 연결 스택이 비어 있으면 줄 61에서 반환 값을 1 (True)로 지정하여 반환하도록 합니다.

다음으로, 연결 스택에서 자료를 삭제하지 않고 반환하는 피크 연산을 살펴보겠습니다. 다음 그림은 구현 관점에서 살펴본 피크 연산의 동작 과정입니다.

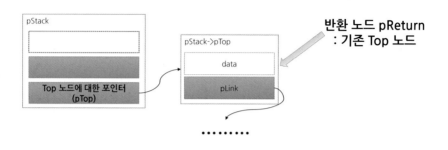

그림 5-23 연결 스택에서 피크 연산

그림 5-23에서 함수 peekLS()는 단순히 현재 탑 노드의 주소를 pReturn을 통해 반환하는 것을 알 수 있습니다. 그런데 반환되는 노드는 연결 스택에서 제거된 것이 아니므로 peekLS()를 호출한 쪽에서 메모리를 해제해서는 안 됩니다. 연결 스택의 사용이 끝난 경우에 연결 스택의 메모리가 해제될 때 반환되는 노드도 메모리가 해제될 것이기 때문입니다. 또한, 함수 popLS()와 마찬가지로 현재 연결 스택이 비어 있으면 NULL을 반환합니다.

함수 peekLS()의 소스는 다음과 같습니다.

예제 05_02.c (7/9)

```
84    LinkedStackNode* peekLS(LinkedStack* pStack)
85    {
86        LinkedStackNode* pReturn = NULL;
87        if(pStack != NULL) {
88            if(isLinkedStackEmpty(pStack) == 0) {
89                pReturn = pStack->pTop;
90            }
91        }
92
93        return pReturn;
94    }
```

> **88**: 유효성 점검. 연결 스택이 비어 있는지 점검

> **89**: 반환 값 지정. 스택의 탑 노드를 가리키는 포인터 반환

지금까지 연결 스택을 생성하고 푸시와 팝, 피크 연산을 사용해서 자료를 연결 스택에 추가하거나 반환하는 방법을 배웠습니다. 이제 남은 함수들을 살펴보고 마지막으로 연결 스택을 이용하는 예제 소스를 살펴보겠습니다.

5.7 그 외 연산

연결 스택을 대상으로 남은 연산은 다음과 같이 연결 스택을 삭제하는 함수 deleteLinkedStack( ) 과 현재 연결 스택에 저장된 자료를 출력하는 함수 displayLinkedStack( )입니다.

예제 05_02.c (8/9)

```
096   void deleteLinkedStack(LinkedStack* pStack)
097   {
098       LinkedStackNode *pNode = NULL;
099       LinkedStackNode *pDelNode = NULL;
100
101       if(pStack != NULL) {
102           pNode = pStack->pTop;
103           while(pNode != NULL) {
104               pDelNode = pNode;
105               pNode = pNode->pLink;
106               free(pDelNode);
107           }
108           free(pStack);
109       }
110   }
111
112   void displayLinkedStack(LinkedStack *pStack)
113   {
114       LinkedStackNode *pNode = NULL;
115       int i = 1;
116       if(pStack != NULL) {
117           printf("현재 노드 개수: %d\n",
118                   pStack->currentCount);
119           pNode = pStack->pTop;
120           while(pNode != NULL) {
121               printf("[%d]-[%c]\n",
122                       pStack->currentCount - i,
123                       pNode->data);
124               i++;
125               pNode = pNode->pLink;
126           }
127       }
128   }
```

함수 deleteLinkedStack()은 먼저 연결 스택의 모든 노드를 순회하면서 노드의 메모리를 모두 해제합니다(줄 103~107). 노드에 대한 메모리를 해제한 뒤에 연결 스택 자체에 대해서 메모리를 해제합니다(줄 108). 함수 displayLinkedStack()은 먼저 현재 노드의 개수를 출력합니다(줄 117~118). 이후 저장된 노드를 순회하면서 노드에 저장된 자료를 차례로 출력합니다(줄 119~126).

마지막으로, 지금까지 구현한 연결 스택을 이용하여 자료를 추가하고 삭제하고 자료를 출력하는 예제 소스는 다음과 같습니다.

예제 05_02.c (9/9)

```
130    int main(int argc, char *argv[])
131    {
132        LinkedStack *pStack = NULL;
133        LinkedStackNode *pNode = NULL;
134
135        pStack = createLinkedStack();
136        if(pStack != NULL) {
137            pushLS(pStack, 'A');
138            pushLS(pStack, 'B');
139            pushLS(pStack, 'C');
140            pushLS(pStack, 'D');
141            displayLinkedStack(pStack);
142
143            pNode = popLS(pStack);
144            if(pNode != NULL)
145            {
146                printf("Pop-[%c]\n", pNode->data);
147                free(pNode);
148            }
149            displayLinkedStack(pStack);150 :
151            pNode = peekLS(pStack);
152            if(pNode != NULL) {
153                printf("Peek-[%c]\n", pNode->data);
154            }
155            displayLinkedStack(pStack);
156
157            deleteLinkedStack(pStack);
158        }
159        return 0;
160    }.
```

135~136: ① 연결 스택의 생성과 점검

137~141: ② 자료 A, B, C, D를 푸시하고 연결 스택 내용을 출력

143~148: ③ 팝 연산을 수행하고 반환된 노드의 자료를 출력하고 노드는 메모리 해제

149: ④ 팝 연산을 수행한 뒤의 연결 스택 내용을 출력

151~154: ⑤ 피크 연산을 수행하고 반환된 노드의 자료를 출력

155:⑥ 피크 연산을 수행한 뒤의 연결 스택 내용을 출력

157: ⑦ 사용이 끝난 연결 스택을 삭제

함수 main()은 먼저 줄 135에서 연결 스택 pStack을 생성합니다. 이렇게 생성된 연결 스택에 char형 자료 'A', 'B', 'C', 'D'를 차례로 추가한 뒤 함수 popLS()와 peekLS()를 각각 한 번씩 호출합니다. 소스는 앞서 배열 스택에서의 main() 함수와 로직이 같기 때문에 자세한 내용은 생략하겠습니다.

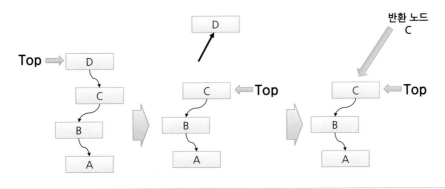

그림 5-24 프로그램 05_02.exe의 실행 과정

실제 앞서의 예제를 실행한 결과 화면은 다음과 같습니다.

프로그램 05_02.exe의 실행 결과 화면

```
C:\Users\jinlee\Project\05\Release> 05_02.exe <Enter>
현재 노드 개수: 4
[3]-[D]
[2]-[C]
[1]-[B]
[0]-[A]
Pop-[D]
현재 노드 개수: 3
[2]-[C]
[1]-[B]
[0]-[A]
Peek-[C]
현재 노드 개수: 3
[2]-[C]
[1]-[B]
[0]-[A]
```

지금까지 포인터를 이용하여 구현한 연결 스택을 자세히 살펴보았습니다. 앞서 3~4장의 리스트와 비교하여 의외로 스택이 구현하기가 더 쉽다고 생각하는 독자가 있을 수 있습니다. 더군다나 헤더 노드를 이용하지 않고 헤더 포인터를 이용해서 구현하는데도 말입니다. 실제로 구현된 스택의 소스에서 줄 수도 리스트보다 더 적습니다. 왜 이럴까요?

스택의 구현이 상대적으로 쉬워진 이유는 스택의 모든 연산이 오직 탑에서만 이루어진다는 제약 사항 때문입니다. 즉, 새로운 자료를 추가하거나 삭제할 때나 기존의 자료에 접근할 때 스택은 오직 탑의 자료만 고려합니다. 결국, 이러한 제약 사항으로 스택의 연산에서는 고려해야 하는 경우의 수가 무척 줄어듭니다. 이 때문에 구현이 쉬워진 것입니다. 이에 비해 리스트는 내부의 어떤 위치에서도 추가, 제거, 접근이 가능하기 때문에 연산을 구현할 때 고려해야 하는 경우의 수가 스택보다 무척 많습니다.

어떤 자료구조를 선택하고 어떻게 설계하느냐에 따라 구현의 범위나 수준이 결정된다는 것을 알았습니다. 간단하게 구현할 수 있는 것을 굳이 복잡하게 구현할 필요는 없겠지요? 이제 스택의 기본 개념과 스택 자체의 구현이 마무리되었기 때문에 다음 장에서는 스택을 이용하여 여러 가지 문제를 해결하는 스택 응용을 살펴보겠습니다.

연습 문제

1. [기본 개념]

(1) 빈 스택에 네 개의 문자 A, B, C, D를 차례대로 추가하는 푸시 연산을 수행할 때 스택의 내용을 그려 보세요.

(2) 위의 스택에 4번 팝 연산을 수행할 경우 팝되는 순서대로 문자를 적어 보세요.

2. 스택의 특성 LIFO에 대해 설명해 보세요.

3. 다음 연산을 빈 스택에서 시작한다고 가정하고서 최종적으로 스택의 내용을 그려 보세요.

```
Push(A)
Push(B)
Push(C)
Pop( )
Push(D)
Pop( )
Pop( )
Push(E)
```

4. [신규 구현]

이번 장에서 구현한 배열 스택과 연결 스택이 저장하는 자료가 정수 int가 되도록 소스를 각각 수정해 보세요. 아울러, 예제 프로그램에서는 문자 A, B, C, D 대신에 숫자 10, 20, 30, 40이 푸시, 팝, 피크가 되도록 변경합니다.

3. **[소스의 안정성 보완: 함수 createArrayStack( )의 유효성 점검]**

앞서 구현한 함수 createArrayStack()은 안정성에 다소 문제가 있습니다. 예를 들어, 입력 파라미터 size의 값으로 0 혹은 −1과 같은 비정상적인 값이 전달되면 프로그램이 비정상적으로 종료됩니다.

예제 **함수 createArrayStack( )**

```
15      ArrayStack* createArrayStack(int size)
16      {
17          ArrayStack *pReturn = NULL;
18          pReturn = (ArrayStack *)malloc(sizeof(ArrayStack));
19          memset(pReturn, 0, sizeof(ArrayStack));
20          pReturn->maxCount = size;
21
22          pReturn->pData = (ArrayStackNode *)malloc(sizeof(ArrayStackNode) * size);
23          memset(pReturn->pData, 0, sizeof(ArrayStackNode) * size);
24
25          return pReturn;
26      }
```

주어진 함수 createArrayStack()의 소스를 수정해서 다음 세 가지 사항을 보완하세요.

(1) 함수 createArrayStack()은 입력 파라미터 size의 값이 0보다 작거나 같으면 NULL을 반환합니다.

(2) 소스 줄 19~23은 pReturn의 값이 NULL이 아닌 경우에만 수행되도록 합니다. 만약 줄 18에서 함수 malloc()의 반환 값이 NULL이면 함수 createArrayStack()은 NULL을 반환합니다.

(3) 마찬가지로 줄 22의 함수 malloc()에 의해 메모리 할당이 성공한 경우에만 줄 23을 수행합니다. 줄 22에서 메모리 할당이 실패하면, 함수 createArrayStack()은 NULL을 반환합니다.

Chapter

D A T A S T R U C T U R E

6

스택의 적용

1 역순인 문자열 만들기   **2** 수식에서 괄호 검사하기   **3** 후위 표기법으로 수식 계산하기
4 중위 표기 수식을 후위 표기 수식으로 변환하기

앞서 5장에서 스택의 개념과 특성을 배웠습니다. 스택은 자료의 추가와 반환이 스택의 맨 위인 탑에서만 가능했습니다. 이러한 제약 사항 때문에 스택은 고유한 특성인 후입선출(LIFO)을 갖습니다. 나중에 추가한 자료가 먼저 반환되는 특성 말입니다.

그러면 스택을 실제로는 어디에 사용할까요? 이 책을 꼼꼼하게 읽은 독자라면 앞장에서 잠깐 설명한 문장이 기억날 것입니다. 스택은 선입후출의 특성이 필요한 현실 세계의 시스템들을 표현할 때 사용하며, 또한 후입선출의 특성이 필요한 알고리즘에서도 사용합니다.

이번 장에서는 앞장에서 살펴본 스택을 문제 해결에 실제로 적용해 보겠습니다. 특별히 선입후출인 스택이 주어진 문제를 해결하는 데 어떻게 사용하는지 주의 있게 살펴보기 바랍니다. 스택을 응용 프로그램에 적용하여 문제를 해결하는 과정을 통해서 독자 여러분은 자료구조를 활용하는 능력이 한 단계 향상될 것입니다.

1. 역순인 문자열 만들기

스택을 응용하는 첫 번째 예는 난이도로 보자면 몸 풀기 정도에 해당합니다. 문제가 어렵지 않을 뿐 아니라 스택을 사용하지 않아도 되기 때문입니다. 그러나 선입후출인 스택을 문제 해결에 어떻게 적용하는지 직접적으로 알 수 있습니다.

어떤 문제인지 궁금하지요? 바로 문자열을 뒤집어서 역순인 문자열을 만드는 문제입니다. 예를 들어, 다음처럼 'ABC'라는 문자열을 입력받으면 역순인 문자열은 'CBA'입니다. 즉, 문자열 'ABC'를 입력받아서 문자열 'CBA'를 출력하는 함수를 구현하는 것이 이번 절의 목표입니다.

| 'ABC' 의 문자열 | A→B→C |
| 'ABC' 의 역순인 문자열 'CBA' | C→B→A |

사실 이러한 역순인 문자열을 만들면서 스택을 사용하지 않아도 됩니다. 예를 들어, 문자열의 맨 마지막 문자부터 앞으로 옮기면서 역순인 문자열을 만들 수 있습니다. 앞서의 경우, 문자열의 길이가 3이니까 세 번째 문자부터 시작해서 두 번째, 첫 번째 순으로 이동하면서 해당 위치의 문자를 추출하면 역순인 문자열이 만들어집니다. 그런데 역순으로 순회하지 않고도 역순인 문자열을 만들 수 있습니다.

후입선출의 특성을 갖는 스택을 다음과 같이 두 단계를 거쳐서 이용하면 쉽게 역순인 문자열을 만들 수 있습니다. 첫 번째 단계에서는 입력 문자열의 문자를 순서대로 모두 스택에 푸시합니다.

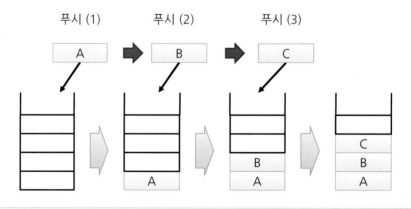

그림 6-1 스택을 이용하여 역순인 문자열 만들기: Step-A. 푸시하기

그림 6-1에서 문자열 ABC의 세 문자가 A → B → C 순으로 스택에 푸시되는 것을 알 수 있습니다.

두 번째 단계에서는 스택의 모든 노드를 팝합니다. 즉, 빈 스택이 될 때까지 스택에서 문자를 가져옵니다. 그럼 어떻게 될까요? 들어간 순서와 정반대로 문자들이 스택에서 추출됩니다. 다음 그림은 팝 연산을 사용해서 역순인 문자열 CBA가 추출되는 과정입니다.

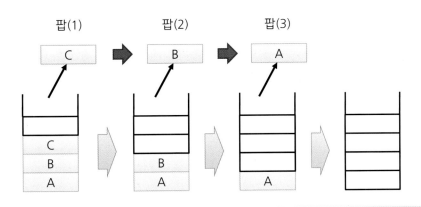

팝(1)   팝(2)   팝(3)

그림 6-2 스택을 이용하여 역순인 문자열 만들기: Step-B. 팝하기

그림 6-2는 스택에 푸시된 순서 A → B → C와 정반대인 C → B → A 순으로 세 문자가 팝되는 것을 보여줍니다. 이렇게 팝되는 문자를 차례로 저장하면 역순인 문자열이 만들어집니다.

어떻습니까? 스택을 두 단계에 걸쳐 이용해서 역순인 문자열을 만드는 함수를 어떻게 구현할지 머릿속에 알고리즘이 떠오르나요? 이제 이 알고리즘을 실제 소스로 구현해 보겠습니다. 그전에 이번 절에서 사용하는 파일들의 구성을 살펴보겠습니다. 참고로, C 언어에서 제공하는 모듈화 프로그래밍 기법을 적용하여 연결 스택 자체의 소스는 별도의 파일로 구분하겠습니다.

표 6-1 역순인 문자열 만들기의 소스 파일 구성

파일 이름	내용
linkedstack.h	연결 스택의 구조체와 함수 선언
linkedstack.c	연결 스택의 함수 구현
06_01.c	역순인 문자열 만들기 함수의 구현과 예제 프로그램
06_01.vcproj	Visual Studio 프로젝트 파일

앞서 5장까지는 모든 함수를 C 파일 하나에서 구현했습니다. 예를 들어, 5장 연결 스택에서는 05_02.c 파일 하나에 스택 구조체의 선언부터 시작해서 스택 관련 함수의 구현, 예제 함수까지 모든 소스가 들어 있었습니다.

그런데 이렇게 하면 전체 소스를 한 번에 보기는 편하지만, 같은 소스가 여러 파일에 중복되는 단점이 있습니다. 예제 프로그램을 작성할 때마다 스택 관련 함수들이 중복해서 있어야 하기 때문입니다.

이러한 소스 중복을 없애고자 스택 관련 함수들은 linkedstack.h 파일과 linkedstack.c 파일에 별도로 모았습니다. 그리고 이번 절에서 추가하는 역순인 문자열 만들기 함수만 06_01.c 소스 파일에서 구현합니다. 물론, 스택 구조체와 함수의 선언은 헤더 파일 linkedstack.h에 있습니다. 헤더 파일 linkedstack.h는 #include 문을 사용해서 포함하면 연결 스택을 사용할 수 있습니다.

 〈여기서 잠깐〉 모듈화 프로그래밍

6장부터는 자료구조의 정의와 구현 소스를 별도의 파일로 저장하여 사용하는 모듈화 프로그래밍 기법을 사용합니다. 자료구조의 구조체와 함수 선언은 별도의 헤더 파일에 저장하고 자료구조의 구현 함수도 별도 소스 파일에 저장합니다. 자료구조를 사용하는 파일에서는 단지 자료구조의 헤더 파일만을 포함하면 됩니다. 이들 파일에 대해 관련 그림을 그려 보면 다음과 같습니다.

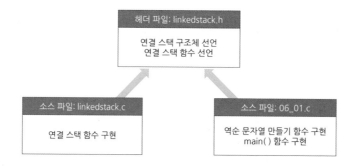

그림 6-3 소스 파일의 구성

연결 스택의 헤더 파일과 소스 파일인 linkedstack.h와 linkedstack.c는 앞 장에서 구현한 05_02.c 소스를 복사하여 만들었습니다. 여기서는 모듈화 프로그래밍에 맞게 05_02.c에 포함된 연결 스택 소스를 분리하여 별도의 헤더 파일과 소스 파일로 복사하였습니다.

다음과 같이 헤더 파일 linkedstack.h를 작성하고 다음으로 함수를 실제 구현한 linkedstack.c 파일을 작성합니다.

예제 linkedstack.h (1/2)

```
01    #ifndef _LINKEDSTACK_
02    #define _LINKEDSTACK_
03
04    typedef struct LinkedStackNodeType
05    {
06        char data;
07        struct LinkedStackNodeType* pLink;
08    } LinkedStackNode;
09
10    typedef struct LinkedStackType
11    {
12        int currentCount;
13        LinkedStackNode* pTop;
14    } LinkedStack;
```

C 언어에서 헤더 파일은 일반적으로 헤더 파일의 중복 문제를 해결하기 위해 소스 줄 1, 2, 24와 같이 조건부 컴파일문을 추가합니다(줄 24의 내용은 다음 소스에 있습니다). 이러한 중복 문제란 같은 헤더 파일이 소스 내에 여러 번 포함되어서 컴파일 오류가 나는 현상을 말합니다. 이런 문제가 발생하는 이유는 헤더 파일이 또 다른 헤더 파일에 포함되어 사용될 때 종종 발생합니다.

앞서의 조건부 컴파일문 줄 1과 24의 의미는 아직 _LINKEDSTACK_이 정의되지 않은 경우에만 헤더 파일의 내용을 포함하라는 뜻입니다. 여기서 헤더 파일의 내용이란 줄 1과 24 사이의 내용을 말합니다. 여기서는 줄 2부터 23까지가 되겠네요. 그리고 이렇게 포함하는 내용 중에는 줄 2에 _LINKEDSTACK_을 정의하는 부분도 있습니다. 따라서, 헤더 파일 linkedstack.h를 처음 포함한 경우 줄 2에 의해 _LINKEDSTACK_이 정의됩니다. 만약, 헤더 파일 linkedstack.h가 두 번 포함된다면 어떻게 될까요? 앞서 이미 _LINKEDSTACK_이 정의되었기 때문에 두 번째 포함될 때는 소스 줄 2~23 부분이 중복해서 포함되지 않습니다. 다음으로, 소스 파일 linkedstack.h의 줄 4~14 부분은 기존 05_02.c 파일에서 구조체 선언부를 복사한 내용입니다. 그리고 소스 줄 16~22 부분은 기존 05_02.c 파일에서 함수 선언부를 복사한 내용입니다. 사실 이 단계가 조금 귀찮기는 합니다만, 모듈화 프로그래밍에서 중요한 부분 중 하나이므로 빠지는 함수가 없도록 꼼꼼하게 복사해야 합니다. 그래야, 이렇게 선언된 함수들을 linkedstack.h 헤더 파일이 포함된 다른 소스 파일에서 사용할 수 있습니다.

예제 linkedstack.h (2/2)

```
16    LinkedStack* createLinkedStack( );
17    int pushLS(LinkedStack* pStack, char data);
18    int isLinkedStackEmpty(LinkedStack* pStack);
19    LinkedStackNode* popLS(LinkedStack* pStack);
20    LinkedStackNode* peekLS(LinkedStack* pStack);
21    void deleteLinkedStack(LinkedStack* pStack);
22    void displayLinkedStack(LinkedStack *pStack);
23
24    #endif
```

함수 선언이기 때문에, 함수의 본체 { }가 없습니다. 그럼, 모듈화 프로그래밍의 마지막 부분으로 자료구조의 구현 소스 파일을 작성하겠습니다. 소스 파일 linkedstack.c를 작성하고 이 파일에 05_02.c 파일에서 스택을 구현하는 함수들을 복사합니다.

예제 linkedstack.c (일부)

```
01    #include <stdio.h>
02    #include <stdlib.h>
03    #include <string.h>
04    #include "linkedstack.h"
```

```
05
06    LinkedStack* createLinkedStack()
07    {
08        LinkedStack *pReturn = NULL;
~ 이하 생략 ~
```

소스에서 줄 4를 보면 앞서 작성한 linkedstack.h 헤더 파일을 포함하고 있습니다. 구조체 선언이 헤더 파일에 들어 있기 때문입니다.

지금까지 기존에 작성한 소스를 해체하여 구조체와 함수의 선언은 헤더 파일로, 함수의 구현은 별도의 소스 파일로 옮기는 과정에 대해서 살펴보았습니다. 이러한 모듈화 프로그래밍과 관련된 보다 자세한 내용은 프리렉 출판사의《C 언어 정복 리얼 교과서》나 C 언어와 관련된 다른 도서를 참고하기 바랍니다. 아울러, 이 과정을 따라 하는 데 어려움을 겪는 독자가 있다면 프리렉 홈페이지에서 이번 장의 전체 소스를 내려받기 바랍니다.

이제 역순인 문자열을 만드는 함수 reverseString() 자체를 살펴보겠습니다. 이 함수의 선언은 다음과 같습니다. 문자열을 입력받아서 이 문자열에 역순인 문자열을 메모리에 할당하고 반환합니다.

```
char* reverseString(char* pszSource);
```

따라서, 함수 reverseString()을 호출한 쪽에서는 반환받은 문자열을 사용하고서는 반드시 메모리를 해제해야 합니다.

그러면, 이제 본격적으로 함수 reverseString()을 구현한 소스를 살펴보겠습니다.

예제 06_01.c (일부)

```
01    #include <stdio.h>
02    #include <stdlib.h>
```

```
03    #include <string.h>
04    #include "linkedstack.h"
05
06    char* reverseString(char *pSource)
07    {
08       char* pReturn = NULL;
09       int i = 0, size = 0;
10       LinkedStack *pStack = NULL;
11       LinkedStackNode *pNode = NULL;
12
13       pStack = createLinkedStack( );
14       if(pStack != NULL) {
15          while(pSource[size] != '0') {
16             pushLS(pStack, pSource[size]);
17             size++;
18          }
19
20          pReturn = (char *)malloc(sizeof(char) * (size + 1));
21          memset(pReturn, 0, sizeof(char) * (size + 1));
22          while(i < size) {
23             pNode = popLS(pStack);
24             if(pNode != NULL) {
25                pReturn[i] = pNode->data;
26                free(pNode);
27             }
28             i++;
29          }
30          deleteLinkedStack(pStack);
31       }
32
33       return pReturn;
34    }
```

01~04: ① 헤더 파일 include

8~11: ② 변수 선언

13: ③ 스택의 생성

15~18: ④ 스택에 푸시

20~21: ⑤ 반환되는 문자열을 생성하고 0으로 초기화

22~29: ⑥ 스택에서 팝하여 역순인 문자열 생성

소스 줄 1~4는 이 파일(06_01.c)에 필요한 헤더 파일들(.h)을 포함(include)합니다. 특히 연결 리스트로 구현한 스택을 이용하기 때문에 줄 4에서 파일 linkedstack.h를 포함합니다.

줄 13에서 스택을 생성한 다음, 줄 15~18에서는 반복문을 수행하면서 스택에 문자를 푸시합니다. 그런데 여기서 재미있는 점은 반복문을 언제까지 수행하느냐인데, 문자열 pSource에서 NULL 문자(0 혹은 '₩0')를 만날 때까지입니다. 그리고 줄 16에서 보면 문자열 pSource에서 문

자 하나를 푸시할 때마다 size 변수를 1만큼씩 증가시킵니다. 따라서, 반복문을 빠져나올 때는 변수 size의 값은 문자열 pSource의 길이가 됩니다.

그 변수 size의 값(문자열 pSource의 길이)을 이용해서 줄 20~21에서는 반환되는 결과 문자열을 저장할 메모리를 할당합니다. 단, 이때 변수 size의 값보다 1만큼 더 크도록 메모리를 할당합니다. 참고로, 이렇게 크게 하는 이유는 변수 size의 값이 순수한 문자의 개수이기 때문입니다. 결과 문자열의 맨 마지막에 NULL 문자를 추가하기 위해서는 size의 값보다 1만큼 더 커야합니다. 그리고 줄 21에서는 문자열을 생성하고서 사용하기 전에 모든 값을 0으로 지정하여 NULL 문자로 가득 채웁니다. 즉, 첫 번째 문자부터 시작하여 마지막 문자까지 모든 값이 0입니다.

이제 스택에서 문자 개수만큼 반복문을 수행하면서 팝하면 역순인 문자열이 만들어집니다(줄 22~29). 이때 팝된 노드에 대해 메모리를 해제한다는 점에 주의해야 합니다(줄 26). 최종적으로 역순인 문자열 만들기 알고리즘에서 사용하던 스택을 삭제(줄 30)하고 결과 문자열을 반환합니다.

다음은 지금까지 작성한 함수 reverseString()을 실제 사용하는 소스입니다. 다음 소스를 보면 줄 37에서 문자열 szSource를 선언하고 줄 38에서 함수 reverseString()을 호출합니다. 이때 이 함수를 호출한 결과를 전달받은 문자열 pszReverse를 줄 40에서 출력하고 줄 42에서 메모리를 해제합니다.

예제 06_01.c (일부)

```
36   int main(int argc, const char * argv[]) {
37       char szSource[] = "ABCD";
38       char *pszReverse = reverseString(szSource);
39       if(pszReverse != NULL) {
40           printf("[%s] => [%s]\n", szSource, pszReverse);
41
42           free(pszReverse);
43       }
44       return 0;
45   }
```

실제로 이 소스를 컴파일하여 실행한 결과는 다음과 같습니다.

프로그램 06_01.exe의 실행 결과 화면

C:\Users\jinlee\Project\06\Release> 06_01.exe <Enter>
[ABCD] => [DCBA]

지금까지 스택을 이용해서 역순인 문자열을 만드는 함수를 구현했습니다. 어떻습니까? 스택을 이용하는 방법에 대해서 자신감이 높아졌나요?

이제 다음 단계로 스택을 이용하여 수식의 괄호를 검사하는 알고리즘을 구현해 보겠습니다. 이번 절보다 조금 더 어렵습니다.

2. 수식에서 괄호 검사하기

스택을 응용하는 두 번째 예는 수식에서 괄호 검사하기입니다. 즉, 입력받은 수식(expression)에서 괄호(bracket)의 쌍이 맞는지 검사하는 것을 말합니다. 괄호는 보통 대괄호 [ ], 중괄호 { }, 소괄호 ()로 나누어집니다. 그리고 괄호는 여는 괄호 [, {, (와 닫는 괄호), },]의 쌍으로 이루어집니다. 여기서 괄호의 쌍이 맞다는 것은 여러 개의 괄호를 동시에 사용할 때 괄호의 종류와 열고 닫는 순서가 맞다는 뜻입니다.

괄호의 쌍이 맞으려면 두 가지 조건을 만족해야 합니다. 먼저 **여는 괄호와 닫는 괄호가 서로 쌍을** 이루어야 합니다. 예를 들어, 여는 괄호는 대괄호 [라면 닫는 괄호도 대괄호] 이어야 합니다. 만약, 여는 괄호는 [인데 닫는 괄호가 소괄호) 이면 잘못된 쌍입니다. 즉, 여는 괄호와 닫는 괄호의 종류가 서로 같아야 합니다.

다음 조건으로 괄호가 **여럿이 중첩되었을 때, 맨 안쪽의 괄호부터 차례대로 닫혀야** 합니다. 예를 들어, 여는 순서가 대괄호 → 중괄호라면([→ {), 닫는 괄호는 어떻게 닫혀야 하나요? 닫는 괄호는 여는 순서와 반대로 중괄호 → 대괄호(} →])이어야 합니다. 괄호는 감싸는 것이므로 안에 오는 괄호가 먼저 닫혀야 합니다.

괄호를 사용하는 예 몇 가지를 정리하면 다음과 같습니다.

표 6-2 괄호 사용의 올바른 예

예		비고
①	(A + B) * C	여는 괄호 (, 닫는 괄호) 를 하나씩 사용
②	{ (A + B) * C }	여는 괄호 순서 { (닫는 괄호 순서) }

수식 ①, ②는 오류가 없는 올바른 예입니다. 여는 괄호와 닫는 괄호가 서로 쌍을 이루고 있고 중첩된 괄호 중 안쪽 괄호부터 차례대로 닫혔습니다.

수식의 괄호 검사는 스택을 이용하여 비교적 간단하게 구현할 수 있습니다. 여는 괄호는 스택에 푸시해 두었다가, 닫는 괄호를 만날 때마다 스택에서 괄호를 하나씩 팝하면 됩니다. 물론, 팝된 여는 괄호와 현재의 닫는 괄호가 종류가 서로 같아야 합니다.

> 여는 괄호를 만나면 → 푸시
> 닫는 괄호를 만나면 → 팝해서 괄호의 종류를 조사

예를 들어, 수식 { (A + B) * C }의 괄호를 스택을 이용하여 검사한다고 가정하겠습니다. 그러면 다음 그림에서는 수식을 한 글자씩 읽어 가며 여는 괄호인 { 와 (를 만나서, 차례로 스택에 푸시합니다.

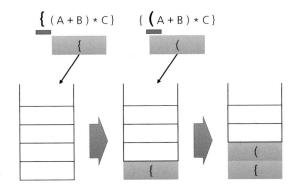

그림 6-4 수식에서 괄호 검사 과정: 여는 괄호면 푸시

그림 6-4는 두 개의 여는 괄호가 차례로 푸시되는 것을 보여줍니다.

다음은 어떻게 해야 하나요? 수식의 끝까지 한 글자씩 수식을 계속 읽어 가면 됩니다. 그러다
가, 다음 그림과 같이 닫는 괄호) 와 } 를 만납니다. 그러면 어떻게 하나요? 닫는 괄호를 만나
면 스택에 팝 연산을 수행합니다.

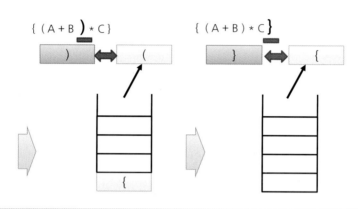

그림 6-5 수식에서 괄호 검사 과정: 닫는 괄호면 팝

그림 6–5의 왼쪽에서는 닫는 괄호) 를 만나 스택에 팝 연산을 수행하는 것을 보여줍니다. 이
때 스택에서 팝된 여는 괄호는 (입니다. 따라서, 여는 괄호 (와 닫는 괄호) 의 쌍이 맞습니다.

다음번 닫는 괄호 } 를 만나서 팝 연산을 수행하면 이때는 여는 괄호 { 가 반환됩니다. 이 경우
에도 여는 괄호 { 와 닫는 괄호 } 가 맞습니다. 그리고 수식의 끝까지 갔기 때문에 스택에 더 이
상 남은 괄호가 없는 것을 알 수 있습니다.

반면 다음 표의 수식 ③과 ④는 여는 괄호와 닫는 괄호가 쌍을 이루지 않아서 틀린 예입니다.

표 6-3 괄호 사용의 틀린 예

	예	비고
③	(A + B) * C)	여는 괄호 (가 하나 부족
④	((A + B) * C	닫는 괄호) 가 하나 부족
⑤	{ (A + B }) * C	괄호를 닫는 순서에 오류: { (})

수식 ③에서는 여는 괄호 (가 하나인데 비해 닫는 괄호) 는 둘입니다. 즉, 닫는 괄호가 하나
더 많습니다. 또한, 수식 ④에서는 여는 괄호 (가 둘이지만, 닫는 괄호) 는 하나입니다. 이번
에는 닫는 괄호가 하나 더 적습니다. 아울러 수식 ⑤에서는 중첩된 괄호 중 안쪽 괄호부터 차

레대로 닫히지 않았습니다. 중괄호 { 다음으로 소괄호 (가 열렸기 때문에 소괄호) 로 먼저 닫아야 합니다. 그런데 중괄호 } 가 먼저 닫혔습니다. 즉, 중첩된 괄호에서 닫는 순서에 오류가 있는 예입니다.

앞서 살펴본 수식의 괄호 검사 알고리즘을 이용하면 이러한 오류를 쉽게 알아낼 수 있습니다. 즉, 여는 괄호는 스택에 푸시해 두었다가 닫는 괄호를 만날 때마다 하나씩 스택에서 괄호를 팝하면 됩니다.

먼저, 여는 괄호가 부족하면 팝할 때 부족(underflow) 현상이 발생합니다. 닫는 괄호가 여는 괄호보다 많기 때문에 푸시하는 횟수보다 팝하는 횟수가 더 많기 때문입니다. 다음 그림은 이러한 상황을 보여줍니다.

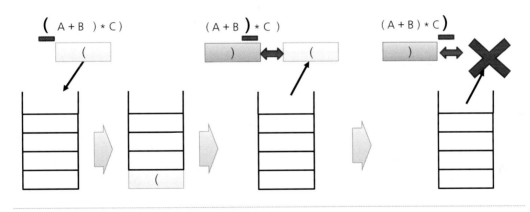

그림 6-6 여는 괄호가 부족한 경우: 팝 연산에서 부족 현상

그림 6-6에서는 여는 괄호 하나에 대해서 푸시 연산을 한 번 수행합니다. 하지만, 닫는 괄호는 둘이어서 팝 연산을 두 번 수행합니다. 따라서, 두 번째 팝 연산에서 부족 현상이 발생합니다.

다음으로, 닫는 괄호가 부족하면 괄호 검사가 끝나고도 스택에 팝되지 않은 노드(여는 괄호)가 있습니다. 여는 괄호가 닫는 괄호보다 더 많아서 푸시하는 횟수가 팝하는 횟수보다 많기 때문입니다. 다음 그림은 이러한 상황을 보여줍니다.

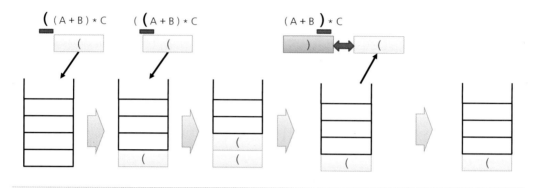

그림 6-7 닫는 괄호가 부족한 경우: 스택에 여는 괄호가 남는 현상

그림 6-7에서 여는 괄호가 둘이어서 푸시 연산을 두 번 수행합니다. 반면, 닫는 괄호는 하나여서 팝 연산을 한 번 수행합니다. 그래서 수식이 끝나도 스택에 여전히 여는 괄호가 하나 남아 있습니다.

마지막으로, 괄호가 닫히는 순서에 오류가 있으면 팝된 여는 괄호와 현재의 닫는 괄호가 서로 쌍이 맞지 않습니다. 다음 그림은 이러한 상황을 보여줍니다.

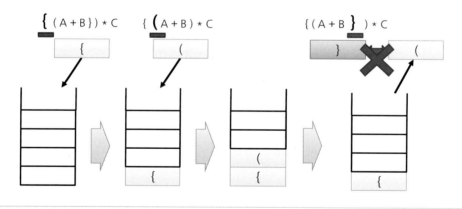

그림 6-8 괄호 순서에 문제가 있는 경우: 괄호의 쌍이 맞지 않는 현상

그림 6-8을 보면 여는 괄호의 순서가 { (인데 비해, 닫는 괄호의 순서는 }) 입니다. 따라서, 첫 번째 닫는 괄호 } 를 만나서 팝 연산을 수행하면 반환되는 여는 괄호는 (입니다. 이 경우 여는 괄호 (와 닫는 괄호 } 가 종류가 맞지 않아 오류입니다.

지금까지 수식의 괄호 검사 알고리즘을 의사 코드로 정리하면 다음과 같습니다. 후입선출인 스택을 이용하여 괄호의 쌍을 검사합니다.

```
checkBracketMatching( expression) {
    result ← 성공
    while (expression의 끝이 아닌 경우 && result != 오류) {
        symbol ← expression의 다음 글자
        switch( symbol ) {
            case '(' case '[': case '{':
                symbol을 스택에 푸시
                break;
            case ')' case ']': case '}':
                if (스택이 비어 있는 상태) {
                    result ← 오류
                }
                else {
                    checkSymbol ← 스택에서 팝
                    if (symbol과 checkSymbol이 쌍이 맞지 않는 경우) {
                        result ← 오류
                    }
                }
                break;
        }
        if (스택이 비어 있지 않다면) {
            result ← 오류
        }
    return result
}
```

이 의사 코드를 보고 독자 여러분이 직접 함수 checkBracketMatching()을 구현해 보기 바랍니다. 한번 시도해 보고 다음의 답안 소스를 살펴보면 이해하기가 훨씬 쉬워질 것입니다.

다음의 함수 checkBracketMatching()은 앞서의 의사 코드를 C 언어로 실제 실행하는 함수를 구현한 것입니다. 앞서의 알고리즘을 그대로 구현하였지만, 다른 점이 있다면 오류 유무를 값으로 반환한다는 것입니다. 즉, 괄호 관련 오류가 있으면 오류 코드를 반환합니다. 오류가 없으면 0을 반환합니다.

예제 06_02.c (1/2)

```
01    #include <stdio.h>
02    #include <stdlib.h>
```

```c
03   #include "linkedstack.h"
04
05   int checkBracketMatching(char *pSource)
06   {
07       int ret = 0, i = 0;
08       char symbol = '\0', checkSymbol = '\0';
09       LinkedStack *pStack = NULL;
10       LinkedStackNode *pNode = NULL;
11
12       pStack = createLinkedStack( );
13       if(pStack != NULL) {
14           while(0 != pSource[i] && 0 == ret) {
15               symbol = pSource[i];
16               switch(symbol) {
17                   case '(':
18                   case '[':
19                   case '{':
20                       pushLS(pStack, symbol);
21                       break;
22                   case ')':
23                   case ']':
24                   case '}':
25                       pNode = popLS(pStack);
26                       if(pNode == NULL) {
27                           ret = 1;  // 닫는 괄호가 할 때
28                       }
29                       else {
30                           checkSymbol = pNode->data;
31                           if((symbol == ')' && checkSymbol == '(')
32                               || (symbol == ']' && checkSymbol == '[')
33                               || (symbol == '}' && checkSymbol == '{')) {
34                           // 올바른 경우
35                           }
36                           else {
37                               ret = 2;  // 괄호의 쌍이 맞지 않는 경우
38                           }
39                           free(pNode);
40                       }
41                       break;
42               }                                // end-of-switch
43               i++;
```

7~10: ① 변수 선언 및 초기화

12: ② 스택의 생성

14: ③ 현재 문자가 NULL 문자가 아니고, ret값이 0이 아니면 수식을 계속 읽어 간다. 변수 ret의 값이 0이 아니라는 것은 수식에 오류가 있다는 뜻이며 더 이상 검사할 필요가 없다.

17~21: ④ 읽어들인 문자 symbol이 만약 여는 괄호 (, {, [이면, 스택에 푸시한다.

22~25: ⑤ 읽어들인 문자 symbol이 만약 닫는 괄호), },] 이면, 스택에서 팝한다.

26~28: ⑥ 만약 팝된 문자가 없으면, 오류가 발생한 경우다. 닫는 괄호가 여는 괄호보다 많다.

30~35: ⑦ 팝된 문자 checkSymbol이 앞서 읽어들인 여는 괄호 symbol과 맞는지 점검한다. 만약 쌍이 맞으면 정상이다.

36~38: ⑧ 만약 괄호의 쌍이 맞지 않으면, 오류가 발생한 경우이다.

39: ⑨ 팝된 노드에 대한 메모리 해제한다

```
44            }                              // end-of-while
45
46            if(0 == ret && isLinkedStackEmpty(pStack) == 0) {
47                ret = 3;                    // 여는 괄호가 남은 경우
48            }
49            deleteLinkedStack(pStack);
50        }
51    return ret;
52    }
```

> **46~48**: ⑩ 수식 마지막까지 처리했는데, 아직 정상(변수 ret 값이 0)인데, 아직 스택에 남아 있는 노드가 있으면 오류다. 여는 괄호가 닫는 괄호의 개수보다 많은 경우다.

소스에서 함수 checkBracketMatching()은 먼저 스택을 생성합니다. 그리고 수식의 괄호를 처음부터 차례로 검사합니다. 문자열의 첫 번째 문자부터 한 칸씩 이동하면서 문자 pSource[i]를 차례대로 읽어서 변수 symbol에 저장합니다(줄 14, 15). 만약 문자가 여는 괄호면 스택에 푸시하고 문자가 닫는 괄호면 스택에 팝해서 여는 괄호에 대한 노드를 스택에서 가져옵니다(줄 17~25).

단, 팝 연산을 수행하면서 여는 괄호가 스택에 없으면(pNode == NULL), 이번에 만난 닫는 괄호에 대해 쌍이 맞지 않는 오류입니다. 즉, 닫는 괄호가 부족한 경우입니다(줄 26-28). 이처럼 닫는 괄호가 부족한 경우 줄 27에서 오류 코드로 1을 반환합니다.

아울러 닫는 괄호가 여는 괄호와 맞는 쌍이어야 합니다. 즉, 대괄호 { }, 중괄호 [ ], 소괄호 ()의 쌍이 맞는지 문자를 점검해서 여는 괄호와 닫는 괄호의 종류가 서로 맞지 않으면 오류가 발생한 경우입니다(줄 36~38). 이처럼 괄호의 종류가 맞지 않는 경우 줄 37에서 오류 코드로 2를 반환합니다.

또한, 문자열의 마지막까지 검사하고서 스택에 남은 노드가 있는지 점검해야 합니다. 만약, 스택에 여전히 노드가 남아 있으면 여는 괄호가 닫는 괄호보다 더 많은 경우입니다(줄 46~48). 이처럼 닫는 괄호가 부족하면 줄 47에서 오류 코드로 3을 반환합니다. 단, 앞에서 아무런 오류가 없었음에도(ret == 0) 스택에 노드가 남아 있는 경우에 한해서입니다. 이미 앞에서 다른 오류가 발생해서 중간에 빠져나온 경우라면 스택에 노드가 남아 있는 것은 당연하기 때문입니다.

앞서의 소스에서 주의해야 하는 점이 있습니다. 스택에서 팝 연산을 수행한 다음에 해당 노드의 메모리를 해제해야 한다는 점입니다(줄 39). 또한, 마지막으로 사용이 끝난 스택에 대해서

메모리를 해제해야 한다는 점입니다(줄 49).

다음으로, 앞에서 구현한 함수 checkBracketMatching()을 이용하는 예제 프로그램을 작성해 보겠습니다. 일단, 검사 대상이 되는 수식은 다음의 5개 문자열입니다.

```
( A + B ) * C           ← 정상

{ ( A + B ) * C } * D    ← 정상

( A + B ) * C )          ← 여는 괄호가 부족

( ( A + B ) * C          ← 닫는 괄호가 부족

{ ( A + B } ) * C * D    ← 괄호 문자가 맞지 않음
```

첫 번째와 두 번째 수식은 정상적인 수식이나 세 번째부터 다섯 번째 수식은 오류가 있는 수식입니다.

실제 다음 소스에서는 줄 67에서 함수 checkBracketMatching()에서 반환하는 값이 0이면 성공(SUCCESS)을 출력하고 그렇지 않으면 줄 71에서 실패(FAIL)와 오류 코드 checkResult를 출력합니다.

예제 06_02.c (2/2)

```
55    int main(int argc, const char * argv[]) {
56        int checkResult = 0, i = 0;
57        char szExpressionStr[][50] = {
58            "( A + B ) * C",
59            "{ ( A + B ) * C } * D",
60            "( A + B ) * C )",
61            "( ( A + B ) * C",
62            "{ ( A + B } ) * C * D"
63        };
64
65        for(i = 0 ; i < sizeof(szExpressionStr)/sizeof(szExpressionStr[0]); i++) {
66            checkResult = checkBracketMatching(szExpressionStr[i]);
67            if(checkResult == 0)   {
68                printf("SUCCESS, %s\n", szExpressionStr[i]);
69            }
```

```
70          else {
71              printf("FAIL-[%d], %s\n", checkResult, szExpressionStr[i]);
72          }
73      }
74
75      return 0;
76  }
```

실제로 소스를 컴파일하고서 실행한 결과는 다음과 같습니다. 특별히, 수식에 오류가 있으면 오류 코드를 출력하는데, 여는 괄호가 부족하면 1을, 닫는 괄호가 부족하면 3을, 괄호의 종류가 맞지 않으면 2를 출력합니다.

프로그램 06_02.exe의 실행 결과 화면

```
C:\Users\jinlee\Project\06\Release> 06_02.exe <Enter>
SUCCESS, ( A + B ) * C
SUCCESS, { ( A + B ) * C } * D
FAIL-[1], ( A + B ) * C )
FAIL-[3], ( ( A + B ) * C
FAIL-[2], { ( A + B ) ) * C * D
```

지금까지 스택을 이용하여 입력받은 문자열을 역순으로 만들거나 수식을 읽어들여 괄호를 검사하였습니다. 결과적으로 스택의 후입선출 특성을 사용하여 비교적 간단한 알고리즘을 실제로 구현해 보았습니다.

이제부터는 지금보다 더 복잡하고 어려운 알고리즘에 스택을 적용해 보겠습니다. 앞 절과 비교해서 소스도 많고 로직도 복잡해지지만, 지금까지 내용을 충실히 이해한 독자라면 충분히 구현할 수 있을 것입니다.

3. 후위 표기법으로 수식 계산하기

스택을 응용하는 세 번째 예로는 후위 표기법으로 표현된 수식을 계산하는 함수를 구현해 봅니다. 일반적으로 수식은 다음과 같이 중위 표기법(infix notation) 으로 표현합니다.

A * B	① 중위 표기법

중위 표기법에서는 연산자가 피연산자 사이에 있습니다. 그래서 중(中: 가운데)−위(位: 위치한다) 표기법이라고 합니다. 예를 들어, 식 ①에서 피연산자는 A와 B이고 연산자는 곱하기 * 입니다. 그런데 곱하기 연산자인 * 가 피연산자 A와 B 사이에 있습니다. 그래서 식 ①은 중위 표기 수식입니다. 우리가 수식을 표현할 때 사용하는 방식입니다.

중위 표기법은 수식을 읽어 가는 방향이 왼쪽에서 오른쪽입니다. 예를 들어, 식 ①을 소리 내어 읽으면 어떻게 읽나요? 왼쪽에서 오른쪽으로 "A 곱하기 B"라고 읽지 않나요? 그리고 수식을 읽어 가는 방향뿐 아니라 수식을 계산하면서도 왼쪽에서 오른쪽으로 계산합니다.

다만, 중위 표기법은 사람이 이해하기에는 편하지만, 컴퓨터가 계산하기에는 다소 복잡합니다. 여기서 '복잡하다'는 의미는 상대적인 것입니다. 그러면 어떤 표기법과 비교한 것일까요? 이번 절에서 집중적으로 다룰 후위 표기법과 비교한 것입니다.

컴퓨터가 수식을 계산할 때는 일반적으로 후위 표기법(postfix notation)을 사용합니다. 이 표기법은 연산자가 피연산자의 뒤에 있습니다. 그래서 후(後: 뒤)−위(位: 위치하다) 표기법이라고 합니다. 예를 들어, 수식 ①을 후위 표기법으로 표현하면 다음과 같습니다.

A B *	② 후위 표기법

식 ②에서 연산자 * 는 피연산자 A와 B 뒤에 있습니다. 물론, 겉으로 보이는 표기 방식은 다르지만, 정확하게 같은 수식입니다. 당연히 식 ①과 식 ②는 실제 계산 결과도 같습니다. 두 수식 모두 A와 B에 대해 곱하기 연산을 수행합니다. A가 2고 B가 3이라면, 결과는 모두 6 (=2×3)이 됩니다.

후위 표기법이 중위 표기법보다 컴퓨터가 계산하기에는 쉽다는 점은 수식이 복잡해질수록 더욱 두드러집니다. 여러 종류의 연산자를 사용하는 경우, 연산자 우선순위가 문제가 되면 후위 표기법이 더욱 계산하기 쉽습니다.

컴퓨터 계산에서 후위 표기법이 쉽다는 점을 다음과 같이 피연산자가 세 개인 수식을 사용해서 먼저 살펴보겠습니다. 독자 여러분은 다음의 수식을 보면서 연산자 우선순위(precedence)와 관련하여 중위 표기법과 후위 표기법이 어떻게 다르게 처리되는지도 주의해서 살펴보기 바랍니다.

중위 표기법으로 표현된 식 ③은 연산자 우선순위에 따라 곱하기 연산자 * 를 처리하고서 더하기 연산자 + 를 처리합니다.

A + B * C   ③ 중위 표기법

즉, A + B를 계산하지 않고, B * C를 먼저 계산합니다. 곱하기 연산자 * 가 더하기 연산자 + 보다 우선순위가 더 높기 때문입니다. 따라서, 식 ③은 다음과 같이 두 단계에 걸쳐 계산됩니다.

1단계: B * C

2단계: A + (B * C)

두 단계를 살펴보면서 중위 표기법이 복잡하다는 생각을 하게 됩니다. 이 표기법은 수식을 읽거나 계산할 때 왼쪽에서 오른쪽으로 수행합니다. 그런데 식 ③의 경우 우선순위가 더 높은 곱하기 연산자를 먼저 처리하기 위해 식의 오른쪽인 B * C를 먼저 계산합니다. 즉, 수식을 읽어 가다가 처음으로 만나는(왼쪽에 있는) A + B를 바로 계산할 수 없습니다. 뒤에 우선순위가 높은 연산자가 있으면, 우선순위가 높은 연산자를 먼저 계산해야 하기 때문입니다. 실제로 식 ③에서는 더하기 연산자 + 를 바로 계산하지 않고 그다음에 만난 곱하기 연산자 * 를 먼저 계산합니다.

정리하자면, 중위 표기법은 연산자 우선순위 때문에 수식을 읽어 가는 방향(왼쪽→오른쪽)과는 처리 방향이 다른 경우(왼쪽←오른쪽)가 있습니다.

식 ③을 후위 표기법으로 표현해 보겠습니다. 여기서 연산자 우선순위와 관련해서 갖게 되는

단순함을 식 ④를 통해 발견할 수 있습니다.

A B C * +   ④ 후위 표기법

후위 표기법이라 두 연산자 * + 가 수식의 뒤쪽에 있습니다. 식 ④는 어떻게 계산해야 할까요? 독자 여러분, 놀랍게도 식 ④는 실제 계산하는 과정이 앞의 식 ③과 같습니다. 같은 식을 표현하는 방식만 다르게 했기 때문입니다. 그럼, 식 ④를 어떻게 계산하는지 살펴볼까요?

후위 표기법의 핵심은 "연산자를 만나면, 가장 나중에 만난 피연산자들을 대상으로 연산을 수행한다."가 됩니다. 물론, 후위 표기법도 수식을 읽어 가는 방향은 왼쪽에서 오른쪽입니다. 그리고 연산자 우선순위 때문에 오른쪽에서 왼쪽으로 뒤돌아가지 않습니다. 수식을 읽어 가는 방향뿐 아니라 수식을 계산하는 방향이 왼쪽에서 오른쪽으로 한 방향입니다.

다음은 1단계에서 3단계까지 수식을 차례로 읽어 가면서 피연산자 세 개를 만나는 과정을 보여줍니다. 물론, 피연산자만 만나기 때문에 실제 계산은 이루어지지 않고 단지 피연산자를 저장만 합니다.

1단계: **A** B C * +   : 피연산자 A를 읽음

2단계: A **B** C * +   : 피연산자 B를 읽음

3단계: A B **C** * +   : 피연산자 C를 읽음

4단계가 되면 다음과 같이 연산자 * 를 만납니다. 그러면 어떻게 해주어야 하나요? 가장 나중에 만난 피연산자들을 대상으로 연산을 수행해야 합니다.

4단계: A B C ***** +   : 연산자 * 앞의 두 피연산자 B와 C를 곱한다. 즉, B * C

이 경우, 최근에 만난 피연산자는 B와 C입니다. 따라서, B와 C를 대상으로 곱하기 연산을 수행합니다. 단, 중간 계산된 B * C의 값은 새로운 피연산자가 된다는 점에 주의해야 합니다. 이제부터는 맨 나중에 만난 피연산자는 B * C가 됩니다.

그럼, 다음 5단계는 어떻게 되나요? 수식을 계속 읽어 나가야 하기 때문에 수식의 마지막 연산자인 + 를 만납니다.

5단계: A B C * + : 연산자 + 앞의 두 피연산자 A와 (B*C)를 더한다. 즉, A+ (B * C)

마지막으로 만난 피연산자들은 무엇인가요? 답은 앞서 4단계에서 계산된 B * C입니다. 그리고 그 이전에 만난 피연산자는 A입니다. 결국, 5단계에서 계산되는 대상은 A와 (B * C)로 더하게 됩니다. 어떻습니까? 결국, 중위 표기법으로 표현된 식 ③을 계산하는 것과 정확하게 같은 순서로 수식을 계산하는 것을 알 수 있습니다.

정리해 보겠습니다. 후위 표기법으로 표현된 수식을 처리할 때는 수식을 읽어 가는 방향과 계산하는 방향이 모두 왼쪽→오른쪽입니다. 중위 표기법과 다르게 후위 표기법에서는 연산자 우선순위에 따라 수식의 계산 순서가 달라지지 않습니다. 연산자를 만나면 연산자 이전의 피연산자들을 이용해 계산하기만 하면 됩니다. 어때요? 후위 표기법이 가지는 단순함이 이해되나요?

그리고 스택과 관련하여 한 가지만 더 생각해 보겠습니다. 연산자를 만나면 맨 나중에 만난 피연산자를 대상으로 계산한다고 하였습니다. 여기서 후입선출의 자료구조가 필요하다는 것을 예상할 수 있습니다. 즉, 피연산자를 저장하면서 나중에 추가한 피연산자가 먼저 나오도록 저장해야 하는데, 이러한 특성이 있는 자료구조가 바로 스택입니다.

마지막으로, 괄호가 있는 수식으로 가장 일반적이면서 가장 복잡한 경우를 살펴보겠습니다. 이 경우 후위 표기법을 어떻게 적용하는지, 스택을 어떻게 사용하는지 알아보겠습니다.

다음은 중위 표기법으로 표현된 수식입니다. 앞의 예들과 다르게 괄호 () 가 있습니다. 수식을 계산할 때 우선순위가 가장 높은 것은 괄호입니다.

A – (B + C) * D   ⑤ 중위 표기법

수식을 계산할 때는 연산자 우선순위에 따라 괄호 () 를 맨 먼저 처리하고 다음으로 곱하기 연산자 * 를, 마지막으로 더하기 연산자 + 를 처리합니다.

따라서, 중위 표기법으로 표현된 수식에 대해 계산 순서를 정리해 보면 다음과 같습니다.

1단계: B + C

2단계: (B + C) * D

3단계: A − (B + C) * D

문제는 중위 표기법이 사람이 이해하고 계산하기에는 좋으나, 컴퓨터가 계산하기에는 다소 복잡하다는 것입니다. 왼쪽에서 오른쪽으로 수식을 읽어 가는데 빼기, 괄호, 더하기, 곱하기 연산자가 섞여 있으면 컴퓨터가 연산자 우선순위를 고려해야 해서 곧바로 계산하기 어렵습니다. 따라서, 괄호와 연산자 우선순위의 처리 때문에 복잡성이 해소된 단순 계산이 필요합니다.

물론, 수식을 쉽고 단순하게 계산하기 위한 대안으로, 앞서 소개한 후위 표기법이 있습니다. 일단, 중위 표기법으로 표현된 식 ⑤를 후위 표기법으로 변환하면 다음의 식 ⑥이 됩니다.

A B C + D * −   ⑥ 후위 표기법

후위 표기법으로 표현된 식 ⑥은 앞서 중위 표기법과는 다르게 괄호 없이 단순히 피연산자(A, B, C, D)와 연산자(+, *, −)만으로 구성되어 있습니다. 앞서 설명한 것처럼 후위 표기법은 수식의 각 요소를 읽어 가면서 바로 계산합니다.

이제 왼쪽에서 오른쪽으로 식 ⑥을 차례대로 따라가면서 어떻게 수식이 계산되는지 살펴보겠습니다. 스택이 가상으로 존재한다고 가정하고 이를 이용하여 계산하겠습니다. 아울러 이제부터는 피연산자와 연산자를 묶어서 토큰(token)이라고 부르겠습니다.

먼저, 1~3단계는 단순히 피연산자를 만나고, 피연산자를 스택에 저장합니다. 이렇게 하는 이유는 무엇일까요? 연산자를 만나면 가장 나중에 만난 피연산자부터 접근하기 위해서입니다.

	단계	처리	스택의 상태
1	A B C + D * −	피연산자 A를 스택에 푸시	A

단계		처리	스택의 상태
2	A **B** C + D * −	**피연산자 B**를 스택에 푸시	B A
3	A B **C** + D * −	**피연산자 C**를 스택에 푸시	C B A

이제 4단계에서 처음으로 더하기 연산자 + 를 만나고, 스택에서 피연산자 둘을 팝하여 계산합니다. 물론, 계산 결과인 B + C는 다시 스택에 푸시합니다.

단계		처리	스택의 상태
4	A B C **+** D * −	**연산자 +** 처리를 위해 피연산자 두 개(C, B)를 스택에서 팝	A
		계산 결과인 B+C를 스택에 푸시	B + C A

마찬가지로, 수식을 오른쪽으로 읽어 가면서 피연산자를 만나면 스택에 푸시합니다. 만약, 연산자를 만나면 피연산자 둘을 팝하여 계산하고 계산 결과는 다시 스택에 푸시합니다. 이런 과정을 언제까지 하나요? 수식을 모두 읽을 때까지 진행합니다.

단계		처리	스택의 상태
5	A B C + **D** * −	**피연산자 D**를 스택에 푸시	D B + C A
6	A B C + D ***** −	**연산자 *** 처리를 위해 피연산자 두 개 D와 B+C를 스택에서 팝	A
		계산 결과 (B + C) * D를 스택에 푸시	(B+C)*D A

단계		처리	스택의 상태
7	A B C + D * ▬	**연산자 −** 처리를 위해 피연산자 두 개 A와 (B+C)*D를 스택에서 팝	
		계산 결과 A − (B+C)*D를 스택에 푸시	A-(B+C)*D

계산 과정을 살펴보면 후위 표기 수식은 중위 표기 수식과는 다르게 수식을 따라 단계별로 토큰을 처리하며 수식의 처리 진행 방향에 변함이 없습니다. 수식을 왼쪽에서 오른쪽으로 읽어 가며 각각의 토큰(연산자 혹은 피연산자)을 처리합니다. 반대 방향으로 되돌아가지 않습니다. 또한, 피연산자(A, B, C, D)를 만나면 스택에 푸시하고 연산자(+, *, −)를 만나면 연산에 필요한 개수(2개)만큼 피연산자를 스택에서 팝하고 계산 결과는 다시 스택에 푸시합니다.

> **후위 표기법으로 표현된 수식의 연산에 적용되는 규칙**
> ---
> ① 피연산자를 만나면 스택에 푸시한다.
> ② 연산자를 만나면 연산에 필요한 개수만큼(보통 2개) 피연산자를 스택에서 팝한다.
> ③ 계산 결과는 다시 스택에 푸시한다.

후위 표기법이 익숙하지 않은 독자는 계산이 어려울 수 있습니다. 하지만, 이 표기법은 컴퓨터가 수식을 쉽게 계산할 수 있도록 해줍니다. 괄호와 연산자 우선순위의 처리가 없는 수식 표기 방식이기 때문입니다.

지금까지의 알고리즘을 의사 코드로 정리하면 다음과 같습니다.

```
calcExpr ( expression )
{
    while( 토큰 in expression ) {
        if( 토큰 == 피연산자 ) {
            토큰을 스택에 푸시
        else if( 토큰 == 연산자 ) {
            피연산자2 ← 스택에서 팝
            피연산자1 ← 스택에서 팝
            결과 ← 피연산자1 연산자 피연산자2        // 연산자는 +, -, *, / 중 하나
            결과를 스택에 푸시
```

```
        }
    }
    result ← 스택에서 팝
    return result
}
```

지금까지 후위 표기법의 개념과 후위 표기법으로 표현된 수식을 스택을 이용하여 계산하는 방법을 배웠습니다.

이제 실제 소스로 구현해 보겠습니다. 사용하는 소스 파일의 구성은 다음과 같습니다.

표 6-4 '후위 표기법으로 수식 계산하기'의 소스 파일 구성

파일 이름	내용
exprlinkedstack.h	수식에 대한 구조체와 상숫값 정의 연결 리스트로 구현된 스택(수식 정보를 저장)의 구조체와 함수 선언
exprlinkedstack.c	연결 리스트로 구현된 스택(수식 정보를 저장)의 함수 구현
06_03.c	수식 계산하기 함수의 구현과 예제 프로그램

이번 절의 파일(exprlinkedstack.h, exprlinkedstack.c)에서 사용하는 스택은 앞 절에서 설명한 연결 리스트를 이용한 스택의 소스(linkedstack.h, linkedstack.c)를 일부 수정해서 수식 정보를 저장하는 스택으로 변경한 것입니다. 수식을 의미하는 expr을 파일 이름 앞에 접두어(prefix)로 붙여서 다른 소스와 구분 짓도록 하였습니다. 아울러, 스택에서 수식 정보를 저장하기 위해 수식에 대한 구조체를 추가하였습니다. 물론, 노드에 저장하는 자료 data의 자료형(data type)도 수식 구조체로 바꾸었습니다. 먼저 새롭게 추가한 구조체와 수정한 스택의 소스를 살펴보겠습니다.

예제 exprlinkedstack.h (1/4)

```
01  #ifndef _EXPRLINKEDSTACK_
02  #define _EXPRLINKEDSTACK_
03
04  typedef enum PrecedenceType { lparen, rparen, multiply, divide, plus, minus,
05      operand } Precedence;
```

소스 줄 4~5는 피연산자와 연산자들의 종류(type)를 C 언어의 열거형(enumerated type)인 Precedence로 정의합니다. 열거형 Precedence는 피연산자와 연산자, 괄호 등의 종류를 모두 표현하는 것입니다. 정리하면 다음과 같습니다.

표 6-5 연산자 종류에 대한 열거형 정의

열거형	설명	예
lparen	여는(left) 괄호	(
rparen	닫는(right) 괄호	)
multiply	곱하기	*
divide	나누기	/
plus	더하기	+
minus	빼기	−
operand	피연산자	−1.0, 0, 1.0, 2.0, ... 등

앞에서 하나의 구조체를 이용하여 피연산자와 연산자 모두를 표현할 수 있도록 수식의 단위를 토큰이라고 정의하였습니다. 여기서는 토큰이 피연산자와 연산자 모두를 표현할 수 있도록 토큰의 종류를 미리 정의한 것입니다.

이러한 토큰의 종류를 이용하여 실제 토큰을 나타내고자 다음과 같이 줄 7~10에서 ExprToken이라는 구조체를 선언합니다. 이 구조체는 내부적으로 피연산자와 연산자 모두를 표현할 수 있습니다. 그래서 피연산자/연산자의 종류를 표현하는 멤버 변수 type을 가지고 있습니다. 물론, 이 멤버 변수는 앞서 선언한 열거형 Precedence입니다.

예제 exprlinkedstack.h (2/4)

```
07    typedef struct ExprTokenType {
08        double    value;
09        Precedence    type;
10    } ExprToken;
```

토큰이 피연산자이면 멤버 변수 type의 값이 operand가 되며 실제 피연산자의 값은 멤버 변수 value에 저장합니다. 예를 들어, 숫자 10.0을 저장하고 싶으면 type의 값은 operand가 되고, value의 값은 10.0이 됩니다. 반면, 토큰이 plus, minus 등과 같이 연산자이면 멤버 변수 value의 값은 사용하지 않습니다. 멤버 변수 type의 값 자체로 이미 해당 연산자의 종류를 표현할 수 있기 때문에 굳이 멤버 변수 value가 없어도 상관없기 때문입니다.

이러한 구조체 ExprToken을 사용하는 예를 살펴보면 다음과 같습니다.

```
ExprToken exp[3] = {0,};
exp[0].type = operand;
exp[0].value = 2;
exp[1].type = operand;
exp[1].value = 3;
exp[2].type = plus;
```

exp[0]	exp[1]	exp[2]
operand	operand	plus
2	3	+

여기서 exp 배열은 수식 '2 3 +'를 의미합니다. 배열에 저장된 토큰 ExprToken의 개수가 3인데, 각 토큰은 2, 3, +를 저장하고 있기 때문입니다. 첫 번째 토큰과 두 번째 토큰은 종류(type)가 피연산자 operand 형이며 저장된 값은 각각 2와 3입니다. 반면 세 번째 토큰은 더하기 연산자(plus)입니다. 앞서 살펴본 표기법에 대해서 충분히 이해한 독자라면 결국 exp[ ] 배열은 후위 표기법으로 표현된 수식 2 3 +라는 것을 알아챘을 것입니다.

지금까지 수식을 표현하기 위해 연산자/피연산자로 이루어진 토큰을 C 언어의 구조체를 사용해서 모델링하였습니다. 다음 단계로, ExprToken의 구조체로 저장한 토큰 정보를 연결 스택에 적용해 보겠습니다. 사실 지금까지 사용한 연결 스택에서 노드에 저장하는 자료의 자료형이 바뀌고 함수 선언이 약간 달라지는 것만 빼면 실제 소스는 크게 바뀌지 않았습니다.

변경되는 부분은 줄 14이며, 노드에 저장하는 자료형이 ExprToken 구조체형으로 바뀌었습니다.

예제 exprlinkedstack.h (3/4)

```
12    typedef struct LinkedStackNodeType
13    {
14        ExprToken data;
15        struct LinkedStackNodeType* pLink;
16    } LinkedStackNode;
17
18    typedef struct LinkedStackType
19    {
20        int currentCount;
```

```
21      LinkedStackNode* pTop;
22    } LinkedStack;
```

표 6-6 소스 변경 내용: 노드의 자료형

	exprlinkedstack.h	linkedstack.h

구조체
선언
	`typedef struct LinkedStackNodeType`
	`{`
	`    ExprToken data;`
	`    struct LinkedStackNodeType* pLink;`
	`} LinkedStackNode;`
		`typedef struct LinkedStackNodeType`
		`{`
		`    char data;`
		`    struct LinkedStackNodeType* pLink;`
		`} StackNode;`

다만, 앞서의 소스에서 알 수 있듯이 연결 스택 자체를 나타내는 구조체 LinkedStack은 변경되지 않았습니다. 이점에 주의하기 바랍니다.

헤더 파일 exprlinkedstack.h의 나머지 부분의 소스는 다음과 같습니다.

예제 exprlinkedstack.h (4/4)

```
24    LinkedStack* createLinkedStack( );
25    int pushLS(LinkedStack* pStack, ExprToken data); // 변경된 부분
26    int isLinkedStackEmpty(LinkedStack* pStack);
27    LinkedStackNode* popLS(LinkedStack* pStack);
28    LinkedStackNode* peekLS(LinkedStack* pStack);
29    void deleteLinkedStack(LinkedStack* pStack);
30    void displayLinkedStack(LinkedStack *pStack);
31
32    #endif
```

소스에서 함수 pushLS()의 입력 파라미터 data의 자료형이 기존 char에서 ExprToken으로 바뀌었다는 점 빼고는 앞서의 함수 선언과 모두 같습니다.

마지막으로, 실제 소스 파일(.c)에서 어떤 부분이 바뀌었는지 비교해 보면 다음과 같이 헤더 파일을 포함하는 부분과 함수의 선언부만 변경된 것을 알 수 있습니다.

	exprlinkedstack.c	linkedstack.c

헤더 파일 include	`#include <stdio.h>`
	`#include <stdlib.h>`
	`#include "exprlinkedstack.h"`
		`#include <stdio.h>`
		`#include <stdlib.h>`
		`#include "linkedstack.h"`

함수 선언	`int pushLS(LinkedStack* pStack,` `        ExprToken data)`	`int pushLS(LinkedStack* pStack,` `        char data)`

헤더 파일을 포함하는 부분과 함수 pushLS()의 입력 파라미터 자료형이 바뀌었고 나머지 부분은 앞 절에서 사용한 연결 스택과 같습니다. 따라서, 앞 절에서 사용한 linkedstack.h 파일과 linkedstack.c 소스 파일을 복사하여 각각 이름을 exprlinkedstack.h와 exprlinkedstack.c로 바꾸고 지금까지 설명한 변경 내용을 적용하면 수식 계산에 사용하는 연결 스택을 모두 구현한 것입니다. 혹시 이렇게 수정하는 데 어려움을 겪는 독자는 소스를 프리렉 홈페이지에서 내려받을 수 있습니다.

이제 기반이 되는 자료구조를 구현하였기 때문에 본격적으로 후위 표기법으로 표현된 수식을 계산하는 함수를 구현하겠습니다. 이번 절에서 구현하는 함수는 calcExpr()입니다. 이 함수는 후위 표기법으로 저장된 수식을 계산하는 함수입니다. 수식을 표현하는 토큰의 배열 pExprTokens와 배열의 크기(배열에 저장된 원소의 개수)인 tokenCount를 입력 파라미터로 전달받습니다.

```
void calcExpr(ExprToken *pExprTokens, int tokenCount);
```

수식을 처리한 결과는 함수 내부에서 출력하기 때문에 반환되는 값이 없는 void 형 함수입니다. 함수 calcExpr()의 동작 방식은 이미 앞에서 의사 코드를 통해서 정리해 보았지만, 순서도를 가지고 한 번 더 나타내면 다음과 같습니다.

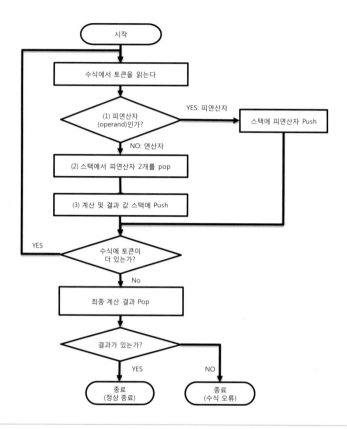

그림 6-9 함수 clacExpr()의 순서도

앞서 예를 가지고, 후위 표기 수식을 계산할 때 다음과 같이 세 가지 규칙이 있다는 것을 살펴보았습니다. "피연산자를 만나면 스택에 푸시한다.", "연산자를 만나면 연산에 필요한 개수만큼(보통 2개) 피연산자를 스택에서 팝한다.", "계산 결과는 다시 스택에 푸시한다." 이들 규칙이 순서도에서도 똑같이 적용됩니다. 따라서, 수식에서 더 이상 읽어들일 토큰이 없을 때까지 반복문을 실행하면서 이들 규칙을 수행합니다.

이렇게 수식을 계산하다 보면 맨 마지막에는 어떻게 될까요? 즉, 수식을 모두 처리해서 더 이상 처리할 토큰이 없으면 어떻게 될까요? 반복문을 모두 실행해서 수식 계산을 완료하면 최종적인 계산 결과는 스택에 저장합니다. 즉, 스택에 저장된 노드가 오직 하나 있는데, 이 노드에 수식을 계산한 최종 결과가 저장되어 있습니다. 따라서, 반복문을 빠져나온 다음에 스택에서 토큰을 하나 팝해야 정말로 계산이 끝난 것입니다. 물론, 수식 자체에 오류가 있으면 스택에 저장된 결과 노드가 없어서 부족(underflow) 현상이 발생할 것입니다.

```
01    #include <stdio.h>
02    #include <stdlib.h>
03    #include "exprlinkedstack.h"
04
05    void calcExpr(ExprToken *pExprTokens, int tokenCount)
06    {
07        LinkedStack *pStack = NULL;
08        LinkedStackNode *pNode1 = NULL, *pNode2 = NULL;
09        Precedence tokenType;
10        int i = 0;
11        if(pExprTokens == NULL) {
12            return;
13        }
14
15        pStack = createLinkedStack();
16        if(pStack != NULL) {
17            for(i = 0; i < tokenCount; i++) {
18                tokenType = pExprTokens[i].type;
19
20                if(tokenType == operand) {
21                    pushLS(pStack, pExprTokens[i]);
22                }
23                else {
24                    pNode2 = popLS(pStack);
25                    if(pNode2 != NULL) {
26                        pNode1 = popLS(pStack);
27                        if(pNode1 != NULL) {
28                            double op1 = pNode1->data.value;
29                            double op2 = pNode2->data.value;
30
31                            ExprToken newToken;
32                            newToken.type = operand;
33                            switch(tokenType) {
34                                case plus:
35                                    newToken.value = op1 + op2;
36                                    break;
37                                case minus:
38                                    newToken.value = op1 - op2;
39                                    break;
```

11~13: ① 전달된 수식 배열이 NULL이 아닌지 점검

15~16: ② 스택의 생성 및 점검

17: ③ 토큰 배열의 크기(토큰 개수)만큼 반복문을 실행하면서 수식을 계산한다.

20~22: ④ 규칙 1) 피연산자를 만나면 스택에 푸시한다.

23~52: ⑤ 연산자를 만났을 때의 처리

24, 26: ⑥ 규칙 2) 연산자면 연산에 필요한 개수만큼 2개의 피연산자를 스택에서 팝한다.

28~46: ⑦ 규칙 2 계속) 연산자의 종류에 따라 연산을 한다. 계산 결과는 새로운 토큰 newToken에 저장한다.

```
40                      case multiply:
41                          newToken.value = op1 * op2;
42                          break;
43                      case divide:
44                          newToken.value = op1 / op2;
45                          break;
46                  }
47                  pushLS(pStack, newToken);
48                  free(pNode1);
49              }
50              free(pNode2);
51          }
52      }       //end-of-else
53      }
54
55      pNode1 = popLS(pStack);
56      if(pNode1 != NULL) {
57          printf("수식 계산 결과는 [%f]입니다\n",
58              pNode1->data.value);
59          free(pNode1);
60      }
61      else {
62          printf("오류, 수식에 오류가 있습니다\n");
63      }
64      deleteLinkedStack(pStack);
65  }
66 }
```

> 47: ⑧ 규칙 3) 연산한 결과는 다시 스택에 푸시한다.

> 55: ⑨ 수식의 최종 처리 결괏값을 스택에서 팝한다.

> 62: ⑩ 만약 팝된 노드가 없으면 수식에 오류가 있는 경우이다.

순서도의 흐름에 따라 소스를 살펴보면 다음과 같습니다. 먼저 수식을 표현하는 배열 pExprTokens이 NULL이 아닌지 점검하고(줄 11~13), 수식의 계산에 사용할 스택을 생성합니다. 이후 for 반복문을 실행하면서 수식의 토큰을 읽어 들이는데, 앞서 설명한 세 가지 규칙에 따라 토큰을 처리합니다(줄 17~53).

만약 토큰이 피연산자(operand)면 스택에 푸시합니다(줄 20~22). 토큰이 연산자이면 일단 피연산자 두 개를 스택에서 팝하고(줄 24, 26) NULL인지 검사한 뒤, 피연산자의 값을 각각 추출합니다(줄 28~29). 연산자의 종류에 따라 해당 연산을 수행하고(줄 31~46) 계산 결과를 저장하는 새로운 토큰 newToken을 스택에 푸시합니다(줄 47). 이때 스택에서 팝하여 전달받은 두 개의

노드 pNode1과 pNode2에 대해서 사용이 끝나 메모리를 해제한다는 점에 주의하기 바랍니다
(줄 48, 50).

마지막으로, for 반복문을 빠져나와(수식에서 모든 토큰을 읽어들이고) 스택에 최종적으로 저장된
계산 결괏값을 팝합니다(줄 55). 이때 스택이 비어 있으면 오류가 있는 수식을 계산한 것입니다.
아울러 사용이 끝난 스택에 대한 메모리를 해제합니다(줄 64).

이제 함수 calcExpr()을 사용하는 예제 프로그램의 소스를 살펴볼까요? 다음 소스는 앞서
구현한 함수 calcExpr()을 호출합니다. 먼저, 후위 표기법으로 표현된 수식을 정의하는데(줄
73~87), 이렇게 저장된 수식은 2 3 4 + 5 * - 입니다.

exp[0]	exp[1]	exp[2]	exp[3]	exp[4]	exp[5]	exp[6]
operand	operand	operand	plus	operand	multiply	minus
2	3	4	0	5	0	0

그림 **6-10** 후위 표기법으로 표현된 수식

예제 06_03.c (2/2)

```
69   int main(int argc, const char * argv[]) {
70       int i = 0;
71
72                              // 2 3 4 + 5 * -
73       ExprToken *pExprTokens = (ExprToken *)malloc(sizeof(ExprToken) * 7);
74       pExprTokens[0].type = operand;
75       pExprTokens[0].value = 2;
76       pExprTokens[1].type = operand;
77       pExprTokens[1].value = 3;
78       pExprTokens[2].type = operand;
79       pExprTokens[2].value = 4;
80       pExprTokens[3].type = plus;
81       pExprTokens[3].value = 0;
82       pExprTokens[4].type = operand;
83       pExprTokens[4].value = 5;
84       pExprTokens[5].type = multiply;
85       pExprTokens[5].value = 0;
86       pExprTokens[6].type = minus;
```

```
87        pExprTokens[6].value = 0;
88
89        printf("Expression: 2 3 4 + 5 * -\n");
90        calcExpr(pExprTokens, 7);
91
92        free(pExprTokens);
93
94        return 0;
95    }
```

후위 표기법으로 표현된 수식 2 3 4 + 5 * - 을 중위 표기법으로 표현하면 어떻게 되나요? 계산해 보면 수식이 2 - (3 + 4) * 5라는 것을 알 수 있습니다. 실제 줄 90에서 함수 calcExpr()을 호출해서 계산한 결과를 출력하면 다음과 같습니다.

<ins>프로그램 06_03.exe의 실행 결과 화면</ins>

C:\Users\jinlee\Project\06\Release> 06_03.exe <Enter>
Expression: 2 3 4 + 5 * -
수식 계산 결과는 [-33.000000]입니다

지금까지 후위 표기법으로 표현된 수식을 스택을 이용하여 계산하는 알고리즘을 실제 C 언어로 구현해 보았습니다. 그러나 우리가 일반적으로 사용하는 표기법은 중위 표기법입니다. 그러므로 정말로 함수 calcExpr()을 사용하려 한다면 중위 표기법을 후위 표기법으로 변환해야 합니다. 따라서, 이번 장의 마지막 절에서는 중위 표기법으로 표현된 수식을 후위 표기법으로 변환하는 알고리즘을 알아보겠습니다.

4. 중위 표기 수식을 후위 표기 수식으로 변환하기

앞 절에서 스택을 이용하여 후위 표기법으로 표현된 수식을 계산하는 알고리즘을 살펴보았습니다. 스택을 이용하여 후위 표기 수식을 비교적 간단하게 계산하였습니다. 우리가 일반적으로 사용하는 중위 표기 수식을 계산하려면 후위 표기 수식으로 변환하는 함수가 필요합니다. 그런데 표기법을 변환하는 알고리즘이 조금은 어렵습니다. 그러므로 처음 이 책을 읽는 독자라면 이해가 어려울 수 있습니다. 혹시 어려우면 일단 넘어가고 이 책을 일독한 이후에 다시 한번 도전하기를 권장합니다.

중위 표기법을 후위 표기법으로 변환하는 기본 규칙은 "피연산자를 만나면 바로 출력하고 연산자를 만나면 일단 스택에 저장한다."입니다. 물론, 이러한 규칙에 연산자 우선순위와 괄호의 처리 등 예외 규칙이 있지만, 기본적으로는 같습니다. 이해하기 쉽도록 여기서는 실제 예를 가지고 살펴보겠습니다.

다음 표는 네 개의 서로 다른 수식을 각각 중위 표기법과 후위 표기법으로 표현한 예입니다. 간단한 수식 (a)부터 괄호가 있는 복잡한 수식 (d)까지 차례대로 살펴보겠습니다.

표 **6-7** 표기법 변환 예

	중위 표기법	후위 표기법
(a)	A * B	A B *
(b)	A * B + C	A B * C +
(c)	A + B * C	A B C * +
(d)	A * (B + C)	A B C + *

표 **6-7**의 수식 (a) A * B는 가장 단순한 형태입니다. 피연산자 두 개(A와 B)와 연산자 한 개(곱하기 *)로 구성되어 있습니다.

수식 (a)에 앞에서 설명한 표기법 변환 기본 규칙을 적용하면 다음과 같습니다.

표 **6-8** 식 (a)의 표기법 변환 과정

단계		처리	출력 내용	스택의 상태
1	A * B	피연산자 A를 출력	A	
2	A * B	연산자 * 를 스택에 푸시	A	*
3	A * B	피연산자 B를 출력	A B	*
4	〈종료〉	저장 중인 연산자 * 출력(스택에서 팝)	A B *	

1단계에서는 피연산자 A를 만나서 바로 출력합니다. 그런데 2단계에서는 곱하기 연산자 * 를 만나서 일단 스택에 푸시하여 저장합니다. 3단계에서 피연산자 B를 만나서 바로 B를 출력합니다. 이후 4단계에서는 더 읽어들일 토큰이 없어서 스택에 저장 중인 곱하기 연산자 * 를 팝하여 출력합니다.

조금 더 복잡해진 식 (b)에 대해서 후위 표기법으로 변환해 보겠습니다. 변환 과정을 정리하면 다음과 같습니다. 여기서 연산자 우선순위와 관련하여 특별히 4단계를 주의해서 살펴보기 바랍니다.

표 6-9 식 (b)의 표기법 변환 과정

단계		처리	출력 내용	스택의 상태
1	A * B + C	피연산자 A를 출력	A	
2	A * B + C	연산자 * 를 스택에 푸시	A	*
3	A * B + C	피연산자 B를 출력	A B	*
4	A * B + C	연산자 * 를 팝하여 출력, 연산자 + 를 푸시	A B *	+
5	A * B + C	피연산자 C를 출력	A B * C	+
6	〈종료〉	스택에서 팝하여 연산자 + 를 출력	A B * C +	

식 (b)를 처리하는 과정은 식 (a)와 비슷하나, 특별히 4단계에서 차이가 있습니다. 4단계에서 새로운 규칙이 추가되기 때문입니다. 바로, 새로운 연산자를 만나면 "기존에 저장하고 있던 연산자 중에서 우선순위가 높은 연산자는 출력(팝)한다."입니다. 실제로 4단계에서 스택에 저장 중인 곱하기 연산자 * 가 현재의 더하기 연산자 +보다 우선순위가 높습니다. 그러므로 곱하기 연산자 * 를 팝해서 출력합니다. 그리고 우선순위가 낮은 더하기 연산자 + 는 스택에 푸시합

니다.

앞서 새로운 규칙이 식 (c)에서는 어떻게 적용되는지 살펴볼까요? 식 (c)는 식 (b)와 연산자 *
와 + 의 위치가 서로 반대입니다. 즉, 우선순위가 낮은 더하기 연산자 + 가 우선순위가 높은
곱하기 연산자 * 보다 먼저 있습니다. 변환 과정을 정리하면 다음과 같습니다. 특별히 수식 (b)
의 4단계와 비교해서 어떻게 다른지 주의 깊게 살펴보기 바랍니다.

표 **6-10** 식 (c)의 표기법 변환 과정

단계		처리	출력 내용	스택의 상태
1	A + B * C	피연산자 A를 출력	A	
2	A + B * C	연산자 + 를 푸시	A	+
3	A + B * C	피연산자 B를 출력	A B	+
4	A + B * C	연산자 * 를 푸시	A B	*, +
5	A + B * C	피연산자 C를 출력	A B C	*, +
6	〈종료〉	스택에 저장 중인 연산자 *, + 를 팝하여 출력	A B C * +	

4단계를 보면 기존에 스택에서 저장 중이던 더하기 연산자 + 보다 현재의 곱하기 연산자 * 가
우선순위가 높습니다. 따라서, 수식 (b)의 단계 4와는 다르게 현재의 곱하기 연산자 * 를 바로
스택에 푸시합니다. 마지막까지 그냥 스택에 저장되어 있습니다. 그러다가 6단계를 처리하면서
스택에 저장 중이던 모든 연산자를 팝해서 출력할 때 연산자들을 출력합니다.

마지막으로, 스택을 이용하여 수식 (d)를 후위 표기법으로 변환하는 과정을 살펴보겠습니다.
수식 (d)가 앞서 수식 (a)~(c)와 다른 점은 괄호가 있다는 점입니다. 괄호가 어떤 영향을 주는
지를 중점적으로 살펴보기 바랍니다.

다음 표는 중위 표기법으로 표현된 수식 (d)를 후위 표기법으로 변환하는 각 단계를 설명하고 있습니다. 각 단계를 따라가 보면 지금까지 살펴본 규칙들이 자연스럽게 적용되어 후위 표기법으로 변환되는 과정을 알 수 있습니다.

표 6-11 식 (d)의 표기법 변환 과정(1/3)

단계		처리	출력 내용	스택의 상태
1	A * (B + C)	피연산자 A를 출력	A	
2	A * (B + C)	**연산자 * 를 스택에 푸시**	A	*
3	A * (B + C)	**연산자 (를 스택에 푸시**	A	(*
4	A * (B + C)	피연산자 B를 출력	A B	(*

특별히 3단계에서는 괄호 연산자 (의 우선순위가 스택에 들어 있는 곱하기 연산자 * 보다 높기 때문에 괄호 연산자를 푸시하는 것을 알 수 있습니다. 그리고 4단계에서는 피연산자를 만나서 그냥 출력합니다.

그런데 이제 살펴볼 단계부터 앞서와 다른 새로운 규칙이 적용됩니다.

표 6-12 식 (d)의 표기법 변환 과정(2/3)

단계		처리	출력 내용	스택의 상태
5	A * (B + C)	**연산자 + 를 스택에 푸시**	A B	+ (*
6	A * (B + C)	피연산자 C를 출력	A B C	+ (*

혹시 5단계가 이상하지 않습니까? 중위 표기법에서 후위 표기법으로 변환할 때 두 번째 규칙 "스택에 저장 중인 연산자 중에서 우선순위가 높은 연산자는 팝한다."라는 규칙을 배웠습니다.

실제로 앞서 3단계에서는 두 번째 규칙에 따라 곱하기 연산자 * 를 팝하지 않고 괄호 연산자 (를 스택에 푸시하였습니다.

반면, 5단계에서는 스택의 탑에 저장된 괄호 연산자 (의 우선순위가 푸시하려는 더하기 연산 자 + 보다 높은데도 괄호 연산자 (를 팝하지 않습니다. 즉, 괄호 연산자 (를 팝하지 않고 대신 더하기 연산자 + 를 스택에 푸시만 합니다. 사실, 이 부분이 중위 표기법을 후위 표기법으로 변환하는 알고리즘에서 가장 이해하기 어렵습니다.

이렇게 여는 괄호 (와 관련하여 예외적인 현상이 발생한 이유는 스택 내부와 스택 외부에서의 연산자 우선순위에 차이가 있기 때문입니다. 즉, 여는 괄호 (는 스택 내부에서는 우선순위가 가장 낮은 연산자입니다. 따라서, 여는 괄호 (는 닫는 괄호) 를 만나기 전까지 스택에 저장해 야 합니다.

이러한 스택 내부와 외부에서의 연산자 우선순위의 차이를 표로 정리하면 다음과 같습니다.

표 6-13 스택 내부와 외부에서의 연산자 우선순위

연산자	High ←	우선순위		→ Low
스택 내부	)	* /	+ −	(
스택 외부	( )	* /	+ −	

표 6-13에서 알 수 있듯이 여는 괄호 (가 스택 외부에서는 우선순위가 가장 높지만, 스택 내부 에서는 우선순위가 가장 낮습니다. 따라서, 괄호 연산자 (의 우선순위가 스택 내부에서는 더하 기 연산자 + 보다 낮기 때문에 괄호 연산자 (를 그대로 두었습니다. 앞서 5단계에서의 처리는 스택 내부와 외부에서의 연산자 우선순위가 다르다는 규칙에 의한 것임을 알 수 있습니다.

다시 변환 알고리즘으로 돌아가 보겠습니다. 아직 고려해야 할 규칙이 한 가지 더 남아 있기 때문입니다. 다음 표에서 7단계를 주의 깊게 살펴보기 바랍니다.

표 6-14 식 (d)의 표기법 변환 과정(3/3)

	단계	처리	출력 내용	스택의 상태
7	A * (B + C)	연산자 (를 만날 때까지 팝	A B C +	*

단계		처리	출력 내용	스택의 상태
8	〈종료〉	스택에서 남은 토큰들 팝	A B C + *	

표 6-14에서 7단계를 보면 중위 표기법에서 후위 표기법으로 변환하는 중에 닫는 괄호) 를 만나는 경우를 보여줍니다. 이럴 경우, 스택에서 여는 괄호 (를 만날 때까지 스택에 저장된 모든 연산자를 팝해야 합니다. 실제로, 7단계에서는 닫는 괄호) 를 만나게 되면서 기존 스택에서 여는 괄호 (를 만날 때까지 스택에 저장된 모든 연산자를 팝하는 것을 알 수 있습니다. 즉, 닫는 괄호) 를 만나게 되면 여는 괄호 (를 만날 때까지 스택에 저장된 모든 연산자를 팝하는데, 그 결과 스택에 저장된 더하기 연산자 + 를 팝하였습니다.

마지막으로, 8단계에서는 수식의 마지막까지 가서 기존 스택에 저장 중이던 연산자를 모두 팝해서 출력합니다.

잠깐 숨을 돌린 다음, 지금까지 살펴본 후위 표기법으로 변환할 때 적용되는 5가지 규칙을 정리해 볼까요?

중위 표기법을 후위 표기법으로 변환하는 규칙

① 피연산자를 만나면 바로 출력한다.
② 연산자를 만나면 일단 스택에 저장한다.
③ 단, 스택에 저장 중인 연산자 중에서 우선순위가 높은 연산자는 팝하여 출력한다.
④ (주의) 스택의 내부와 외부에서의 연산자 우선순위는 다르다.
⑤ 닫는 괄호 연산자) 를 만나면 스택에서 여는 괄호 연산자 (를 만날 때까지 스택에 저장된 연산자들을 모두 팝하고 이를 출력한다.

이러한 5가지 규칙을 이용하면 중위 표기법으로 표현된 어떤 수식이라도 후위 표기법으로 변환할 수 있습니다.

이제 실제 소스를 가지고 앞서의 알고리즘을 어떻게 구현하는지 살펴볼까요? 이번 절에서 사용하는 소스의 구성은 다음 표와 같습니다. 참고로 소스 중에서 수식을 저장하는 연결 스택의 소스 (exprlinkedstack.h, exprlinkedstack.c)는 앞 절에서 사용한 소스와 같습니다.

표 6-15 '중위 표기 수식을 후위 표기 수식으로 변환하기'의 소스 파일 구성

파일 이름	내용
exprlinkedstack.h	수식에 대한 구조체와 상숫값 정의 연결 리스트로 구현된 스택(수식 정보를 저장)의 구조체와 함수 선언
exprlinkedstack.c	연결 리스트로 구현된 스택(수식 정보를 저장)의 함수 구현
06_04.c	표기법 변환 함수의 구현과 예제 프로그램

이번 절에서 표기법을 변환하기 위해 구현하는 함수는 convertInfixToPostfix( )입니다. 이 함수는 수식을 표현하는 토큰의 배열 pExprTokens와 배열의 크기(배열에 저장된 원소의 개수)인 tokenCount를 입력 파라미터로 전달받습니다. 물론, 이렇게 전달받은 수식은 중위 표기법으로 저장합니다.

```
void convertInfixToPostfix(ExprToken *pExprTokens, int tokenCount);
```

변환 결과를 함수 내부에서 직접 출력하기 때문에 반환되는 값은 없는 void 형 함수입니다. 이러한 함수 convertInfixToPostfix( )의 동작 방식을 순서도로 나타내면 다음과 같습니다.

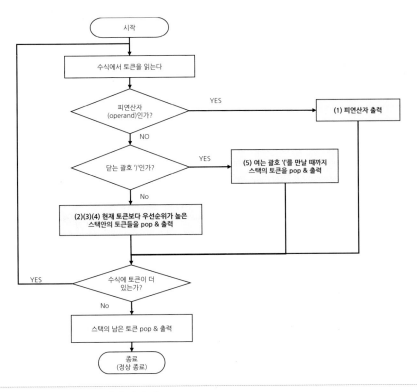

그림 6-11 함수 convertInfixToPostfix( )의 순서도

앞서 중위 표기법에서 후위 표기법으로 변환할 때 적용하는 5가지 규칙들을 살펴보았는데요, 함수 convertInfixToPostfix()의 순서도는 이러한 규칙을 적용하고 있다는 것을 확인할 수 있습니다. 수식의 처음 토큰부터 마지막 토큰까지 차례로 반복문을 실행하면서 이들 규칙을 적용하여 수식을 변환합니다. 물론, 맨 마지막 단계로 스택에 저장되어 있는 연산자들을 팝해서 출력하면 후위 표기법으로의 변환 과정이 모두 끝납니다.

다음은 함수 convertInfixToPostfix()를 정의하기 직전까지의 소스입니다. 특별히 줄 5~7에서는 함수 세 개를 먼저 선언하고 있습니다. 이들은 함수 convertInfixToPostfix()에서 내부적으로 사용하는 함수들입니다.

예제 06_04.c (1/4)

```
01    #include <stdio.h>
02    #include <stdlib.h>
03    #include "exprlinkedstack.h"
04
05    int inStackPrecedence(Precedence oper);
06    int outStackPrecedence(Precedence oper);
07    void printToken(ExprToken element);
```

먼저 함수 inStackPrecedence()과 outStackPrecedence()는 연산자의 우선순위(precedence) 값을 반환하는 함수입니다. 스택 내부에서의 우선순위를 반환하는 함수가 inStackPrecedence()이며 스택 외부에서의 우선순위를 반환하는 함수가 outStackPrecedence()입니다. 두 함수 모두 연산자의 종류(type) 값을 입력 파라미터로 하여 해당 연산자의 우선순위 값을 반환합니다. 마지막으로, 함수 printToken()은 토큰을 연산자나 피연산자의 종류에 따라 적절히 화면에 출력해 줍니다.

그럼, 함수 convertInfixToPostfix()의 소스를 살펴볼까요?

예제 06_04.c (2/4)

```
09    void convertInfixToPostfix(ExprToken *pExprTokens, int tokenCount)
10    {
11        LinkedStack *pStack = NULL;
12        LinkedStackNode *pNode = NULL;
```

```
13          Precedence tokenType, inStackTokenType;
14          int i = 0;
15
16          pStack = createLinkedStack( );
17          if(pStack != NULL) {
18              for(i = 0; i < tokenCount; i++) {
19                  tokenType = pExprTokens[i].type;
20                  switch(tokenType) {
21                      case operand:
22                          printf("%4.1f\t", pExprTokens[i].value);
23                          break;
24                      case rparen:
25                          pNode = popLS(pStack);
26                          while(pNode != NULL && pNode->data.type != lparen) {
27                              printToken(pNode->data);
28                              free(pNode);
29
30                              pNode = popLS(pStack);
31                          }
32                          if(pNode != NULL) free(pNode);
33                          break;
34                      default:
35                          while(isLinkedStackEmpty(pStack) == 0 ) {
36                              inStackTokenType = peekLS(pStack)->data.type;
37                              if(outStackPrecedence(tokenType)
38                                  <= inStackPrecedence(inStackTokenType)) {
39                                  pNode = popLS(pStack);
40                                  if(pNode != NULL) {
41                                      printToken(pNode->data);
42                                      free(pNode);
43                                  }
44                              }
45                              else {
46                                  break;
47                              }
48                          }
49                          pushLS(pStack, pExprTokens[i]);
50                          break;
51                  }       // end-of-switch
52              }           // end-of-for
53
```

16~17: ① 스택 생성 및 NULL인지 점검

18: ② 토큰 배열의 크기(토큰 개수)만큼 반복문을 실행하면서 수식을 변환

21~23: ③ 규칙 1) 피연산자를 만나면 바로 출력

24~33: ④ 규칙 5) 닫는 괄호 연산자) 를 만난 경우 처리, 즉, 여는 괄호 연산자 (를 만날 때까지 while 반복문을 실행하면서 스택 내 연산자들을 팝하고 출력한다.

35~50: ⑤ 피연산자와 닫는 괄호 연산자) 이외의 경우 처리, 스택 내에 저장된 연산자 중 현재 연산자보다 우선순위가 높은 연산자는 팝하여 출력한다(줄 37~44). 그리고 나서, 현재 연산자를 스택에 푸시한다(줄 49).

```
54              while(isLinkedStackEmpty(pStack) == 0) {
55                  pNode = popLS(pStack);
56                  if(pNode != NULL) {
57                      printToken(pNode->data);
58                      free(pNode);
59                  }
60              }
61              deleteLinkedStack(pStack);
62          }
63      }
```

> **54~60**: ⑥ 반복문을 모두 실행하면 이제 스택에 남은 연산자들을 팝하여 출력한다.

순서도의 흐름에 따라 소스를 살펴보면 다음과 같습니다. 먼저 수식 계산에 사용할 스택을 생성합니다. 이후 for 반복문을 실행하면서 수식의 토큰을 읽어들입니다. 만약 토큰이 피연산자 (operand)면 이를 화면에 바로 출력합니다(줄 21~23). 또한, 토큰이 닫는 괄호 연산자) 면 스택에서 여는 괄호 연산자 (를 만날 때까지 스택 내의 모든 토큰을 팝하여 이를 출력합니다. 단, 이때 팝된 스택의 노드에 대해 메모리를 해제합니다(줄 28, 32).

닫는 괄호 이외의 연산자들에 대한 처리는 현재 수식에서 읽은 연산자(tokenType)와 스택 내에 있는 연산자(inStackTokenType)의 우선순위를 비교합니다. 스택 내에 있는 연산자를 구하기 위해 줄 36에서 팝을 사용하지 않고 피크(peek)를 사용하는 이유는 우선순위 비교 결과에 따라서 스택에서 가져오지 않을 수 있기 때문입니다. 즉, 단순 값을 참조하여 비교하기 위해서 피크 연산자를 사용한다는 점에 주의하기 바랍니다.

또한, 줄 37~38의 비교식에서 수식에서 읽은 연산자는 스택 외부에서의 우선순위를 사용해야 하기 때문에 함수 outStackPrecedence(tokenType)로, 스택 내부에 있는 연산자는 스택 내부에서의 우선순위를 사용해야 하기 때문에 함수 inStackPrecedence(inStackTokenType)로 우선순위를 구합니다.

이렇게 비교한 결과, 스택의 연산자 중에서 현재 수식에서 읽은 연산자보다 우선순위가 높은 연산자들은 모두 팝해서 이를 출력합니다(줄 35~48). 물론, 이렇게 하는 이유는 우선순위가 높은 연산자는 바로 출력하고 낮은 연산자는 스택에 저장하기 위해서입니다. 이렇게 현재 연산자보다 우선순위가 높은 연산자들을 모두 팝한 이후에 현재 연산자를 푸시합니다(줄 49). 단, 이때 팝된 노드에 대해서는 메모리를 해제해야 한다는 점에 주의하기 바랍니다(줄 42). 마지막으로, for 반복문을 빠져나와(수식에서 모든 토큰을 읽어들인 후) 스택에 남아 있는 토큰들을 출력합니다(줄 54~60). 그리고 최종적으로 앞서 생성한 스택의 메모리를 해제합니다(줄 61).

이제 남은 함수들의 소스는 다음과 같습니다. 스택 내부에서의 우선순위를 반환하는 함수 inStackPrecedence( ), 스택 외부에서의 우선순위를 반환하는 함수 outStackPrecedence( ), 토큰의 내용을 출력하는 함수 printToken( )의 소스입니다.

예제 06_04.c (3/4)

```
065    int inStackPrecedence(Precedence oper)
066    {
067        switch(oper) {
068            case lparen:
069                return 0;
070            case rparen:
071                return 4;
072            case multiply:
073            case divide:
074                return 2;
075            case plus:
076            case minus:
077                return 1;
078        }
079        return -1;
080    }
081
082    int outStackPrecedence(Precedence oper)
083    {
084        switch(oper) {
085            case lparen:
086                return 5;
087            case rparen:
088                return 4;
089            case multiply:
090            case divide:
091                return 2;
092            case plus:
093            case minus:
094                return 1;
```

```
095         }
096     return -1;
097  }
098
099  void printToken(ExprToken element)
100  {
101     switch(element.type) {
102        case lparen:
103            printf("(\t");
104            break;
105        case rparen:
106            printf(")\t");
107            break;
108        case plus:
109            printf("+\t");
110            break;
111        case minus:
112            printf("-\t");
113            break;
114        case multiply:
115            printf("*\t");
116            break;
117        case divide:
118            printf("/\t");
119            break;
120        case operand:
121            printf("%4.1f\t", element.value);
122            break;
123     }
124  }
```

함수 inStackPrecedence( )와 outStackPrecedence( )에서 정의된 우선순위를 정리하면 다음 표와
같습니다.

표 6-16 스택 내부와 외부에서의 연산자 우선순위

연산자	(	)	*	/	+	-
스택 내부 (inStackPrecedence)	0	4	2	2	1	1
스택 외부 (outStackPrecedence)	5	4	2	2	1	1

표 **6–16**에 따르면 여는 괄호 연산자 (를 제외하고 다른 연산자들은 스택 내부와 외부 모두 같은 값을 가집니다. 즉, 닫는 괄호 연산자) 가 가장 높고 곱하기(*), 나누기(/)가 그다음 순위이며 더하기(+), 빼기(–)가 가장 낮은 순위입니다. 반면, 여는 괄호 연산자 (는 스택 내부에서는 우선순위가 가장 낮지만(0), 스택 외부에서는 가장 높습니다(5).

이렇게 우선순위가 다른 이유는 여는 괄호가 스택 외부에서는 괄호로서 우선순위가 가장 높아 발견 즉시 스택에 푸시해야 하는 반면, 스택 내부에서의 여는 괄호는 닫는 괄호가 나올 때에만 스택에서 삭제할 수 있기 때문에 우선순위가 가장 낮아야 하기 때문입니다.

이제 함수 convertInfixToPostfix( )를 실제 사용하는 예제 프로그램의 소스를 살펴볼까요? 다음 소스는 중위 표기법으로 표현된 수식 "2.0 – (3.0 + 4.0) * 5.0"을 정의하고(줄 131~149), 줄 154에서 앞서 구현된 함수 convertInfixToPostfix( )를 호출합니다(줄 154).

예제 06_04.c (4/4)

```
127  int main(int argc, const char * argv[]) {
128      int i = 0;
129
130      // 2 - (3 + 4 ) * 5
131      ExprToken *pExprTokens = (ExprToken *)malloc(sizeof(ExprToken) * 9);
132      pExprTokens[0].type = operand;
133      pExprTokens[0].value = 2;
134      pExprTokens[1].type = minus;
135      pExprTokens[1].value = 0;
136      pExprTokens[2].type = lparen;
137      pExprTokens[2].value = 0;
138      pExprTokens[3].type = operand;
139      pExprTokens[3].value = 3;
140      pExprTokens[4].type = plus;
141      pExprTokens[4].value = 0;
142      pExprTokens[5].type = operand;
143      pExprTokens[5].value = 4;
144      pExprTokens[6].type = rparen;
145      pExprTokens[6].value = 0;
146      pExprTokens[7].type = multiply;
147      pExprTokens[7].value = 0;
148      pExprTokens[8].type = operand;
149      pExprTokens[8].value = 5;
```

```
150
151    printf("Infix Expression: 2.0 - (3.0 + 4.0 ) * 5.0\n");
152    printf("Postfix Expression: \n");
153
154    convertInfixToPostfix(pExprTokens, 9);
155
156    free( pExprTokens );
157
158    return 0;
159 }
```

또한, 소스에서 토큰을 저장하는 구조체 배열(pExprTokens)을 동적으로 메모리를 할당하기 때문에(줄 131) 사용 후에는 메모리를 해제(줄 156)한다는 점에 주의하기 바랍니다.

다음은 앞서의 예제 프로그램을 실제 실행한 화면입니다.

프로그램 06_04.exe의 실행 결과 화면

```
C:\Users\jinlee\Project\06\Release> 06_04.exe <Enter>
Infix Expression: 2.0 − (3.0 + 4.0 ) * 5.0
Postfix Expression:
 2.0  3.0  4.0  +  5.0  *  −
```

중위 표기법으로 정의된 수식 '2.0 − (3.0 + 4.0) * 5.0'이 후위 표기법인 '2.0 3.0 4.0 + 5.0 * −'으로 변환된 것을 확인할 수 있습니다.

지금까지 스택을 이용하여 다양한 문제를 해결해 보았습니다. 선입후출인 스택이 주어진 문제를 해결하는 데 중요한 역할을 한다는 것을 확인할 수 있었습니다. 연습 문제를 풀면서 이번 장에서 배운 내용을 차분히 정리하기 바랍니다.

연습 문제

1. 다음 수식에 대한 괄호 검사를 스택을 이용하여 수행한다고 할 때 검사 단계별로 스택
    의 내용을 그려 보세요.

    (1) { A + [B * (C + D) }]

    (2) (A + (B + C) * (D + E) + F)

2. 다음 중위 표기 수식을 후위 표기 수식으로 스택을 이용하여 변환해 보세요. 단계별로
    스택의 내용을 그려 보세요.

    (1) A * B + C

    (2) A + B * C

    (3) A * B / C

    (4) A * (B + C)

    (5) (A + B) * C

    (6) A / B + D * E - F * G

    (7) (A + (B * (C + D)))

    (8) (A + (B + C) * (D + E) + F)

    (9) ((A / (B + C * D) - E)

    (10) ((A / (B - C + D) * (E + F)) + G

3. 다음은 예외 상황에 대한 처리가 부족한 소스입니다. 예외 상황에 대한 처리 로직을 추
    가해 보세요.

    (1) 함수 reverseString( ) 중에서

    ```
    pReturn = (char *)malloc(sizeof(char) * (size + 1));
    memset(pReturn, 0, sizeof(char) * (size + 1));
    ```

(2) 함수 checkBracketMatching( )에서

```
int checkBracketMatching(char *pSource)
{
 ……
 if(pStack != NULL) {
    while (0 != pSource[i] && 0 == ret) {
 ……
```

4. 중위 표기법으로 표현된 수식 문자열(String)을 입력받아 그 결과를 출력하는 프로그램을 작성해 보세요.

(1) 중위 표기법으로 표현된 수식 문자열(String)을 입력받아 이번 장에서 사용한 구조체 ExprToken의 배열을 만드는 함수를 구현해 보세요.

     예) (10 + 9) * 8/2
        단, 수식의 중간에 공백이나 탭 문자(\t)가 들어갈 수 있습니다.

(2) 중위 표기 수식을 후위 표기 수식으로 변환하는 함수 convertInfixToPostfix( )를 다음과 같이 변경해 보세요.

```
ExprToken *convertInfixToPostfix(ExprToken *pExprTokens,
                    int tokenCount, int* pRetTokenCount);
```

- 결괏값으로 후위 표기법으로 저장된 구조체 ExprToken의 배열을 반환합니다.
- 이때 반환되는 구조체 ExprToken 배열의 개수는 포인터로 전달된 변수 pRetTokenCount에 저장합니다.

(3) 앞의 함수 convertInfixToPostfix( )로 전달받은 구조체 ExprToken의 배열을 입력 파라미터로 함수 calcExpr( )를 호출하여 수식의 결과를 출력해 보세요.

     예)   Expression: (10 + 9) * 8 / 2

수식 계산 결과는 [76.0]입니다.

Chapter

7

큐

1 큐란?　**2** 큐의 사용 시나리오　**3** 큐의 추상 자료형　**4** 배열로 구현한 선형 큐　**5** 배열로 구현한 원형 큐
6 포인터로 구현한 큐

이번 장에서는 큐(queue)라는 자료구조를 살펴보겠습니다. 영어로 queue는 무엇인가를 기다리는 줄을 의미합니다. 예를 들어, 다음 그림과 같이 버스를 기다리는 사람의 줄일 수도 있고 도로에서 신호를 기다리는 자동차의 줄일 수도 있습니다.

그림 7-1 실생활에서 큐의 예

그러면 자료구조에서 큐는 어떤 의미일까요? 아마도 일상적인 의미와 비슷하게 무언가를 처리하기 위해 **대기 중인 자료의 줄** 정도일 것입니다. 대기하고 있다는 의미로 자료구조의 큐를 대기행렬(waiting line)이라고도 합니다.

다음 그림은 큐의 예로, 2장의 리스트와 별다른 차이가 없어 보입니다. 사실, 한 줄이라는 점에서 큐는 선형 자료구조이기도 합니다.

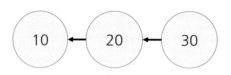

그림 **7-2** 자료구조에서 큐의 예

그러면 이러한 큐를 다른 선형 자료구조와 구분 짓게 하는 고유한 특성은 무엇일까요? 대표적인 특성은 FIFO (First-In-First-Out, '피포'로 읽음)입니다. 다른 말로 선입선출(先入先出)이라고 하며, 가장 먼저 들어간 자료가 가장 먼저 나온다는 뜻입니다.

예를 들어 볼까요? 실생활에서 버스를 탈 때는 먼저 줄을 선 사람이 먼저 버스를 타게 됩니다. 도로에서 신호를 기다릴 때는 맨 앞에 선 차가 먼저 출발하게 됩니다. 자료구조의 큐에서 처리를 위해 대기하는 자료가 있다면, 가장 먼저 추가된 자료가 가장 먼저 처리됩니다.

그림 7-2를 살펴볼까요? 이 그림에서 자료 10이 맨 먼저 추가되고 자료 30이 맨 나중에 추가되었다고 가정하면, 당연히 자료 10이 가장 먼저 처리됩니다. 반대로, 맨 나중에 추가된 자료 30은 맨 나중에 처리됩니다.

큐의 특성: FIFO (First-In-First-Out) = 선입선출

마지막으로, 이런 큐를 어디에 사용하는 것일까요? 큐가 필요한 중요한 이유 중 하나는 앞서 살펴본 스택의 경우와 마찬가지로 실제 현실 세계를 정확하게 표현하기 위해서입니다. 즉, 큐의 선입선출 특성이 필요한 현실 세계의 다양한 시스템들을 나타낼 때 큐를 사용합니다. 예를 들어, 다음 그림과 같이 운영체제의 프린터 스풀러에서 내부적으로 큐를 사용합니다.

Microsoft XPS Document Writer					
프린터(P) 문서(D) 보기(V)					
문서 이름	상태	소유자	페이지...	크기	제출
Microsoft Word - 07장.큐.150...	스풀링 - ...	jinlee	1	6.24KB/6.36KB	오후 5:02 02 2015
Microsoft Word - 07장.큐.150...	스풀링 - ...	jinlee	1	6.24KB/6.36KB	오후 5:44:02 2015

그림 **7-3** 큐의 사용 예: 운영체제의 프린터 스풀러

그림 7–3에서 두 개의 출력 작업이 실행되어 대기 중입니다. 이들 작업 중에서 먼저 출력을 시도한 작업부터 처리해야 합니다. 이럴 때 내부적으로 큐를 사용합니다.

1. 큐란?

큐(queue)는 자료를 차례대로 저장하는 선형 자료구조입니다. 큐는 새로운 자료를 맨 뒤인 리어(rear)에 추가합니다. 또한, 큐는 맨 앞인 프런트(front)에서 자료를 제거하여 반환합니다. 앞장에서 배운 스택에서는 큐와는 반대로 맨 나중에 추가한 자료를 탑(top)에서 반환합니다.

큐가 선입선출 특성을 갖는 것은 자료 추가가 맨 뒤(rear, 리어)에서만 가능하고 자료 반환은 맨 앞(front, 프런트)에서만 가능하기 때문입니다. 여기서 리어란 큐에서 맨 나중에 추가한 자료를 말합니다. 예를 들어, 다음 그림에서는 자료 30이 리어입니다. 또한, 프런트(맨 앞)란 큐에서 맨 먼저 추가한 자료를 말합니다. 다음 그림에서는 자료 10이 프런트입니다.

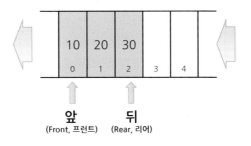

그림 7-4 큐의 프런트(front)와 리어(rear)

예를 들어, **그림 7-4**에서 큐에 새로운 자료 40을 추가한다면 어디에 추가될까요? 그림에서 현재 큐의 리어는 위치 인덱스 2에 저장된 자료 30입니다. 그러므로 위치 인덱스 3에 추가될 것으로 예상할 수 있습니다. 물론, 이렇게 새로운 자료를 추가하면 이 자료가 큐의 새로운 리어가 됩니다. 만약, 그림의 큐에서 자료를 반환한다면 어떤 자료가 반환될까요? 그림에서 현재 큐의 프런트는 위치 인덱스 0에 저장된 자료 10입니다. 그러므로 이 자료가 반환될 것입니다. 반환된 다음에는 자료 20이 새로운 프런트가 됩니다. 사실, 이러한 제약 사항 때문에 큐는 선입선출의 특성을 가지게 되었습니다.

참고로, 큐에서 새로운 자료를 추가하는 연산은 **인큐(enqueue)**라고 하며, 큐에서 기존 자료를 반환하는 연산은 **디큐**(dequeue)라고 합니다. 선입선출인 큐가 가능한 것은 프런트에서 자료를 반환하는 디큐 연산과 리어에서 자료를 추가하는 인큐 연산 때문입니다.

2. 큐의 사용 시나리오

선입선출의 큐가 실제로 어떻게 동작하는지 사용 예를 통해 살펴보겠습니다. 다음 그림은 큐 사용 시나리오의 한 예로, 세 개의 자료를 차례로 추가하는 과정을 보여줍니다. 큐의 인큐 (enqueue) 연산에 해당합니다.

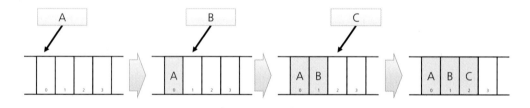

그림 7-5 인큐 연산의 예: 큐에 새로운 자료 세 개를 추가

그림 7-5는 비어 있는 큐에 세 개의 자료 A, B, C를 차례로 추가하는 과정을 보여줍니다. 먼저 자료 A가 빈 큐에 추가되고, 다음 단계로 저장된 A 뒤쪽에 새로운 자료 B가 저장됩니다. 마지막으로 B의 뒤쪽에 C가 저장됩니다. 인큐 연산에서 새로운 자료는 항상 기존 자료의 뒤쪽에만 추가되는 것을 알 수 있습니다. 즉, 인큐 연산은 큐의 맨 뒤인 리어에 새로운 자료를 추가합니다.

다음으로, 큐에서 세 개의 자료를 차례로 제거하여 반환하는 과정을 살펴보면 다음 그림과 같습니다. 큐의 디큐(dequeue) 연산에 해당합니다.

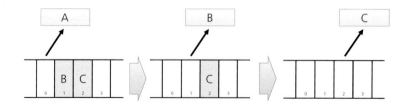

그림 7-6 디큐 연산의 예: 큐에서 자료 세 개를 제거하여 반환

디큐 연산은 스택의 팝 연산과 마찬가지로 기존 자료를 가져오는 연산입니다. 다만, 맨 앞인 프런트가 대상이라는 점이 다릅니다. 따라서, 맨 먼저 추가된 자료가 맨 먼저 반환됩니다. 반면, 스택은 가장 나중에 추가된 자료가 맨 먼저 반환됩니다. **그림 7-6**에서는 자료가 A→B→C 순서로 추가되어서 반환도 A→B→C 순서를 따릅니다. 디큐 연산은 자료를 추가한 순서대로 자료가 반환된다는 점에 주의하기 바랍니다.

큐 연산 중에 피크(peek) 연산이 있습니다. 이 연산은 큐에 저장된 자료에 접근할 때 디큐 연산과 다르게 자료를 제거하지 않고 해당 자료에 접근만 합니다. 그렇더라도 피크 연산은 큐의 맨 앞인 프런트의 자료에만 접근할 수 있습니다.

이제 구현 관점에서 이러한 연산들이 어떻게 동작하는지 과정을 살펴보겠습니다.

2.1 인큐 연산

인큐(enqueue) 연산은 큐의 리어에 새로운 자료를 추가합니다. 다음 그림은 A, B 두 개의 자료가 저장되어 있는 큐에 새로운 자료 C를 추가하는 과정입니다.

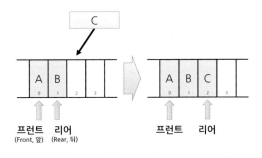

그림 **7-7** 큐의 인큐 연산

그림 7-7에서 큐의 첫 번째 자료로 A가 그리고 두 번째 자료로 B가 저장되어 있습니다. 즉, 자료 A의 위치 인덱스는 0이고 자료 B의 위치 인덱스는 1입니다. 따라서, 새로운 자료 C가 큐에 저장될 때, 위치 인덱스 2에 저장됩니다.

논리적으로 이유를 살펴보면 위치 인덱스 1이 현재 큐에서 맨 뒤이고 리어이기 때문입니다. 물론, 새로운 자료 C를 추가하면, 1을 더한 위치 인덱스 2가 새로운 리어가 됩니다. 큐의 리어는 항상 최신 자료를 가리키는 큐의 맨 끝이나 맨 뒤를 지칭합니다.

다만, 이러한 큐의 리어와 대조적으로 큐의 프런트는 여전히 자료 A를 가리키고 있습니다. 왜
냐하면, 인큐 연산은 리어를 대상으로 하기 때문에 프런트는 자료 추가와 관련해서는 아무 변
화가 없습니다. 큐의 프런트는 다음의 디큐 연산과 관련이 있습니다.

인큐 연산과 관련하여 한 가지만 더 살펴볼까요? 일반적으로 큐의 크기는 큐가 저장할 수 있
는 최대 자료의 개수를 말합니다. **그림 7-7**에서 큐는 최대 4개의 자료를 저장할 수 있어서 큐
의 크기는 4가 됩니다. 큐의 크기가 4인 큐에 자료를 4개 이상 추가하려고 하면 어떤 일이 발
생할까요? 즉, 5번째 자료를 추가할 때 어떤 일이 발생할까요? 아마도 큐 크기를 넘어서기 때
문에 자료는 큐에 추가되지 못할 것입니다. 이처럼 추가하는 자료가 큐의 크기를 초과해서 자
료가 추가되지 못하는 현상을 **넘침**(overflow)이라고 합니다.

넘침 현상은 저장 용량의 한계가 있는 모든 자료구조, 예를 들어 배열 리스트, 배열 스택, 배
열 큐 등에서 발생할 수 있습니다. 이번 장의 뒤에서 살펴볼 연결 큐에서는 동적 메모리 할당
으로 이러한 넘침 현상이 없습니다.

2.2 디큐 연산

디큐(dequeue) 연산은 큐의 프런트에서 자료를 제거하여 반환합니다. 다음 그림은 두 개의 자료
가 저장된 큐에 디큐 연산을 수행하는 과정을 보여줍니다.

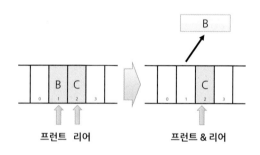

그림 7-8 큐의 디큐 연산

맨 앞에 있는 자료를 가리켜 프런트(front, 앞)라고 했습니다. **그림 7-8**의 큐에서는 현재 프런트
가 자료 B를 가리키고 있습니다. 즉, 자료 B가 현재 큐에서 맨 앞에 있습니다. 물론, 자료 C는
큐에서 맨 뒤인 리어가 됩니다.

이러한 큐에 디큐 연산을 수행하면 **그림 7–8**의 오른쪽처럼 자료 B가 제거되어 반환됩니다. 이때 기존의 프런트가 제거되어서 새로운 프런트는 한 칸 오른쪽으로 이동하여, 결국 자료 C가 새로운 프런트가 됩니다. 또한, 큐에 저장된 자료가 한 개뿐이어서 프런트와 리어가 동시에 같은 자료 C를 가리키게 됩니다.

큐에서 프런트와 리어가 모두 자료 C를 가리킨다는 것은 세 가지 의미가 있습니다. 먼저, 프런트이기 때문에 자료 C가 큐에서 맨 앞이며 맨 먼저 추가된 자료라는 뜻입니다. 또한, 리어이기 때문에 자료 C가 맨 뒤이며 맨 나중에 추가된 자료라는 뜻입니다. 마지막으로, 현재 큐에 자료가 하나밖에 없다는 뜻입니다.

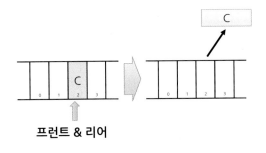

그림 7-9 유일한 자료에 대한 디큐 연산

그런데 마지막으로 남은 자료에 디큐 연산을 수행하면 어떻게 될까요? 큐에 아무 자료도 없는 상태가 되며 공백 혹은 빈 상태라고 합니다. 이러한 공백 상태의 빈 큐에서 디큐 연산을 수행하면 어떤 일이 발생할까요? 아마도 자료를 제거하지도 반환하지도 못할 것입니다. 이 같은 현상은 **부족**(underflow)이라고 합니다.

앞서 큐가 선입선출의 특성을 갖는 이유가 자료의 추가는 리어(맨 뒤)에서, 자료의 반환은 프런트(맨 앞)에서만 가능하기 때문으로 설명하였습니다. 따라서, 인큐와 디큐 연산을 구현할 때 프런트와 리어를 어떻게 변경해야 할지를 주의 깊게 고려해야 합니다.

2.3 피크 연산

앞서 디큐 연산과 비슷한 연산으로 피크(peek) 연산이 있음을 이야기 했습니다. 이 연산은 큐에서 프런트의 자료를 반환한다는 점에서는 디큐 연산과 같습니다. 다만, 자료를 제거하지 않고 단지 값만 반환한다는 점이 다릅니다. 다음 그림은 피크 연산을 수행하는 과정을 보여줍니다.

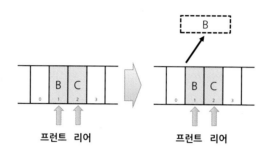

그림 7-10 큐의 피크 연산

그림 7-10의 왼쪽 그림에서 현재 큐의 프런트가 자료 B를 가리키고 있습니다. 즉, 위치 인덱스 1에 저장된 자료 B가 현재 큐의 프런트입니다. 이러한 큐를 대상으로 피크 연산을 수행한 결과를 오른쪽 그림이 보여줍니다. 그림의 점선에서 알 수 있듯이 피크 연산은 프런트를 이용하여 큐의 가장 오래된(먼저 추가된) 자료 B의 값을 반환합니다. 이때 큐에서 자료 B를 제거하지 않는다는 점에 특별히 주의해야 합니다. 즉, 자료 B를 반환하기만 하지 제거하지는 않습니다. 그 결과 피크 연산을 수행해도 큐에서 프런트와 리어는 변화가 없습니다.

이상으로 선입선출의 특성이 있는 큐의 개념과 큐의 인큐, 디큐, 피크 연산을 살펴보았습니다. 다음으로, 이러한 자료구조인 큐를 실제 소스로 구현해 보겠습니다. 그전에 큐를 사용하면서 필요한 연산을 추상 자료형으로 정의해 보겠습니다.

3. 큐의 추상 자료형

자료구조인 큐를 구현하기 전에 필요한 기본적인 연산을 정리해 볼까요? 자료구조의 기본 연산을 정리한 것이 추상 자료형이므로 여기서는 큐의 추상 자료형을 살펴보겠습니다. 큐를 실제로 사용하기 위해서는 기본적으로 다음 표에 있는 기능이 필요합니다.

표 7-1 큐의 추상 자료형

이름		입력	출력	설명
큐 생성	createQueue()	큐의 크기 n	큐 q	빈 큐 q를 생성
큐 삭제	deleteQueue()	큐 q	N/A	큐의 메모리를 해제
자료 추가 가능 여부 판단	isFull()	큐 q	True/False	큐에 인큐를 수행할 수 있는지를 반환, 배열 큐인 경우에만 의미 있음
빈 큐인지 판단	isEmpty()	큐 q	True/False	빈 큐인지를 반환
인큐	enqueue()	큐 q	성공/실패 여부	큐의 맨 뒤에 새로운 자료를 추가
디큐	dequeue()	자료 data	자료	큐의 맨 앞에 있는 자료를 제거한 뒤 이를 반환
피크	peek()	큐 q	자료	큐의 맨 앞에 있는 자료를 반환(큐에서 제거하지는 않음)

큐를 사용하려면 먼저 큐를 생성할 수 있어야겠지요? 연산 createQueue()는 새로운 큐를 생성합니다. 단, 이 연산에서 입력 파라미터 n은 큐의 크기를 의미합니다. 만약, 크기가 10인 큐에 11번째 자료를 추가하려고 하면 어떤 일이 생기나요? 앞서 큐의 크기를 초과해서 자료를 저장하려고 하면 넘침 현상이 발생한다고 했습니다. 즉, 새로운 자료는 큐에 추가되지 않습니다. 물론, 큐의 최대 저장 자료 개수라는 제약 사항은 큐를 어떻게 구현하느냐에 따라 결정됩니다. 예를 들어, 배열을 이용하여 큐를 구현하면 최대 저장 개수에 대한 제약 사항이 필요합니다. 반면, 포인터를 이용한 큐는 이 제약 사항이 없습니다.

연산 isFull()은 큐에 새로운 자료를 추가할 수 있는지를 알려줍니다. 이미 큐가 가득 차 있으면 False를 반환하고, 추가할 수 있으면 True를 반환합니다. 물론, 이 연산은 배열로 큐를 구현한 경우에만 의미가 있습니다. 최대 저장 자료 개수가 있기 때문입니다. 이와 비교하여 연산 isEmpty()는 큐가 비어 있는지를 알려줍니다.

연산 enqueue()는 큐에 새로운 자료를 추가하는 인큐에 해당합니다. 앞서 설명에서 인큐는 큐의 맨 뒤인 리어에 새로운 자료를 추가한다는 점을 기억하실 겁니다. 아울러, 큐에 맨 앞 자료를 반환하는 연산 dequeue() 디큐와 연산 peek()가 있습니다. 단, 디큐 연산은 큐에서 자료를 제거하여 반환하는 반면, 피크 연산은 자료를 제거하지 않고 단지 값만 반환한다는 점에 주의하기 바랍니다. 마지막으로, 사용이 끝난 큐의 메모리를 해제(삭제)해 주는 연산 deleteQueue()도 있습니다.

이상으로 큐의 추상 자료형을 정의하면서 기본적인 연산들을 살펴보았습니다. 이러한 큐의 추상 자료형을 실제 C 언어로 구현해 보겠습니다. 구현은 배열을 이용하거나 포인터를 이용합니다. 앞서 리스트나 스택에서 설명한 것과 마찬가지로 구현 복잡도나 메모리 효율성이 결정됩니다.

먼저 배열을 이용하여 구현한 큐를 살펴보도록 하겠습니다.

4. 배열로 구현한 선형 큐

큐를 구현하는 첫 번째 방법은 배열을 사용합니다. 2장의 배열 리스트와 5장의 배열 스택과 마찬가지로 C 언어의 1차원 배열을 이용하여 큐의 추상 자료형을 구현합니다. 이번 절에서 배우는 큐는 배열로 구현한 선형 큐입니다. 이를 줄여서 **배열 선형 큐**라고 부릅니다. 일반적으로 배열 큐라고 하면, 다음 절에서 배우는 배열 원형 큐를 말합니다.

그러면 이번 절에서 배우는 큐는 왜 배열 큐라고 부르지 않을까요? 배열 선형 큐는 1차원 배열을 이용하기 때문에 미리 크기를 지정해야 하는 제약 사항이 있습니다. 그러나 이것 외에도 문제가 더 있습니다. 배열 선형 큐는 인큐(enqueue)와 디큐(dequeue) 연산을 반복하다 보면, 배열 앞부분부터 사용할 수 없는 빈 곳이 생깁니다. 계속해서 사용해야 하는 자료구조로서 이 문제는 치명적입니다. 배열 선형 큐를 기본으로 하고 문제를 해결한 자료구조가 배열 원형 큐입니다. 이 때문에 배열로 구현한 큐를 사용할 때는 배열 원형 큐를 사용하거나 포인터로 구현한 연결 큐를 사용합니다.

다만, 비교적 간단하게 구현할 수 있고 큐의 기본 개념을 쉽게 이해할 수 있어서 배열 선형 큐를 먼저 알아보겠습니다.

4.1 노드의 구조

배열로 구현한 선형 큐에서도 노드를 사용합니다. 노드는 앞서 리스트와 스택에서 살펴보았듯이 자료를 저장하는 단위입니다. 이번 큐에서도 동일하게 사용합니다. 배열 선형 큐에서는 노드 사이의 링크는 필요 없기 때문에 **그림 7-11**과 같이 노드는 단순히 자료만 저장합니다. 그런데도 굳이 노드로 한 번 더 자료를 감싸는 이유는 앞장에서도 설명했듯이 동시에 여러 개의 자료를 저장할 수 있도록 하기 위해서입니다.

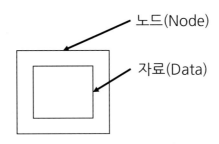

그림 7-11 배열 큐에서 노드의 구조

다음은 배열 선형 큐에서 사용하는 노드 ArrayQueueNode를 구현한 소스입니다.

예제 07_01.c (1번째 부분)

```
01    #include <stdio.h>
02    #include <stdlib.h>
03
04    typedef struct ArrayQueueNodeType
05    {
06        char data;
07    } ArrayQueueNode;
```

소스 줄 6에서 현재 구현된 배열 선형 큐의 노드는 char형의 자료를 한 개 저장합니다.

다음으로, 노드를 이용하여 실제 자료를 저장하는 배열로 구현하는 선형 큐의 구조와 소스를 살펴보겠습니다.

4.2 배열 선형 큐의 구조

앞서 정의된 노드를 이용해서 배열로 구현하는 큐를 살펴보겠습니다 먼저 이러한 큐의 전체적인 모습은 다음 그림과 같습니다.

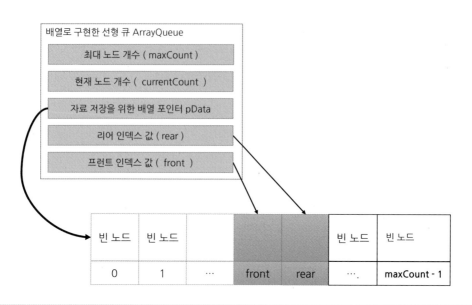

그림 7-12 배열로 구현한 선형 큐의 구조

그림 7-12에서 보듯이 배열로 구현한 선형 큐는 큐의 크기(최대 노드 개수)를 멤버 변수 maxCount로 저장합니다. 따라서, pData가 가리키는 배열의 원소 개수는 maxCount입니다. 여기서 배열의 원소 개수가 maxCount라는 것을 어떻게 알 수 있나요? **그림 7-12**에서 배열의 마지막 원소의 인덱스 값이 (maxCount – 1)이기 때문입니다. 인덱스가 0부터 시작하기 때문에 마지막 원소의 인덱스가 maxCount가 아니라 (maxCount – 1)입니다.

또한, 배열 선형 큐에 저장된 현재 노드 개수를 멤버 변수 currentCount에 저장합니다. 그런데 배열 선형 큐는 5장의 배열 스택과 다르게 프런트와 리어의 위치를 저장하기 위해 별도의 멤버 변수인 front와 rear를 사용합니다. 이들 변수를 이용하여 새로운 노드의 추가(인큐 연산)나 반환(디큐나 피크 연산)이 가능합니다.

그림 7-12에서 배열 선형 큐의 재미있는 특징을 볼 수 있는데요, 프런트 앞에 빈 노드가 있습니다. 인큐 연산을 수행하면 큐의 앞에서부터 자료가 제거되어 반환되기 때문입니다. 큐의 연산에 대한 내용은 뒤에서 자세히 다루겠습니다.

배열 선형 큐의 구조체를 실제 C 언어로 정의하면 다음의 소스와 같습니다.

예제 07_01.c (2번째 부분)

```
09    typedef struct ArrayQueueType
10    {
11        int maxCount;              // 최대 자료 개수
12        int currentCount;          // 현재 자료 개수
13        int front;                 // 프런트 위치
14        int rear;                  // 리어 위치
15        ArrayQueueNode *pData;     // 자료를 저장하는 1차원 배열 포인터
16    } ArrayQueue;
17
18    int isArrayQueueFull(ArrayQueue* pQueue);
19    int isArrayQueueEmpty(ArrayQueue* pQueue);
```

소스 줄 09~16까지는 구조체 ArrayQueue를 선언합니다. 이 구조체는 최대 저장 가능한 자료 개수를 저장하는 maxCount, 현재 자료 개수를 저장하는 currentCount, 프런트와 리어의 위치를 저장하는 front와 rear, 실제 자료를 저장하는 배열의 포인터 pData로 구성됩니다.

다음으로, 배열 선형 큐가 제공해야 하는 여러 연산을 어떻게 구현할지 살펴보겠습니다.

4.3 큐의 생성

먼저 배열 선형 큐 자체를 생성해 주는 함수 createArrayQueue()를 살펴보도록 하겠습니다. 추상 자료형에서 정의한 이름 createQueue()에서 Queue를 ArrayQueue로 변경했습니다. 이렇게 한 이유는 다음 6절(포인터로 구현한 큐)에서 구현하는 함수와 구분하기 위해서입니다. 또한, 배열 선형 큐에서는 함수 이름에 ArrayQueue 혹은 약어 AQ (ArrayQueue)를 추가하여 연결 큐와 구분 짓도록 하겠습니다.

이제 배열로 구현한 선형 큐를 생성하는 소스를 살펴볼까요?

예제 07_01.c (3번째 부분)

```
21    ArrayQueue* createArrayQueue(int size)
22    {
23        ArrayQueue *pReturn = NULL;
24
```

```
25        pReturn = (ArrayQueue *)malloc(sizeof(ArrayQueue));
26        memset(pReturn, 0, sizeof(ArrayQueue));
27        pReturn->maxCount = size;
28        pReturn->front = -1;
29        pReturn->rear = -1;
30
31        pReturn->pData = (ArrayQueueNode *)malloc(sizeof(ArrayQueueNode) * size);
32        memset(pReturn->pData, 0, sizeof(ArrayQueueNode) * size);
33
34        return pReturn;
35    }
```

> 25~26: ① 메모리 할당과 0으로 초기화

> 27~29: ② 큐 크기 설정, 프런트(front)와 리어(rear)의 위치 초기화

> 31~32: ③ 자료를 저장하는 배열의 메모리를 할당, 0으로 초기화

함수 createArrayQueue()는 소스 줄 25~29에서 배열 선형 큐 자체의 메모리를 할당하고 초기화합니다. 줄 26에서 이 구조체의 멤버 변수들을 모두 0으로 초기화합니다. 그래서 최대 자료 개수(maxCount)와 현재 자료 개수(currentCount)가 모두 0이 됩니다. 따라서, 줄 27에서 최대 자료 개수만 입력 파라미터 size로 전달받아 재지정합니다. 여기서 주의할 점은 프런트와 리어의 위치를 −1로 초기화하는 점입니다. 이 부분은 인큐 연산의 동작 방식과 관련이 있어서 뒤의 인큐 연산에서 다시 살펴보기로 하겠습니다. 다음으로, 줄 31~32에서는 최대 자료 개수(maxCount)만큼의 노드로 이루어진 배열을 생성하고 함수 memset()을 이용하여 구조체 전체를 한 번에 0으로 초기화합니다.

그런데 사실 함수 createArrayQueue()의 소스에 당연히 해야 하는 메모리 점검 로직이 빠져 있습니다. 전달받는 입력 파라미터가 −1과 같이 음수이거나, 프로그램이 실행되는 동안 메모리 부족 등이 발생하면 프로그램이 강제로 종료될 수 있습니다. 소스 안정화를 어떻게 해야 하는 지는 연습 문제에서 별도로 다루도록 하겠습니다.

4.4 인큐 연산

이제 큐에서 핵심이 되는 인큐 연산을 배열 선형 큐를 대상으로 구현해 보겠습니다. 배열 선형 큐의 리어에 새로운 자료를 추가하는 함수 enqueueAQ()를 구현 관점에서 살펴보면 다음 그림과 같습니다.

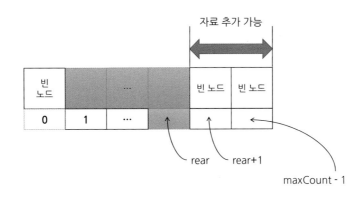

그림 7-13 배열로 구현한 선형 큐에서 인큐 연산

그림 7-13에서 핵심은 멤버 변수 rear에 있습니다. 이 변수는 노드를 저장하는 배열에서 리어의 위치 인덱스를 저장합니다. 즉, 배열에서 마지막으로 저장된 자료의 위치 인덱스가 변수 rear의 값입니다. 만약 이 변수가 3이면 배열의 몇 번째 자료가 마지막 자료가 되나요? 인덱스는 0부터 시작하기 때문에 위치 인덱스가 3이면 네 번째 자료가 마지막입니다. 따라서, 새로운 노드를 추가하면 이 노드의 위치 인덱스는 rear + 1입니다.

여기서 질문입니다. 처음에 배열 선형 큐가 비어 있으면 변수 rear의 값은 얼마일까요? 즉, 기존에 자료가 아무것도 없으면 변수 rear의 값은 얼마일까요? 정답은 −1입니다. 빈 큐에 처음으로 노드를 추가하면 이 노드의 위치 인덱스가 0이 되어야 하기 때문입니다. 따라서, 변수 rear의 값이 −1이면 현재 큐가 아무 자료도 저장하고 있지 않은 빈 상태인 것을 뜻합니다.

마지막으로, 인큐 연산과 관련하여 **그림 7-13**에서 중요한 점 하나만 살펴보겠습니다. 배열 선형 큐에서 언제까지 새로운 노드를 추가할 수 있을까요? 그림을 보면 배열의 위치 인덱스가 최대 (maxCount - 1)까지 커질 수 있습니다. 따라서, 배열 선형 큐가 가득 차서 더 이상 새로운 노드를 추가할 수 없는 조건은 다음과 같습니다.

```
rear == maxCount - 1          ①
```

리어의 위치 인덱스인 변수 rear의 값이 배열의 마지막 위치 인덱스 (maxCount - 1)에 도달하면 배열 선형 큐가 가득 차서 더 이상 새로운 자료를 추가할 수 없습니다. 물론, 조건식 ① 이외에 현재 저장된 자료의 개수 currentCount가 최대 자료 개수 maxCount와 같은 조건도 생각할 수 있습니다.

> ```
> currentCount == maxCount              ②
> ```

조건식 ②는 현재 저장된 개수 currentCount가 배열의 최대 자료 개수 maxCount와 같은 경우라면, 큐가 가득 차 있다는 것입니다.

배열 선형 큐는 두 가지 조건식 중 하나라도 만족하면 더 이상 자료를 추가할 수 없습니다. 배열 선형 큐에 추가할 공간이 더 없거나 정말로 가득 찼기 때문입니다. 사실 지금까지 리스트와 스택에서는 배열에 자료가 가득 차 있는지 점검하는 방법으로 조건식 ②만으로도 충분했습니다. 반면 배열 선형 큐에서는 배열에 공간은 있지만, 리어 뒤에 공간이 없는 경우에는 인큐 연산을 수행할 수 없습니다. 이것은 디큐 연산을 수행하게 되면 배열의 앞인 프런트에서 자료가 제거되기 때문입니다. 즉, 공간은 있지만 이 공간을 새로운 자료를 추가하는 데는 사용할 수 없는 구조적인 제약 사항 때문입니다. 이러한 제약 사항을 배열 선형 큐를 구현하면서 해결해 보겠습니다.

예제 07_01.c (4번째 부분)

```c
37    int enqueueAQ(ArrayQueue* pQueue, char data)
38    {
39        int ret = 0;
40
41        if(pQueue != NULL) {
42            if(isArrayQueueFull(pQueue) == 0) {
43                pQueue->rear++;                          // ③ 리어 위치 변경
44                pQueue->pData[ pQueue->rear ].data = data; // ④ 새로운 자료 추가
45                pQueue->currentCount++;                  // ⑤ 현재 자료 개수 증가
46                ret = 1;
47            }
48            else {
49                printf("오류, 큐가 가득 찼습니다, enqueueAQ( )\n");
50            }
51        }
52
53        return ret;
54    }
```

> **41:** ① 입력 파라미터에 대한 유효성 점검. 메모리 NULL 여부 점검
>
> **42:** ② 새로운 자료 추가 가능 여부를 점검

소스 줄 41~42는 현재 배열 선형 큐에 새로운 노드를 추가할 수 있는지 먼저 점검합니다. 메

모리가 NULL인지와 배열에 새로운 자료를 추가할 수 있는지를 점검합니다. 새로운 자료의 추가가 가능한지를 점검하는 함수 isArrayQueueFull()은 바로 다음에서 살펴보겠습니다. 이렇게 점검이 끝나면 줄 43~44에서는 배열 선형 큐의 리어를 한 칸 오른쪽으로 이동해서 새로운 노드를 추가합니다. 물론, 현재 배열 선형 큐에 저장된 자료의 개수도 1만큼 증가시킵니다(줄 45). 만약, 새로운 자료를 성공적으로 추가하면 함수의 성공을 알리기 위해 TRUE에 해당하는 1을 지정하여(줄 46) 반환하고, 새로운 자료를 추가하지 못하면 FALSE에 해당하는 0 (초깃값)을 반환합니다.

다음으로, 배열 선형 큐에 새로운 자료를 추가(인큐)할 수 있는지를 확인하는 함수 isArrayQueueFull()을 살펴볼까요?

예제 **07_01.c (5번째 부분)**

```
56    int isArrayQueueFull(ArrayQueue* pQueue)
57    {
58       int ret = 0;
59
60       if(pQueue != NULL) {
61          if(pQueue->currentCount == pQueue->maxCount
62             || pQueue->rear == pQueue->maxCount - 1) {
63             ret = 1;
64          }
65       }
66
67       return ret;
68    }
```

배열 선형 큐가 가득 차 있는지를 판단하는 함수 isArrayQueueFull()은 줄 61~62에서 현재 큐의 노드 개수를 저장하는 변수 pQueue→currentCount를 이용할 뿐 아니라 현재 큐의 맨 마지막 노드의 위치를 저장하는 pQueue→rear 변수도 이용합니다.

다음과 같이 앞서의 조건식 ①과 ②를 모두 검사하기 위해서입니다. 먼저, 현재 노드 개수 pQueue→currentCount가 최대 노드 개수 pQueue→maxCount와 같다면 배열 선형 큐가 가득 찬 상태입니다.

```
pQueue->currentCount == pQueue->maxCount || pQueue->rear == pQueue->maxCount - 1
```

그런데 이뿐 아니라 리어가 현재 노드 배열의 맨 마지막인 경우에도 디큐가 불가능합니다. 왜
냐하면, 리어의 오른쪽으로 더 이상 빈 노드가 없기 때문입니다. 이러한 상황을 그림으로 나
타내면 다음과 같습니다.

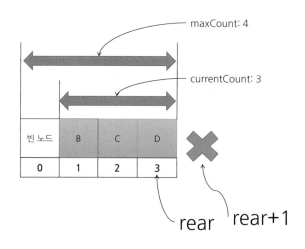

그림 7-14 더 이상 인큐 연산이 불가능한 상황의 예

그림 7-14는 위치 인덱스인 변수 rear가 더 이상 증가할 수 없어 배열 선형 큐에 새로운 자료를
추가할 수 없는 상황을 보여줍니다. 참고로 그림의 배열 선형 큐는 최대 네 개까지 노드를 저
장할 수 있습니다. 그런데 위치 인덱스 0인 노드가 비어 있고, 위치 인덱스 1, 2, 3인 노드에
자료가 있습니다. 지금까지 모두 네 번 자료가 인큐되었고 한 번 자료가 디큐되었다는 것을 추
정할 수 있습니다. 이럴 때 리어를 가리키는 위치 인덱스인 변수 rear의 값은 3입니다.

이처럼 저장 공간이 있음에도, 더 이상 자료를 추가할 수 없는 문제를 해결하는 방법은 다음
5절(배열로 구현한 원형 큐)에서 자세히 살펴보겠습니다. 일단 배열 선형 큐에서는 큐가 실제 가
득 차지 않았지만, 자료 추가가 불가능한 다음 조건을 꼭 기억하기 바랍니다.

```
pQueue->rear == pQueue->maxCount - 1              ③
```

그림 7-14를 보자면 변수 rear의 값은 3이고 (maxCount - 1)의 값도 3이기 때문에 조건식 ③을
만족합니다. 즉, 위치 인덱스인 변수 rear가 노드의 끝까지 이동해서 더 이상 노드의 추가가 불
가능한 상태(노드가 가득 찬 상태)라는 것을 알려 줍니다.

다음으로, 배열 선형 큐의 맨 앞 노드를 제거하여 반환하는 디큐 연산과 맨 앞 노드만을 단순히 반환하는 피크 연산에 대해서 살펴보겠습니다.

4.5 디큐와 피크 연산

배열 선형 큐에서 기존 노드를 반환하는 함수는 디큐(dequeue)와 피크(peek) 함수입니다. 두 함수 모두 배열 선형 큐의 맨 앞 프런트(front)에 있는 노드를 반환합니다. 다만, 디큐 연산이 큐에서 기존 노드를 제거하여 반환하는 반면, 피크 연산은 제거하지 않고 반환만 합니다. 구현 관점에서 살펴보면 다음과 같습니다.

다음 그림은 인큐 연산을 수행해서 프런트 노드를 반환하고 새로운 프런트 노드를 가리키기 위해 멤버 변수 front를 1만큼 증가시키는 과정을 보여줍니다.

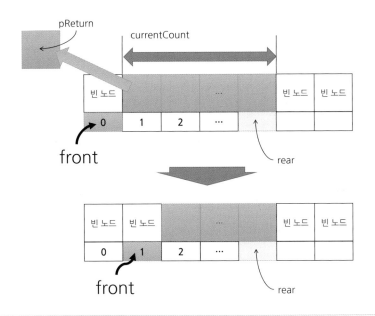

그림 7-15 배열로 구현한 선형 큐에서 디큐 연산

그림 7-15에서 핵심은 멤버 변수 front에 있습니다. 이 변수는 노드를 저장하는 배열에서 프런트(front) 노드의 이전(previous) 위치를 가리킵니다. 예를 들어, **그림 7-15**에서 처음에는 프런트 노드의 위치 인덱스가 1이지만, 이때 멤버 변수 front의 값은 0입니다. 반면, 디큐 연산을 수행한 이후에는 프런트 노드의 위치 인덱스는 2가 되지만, 멤버 변수 front의 값은 1입니다. 즉, 멤

버 변수 front의 값은 프런트 노드의 이전 위치 인덱스가 됩니다. 앞서 멤버 변수 rear가 리어 노드를 직접 가리키는 것과 다릅니다.

그러면, 왜 이렇게 구현할까요? 사실 굳이 멤버 변수 front가 이전 노드를 가리키지 않고 프런트 노드를 직접 가리키도록 구현해도 됩니다. 이럴 경우 구현 로직이 좀 복잡해질 수 있습니다. 앞서 빈 큐에서는 멤버 변수 rear의 초깃값을 −1로 지정하기 때문에 마찬가지로 멤버 변수 front도 빈 큐에서는 처음에 −1로 초기화합니다.

만약 멤버 변수 front가 프런트 노드를 직접 가리킨다면 빈 큐에서 새로운 자료를 추가하는 경우 멤버 변수 rear의 값뿐 아니라 멤버 변수 front의 값도 1만큼 증가시켜 0을 만들어야 합니다. 그런데 인큐 연산에서 이 연산과 상관이 없는 프런트를 가리키는 멤버 변수 front의 값을 변경한다는 것이 좀 이상합니다. 따라서, 여기서는 멤버 변수 front의 초깃값을 −1로 지정하여 인큐 연산에서 front의 값을 변경하지 않도록 하였습니다.

지금까지 살펴본 디큐 연산의 과정을 실제 소스를 통해 살펴보면 다음과 같습니다.

예제 07_01.c (6번째 부분)

```
70   ArrayQueueNode *dequeueAQ(ArrayQueue* pQueue)
71   {
72       ArrayQueueNode *pReturn = NULL;
73       if(pQueue != NULL) {
74           if(isArrayQueueEmpty(pQueue) == 0) {
75               pReturn = (ArrayQueueNode *)malloc(sizeof(ArrayQueueNode));
76               if(pReturn != NULL) {
77                   pQueue->front++;
78                   pReturn->data = pQueue->pData[ pQueue->front ].data;
79                   pQueue->currentCount--;
80               }
81               else {
82                   printf("오류, 메모리 할당,dequeueAQ( )\n");
83               }
84           }
85       }
86
87       return pReturn;
88   }
```

> **73~74**: ① 입력 파라미터에 대한 유효성 점검, 메모리 NULL 여부와 빈 큐인지 여부

> **75~76**: ② 반환 노드에 대한 메모리 할당과 점검

> **77~78**: ③ 프런트 위치 변경 및 반환 노드 내용 복사

> **79**: ④ 현재 노드 개수 1 감소

디큐 함수 dequeueAQ()는 먼저 줄 73~74에서 비어 있는 큐인지 등의 유효성을 점검합니다. 만약 배열 선형 큐가 비어 있으면 디큐 연산을 수행할 수 없겠지요? 함수 isArrayQueueEmpty()는 다음에서 바로 살펴보겠습니다. 그런 다음 줄 75~76에서 반환된 노드에 대하여 메모리를 할당하고 유효성을 점검합니다. 반환되는 노드에 대해서 새롭게 메모리를 할당한다는 점을 주의해 주세요. 메모리를 할당하여 반환하기 때문에 함수 dequeueAQ()를 호출하는 쪽이 전달받은 노드 ArrayQueueNode의 포인터에 대한 메모리를 해제해야 합니다.

소스 줄 77에서 멤버 변수 front를 1만큼 증가시켜 프런트를 한 칸 이동합니다. 그런데 1만큼 증가시킨 값은, 사실 현재 프런트 자체의 위치 인덱스입니다. 따라서, 줄 78에서는 이렇게 증가한 멤버 변수 front를 이용하여 반환하는 노드의 값을 현재 프런트 노드의 값으로 복사합니다.

또한, 줄 79에서는 현재 노드 개수인 pQueue->currentCount를 1만큼 감소시킵니다. 디큐 연산에서는 기존 노드가 제거되어 반환되기 때문입니다. 단, 여기서는 배열 pQueue에서 제거된 노드에 대해서는 별도로 메모리 초기화를 수행하지 않습니다. 위치 인덱스인 변수 front의 값을 증가시킨 것만으로도 충분하기 때문입니다.

앞의 인큐 함수와 달리 디큐 함수에서는 디큐 연산이 실패한 경우에 TRUE/FALSE의 값을 반환하지는 않습니다. 다만, 배열 선형 큐가 비어 있는 등의 예외 상황에서는 NULL을 반환합니다. 또한, 만약 디큐 연산이 성공하면 NULL이 아닌 값을 전달하는데, 이 경우 새로운 메모리가 할당된 노드의 주솟값을 반환합니다. 물론, 함수 dequeueAQ()를 호출한 쪽에서는 반환되는 노드가 NULL이 아니라면, 반환되는 노드를 사용한 후에 반드시 메모리를 해제해야 합니다.

다음으로, 배열 선형 큐가 비어 있는지를 판단하는 함수 isArrayQueueEmpty()의 소스를 살펴볼까요?

예제 **07_01.c** (8번째 부분)

```
103    int isArrayQueueEmpty(ArrayQueue* pQueue)
104    {
105        int ret = 0;
106
```

```
107        if(pQueue != NULL) {
108            if(pQueue->currentCount == 0) {
109                ret = 1;
110            }
111        }
112
113        return ret;
114  }
```

함수 isArrayQueueEmpty()는 줄 108에서 현재 배열 선형 큐의 노드 개수를 저장하는 변수
pQueue->currentCount를 점검합니다. 만약 멤버 변수 currentCount의 값이 0이면 현재 큐가
비어 있는 상태입니다.

```
pQueue->currentCount == 0
```

다음으로, 배열 선형 큐에서 맨 앞 프런트(front)에 있는 노드를 제거하지 않고 단지 반환만 하
는 피크 함수에 대해서 살펴보도록 하겠습니다. 구현 관점에서 노드가 반환되는 과정을 그림
을 통해 살펴보면 다음과 같습니다.

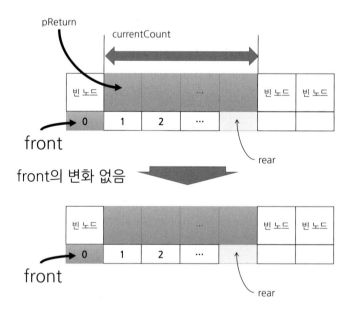

그림 7-16 배열로 구현한 선형 큐애서 피크 연산

그림 7-16을 보면 현재 위치 인덱스 front + 1에 있는 노드의 포인터가 pReturn을 통해 반환됩니다. 또한, 반환되는 노드가 제거되지 않기 때문에 함수 peekAQ()를 호출한 이후에도 멤버 변수 front의 값이 그대로입니다. 물론, 당연히 현재 노드 개수 pQueue->currentCount도 그대로 유지합니다. 모든 것이 피크 연산은 프런트 노드가 제거되지 않기 때문입니다.

이러한 피크 연산의 실제 소스는 다음과 같습니다.

예제 07_01.c (7번째 부분)

```
090   ArrayQueueNode *peekAQ(ArrayQueue* pQueue)
091   {
092       ArrayQueueNode *pReturn = NULL;
093       if(pQueue != NULL) {
094           if(isArrayQueueEmpty(pQueue) == 0) {
095               pReturn = &(pQueue->pData[ pQueue->front + 1 ]);
096           }
097       }
098
099       return pReturn;
100   }
```

함수 dequeueAQ()와 비교해서 함수 peekAQ()는 비교적 간단합니다. 줄 93~94에서 입력 파라미터에 대한 유효성 검증을 인큐 함수 dequeueAQ()와 같게 수행합니다. 다만, 줄 95에서 알 수 있듯이 피크 연산이므로, 단순히 프런트 노드에 대한 포인터만을 반환합니다. 물론, 현재 배열 선형 큐가 비어 있는 상태라든지 등의 이유로 반환할 노드가 없으면 NULL을 반환합니다. 또한, 기존 배열에 대한 포인터를 반환하는 것이기 때문에 이 함수를 사용하는 쪽에서 메모리 해제를 호출해서는 안 됩니다.

줄 95에서 반환되는 노드를 가리키는 위치 인덱스로 pQueue->front 대신에 pQueue->front + 1을 한 이유는 무엇인가요? 여기서 pQueue->front + 1을 사용한 이유는 멤버 변수 front는 프런트 노드의 이전 위치를 가리키기 때문입니다. 따라서, 현재 프런트 노드 자체를 가리키기 위해 + 1을 한 값을 사용합니다. 참고로, 함수 dequeueAQ()에서는 멤버 변수 front를 1만큼 증가시켜 프런트를 아예 한 칸 이동했었습니다.

지금까지 인큐와 디큐, 피크 연산 등의 중요 함수들을 설명했습니다. 이제 남은 연산들의 소스를 살펴보도록 하겠습니다.

4.6 기타 연산들

배열 선형 큐와 관련해서 남은 함수들에 대한 소스는 다음과 같습니다.

예제 07_01.c (9번째 부분)

```
116    void deleteArrayQueue(ArrayQueue* pQueue)
117    {
118        if(pQueue != NULL) {
119            if(pQueue->pData != NULL) {
120                free(pQueue->pData);
121            }
122            free(pQueue);
123        }
124    }
125
126    void displayArrayQueue(ArrayQueue *pQueue)
127    {
128        int i = 0;
129
130        if(pQueue != NULL) {
131            printf("큐의 크기: %d, 현재 노드 개수: %d\n",
132                pQueue->maxCount,
133                pQueue->currentCount);
134
135            for(i = pQueue->front + 1; i <= pQueue->rear; i++) {
136                printf("[%d]-[%c]\n", i, pQueue->pData[ i ].data);
137            }
138        }
139    }
```

먼저, 함수 deleteArrayQueue()는 배열 선형 큐 자체의 메모리를 해제하는 함수입니다. 큐 삭제 시에 줄 122에서 큐 구조체 자체에 대한 메모리 해제뿐 아니라, 그 이전에 줄 120에서 노드를 저장하는 배열을 가리키는 포인터 변수 pData에 대한 메모리도 해제한다는 점에 주의하기 바랍니다.

또한, 함수 displayArrayQueue()는 큐의 노드에 저장된 값을 모두 출력하는 함수입니다. 배열 선형 큐에 저장된 노드들의 위치 인덱스가 front + 1부터 rear까지라는 점만 주의하면(줄 135) 특별히 이해가 어려운 점은 없을 것입니다.

마지막으로, 지금까지 구현한 배열 선형 큐를 실제 이용하는 예제 프로그램의 소스는 다음과 같습니다.

예제 07_01.c (10번째 부분)

```
141    int main(int argc, char *argv[])
142    {
143        ArrayQueue *pQueue = NULL;
144        ArrayQueueNode *pNode = NULL;
145
146        pQueue = createArrayQueue(4);
147        if(pQueue != NULL) {
148
149            enqueueAQ(pQueue, 'A');        // 큐 초기화: 'A', 'B', 'C', 'D' 추가
150            enqueueAQ(pQueue, 'B');
151            enqueueAQ(pQueue, 'C');
152            enqueueAQ(pQueue, 'D');
153            displayArrayQueue(pQueue);
154
155            pNode = dequeueAQ(pQueue);
156            if(pNode != NULL) {
157                printf("Dequeue Value-[%c]\n",
158                    pNode->data);
159                free( pNode );
160            }
161            displayArrayQueue(pQueue);
162
163            pNode = peekAQ(pQueue);
164            if(pNode != NULL) {
165                printf("Peek Value-[%c]\n",
166                    pNode->data);
167            }
168            displayArrayQueue(pQueue);
```

```
169
170        enqueueAQ(pQueue, 'E');
171        displayArrayQueue(pQueue);
172    }
173    return 0;
174 }
```

함수 main()은 최대 노드 개수가 4개인 배열 선형 큐 pQueue를 생성(줄 146)하고 큐가 정상적으로 생성되었는지를 점검(줄 147)합니다. 이후 배열 선형 큐에 자료 'A', 'B', 'C', 'D'를 인큐한 다음, 디큐와 피크 연산을 각각 한 번씩 호출하여 반환된 노드의 값을 출력합니다. 단, 여기서 반환된 노드의 값이 NULL이 아닌지를 먼저 점검합니다. 만약 NULL이 반환되면 현재 배열 선형 큐가 비어 있는 등의 이유로 반환되는 노드가 없다는 것을 의미합니다. 만약 NULL이 아닌 다른 값이 반환되면 해당 노드의 값을 출력합니다. 여기서는 가장 먼저 인큐된 자료 'A'가 가장 먼저 디큐되어 출력됩니다. 특히 디큐 연산으로 반환된 노드는 사용이 끝난 다음 메모리를 해제(줄 159)한다는 점에 주의하기 바랍니다.

아울러 디큐 연산에 해당하는 함수 dequeueAQ()를 한 번 호출하고 나서 배열 선형 큐의 자료를 출력(displayArrayQueue)해서 큐에 저장된 자료가 어떻게 바뀌었는지 확인합니다. 기존 프런트 노드 'A'가 제거되고, 노드 'B'가 새로운 프런트 노드로 바뀌었다는 것을 확인할 수 있습니다. 이후 함수 peekAQ()를 호출하여 반환된 노드의 값을 출력합니다. 마찬가지로, 반환된 노드의 값이 NULL이 아닌지를 점검합니다. 다만, 함수 dequeueAQ()와는 다르게 반환된 노드의 메모리를 해제하지 않는다는 점을 주의해야 합니다. 아울러 함수 peekAQ()를 호출하고 나서 배열 선형 큐의 자료를 출력(displayArrayQueue)해서 큐에 저장된 자료가 어떻게 바뀌었는지 확인합니다. 기존 최상위 노드 'B'가 여전히 최상위 노드임을 알 수 있습니다(줄 168).

마지막으로, 줄 170에서 인큐 연산을 시도하는데, 분명히 배열 선형 큐의 크기가 4이고 현재 노드 개수가 3인데도 인큐 연산을 수행하면서 오류가 발생함을 알 수 있습니다.

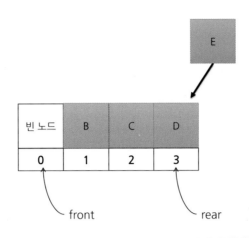

그림 7-17 빈 노드가 있지만 인큐 연산이 불가능한 상태

이러한 오류는 **그림 7-17**에서 알 수 있듯이 배열 선형 큐에서는 디큐 연산을 수행하여도 리어의 값이 감소하지 않기 때문입니다. 기존에 디큐 연산을 한 번 수행해서 현재 노드 개수가 3이지만, 현재 리어의 위치 인덱스인 변수 rear의 값이 3으로 배열의 맨 마지막 위치 인덱스입니다. 즉, 여유 공간이 있음에도 이를 사용할 수 없는 경우가 됩니다. 이러한 단점을 해결하는 방법은 다음 절의 배열로 구현한 원형 큐에서 자세히 살펴보기로 하겠습니다. 앞서의 예제를 실행한 결과 화면은 다음과 같습니다.

프로그램 07_01.exe의 실행 결과 화면

```
C:\Users\jinlee\Project\07\Release> 07_01.exe <Enter>
큐의 크기: 4, 현재 노드 개수: 4
[0]-[A]
[1]-[B]
[2]-[C]
[3]-[D]
Dequeue Value-[A]
큐의 크기: 4, 현재 노드 개수: 3
[1]-[B]
[2]-[C]
[3]-[D]
Peek Value-[B]
큐의 크기: 4, 현재 노드 개수: 3
[1]-[B]
```

[2]-[C]
[3]-[D]
오류, 큐가 가득 찼습니다, enqueueAQ( )
큐의 크기: 4, 현재 노드 개수: 3
[1]-[B]
[2]-[C]
[3]-[D]

enqueueAQ( ), dequeueAQ( ), peekAQ( ) 함수의 호출 순서에 따라 노드가 정상적으로 출력되는 것을 확인할 수 있습니다. 아울러 배열 선형 큐의 특성 때문에 추가적인 인큐 연산이 실패하는 것을 알 수 있습니다.

5. 배열로 구현한 원형 큐

이번 절에서는 배열로 구현한 원형 큐(circular queue)에 대해 알아보겠습니다. 줄여서 **배열 원형 큐**라고도 합니다. 일반적으로 배열로 구현한 큐를 사용할 경우 배열 선형 큐가 아니라 배열 원형 큐를 주로 사용합니다. 그럼 배열 원형 큐를 왜 주로 사용하는지를 알기 위해 배열 선형 큐의 문제가 무엇인지와 어떻게 해결할 수 있는지를 살펴보겠습니다.

먼저 다음 그림을 한번 봐주세요. **그림 7-18**은 이미 살펴본 적이 있습니다. 바로 앞의 예제 프로그램 07_01.exe이 실행되는 중에 실제 발생하는 배열 선형 큐의 상태를 나타낸 그림이었습니다. 이 큐에 빈 노드가 있지만, 새로운 노드를 추가할 수 없는 상태 말입니다.

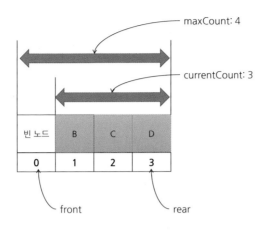

그림 7-18 배열 선형 큐의 예: 빈 노드가 있지만 인큐 연산이 불가능한 상태

배열 선형 큐는 배열의 맨 앞에 빈 노드가 있어도 새로운 노드를 인큐하려고 하면 넘침 (overflow) 현상이 발생합니다. 리어가 이동할 빈 노드가 오른쪽에 없기 때문입니다. 즉, 배열 선형 큐의 메모리 낭비는 메모리 주소가 연속한 배열에서 리어의 다음 위치에 공간이 없을 때 발생합니다.

이러한 문제의 대안으로 뭐가 있을까요? 간단하게 배열을 이동하는 방법이 있습니다. 프런트 노드의 위치 인덱스가 0이 되도록 자료를 저장하고 있는 모든 노드를 왼쪽으로 이동시키는 것 입니다. 예를 들어, **그림 7-18**에서 프런트의 위치 인덱스가 1이므로 왼쪽으로 1칸씩 이동시킬 수 있습니다.

하지만, 배열을 이동하는 방법은 비용이 다소 발생합니다. 비용에 해당하는 이동 시간이 배열 의 크기에 비례해서 증가합니다. 예를 들어, 배열의 크기가 n이라고 하면 배열 이동 방법의 시 간 복잡도는 $O(n)$이 됩니다. 따라서, 크기가 작은 배열이면 별문제가 없지만 큰 배열이면 이동 에 걸리는 비용(시간)이 상당히 클 수 있습니다.

물론, 효율적인 대안이 없다면 배열을 이동하는 방법을 사용해야만 합니다. 그러나 이번 절에 서 살펴볼 배열 원형 큐는 효율적인 대안입니다. 어떤 방법을 사용했기에 배열 원형 큐가 효율 적인 대안이 될까요?

배열 원형 큐는 배열의 마지막 노드와 배열의 첫 번째 노드를 논리적으로 연결해 배열을 연속 하게 합니다. 선형 큐에서는 리어가 배열의 오른쪽 끝이기 때문에 프런트의 왼쪽 빈 노드를 사용할 수 없었습니다. 반면, 원형 큐에서는 리어의 오른쪽으로 프런트의 왼쪽이 연결되기 때문에 프런트의 왼쪽 빈 노드를 사용할 수 있습니다. 다만, 배열 자체는 물리적으로는 연결하지 못하고 논리적으로만 연결한다는 뜻입니다. 그럼 어떻게 논리적으로 연결할 수 있을까요?

배열의 마지막과 첫 번째 노드가 논리적으로 연결된 배열 원형 큐의 개념을 그림으로 나타내면 다음과 같습니다.

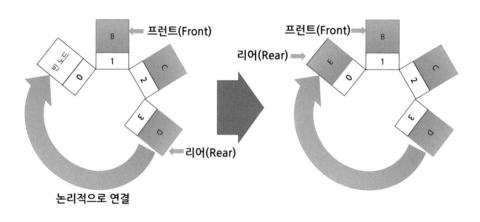

그림 7-19 배열 원형 큐의 개념

그림 7-19의 왼쪽 그림에서 배열의 마지막 노드는 무엇입니까? 왼쪽 그림을 보면 위치 인덱스가 3인 노드가 배열의 마지막 노드이자 리어입니다. 이 리어는 자료 D를 저장하고 있기도 합니다. 이 노드의 다음 노드는 어느 노드입니까? 배열 원형 큐에서는 배열의 마지막이 첫 번째 노드와 논리적으로 연결되어 있어서 리어의 다음 노드는 배열의 첫 번째 노드(위치 인덱스 0)입니다. 즉, 현재 왼쪽 그림에서는 빈 노드가 됩니다.

따라서, 오른쪽 그림처럼 새로운 자료 E를 인큐하면 기존의 비어 있는 노드(위치 인덱스 0)에 추가하면 됩니다. 리어의 다음 노드이면서 위치 인덱스가 0인 노드가 빈 노드이기 때문입니다. 새로운 자료 E를 인큐하고 나면 첫 번째 노드가 새로운 리어가 될 뿐 아니라 더 이상 빈 노드가 없는 가득 찬 배열 원형 큐가 됩니다. 즉, 배열 선형 큐에서는 노드가 낭비되는 문제가 배열 원형 큐에서는 해결되는 것을 확인할 수 있습니다.

그런데 오른쪽 그림에서 배열 원형 큐만의 독특한 특징을 확인할 수 있습니다. 이 큐에서는 리어가 프런트보다 왼쪽에 있는 경우도 있다는 점입니다. 실제로 오른쪽 그림에서는 프런트의 위치 인덱스는 1이지만, 리어의 위치 인덱스는 0입니다. 배열 원형 큐에서는 배열의 마지막이 첫 번째 노드와 논리적으로 연결되어 있기 때문입니다.

이제 배열 원형 큐에 디큐하면 어느 노드가 제거되어 반환될까요? 다음 그림과 같이 기존의 프런트인 자료 B가 제거될 것입니다.

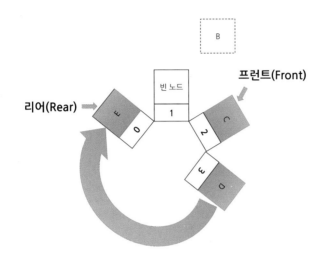

그림 7-20 배열 원형 큐에서 디큐 연산의 예

그림 7-20에서는 자료 B가 제거된 결과 배열의 세 번째 노드(위치 인덱스 2)에 있는 자료 C가 새로운 프런트가 됩니다. 또한, 디큐 연산 결과 프런트 이전에 빈 노드가 생기는데, 배열 원형 큐는 논리적으로 연결되어 있기 때문에 이 빈 노드는 다음 인큐 연산에서 사용할 수 있습니다.

그런데 어떻게 하면 1차원 배열을 순환하게 되는 원형인 배열로 만들 수 있을까요? 어떻게 하면 배열의 마지막을 처음과 논리적으로 연결할 수 있을까요? 핵심은 리어 노드를 이동하는 데 다음과 같이 mod 연산자(%, 나머지 연산자)를 이용하기 때문입니다.

```
rear = (rear + 1) % maxCount          ①
```

이 식은 변수 rear의 값을 1만큼 증가시키고서 큐의 크기로 나눈 나머지 값으로 변수 rear를 지정하는 것을 보여줍니다. 사실, 배열 선형 큐에서는 인큐 연산이 수행될 때마다 변수 rear를 단지 1만큼씩 증가만 시켰습니다. 예를 들어, rear++와 같이 말입니다. 물론, 변수 rear의 값이 maxCount − 1보다는 클 수는 없지만 말입니다.

그런데 배열 원형 큐에서는 변수 rear를 1만큼씩 증가시켜 줄 뿐 아니라, 배열의 크기인 maxCount로 나누어 나머지 값을 취합니다. 나머지 연산을 사용하면 위치 인덱스가 배열의 크기를 초과한 경우 0으로 초기화됩니다.

예를 들어, **그림 7-20**을 보자면 배열의 크기인 maxCount가 4이고 현재 변수 rear의 값이 3이라고 가정합니다. 배열의 크기가 4라서 노드를 네 개 저장할 수 있는데, 현재 리어의 위치 인덱스가 3이므로 배열의 마지막 위치에 리어가 있는 경우가 됩니다. 이 상태에서 새로운 자료를 인큐하는 경우입니다. 그러면 식 ①에 의해 변수 rear의 값은 0으로 변경됩니다.

```
(rear + 1) % maxCount = (3 + 1) % 4 = 4 % 4 = 0
```

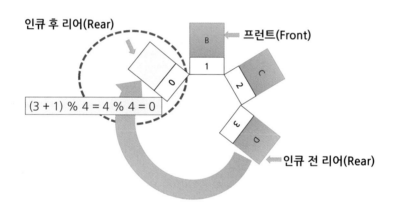

그림 7-21 마지막 노드에서 인큐 연산을 수행하는 과정

그림 7-21에서 나머지 연산의 결과로 변수 rear의 값은 0이 되는 것을 알 수 있습니다. 따라서, 리어는 다시 배열의 첫 번째 위치로 이동하게 됩니다.

물론, 나머지 연산자를 사용해서 배열의 인덱스를 증가시키는 방법은 리어뿐 아니라 프런트에도 마찬가지로 적용됩니다. 즉, 프런트에서도 나머지 연산자를 사용해서 단순히 증가만 시킬 뿐 아니라 배열의 크기보다 커지면 다시 배열의 처음인 0으로 재지정(reset)합니다.

다만, 나머지 연산을 사용하면 변수 front의 값이 변수 rear의 값보다 커지는 경우도 있습니다. 이러한 경우는 소스에서 세심하게 고려해야 합니다. 예를 들어, 큐 노드의 값들을 출력하는 함수 displayArrayQueue( )에서 변수 front와 rear의 값이 역전되는 현상이 있습니다. 큐 내의 노드 순서에 대한 실제 소스에서 다시 한번 살펴보겠습니다.

이제 배열 원형 큐의 실제 코드를 보면서 앞서 설명한 개념이 어떻게 구현되는지 살펴보겠습니다. 다만, 앞 절의 배열 선형 큐에서 사용하는 구조체와 기본 소스가 같기 때문에 다른 부분 위주로 살펴보겠습니다. 이 책에서 설명하지 않은 나머지 소스는 프리렉 홈페이지에서 내려받을 수 있습니다.

5.1 인큐 연산

먼저 배열 원형 큐의 맨 뒤 리어(rear)에 새로운 노드를 인큐하는 함수 enqueueAQ()를 볼까요?

예제 07_02.c (일부)

```
37    int enqueueAQ(ArrayQueue* pQueue, char data)
38    {
39        int ret = 0;
40
41        if(pQueue != NULL) {
42            if(isArrayQueueFull(pQueue) == 0) {
43                pQueue->rear = (pQueue->rear + 1) % pQueue->maxCount;
44                pQueue->pData[ pQueue->rear ].data = data;
45                pQueue->currentCount++;
46                ret = 1;
47            }
48            else {
49                printf("오류, 큐가 가득 찼습니다, enqueueAQ( )\n");
50            }
51        }
52
53        return ret;
54    }
```

> 43: ① 선형 큐에서의 소스는 pQueue->rear++; 이었음

배열 선형 큐의 함수 enqueueAQ()와 비교해 보면, 놀랍게도 멤버 변수 rear의 인덱스를 증가 시키는 줄 43만 달라졌습니다. 즉, 앞 절의 배열 선형 큐에서는 변수 rear를 단순히 1만큼 증가 시키는 것과 비교하여 배열 원형 큐에서는 변수 rear의 값을 1만큼 증가시키고 큐의 배열 크기 인 maxCount로 나눈 나머지 연산을 합니다. 이유는 앞서 설명한 것처럼 논리적으로 배열의

마지막과 처음을 연결해서 배열의 맨 앞 빈 노드를 사용하기 위해서입니다.

다음으로, 디큐 연산을 살펴볼까요?

5.2 디큐 연산

이번에는 배열 원형 큐에서 기존 노드를 반환하는 디큐 연산을 살펴보겠습니다. 함수 dequeueAQ()는 배열 원형 큐의 맨 앞 프런트에 있는 노드를 제거하여 반환합니다.

예제 07_02.c (일부)

```
69  ArrayQueueNode *dequeueAQ(ArrayQueue* pQueue)
70  {
71      ArrayQueueNode *pReturn = NULL;
72      if(pQueue != NULL) {
73          if(isArrayQueueEmpty(pQueue) == 0) {
74              pReturn = (ArrayQueueNode *)malloc(sizeof(ArrayQueueNode));
75              if(pReturn != NULL) {
76                  pQueue->front = (pQueue->front + 1) % pQueue->maxCount;
77                  pReturn->data = pQueue->pData[ pQueue->front ].data;
78                  pQueue->currentCount--;
79              }
80              else {
81                  printf("오류, 메모리 할당,dequeueAQ( )\n");
82              }
83          }
84      }
```

76: ① 선형 큐에서의 소스는 pQueue->front++; 이었음

배열 선형 큐의 함수 dequeueAQ()와 비교해 보면 함수 dequeueAQ()는 멤버 변수 front의 위치 인덱스를 증가시키는 줄 76만 다릅니다. 즉, 변수 front의 값을 1만큼 증가시키고 큐의 배열 크기인 maxCount로 나눈 나머지 연산을 합니다. 이렇게 하는 이유는 배열 원형 큐에서 배열의 마지막과 처음을 논리적으로 연결하기 위해서입니다.

이제 큐 관련 나머지 함수를 살펴보겠습니다. 그런데 여기서 프런트의 노드를 반환만 하는 피크 함수는 왜 없을까요? 그 이유는 이 함수는 앞 절 배열 선형 큐와 소스가 같기 때문입니다. 자료의 제거가 없기 때문에(프런트 노드가 제거된 이후의) 다음 노드의 위치 인덱스를 계산할 필

요가 없어서입니다. 즉, 현재 프런트의 위치 인덱스인 front를 사용만 하지 값을 변경할 일이 없습니다.

5.3 기타 연산들

기타 함수 중에서 배열 선형 큐와 달라지는 함수는 두 개입니다. 하나는 배열 원형 큐에 새로운 자료를 추가할 수 있는지를 알려주는 함수 isArrayQueueFull()이고, 다른 하나는 저장된 자료를 출력하는 함수 displayArrayQueue()입니다.

먼저 배열 원형 큐가 가득 차 있는지를 판단하는 함수 isArrayQueueFull()은 배열 선형 큐와 달라지는 부분이 줄 61입니다.

예제   07_02.c (일부)

```
56    int isArrayQueueFull(ArrayQueue* pQueue)
57    {
58        int ret = 0;
59
60        if(pQueue != NULL) {
61            if(pQueue->currentCount == pQueue->maxCount) {
62                ret = 1;
63            }
64        }
65
66        return ret;
67    }
```

> **61:** ① 선형 큐에서의 소스는 2가지 조건을 모두 검사했음
>
> if (pQueue->currentCount == pQueue->maxCount
> || pQueue->rear == pQueue->maxCount − 1) {

소스 줄 61에서 함수 isArrayQueueFull()은 배열 선형 큐와는 다르게 단순히 현재 저장된 노드 개수 currentCount와 최대 저장 가능 노드 개수 maxCount를 비교하는 것만으로 검사합니다. 앞서 배열 선형 큐에서는 리어가 맨 뒤 노드면 프런트 앞에 빈 노드가 있어도 새로운 자료를 인큐하지 못하기 때문에 리어의 위치 인덱스인 변수 rear가 배열의 맨 뒤 (maxCount − 1)인지도 추가로 검사했습니다. 반면, 배열 원형 큐에서는 이러한 빈 노드의 낭비가 없기 때문에 현재 노드 개수가 큐의 크기와 같은지만 검사해도 충분합니다. 그런데 혹시 독자 중에서 배열 원형 큐가 비어 있는지 확인하는 함수 isArrayQueueEmpty()는 배열 선형 큐와 달라지는 점이 없는

지 궁금해할 수도 있습니다. 다행히도 함수 isArrayQueueEmpty()는 서로 같습니다. 이 함수
는 원래 노드의 위치 인덱스를 사용하지 않기 때문입니다. 현재 노드 개수만으로 큐의 공백
여부를 판단하기 때문에 두 큐 모두 소스가 같습니다.

다음으로, 배열 원형 큐에 저장된 자료를 출력하는 함수 displayArrayQueue()는 줄 134~136
이 배열 선형 큐와 다릅니다.

예제 07_02.c (일부)

```
125   void displayArrayQueue(ArrayQueue *pQueue)
126   {
127       int i = 0, position = 0;
128
129       if(pQueue != NULL) {
130           printf("큐의 크기: %d, 현재 노드 개수: %d\n",
131               pQueue->maxCount,
132               pQueue->currentCount);
133
134           for(i = pQueue->front + 1; i <= pQueue->front + pQueue->
                  currentCount; i++) {
135               position = i % pQueue->maxCount;
136               printf("[%d]-[%c]\n", position, pQueue->
                      pData[ position ].data);
137           }
138       }
139   }
```

134: ① 선형 큐에서는 검사 조건이 i <= pQueue→rear였음

135: ② 선형 큐에서는 position은 단순히 i였음

배열 원형 큐에서도 당연히 자료가 저장되어 있는 맨 앞 노드는 프런트입니다. 따라서, for 문
에서 시작 위치 인덱스는 변수 front입니다. 다만, 배열 원형 큐에서는 배열이 논리적으로 연
결되어 있기 때문에 맨 나중 위치 인덱스로 변수 rear를 사용할 수 없습니다. 경우에 따라
서는 변수 rear가 배열을 한 바퀴 돌아서 변수 front보다 앞에 있을 수 있기 때문입니다. 따
라서, 줄 134에서는 for 문 내에서 시작 시점은 pQueue->front+1과 같이 하여 배열 선형 큐
와 같습니다. 반면, for 문의 종료 조건으로 노드의 마지막 위치를 pQueue->front + pQueue-
>currentCount로 합니다. 즉, 프런트 위치부터 시작하여 저장된 자료 개수만큼 한 칸씩 이
동하면서 큐에 저장된 자료를 출력하게 합니다. 단, 줄 135에서 실제 위치 인덱스인 position

자체는 나머지 연산을 합니다. 즉, 위치 인덱스인 position이 혹시 배열의 크기 pQueue->maxCount를 벗어나는 경우 다시 0으로 재지정해서 배열의 처음으로 순환되도록 합니다.

마지막으로, 다음 소스는 배열 원형 큐를 이용한 예제 프로그램으로, 앞서 07_01.c의 main() 함수와 정확하게 같습니다. 그런데 배열 선형 큐에서는 줄 170에서 빈 노드가 있어도 큐에 새로운 자료를 인큐하지 못했는데, 이번 배열 원형 큐에서는 결과가 어떻게 달라질까요?

예제 07_02.c (일부)

```
141    int main(int argc, char *argv[])
142    {
143        ArrayQueue *pQueue = NULL;
144        ArrayQueueNode *pNode = NULL;
145
146        pQueue = createArrayQueue(4);
147        if(pQueue != NULL) {
148        // 큐 초기화: 'A', 'B', 'C', 'D' 추가
149            enqueueAQ(pQueue, 'A');
150            enqueueAQ(pQueue, 'B');
151            enqueueAQ(pQueue, 'C');
152            enqueueAQ(pQueue, 'D');
153            displayArrayQueue(pQueue);
154
155            pNode = dequeueAQ(pQueue);
156            if(pNode != NULL) {
157                printf("Dequeue Value-[%c]\n",
158                    pNode->data);
159                free( pNode );
160            }
161            displayArrayQueue(pQueue);
162
163            pNode = peekAQ(pQueue);
164            if(pNode != NULL) {
165                printf("Peek Value-[%c]\n",
166                    pNode->data);
167            }
168            displayArrayQueue(pQueue);
169
170            enqueueAQ(pQueue, 'E');
```

155: ① 디큐를 실시함

170: ② 기존 선형 큐에서는 오류가 발생했지만, 원형 큐에서는 정상 동작함

```
171        displayArrayQueue(pQueue);
172    }
173    return 0;
174 }
```

소스를 실제로 컴파일하여 실행한 결과 화면은 다음과 같습니다.

프로그램 07_02.exe의 실행 결과 화면

C:\Users\jinlee\Project\07\Release> 07_02.exe <Enter>

큐의 크기: 4, 현재 노드 개수: 4

[0]—[A]

[1]—[B]

[2]—[C]

[3]—[D]

Dequeue Value—[A]

큐의 크기: 4, 현재 노드 개수: 3

[1]—[B]

[2]—[C]

[3]—[D]

Peek Value—[B]

큐의 크기: 4, 현재 노드 개수: 3

[1]—[B]

[2]—[C]

[3]—[D]

큐의 크기: 4, 현재 노드 개수: 4

[1]—[B] ← 프런트 노드의 위치 인덱스 값은 1

[2]—[C]

[3]—[D]

[0]—[E] ← 리어 노드의 위치 인덱스 값이 0으로, 프런트 노드보다 작다.

당연하게도 줄 170에서 함수 enqueueAQ()가 성공합니다. 배열 선형 큐에서는 일단 디큐 연산을 한 번 수행하면 프런트 앞에 빈 노드가 생깁니다. 따라서, 저장 공간이 있어도 리어 앞에 있어서, 새로운 자료를 인큐하지 못했습니다.

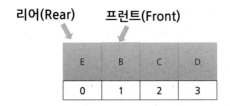

리어(Rear) 프런트(Front)

E	B	C	D
0	1	2	3

그림 7-22 프로그램 07_02.exe의 배열 원형 큐

반면, 배열 원형 큐에서는 이러한 빈 노드를 나머지 연산을 통해 활용할 수 있어서 **그림 7-22**에서 알 수 있듯이 마지막에 새로운 자료 E를 인큐하는 것이 성공합니다. 이 경우, 재미있는 점은 맨 앞 프런트의 위치 인덱스가 1인 반면, 맨 마지막 리어의 위치 인덱스는 0이라는 것입니다. 배열 원형 큐에서는 위치 인덱스가 배열의 크기보다 큰 경우에는 다시 0으로 초기화되기 때문입니다. 앞서의 경우에서는 프런트의 위치 인덱스가 1부터 시작합니다. 다음으로, 2와 3으로 각각 1씩 증가하다가 리어가 되어서는 위치 인덱스가 4가 됩니다. 이 경우 나머지 연산으로 다시 0으로 재지정되어 저장 공간을 모두 활용할 수 있습니다.

6. 포인터로 구현한 큐

이제 포인터로 큐를 구현해 보겠습니다. 5장에서 살펴본 연결 스택과 마찬가지로 C 언어의 포인터를 이용하여 앞서 정의한 큐의 추상 자료형을 구현합니다. 포인터를 이용하여 구현한다는 것은 결국 노드 사이의 연결 정보(링크)를 이용하여 구현한다는 뜻입니다. 그래서 포인터로 구현한 큐를 다른 말로 **연결 큐**(linked queue)라고 합니다. 책에 따라서는 연결 큐를 연결 리스트로 구현한 큐라고도 합니다.

6.1 연결 큐의 구조

연결 큐와 앞 절의 배열 큐를 비교하면서 다른 점은 큐를 생성할 때 최대 큐의 크기를 미리 지정할 필요가 없다는 점입니다. 새로운 자료를 추가할 때마다 동적으로 메모리를 할당하기 때문입니다. 필요한 개수만큼만 메모리를 할당한다는 점에서 보다 효율적으로 메모리를 사용합니다.

큐에서 자료의 추가는 리어에서, 자료의 제거는 프런트에서 합니다. 이러한 큐의 특성을 이용하여 이번 절에서 포인터로 구현하려는 큐의 구조는 다음 그림과 같습니다.

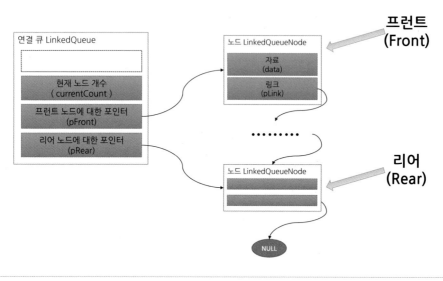

그림 7-23 연결 큐의 구조

그림 7-23에서 알 수 있듯이 연결 큐의 핵심은 큐 구조체의 멤버 변수로 프런트와 리어 노드를 가리키는 포인터 변수가 있다는 점입니다. 맨 앞 노드인 프런트 노드를 가리키는 멤버 변수 pFront가 보이나요? 또한, 맨 뒤 노드인 리어 노드를 가리키는 멤버 변수 pRear가 있습니다. 이러한 멤버 변수 pFront와 pRear를 이용하면 큐의 인큐, 디큐, 피크 연산을 효과적으로 구현할 수 있습니다. 또한, 멤버 변수 currentCount는 큐에 저장된 현재 노드 개수를 저장합니다.

또한, **그림 7-23**에서 큐의 노드와 노드 사이에 링크가 연결되어 있는 것을 알 수 있습니다. 그리고 이러한 링크는 자료가 추가된 순서대로 연결되어 있습니다. 3장의 연결 리스트와 마찬가지로 자료가 추가된 순서에 따라 각 노드가 다음 노드의 링크(연결 정보)를 가지고 있습니다. 물론, 맨 나중에 추가된 노드는 다음 노드의 링크(pLink)가 NULL입니다.

연결 큐는 앞서 설명한 것처럼 동적 메모리 할당으로 메모리를 효율적으로 사용할 수 있는 장점이 있는 반면, 포인터 처리 등으로 배열 큐에 비해 구현이 다소 어렵습니다. 다양한 경우에 대해서 처리해야 하기 때문입니다. 여기서 다양한 경우란 빈 큐 상태에서 인큐 연산을 수행하는 경우와 마지막 남은 노드에 대해 디큐 연산을 수행할 때 등을 말합니다.

그럼 이러한 연결 큐를 구현한 소스를 차례로 살펴볼까요?

예제 07_03.c (1번째)

```
01    #include <stdio.h>
02    #include <stdlib.h>
03
04    typedef struct LinkedQueueNodeType
05    {
06        char data;
07        struct LinkedQueueNodeType* pLink;
08    } LinkedQueueNode;
09
10    typedef struct LinkedQueueType
11    {
12        int currentCount;          // 현재 노드의 개수
13        LinkedQueueNode* pFront;    // Front 노드의 포인터
14        LinkedQueueNode* pRear;     // Rear 노드의 포인터
15    } LinkedQueue;
16
17    int isLinkedQueueEmpty(LinkedQueue* pQueue);
```

먼저 소스 줄 4~8에서 구조체 LinkedQueueNode를 정의하고 있습니다. 이 구조체는 연결 큐에서 저장 단위인 노드에 대한 구조체입니다. 연결 큐의 노드가 앞서 배열 큐에서와 다른 점은 다음 노드를 가리키는 링크 pLink가 있다는 것입니다(줄 7). 소스 줄 6에서 노드에 저장하는 자료를 멤버 변수 data로 선언하는데, 이때 저장되는 자료의 자료형이 char형이라는 것을 알 수 있습니다.

이러한 노드를 이용하여 소스 줄 10~15에서는 실제 자료를 저장하는 연결 큐 자체에 대한 구조체 LinkedQueue를 정의합니다. **그림 7-23**처럼 현재 노드의 개수를 저장하는 멤버 변수 currentCount 이외에 각각 프런트 노드와 리어 노드를 가리키는 포인터 멤버 변수 pFront와 pRear가 줄 13~14에 선언되어 있습니다.

연결 큐라는 이름 때문에 독자 중에서는 3장의 연결 리스트를 이용하여 큐를 구현하는가라고 생각할 수 있습니다. 물론, 연결 리스트를 이용하여 연결 큐를 구현할 수도 있습니다. 그러나 큐는 프런트에서 자료를 제거하고 리어에서만 자료를 추가한다는 특성이 있습니다. 따라서, 범용적인 리스트를 이용하는 것은 구현 측면에서 비효율적일 수 있습니다.

예를 들어, **그림 7-23**을 보면 구조체 LinkedQueue에서 포인터 pRear가 리어를 가리키고 있습니다. 만약, 새로운 자료를 인큐(추가)한다면 추가적인 순회 없이 바로 리어에 접근할 수 있습니다. 반면, 만약 3장의 연결 리스트를 직접 이용한다면 연결 리스트의 마지막에 저장된 리어에 접근하기 위해 연결 리스트 전체를 순회해야만 합니다. 만약, 노드의 개수가 n개라고 할 때 리어 노드에 접근하는 데 걸리는 시간 복잡도를 구현 방식에 따라 계산해 보면 다음과 같습니다.

표 7-2 리어 노드 접근에 걸리는 시간 복잡도

연결 큐로 구현한 경우	연결 리스트로 구현한 경우
$O(1)$	$O(n)$

어떻습니까? 시간 복잡도 측면에서라도 연결 리스트를 직접 이용해서 연결 큐를 구현하는 것은 비효율적이라고 생각되나요? 이 책에서는 리어와 프런트를 직접 가리키는 포인터를 이용하여 연결 큐를 구현하겠습니다.

6.2 연결 큐가 추상 자료형과 다른 점

연결 큐는 앞에서 정의한 큐의 추상 자료형과 다른 부분이 있습니다. 먼저 연결 큐를 생성하는 createQueue() 연산입니다. 연결 큐는 처음에 큐의 크기가 필요 없기 때문입니다.

표 7-3 연결 큐가 큐의 추상 자료형과 다른 부분

	이름	입력	출력	설명
스택 생성	createQueue()	–	큐 queue	빈 큐 queue를 생성
자료 추가 가능 여부 판단	isFull()	큐 queue	True/False	큐에 인큐를 수행할 수 있는지를 반환, 배열 큐인 경우에만 의미 있음

다음으로, 새로운 자료를 추가(인큐)할 수 있는지를 판단하는 연산 isFull()은 연결 큐에서는 구현할 필요가 없습니다. 연결 큐의 크기가 정해져 있지 않기 때문입니다. 나머지 연산들은 앞서 정의한 큐 추상 자료형을 참고하기 바랍니다.

이제 본격적으로 연결 큐의 연산들을 살펴보겠습니다.

6.3 큐의 생성

먼저 연결 큐 자체를 생성하는 함수 createLinkedQueue()의 소스는 다음과 같습니다. 앞의 추상 자료형에서 정의한 이름 createQueue()에서 Queue를 LinkedQueue로 변경했습니다. 연결 큐에서는 함수 이름에 LinkedQueue 혹은 약어 LQ (LinkedQueue)를 추가하여 배열 큐와 구분하도록 하겠습니다.

예제 07_03.c (2번째)

```
19    LinkedQueue* createLinkedQueue( )
20    {
21        LinkedQueue *pReturn = (LinkedQueue *)malloc(sizeof(LinkedQueue));
22        memset(pReturn, 0, sizeof(LinkedQueue));
23
24        return pReturn;
25    }
```

함수 createLinkedQueue()는 연결 큐 자체에 대해 메모리를 할당하고 구조체의 멤버 변수들을 모두 0으로 초기화합니다. 그래서 구조체 LinkedQueue의 모든 멤버 변수는 값이 0이 됩니다. 물론, 모든 변숫값이 0이므로 프런트와 리어를 가리키는 멤버 변수 pFront와 pRear는 NULL(실제 값은 0)로 지정됩니다.

6.4 인큐 연산

다음으로, 함수 enqueueLQ()를 살펴보겠습니다. 인큐 연산은 앞 절에서 살펴보았듯이 새로운 노드를 연결 큐의 맨 뒤인 리어에 추가하는 것입니다. 단, 연결 큐를 이용하여 노드를 저장하기 때문에 몇 가지 고려해야 할 사항이 있습니다. 앞서 3장에서 헤드 포인터(head pointer)를 이용하여 연결 리스트를 구현할 때 고려해야 하는 경우의 수가 많기 때문에 구현이 다소 어려워진다고 했습니다. 이번에 포인터를 이용해 연결 큐를 구현하는 경우도 이와 비슷해서 일반적인 경우와 빈 큐인 두 가지 경우를 각각 고려해야 합니다. 먼저 일반적인 경우를 생각해 보겠습니다.

6.4.1 빈 큐가 아닐 때 인큐 연산

먼저 연결 큐에 한 개 이상의 자료가 추가(인큐)되어 있는 일반적인 경우에 인큐 연산을 수행하는 과정을 살펴보도록 하겠습니다. 다음 그림은 이런 일반적인 경우 인큐 과정에서 첫 번째 단계(Step –A)를 보여줍니다.

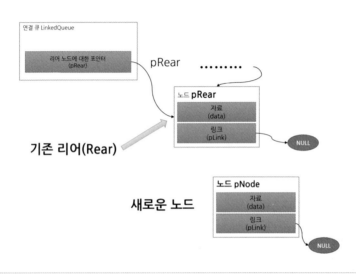

그림 7-24 연결 큐가 비어 있지 않을 때 인큐 과정: Step–A. 새로운 노드의 추가

그림 7-24처럼 새로운 노드를 추가하면 인큐 연산이 끝나는 것은 아닙니다. 앞서 연결 리스트나 연결 스택에서처럼 링크를 재지정해야 합니다. 독자 여러분이 먼저 선으로 한번 연결해 보세요. 어떻게 하면 새로운 노드가 새로운 리어가 될 수 있을까요? 어디에서 어디로 새로 링크해야 하고 기존의 링크 중에서 어떤 것을 지워야 하나요?

인큐 연산에서 다음 단계(Step–B)는 기존 리어(pQueue->pRear)의 다음 노드(next node)로 새로 추가한 노드를 지정하는 것입니다. 즉, 포인터 변수 pQueue->pRearNode->pLink가 새로운 노드를 가리키도록 지정합니다. 여기까지 하면 다음 그림과 같이 됩니다.

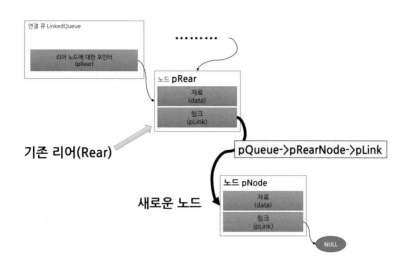

그림 **7-25** 연결 큐가 비어 있지 않을 때 인큐 과정: Step-B. 기존 리어 노드의 처리

그림 7-25는 기존 리어의 다음 노드(pQueue->pRearNode->pLink)로 새로 추가한 노드 pNode를 지정한 결과를 보여줍니다.

어떻습니까? 이제 모든 작업이 끝났나요? 아직 한 단계(Step-C)가 남았습니다. 바로, 연결 큐 자체에서 리어를 가리키는 링크인 pQueue->pRear가 여전히 기존 리어를 가리키고 있습니다. 따라서, 다음 단계는 연결 큐의 리어에 대한 포인터가 새로 추가한 노드를 가리키도록 수정해야 합니다. 이러한 과정을 그림으로 나타내면 다음과 같습니다.

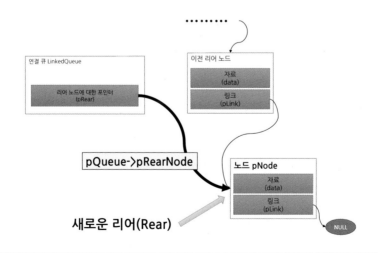

그림 **7-26** 연결 큐가 비어 있지 않을 때 인큐 과정: Step-C. 큐의 리어 노드 링크의 처리

그림 7-26을 보면 이제 새로 추가한 노드가 완전히 새로운 리어가 되었음을 알 수 있습니다. 연결 큐의 리어를 가리키는 포인터 변수 pQueue->pRearNode가 새로운 노드 pNode를 가리키도록 변경되었기 때문입니다. 물론, 새로 추가한 노드 pNode가 연결 큐의 마지막 노드인 리어가 되었습니다.

지금까지의 인큐 과정을 실제 소스로 구현하면 다음과 같습니다.

예제 07_03.c (3번째)

```c
27    int enqueueLQ(LinkedQueue* pQueue, char data)
28    {
29        int ret = 0;
30        LinkedQueueNode *pNode = NULL;
31
32        pNode = (LinkedQueueNode *)malloc(sizeof(LinkedQueueNode));
33        pNode->data = data;
34        pNode->pLink = NULL;
35
36        if(isLinkedQueueEmpty(pQueue) == 0) {
37            pQueue->pRear->pLink = pNode;
38            pQueue->pRear = pNode;
39        }
```

> 32~34: ① Step-A. 새로운 노드의 추가

> 37: ② Step-B. 기존 리어 노드의 다음 노드 지정

> 38: ③ Step-C. 큐의 리어 노드 링크의 변경

소스에서 특별히 줄 36이 의미하는 것이 무엇인지 주의하기 바랍니다. 함수 isLinkedQueueEmpty()를 호출한 값이 0이라는 뜻은 FALSE 조건, 즉 연결 큐가 비어 있는 상태가 아니라는 것을 뜻합니다. 이처럼 연결 큐가 비어 있지 않으면, 줄 37~38에서 앞서 설명한 Step-B, Step-C가 차례로 수행됩니다.

지금까지 연결 큐에 최소한 한 개 이상의 자료가 저장된 경우를 가정하고 인큐 연산을 구현했습니다. 그런데 연결 큐가 처음 생성되면 비어 있으며 이럴 경우에는 현재 리어를 가리키는 포인터 변수 pRearNode가 NULL이 되어 Step-B 단계의 포인터 연산을 수행할 필요가 없습니다. 다만, 연결 큐가 비어 있는 상태이기 때문에 프런트도 지정이 안 되어서 이 경우는 인큐 연산에 해당하지만, 프런트에 대한 처리도 필요합니다. 즉, 빈 큐인 경우에는 약간의 처리를 해야 합니다.

6.4.2 빈 큐일 때 인큐 연산

연결 큐가 비어 있는 경우에, 새로운 노드를 추가하는 인큐 연산이 수행되는 과정을 생각해 보겠습니다. 사실 이 단계는 단순합니다. 아무것도 없는 상태에서 새로운 노드를 인큐(추가)하는 것이기 때문에 프런트와 리어 모두 새로 추가한 노드로 지정하면 되기 때문입니다. 이를 그림으로 나타내면 다음과 같습니다.

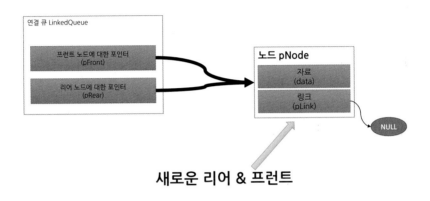

그림 7-27 연결 큐가 비어 있을 때 인큐 과정

그림 7-27과 같이 비어 있는 연결 큐에 새로운 자료를 인큐할 때는 새로 추가한 노드 pNode를 큐의 맨 앞 프런트와 맨 뒤 리어로 지정하면 됩니다. 새로 추가한 노드는 연결 큐에 있는 유일한 노드이기 때문에 프런트이면서 동시에 리어이기 때문입니다.

지금까지의 내용을 소스로 작성해 보면 다음과 같습니다. 앞의 소스와 계속 이어진다는 점에 주의해야 합니다.

예제 07_03.c (4번째)

```
40      else {
41          pQueue->pFront = pNode;
42          pQueue->pRear = pNode;
43      }
44      pQueue->currentCount++;
45      ret = 1;
46
47      return ret;
48  }
```

소스 줄 41~42에서 새로 추가한 노드 pNode를 연결 큐의 프런트와 리어로 지정합니다. 이렇게 새로운 노드를 추가한 다음에는 현재 큐에 저장된 노드의 개수를 1만큼 증가시킵니다(줄 44). 그리고 연결 큐에 정상적으로 자료를 추가하면 반환 값을 TRUE(1)로 지정하고 반환합니다(줄 45).

지금까지 인큐 함수에 대해서 살펴보았습니다. 다음으로, 디큐와 피크 함수를 구현해 보겠습니다.

6.5 디큐와 피크 연산

연결 큐에서 디큐와 피크 함수 모두 맨 앞 프런트 노드를 반환합니다. 다만, 디큐 함수는 노드를 반환할 때 기존 자료를 제거하는 반면 피크 함수는 제거하지 않습니다. 구현 관점에서 살펴보면 디큐 연산을 통해 전달받은 노드는 기존 큐에서 제거된 노드이기 때문에 전달받은 쪽에서 노드의 메모리를 해제해야 합니다. 반면, 피크 연산은 큐에서 전달받은 노드를 제거하는 것이 아니므로 전달받은 쪽에서 노드의 메모리를 해제해서는 안 됩니다. 계속해서 연결 큐에서 사용해야 하기 때문이며 실제 전달받은 노드의 메모리 해제는 연결 큐 자체가 메모리 해제될 때 해야 합니다.

디큐 함수 dequeueLQ()는 전달받은 노드를 기존 큐에서 제거해야 하기 때문에 앞의 인큐 함수에서와 마찬가지로 큐의 상태에 따라 로직이 달라져야 합니다. 특별히 저장된 마지막 노드를 제거하는지에 따라 로직이 달라집니다. 연결 큐에 남은 마지막 노드를 제거해 버리면 그 후에는 빈 큐가 됩니다. 사실 디큐 연산 자체는 큐의 프런트와 관련이 되어서 일반적인 경우 리어에 대해서 처리할 필요는 없습니다. 반면, 연결 큐가 비어 있으면 예외적으로 리어를 NULL로 지정해야 합니다. 먼저 일반적인 경우를 살펴보고 이후에 노드가 한 개인 경우를 살펴보도록 하겠습니다.

6.5.1 일반적일 때 디큐 연산

연결 큐가 일반적일 때 디큐 연산을 다음 그림을 통해 먼저 살펴보겠습니다. 일반적일 때란 연결 큐에 저장된 노드가 한 개 이상인 경우를 말합니다. 다른 말로 '큐가 비어 있지 않은 경우'를 말합니다. 따라서, 이때는 연결 큐에 단지 한 개의 노드가 남아 있는 경우도 포함합니다.

그림 7-28은 기존의 프런트를 가리키는 멤버 변수 pFront 노드가 있고 그 프런트의 다음 노드인 pFront->pLink 노드가 있다는 것을 가정하고 있습니다.

일단 **그림 7-28**과 같은 상황에서 반환 대상이 되는 포인터 변수 pReturn은 어떤 값이 되어야 할까요? 연결 큐 pQueue의 프런트를 가리켜야 하므로 반환 대상은 pQueue->pFront가 되어야 할 것입니다.

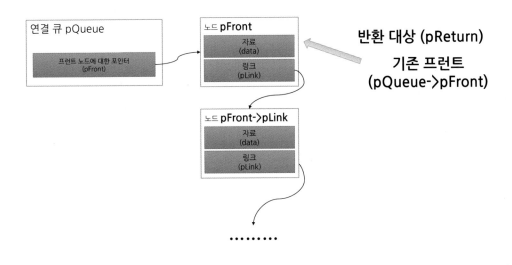

그림 7-28 일반적인 디큐 연산 과정: 반환 값

디큐 연산의 다음 단계(Step-A)로, 새로운 프런트 노드를 지정합니다. 어떤 노드가 새로운 프런트 노드가 될까요? **그림 7-29**와 같이 기존 프런트의 다음 노드가 새로운 프런트 노드가 됩니다. 기존 프런트를 제거하고 나면 이 다음 노드가 연결 큐에 남은 노드 중에서 가장 먼저 추가된 노드이기 때문입니다. 따라서, **그림 2-79**와 같이 포인터 변수 pQueue->pFrontNode의 값으로 기존 프런트의 다음 노드(pQueue->pFrontNode->pLink)를 지정합니다.

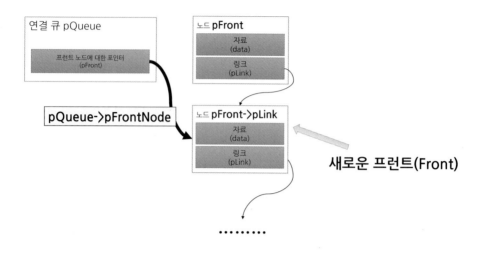

그림 7-29 일반적인 디큐 연산 과정: Step-A. 큐의 프런트 노드 재지정

이제 마지막 단계(Step-B)입니다. 디큐 연산은 프런트를 제거한 뒤 반환합니다. 그런데 아직 반환되는 기존 프런트의 링크가 여전히 살아 있습니다. 반환 대상 pReturn 노드는 연결 큐에서 제거되어서 기존 큐에서의 링크 pReturn->pLink는 NULL로 초기화해야 합니다. 이러한 초기화 과정을 거치면 큐의 상태는 아마도 **그림 7-30**과 같을 것입니다.

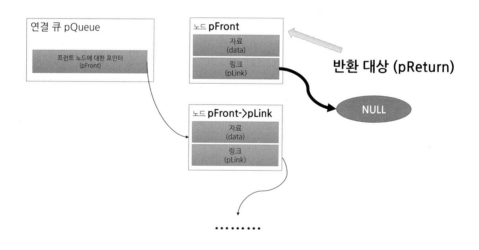

그림 7-30 일반적인 디큐 연산 과정: Step-B. 반환 노드의 링크 초기화

그림 7-30에서는 반환되는 기존 프런트의 다음 노드의 링크인 pReturn->pLink가 NULL로 초기화된 것을 보여줍니다. 이것은 반환되는 노드를 사용해서 연결 큐 내의 다른 노드로 불필

요하게 접근하는 것을 방지하기 위해서입니다.

지금까지의 디큐 과정을 실제 소스로 구현하면 다음과 같습니다.

예제 07_03.c (4번째)

```
50    LinkedQueueNode* dequeueLQ(LinkedQueue* pQueue)
51    {
52        LinkedQueueNode* pReturn = NULL;
53        if(isLinkedQueueEmpty(pQueue) == 0) {
54            pReturn = pQueue->pFront;
55            pQueue->pFront = pQueue->pFront->pLink;
56            pReturn->pLink = NULL;
57
58            pQueue->currentCount--;
```

54: ① 반환 값 설정. 기존 프런트 노드

55: ② Step-A. 큐의 프런트 노드 재지정

56: ③ Step-B. 반환 노드의 링크 초기화

함수 dequeueLQ()의 소스를 보면 앞서 설명한 내용을 따라 구현되어 있는 것을 알 수 있습니다. 다만, 줄 53에서 현재 큐가 비어 있지 않은 경우에만 디큐 연산을 수행하도록 합니다. 그런데 여기서 질문이 하나 있습니다. 소스는 일반적일 때, 그러니까 기존 연결 큐에 한 개 이상의 노드가 있을 때라고 하였습니다. 그렇다면, 기존에 노드가 한 개만 저장되어 있을 때는 어떻게 해야 할까요?

6.5.2 노드가 한 개일 때 디큐 연산

연결 큐에 마지막 남은 한 개의 노드를 디큐할 때의 경우를 생각해 보겠습니다. 이 경우 새로운 프런트에 대한 처리는 앞서 일반적인 경우와 같습니다. 단, 리어에 대한 처리가 앞서 살펴본 일반적인 경우와 다릅니다. 노드가 한 개 있는 연결 큐에서 디큐 연산을 수행하면 큐에 남은 노드가 없기 때문에 기존의 리어를 가리키는 멤버 변수에서 오류가 발생합니다. 다음 그림은 일반적인 경우에서 디큐 연산까지만 구현한 경우에 발생할 수 있는 오류 상황을 보여줍니다.

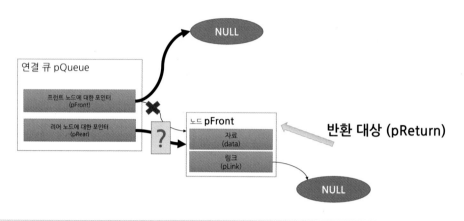

그림 7-31 마지막 노드를 디큐한 경우

반환 대상이 되는 노드가 연결 큐에 마지막 남은 유일한 노드면 프런트와 리어 모두 이 마지막 노드를 가리키고 있습니다. 즉, 포인터 변수 pQueue->pRearNode와 포인터 변수 pQueue->pFrontNode가 동시에 이 노드를 가리키고 있습니다. 이러한 마지막 노드를 제거하는 경우, 앞서 일반적인 경우와 마찬가지로 연결 큐의 새로운 프런트 pQueue->pFrontNode는 기존 프런트의 다음 노드가 됩니다. **그림 7-31**에서 알 수 있듯이 기존 프런트의 다음 노드는 NULL이기 때문에 자연스럽게 변수 pQueue->pFrontNode의 값이 NULL이 됩니다. 즉, **그림 7-31**에서 반환 대상인 pReturn 노드와 프런트에 대한 포인터 변수 pQueue->pFront에는 문제가 없습니다.

반면, 이 경우의 리어를 보면 문제가 있습니다. 연결 큐에 남은 노드가 더 없음에도 리어는 여전히 큐에서 제거된 기존 노드 pReturn을 가리키고 있습니다. 따라서, 여기서는 pQueue->pRearNode의 값을 NULL로 재지정해야 합니다. 정리하자면, 노드가 한 개인 연결 큐에서의 디큐 연산은 추가로 리어를 NULL로 초기화하는 연산이 필요합니다.

함수 dequeueLQ()에 대한 나머지 소스는 다음과 같습니다.

예제 07_03.c (5번째)

```
59          if(isLinkedQueueEmpty(pQueue) == 1) {
60              pQueue->pRear = NULL;
61          }
62      }
63
```

```
64        return pReturn;
65    }
```

만약 마지막 남은 노드를 디큐한 상황이라면, 줄 58의 소스에 의해 연결 큐가 현재 비어 있는 상태입니다. 이럴 경우 소스 줄 59에서는 연결 큐가 현재 비어 있는지 점검하여 만약 TRUE (값이 1)라면 리어를 가리키는 멤버 변수 pRear의 값을 NULL로 초기화합니다.

이제 연결 큐에서의 피크 연산에 대해서 살펴볼까요? 이 연산은 다음 소스와 같이 단순히 프런트를 가리키는 포인터 변숫값을 반환하는 것이 전부입니다.

예제 **07_03.c** (6번째)

```
67    LinkedQueueNode* peekLQ(LinkedQueue* pQueue)
68    {
69        LinkedQueueNode* pReturn = NULL;
70        if(pQueue != NULL) {
71            if(isLinkedQueueEmpty(pQueue) == 0) {
72                pReturn = pQueue->pFront;
73            }
74        }
75        return pReturn;
76    }
```

소스 줄 70에서 연결 큐가 비어 있지 않으면 줄 72에서 현재 프런트의 주솟값을 포인터 변수 pReturn에 대입하여 줄 75에서 반환합니다. 물론, 연결 큐가 비어 있으면 NULL을 반환합니다.

6.6 기타 연산들

연결 큐 관련 나머지 함수들에 대한 소스는 다음과 같습니다.

예제 **07_03.c** (7번째)

```
078   void deleteLinkedQueue(LinkedQueue* pQueue)
079   {
```

```
080        LinkedQueueNode *pNode = NULL;
081        LinkedQueueNode *pDelNode = NULL;
082
083        if(pQueue != NULL) {
084            pNode = pQueue->pFront;
085            while(pNode != NULL) {
086                pDelNode = pNode;
087                pNode = pNode->pLink;
088                free(pDelNode);
089            }
090            free(pQueue);
091        }
092    }
093
094    int isLinkedQueueEmpty(LinkedQueue* pQueue)
095    {
096        int ret = 0;
097
098        if(pQueue != NULL) {
099            if(pQueue->currentCount == 0) {
100                ret = 1;
101            }
102        }
103        return ret;
104    }
105
106    void displayLinkedQueue(LinkedQueue *pQueue)
107    {
108        LinkedQueueNode *pNode = NULL;
109        int i = 0;
110        if(pQueue != NULL) {
111            printf("현재 노드 개수: %d\n",
112                pQueue->currentCount);
113            pNode = pQueue->pFront;
114            while(pNode != NULL) {
115                printf("[%d]-[%c]\n", i, pNode->data);
116                i++;
117                pNode = pNode->pLink;
118            }
119        }
120    }
```

84: ① 시작 노드 → 프런트 노드

85~89: ② 루프 돌면서 각 노드 메모리 해제

90: ③ 큐 자체의 메모리 해제

함수 deleteLinkedQueue()는 연결 큐를 삭제할 때 프런트인 pQueue→pFront부터 시작해서 노드 사이의 링크(pLink)를 이용하여(줄 87) 반복문을 실행하면서 연결 큐에 저장된 모든 노드의 메모리를 해제합니다. 그런 다음, 마지막으로 연결 큐 자체의 메모리를 해제합니다(줄 90).

연결 큐가 비어 있는지를 판단하는 함수 isLinkedQueueEmpty()는 현재 노드 개수를 저장하는 변수 pQueue→currentCount를 이용합니다(줄 99). 만약, 이 변숫값이 0이면 연결 큐가 비어 있는 상태입니다.

함수 displayLinkedQueue()도 함수 deleteLinkedQueue()처럼 노드 사이의 링크를 이용하여 연결 큐의 노드를 순회하면서 연결 큐에 저장된 자료를 출력합니다. 앞서 살펴본 배열 큐와 다르게 각 노드의 위치 인덱스는 0을 초깃값으로 하여 단순 정보 표시용으로 사용하고 있습니다(줄 109, 115, 116).

마지막으로, 지금까지 구현한 연결 큐를 실제 이용하는 예제 프로그램의 소스는 다음과 같습니다.

예제 07_03.c (8번째)

```
122   int main(int argc, char *argv[])
123   {
124       LinkedQueue *pQueue = NULL;
125       LinkedQueueNode *pNode = NULL;
126
127   // 배열 큐 생성
128       pQueue = createLinkedQueue( );
129       if(pQueue != NULL) {
130   // 큐 초기화: 'A', 'B', 'C', 'D' 추가
131           enqueueLQ(pQueue, 'A');
132           enqueueLQ(pQueue, 'B');
133           enqueueLQ(pQueue, 'C');
134           enqueueLQ(pQueue, 'D');
135           displayLinkedQueue(pQueue);
136
137           pNode = dequeueLQ(pQueue);
138           if(pNode != NULL) {
139               printf("Dequeue Value-[%c]\n", pNode->data);
140               free( pNode );
```

```
141            }
142            displayLinkedQueue(pQueue);
143
150            pNode = peekLQ(pQueue);
151            if(pNode != NULL) {
152                printf("Peek Value-[%c]\n", pNode->data);
153            }
154            displayLinkedQueue(pQueue);
155
156        // 큐에 'E' 추가
157            enqueueLQ(pQueue, 'E');
158
159            displayLinkedQueue(pQueue);
160        }
161        return 0;
162    }
```

연결 큐를 이용한다는 점만 다르고 07_01.c와 07_02.c의 main() 함수와 같습니다. 처음에 'A', 'B', 'C', 'D' 네 개 자료를 인큐하고 연결 큐에 저장된 자료를 출력합니다(줄 131~135). 디큐 연산과 피크 연산을 각각 한 번씩 수행하고 연결 큐에 저장된 자료를 출력합니다(줄 137~154). 마지막으로, 자료 E를 인큐한 다음 출력합니다(줄 157~159).

다음은 앞서의 소스를 실제로 컴파일하여 실행한 결과 화면입니다.

프로그램 07_03.exe의 실행 결과 화면

```
C:\Users\jinlee\Project\07\Release> 07_03.exe <Enter>
현재 노드 개수: 4
[0]-[A]
[1]-[B]
[2]-[C]
[3]-[D]
Dequeue Value-[A]
현재 노드 개수: 3
[0]-[B]                    ← 디큐를 한 번 수행해도, 프런트 노드의 인덱스 값이 0이다.
[1]-[C]
[2]-[D]
Peek Value-[B]
```

```
현재 노드 개수: 3
[0]-[B]
[1]-[C]
[2]-[D]
현재 노드 개수: 4
[0]-[B]
[1]-[C]
[2]-[D]
[3]-[E]
```

앞에서 본 배열 원형 큐와 다른 점이 실행 결과에 몇 가지 있습니다 연결 큐에서는 배열 큐에서 있던 최대 큐의 크기가 없기 때문에 큐의 크기를 출력하지 않습니다. 다음으로, 배열과 달리 프런트를 제거하는 방식이기 때문에 위치 인덱스를 항상 0부터 출력합니다. 예를 들어, 디큐를 한 번 수행한 다음에 자료 B의 위치 인덱스가 연결 큐에서는 0인데, 배열 원형 큐에서는 1이었습니다. 사실, 연결 큐에서는 내부적으로 배열을 사용하지 않습니다. 그래서 위치 인덱스가 특별한 의미가 없기 때문에 0을 초깃값으로 사용합니다.

연습 문제

1. **[기본 개념]**

(1) 빈 큐에 네 개의 문자 A, B, C, D를 차례대로 추가하는 인큐 연산을 수행할 때 큐의 내용을 그려 보세요.

(2) 위의 큐에 4번 디큐 연산을 수행할 경우, 디큐되는 순서대로 문자를 적어 보세요.

2. 큐의 특성 FIFO에 대해 설명해 보세요.

3. 다음 연산들을 빈 큐에서 시작한다고 가정하고서 큐의 최종 내용을 그려 보세요.

```
Enqueue(A)
Enqueue(B)
Enqueue(C)
Dequeue()
Dequeue()
Enqueue(D)
Dequeue()
Enqueue(E)
```

4. 배열의 크기가 3인 배열 선형 큐와 배열 원형 큐에서 문제 3의 연산을 수행한다고 가정하고서 큐의 최종 내용을 큐별로 그려 보세요.

5. **[소스 안정성 보완]**

다음 함수 createArrayQueue()에서 메모리 할당과 관련하여 예외 처리 로직을 추가해 보세요. 먼저 입력 파라미터 size의 값이 0보다 큰 값인지 검증이 필요합니다. 다음으로, 메모리 할당에 실패할 경우에 대한 방어 코드를 추가해 보세요. 즉, 메모리 할당에 실패하면 NULL을 반환하도록 해야 합니다.

예제 함수 createArrayQueue( )

```
ArrayQueue* createArrayQueue(int size)
{
ArrayQueue *pReturn = NULL;

    pReturn = (ArrayQueue *)malloc(sizeof(ArrayQueue));
    memset(pReturn, 0, sizeof(ArrayQueue));
    pReturn->maxCount = size;
    pReturn->front = -1;
    pReturn->rear = -1;

pReturn->pData = (ArrayQueueNode *)malloc(sizeof(ArrayQueueNode) * size);
    memset(pReturn->pData, 0, sizeof(ArrayQueueNode) * size);

    return pReturn;
    }
```

6. [큐를 확장한 덱의 구현]

덱(deque)은 두 개의 끝이 있는 큐라는 뜻으로, double-ended queue를 줄인 말입니다. 다음 그림과 같이 덱은 큐와는 다르게 양쪽 끝에서 자료의 삽입과 반환이 모두 가능합니다.

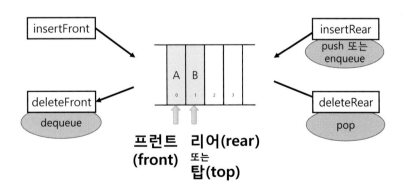

그림 7-32 덱의 프런트와 리어

큐에서는 새로운 자료를 추가할 때 큐의 맨 뒤 리어에서만 가능하고 자료를 반환할 때 맨 앞 프런트에서만 가능합니다. 반면, 덱에서는 새로운 자료를 추가할 때 맨 앞과 맨 뒤 모두 가능합니다. 물론, 자료를 제거하거나 반환할 때도 맨 앞과 맨 뒤 모두 가능합니다. 이러한 특성 때문에 일반적으로 덱은 큐와 스택의 기능을 합친 자료구조로도 설명합니다. 책에 따라서는 덱 대신 간혹 디큐(deque)라는 용어를 사용하는데, 큐에서의 반환 연산인 디큐(dequeue)와 혼동이 되기도 합니다. 그래서 이 책에서는 오직 '덱'이라는 용어만을 사용하겠습니다. 덱의 추상 자료형을 정리하면 다음 표와 같습니다. 이들 연산을 제공하는 덱을 연결 큐를 수정하여 구현해 보세요.

표 7-4 덱의 추상 자료형

이름		입력	출력	설명
덱 생성	createDeque( )	−	덱 d	빈 덱 d를 생성
덱 삭제	deleteDeque( )	덱 d	N/A	덱을 삭제(메모리 해제)
빈 덱인지 판단	isEmpty( )	덱 d	True/False	빈 덱인지를 전달
프런트에 추가	insertFront( )	덱 d 자료 e	성공/실패 여부	덱의 프런트에 새로운 자료를 추가
리어에 추가	insertRear( )	덱 d 자료 e	성공/실패 여부	덱의 리어에 새로운 자료를 추가
프런트의 제거	deleteFront( )	덱 d	자료 e	덱의 프런트에 있는 자료를 제거한 뒤 반환
리어의 제거	deleteRear( )	덱 d	자료 e	덱의 리어에 있는 자료를 제거한 뒤 반환
프런트의 반환	peekFront( )	덱 d	자료 e	덱의 프런트에 있는 자료를 반환(제거하지는 않음)
리어의 반환	peekRear( )	덱 d	자료 e	덱의 리어에 있는 자료를 반환(제거하지는 않음)
덱 표시	displayDeque( )	덱 d	N/A	덱에 저장된 자료를 화면에 표시

| D A T A   S T R U C T U R E |

Chapter

8

재귀 호출

1 재귀 호출이란?　**2** 재귀 호출과 반복 호출

이번 장에서는 재귀 호출(recursion)을 배워보겠습니다. 재귀 호출의 기본 개념은 **자기 자신을 다시 호출하는 것**입니다.

예를 들어, 다음 그림은 C 언어의 함수 호출을 이용해 재귀 호출을 보여주고 있습니다. 먼저, 외부에서 함수 my_func()가 호출하고 있습니다. 그런데 이 함수 my_func() 내부에서 다시 자기 자신인 함수 my_func()를 호출하고 있습니다.

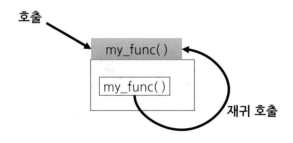

그림 8-1 재귀 호출의 개념

여기서 함수 my_func()는 재귀 호출을 구현한 함수가 됩니다. 왜냐하면, 함수 my_func()는 자기 자신을 내부에서 다시 호출하였기 때문입니다.

그런데 이러한 재귀 호출은 왜 필요할까요? 이 책에서 재귀 호출을 살펴보는 이유는 크게 2가지입니다. 먼저, 다음 장부터 배우게 되는 비선형 자료구조에서 필요하기 때문입니다. 다음 그림은 9장에서 배울 트리와 11장에서 배울 그래프의 예를 보여줍니다.

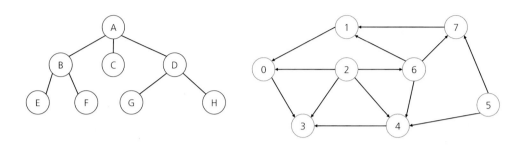

그림 8-2 재귀 호출의 적용 예: 트리와 그래프의 순회

이러한 비선형 자료구조의 모든 노드를 한 번씩 방문하는 것을 탐색(traversal)이라고 하는데, 이러한 탐색을 위한 알고리즘에서 재귀 호출을 사용합니다. 물론, 탐색을 위한 알고리즘은 여러 가지가 있습니다. 하지만, 이러한 방법 중에서 비교적 쉽게 구현하는 방법으로 재귀 호출을 이용하는 방법이 있습니다. 즉, 비선형 자료구조를 구현할 때 재귀 호출을 사용합니다.

어떻게 **자기 자신을 호출하는 것**만으로 탐색이 가능한지 궁금하지 않나요? 탐색 알고리즘 자체는 9장과 11장에서 배울 예정입니다. 그러므로 이번 장에서는 이러한 탐색 알고리즘의 기초가 되는 재귀 호출의 기본 개념에만 집중하겠습니다.

이러한 구체적인 필요성 이외에도 재귀 호출은 복잡한 문제를 쉽게 해결하기 위한 문제 해결 기법으로도 활용됩니다. 예를 들어, 다음 그림은 재귀 호출을 통해 문제를 해결하는 과정을 개념적으로 보여줍니다. 처음 ① 단계에는 무척 크고 어려운 문제가 있다는 것을 보여줍니다. 그런데 재귀 호출 기법을 사용하여 ② 단계에서는 문제가 더 작아진다는 것을 알 수 있습니다. 그리고 ③ 단계에 가서는 결국 쉬운 문제가 되었습니다.

그림 8-3 문제 해결 기법으로서의 재귀 호출의 적용 예

그림 8-3은 문제 해결을 위해 재귀 호출이 사용되었다는 것을 보여줍니다. 문제의 크기는 작아졌지만, 문제의 모양은 같기 때문입니다. 여기서 문제 해결 기법으로서 재귀 호출의 중요한 특징을 알 수 있습니다. 바로, 자기 자신을 호출할 때마다 문제의 범위가 점점 작아진다는 것입니다. 그래서 풀기 쉬운 아주 작은 문제가 되어 결국 문제를 해결합니다. 참고로, 이처럼 복잡한 문제를 작고 단순한 문제로 나누어서 해결하려는 방법을 **분할 정복**(divide and conquer)이라고도 합니다.

이번 장에서는 이처럼 문제 해결 기법으로 다양한 분야에서 사용되고 있는 재귀 호출에 대해서 자세히 살펴보겠습니다. 참고로, 일부 책에서는 재귀 호출 대신 순환 호출이라고도 하는데, 이 책에서는 **재귀 호출**이라는 용어를 사용하겠습니다.

1. 재귀 호출이란?

재귀 호출이 자기 자신을 다시 호출하는 것이라는 개념을 앞서 살펴보았습니다. 그런데 여기에서 **호출**이란 C 언어에서 보자면 함수를 **실행**하는 것입니다. 따라서, 재귀 호출이란 함수를 실행했는데, 그 함수 내부에서 다시 자기 자신을 실행하는 것으로 이해할 수 있습니다.

1.1 재귀 호출의 2가지 조건

이러한 재귀 호출에서 주의해야 할 점은 무한 루프(infinite loop)에 빠지지 않도록 구현해야 한다는 점입니다. 무한 루프란 루프가 종료되지 않고 계속 실행되는 것을 말합니다. 의도하지 않은 이러한 무한 루프는 보통 버그에 해당합니다. 왜냐하면, 원하는 값이 반환되는 것이 아니라 프로그램이 종료되지 않고 계속 실행만 되는 상태가 되기 때문입니다. 이러한 무한 루프에 빠지지 않게 하려면 재귀 호출을 구현할 때 다음과 같은 두 가지 원칙을 반드시 지켜야 합니다.

> **재귀 호출이 무한 루프에 빠지지 않기 위한 2가지 조건**
>
> 1) 호출될 때마다 문제의 범위가 줄어들어야 한다.
>
> 2) 종료 조건이 있어야 한다.

먼저, 자기 자신을 호출할 때마다 문제의 범위가 줄어들어야 한다는 조건은 다음 소스를 보면서 살펴보겠습니다. 예를 들어, 다음 소스와 같은 함수 my_func()를 실행했다고 가정해 봅시다. 여기서 함수 my_func()는 입력 파라미터로 정수 10을 전달받아 이를 처리한 다음 결과를 반환합니다. 다음 소스에서 함수의 처리 결괏값은 변수 result에 저장합니다.

```
int main(void)
{
    …
    Int result = my_func( 10 ); // 함수 my_func( )를 호출함
    …
}
```

그런데 이 함수 my_func()의 내부 구조가 아래와 같다고 가정해 봅시다. 다음 소스에서 **자기 자신을 다시 호출**하는 소스를 발견할 수 있습니다. 그런 점에서 이 함수는 재귀 호출 방식으로 구현한 함수입니다.

그런데 다음 소스에서 자기 자신을 호출할 때 입력 파라미터의 값이 1씩 감소합니다. 왜냐하면, 전달받은 값에서 1만큼 감소한 input_value - 1을 전달하기 때문입니다.

```
int  my_func(int input_value )
{
    int ret = 0;
    …
    // 자기 자신을 호출하되 입력 파라미터를 1 감소하여 전달
    ret = input1 + my_func( input_value - 1 );
    …
    return ret;
}
```

이러한 점에서 위 소스는 자신이 호출될 때마다 문제의 범위(입력 파라미터의 값)를 줄어들게 하였습니다.

그럼, 호출될 때마다 문제의 범위가 줄어들게만 하면 재귀 호출이 무한 루프에 빠지지 않을까요? 물론 아닙니다. 두 번째 조건으로 종료 조건이 있기 때문입니다. 문제의 범위가 줄어들다가 어느 조건을 만족하면 재귀 호출이 끝나야 합니다. 종료 조건은 이처럼 재귀 호출이 끝나는 조건을 말합니다.

조금 더 구체적인 문제를 가지고 이러한 재귀 호출의 종료 조건에 대해서 살펴보겠습니다. 이번에 살펴볼 대상은 팩토리얼 함수입니다. 팩토리얼(factorial, 계승) 문제는 재귀 호출을 설명하는 예제로 많이 사용합니다. 우리가 잘 알고 있듯이 정수 n에 대한 $n!$ (n 팩토리얼이라고 읽습니다)은 다음과 같이 계산합니다.

$$n! = \begin{cases} 1 & n=1 \text{ 일 때} \\ n \times (n-1) \times (n-2) \times ... \times 2 \times 1 & n \geq 1 \text{ 일 때} \end{cases}$$

위 정의에 따라 n의 값이 1이면 $n!$은 1이 됩니다. 만약 n이 1보다 크다면 $n!$은 1부터 n개의 양의 정수를 모두 곱한 것입니다. 예를 들어, $4!$은 $4! = 4 \times 3 \times 2 \times 1 = 24$입니다.

그런데 이러한 팩토리얼을 재귀 호출, 그러니까 자기 자신을 다시 호출하는 방법으로도 나타낼 수 있습니다. 다음은 앞의 식을 재귀 호출 방식으로 다시 표현한 식입니다.

$$n! = \begin{cases} 1 & n=1 \text{ 일 때} \\ n \times (n-1)! & n \geq 1 \text{ 일 때} \end{cases}$$

앞의 식에서 알 수 있듯이 n에 대한 팩토리얼은 $(n-1)$에 대한 팩토리얼로 표현될 수 있습니다. 위 식에서 $n! = n \times (n-1)!$이 바로 그 부분입니다. 즉, 팩토리얼의 계산에서 내부적으로 팩토리얼의 정의가 다시 사용된 것입니다. 앞서 재귀 호출이란 자기 자신을 호출하는 방식이라고 배웠는데, 앞의 식은 팩토리얼을 재귀 호출 방식으로 나타낸 것입니다.

여기서 재미있는 점은 n에서 $n-1$로 입력 값이 1 감소했다는 점입니다. 앞서 재귀 호출은 자기 자신을 호출할 때 문제의 범위를 줄여나간다고 했습니다. 여기서도 문제의 범위가 n에서 $n-1$로 1만큼 줄어들었다는 것에 주의해 주세요. 아무튼, 앞서와 같이 재귀 호출 방식으로 구현된 팩토리얼 함수 및 이를 호출하는 예제 소스는 다음과 같습니다.

다음 소스 줄 25에서 자기 자신을 호출할 때마다 입력 파라미터 n의 값이 1만큼 작아집니다. 재귀적으로 함수 factorial()을 호출하는데 n 대신에 $n-1$을 입력 파라미터로 전달합니다. 재귀 호출의 첫 번째 조건인 "호출될 때마다 문제의 범위가 줄어들어야 한다."가 적용되었습니다.

예제 08-01.c (2번째 부분)

```
16    int factorial(int n)
17    {
18        int ret = 0;
19        if (n <= 1)
20        {
21            ret = 1;
22        }
23        else
24        {
25            ret = n * factorial(n - 1);
26        }
27        return ret;
28    }
```

> 19~22: 종료 조건 조사

> 25: 종료 조건이 아니라면 문제의 범위를 감소시킨 다음 자신을 다시 호출함

이뿐 아니라, 위 소스 줄 19에서는 종료 조건(terminate condition)을 검사합니다. 즉, 문제가 더이상 나눌 수 없는 가장 작은 단위가 되었을 때 재귀 호출이 끝나도록 합니다.

위의 소스에서는 입력 파라미터인 n의 값이 1일 때가 이러한 종료 조건에 해당합니다. 왜냐하면, 1 팩토리얼(1!)은 1이며 더 이상 호출될 필요가 없기 때문입니다. 위의 줄 19~22에서 만약 n이 1이 되면 더 이상의 자기 자신을 호출하지 않고 바로 1을 반환하도록 하였습니다.

따라서, 재귀 호출에서 종료 조건은 자기 자신을 다시 호출 안 하게 합니다. 이러한 '자신을 다시 호출 안 하게' 하는 방법의 예로 단순히 값을 반환하게 하는 것을 들 수 있습니다. 위 소스 줄 21에서는 단순히 값 1을 반환하여 재귀 호출을 끝내게 합니다. 물론, 아무리 종료 조건이 있더라도 문제의 범위가 감소하여 종료 조건으로 다가가지 않는다면 무한 루프에 빠지게 됩니다. 위 소스에서는 자기 자신을 호출할 때 $n-1$을 이용하여 문제의 범위를 감소시키고 있습니다.

1.2 재귀 호출의 호출 과정

바로 앞서 재귀 호출의 개념 및 무한 루프에 빠지지 않게 하는 2가지 조건을 살펴보았습니다. 여기서는 재귀 호출의 개념을 마무리하면서 재귀 호출을 사용했을 때 내부적으로는 어떤 일

이 일어나는지 살펴보겠습니다. 이러한 재귀 호출의 과정을 알게 되면 재귀 호출의 단점 혹은 재귀 호출을 사용할 때 주의할 점을 알게 됩니다.

앞서 살펴본 함수 factorial()을 이용하여 재귀 호출의 과정을 살펴보겠습니다. 다음 소스는 함수 factorial(3)을 호출하여 3!을 구합니다. 다음 소스와 같이 factorial(3)을 호출되었다고 했을 때 함수 내부에서 어떤 식으로 동작하는지 살펴보겠습니다.

예제 08-01.c (1번째 부분)

```
01    #include <stdio.h>
02
03    int factorial(int n);
04
05    int main( )
06    {
07        int input_value = 3;
08        int result = 0;
09
10        result = factorial(input_value);        // 3!을 구하고자 재귀 함수 호출
11        printf("%d! = %d\n", input_value, result);
12
13        return 0;
14    }
```

줄 10에서 인수로 주어진 input_value의 값이 3이기 때문에 실제 factorial() 함수의 실행 과정을 그림으로 나타내면 다음과 같습니다.

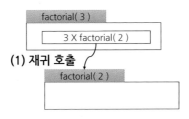

그림 8-4 재귀 호출 factorial(3) 호출의 과정: Step-1

그림 8-4에서 알 수 있듯이 재귀 호출에 의해 factorial(3) 함수는 3보다 1 감소한 2를 인수로 하

여 factorial(2) 함수를 호출합니다. 즉, factorial() 함수가 다시 자신을 호출합니다. 단, 이때 3에서 1만큼 감소한 2를 인수로 하여 호출합니다. 그런데 이때 전달한 파라미터의 값은 2로 종료 조건을 만족하지 않기 때문에 다시 1 감소한 1을 인수로 함수 factorial(1)을 다음 그림과 같이 호출합니다.

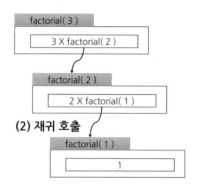

그림 8-5 재귀 호출 factorial(3) 호출의 과정: Step-2

그런데 factorial(1) 함수는 줄 19~21에서 종료 조건에 따라 n이 1보다 작거나 같으면 무조건 1을 반환합니다. 따라서, 더 이상의 재귀 호출 없이 다음 그림과 같이 결괏값 1을 반환합니다.

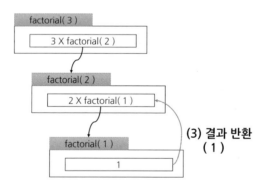

그림 8-6 재귀 호출 factorial(3) 호출의 과정: Step-3

자 그럼 이제부터 반환이 시작되었는데요, 그다음 단계는 어떻게 될까요? 아마도 다음 그림과 같이 factorial(2)에서 계산된 결괏값을 반환할 것입니다. 즉, factorial(1) 함수에서 전달받은 1을 갖고 factorial(2) 함수는 2 x 1을 계산하고, 계산된 결괏값을 factorial(3) 함수에 반환합니다.

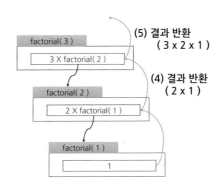

(5) 결과 반환
(3 x 2 x 1)

(4) 결과 반환
(2 x 1)

그림 **8-7** 재귀 호출 factorial(3) 호출의 과정: Step−4 및 Step−5

마찬가지로 factorial(3) 함수는 factorial(2)에서 전달받은 2 × 1을 이용하여 3 × 2 × 1을 계산하고 3!에 대한 최종 결괏값 6을 반환합니다.

우리는 앞서 함수의 재귀 호출 과정을 살펴보았습니다. 그런데 실제 운영체제에서는 이러한 재귀 함수를 어떤 방식으로 실행하는 것일까요? 결론부터 이야기하자면 운영체제에서는 앞서 배운 스택(stack)을 이용하여 재귀 호출을 실행합니다.

함수를 호출할 때 함수에서 사용되는 모든 지역 변수(local variable)와 전달된 인자(parameter) 등을 저장하는 공간을 활성 레코드(activation record)라고 합니다. 운영체제에서는 하나의 함수가 호출되면 호출되는 함수별로 이러한 활성 레코드에 함수 관련 정보를 저장합니다.

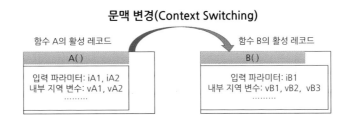

그림 **8-8** 활성 레코드와 문맥 변경

만약, 도중에 다른 함수가 호출되면 해당 함수의 활성 레코드로 변경시키는데 이를 **문맥 변경**(context switching)이라고 합니다. 예를 들어, 함수 A의 실행 도중 함수 B가 호출되었다면, 함수 A의 활성 레코드를 임시로 저장해두고 함수 B의 활성 레코드를 로딩하게 됩니다.

운영체제 관점에서 보면 재귀 호출에 의해 같은 함수가 여러 번 호출된다고 하더라도 이는 모두 별개의 함수로 처리됩니다. 운영체제 관점에서는 재귀 호출되는 함수별로 활성 레코드를 독립적으로 처리합니다. 예를 들어, 위의 경우 운영체제는 함수 factorial(1), factorial(2), factorial(3)을 각각 독립적인 3개의 함수로 인식하므로 이들 각각 독립적인 활성 레코드가 생성되어 관리됩니다.

자 이제 이러한 배경 지식을 바탕으로 재귀 호출을 살펴볼까요. 예를 들어, factorial(3)과 같이 함수가 호출되었습니다. 그러면 함수 factorial(3)에 대해 활성 레코드가 만들어지고 운영체제는 이를 로딩하여 사용하게 됩니다. 즉, 함수 factorial(3)이 운영체제에 의해 실행됩니다. 그런데 이렇게 수행되는 함수 내부에서 factorial(2)가 호출되면 어떻게 될까요?

이 경우, 함수 factorial(2)에 대한 새로운 활성 레코드를 만들어 이를 로딩합니다. 물론, 이 경우 기존 함수 factorial(3)에 대한 활성 레코드를 시스템 스택에 푸시(Push)하여 저장합니다. 함수 factorial(2)가 실행되면서 중간에 새롭게 함수 factorial(1)이 호출될 경우에도 마찬가지입니다. 기존 factorial(2)의 활성 레코드를 푸시하고 factorial(1)의 활성 레코드를 로딩하여 사용합니다. 이때 운영체제에서 이러한 활성 레코드를 저장하는 스택의 내부는 다음 그림과 같습니다.

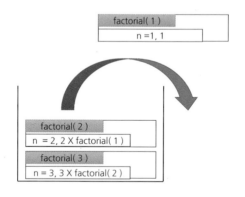

그림 8-9 스택을 이용한 재귀 호출의 실행 과정

그림 8-9에서 현재 실행 중인 함수 factorial(1)이 보입니다. 만약 현재 수행 중인 함수 factorial(1)의 실행이 끝나면 어떤 일이 발생할까요? 아마도 운영체제는 시스템 스택에서 활성 레코드를 새로 팝(Pop)하여 다음에 실행할 함수를 로딩할 것입니다. 단, 이 경우 LIFO (Last-In-First-Out)의 특성이 있는 스택을 이용하기 때문에 나중에 호출된 함수 factorial(2)가 함수 factorial(3)보다 먼저 실행됩니다. 물론, 함수 factorial(2)의 실행이 끝나면 시스템 스택에서 다

시 팝(Pop)하여 factorial(3)을 실행합니다. 어떻습니까? 앞서 우리가 살펴본 재귀 호출의 과정이 그대로 실행되고 있음을 알 수 있습니다.

이러한 재귀 호출의 과정을 통해 우리는 재귀 호출이 가지는 단점 혹은 재귀 호출을 사용할 때 주의할 점을 예상할 수 있습니다.

> **재귀 호출의 단점**
>
> 　1) 상대적으로 속도가 느리다: 문맥 변경에 추가적인 시간이 필요하다.
>
> 　2) 함수 호출 횟수에 제한이 있다: 운영체제의 스택 크기에 제한이 있다.

먼저, 재귀 호출을 사용하면 재귀 호출을 사용하지 않을 때보다 상대적으로 속도가 느립니다. 앞서 우리는 재귀 호출을 사용하면 운영체제 내부적으로 문맥 변경이 일어난다고 배웠습니다. 이 문맥 변경은 처리하는 과정이 다소 복잡하기 때문에 재귀 호출을 사용하게 되면 상대적으로 더 많은 시간이 걸립니다. 물론, 문제의 크기가 커져서 호출 횟수가 증가하면 이러한 시간 차이는 더욱 벌어지게 됩니다.

다음으로, 함수 호출 횟수에 제한이 있습니다. 무작정 함수 호출을 반복할 수 없습니다. 왜냐하면, 운영체제의 스택 크기에 제약이 있기 때문입니다.

예를 들어, 위의 함수 factorial()은 입력 파라미터가 1씩 커질수록 함수 호출 횟수도 1만큼 커집니다. 이러한 함수 호출 횟수가 운영체제의 시스템 스택이 지원하는 수준 이상으로 커지게 되면 어떻게 될까요? 아마도 다음 그림과 같은 오류가 발생하여 프로그램이 강제 종료될 것입니다.

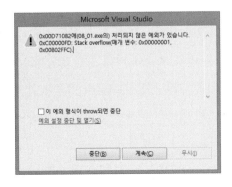

그림 8-10 재귀 호출의 호출 횟수 초과 시 오류: 스택 오버플로(Stack Overflow)

그림 8-10은 factorial(10000)과 같이 호출 횟수를 10,000번으로 했을 때 나타나는 오류 화면입니다. 이와 같이 운영체제의 스택 메모리 부족 현상을 보통 스택 오버플로(Stack overflow)라고 하는데, 그림 8-10은 스택 오버플로가 발생한 상황을 보여줍니다.

따라서, 재귀 호출이 가지는 이러한 내부적 제약들 때문에 처음에는 재귀 호출 기법으로 구현된 프로그램이라 하더라도 어느 정도 안정화된 시점 이후에는 반복 호출을 이용하는 방법으로 소스를 수정하기도 합니다.

2. 재귀 호출과 반복 호출

지금까지 우리는 재귀 호출의 개념에 대해 자세히 살펴보았습니다. 재귀 호출은 주어진 문제를 해결하기 위해 하나의 함수에서 자기 자신을 다시 호출하여 문제를 해결하는 방법입니다. 단, 이때 문제의 크기가 점점 작아져서 결국 아주 쉬운 종료 조건에서 호출은 끝난다는 것을 알 수 있었습니다.

이러한 재귀 호출과 비교되는 방법으로 반복 호출(iteration)이 있습니다. 반복은 for나 while 문 등을 이용하여 반복적으로 명령을 실행하여 문제를 해결하는 방법입니다. 즉, 정해진 반복 횟수 혹은 완료 조건을 만족할 때까지 반복적으로 계산하여 문제를 해결하는 방법입니다. 보통 재귀 호출을 제외한 다른 일반적인 방법을 반복 호출 방법이라고 합니다.

표 8-1 재귀 호출과 반복 호출의 비교

구분	재귀 호출	반복 호출
장점	알고리즘이 간결하며 명확함	속도가 빠르고 시스템 메모리 사용이 작음

반복 호출과 비교하여 재귀 호출이 가지는 가장 큰 장점은 알고리즘의 간결성과 명확성입니다. 재귀 호출로 구현된 알고리즘은 반복 호출에 비해 훨씬 명확하고 간결합니다. 따라서, 소스 읽기도 쉽고 개발도 더 간단합니다. 그러나 반복 호출과 비교해 볼 때 시스템 스택을 사용하므로 수행 시간이 더 오래 걸리며 스택 메모리 문제가 발생할 수 있습니다. 입력 파라미터의 크기(문제의 크기)가 어느 정도 이상 커질 경우 실행할 수 없는 경우도 있습니다.

반면, 반복 호출은 문제를 해결하기 위해 for나 while 문의 루프를 통해 구현되기 때문에 시스템 스택의 메모리를 적게 사용합니다. 루프의 수행 횟수가 커지는 것이지 함수의 호출 횟수가 커지지 않기 때문입니다. 반복 호출은 프로그램 속도 혹은 메모리 측면에서 재귀 호출보다 성능이 우수합니다. 이러한 반복 호출의 특성 탓에 알고리즘을 설명할 때는 재귀 방식으로 하고 실제 운영 프로그램에서는 반복 방식으로 구현할 때도 있습니다. 단, 재귀와 반복은 표현 능력이 같기 때문에 서로 대체 가능합니다. 즉, 재귀로 구현된 함수를 반복을 이용해서도 구현할 수 있습니다.

2.1 팩토리얼 함수

재귀 호출 방식으로 구현된 함수를 반복 호출 방식으로 변경할 때 구현된 방식에 따라 반복 호출로 변경이 무척 어려울 때도 있고, 무척 쉬울 때도 있습니다. 특히 재귀 호출이 함수의 끝에서 이루어지는 꼬리 재귀 호출(tail recursion)의 경우 쉽게 반복 호출로 변경할 수 있습니다. 예를 들어, 앞서 재귀 호출을 이용하여 구현한 팩토리얼 함수는 비교적 쉽게 반복 호출 방식으로 변경할 수 있습니다. 다음은 반복 호출 방식으로 구현된 팩토리얼 함수의 소스입니다.

예제 **08_02.c** (일부)

```
16   int factorial_iter(int n) {
17       int ret = 1;
18       int i = 1;
19
20       for(i = n; i > 1; i--) {
21           ret = ret * i;
22       }
23
24       return ret;
25   }
```

위 소스에서 함수 factorial_iter()는 정수 *n*에 대한 팩토리얼을 for 문을 이용하여 반복 호출에 의해 계산합니다. 이 경우 기존의 팩토리얼 함수가 꼬리 재귀 호출 방식으로 구현되었기 때문에 비교적 쉽게 반복 호출로 변환될 수 있었습니다. 여기서 **꼬리 재귀 호출**(tail recursion)이라 함은 다음 재귀 호출 식에서 알 수 있듯이 재귀 호출이 함수의 끝 부분에 단 한 번만 있는 경우를 말합니다.

```
factorial(n) = n * factorial(n - 1)
```

입력 파라미터 n에 대한 결괏값은 입력 파라미터 $n-1$에 대한 결괏값에 특정 값을 곱하기만 하면 됩니다. 즉, 함수 factorial() 내부에서 재귀 호출이 1번만 호출되었고 호출된 결괏값을 단순 처리만 하면 되는 경우입니다. 이러한 꼬리 재귀 호출 방식이라면 비교적 쉽게 반복 호출로 변경할 수 있습니다. 여기서는 줄 21에서 ret = ret * i와 같이 for 문에 의한 반복문으로 대체되었습니다.

그런데 우리가 다음에 살펴볼 피보나치 수열의 경우는 재귀 호출 방식으로 구현하기는 쉽지만, 이를 반복 호출 방식으로는 변경이 쉽지 않습니다. 또한, 재귀 호출 방식으로 구현은 쉽지만, 이러한 재귀 호출 방식 자체가 구조적으로 상당한 성능 문제를 일으킬 수 있는 경우에 해당합니다.

2.2 피보나치 수열

앞서 살펴본 바와 같이 보통 재귀 호출 방식을 사용하면 소스 코드가 읽기 쉬워집니다. 재귀 호출의 개념 자체가 직관적이기 때문입니다. 그러나 문제에 따라서는 재귀 호출이 같은 계산을 몇 번씩 반복하게 되어 문제가 커질 경우 성능이 상당히 떨어지는 경우도 있습니다. 이번에 살펴볼 피보나치 수열의 계산이 그 대표적인 경우입니다.

피보나치 수열을 재귀 호출 방식으로 구현한 경우, 입력 파라미터의 크기에 따라 함수 호출 횟수가 기하급수적으로 증가합니다. 따라서, 어느 값 이상일 때 반복 호출 방식에 따라 구현된 함수만이 정상적으로 결괏값을 계산할 수 있습니다. 다만, 이 경우 앞서 살펴본 팩토리얼의 경우와 달리 꼬리 재귀 호출이 아니기 때문에 반복 호출 방식으로 구현하는 게 그렇게 쉽지는 않습니다.

지금까지 피보나치 수열의 특징에 대해서 살펴보았는데요, 그럼 실제 피보나치 수열의 정의가 무엇인지 살펴볼까요?

$$fib(n) = \begin{cases} 0 & n=0 \text{ 일 때} \\ 1 & n=1 \text{ 일 때} \\ fib(n-1)+fib(n-2) & n \geq 2 \text{ 일 때} \end{cases}$$

피보나치 수열은 첫 번째 항과 두 번째 항에 대해서는 각각 값이 0, 1이지만, 세 번째 항 이상에 대해서는 이전 두 항을 더한 값으로 정의되는 수열입니다. 입력 파라미터 n의 값이 0부터 시작하여 1씩 증가함에 따라서 피보나치 수열이 만들어 내는 수열은 다음과 같습니다.

$$0, 1, 1, 2, 3, 5, 8, 13, 21, 34, 55, 89, \ldots$$

위의 수열에서 n이 0 또는 1일 경우는 종료 조건에 의해 쉽게 1로 구할 수 있습니다. 왜냐하면, $fib(0)=0$이며 $fib(1)=1$이기 때문입니다. 이제 n이 2보다 크거나 같은 경우를 살펴볼까요.

$$n = 2 \quad fib(2) = fib(1) + fib(0) = 1 + 0 = 1$$

$$n = 3 \quad fib(3) = fib(2) + fib(1) = 1 + 1 = 2$$

$$n = 4 \quad fib(4) = fib(3) + fib(2) = 2 + 1 = 3$$

$$\ldots\ldots$$

피보나치 수열은 정의 자체가 순환적으로 되어 있습니다. 즉, 위의 예처럼 피보나치 수열의 값은 이전 수열 2개의 합으로 값이 계산됩니다. 수열 정의 자체가 순환적으로 되어 있기 때문에 재귀 호출 방식으로 구현하는 것이 무척 직관적인데요, 다음은 재귀 호출 방식으로 구현한 소스입니다.

예제 08_03.c (일부)

```
17   int fib(int n)
18   {
19       int ret = 0;
20
21       if (n == 0) {
22           ret = 0;
23       }
24       else if (n == 1) {
25           ret = 1;
26       }
27       else {
28           ret = fib(n-1) + fib(n-2);
29       }
30
31       return ret;
32   }
```

이 소스는 재귀 호출을 이용하여 구현했기 때문에 소스 이해가 그렇게 어렵지 않을 것입니다. 앞의 피보나치 수열 정의 그대로 구현되어 있기 때문입니다. 입력 파라미터 n의 값이 0과 1에 대해서는 각각 값이 0, 1이지만, 2 이상의 숫자에 대해서는 자신의 이전 숫자 2개의 피보나치 수열 합으로 구현되어 있습니다.

그러나 피보나치 수열을 이러한 재귀 호출 방식으로 구현한 것은 성능 면에서 매우 비효율적입니다. 왜냐하면, 같은 숫자에 대한 피보나치 수열 계산이 중복하여 여러 번 발생하기 때문입니다. 예를 들어, $fib(6)$을 호출했다고 하면 $fib(6)$의 계산을 위해 몇 번의 $fib(5)$가 호출될까요?

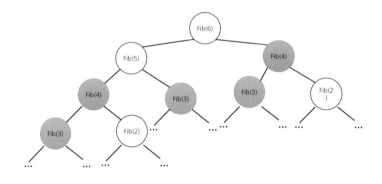

그림 8-11 재귀 호출 방식에서 fib(6)의 계산 예

그림 8-11에서 알 수 있듯이 $fib(6)$의 계산을 위해서 $fib(5)$는 다행히 한 번만 호출되었습니다. 그럼 그다음으로 $fib(6)$ 계산을 위해 $fib(4)$는 몇 번 호출되었나요? 위 그림에서 $fib(4)$는 두 번 호출되었다는 것을 확인할 수 있습니다. $fib(4)$ 호출 중 1번은 불필요한 호출입니다. 왜냐하면, $fib(4)$를 한 번 호출했다면 우리는 이미 $fib(4)$의 결과를 알 수 있기 때문입니다. 그나마 1번만 낭비되었기 때문에 다행인데요, $fib(3)$은 3번 호출되었기 때문에 2번 더 낭비하여 실행하였습니다.

우리는 여기에서 피보나치 수열을 재귀 호출 방식으로 구현하면 입력 파라미터가 증가함에 따라 불필요한 중복 호출의 비중이 높다는 것을 예상할 수 있습니다. 즉, 낭비되는 함수의 호출 횟수가 비약적으로 증가하여 계산에 걸리는 시간 또한 급격히 증가하게 됩니다. 그럼, 문제의 크기 혹은 입력 파라미터인 n 값이 커지게 된다면 중복 호출이 얼마만큼 증가할까요? 다음 그림은 n이 커짐에 따라 증가하는 함수 $fib()$ 호출 빈도 수를 보여줍니다.

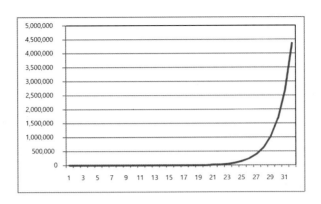

그림 8-12 재귀 호출 방식에서 함수 fib( )의 호출 빈도 수

그림 8-12에서 알 수 있듯이 n=30의 경우라면 대략 300만 번 정도의 $fib()$ 함수가 호출됩니다. 즉, n이 30과 같이 비교적 작은 수에서도 무척 비효율적이기 때문에 현실적으로 사용하기 어려운 방법임을 알 수 있습니다. 참고로, 재귀 호출에 의한 피보나치 수열의 계산은 시간 복잡도가 $O(2^n)$이기 때문에 알고리즘의 시간 복잡도가 지수적(exponential)으로 증가합니다.

그러면, 어떤 방법으로 이러한 피보나치 수열을 계산할 수 있을까요? 아마도 피보나치 수열을 다음과 같이 반복 호출 방식으로 계산한다면 비교적 짧은 시간 내에 계산할 수 있을 것입니다. 다음의 함수 $fib\_iter()$은 피보나치 수열을 반복 호출을 이용하여 구현한 소스입니다.

예제 08_04.c (일부)

```
17   int fib_iter(int n) {
18       int ret = 0;
19
20       if (n < 2) {
21           ret = n;
22       }
23       else {
24           int i = 0, temp = 0, current = 1, last = 0;
25
26           for(i = 2; i <= n; i++) {
27               temp = current;
28               current += last;
29               last = temp;
30           }
```

```
31
32            ret = current;
33        }
34
35        return ret;
36    }
```

위의 반복 호출 함수 fib_iter()는 앞의 재귀 호출 함수와 달리 for 문을 이용하여 반복 호출에 의해 피보나치 수열을 계산합니다. 특별히 줄 26~30에서 함수 fib_iter()는 2보다 큰 n에 대해 for 루프를 돌면서 값을 누적하여 피보나치 함수의 값을 구합니다. 위 소스에서 이러한 반복 호출에 의한 함수 fib_iter()는 시간 복잡도가 $O(n)$임을 알 수 있습니다. 앞의 재귀 호출을 이용한 함수 fib()의 시간 복잡도가 $O(2^n)$인 것과 비교해 성능이 무척 우수함을 알 수 있습니다.

반면, 함수 fib_iter()의 처리 방식은 함수 fib()보다 이해하기가 어렵습니다. 기존의 재귀 호출 방식으로 구현된 함수 fib()는 한눈에 처리 방법을 이해할 수 있을 만큼 소스가 간결했습니다. 반면, 함수 fib_iter()은 반복 호출로 구현되었지만, 처리 로직을 쉽게 이해하기 어렵습니다. 특히 줄 26~30은 직접 손으로 풀어보지 않는 이상 이 소스가 피보나치 수열을 계산하는 알고리즘인지 알기 어렵습니다.

2.3 하노이의 탑

앞서 구조적인 특성 때문에 재귀 호출 방법으로 해결하기 어려운 문제로 피보나치 수열의 예를 살펴보았습니다. 피보나치 수열의 경우 이해가 조금 어려웠지만 그래도 반복 호출 방식으로 소스 작성은 가능했습니다.

반면, 이번에 살펴볼 하노이의 탑(The Tower of Hanoi) 문제는 반복 호출 방법으로 문제를 해결하기 어려운 가장 대표적인 예가 됩니다. 반대로 말하자면 재귀를 통해서만 문제를 쉽게 해결할 수 있는 가장 대표적인 예가 됩니다. 그럼 본격적으로 하노이의 탑 문제를 살펴볼까요? 하노이의 탑 문제는 다음 그림과 같이 같이 한쪽 막대에 쌓여 있는 원판을 반대쪽 막대로 옮기는 문제입니다.

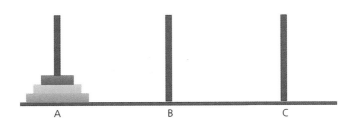

그림 8-13 하노이의 탑 문제

그림 8-13과 같이 막대 A에 쌓여 있는 원판들을 막대 C로 옮겨야 합니다. 단 이때 다음과 같은 제약 조건이 있습니다.

1) 한 번에 하나의 원판만 이동할 수 있다.

2) 맨 위에 있는 원판만 이동할 수 있다.

3) 크기가 작은 원판 위에 큰 원판이 있을 수 없다(크기가 큰 원판 위에만 작은 원판을 놓을 수 있다).

4) 중간 막대를 이용할 수 있으나 앞의 3가지 조건을 만족해야 한다.

위의 제약 조건 중에서 첫 번째는 쉽게 이해할 수 있을 것입니다. 동시에 두 개 이상의 원판을 옮길 수 없다는 뜻입니다. 두 번째는 **그림 8-14**의 왼쪽 그림과 같이 중간에 있는 원판을 억지로 빼낼 수 없다는 의미입니다. 아울러 세 번째는 **그림 8-14**의 오른쪽 그림과 같이 크기가 큰 원판 위에 작은 원판을 올릴 수 없다는 조건을 말합니다.

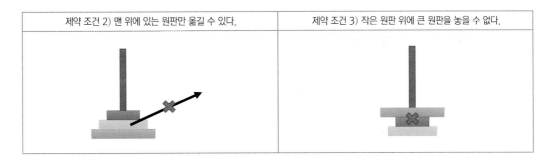

그림 8-14 하노이의 탑 문제 제약 조건

제일 왼쪽 A에 있는 3개의 원판을 이러한 네 가지 제약 조건을 만족하면서, 가장 오른쪽 C로 옮기는 과정을 그림을 통해 나타내면 **그림 8-15**와 같습니다.

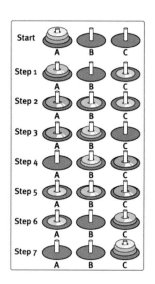

그림 8-15 하노이의 탑 문제: 원판 3개의 경우

이 과정이 그렇게 쉽지는 않지만, 차분하게 시도한다면 어렵지 않게 이해가 될 것입니다. 그래도 위 경우는 원판이 3개여서 쉽게 옮겼지만, 만약 옮겨야 하는 원판의 개수가 4개인 경우는 어떨까요? 또한, 원판의 개수가 4개 이상, 일반적인 n 개일 때는 어떻게 옮길 수 있을까요? 아마도 직관적으로 바로 문제를 해결하기가 무척 어려울 것입니다. 왜냐하면, 풀어야 할 문제가 너무 크기 때문입니다.

이렇게 풀어야 할 문제가 너무 큰 경우에는 다음과 같이 재귀적 접근 방법으로 생각하면 비교적 쉽게 해결 방법을 찾을 수 있습니다. 모두 n 개의 원판이 막대 A에 쌓여 있고 이를 막대 C까지 옮겨야 하는 다음 그림을 살펴봐 주세요.

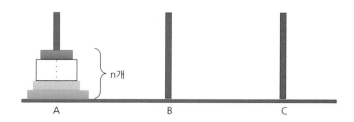

그림 8-16 재귀적 접근 방법: Step-0

이 경우 **그림 8-16**과 같이 먼저 위에 쌓인 $n-1$개의 원판을 B로 옮겨야 할 것입니다. 앞서 원

판이 3개인 예제에서는 Step-3이 바로 이러한 $n-1$개의 원판이 막대 B로 옮긴 상태에 해당합니다. 이 경우 Step-1과 Step-2는 건너뛰었지만, 일단 넘어가겠습니다. 아무튼, $n=3$인 경우에 상위 2개(=3-1)의 원판이 막대 B로 이동된 상태입니다.

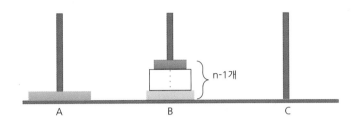

그림 8-17 재귀적 접근 방법: Step-a

이제 다음 단계로 어떻게 해야 할까요? 아마도 막대 A에 남아 있는 원판을 C로 옮기면 될 것입니다. 이를 그림으로 나타내면 다음과 같습니다.

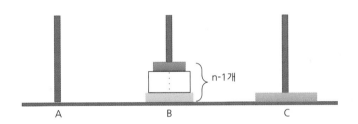

그림 8-18 재귀적 접근 방법: Step-b

어떻습니까? 위의 원판 개수가 3개인 경우 Step-4에 해당하지요? 이제 다음 단계로, 막대 B에 있는 $n-1$개 원판을 C로 옮기면 막대 A에 쌓여 있는 모든 원판이 막대 C로 옮겨진 것입니다. 참고로, 이 과정은 위의 원판 개수가 3개인 경우 Step-7에 해당합니다.

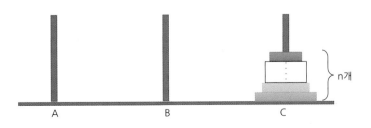

그림 8-19 재귀적 접근 방법: Step-c

이 풀이 과정은 $n-1$개의 원판을 A에서 B로 옮기고 나서 맨 밑의 원판을 C로 옮기고 마지막으로, $n-1$개의 원판을 B에서 C로 옮기는 것으로 요약할 수 있습니다. 일단 지금까지의 과정을 의사 코드(Pseudo Code)로 정리하면 다음과 같습니다.

```
void hanoi_tower(int n, char from, char to, char temp) {
    if (n == 1) {
        from에서 to로 원판을 옮긴다.
    }
    else {
        Step-a. from의 맨 밑에 원판을 제외한 나머지 원판들을 temp로 옮긴다.
        Step-b. from에 있는 한 개의 원판을 to로 옮긴다.
        Step-c. temp의 원판들을 to로 옮긴다.
    }
}
```

위의 의사 코드 중에 Step-b는 1개의 원판만을 이동하는 것이므로 별문제가 없습니다. 반면 $n-1$개의 원판을 옮기는 Step-a와 Step-c는 바로 해결할 수 없습니다. 막대 A에 쌓여 있던 $n-1$개의 원판을 어떻게 B로 옮길 수 있을까요? 혹은 막대 B에 쌓여 있던 $n-1$개의 원판을 어떻게 C로 옮길 수 있을까요? 바로 위에서 Step-1과 Step-2를 건너뛴 것과 Step-5와 Step-6을 건너뛴 것이 바로 이 부분에 해당합니다.

그런데 여기서 정말 중요한 사실이 하나 있습니다. 바로 Step-a와 Step-c가 여전히 같은 문제 (원판 옮기기)라는 점입니다. 또한, 같은 원판 옮기기 문제이지만, Step-a와 Step-c에서 이동해야 할 원판의 개수가 1개 줄어들었다는 점입니다. 왜냐하면, 맨 밑 원판을 제외한 나머지 원판들만 옮기면 되기 때문입니다. 즉, Step-a와 Step-c의 문제는 앞서 주어진 문제와 형식은 같지만, 문제 범위가 $n-1$로 줄어들었습니다.

따라서, 우리는 여기서 함수 hanoi_tower()가 같은 형식의 문제이면서 호출할 때마다 문제의 범위가 줄어든다는 점에서 재귀적 호출로 변경할 수 있다는 것을 추측할 수 있습니다. 단, 여기서 from과 to의 대상은 막대 A와 막대 C가 아니라 막대 B도 될 수 있기 때문에 재귀 호출을 이용하여 다음과 같이 작성할 수 있습니다.

```
void hanoi_tower(int n, char from, char to, char temp) {
    if (n == 1) {
        from에서 to로 원판을 옮긴다.
    }
    else {
        hanoi_tower(n -1, from, to, temp)
        from에 있는 한 개의 원판을 to로 옮긴다.
        hanoi_tower(n -1, temp, from, to)
    }
}
```

위 의사 코드를 이용하여 실제 C 코드를 작성해 보면 다음과 같습니다.

예제 08_05.c

```
01   #include <stdio.h>
02
03   void hanoi_tower(int n, char from, char temp, char to) {
04       if (n == 1) {
05           printf( "원판 1을 %c에서 %c로 옮겼습니다\n", from, to);
06       }
07       else {
08           hanoi_tower(n - 1, from, to, temp);
09           printf("원판 %i를 %c에서 %c로 옮겼습니다\n", n, from, to);
10           hanoi_tower(n - 1, temp, from, to);
11       }
12   }
13
14   int main(int arc, char **argv) {
15       char from = 'A';
16       char temp = 'B';
17       char to = 'C';
18
19       hanoi_tower(4, from, temp, to);
20
21       return 0;
22   }
```

소스의 함수 hanoi_tower()는 앞의 의사 코드를 C 언어로 구현한 것입니다. 다만, 실제 원판을 옮기는 부분은 화면에 과정을 출력(줄 5, 9)하는 것으로 대체하였습니다. 위의 프로그램을 실행하면 결과는 다음과 같습니다.

프로그램 08_05.exe의 실행 결과 화면

원판 1을 A에서 B로 옮겼습니다.
원판 2를 A에서 C로 옮겼습니다.
원판 1을 B에서 C로 옮겼습니다.
원판 3을 A에서 B로 옮겼습니다.
원판 1을 C에서 A로 옮겼습니다.
원판 2를 C에서 B로 옮겼습니다.
원판 1을 A에서 B로 옮겼습니다.
원판 4를 A에서 C로 옮겼습니다.
원판 1을 B에서 C로 옮겼습니다.
원판 2를 B에서 A로 옮겼습니다.
원판 1을 C에서 A로 옮겼습니다.
원판 3을 B에서 C로 옮겼습니다.
원판 1을 A에서 B로 옮겼습니다.
원판 2를 A에서 C로 옮겼습니다.
원판 1을 B에서 C로 옮겼습니다.

앞서 살펴본 결과에서 15단계의 재귀 호출을 통해 4개의 원판이 모두 A에서 C로 옮겨졌음을 확인할 수 있습니다.

이상으로 하노이의 탑 문제 및 해결 방법에 대해 살펴보았습니다. 참고로, 이러한 하노이의 탑 문제는 재귀 호출이 함수의 끝에서 이루어지는 것이 아니라 머리와 꼬리 두 군데에서 이루어지기 때문에 반복 호출로 쉽게 변경할 수 없다는 특성도 있습니다.

이번 장 내용을 잠깐 정리하고 다음 장으로 넘어가겠습니다. 재귀 호출의 기본 개념은 자기 자신을 다시 호출하는 것입니다. 다만, 무한 루프에 빠지지 않기 위한 두 가지 조건이 있었습니다. 호출될 때마다 문제의 범위가 줄어들어야 하며 종료 조건이 있어야 합니다.

재귀 호출과 다른 문제 해결 방법으로 반복 호출이 있었습니다. 재귀 호출은 반복 호출과 비교해 볼 때 알고리즘이 간결하고 명확하다는 장점이 있습니다. 즉, 반복 호출에 비해 속도가 느리고 시스템 메모리 사용이 많아서 호출 횟수에 제한이 있었습니다.

팩토리얼 함수는 꼬리 재귀 호출 방식이었기 때문에 비교적 쉽게 반복 호출로 변경할 수 있었습니다. 다음으로, 피보나치 수열은 재귀 호출로 구현하였을 경우 알고리즘의 시간 복잡도가 지수적으로 증가하기 때문에 반복 호출로 구현하는 것이 효과적인 경우였습니다. 반면, 피보나치 수열을 반복 호출로 구현하면 시간 복잡도가 $O(n)$이었습니다. 마지막으로, 하노이의 탑은 반대로 반복 호출 방법으로 문제를 해결하기 어려우며 재귀를 통해서 쉽게 문제를 해결할 수 있는 경우가 됩니다.

연습 문제

1. 다음 소스에서 잘못된 부분은 어디입니까?

```
int factorial(int n) {
    int ret = 0;
    if (n >= 1) {
        ret = n * factorial( n );
    }
    else {
        ret = 1;
    }
    return ret;
}
```

2. 다음 소스에서 잘못된 부분은 어디입니까?

```
int factorial(int n) {
    int ret = 0;
    ret = n * factorial( n - 1 );
    return ret;
}
```

3. 함수 recursive()가 다음과 같이 정의되었을 때 함수 recursive(5)를 실행하여 화면에 출력되는 값을 적어보세요.

```
void recursive(int n) {
    if (n > 1) {
        recursive( n / 2 );
        recursive( n / 2 );
    }
    printf("%i\n", n);
}
```

4. 다음을 계산하는 재귀 함수를 만들어보세요.

$1 + 2 + 3 + \cdots + n$

5. 다음을 계산하는 재귀 함수를 만들어보세요.

$$1 + 1/2 + 1/3 + \cdots + 1/n$$

6. 다음과 같은 재귀 함수를 반복 구조를 가지는 함수로 바꿔보세요.

```
int sum(int n) {
    if (n == 1) {
        return 1;
    }
    else {
        return n + sum(n - 1);
    }
}
```

Chapter

9

트리

1 트리란? **2** 이진 트리 **3** 이진 트리의 추상 자료형 **4** 배열로 구현한 이진 트리 **5** 포인터로 구현한 이진 트리
6 이진 트리의 순회

이번 장에서는 트리(tree) 자료구조에 대해서 살펴보겠습니다. **트리**는 우리말로 **나무 구조** 혹
은 **나무 자료구조**라고도 합니다. 하지만, 자료구조로 사용되는 나무 구조는 보통 그냥 트리라
고 많이 불립니다. 이 책에서는 이러한 나무 자료구조를 편의상 트리라는 용어로 사용하겠습
니다.

트리의 가장 큰 특징이라면 계층 구조(hierarchical structure)로 자료를 저장한다는 것입니다. 계
층 구조란 말이 조금 생소할 수 있습니다. 여기서는 계층 구조를 이해하기 위해 먼저 간단한
예를 살펴보겠습니다. 아래의 예를 통해 전하고 싶은 계층 구조의 핵심은 **다음 노드는 여러 개
연결될 수 있지만, 이전 노드는 오직 한 개**라는 것입니다.

다음 그림은 계층 구조로 정수 자료를 저장하는 예입니다. 그림 가운데에 정수 40을 저장하고
있는 노드를 한번 자세히 살펴봐 주세요.

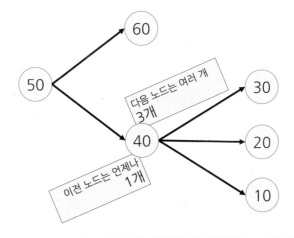

그림 9-1 비선형 구조인 트리의 예

그림 9-1에서 자료 40을 저장하는 노드의 다음 노드(next node)는 어떤 노드입니까? 자료 40을 저장하는 노드를 줄여서 노드 40이라고 한다면 노드 40의 다음 노드는 노드 30, 20, 10 이렇게 3개입니다. 다음 노드가 1개가 아니라 여러 개라는 점이 지금까지 우리가 공부한 리스트, 스택, 큐와 다른 점입니다. 자 그럼 반대 방향으로 살펴볼까요? 노드 40의 이전 노드(previous node)는 무엇입니까? 노드 40의 이전 노드는 노드 50으로, 이전 노드는 1개라는 것을 알 수 있습니다. '다음 노드는 여러 개 연결될 수 있지만, 이전 노드는 오직 한 개'라는 계층 구조의 특성을 기억해 주세요.

다음 그림은 계층 구조를 보여주는 실제 나무와 자료구조인 **트리**를 보여줍니다. 특별히 **그림 9-2**의 오른쪽 그림은 앞서 살펴본 트리 예제 그림을 시계 방향으로 90도 회전시킨 그림입니다. 여기에서 **다음 노드는 여러 개, 이전 노드는 오직 한 개**라는 것을 확인할 수 있습니다.

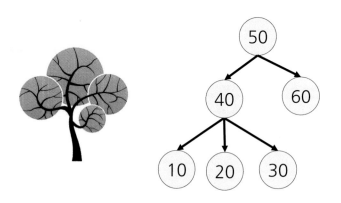

그림 9-2 계층 구조의 예: 실제 나무, 자료구조 트리

큰 가지에 매달린 작은 가지는 여러 개지만, 작은 가지의 관점에서 보자면 자신이 매달려 있는 큰 가지는 오직 한 개입니다. 참고로, 계층 구조를 다른 말로 부모-자식(parent-child) 구조라고도 합니다. 왜냐하면, 한 부모 밑에 여러 명의 자식이 있을 수 있지만, 자식 관점에서 보면 부모는 한 분이기 때문입니다.

트리의 개념

계층 구조 = 부모-자식 구조 = 다음 노드는 여러 개, 이전 노드는 1개

그런데 우리가 이러한 계층 구조의 자료구조인 트리를 왜 배워야 할까요? 그것은 다른 자료구

조와 마찬가지로 트리라는 자료구조를 통해서 손쉽게 표현될 수 있는 현실 세계에 많은 시스템이 있기 때문입니다. 트리가 필요한 가장 대표적인 예로 회사의 조직도, 컴퓨터의 폴더 구조 등을 들 수 있습니다. 예를 들어, 한 회사의 조직도를 그림으로 그려보면 다음과 같습니다.

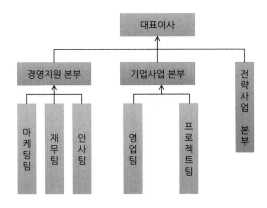

그림 **9-3** 계층 구조의 예: 회사의 조직도

그림 9-3에서 대표이사가 조직도에서 가장 높은 위치에 있는 노드입니다. 이러한 대표이사 바로 아래에 3개의 본부 노드가 연결되어 있습니다. 바로 경영지원 본부, 기업사업 본부와 전략사업 본부가 대표이사의 자식 노드(child node)가 됩니다. 이때 대표이사 노드는 이들 세 자식 노드의 부모 노드(parent node)가 됩니다. 우리는 이러한 조직도에서 1개의 부모 노드에 대해서 여러 개의 자식 노드를 가지는 부모-자식 관계 혹은 계층 구조의 특성을 발견할 수 있습니다. 이처럼 트리는 계층 구조를 지니는 시스템을 표현하는 자료구조로 유용하게 사용됩니다.

2장부터 7장까지 우리가 살펴본 자료구조는 모두 선형 구조였습니다. 리스트, 스택, 큐는 모두 한 줄로 자료를 저장했습니다. 한 줄이기 때문에 각각의 자료는 자신의 앞에 있는 자료가 1개이며 자신의 뒤에 있는 자료도 1개입니다. 반면, 이번 장에서 살펴볼 트리는 **비선형**(non-linear) 구조입니다. 왜 비선형 구조냐면 앞서 살펴본 것처럼 각 자료의 다음 노드가 1개가 아니라 여러 개의 자료가 올 수 있기 때문입니다.

지금부터 트리에 대해 본격적으로 살펴보겠습니다. 그런데 트리의 경우 비선형 구조이기 때문에 먼저 트리를 구성하는 각 요소에 대해서 살펴보겠습니다. 트리에 대한 정확한 개념과 용어가 정리되어야 실제 자료구조의 구현이 가능하기 때문입니다.

1. 트리란?

계층 구조의 특성을 가지는 트리는 지금까지 살펴본 선형 자료구조와 달리 그 구조가 단순하지 않습니다. 부모-자식 관계와 같이 복잡한 트리의 구조를 정확하게 나타내기 위해서는 몇 가지 용어들이 사용됩니다. 트리의 추상 자료형을 살펴보기 전에 트리의 여러 가지 특성을 나타내는 이러한 개념들 혹은 용어들을 먼저 살펴보겠습니다.

트리(tree)는 계층 구조를 가지는 노드(node)와 간선(edge)의 집합입니다. 여기서 노드는 지금까지 우리가 사용한 것과 같이 저장하려는 자료의 단위를 의미합니다. 예를 들어, 단순히 정수 혹은 문자일 수도 있고 조직도처럼 여러 자료로 이루어진 '부서 정보'가 될 수도 있습니다.

그런데 새로운 용어로 **간선**이 나왔는데요, 간선은 노드 사이를 연결하는 선을 말합니다. 사실 앞에서 본 리스트, 스택, 큐에서도 간선은 있었습니다. 이 경우에도 이전 노드와 다음 노드를 연결하는 것이 간선이 됩니다. 다만, 선형 구조의 특성상 굳이 간선을 이야기하지 않아도 되었기 때문에 언급하지 않았습니다. 반면, 트리에서는 부모-자식 관계를 정확하게 나타내기 위해서 이러한 간선을 사용합니다.

다음 그림에서는 A, B, C와 같은 문자 정보를 저장하는 노드와 이러한 노드를 연결하는 간선을 보여주고 있습니다. 노드 A가 부모 노드이고 노드 B와 C는 자식 노드가 됩니다. 그리고 간선이 이러한 노드 A와 노드 B, C를 연결해 주고 있습니다.

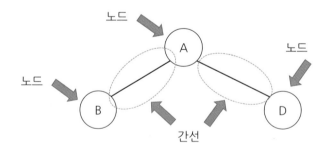

그림 9-4 트리의 구성: 노드와 간선

이제부터는 트리를 구성하는 가장 기본적인 요소인 노드와 간선을 기준으로 트리에서 사용하는 다양한 용어를 살펴보겠습니다.

1.1 노드의 종류

먼저 자료를 저장하는 기본 단위인 노드 몇 가지를 기준에 따라 종류를 나누어 보겠습니다. 다음은 트리에서의 위치와 노드 사이의 관계에 따라 노드의 종류를 분류한 표입니다.

표 9-1 트리에서의 노드 종류

구분	용어	내용
트리에서의 위치	루트(root) 노드	트리의 첫 번째 노드
	단말(leaf 혹은 terminal) 노드	자식 노드가 없는 노드
	내부(internal) 노드	자식 노드가 있는 노드
노드 사이의 관계	부모(parent) 노드	부모 노드와 자식 노드는 간선(edge)으로 연결되어 있음
	자식(child) 노드	
	선조(ancestor) 노드	루트 노드부터 부모 노드까지의 경로 상에 있는 모든 노드
	후손(descendent) 노드	특정 노드의 아래에 있는 모든 노드
	형제(sibling) 노드	같은 부모 노드의 자식 노드

표 9-1에 정리된 노드의 종류를 다음 예제를 통해 살펴볼까요? 다음 그림의 트리는 A부터 M까지 모두 13개의 노드와 이들 노드를 연결하는 12개의 간선으로 구성되어 있습니다. 좀 복잡해 보이기는 하지만, 두세번 찬찬히 살펴본다면 그렇게 이해가 어렵지 않다는 것을 알 수 있습니다.

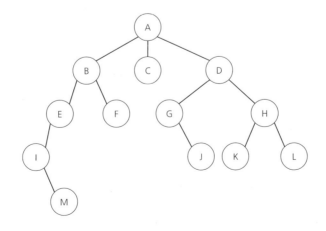

그림 9-5 다양한 종류의 노드를 포함하는 트리의 예

먼저 트리에서의 위치를 기준으로 노드를 살펴보겠습니다. 트리에서 가장 부모가 되는 노드를 루트(root) 노드라고 합니다. 다른 말로, 트리의 첫 번째 위치에 있는 노드라고도 합니다. 따라서, 루트 노드의 부모 노드는 없습니다. 다른 노드들의 가장 선조이자 시작이 되는 노드이기 때문입니다.

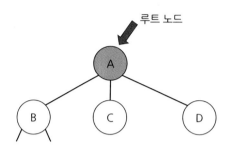

그림 9-6 위치에 의한 구분: 루트 노드의 예

앞의 예에서는 노드 A가 루트 노드가 됩니다. **그림 9-6**에서 루트 노드는 자신의 부모 노드가 없는 노드임을 쉽게 확인할 수 있습니다.

루트 노드가 부모가 없는 노드라면 이와는 반대로 자식 노드가 없는 노드가 있을 수 있습니다. 자식이 없기 때문에 자기 자신이 가장 끝에 있는 노드란 뜻이 됩니다. 이처럼 자식 노드가 없는 노드를 단말(leaf 혹은 terminal) 노드라고 합니다. 나무에서 잎이 가장 바깥(끝)에 있기 때문에 이런 이름을 지은 것입니다. 앞의 예에서는 노드 C, F, J, K, L, M이 이러한 단말 노드입니다.

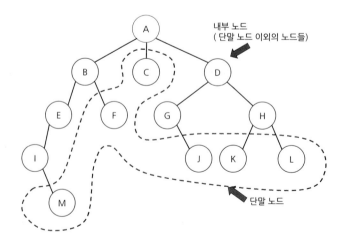

그림 9-7 위치에 의한 구분: 단말 노드의 예

그림 9-7을 보면 내부 노드라는 용어가 보입니다. 내부(internal) 노드란 자식이 있는 노드를 말합니다. 따라서, 이러한 내부 노드는 단말 노드를 제외한 나머지 노드를 말합니다. 자식이 있는 노드이기 때문에 루트 노드도 내부 노드가 될 수 있습니다. 만약, 루트 노드가 자식 노드를 가진다면, 자식 노드를 가지는 루트 노드는 당연히 내부 노드가 됩니다. 따라서, 내부 노드는 노드 A, B, D, E, G, H, I가 해당합니다. 여기서 루트 노드인 노드 A도 자식 노드 B, C, D를 가지기 때문에 내부 노드가 됩니다.

다음으로, 노드 사이의 관계에 따라 노드의 종류를 나누어 보겠습니다. 노드 사이의 관계에 따른 종류이기 때문에 설명을 위해서는 먼저 기준이 되는 노드가 필요합니다. 다음 그림은 노드 E가 기준이 된 예를 보여 줍니다. 이렇게 선택된 노드 E를 기준으로 노드 E와 관련하여 어떠한 종류의 노드가 있는지 살펴보겠습니다.

먼저 부모 노드와 자식 노드에 대해서 알아볼까요? 여기서는 노드 E가 기준이기 때문에 노드 E의 부모 노드와 자식 노드가 무엇인지 살펴보겠습니다. 먼저, 부모 노드는 선형 구조의 **이전 노드**(previous node)에 해당합니다. 노드 E의 부모 노드는 그림에서 알 수 있듯이 노드 B가 됩니다.

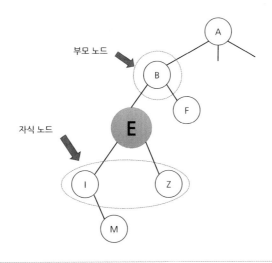

그림 9-8 관계에 의한 구분: 노드 E의 부모 노드 및 자식 노드

다음으로, 자식 노드는 선형 구조의 **다음 노드**(next node)에 해당합니다. **그림 9-8**에서 보면 노드 E의 자식 노드는 노드 I와 노드 Z가 됩니다. 트리이기 때문에 여러 개의 자식이 올 수 있다

는 점에 주의해 주세요. 이 예에서 노드 E의 자식 노드는 2개입니다.

그런데 선조(ancestor) 노드는 무엇일까요? 선조 노드는 루트 노드부터 부모 노드까지의 경로 (path) 상에 있는 모든 노드를 선조 노드라고 합니다. 위 트리에서 노드 E의 선조 노드는 루트 노드인 노드 A와 노드 B가 됩니다.

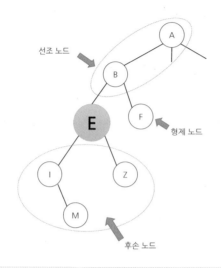

그림 9-9 관계에 의한 구분: 노드 E의 선조 노드, 후손 노드 및 형제 노드

또한, 후손(descendent) 노드는 특정 노드의 아래에 있는 모든 노드를 말합니다. 자식 노드뿐 아니라 자식 노드의 자식 노드까지 모두 후손 노드가 됩니다. 물론, 그 자식 노드들이 또 자식이 있다면 이들도 후손 노드가 됩니다. **그림 9-9**에서 노드 E의 후손 노드는 노드 I, 노드 M, 노드 Z가 됩니다.

마지막으로, 형제(sibling) 노드는 같은 부모 노드의 자식 노드들을 말합니다. 앞서 살펴본 트리에서 노드 E의 형제 노드는 노드 F가 됩니다. 왜냐하면, 노드 E의 부모 노드는 노드 B인데, 노드 B의 자식 노드 중에서 노드 E를 뺀 나머지 노드는 노드 F만 있기 때문입니다.

트리 관련 용어의 이해를 돕고자 몇 가지 예를 더 살펴볼까요? **그림 9-9**에서 노드 I의 선조 노드는 어떤 노드인가요? 노드 I부터 루트 노드까지의 경로에 해당하는 노드들이 되므로 노드 A, 노드 B, 노드 E가 됩니다. 아울러 트리에서 노드 B의 자손 노드는 어떤 노드들입니까? 노드 B의 자손 노드는 노드 B 아래에 있는 모든 노드에 해당하므로 이 경우 노드 E, 노드 F, 노드 I, 노드 M, 노드 Z가 됩니다.

1.2 **노드의 속성**

지금까지 노드의 종류를 살펴보았으므로 다음으로는 이러한 노드의 몇 가지 속성을 살펴보겠습니다. 이러한 노드의 속성은 특별히 트리를 이용한 알고리즘에서 많이 사용되기 때문에 핵심 개념을 정확히 이해하는 것이 꼭 필요합니다.

표 **9-2** 트리에서의 노드 속성

용어	내용
레벨(level)	루트 노드부터의 거리
높이(height)	루트 노드부터 가장 먼 거리에 있는 자식 노드의 높이에 1을 더한 값
차수(degree)	한 노드가 가지는 자식 노드의 개수

먼저, 노드의 레벨(level)은 루트 노드부터의 거리를 말합니다. 단, 부모가 없는 루트 노드 자체는 레벨이 1입니다(책에 따라서는 루트의 레벨을 0으로 정의하기도 하지만, 이 책에서는 1로 정의합니다). 따라서, 루트 노드 A의 레벨은 1이기 때문에 노드 A의 자식 노드들인 B, C, D는 레벨이 2가 됩니다. 다음 그림은 이러한 트리에서의 노드 레벨의 예를 보여주고 있습니다.

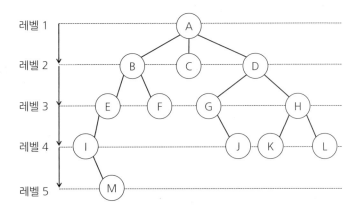

그림 **9-10** 노드 레벨의 예

레벨 2 노드들의 자식 노드들인 노드 E, F, G, H는 레벨이 3이 됩니다. 물론, 레벨 3의 자식 노드들인 I, J, K, L은 레벨이 4이며, 마지막으로 노드 M은 부모 노드인 노드 I가 레벨이 4이기 때문에 레벨이 5입니다.

다음으로, 트리에서 노드의 높이(height)를 살펴보겠습니다. 노드의 높이는 자신의 자식 노드 중에서 높이가 가장 높은 자식 노드의 높이에 1을 더한 값입니다. 따라서, 어떤 노드의 높이를 알기 위해서는 먼저 자식 노드들의 높이를 알아야 합니다. 물론, 자식 노드의 높이를 알기 위해서는 자식 노드의 자식 노드들의 높이도 알아야 하겠죠?

결국, 노드의 높이 계산은 후손 노드 중에서 특별히 단말 노드가 기준이 됩니다. 왜냐하면, 자식 노드가 없는 단말 노드의 높이가 가장 낮기 때문입니다. 그리고 단말 노드의 높이는 1입니다. 따라서, 단말 노드의 부모 노드는 높이가 2 (=1+ 1)입니다.

이러한 단말 노드를 시작으로 부모 노드로 올라갈수록 높이가 1씩 증가합니다. 단, 이때 각 노드에서는 더 높은 높이를 가진 자식 노드의 높이에 1을 더합니다. 앞의 예제 트리에서 노드 B의 높이를 이러한 방식으로 계산해 볼까요?

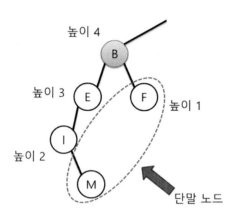

그림 9-11 노드 B의 높이

그림 9-11에서 노드 B의 높이를 구하기 위해서는 먼저 어느 노드부터 높이 계산을 해야 할까요? 앞에서 노드의 높이를 구하기 위해서는 후손 노드 중에서 단말 노드가 시작점이 된다고 하였습니다. 따라서, 노드 B의 후손 노드 중에서 단말 노드를 찾아야 하는데, **그림 9-11**에서 노드 M과 노드 F가 노드 B의 후손 노드 중에서 단말 노드라는 것을 알 수 있습니다. 따라서, 노드 M과 노드 F의 높이는 1이며 이들을 시작으로 높이 계산을 시작할 수 있습니다.

> (단말 노드) 노드 M과 F: 높이 1

그런데 노드 F의 부모 노드는 노드 B이기 때문에 더 이상 계산을 진행할 필요가 없습니다. 반면, 노드 M의 부모 노드는 노드 I가 됩니다. 따라서 노드 I의 높이는 2가 됩니다. 또한, 노드 I의 부모 노드는 E이며 노드 E의 높이는 자식 노드 I의 높이에 1을 더한 3이 됩니다.

노드 I:	높이 2(=1+1)
노드 E:	높이 3(=2+1)

이 예에서 노드 E와 노드 I의 경우 자식 노드가 1개밖에 없기 때문에 단순히 자식 노드의 높이에서 1을 더하는 방식으로만 높이를 계산했습니다. 반면, 노드 B의 경우에는 자식 노드가 노드 E와 노드 F 이렇게 2개가 있습니다. 이 중 노드 E의 높이는 3이고 노드 F의 높이는 1입니다. 따라서, 노드 B의 높이는 자식 노드 중 높이가 가장 높은 자식 노드의 높이에 1을 더해야 합니다.

노드 B:	높이 4 = Max(3, 1) + 1

결론적으로, 자식 노드 중에서 더 높은 높이를 가지는 E의 높이 3에 1을 더한 4가 노드 B의 높이가 된다는 것을 알 수 있습니다. 어떤 노드의 높이를 구하려면 후손 노드 중에서 단말 노드부터 시작하여 차례로 높이를 구해야 한다는 점을 기억해 주세요. 혹시 후손 노드가 어떤 노드인지 기억이 나지 않는 독자 분들께서는 바로 앞에서 살펴본 노드의 종류를 다시 한번 읽어 주세요.

마지막으로, 노드의 차수(degree) 속성은 자식 노드의 개수를 말합니다. 따라서, 다음 그림에서 루트 노드 A의 경우 차수는 3입니다. 왜냐하면, 노드 A의 자식 노드는 B, C, D 이렇게 3개이기 때문입니다.

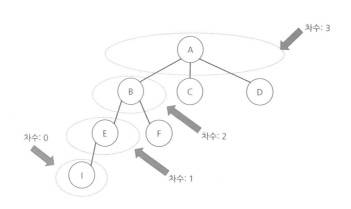

그림 **9-12** 노드의 차수 예

참고로, **그림 9-12**에서 노드 B는 자식 노드가 2개이기 때문에 차수가 2이며 노드 E는 1입니다. 마지막으로, 자식 노드가 없는 단말 노드는 차수가 0인데, 그림에서는 단말 노드 I의 차수가 0이 됩니다.

기타 몇 가지 트리 관련 용어를 살펴보고 이번 절을 마무리하겠습니다. 먼저 트리에 속한 **노드들의 부분 집합을 서브트리**(subtree)라고 합니다. 예를 들어, 위의 트리에서 노드 B를 루트 노드로 하는 서브트리를 구해 보면 다음과 같습니다.

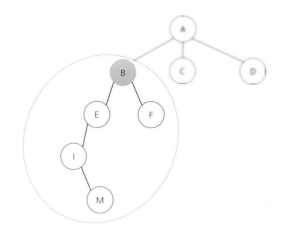

그림 **9-13** 서브트리의 예

그림 9-13은 노드 B를 루트 트리로 하여 5개의 노드와 4개의 간선으로 구성된 서브트리를 보여주고 있습니다. 즉, 어떤 트리의 한 부분이 되는 트리를 서브트리라고 합니다.

그림 9-13에서는 루트 노드가 B인 서브트리를 보여주고 있는데, 루트 노드가 E 혹은 I 심지어 M인 서브트리를 구할 수 있습니다.

다음으로, 포리스트(forest)를 알아보겠습니다. 포리스트는 **숲 구조** 혹은 **숲 자료구조**라고도 하는데, 자료구조에서 사용할 때는 그냥 포리스트라고도 많이 불립니다. 이 책에서는 트리와 마찬가지로 포리스트라는 용어를 사용하겠습니다. 이러한 **포리스트는 트리의 집합**을 말합니다. 즉, 여러 개의 트리를 모아 놓으면 하나의 포리스트가 만들어집니다.

예를 들어, 앞서 13개의 노드로 구성된 트리에서 루트 노드 A를 제거하면 다음 그림과 같이 노드 B, 노드 C, 노드 D를 각각의 루트 노드로 하는 3개의 트리가 각각 생성됩니다. 이때 이러한 3개의 트리가 모여서 하나의 포리스트를 이룹니다.

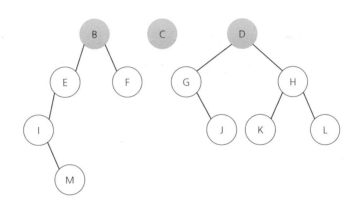

그림 9-14 포리스트의 예

그림 9-14에서는 포리스트의 예를 보여주는데, 루트 노드가 3개인 포리스트를 보여 줍니다. 모두 3개의 트리로 구성된 포리스트임을 알 수 있습니다. 참고로, 포리스트와 트리를 구분 짓는 가장 중요한 점이 루트 노드의 개수가 됩니다. 트리에서는 오직 1개의 루트 노드가 있지만, 포리스트에서는 여러 개의 루트 노드가 있을 수 있습니다.

지금까지 트리와 관련된 중요 용어에 대해서 살펴보았습니다. 처음에는 다소 익숙하지 않지만, 몇 번 읽어 보고 실제 트리의 예를 가지고 각 용어에 해당하는 노드 등을 찾다 보면 금방 익숙해질 것입니다. 이제 트리의 개념을 살펴보았기 때문에 다음 절부터는 이러한 트리를 실제 구현해 보도록 하겠습니다. 특별히 이진 트리(binary tree)를 가지고 구현해 볼 계획입니다.

보통의 트리는 자식 노드의 개수에 제한이 없습니다. 트리의 노드는 제한 없이 여러 개의 자식 노드를 가질 수 있습니다. 노드의 자식 개수를 다른 말로 노드의 차수라고도 한다는 것도 기억나시죠? 따라서, 일반적으로 트리는 노드 차수에 제한이 없습니다.

반면, 하나의 노드에 최대 2개까지만 자식 노드를 가질 수 있는 트리를 이진 트리라고 합니다. 이러한 이진 트리는 자식 노드 개수에 제한이 있지만, 일반적인 트리에 비해 구조가 간단하여 트리 연산에 대한 기본 개념을 익히기에 적절합니다. 그뿐만 아니라 이러한 이진 트리를 검색이나 여러 계산 알고리즘에서 많이 활용하고 있으므로 활용 범위도 무척 넓습니다. 따라서, 우리는 먼저 이진 트리를 대상으로 트리에 대한 다양한 연산을 구현하겠습니다.

2. 이진 트리

이진 트리(binary tree)는 모든 트리 노드의 차수가 2 이하인 트리입니다. 여기서 노드의 차수는 노드가 가지는 자식 노드의 개수를 말합니다. 따라서, 이진 트리는 자식 노드가 최대로 2개까지만 있는 트리가 됩니다. 물론, 최대가 2개이므로 자식이 없거나 혹은 자식이 1개만 있을 수 있습니다. 이러한 경우를 정리하면 다음 표와 같습니다.

표 9-3 이진 트리에서의 노드 차수

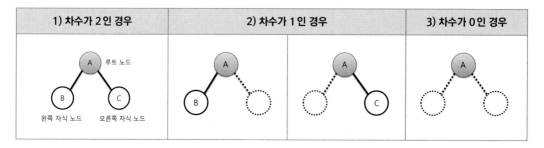

표 9-3에서 우리는 먼저 차수가 2인 경우에는 자식 노드가 2개이며 이때 왼쪽과 오른쪽에 각각 자식 노드가 연결된 것을 볼 수 있습니다. 차수가 1인 경우에는 자식 노드가 1개만 있는 경우인데, 이때 왼쪽 혹은 오른쪽에 자식 노드 1개가 연결되어 있습니다. 마지막으로, 자식 노드가 없는 경우도 있는데, 이때는 차수가 0이며 노드가 단말 노드인 경우입니다.

표 9-3은 레벨이 2인 이진 트리에 대한 예입니다. 여기서 트리의 레벨이 2라는 것은 무슨 뜻인가요? 앞서 우리는 트리에서 **레벨**이란 루트 노드부터의 거리라고 배웠습니다.

물론, 이 경우 루트 노드의 레벨은 1이었습니다. 따라서, 레벨이 2라는 의미는 루트 노드와 루트 노드의 자식으로만 이루어진 트리라는 의미가 됩니다. 즉, 가장 단순한 형태의 트리를 대상으로 살펴보았다는 뜻이 됩니다.

이제 레벨 2인 이진 트리에서, 레벨이 4인 이진 트리로 확장해서 살펴볼까요? 다음 그림은 노드 A가 루트 노드인 이진 트리입니다.

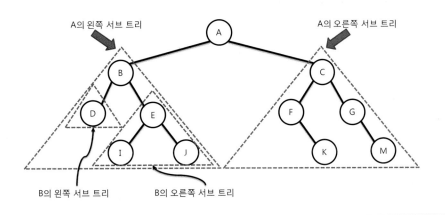

그림 9-15 레벨이 4인 이진 트리의 예

그림 9-15의 이진 트리에서 루트 노드 A는 왼쪽 자식 노드와 오른쪽 자식 노드를 가지고 있습니다. 이때 노드 A의 왼쪽 자식 노드인 노드 B를 루트 노드로 하는 서브트리를 'A의 왼쪽 서브트리(subtree)'라고 합니다. 그리고 노드 A의 오른쪽 자식 노드인 노드 C를 루트 노드로 하는 서브트리를 'A의 오른쪽 서브트리'라고 합니다.

우리는 여기서 왼쪽 서브트리와 오른쪽 서브트리 모두가 이진 트리라는 것을 알 수 있습니다. 왜냐하면, 이 서브트리들의 모든 노드 또한 차수가 2 이하이기 때문입니다. 따라서, 우리는 여기서 "이진 트리의 모든 서브트리들은 이진 트리다."라는 특성을 발견할 수 있습니다. 참고로, 위 예에서 B의 왼쪽 서브트리는 노드 D를 루트 노드로 하는 서브트리이며, B의 오른쪽 서브트리는 노드 E를 루트로 하는 서브트리입니다.

〈여기서 잠깐〉 트리의 노드와 간선 개수의 관계

트리의 재미있는 속성을 하나 소개해 드리려 합니다. 만약, 트리에 n 개의 노드가 있다면 트리의 간선(edge) 개수는 모두 $n-1$ 개라는 속성이 있습니다. 예를 들어, 트리의 노드가 2개이면 간선은 1개입니다. 노드가 4개라면, 간선은 3개가 됩니다. 왜 이러한 공식이 성립하는 걸까요?

> **트리에서 노드 개수가 n 개일 때**
>
> 간선의 개수 = n - 1

그것은 트리의 노드들이 모두 부모-자식 관계로 부모 노드와 연결되어 있기 때문입니다. 단, 한 노드만 빼고 말입니다. 트리에는 부모 노드가 없는 노드가 딱 1개 있습니다. 바로, 루트 노드는 자신이 다른 노드의 부모 노드는 되지만, 자신은 부모 노드가 없는 노드가 됩니다.

결론적으로, 트리의 루트 노드를 제외한 나머지 노드들이 간선이 1개씩 있게 됩니다. 여기서 노드의 개수가 n 개이므로 간선의 개수는 여기에 1을 뺀 $n-1$이 됩니다. 따라서, 만약 노드 개수가 n 개인데 간선의 개수가 $n-1$ 개보다 작다면 그것은 트리가 아니라 포리스트인 경우입니다. 그리고 간선의 개수가 n 개 이상이면 트리가 아니라 그래프가 됩니다. 그래프에 대해서는 11장에서 다시 살펴보겠습니다.

2.1 이진 트리의 종류

이진 트리는 각각의 노드가 자식 노드를 최대 2개까지만 가질 수 있는 트리입니다. 이러한 이진 트리는 정렬 및 검색 알고리즘의 중요 도구로 사용됩니다. 그런데 이진 트리가 어떤 모양을 가지는지에 따라 이러한 알고리즘의 성능이 달라집니다. 예를 들어, 저장된 자료를 검색하는 데 이진 트리가 사용된다고 가정해 봅시다. 자료를 찾는 데 이진 트리를 사용하는 **이진 탐색 트리**는 뒤에서 다시 자세히 살펴볼 예정입니다.

만약, 이진 트리가 검색에 적합한 형태로 만들어졌다면 빨리 자료를 찾을 수 있습니다. 반면, 검색에 적합하지 않은 모습으로 이진 트리가 만들어진 경우라면 자료를 찾는 데 시간이 오래 걸릴 수 있습니다. 트리의 형태는 레벨과 노드 수에 따라 결정됩니다. 이진 트리의 형태는 크게 3가지 종류로 나누어집니다. 바로 포화 이진 트리, 완전 이진 트리, 편향 이진 트리가 그것입니다. 각각 어떤 특징이 있는지 지금부터 살펴보겠습니다.

2.1.1 포화 이진 트리

포화 이진 트리(full binary tree)는 모든 레벨의 노드가 꽉 차있는 이진 트리를 말합니다. 여기서 말하는 '꽉 차있다'의 뜻은 모든 노드의 차수가 2라는 뜻입니다. 즉, 각 노드가 모두 왼쪽 자식 노드와 오른쪽 자식 노드를 가지고 있습니다. 예를 들어, 레벨이 4인 이진 트리의 경우를 살펴보면 다음 그림과 같습니다.

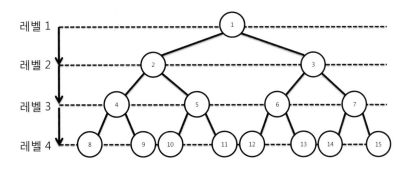

그림 9-16 포화 이진 트리의 예

그림 9-16에서 포화 이진 트리는 모든 레벨의 노드가 꽉 찬 이진 트리임을 알 수 있습니다. 왜 냐하면, 모든 노드가 자식 노드를 2개 가지고 있기 때문입니다. 이러한 포화 이진 트리에서는 모든 노드가 꽉 찼기 때문에 모든 단말 노드에서 루트 노드까지의 높이는 같습니다. 이 예에 서는 레벨이 4인 트리이기 때문에 이 경우 높이는 4입니다.

다음으로, 포화 이진 트리의 노드 개수를 구해볼까요? **그림 9-16**에서 알 수 있듯이 포화 이진 트리는 레벨 1에서 1개의 노드, 레벨 2에서 2개의 노드, 레벨 3에서 4개의 노드 그리고 레벨 4 에서 8개의 노드로 구성되어 있습니다. 따라서, 레벨 4인 포화 이진 트리에서 모든 노드의 개 수는 다음과 같이 구할 수 있습니다.

$$2^0 + 2^1 + 2^2 + 2^3 = \sum_{i=0}^{3} 2^i = 2^4 - 1 = 15$$

따라서, 포화 이진 트리의 높이를 h라고 했을 때 노드의 개수를 구하는 식을 일반화시켜서 정리하면 다음과 같습니다.

$n = 2^h - 1$

    n : 높이 h인 이진 포화 트리의 노드 개수

참고로, 위의 포화 이진 트리의 예에서는 노드의 번호를 루트 노드 1번부터 15번($2^4 - 1 = 16 - 1 = 15$, 레벨 4의 가장 오른쪽 노드)까지 연속되도록 지정하였습니다. 그 결과, 레벨별로 가장 오른쪽에 있는 노드의 번호는 각각 1, 3, 7, 15가 되었습니다. 이렇게 했을 때 포화 이진 트리의 노드 개수는 같은 높이의 이진 트리에서 가질 수 있는 최대 노드 개수와 같다는 점도 확인할 수 있습니다.

2.1.2 완전 이진 트리

완전 이진 트리(complete binary tree)는 높이가 h고 노드 개수가 n 개라고 하였을 때 레벨 1부터 $h-1$까지는 포화 이진 트리와 마찬가지로 꽉 채워져 있다가 마지막 레벨 h에서는 왼쪽에서 오른쪽으로 노드가 채워져 있는 이진 트리를 말합니다. 즉, 마지막 레벨 h (단말 노드)에서는 노드가 왼쪽부터 차례로 채워져 있어야 하며 중간에 빈 노드가 있어서는 안 됩니다. 일단 이러한 내용을 정리하면 다음과 같습니다.

$n \langle 2^h - 1$

    n : 높이 h인 완전 이진 트리의 노드 개수

    단, 노드 번호 $(n + 1)$번부터 $2^h - 1$까지는 공백 노드

설명이 조금 복잡한 것 같긴 하지만, 실제 예를 보면 쉽게 이해가 될 것입니다. 다음 그림은 완전 이진 트리인 경우와 그렇지 않은 경우를 비교하여 보여 줍니다.

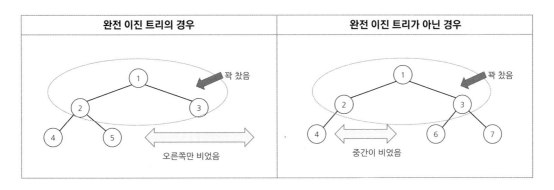

그림 9-17 완전 이진 트리일 때와 그렇지 않을 때의 예

그림 9-17의 2개 이진 트리 모두 레벨 2까지는 모든 노드가 꽉 채워 있습니다. 하지만, 왼쪽 트리는 완전 이진 트리지만, 오른쪽 트리는 완전 이진 트리가 아닙니다. 왜냐하면, 꽉 채워지지 않은 레벨 3에서 서로 다른 형태로 노드가 저장되었기 때문입니다.

왼쪽 트리는 레벨 3에서 왼쪽부터 오른쪽으로 노드가 채워져 있다가 마지막 2개의 단말 노드가 비어 있습니다. 따라서, 오른쪽만 비었기 때문에 이 경우 완전 이진 트리의 조건을 모두 만족합니다. 반면, 오른쪽 트리는 레벨 2까지 노드가 꽉 채워져 있지만, 레벨 3에서 중간에 빈 노드가 있습니다. 즉, 왼쪽에서 차례로 채워져야 하는데, 중간에 빈 곳이 있기 때문에 완전 이진 트리가 아닙니다.

참고로, 이러한 완전 이진 트리의 개념은 다음 장에서 살펴볼 힙(heap)에서 중요한 역할을 합니다. 완전 이진 트리와 관련된 보다 구체적인 내용은 다음 장에서 다루기로 하겠습니다.

2.1.3 **편향 이진 트리**

편향 이진 트리(skewed binary tree)는 같은 높이의 이진 트리 중에서 최소 개수의 노드 개수를 가지면서 왼쪽 혹은 오른쪽으로만 편향되게 서브트리를 가지는 이진 트리를 말합니다. 일단 같은 높이에서 최소 개수의 노드를 가진다는 점에서 각 높이에서 오직 1개의 노드만이 있어야 합니다. 그런데 왼쪽 혹은 오른쪽으로 편향되게 서브트리를 가져야 하기 때문에 왼쪽으로만 혹은 오른쪽으로만 자식 노드가 있어야 할 것입니다.

이러한 편향 이진 트리의 예를 그림으로 보면 다음과 같습니다. **그림 9-18**은 레벨 3인 편향 이진 트리의 예를 보여줍니다.

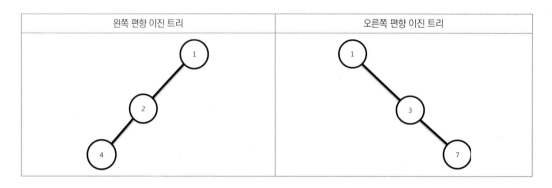

그림 **9-18** 편향 이진 트리의 예

그림 9-18의 이진 트리들은 레벨과 높이가 3인 동시에 노드 개수가 3입니다. 왜냐하면, 레벨 (높이)별로 노드가 1개여야 하기 때문입니다. 즉, 높이 혹은 레벨이 h인 편향 이진 트리에서 노드 개수 n은 h와 같다는 것을 알 수 있습니다.

참고로, 높이 h인 이진 트리가 가질 수 있는 최소 노드의 개수는 편향 이진 트리에서 구할 수 있습니다. 반면, 최대 노드의 개수는 앞서 살펴본 포화 이진 트리에서 구할 수 있습니다. 이 두 개의 경우를 종합하여 노드 개수 n의 범위를 구해 보면 다음 식과 같습니다.

$$h \leq n \leq (2^h - 1)$$

n : 높이 h인 이진 트리의 노드 개수

이 식에서 최솟값은 편향 이진 트리의 노드 개수이며 최댓값은 포화 이진 트리의 노드 개수라는 것을 확인할 수 있습니다.

3. 이진 트리의 추상 자료형

지금까지 이진 트리의 여러 개념과 용어에 대해서 살펴보았습니다. 이제부터는 이러한 기초 지식을 바탕으로 실제 이진 트리를 구현해 보도록 하겠습니다. 그런데 이진 트리를 구현하기 전에 먼저 이진 트리 사용에 필요한 기본적인 연산을 정리해 볼까요? 이진 트리의 추상 자료형을 정리하면 다음 표와 같습니다.

표 **9-4** 이진 트리의 추상 자료형

이름		Input	Output	설명
이진 트리 생성	makeBinTree( )	자료 data	이진 트리 bt	자료 data를 갖는 루트 노드로 구성된 이진 트리 bt를 생성
루트 노드 반환	getRootNode( )	이진 트리 bt	루트 노드 rn	이진 트리 bt의 루트 노드 반환
왼쪽 자식 노드 추가	addLeftChildNode( )	부모 노드 pt 자료 data	생성된 왼쪽 자식 노드 ln	부모 노드 pt의 왼쪽 자식 노드 추가
오른쪽 자식 노드 추가	addRightChildNode( )	부모 노드 pt 자료 data	생성된 오른쪽 자식 노드 rn	부모 노드 pt의 오른쪽 자식 노드 n 추가
왼쪽 자식 노드 반환	getLeftChildNode( )	부모 노드 pt	왼쪽 자식 노드 ln	부모 노드 pt의 왼쪽 자식 노드 반환
오른쪽 자식 노드 반환	getRightChildNode( )	부모 노드 pt	오른쪽 자식 노드 rn	부모 노드 pt의 오른쪽 자식 노드 반환
이진 트리 노드의 데이터	getData( )	이진 트리 bt	자료 data	이진 트리 bt의 루트 노드 데이터를 반환
이진 트리 삭제	deleteBinTree( )	이진 트리 bt	N/A	이진 트리를 제거(메모리 해제)

이진 트리를 생성하는 연산 makeBinTree( )는 자료 data를 입력 파라미터로 받아 이를 루트 노드로 가지는 이진 트리 bt를 생성합니다. 이후 연산 addLeftChildNode( )와 addRightChild-Node( ) 연산을 통하여 각 노드의 왼쪽 자식 노드 혹은 오른쪽 자식 노드를 추가할 수 있습니다. 이러한 노드 추가 연산은 입력 파라미터로 생성된 노드를 반환 값으로 돌려받습니다. 아울러 왼쪽 자식 노드 혹은 오른쪽 자식 노드를 반환하는 함수들은 각각 왼쪽 서브트리와 오른쪽 서브트리의 루트 노드를 반환합니다. 이러한 이진 트리는 구현 방법에 따라 배열을 이용하는 경우와 포인터를 이용하는 경우 두 가지로 나누어집니다.

4. 배열로 구현한 이진 트리

배열을 이용하여 이진 트리를 구현했다는 것은 이진 트리의 각 노드를 배열에 저장했다는 뜻입니다. 그러면 이진 트리의 노드를 어떤 순서로 배열에 저장할까요? 보통 이진 트리의 노드를 레벨별로 순서대로 저장하는 방법을 많이 사용합니다.

여기서 '레벨별로 순서대로'라는 말은 루트 노드부터 시작해서 그 후손 노드들을 왼쪽에서 오른쪽 순서대로 저장한다는 뜻이 됩니다. 다음 그림은 모두 13개의 노드로 구성된 이진 트리를 보여 줍니다. 특별히 앞서 설명과 같이 **레벨별로 왼쪽에서 오른쪽 순서로** 배열에 저장하는 것을 알 수 있습니다.

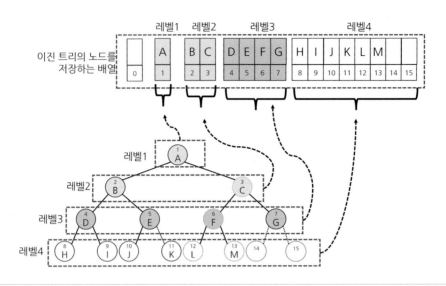

그림 9-19 배열로 구현한 이진 트리의 예: 완전 이진 트리의 경우

그림 9-19에서 이진 트리의 노드 값을 저장하는 배열이 먼저 보입니다. 그런데 배열의 첫 번째 위치는 비워져 있습니다. 보통 배열로 이진 트리를 저장할 때 이처럼 맨 처음 위치는 비워 둡니다. 그리고 배열의 두 번째 원소, 그러니까 인덱스 값이 1인 원소를 봐 주세요. 배열의 두 번째 위치에 저장된 값이 A인 이 원소는 이진 트리의 루트 노드에 해당합니다. 그리고 인덱스 값 2 와 3은 이진 트리의 레벨 2의 두 노드가 차례로 저장된 위치 값입니다. 마찬가지로 인덱스 값 4부터 7까지는 레벨 3의 노드인 D부터 G까지 저장된 위치 값이며, 레벨 4의 노드들은 위치 인덱스 8부터 15까지임을 알 수 있습니다.

이진 트리의 루트 노드부터 시작하여 트리의 레벨 순으로 차례로 배열에 저장되는 방식입니다. 여기서 각 노드에 적혀 있는 노드 번호, 그러니까 인덱스 값을 봐 주세요. 루트 노드의 1부터 시작하여 왼쪽에서 오른쪽으로 그리고 작은 레벨에서 큰 레벨로 이동되면서 노드 번호가 차 례로 1씩 증가합니다. 이러한 노드 번호는 배열의 인덱스 역할을 합니다. 배열로 구현한 이진 트리의 경우 노드 번호가 배열의 인덱스 역할을 한다는 점을 기억해 주세요.

단, 이진 트리의 중간에 노드가 없는 경우가 있습니다. 그럴 경우에도 없는 노드에 해당하는 배열의 칸은 그대로 비워 둡니다. 왜냐하면, 노드 번호에 해당하는 배열의 인덱스 값은 고정되 어 있기 때문입니다. 예를 들어, 레벨 2의 첫 번째 노드인 노드 B가 없다고 가정해 봅시다. 이 경우 아래 **그림 9-20**과 같이 (자료 B가 저장된 노드) 배열의 위치 인덱스 2의 칸은 비워 둡니다.

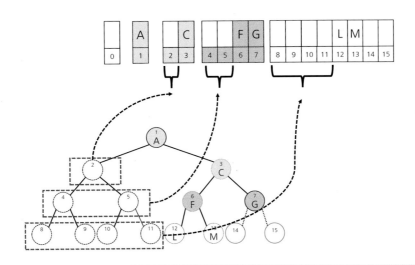

그림 9-20 배열로 구현한 이진 트리의 예: 중간에 노드가 없는 경우

물론, 이럴 경우 노드 B의 후손들은 모두 없어야 하기 때문에 위치 인덱스 4, 5, 8, 9, 10, 11이 모두 비워지게 됩니다. **그림 9-20**은 위치 인덱스 2에 해당하는 노드가 없는 경우를 보여줍니다. 그림에서 해당 위치의 배열 원소뿐 아니라, 후손들의 위치에도 자료가 저장되지 않았다는 것을 알 수 있습니다.

이처럼 배열을 이용한 구현 방법은 배열 인덱스를 사용하여 노드 접근이 편리하다는 장점이 있지만 빈 노드가 많을 경우에 메모리 낭비가 심하다는 단점이 있습니다. 특히 편향 이진 트리 같은 경우가 가장 메모리를 낭비하는 경우에 해당합니다.

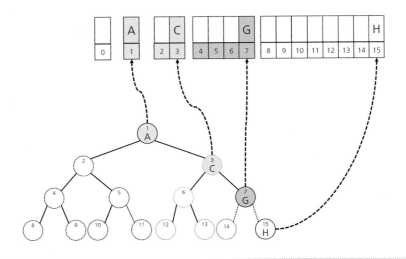

그림 9-21 배열로 구현한 이진 트리인 예: 오른쪽 편향 이진 트리의 경우

그림 9-21은 오른쪽 편향 이진 트리의 예입니다. 모두 16개의 배열 원소 중에서 실제 사용되는 원소는 4개로, 전체의 25%만 사용되는 것을 알 수 있습니다. 이 경우는 할당된 배열의 75%가 낭비되는 경우에 해당합니다. 그런데 이진 트리의 레벨이 증가하면 낭비되는 비율은 기하급수적으로 증가하게 됩니다. 왜냐하면, 배열로 높이가 h인 이진 트리를 저장할 경우, 최대 저장 노드 개수는 앞서 살펴보았듯이 $(2^h - 1)$ 개인데, 실제 저장되는 개수는 h 개이기 때문입니다.

참고로, 배열로 높이가 h인 이진 트리를 저장할 경우, 최대 저장 노드 개수보다 한 개 더 많게 $(2^h = 2^h - 1 + 1)$ 메모리를 할당해야 합니다. 여기서 한 개 더 많이 필요한 이유는 배열의 첫 번째 원소는 비워두기 때문입니다.

아무튼, 적지 않은 메모리가 낭비될 가능성이 크며 트리의 크기가 증가하는 경우에는 필요한 메모리 양이 급속히 증가하게 됩니다. 따라서, 배열을 이용한 이진 트리 구현은 일반적인 이진 트리가 아니라 완전 이진 트리와 같이 빈 노드가 적은 경우에 적합합니다. 참고로, 다음 장에서 배울 힙(heap)가 이러한 배열을 이용한 이진 트리가 사용되는 대표적인 경우가 됩니다. 따라서, 배열을 이용한 이진 트리 구현은 다음 절의 힙에서 보다 구체적으로 살펴보기로 하고, 일단 여기서는 포인터를 이용한 구현으로 넘어가겠습니다.

포인터를 이용한 이진 트리의 구현에서는 노드 개수만큼만 메모리를 할당하기 때문에 메모리 효율성이 무척 우수합니다. 단, 포인터를 이용하여 구현하기 때문에 노드의 탐색과 메모리 관리 측면에서 구현이 다소 어려워진다는 단점이 있습니다.

5. 포인터로 구현한 이진 트리

이번에는 포인터로 이진 트리를 구현해 보겠습니다. 포인터를 이용하여 구현하였다는 것은 노드 사이의 연결 정보인 간선(edge)을 포인터로 구현했다는 뜻입니다. 참고로, 포인터로 구현한 이진 트리를 줄여서 연결 이진 트리(linked binary tree)라고도 합니다.

5.1 연결 이진 트리의 구조

이제부터 연결 이진 트리를 실제로 구현해 볼까요? 연결 이진 트리에서는 각각의 노드가 최대 2개의 자식 노드를 가질 수 있습니다. 따라서, 이진 트리의 노드에서 이러한 최대 2개의 자식 노드를 각각 가리킬 수 있도록 포인터 멤버 변수를 가지고 있어야 합니다. 이러한 연결 이진 트리 및 노드의 개념을 그림으로 나타내면 다음과 같습니다.

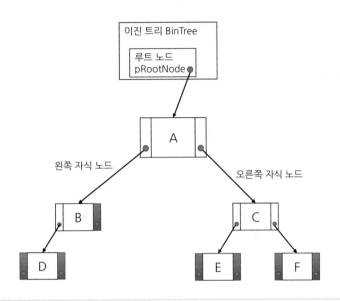

그림 9-22 포인터로 구현한 연결 이진 트리의 구조

그림 9-22에서 연결 이진 트리 BinTree는 내부적으로 루트 노드에 대한 포인터 변수로 pRootNode를 내부 변수로 가지고 있습니다. 여기서 루트 노드 자체를 변수로 가지는 것이 아니라 포인터 변수로 루트 노드를 가리키고 있다는 점을 주의해 주세요. 아울러 각각의 노드는 왼쪽 자식 노드와 오른쪽 자식 노드에 대한 간선 정보(포인터 변수: 노드의 연결 정보)를 가지고 있습니다. 이러한 연결 이진 트리의 노드 구조를 그림으로 나타내면 다음과 같습니다.

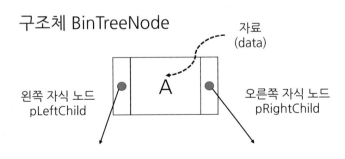

그림 9-23 포인터로 구현한 연결 이진 트리의 노드 구조

연결 이진 트리의 노드는 구조체 BinTreeNode 타입인데, 이 구조체 BinTreeNode는 자료 data
와 왼쪽 자식 노드에 대한 포인터 변수 pLeftChild, 오른쪽 자식 노드에 대한 포인터 변수
pRightChild를 내부 변수로 가지고 있습니다. 왼쪽 자식 노드는 곧 왼쪽 서브트리의 루트 노
드이며, 마찬가지로 오른쪽 자식 노드는 오른쪽 서브트리의 루트 노드가 됩니다. 만약 자식
노드가 없다면 포인터 변수의 값은 NULL이 됩니다. 지금까지의 내용을 실제 소스로 구현하
면 다음과 같습니다.

예제 09_01.c (1번째 부분)

```
001   #include <stdio.h>
002   #include <stdlib.h>
003
004   typedef struct BinTreeNodeType
005   {
006       char data;                                // 노드가 저장하는 자료
007
008       struct BinTreeNodeType* pLeftChild;    // 왼쪽 자식 노드를 가리키는 포인터 변수
009       struct BinTreeNodeType* pRightChild;   // 오른쪽 자식 노드를 가리키는 포인터 변수
010   } BinTreeNode;
011
012   typedef struct BinTreeType
013   {
014       struct BinTreeNodeType* pRootNode;     // 루트 노드를 가리키는 포인터 변수
015   } BinTree;
```

이제 연결 이진 트리와 노드를 실제 C 소스로 정의했으니 다음 단계로 앞서 살펴본 추상 자료
형의 여러 연산을 차례로 구현해 보겠습니다.

5.2 연결 이진 트리의 생성

먼저, 이진 트리를 생성하는 함수 makeBinTree()를 살펴볼까요? 다른 자료구조와 마찬가지로
먼저 메모리를 할당하고 이를 검증합니다(줄 31~32).

예제 09_01.c (3번째 부분)

```
028    BinTree* makeBinTree(char rootNodeData)
029    {
030        BinTree *pReturn = NULL;
031        pReturn = (BinTree *)malloc(sizeof(BinTree));        ┌─────────────────────┐
032        if (pReturn != NULL) {                               │ 31~32: 메모리 할당과 검증 │
033            pReturn->pRootNode = makeNewNodeBT(rootNodeData); └─────────────────────┘
034            if (pReturn->pRootNode == NULL) {
035                free(pReturn);
036                pReturn = NULL;
037                printf("오류, 메모리 할당(2), makeBinTree( )\n");
038            }
039        }
040        else {
041            printf("오류, 메모리 할당(1), makeBinTree( )\n");
042        }
043        return pReturn;
044    }
```

단, 함수 makeBinTree()는 이진 트리를 생성할 때 루트 노드 또한 생성하는데, 이때 새로운 노드를 생성하는 것은 함수 makeNewNodeBT()를 호출했기 때문입니다(줄 33). 실제 소스에서는 함수 makeBinTree()보다 함수 makeNewNodeBT()가 먼저 선언되어야 하는데, 여기서는 편의상 함수 makeBinTree()를 먼저 소개하였습니다.

실제 함수 makeNewNodeBT()에 대한 소스는 다음과 같습니다. 소스 파일 09_01.c의 3번째 부분이 아니라 2번째 부분이라는 점에 주의해 주세요. 참고로, 전체 소스 파일은 프리렉 홈페이지에서 내려받을 수 있으니 혹시 소스 입력이 어려운 독자 분들은 참고해 주세요.

예제 09_01.c (2번째 부분)

```
017    BinTreeNode* makeNewNodeBT(char data)
018    {
019        BinTreeNode* pReturn = (BinTreeNode *)malloc(sizeof(BinTreeNode));
020        if (pReturn != NULL) {
021            pReturn->data = data;
022            pReturn->pLeftChild = NULL;
023            pReturn->pRightChild = NULL;
```

```
024          }
025       return pReturn;
026   }
```

함수 makeNewNodeBT()는 먼저 메모리를 할당하고(줄 19), 전달받은 자료를 구조체 BinTreeNode의 멤버 변수 data로 저장합니다(줄 21). 물론, 이때 왼쪽 자식 노드와 오른쪽 자식 노드를 NULL로 초기화합니다(줄 22-23).

그런데 왜 별도 함수로 이러한 새로운 노드를 생성하는 로직을 빼내었을까요? 그 이유는 이 함수 makeNewNodeBT()가 다른 여러 곳에서 사용되기 때문입니다. 당장 아래의 자식 노드를 추가하는 함수들 내부에서도 사용됩니다. 즉, 같은 소스가 여러 번 중복해서 있는 것을 막기 위해 공통된 로직을 빼내어 새로운 함수를 만든 것입니다. 마지막으로, 함수 이름 제일 뒤에 BT가 붙는 이유는 이진 트리(binary tree)의 함수라는 것을 명시적으로 알려주기 위해서입니다.

5.3 연결 이진 트리의 자식 노드 추가

이진 트리에서 특정 노드의 왼쪽 자식 노드 혹은 오른쪽 자식 노드 추가 함수의 소스는 다음과 같습니다. 왼쪽 자식 노드를 추가하는 함수는 addLeftChildNodeBT()이며, 오른쪽 자식 노드를 추가하는 함수는 addRightChildNodeBT()입니다. 이 두 함수 모두 부모 노드의 포인터인 pParentNode와 실제 추가할 자료의 값을 입력 파라미터로 전달받습니다.

예제 09_01.c (3번째 부분)

```
046   BinTreeNode* addLeftChildNodeBT(BinTreeNode* pParentNode, char data)
047   {
048       BinTreeNode* pReturn = NULL;
049       if (pParentNode != NULL) {                              49~50: 유효성 점검
050           if (pParentNode->pLeftChild == NULL) {
051               pParentNode->pLeftChild = makeNewNodeBT( data );
052           }                          51: 새로운 노드를 할당받고 부모 노드 pParentNode의 왼
053           else {                      쪽 자식 노드로 설정함
054               printf("오류, 이미 노드가 존재합니다, addLeftChildNodeBT( )\n");
055           }
```

```
056            }
057        return pReturn;
058    }
059
060    BinTreeNode* addRightChildNodeBT(BinTreeNode* pParentNode, char data)
061    {
062        BinTreeNode* pReturn = NULL;                        63~64: 유효성 점검
063        if (pParentNode != NULL) {
064            if (pParentNode->pRightChild == NULL) {
065                pParentNode->pRightChild = makeNewNodeBT( data );
066            }                                              65: 새로운 노드를 할당받고 부모 노드
067            else {                                         pParentNode의 오른쪽 자식 노드로 설정함
068                printf("오류, 이미 노드가 존재합니다, addRightChildNodeBT( )\n");
069            }
070        }
071        return pReturn;
072    }
```

위의 2개 노드 추가 함수 모두 현재 이진 트리가 NULL이 아니고 기존에 존재하는 자식 노드가 없는지 먼저 점검합니다(줄 49~50, 63~64). 보통 이러한 종류의 로직을 유효성 점검이라고 하는데, 만약 NULL에다 대고 연산을 수행하다가는 프로그램이 그냥 죽어버리기 때문입니다. 또한, 기존에 이미 자식 노드가 있는데 여기에다 새로운 자식 노드를 추가하면 기존의 자식 노드가 낭비됩니다 이러한 유효성 점검에 성공한 이후에 새로운 노드를 생성합니다.

새로운 노드의 생성은 앞서 선언된 함수 makeNewNodeBT()를 호출했기 때문입니다. 새로운 노드 생성에 대한 중복된 소스 없이 단순히 함수를 호출해서 새로운 노드를 추가했습니다. 이렇게 추가된 노드는 각각 부모 노드인 pParentNode의 왼쪽 자식 노드 혹은 오른쪽 자식 노드로 설정됩니다(줄 51, 65).

또한, 이렇게 추가된 자식 노드는 pReturn으로 반환됩니다(줄 57, 71). 그런데 이렇게 새로 추가된 노드가 pReturn으로 반환되는 이유는 무엇일까요? 이렇게 반환된 노드를 이용하여 반환된 노드의 자식 노드를 추가할 수 있기 때문입니다. 만약 새로 추가된 노드를 반환하지 않는다면 새로 추가된 노드를 찾기 위한 추가적인 작업이 필요하기 때문에 상당히 불편할 수 있습니다. 이 부분은 뒤의 예제 소스에서 확인할 수 있습니다.

5.4 연결 이진 트리의 그 외 연산들

이제 연결 이진 트리의 나머지 연산들의 소스를 살펴보겠습니다. 먼저, 함수 getRootNodeBT()
는 이진 트리 pBinTree의 루트 노드를 반환합니다.

예제 09_01.c (4번째 부분)

```
074    BinTreeNode* getRootNodeBT(BinTree* pBinTree)
075    {
076        BinTreeNode* pReturn = NULL;
077
078        if (pBinTree != NULL) {
079            pReturn = pBinTree->pRootNode;
080        }
081
082        return pReturn;
083    }
```

다음으로, 함수 deleteBinTree()는 이진 트리를 삭제하는 함수입니다. 내부적으로는 루트 노드
를 먼저 삭제합니다. 즉, 줄 97에서 루트 노드를 삭제하기 위해 루트 노드를 입력 파라미터로
하여 함수 deleteBinTreeNode()를 먼저 호출합니다.

단, 이 함수는 삭제 대상 노드뿐 아니라 이 노드의 후손 노드들 모두를 재귀적으로 삭제합니
다. 루트 노드와 루트 노드의 후손 노드들이 모두 제거되면, 트리에 더 이상 남은 노드는 없게
됩니다. 이렇게 이진 트리 내의 모든 노드에 대한 삭제가 끝나면 이진 트리 자신의 메모리를
해제합니다(줄 98). 단, 실제 소스 상에서는 함수 deleteBinTreeNode()가 먼저 선언되어야 하지
만, 설명의 순서상 함수 deleteBinTree()를 먼저 소개하였습니다. 함수 deleteBinTreeNode()에
대한 소스는 바로 다음에서 살펴보겠습니다.

예제 09_01.c (6번째 부분)

```
094    void deleteBinTree(BinTree* pBinTree)
095    {
096        if (pBinTree != NULL) {
097            deleteBinTreeNode(pBinTree->pRootNode);
098            free(pBinTree);
```

```
099        }
100    }
```

마지막으로 함수 deleteBinTreeNode( )는 입력 파라미터로 전달되는 노드 pNode의 서브트리를 재귀적으로 삭제합니다. 즉, 먼저 노드 pNode의 왼쪽 서브트리를 함수 deleteBinTreeNode( )를 다시 호출하여 삭제하고 오른쪽 서브트리를 마찬가지로 함수 deleteBinTreeNode( )를 호출하여 삭제합니다(줄 88~89). 왼쪽 서브트리와 오른쪽 서브트리에 대한 삭제가 끝나면 마지막으로 자기 자신에 대한 메모리를 해제합니다(줄 90).

> 예제 09_01.c (5번째 부분)

```
085    void deleteBinTreeNode(BinTreeNode* pNode)
086    {
087        if (pNode != NULL) {
088            deleteBinTreeNode(pNode->pLeftChild);
089            deleteBinTreeNode(pNode->pRightChild);
090            free(pNode);
091        }
092    }
```

지금까지 우리는 이진 트리의 추상 자료형을 실제 C 함수로 구현해 보았습니다. 이진 트리를 생성하고 자식 노드를 추가하였으며, 마지막으로는 이진 트리를 삭제하였습니다. 이제 지금까지 구현한 이진 트리의 함수들을 이용하여 다음 그림과 같은 이진 트리를 만들어 보겠습니다. 단, 여기서 구현하는 이진 트리의 노드는 문자(character) 1개를 저장합니다.

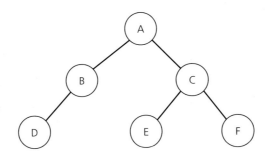

그림 9-24 이진 트리의 예

그림 9-24는 높이가 3이며, 모두 6개의 노드로 구성된 이진 트리를 보여주고 있습니다. 루트 노드의 자료가 A이며 왼쪽 자식 노드 및 오른쪽 자식 노드의 자료가 각각 B와 C입니다. 아울러 차수가 0인 단말 노드는 노드 D, E, F입니다. 다음 소스의 함수 main()에서는 포인터로 구현한 이진 트리를 이용하여 그림과 같은 이진 트리를 생성합니다.

예제 09_01.c (5번째 부분)

```
102   int main(int argc, char *argv[])
103   {
104       BinTree *pBinTree = NULL;
105       BinTreeNode *pNodeA = NULL, *pNodeB = NULL, *pNodeC = NULL;
106       BinTreeNode *pNodeD = NULL, *pNodeE = NULL, *pNodeF = NULL;
107
108       pBinTree = makeBinTree('A');
109       if (pBinTree != NULL) {
110           pNodeA = getRootNodeBT(pBinTree);
111           pNodeB = addLeftChildNodeBT(pNodeA, 'B');
112           pNodeC = addRightChildNodeBT(pNodeA, 'C');
114           if (pNodeB != NULL) {
115               pNodeD = addLeftChildNodeBT(pNodeB, 'D');
116           }
117           if (pNodeC != NULL) {
118               pNodeE = addLeftChildNodeBT(pNodeC, 'E');
119               pNodeF = addRightChildNodeBT(pNodeC, 'F');
120           }
122           deleteBinTree(pBinTree); // 사용이 끝난 이진 트리의 메모리 해제
123       }
124
125       return 0;
126   }
```

108: 이진 트리의 생성. 루트 노드의 저장되는 자료는 A

110~112: 루트 노드 pNodeA를 획득하여 레벨 2의 자식 노드 B와 C를 추가

114~120: 노드 B의 자식 노드 D, 노드 C의 자식 노드 E와 F를 추가

먼저, 함수 makeBinTree()를 이용하여 이진 트리를 생성합니다(줄 108). 그리고 생성된 이진 트리의 루트 노드에 대한 포인터 pNodeA를 이용하여 레벨 2인 노드 B와 C를 추가합니다(줄 111~112). 만약, 노드 B의 추가가 성공하였다면 왼쪽 자식 노드로 노드 D를 추가합니다(줄 114-116). 또한, 노드 C의 추가가 성공하였다면 왼쪽 자식 노드로 E 그리고 오른쪽 자식 노드로 F를 추가합니다(줄 117-120). 마지막으로, 이진 트리의 사용이 끝났기 때문에 이진 트리

pBinTree에 대한 메모리를 해제합니다(줄 122).

지금까지 구현한 내용을 컴파일하여 실제 실행시켜 보면 사실 아무런 결과가 화면에 출력되지 않습니다. 왜냐하면, 아직 이진 트리의 내용을 출력하는 함수를 구현하지 않았기 때문입니다.

이진 트리의 내용을 출력하려면 먼저 이진 트리의 내용을 어떤 순서에 따라서 순회(traversal)해야 할지 정해야 합니다. 왜냐하면, 다음 노드가 여러 개 있을 수 있기 때문에 트리 순회에 어떤 기준을 정해 놓지 않으면 일부 노드를 빼먹을 수 있습니다. 따라서, 이진 함수 트리의 내용을 출력하는 함수는 다음 절에서 다루게 될 '이진 트리의 순회'를 배우면서 같이 구현해 보겠습니다.

6. 이진 트리의 순회

트리의 **순회**(traversal)란 트리의 모든 노드를 한 번씩 방문하는 것을 말합니다. 바로 앞 절에서 우리는 이진 트리를 만들어 보았지만, 실제 트리의 내용을 출력하지는 못했습니다. 왜냐하면, 트리의 내용을 출력하기 위해서는 트리의 모든 노드를 한 번씩 방문해야 하는데, 어떤 방식으로 방문해야 하는지 아직 몰라서입니다. 사실 여러 번 방문해도 된다고 하거나 혹은 중간에 빠지는 노드가 있어도 된다면 대충 적당히 방법을 생각할 수 있을 것입니다. 하지만, 꼭 한 번 씩만 그리고 빠지는 노드 없이 방문해야 하기 때문에 문제가 다소 어려워집니다.

순회는 트리를 대상으로 한 많은 알고리즘의 기반이 됩니다. 먼저, 트리 내용을 출력하기 위해서 필요합니다. 또한, 트리의 노드 개수를 구하고 싶을 때에도 순회를 기반으로 노드 개수를 구할 수 있습니다. 이런 이유 때문에 순회 알고리즘을 정확히 이해하는 것은 매우 중요합니다. 물론, 순회 방법들을 이해할 뿐 아니라 실제 C 소스로 구현할 수 있어야겠지요. 참고로, 앞 장에서 살펴본 리스트, 스택 혹은 큐와 같은 선형 자료구조와는 달리 트리는 계층 구조를 가지기 때문에 여러 가지 순회 알고리즘이 있습니다.

이진 트리를 순회하는 방법은 크게 4가지가 있습니다. 이 중 3가지 방법은 서브트리 방문 순서가 핵심인 방법들입니다. **전위 순회, 중위 순회, 후위 순회** 방법이 바로 이러한 '서브트리 방문 순서' 로 묶는 방법들입니다. 다만, 이 3가지 순회 방법에 들어가기 전에 몇 가지 용어를 먼저 살펴 보겠습니다. 이진 트리에서의 순회는 다음 그림과 같이 크게 현재 노드 방문(V), 왼쪽 서브트리 방문(L), 오른쪽 서브트리 방문(R)으로 이루어집니다.

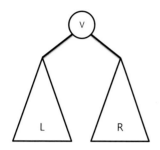

표시	내용
V	현재 노드 방문
L	왼쪽 서브트리로 이동
R	오른쪽 서브트리로 이동

그림 9-25 이진 트리 순회 관련 용어들

이진 트리의 노드를 차례로 방문한다는 것은 **그림 9-25**와 같이 현재 노드(V), 왼쪽 서브트리 (L), 오른쪽 서브트리(R) 이 3가지 중에서 어떤 것을 먼저 방문할지에 따라 달라집니다. 여기서 '왼쪽 서브트리로 이동'이란 사실 왼쪽 서브트리의 루트 노드로 이동하는 것을 말합니다. 물론 '오른쪽 서브트리로 이동'은 오른쪽 서브트리의 루트 노드로 이동하는 것을 뜻합니다. 예를 들어, 다음 그림에서 현재 노드가 노드 A라고 가정해 보겠습니다.

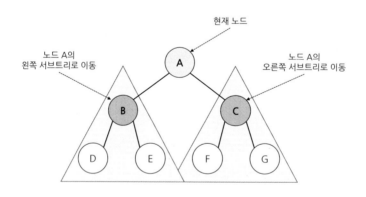

그림 9-26 이진 트리 순회의 예제

그러면, 현재 노드 A에 대해서 왼쪽 서브트리로 이동이라고 한다면 왼쪽 서브트리의 루트 노드인 노드 B로 이동하는 것을 말합니다. 즉, 현재 노드 A의 왼쪽 자식 노드로 이동됩니다. 물론, 오른쪽 서브트리로 이동은 노드 A의 오른쪽 자식 노드인 노드 C로 이동됩니다. 참고로 노드 C는 오른쪽 서브트리의 루트 노드가 됩니다.

어떤 노드를 먼저 방문할지 순서가 결정되면 트리의 크기에 상관없이 일관된 방식으로 이진 트리의 노드를 차례로 방문하게 됩니다. 이진 트리의 순회가 이렇게 3가지 구성요소로 나타낼 수 있다고 하였을 때 이진 트리의 순회 방법은 다음 표와 같이 노드 방문 순서에 따라 1) 전위 순회, 2) 중위 순회, 3) 후위 순회로 나눌 수 있습니다.

표 9-5 이진 트리의 순회 종류

종류	방문 순서	설명
전위 순회 (preorder traversal)	V–L–R	**현재 노드 방문** → 왼쪽 서브트리 이동 → 오른쪽 서브트리 이동
중위 순회 (inorder traversal)	L–V–R	왼쪽 서브트리 이동 → **현재 노드 방문** → 오른쪽 서브트리 이동
후위 순회 (postorder traversal)	L–R–V	왼쪽 서브트리 이동 → 오른쪽 서브트리 이동 → **현재 노드 방문**

표 9-5에서 설명하는 바와 같이 전위 순회는 먼저 현재 노드를 방문한 다음 왼쪽 서브트리와 오른쪽 서브트리를 차례로 방문합니다. 중위 순회는 왼쪽 서브트리를 먼저 순회한 다음 현재 노드를 방문하고 오른쪽 서브트리를 순회합니다. 마지막으로 후위 순회는 왼쪽 서브트리, 오른쪽 서브트리를 먼저 순회한 다음에 현재 노드를 방문합니다. 결국, 전위 순회, 중위 순회, 후위 순회는 현재 노드를 언제 방문하느냐에 차이가 있습니다. 전위 순회는 현재 노드 방문 V가 3개의 방문 순서 중 가장 먼저 있지만(V–L–R), 중위 순회는 현재 노드 방문이 가운데에 있고(L–V–R), 후위 순회는 가장 마지막에 있다(L–R–V)는 차이가 있습니다.

이상의 3가지 순회 이외에도 **레벨 순회**(level traversal)가 있습니다. 앞의 3가지 순회 방법이 모두 현재 노드 방문과 서브트리 방문으로 구성된 것에 비해 레벨 순회는 형제 노드 방문으로 구성되어 있습니다. "형제 노드 방문으로 구성되었다."라는 말은 '같은 레벨의 노드들을 방문한다'는 뜻입니다. 예를 들어, 다음 그림과 같이 먼저 레벨이 1인 루트 노드를 시작으로, 레벨 1의 모든 (형제) 노드들을 방문합니다. 물론, 레벨 1에서는 루트 노드 1개만 있기 때문에 루트 노드만 방문하면 끝입니다.

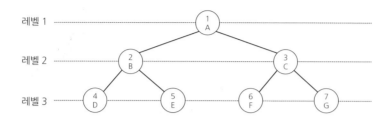

그림 9-27 레벨 순회의 예제

다음으로, 레벨 2의 모든 노드를 방문하고 그다음으로 레벨 3과 같이 레벨 크기 순으로 차례로 노드를 방문합니다. 다만, 같은 레벨에서는 가장 왼쪽부터 시작하여 오른쪽으로 이동하면서 형제 노드를 방문합니다.

모두 4가지의 이진 트리 순회 방법들에 대해 다음부터 차례로 살펴보겠습니다. 참고로, 이번 이진 트리 순회에서 사용할 예제 그림은 다음과 같습니다.

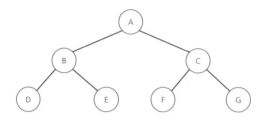

그림 9-28 이진 트리 순회의 예제

그림 9-28의 이진 트리는 높이가 3이며 모두 7개의 노드로 구성된 이진 트리를 대상으로 이진 트리 순회 방법들을 살펴보겠습니다. 이진 트리 순회 방법별로 노드 방문 순서가 어떻게 달라지는지 주의 깊게 살펴봐 주세요.

6.1 전위 순회

전위 순회(preorder traversal)는 현재 노드를 가장 먼저 방문 (pre-order)하는 방법입니다. 따라서, 노드의 방문 순서가 다음 그림과 같이 1) 현재 노드 방문, 2) 왼쪽 서브트리 이동, 3) 오른쪽 서브트리 이동으로 구성됩니다.

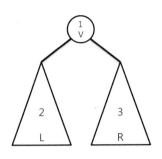

방문순서	내용
V	현재 노드 방문
L	왼쪽 서브트리로 이동
R	오른쪽 서브트리로 이동

그림 9-29 전위 순회

참고로, 여기서 '현재 노드 방문'이라는 말이 나오는데, 이 말은 현재 노드의 자료를 처리한다는 뜻입니다. 따라서, 어떤 목적으로 트리를 순회하느냐에 따라 연산이 달라질 수 있습니다. 예를 들어, 이진 트리의 내용을 출력하는 것이 순회의 목적이라면 '현재 노드 방문'을 할 때에 현재 노드의 내용을 출력할 것입니다. 반면, 왼쪽 서브트리 이동 혹은 오른쪽 서브트리 이동은 해당 서브트리의 루트 노드로 이동하는 것을 말합니다. 예를 들어, 노드 A에서 왼쪽 서브트리 이동이라고 하면 실제로는 왼쪽 자식 노드인 노드 B로 이동합니다. 왜냐하면, 노드 B가 노드 A의 왼쪽 서브트리의 루트 노드가 되기 때문입니다.

이러한 개념을 확실히 자신의 것으로 만들기 위해 앞서 살펴본 예제 이진 트리를 대상으로 전위 순회를 시작하는 과정을 살펴보겠습니다. 다음 그림에서 루트 노드 A가 출발 노드가 되어 순회가 시작되는 과정을 보여 줍니다. 즉, 이 경우 루트 노드 A가 최초의 현재 노드가 되어 전위 순회를 시작합니다.

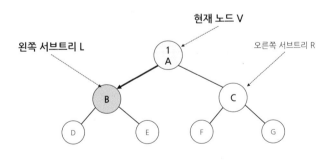

그림 9-30 전위 순회의 과정 예: Step-1

참고로, **그림 9-30**의 각 노드에 적힌 숫자가 해당 노드의 방문 순서가 됩니다. 예를 들어, 루트 노드 A에 적힌 숫자 1은 가장 먼저 방문한다는 뜻이 됩니다. 출발 노드인 노드 A를 가장 먼저 방문한 이유는 무엇일까요? 네, 전위 순회에서는 현재 노드를 가장 먼저 방문하기 때문입니다. 즉, 노드 A가 최초의 현재 노드이기 때문에 가장 먼저 방문했습니다. 이것이 너무 당연해 보이지만, 뒤에 배울 중위 순회와 후위 순회에서는 이렇지 않다는 것을 배우게 됩니다.

자, 그럼 이제 그다음 단계가 무엇인가요? 네, 현재 노드 방문 이후로 해야 할 것은 '왼쪽 서브트리로 이동'하는 것입니다. 이 경우라면 노드 B로 이동하게 되는데 이를 그림으로 나타내면 다음과 같습니다.

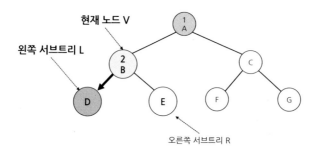

그림 9-31 전위 순회의 과정 예: Step–2

단, 여기서 꼭 기억해야 할 점이 있습니다. 노드 B로 이동했다고 하면 노드 B가 새로운 현재 노드 V가 된다는 사실입니다. **그림 9-31**에서는 노드 A의 왼쪽 서브트리인 노드 B로 이동한 뒤의 상황입니다. 즉, 노드 B가 현재 노드인 상태가 됩니다. 따라서, 전위 순회의 경우 현재 노드를 먼저 방문해야 하므로 노드 B를 먼저 방문하게 됩니다. 결국, 노드 B가 이진 트리에서 2번째 방문한 노드가 됩니다.

자, 그럼 다음으로 어디로 이동하면 되나요? 네, 전위 순회에서는 현재 노드 다음으로 왼쪽 서브트리로 이동해야 하기 때문에 다음 그림과 같이 노드 D로 이동하면 됩니다.

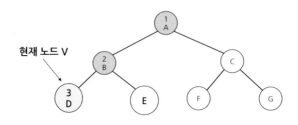

그림 9-32 전위 순회의 과정 예: Step–3

이 경우 노드 D는 더 이상 자식 노드가 없는 단말 노드이기 때문에 서브트리로의 이동은 없습니다.

자, 그러면 다음으로 어느 노드로 이동하면 될까요? 독자 여러분께서는 여기서 잠시 한 번 생각해 보세요. 전위 순회는 V → L → R의 순서입니다. 현재 노드 다음으로 왼쪽 서브트리고 마지막으로는 오른쪽 서브트리를 방문해야 합니다. 그런데 현재 노드 D는 자식이 없기 때문에 여기서는 더 이상 방문할 노드가 없습니다.

이처럼 더 이상 방문할 노드가 없는 단말 노드의 방문이 끝났다면 이 노드의 부모 노드 관점에서 보아야 합니다. 왜냐하면, 부모 노드의 관점에서 보았을 때 왼쪽 서브트리의 방문이 모두 끝났기 때문입니다. 즉, 노드 D의 부모 노드 B의 관점에서 보자면 노드 B의 왼쪽 서브트리로의 이동이 끝난 경우가 됩니다. 이 경우 당연히 노드 B의 오른쪽 서브트리로 이동하면 됩니다. 다음 그림과 같이 노드 B의 오른쪽 서브트리인 노드 E로 이동하면 됩니다.

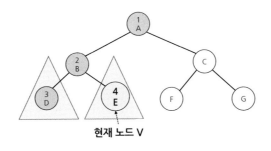

그림 9-33 전위 순회의 과정 예: Step-4

그림 9-33은 현재 노드 E를 방문한 것을 보여줍니다. 노드 E는 단말 노드이기 때문에 자식 노드가 없습니다. 그리고 노드 E 방문을 통해 부모 노드인 노드 B의 모든 자식 노드의 방문이 끝났습니다. 따라서, 노드 B의 부모 노드인 노드 A 관점에서 생각해야 합니다. 이 경우 노드 A의 왼쪽 서브트리의 방문이 끝난 경우가 됩니다.

그러면 이제 어디로 이동해야 할까요? 네, 다음 그림과 같이 노드 A의 오른쪽 서브트리로 이동하면 됩니다. 즉, 노드 C로 이동하면 됩니다.

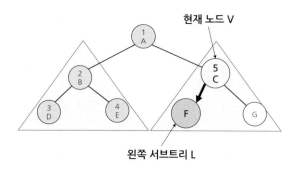

그림 9-34 전위 순회의 과정 예: Step-5

그림 9-34에서는 노드 A의 왼쪽 서브트리의 방문이 모두 끝났기 때문에, 그다음으로 오른쪽
서브트리인 노드 C로 이동한 것을 보여줍니다. 이 경우 노드 C가 현재 노드가 되기 때문에 전
위 순회의 규칙에 따라 새로운 현재 노드 C를 먼저 방문한 것입니다. 그다음 단계는 왼쪽 서
브트리인 노드 F로 이동하면 됩니다.

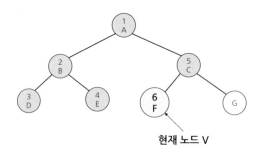

그림 9-35 전위 순회의 과정 예: Step-6

그림 9-35에서는 새로운 현재 노드인 노드 F를 방문하는 것을 보여줍니다. 단, 노드 F는 단말
노드이기 때문에 더 이상 이동할 자식 노드가 없습니다. 이 경우 부모 노드 C의 관점에서 보
면 왼쪽 서브트리의 방문이 모두 끝난 것이기 때문에 오른쪽 서브트리로 이동하면 됩니다. 즉,
다음 그림과 같이 노드 G를 방문하면 모든 노드를 한 번씩 방문하는 순회가 끝나게 됩니다.

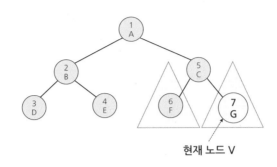

현재 노드 V

그림 9-36 전위 순회의 과정 예: Step-7

이상의 전위 순회 과정에서 우리는 전위 순회의 기본 개념인 현재 노드(V)를 먼저 방문한 다음 왼쪽 서브트리(L)를 방문하고, 마지막으로 오른쪽 서브트리(R)를 방문한다는 것을 확인할 수 있었습니다.

특별히 주의할 점은 서브트리로 이동하면 이동한 서브트리의 루트 노드가 새로운 현재 노드가 된다는 점입니다. 또한, 자식 노드가 없는 단말 노드의 방문이 끝났다면 해당 서브트리의 방문이 끝났기 때문에 부모 노드의 관점으로 이동해야 한다는 점도 기억해 주세요. 이런 로직이 모여서 결국 전위 순회는 V → L → R의 순서로 이진 트리의 모든 노드를 1번씩 방문합니다. 다음 표는 이상의 과정을 정리한 표입니다.

표 9-6 전위 순회 과정

단계	순회 내용	현재 노드 (V)	왼쪽 자식 노드 (L)	오른쪽 자식 노드(R)	다음 이동 노드
1	A 방문	A	**B**	C	**B**
2	B 방문	B	**D**	E	**D**
3	D 방문	D	없음	없음	**E**
4	E 방문	E	없음	없음	**C**
5	C 방문	C	**F**	G	**F**
6	F 방문	F	없음	없음	**G**
7	G 방문	G	없음	없음	없음

표 9-6을 볼 때 현재 노드(V)를 먼저 방문하고 나서 현재 노드의 왼쪽 자식 노드(L)가 있다면 왼쪽 자식 노드가 항상 다음 이동 노드가 됨을 확인할 수 있습니다. 물론, 현재 노드의 왼쪽 자식 노드가 없고 오른쪽 자식 노드가 있다면 다음 이동 노드가 오른쪽 자식 노드가 됩니다.

아울러 자식 노드가 없는 단말 노드의 경우에는 부모 노드로 올라갑니다.

독자 여러분께서도 **그림 9-28** '이진 트리 순회의 예제'를 대상으로 혼자 힘으로 전위 순회 과정을 한 단계씩 밟아 시도해 보시기 바랍니다.

6.2 중위 순회

중위 순회(inorder traversal)는 현재 노드를 중간에 하는 방문(in-order)하는 방법입니다. 따라서, 노드의 방문 순서가 다음 그림과 같이 1) 왼쪽 서브트리 이동, 2) 현재 노드 방문, 3) 오른쪽 서브트리 이동으로 구성됩니다. 현재 노드를 방문하기 전에 왼쪽 서브트리가 모두 방문되어야 한다는 점이 핵심 개념입니다.

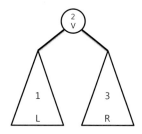

방문 순서	내용
L	왼쪽 서브트리로 이동
V	현재 노드 방문
R	오른쪽 서브트리로 이동

그림 9-37 중위 순회

그림 9-28 '이진 트리 순회의 예제'를 대상으로 중위 순회를 시작하는 과정을 살펴보겠습니다. 다음 그림에서 루트 노드 A가 출발 노드가 되어 순회가 시작되는 과정을 보여 줍니다. 즉, 이 경우 루트 노드 A가 최초의 현재 노드가 되어 중위 순회를 시작합니다.

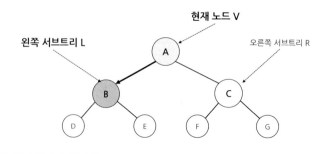

그림 9-38 중위 순회의 과정 예: Step-1 (1)

그림 9-38에서 중요한 점은 앞서 전위 순회와 달리 현재 노드 A를 곧장 방문하지 않는다는 점

입니다. 왜냐하면, 먼저 왼쪽 서브트리를 방문해야 하기 때문입니다. 이 경우 노드 B로 이동해야 합니다. 그러면 다음 그림과 같이 노드 B가 새로운 현재 노드가 됩니다.

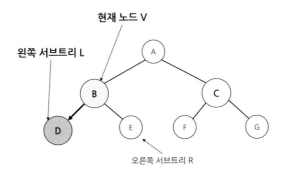

그림 9-39 중위 순회의 과정 예: Step–1 (2)

자, 그러면 새로운 현재 노드 B를 방문해야 하나요? 중위 순회에서는 현재 노드보다 먼저 왼쪽 서브트리를 방문해야 하기 때문에 이 경우도 아닙니다. 다음 그림과 같이 바로 노드 B의 왼쪽 서브트리로 이동해야 합니다. 즉, 노드 D로 이동해야 합니다.

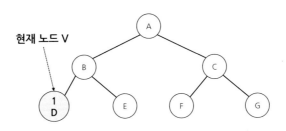

그림 9-40 중위 순회의 과정 예: Step–1 (3)

지금까지 우리는 현재 노드를 방문하기 전에 왼쪽 서브트리를 먼저 방문하기 위해 계속 이동해 왔습니다. 그러다가 드디어 자식 노드가 없는 단말 노드인 노드 D까지 왔습니다. 즉, 노드 D는 왼쪽 서브트리가 없기 때문에 현재 노드인 자신을 바로 방문할 수 있습니다. 중위 순회에 의해 첫 번째 방문한 노드가 된 것입니다. 이 경우 노드 D는 오른쪽 서브트리가 없기 때문에 노드 D의 자식 트리의 방문은 여기서 모두 끝났습니다.

자 그럼, 다음 단계로 어느 노드로 이동하면 될까요? 이 경우라면 노드 D의 부모 노드인 노드 B의 관점으로 봐야 합니다. 즉, 노드 B의 왼쪽 서브트리 방문이 모두 끝났기 때문에 현재 노드를 방문해야 합니다. 이 경우 노드 B가 현재 노드이기 때문에 다음 노드로 노드 B를 방문하면 됩니다. 이상의 과정을 그림으로 나타내면 다음과 같습니다.

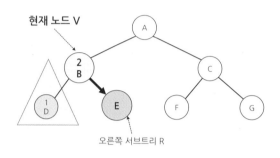

그림 **9-41** 중위 순회의 과정 예: Step-2

그림 9-41을 보면 현재 노드 B를 2번째로 방문한 것을 보여줍니다. 그러면 다음 단계로 어느 노드로 이동하면 될까요? 이 경우 왼쪽 서브트리와 현재 노드의 방문이 끝났기 때문에 오른쪽 서브트리로 이동하면 됩니다. 노드 B의 오른쪽 서브트리인 노드 E로 이동하면 됩니다.

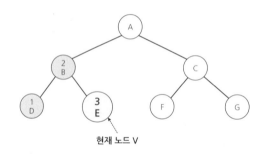

그림 **9-42** 중위 순회의 과정 예: Step-3

그런데 **그림 9-42**에서 보면 노드 E는 단말 노드이기 때문에 자식 노드가 없습니다. 따라서, 왼쪽 서브트리가 없기 때문에 바로 현재 노드인 자신을 방문하면 됩니다. 물론, 오른쪽 서브트리도 없기 때문에 자신의 하위 트리의 방문이 모두 끝났습니다. 즉, 노드 E의 방문으로 부모 노드 B의 오른쪽 서브트리 방문이 모두 끝났습니다. 여기서 조금 집중해야 합니다. 부모 노드 B의 관점에서 보자면 자신의 하위 트리의 방문이 모두 끝난 경우가 됩니다.

자, 그러면 다음으로 어느 노드를 방문해야 할까요? 네, 이 경우 노드 B의 하위 트리 방문이 모두 끝났기 때문에 노드 B의 부모 노드로 올라가야 합니다. 즉, 노드 A의 관점에서 보자면 왼쪽 서브트리의 방문이 모두 끝난 경우가 됩니다. 그러면, 이제 어느 노드로 이동해야 할지 예상이 됩니다. 중위 순회에서는 왼쪽 서브트리 방문 이후에 현재 노드로 이동해야 하니까 노드 A로 이동하면 됩니다.

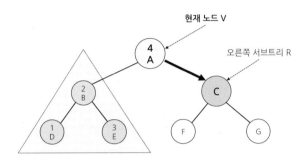

그림 9-43 중위 순회의 과정 예: Step-4

그림 9-43에서는 왼쪽 서브트리의 방문이 끝난 노드 A가 현재 노드가 되는 것을 보여 줍니다. 따라서, 이 경우 현재 노드 A를 4번째로 방문하면 됩니다. 노드 A를 방문하면 왼쪽 서브트리와 현재 노드를 방문한 것이 되므로 다음 단계로 오른쪽 서브트리로 이동하면 됩니다. 즉, 다음 단계로 노드 A의 오른쪽 서브트리인 노드 C로 이동하면 됩니다. 그런데 이 경우 노드 C를 곧바로 방문해야 할까요?

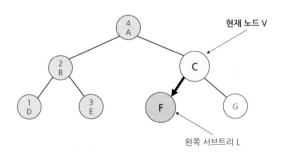

그림 9-44 중위 순회의 과정 예: Step-5 (1)

그림 9-44를 보면 노드 C가 새로운 현재 노드라는 것을 알 수 있습니다. 그런데 우리는 지금 중위 순회 중입니다. 따라서, 현재 노드를 방문하기 전에 먼저 왼쪽 서브트리를 방문해야 합니다. 그러나 왼쪽 서브트리가 여전히 방문되지 않았다는 것을 알 수 있습니다. 즉, 노드 C의 왼쪽 서브트리인 노드 F로 이동해야 합니다.

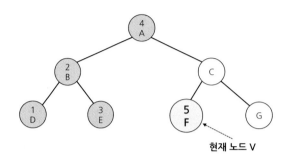

그림 9-45 중위 순회의 과정 예: Step-5 (2)

그림 9-45를 보면 노드 F는 단말 노드이기 때문에 자식 노드가 없습니다. 따라서, 왼쪽 서브
트리가 없기 때문에 바로 현재 노드인 자신을 방문하면 됩니다. 물론, 오른쪽 서브트리도 없기
때문에 자신의 하위 트리의 방문이 모두 끝났습니다.

노드 F의 방문으로 부모 노드 C의 왼쪽 서브트리 방문이 모두 끝났습니다. 이제 독자 여러분
께서는 다음 단계로 어느 노드로 이동해야 할지 예상이 되시나요? 네, 다음 단계로 노드 F의
부모 노드인 노드 C로 이동하면 됩니다. 이를 그림으로 나타내면 다음과 같습니다.

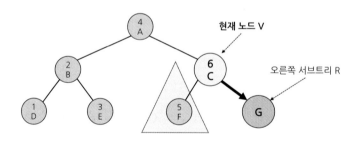

그림 9-46 중위 순회의 과정 예: Step-6

그림 9-46을 보면 현재 노드 C를 6번째로 방문한 것을 보여줍니다. 왜냐하면, 왼쪽 서브트리
의 방문이 끝났기 때문에 현재 노드인 자신을 방문하면 되기 때문입니다. 그러면 다음 단계로
어느 노드로 이동하면 될까요? 이 경우 왼쪽 서브트리와 현재 노드의 방문이 끝났기 때문에
오른쪽 서브트리로 이동하면 됩니다. 즉, 마지막으로 노드 C의 오른쪽 서브트리인 노드 G로
이동하면 됩니다.

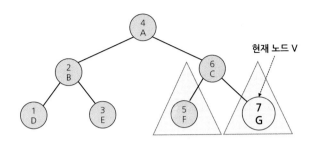

그림 9-47 중위 순회의 과정 예: Step-7

이상의 중위 순회 과정에서 우리는 중위 순회의 기본 개념인 먼저 왼쪽 서브트리(L)를 방문한 다음, 현재 노드(V)를 방문하고 마지막으로 오른쪽 서브트리(R)를 방문한다는 것을 확인할 수 있었습니다. 특별히 주의할 점은 이동한 서브트리의 루트 노드가 새로운 현재 노드가 되는데, 현재 노드를 먼저 방문하는 것이 아니라 왼쪽 서브트리를 먼저 방문해야 한다는 점입니다. 또한, 자식 노드가 없는 단말 노드의 방문이 끝났다면 해당 서브트리의 방문이 끝났기 때문에 부모 노드의 관점으로 이동해야 한다는 점도 기억해 주세요.

이런 로직이 모여서 결국 중위 순회는 L→V→R의 순서로 이진 트리의 모든 노드를 1번씩 방문합니다. 다음 표는 이상의 과정을 정리한 표입니다.

표 9-7 중위 순회 과정

단계	순회 내용	다음 이동 노드	현재 노드(V)	왼쪽 자식 노드 (L)	오른쪽 자식 노드(R)
1	A 이동	B	A	B	C
	B 이동	D	B	D	E
	D 이동	B	D	없음	없음
2	**B 방문**	E	B	D	E
3	**E 방문**	A	E	없음	없음
4	**A 방문**	C	A	B	C
5	C 이동	F	C	F	G
	F 방문	C	F	없음	없음
6	**C 방문**	G	C	F	G
7	**G 방문**	없음	G	없음	없음

표 9-7을 보면, 만약 현재 노드의 왼쪽 자식 노드가 있다면 왼쪽 자식 노드가 더 이상 없을 때까지 왼쪽 서브트리로 계속 이동한 다음, 왼쪽 자식 노드(L)를 가장 먼저 방문한다는 것을

알 수 있습니다. 왼쪽 자식 노드를 방문한 다음 현재 노드를 방문하고 마지막으로 오른쪽 서브트리로 이동합니다.

그림 9-28 '이진 트리 순회의 예제'를 대상으로 혼자 힘으로 중위 순회 과정을 한 단계씩 밟아서 완전히 자신의 것으로 만드시기를 강력히 권해 드립니다.

6.3 후위 순회

이제 서브트리 방문 순서에 따른 3가지 순회 방법 중에서 마지막 방법인 후위 순회(postorder traversal)에 대해서 살펴보겠습니다. 후위 순회는 현재 노드를 가장 마지막에 방문(post-order)하는 방법입니다. 따라서, 노드의 방문 순서가 다음 그림과 같이 1) 왼쪽 서브트리 이동, 2) 오른쪽 서브트리 이동, 3) 현재 노드 방문으로 구성됩니다. 현재 노드를 방문하기 전에 왼쪽 서브트리와 오른쪽 서브트리가 모두 방문되어야 한다는 점이 핵심 개념입니다.

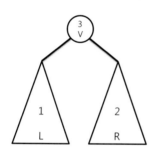

방문 순서	내용
L	왼쪽 서브트리로 이동
R	오른쪽 서브트리로 이동
V	현재 노드 방문

그림 9-48 후위 순회

그림 9-28 '이진 트리 순회의 예제'를 대상으로 후위 순회를 시작하는 과정을 살펴보겠습니다. 다음 그림은 루트 노드 A가 출발 노드가 되어 순회가 시작되는 과정을 보여 줍니다. 즉, 이 경우 루트 노드 A가 최초의 현재 노드가 되어 후위 순회를 시작합니다.

후위 순회에서는 현재 노드를 방문하기 위해서는 앞서 중위 순회와 마찬가지로 먼저 왼쪽 서브트리가 방문되어야 합니다. 따라서, 후위 순회의 첫 번째 노드 방문은 중위 순회와 마찬가지로, 가장 왼쪽 서브트리의 가장 왼쪽 노드가 됩니다. 물론, 후위 순회는 중위 순회와 달리 오른쪽 서브트리까지도 모두 방문되어야 현재 노드를 방문할 수 있습니다.

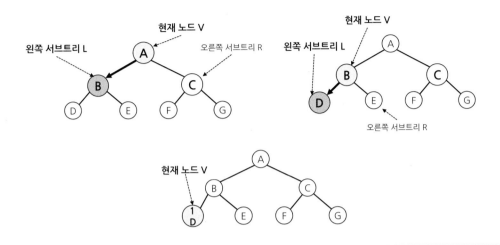

그림 9-49 후위 순회의 과정 예: Step-1 (1) ~ Step-1 (3)

그림 9-49에서 첫 번째로 방문할 노드는 왼쪽 서브트리의 왼쪽 자식 노드인 노드 D가 된다는 것을 알 수 있습니다. 자, 그럼 이제 다음 노드는 어느 노드일까요? 일단, 노드 D의 방문이 끝 났기 때문에 노드 D의 부모 노드인 노드 B로 이동해야 합니다.

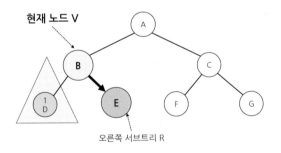

그림 9-50 후위 순회의 과정 예: Step-2 (1)

그림 9-50에서 현재 노드가 노드 B라는 것을 알 수 있습니다. 그런데 우리는 현재 후위 순회 를 살펴보고 있으므로 현재 노드를 방문하기 전에 먼저 왼쪽 서브트리와 오른쪽 서브트리가 모두 방문되어야 합니다. 따라서, 현재 노드 B를 방문하는 것이 아니라 오른쪽 서브트리인 노 드 E로 이동해야 합니다.

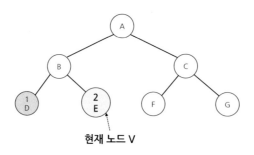

그림 9-51 후위 순회의 과정 예: Step-2 (2)

그림 9-51에서 현재 방문한 노드인 노드 E는 단말 노드이기 때문에 자식 노드가 없습니다. 즉, 왼쪽 서브트리와 오른쪽 서브트리가 모두 없기 때문에 현재 노드인 자신을 방문하면 됩니다. 자, 그러면 다음 단계로 어느 노드로 이동하면 될까요? 네, 노드 E의 부모 노드인 노드 B로 이동하면 됩니다. 즉, 노드 B가 현재 노드가 됩니다.

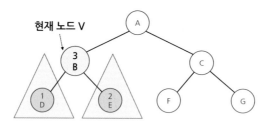

그림 9-52 후위 순회의 과정 예: Step-3

그런데 이때 노드 B의 왼쪽 서브트리와 오른쪽 서브트리가 모두 방문된 상태입니다. 따라서, 현재 노드인 노드 B를 방문하면 됩니다. 자, 그러면 이제는 노드 B의 하위 노드를 모두 방문하였기 때문에 노드 B의 부모 노드인 노드 A로 이동하면 됩니다.

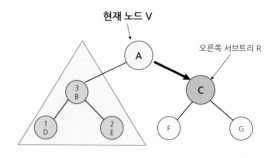

그림 9-53 후위 순회의 과정 예: Step-4 (1)

그림 9-53은 노드 A가 현재 노드인 상태를 보여 줍니다. 그런데 노드 A의 왼쪽 서브트리는 모두 방문하였지만, 아직 오른쪽 서브트리는 방문하지 않았습니다. 따라서, 현재 노드 A를 방문하기 위해서는 먼저 오른쪽 서브트리를 방문해야 하기 때문에 오른쪽 서브트리인 노드 C로 이동해야 합니다. 즉, 다음 그림과 같이 노드 C가 새로운 현재 노드가 됩니다.

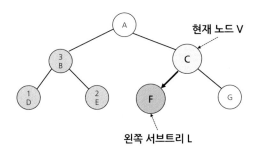

그림 **9-54** 후위 순회의 과정 예: Step-4 (2)

그림 9-54는 노드 C가 현재 노드인 상태를 보여 줍니다. 그런데 노드 C의 왼쪽 서브트리가 아직 방문 되지 않았습니다. 따라서, 현재 노드 C를 방문하기 이전에 먼저 왼쪽 서브트리로 이동해야 합니다. 즉, 다음 그림과 같이 왼쪽 자식 노드인 노드 F로 이동하고 노드 F가 새로운 현재 노드가 됩니다.

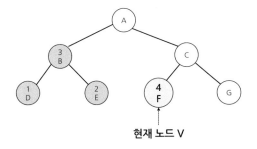

그림 **9-55** 후위 순회의 과정 예: Step-4 (3)

그림 9-55에서 보면 노드 F는 단말 노드이기 때문에 자식 노드가 없습니다. 따라서, 왼쪽 서브트리 및 오른쪽 서브트리가 없기 때문에 바로 현재 노드인 자신을 방문하면 됩니다. 즉, 노드 F의 방문으로 부모 노드 C의 왼쪽 서브트리 방문이 모두 끝났습니다. 이제 독자 여러분께서는 다음 단계로 어느 노드로 이동해야 할지 예상이 되시나요? 네 다음 단계로 노드 F의 부모 노드인 노드 C로 이동하면 됩니다. 이를 그림으로 나타내면 다음과 같습니다.

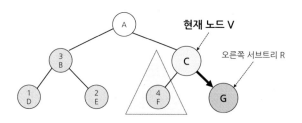

그림 **9-56** 후위 순회의 과정 예: Step–5 (1)

그림 9–56에서 보면 노드 C가 새로운 현재 노드입니다. 그런데 왼쪽 서브트리는 방문이 끝났지만, 오른쪽 서브트리는 아직 방문 전이라는 것을 알 수 있습니다. 따라서, 현재 노드 C를 방문하기 전에 먼저 오른쪽 자식 노드인 노드 G로 이동합니다.

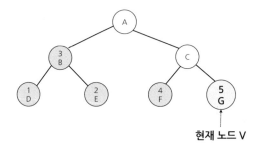

그림 **9-57** 후위 순회의 과정 예: Step–5 (2)

그림 9–57에서 보면 노드 G로 이동하여 현재 노드가 G라는 것을 알 수 있습니다. 그런데 노드 G는 단말 노드이기 때문에 곧바로 자기 자신을 방문합니다. 자 이제 후위 순위가 거의 끝나가는데, 다음 노드는 어디로 이동하면 될까요? 다음 그림과 같이 노드 G의 부모 노드인 노드 C로 이동하면 될 것입니다.

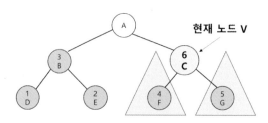

그림 **9-58** 후위 순회의 과정 예: Step–6

그런데 이때 노드 C의 왼쪽 서브트리와 오른쪽 서브트리가 모두 방문된 상태입니다. 따라서,

현재 노드인 노드 C를 방문하면 됩니다. 자 그러면 이제는 노드 C의 하위 노드를 모두 방문하였기 때문에 노드 C의 부모 노드인 노드 A로 이동하면 됩니다.

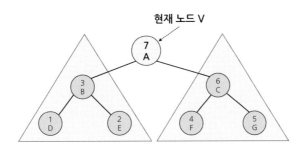

그림 9-59 후위 순회의 과정 예: Step-7

이제 마지막 단계입니다. 현재 노드 A의 왼쪽 서브트리와 오른쪽 서브트리가 모두 방문 되었기 때문에 현재 노드 A를 방문할 수 있습니다. 노드 A를 방문하는 것으로 후위 순회의 과정이 모두 끝났습니다.

이상의 후위 순회 과정에서 우리는 후위 순회의 기본 개념인 먼저 왼쪽 서브트리(L)를 방문한 다음, 오른쪽 서브트리(R)를 방문하고 마지막으로 현재 노드(V)를 방문한다는 것을 확인할 수 있었습니다. 특별히 주의할 점은 이동한 서브트리의 루트 노드가 새로운 현재 노드가 되는데, 현재 노드를 먼저 방문하는 것이 아니라 왼쪽 서브트리와 오른쪽 서브트리를 먼저 방문해야 한다는 점입니다. 또한, 자식 노드가 없는 단말 노드의 방문이 끝났다면 해당 서브트리의 방문이 끝났기 때문에 부모 노드의 관점으로 이동해야 한다는 점도 기억해 주세요.

이런 로직이 모여서 결국 후위 순회는 L → R → V의 순서로 이진 트리의 모든 노드를 1번씩 방문합니다. 다음 표는 이상의 과정을 정리한 표입니다.

표 **9-8** 후위 순회 과정

단계	순회 내용	다음 이동 노드	현재 노드 (V)	왼쪽 자식 노드 (L)	오른쪽 자식 노드(R)
1	A 이동	B	A	B	C
	B 이동	D	B	D	E
	D 이동	B	D	없음	없음
2	B 이동	E	B	~~D~~	E
	E 방문	B	E	없음	없음
3	**B 방문**	A	A	~~D~~	~~E~~
4	A 이동	C	A	~~B~~	C
	C 이동	F	C	F	G
	F 방문	C	F	없음	없음
5	C 이동	G	C	~~F~~	G
	G 방문	C	G	없음	없음
6	**C 방문**	A	C	~~F~~	~~G~~
7	**A 방문**	없음	A	~~B~~	~~C~~

표 9-8을 볼 때 다음 몇 가지 사실을 확인할 수 있습니다. 먼저, 현재 노드의 왼쪽 자식 노드가 있다면 왼쪽 자식 노드가 더 이상 없을 때까지 왼쪽 서브트리로 계속 이동한다는 점은 앞서 중위 순회와 같습니다. 즉, 왼쪽 자식 노드(L)를 가장 먼저 방문한다는 점은 중위 순회와 같습니다.

다만, 왼쪽 자식 노드를 방문한 다음 오른쪽 서브트리로 이동한다는 점에서 앞서 중위 순회와 다릅니다. 예를 들어, 1단계에서 노드 D를 방문한 다음, 2단계에서는 노드 E를 방문하였습니다. 참고로, 중위 순회는 현재 노드 방문을 오른쪽 서브트리 이동보다 먼저 했습니다. 따라서, 노드 D 다음에 노드 E가 아니라 노드 B를 먼저 방문했습니다.

마지막으로, 기존에 방문한 왼쪽 자식 노드 혹은 오른쪽 자식 노드는 다시 방문할 필요가 없으므로 취소선 처리되어 있습니다. 예를 들어, 위의 3단계에서 왼쪽 자식 노드 D와 오른쪽 자식 노드 E는 이미 방문했기 때문에 ~~D~~, ~~E~~와 같이 취소선 표시되어 있습니다.

6.4 레벨 순회

레벨 순회(level traversal)는 레벨의 크기에 따라 순회하는 방법입니다. 낮은 레벨의 노드부터 시작하여 높은 레벨의 노드를 차례로 방문합니다. 단, 같은 레벨이라면 왼쪽 노드에서 오른쪽 노드로 이동합니다. 예를 들어, 다음과 같은 이진 트리를 대상으로 레벨 순회를 한다고 가정해 봅시다.

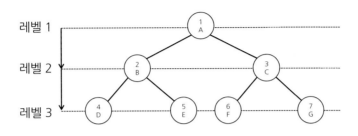

그림 9-60 레벨 순회의 과정 예

먼저 가장 낮은 레벨인 레벨 1의 루트 노드 A를 방문합니다. 이후 레벨 2의 노드인 노드 B와 C를 방문합니다. 물론, 그다음 단계로 레벨 3의 노드인 D, E, F, G를 차례로 방문합니다. 같은 레벨인 경우 가장 왼쪽 노드부터 시작하여 오른쪽으로 이동한다는 것을 알 수 있습니다. 이러한 레벨 순회 전 과정을 정리하면 다음 표와 같습니다.

표 9-9 레벨 순회 과정

단계	순회 내용	레벨
1	A 방문	1
2	B 방문	2
3	C 방문	2
4	D 방문	3
5	E 방문	3
6	F 방문	3
7	G 방문	3

레벨 순회는 앞서 전위 순회와 중위 순회, 후위 순회와 달리 형제 노드의 방문이 핵심입니다. 같은 레벨의 형제 노드들을 왼쪽에서 오른쪽으로 방문합니다. 이러한 특성 때문에 순회 순서를 비교적 쉽게 생각할 수 있습니다.

6.5 순회의 구현

마지막으로, 앞서 설명한 이진 트리의 여러 순회 방법을 실제 구현해 보겠습니다. 이진 트리를 실제 소스로 구현하는 방법은 크게 재귀에 의한 구현(recursive function)과 반복에 의한 구현 (iterative function)으로 나눌 수 있습니다. **재귀에 의한 구현**은 말 그대로 재귀 함수를 이용하여 구현하는 방법을 말합니다. 소스를 보면 쉽게 이해할 수 있다는 장점이 있지만, 재귀 함수 호출 자체가 운영체계(OS) 상의 시스템 스택을 요구하기 때문에 **반복에 의한 구현** 방법보다 성능이 우수하지 못하다는 단점이 있습니다. 다만, 이 책에서는 알고리즘의 이해와 빠른 구현을 위해 이러한 재귀 방법으로 구현해 보겠습니다.

이번 절에서 사용하는 소스 파일들의 구성은 다음과 같습니다. 소스 중에서 특별히 bintree.h 와 bintree.c는 앞 절의 소스인 09_01.c를 각각 헤더 파일 부분과 소스 파일 부분으로 분리한 파일입니다. 소스 내용이 대부분 같으나 일부 모듈화 프로그래밍을 위해 추가/변경된 부분이 있습니다. 그리고 우리가 앞서 살펴본 이진 트리 순회 함수는 모두 09_02.c 파일에 구현되어 있습니다.

표 9-10 후위 표기법으로 수식 계산하기의 소스 구성

파일 이름	내용
bintree.h	이진 트리의 구조체와 함수 선언(앞 절의 소스 일부 수정)
bintree.c	이진 트리의 함수 구현(앞 절의 소스 일부 수정)
09_02.c	이진 트리 순회 함수 구현과 예제 프로그램

이러한 순회 함수를 살펴보기 전에 먼저 앞 절의 소스 09_01.c 파일이 어떻게 2개의 파일로 나누어졌는지 잠시 살펴보겠습니다. 먼저 다음 소스는 이진 트리의 구조체와 함수가 선언된 헤더 파일 bintree.h의 소스입니다. 소스 줄 01, 02는 조건문 컴파일 부분으로 헤더 파일 중복 문제를 해결하기 위한 부분입니다. 다음으로, 줄 04-18 부분은 구조체를 선언한 부분으로 앞의 09_01.c의 소스에서 그대로 가져온 부분입니다.

예제　bintree.h

```
01    #ifndef _BINTREE_
02    #define _BINTREE_
04    typedef struct BinTreeNodeType
05    {
06        char data;
07
```

01~02: 조건부 컴파일 부분

```
08        struct BinTreeNodeType* pLeftChild;
09        struct BinTreeNodeType* pRightChild;
10    } BinTreeNode;
14
15    typedef struct BinTreeType
16    {
17        struct BinTreeNodeType* pRootNode;
18    } BinTree;
20    BinTreeNode* makeNewNodeBT(char data);
21    BinTree* makeBinTree(char rootNodeData);
22    BinTreeNode* addLeftChildNodeBT(BinTreeNode* pParentNode, char data);
23    BinTreeNode* addRightChildNodeBT(BinTreeNode* pParentNode, char data);
24    BinTreeNode* getRootNodeBT(BinTree* pBinTree);
25    void deleteBinTreeNode(BinTreeNode* pNode);
26    void deleteBinTree(BinTree* pBinTree);
27
28    #endif          // 조건부 컴파일 부분
```

> **04~18**: 구조체 선언 부분, 앞 절의 소스 **09_01.c**에서 그대로 가져온 부분임

> **20~26**: 함수 선언 부분, 새로 추가된 부분

그다음으로 줄 20~26 부분은 이진 트리의 함수를 미리 선언한 부분입니다. 여기 선언된 함수들은 모두 이진 트리의 추상 자료형에서 정의된 함수들로, 이 부분은 이번 절에서 새로 추가된 부분입니다. 앞 절의 09_01.c 소스 파일에서는 main() 함수를 포함해서 모든 함수가 다 같은 소스 파일에 있었기 때문에 별도의 함수 선언이 필요 없었습니다.

반면, 이번 절에서는 이진 트리 함수를 구현하는 부분과 이렇게 구현된 함수를 사용하는 소스가 서로 다른 파일에 있습니다. 이럴 경우, 호출당하는 함수의 선언을 헤더 파일에 추가하고 호출하는 쪽에서는 이러한 헤더 파일을 포함(#include)하면 됩니다.

다음으로, 이진 트리의 여러 함수가 실제 구현된 소스 파일 bintree.c에 대해서 잠시 살펴보겠습니다. 앞 절의 09_01.c 소스 파일과 비교해 볼 때 줄 04 부분만 추가되었는데, 이진 트리 관련 구조체와 함수의 선언이 들어 있는 헤더 파일 bintree.h를 포함하는 부분입니다.

예제 bintree.c (일부)

```
01    #include <stdio.h>
02    #include <stdlib.h>
03
04    #include "bintree.h"          // 추가된 부분, 헤더 파일 포함
```

```
05
06    BinTreeNode* makeNewNodeBT(char data)
07    {
      ~이하 생략 ~
```

이렇게 bintree.h, bintree.c 2개의 파일로 분리하는 데 어려움을 겪는 독자 분들은 프리렉 홈페이지에서 소스를 내려받을 수 있으니 참고하시기 바랍니다. 이제 기반이 되는 자료구조의 구현이 끝났기 때문에 본격적으로 이진 트리의 순회 함수들에 대해 살펴보겠습니다.

6.5.1 재귀 전위 순회

전위 순회를 재귀 방식으로 구현한 함수인 preorderTraversalRecursiveBinTree()의 소스는 다음과 같습니다. 함수 이름이 조금 길어 보입니다. 전위 순회(preorder traversal)를 재귀(recursive) 방식으로 구현했으며, 이진 트리(binary tree)를 대상으로 한다는 뜻입니다.

예제 09_02.c (4번째)

```
061    void preorderTraversalRecursiveBinTree(BinTree *pBinTree)
062    {
063        if (pBinTree != NULL) {
064            preorderTraversalRecursiveBinTreeNode(pBinTree->pRootNode);
065            printf("\n");
066        }
067    }
```

이 전위 순회 함수는 입력 파라미터로 이진 트리에 대한 포인터 변수를 전달받습니다(줄 61). 그러면, 이러한 입력 파라미터 pBinTree가 NULL인지 먼저 점검한 다음, 다시 이진 트리의 루트 노드 pRootNode를 입력 파라미터로 함수 preorderTraversalRecursiveBinTreeNode()를 호출합니다(줄 64). 즉, 루트 노드를 시작으로 전위 순회를 시작한다는 뜻입니다.

여기서 함수 preorderTraversalRecursiveBinTreeNode()는 재귀 방식으로 이진 트리의 노드(BinTreeNode)를 전위 순회합니다. 이 함수의 소스는 다음과 같습니다.

예제 09_02.c (3번째)

```
052   void preorderTraversalRecursiveBinTreeNode(BinTreeNode *pNode)
053   {
054       if (pRootNode != NULL) {
055           printf("%c ", pRootNode->data);                              // V
056           preorderTraversalRecursiveBinTreeNode(pNode->pLeftChild);    // L
057           preorderTraversalRecursiveBinTreeNode(pNode->pRightChild);   // R
058       }
059   }
```

함수 preorderTraversalRecursiveBinTreeNode()는 전위 순회 방식에 따라 V → L → R로 구현되어 있음을 알 수 있습니다. 단, 여기서는 각 노드의 내용을 출력하는 것이 현재 노드의 방문 V에 해당합니다. 따라서, 먼저 1) 현재 노드를 방문하고(줄 55, V) 난 뒤, 2) 왼쪽 서브트리로 이동하고(줄 56, L) 마지막으로 3) 오른쪽 서브트리로 이동함(줄 57, R)을 알 수 있습니다. 어떻습니까? 재귀 방식으로 구현해서 의외로 소스가 짧다는 것을 알 수 있습니다.

6.5.2 재귀 중위 순회

다음으로, 재귀 중위 순회를 구현한 함수 inorderTraversalRecursiveBinTree()를 살펴보겠습니다. 이 함수는 중위 순회(inorder Traversal)를 재귀(recursive) 방식으로 구현했으며, 이진 트리(binary tree)를 대상으로 한다는 뜻입니다.

예제 09_02.c (6번째)

```
078   void inorderTraversalRecursiveBinTree(BinTree *pBinTree)
079   {
080       if (pBinTree != NULL) {
081           inorderTraversalRecursiveBinTreeNode(pBinTree->pRootNode);
082           printf("\n");
083       }
084   }
```

이 중위 순회 함수는 입력 파라미터로 이진 트리에 대한 포인터 변수를 전달받습니다(줄 78). 그러면, 이러한 입력 파라미터 pBinTree가 NULL인지 먼저 점검한 다음, 다시 이진 트리의 루트 노드 pRootNode를 입력 파라미터로 함수 inorderTraversalRecursiveBinTreeNode()를 호출 합니다(줄 81). 즉, 루트 노드를 시작으로 중위 순회를 시작한다는 뜻입니다.

여기서 함수 inorderTraversalRecursiveBinTreeNode()는 재귀 방식으로 이진 트리의 노드 (BinTreeNode)를 중위 순회하는데, 이 함수의 소스는 다음과 같습니다.

예제 09_02.c (5번째)

```
069   void inorderTraversalRecursiveBinTreeNode(BinTreeNode *pNode)
070   {
071       if (pNode != NULL) {
072           inorderTraversalRecursiveBinTreeNode(pNode->pLeftChild);    // L
073           printf("%c ", pRootNode->data);                            // V
074           inorderTraversalRecursiveBinTreeNode(pNode->pRightChild);   // R
075       }
076   }
```

함수 inorderTraversalRecursiveBinTreeNode()는 중위 순회 방식에 따라 L → V → R로 구현되어 있음을 알 수 있습니다. 여기서는 각 노드의 내용을 출력하는 것이 현재 노드의 방문 V에 해당합니다. 따라서, 먼저 1) 왼쪽 서브트리로 이동하고(줄 72, L) 난 뒤, 2) 현재 노드를 방문하고(줄 73, V) 마지막으로 3) 오른쪽 서브트리로 이동함(줄 74, R)을 알 수 있습니다. 이제 다음으로 재귀 후위 순회 함수에 대해서 살펴볼까요?

6.5.3 재귀 후위 순회

마지막으로 재귀 후위 순회 함수 postorderTraversalRecursiveBinTree()를 살펴보겠습니다. 후위 순회를 재귀 방식으로 구현한 함수인 postorderTraversalRecursiveBinTree()의 소스는 다음과 같습니다. 후위 순회(postorder traversal)를 재귀(recursive) 방식으로 구현했으며, 이진 트리 (binary tree)를 대상으로 한다는 뜻입니다.

예제 09_02.c (8번째)

```
096   void postorderTraversalRecursiveBinTree(BinTree *pBinTree)
097   {
098       if (pBinTree != NULL) {
```

```
099            postorderTraversalRecursiveBinTreeNode(pBinTree->pRootNode);
100            printf("\n");
101        }
103    }
```

후위 순회 함수는 입력 파라미터로 이진 트리에 대한 포인터 변수를 전달받습니다(줄 96). 그러면, 이러한 입력 파라미터 pBinTree가 NULL인지 먼저 점검한 다음, 다시 이진 트리의 루트 노드 pRootNode를 입력 파라미터로 함수 postorderTraversalRecursiveBinTreeNode()를 호출합니다(줄 99). 그 결과 루트 노드를 시작으로 후위 순회가 시작됩니다.

여기서 함수 postorderTraversalRecursiveBinTreeNode()는 재귀 방식으로 이진 트리의 노드 (BinTreeNode)를 후위 순회합니다. 이 함수의 소스는 다음과 같습니다.

예제 09_02.c (7번째)

```
086    void postorderTraversalRecursiveBinTreeNode(BinTreeNode *pNode)
087    {
088        if (pNode != NULL) {
089            postorderTraversalRecursiveBinTreeNode(pNode->pLeftChild);  // L
090            postorderTraversalRecursiveBinTreeNode(pNode->pRightChild); // R
091            printf("%c ", pRootNode->data);                            // V
092
093        }
094    }
```

함수 postorderTraversalRecursiveBinTreeNode()는 후위 순회 방식에 따라 L → R → V로 구현되어 있음을 알 수 있습니다. 단, 여기서는 각 노드의 내용을 출력하는 것이 현재 노드의 방문 V에 해당합니다. 따라서, 먼저 1) 왼쪽 서브트리로 이동하고(줄 89, L), 그다음으로 2) 오른쪽 서브트리로 이동한(줄 90, R) 다음 마지막으로 3) 현재 노드를 방문(줄 91, V)합니다.

이제 이진 트리 순회를 실행하는 예제 프로그램을 살펴보면서 이번 절을 마무리하겠습니다. 예제 프로그램 09_03.c는 다음 그림과 같은 이진 트리를 생성하고, 앞에서 구현된 재귀 전위 순회 함수와 재귀 중위 순회 함수, 재귀 후위 순회 함수를 차례로 실행합니다.

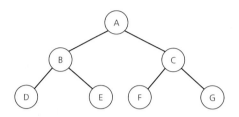

그림 9-61 예제 이진 트리

다음 소스를 보면 앞서 구현된 이진 트리의 헤더 파일을 포함하고(줄 4) 앞서 살펴본 재귀 순회
함수들을 각각 선언해 주고 있습니다(줄 7~9). 그런데 줄 6의 함수 createExampleBinTree( )는
어떤 역할을 할까요?

예제   09_02.c (7번째)

```c
001    #include <stdio.h>
002    #include <stdlib.h>
003
004    #include "bintree.h"                        // 헤더 파일 include
005
006    BinTree* createExampleBinTree( );
007    void preorderTraversalRecursiveBinTree(BinTree *pBinTree);
008    void inorderTraversalRecursiveBinTree(BinTree *pBinTree);
009    void postorderTraversalRecursiveBinTree(BinTree *pBinTree);
011    int main(int argc, char *argv[])
012    {
013        BinTree *pBinTree = createExampleBinTree( );
014        if (pBinTree != NULL) {
015            printf("전위 순회 결과: ");
016            preorderTraversalRecursiveBinTree(pBinTree);
017            printf("중위 순회 결과: ");
018            inorderTraversalRecursiveBinTree(pBinTree);
019            printf("후위 순회 결과: ");
020            postorderTraversalRecursiveBinTree(pBinTree);
021
022            deleteBinTree(pBinTree);
023        }
024
025        return 0;
026    }
```

> 007~009: 재귀 순회 함수 선언

함수 createExampleBinTree()는 이진 트리 관련 함수 makeBinTree(), addLeftChildNodeBT(), addRightChildNodeBT() 등을 이용하여 **그림 9-61**과 같은 구조의 이진 탐색 트리를 만듭니다. 여기서는 함수 createExampleBinTree()의 소스는 생략되었습니다. 독자 여러분께서 앞 절의 소스 09_01.c를 참고해서 직접 작성해보세요. 만약, 작성이 어려운 분들은 프리렉 홈페이지에서 해당 소스를 내려받으셔도 됩니다. 이렇게 만들어진 이진 트리를 대상으로 각각 재귀 전위 순회 함수, 재귀 중위 순회 함수, 재귀 후위 순회 함수를 호출합니다(줄 16, 18, 20). 물론, 줄 22에서 사용이 끝난 이진 트리에 대해서 메모리 해제시켜주는 것을 잊으면 안 됩니다. 다음은 위의 예제 프로그램을 실제 실행한 결과 화면입니다.

프로그램 09_02.exe의 실행 결과

전위 순회 결과: A B D E C F G
중위 순회 결과: D B E A F C G
후위 순회 결과: D E B F G C A

앞서 살펴본 **그림 9-28** '이진 트리 순회의 예제'를 대상으로 한 순회 결과가 정상적으로 출력됨을 알 수 있습니다.

연습 문제

1. 다음 그림의 트리를 대상으로 다음 질문에 답해 보세요.

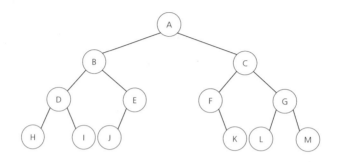

   (1) 루트 노드는 무엇인가?

   (2) 단말 노드(Leaf)는 무엇인가?

   (3) 내부 노드는 무엇인가?

   (4) 전위 순회 과정을 적어보세요.

   (5) 중위 순회 과정을 적어보세요.

   (6) 후위 순회 과정을 적어보세요.

2. 다음 그림의 트리를 대상으로 다음 질문에 답해 보세요.

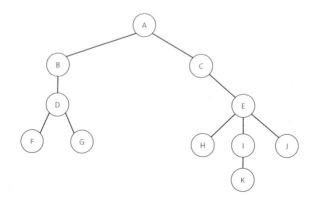

(1) 루트 노드는 무엇인가?

(2) 단말 노드(Leaf)는 무엇인가?

(3) 내부 노드는 무엇인가?

(4) F의 후손 노드는 무엇인가?

(5) I의 선조 노드는 무엇인가?

(6) H의 형제 노드는 무엇인가?

(7) 노드 F의 차수(degree)는 무엇인가?

(8) 노드 G의 높이는 얼마인가?

(9) 노드 A의 레벨(Level)은 얼마인가?

3. 다음 그림의 트리를 대상으로 다음 질문에 답해 보세요.

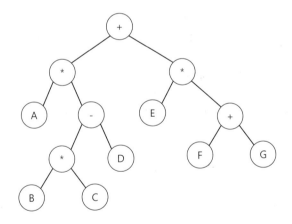

(1) 전위 순회 과정을 적어보세요.

(2) 중위 순회 과정을 적어보세요.

(3) 후위 순회 과정을 적어보세요.

4. 40개의 노드로 구성된 이진 트리에서 간선의 개수와 가능한 최대 높이 및 최소 높이를 구해 보세요.

5. 다음은 반복 레벨 순회 함수를 구현한 소스입니다. 레벨 순회는 레벨별로 왼쪽에서 오른쪽 노드가 순회되는 방식입니다. 이러한 레벨 순회를 위해서 선입선출(First-In-First-Out)의 특성이 있는 큐를 사용할 수 있습니다. 즉, 루트 노드를 처음 시작 노드로 하여, 각 노드의 왼쪽 서브트리와 오른쪽 서브트리를 큐에 인큐합니다. 그런데 큐에는 이미 상위 레벨의 노드들인 인큐되어 있기 때문에 새로 인큐되는 하위 레벨의 노드들은 기존 상위 레벨의 노드 이후에 인큐되는 것입니다. 따라서, 현재 레벨(상위 레벨)의 모든 노드가 디큐(순회)되고 나서야 다음 레벨(하위 레벨)의 노드가 디큐(순회)될 수 있습니다. 즉, 레벨 순회는 큐의 선입선출 특성을 활용한 방법입니다. 다음 소스에서 반복 레벨 순회 함수인 levelOrderTraversalBinTree()의 빈칸을 채워 보세요.

```c
void levelOrderTraversalBinTree(BinTree *pBinTree)
{
    LinkedQueue* pQueue = NULL;
    LinkedQueueNode* pLinkedQueueNode = NULL;

    BinTreeNode *pCurrentNode = NULL;

    if (pBinTree == NULL) {
        return;
    }
    pCurrentNode = getRootNodeBT(pBinTree);
    if (pCurrentNode == NULL){
        return;
    }
    pQueue = createLinkedQueue();
    if (pQueue == NULL) {
        return;
    }
    enqueueLQ(pQueue, pCurrentNode);
    while(1) {
        if (isLinkedQueueEmpty(pQueue)) {
```

```
            return;
        }
        else {
            pLinkedQueueNode = dequeueLQ(pQueue);
            if (pLinkedQueueNode != NULL) {
                pCurrentNode = pLinkedQueueNode->data;




free( pLinkedQueueNode );
            }
        }
    }
    deleteLinkedQueue(pQueue);
}
```

Chapter

10

히프

1 히프란? **2** 히프의 추상 자료형 **3** 최대 히프에서의 삽입 연산 **4** 히프에서의 삭제 연산 **5** 히프의 구현
6 히프의 응용

앞장에서 우리는 트리의 개념에 대해 살펴보고 포인터로 이진 트리를 구현해 보았습니다. 특별히 포인터를 이용해서 이진 트리를 구현한 이유는 노드 개수만큼만 메모리를 할당해서 메모리 효율성이 우수하기 때문입니다. 반대로 배열로 구현한 이진 트리의 경우에는 빈 노드가 증가하는 경우 많은 메모리가 낭비된다는 단점이 있습니다. 따라서, 배열로 이진 트리를 구현하는 것은 일반적인 이진 트리가 아니라 완전 이진 트리와 같이 빈 노드가 구조적으로 적은 경우가 적합합니다.

이번 장에서 배울 히프(heap)는 완전 이진 트리의 한 종류입니다. 완전 이진 트리는 바로 앞 장에서 살펴보았듯이 중간 레벨에는 빈 노드가 없습니다. 따라서, 빈 노드가 구조적으로 적기 때문에 배열로 이진 트리를 구현하는 가장 대표적인 경우가 됩니다. **그림 10-1**은 완전 이진 트리의 일반적인 예입니다.

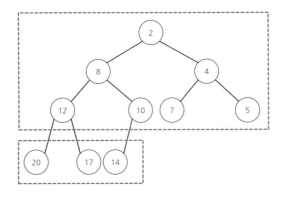

그림 10-1 완전 이진 트리의 예

물론 히프는 단순히 완전 이진 트리일 뿐 아니라 최대 트리 혹은 최소 트리라는 추가적인 특징이 있습니다. 편의상 이 책에서는 최대 트리로 한정하여 설명하겠습니다. 최대 트리가 무엇인지는 바로 다음 절에서 살펴보겠습니다. 이러한 히프는 다양한 분야에서 사용되는 자료구조입니다. 예를 들어, 히프는 우선순위 큐(priority queue)를 구현하는 도구로 사용되기도 하며, 히프 정렬의 구현 도구로도 사용됩니다. 이번 장에서는 이러한 히프의 동작 방식과 구현 방법에 대해 살펴보고 마지막으로 정렬에 어떻게 사용될 수 있는지 배워 보겠습니다.

1. 히프란?

먼저 히프의 개념을 살펴보도록 하겠습니다. 이진 트리의 하나인 히프는 루트 노드가 언제나 그 트리의 최댓값 혹은 최솟값을 가집니다. 루트 노드가 트리의 최댓값을 가지는 히프를 최대 히프라 하고 반대로 루트 노드가 최솟값을 가지는 히프를 최소 히프라고 합니다. 이 책에서는 편의상 최대 히프를 기본으로 설명하도록 하겠습니다. 어떤 이진 트리가 히프가 될 수 있는지, 히프의 특성이 무엇인지를 중심으로 살펴봐 주세요.

1.1 최대 트리

최대 히프는 기본적으로 최대 트리여야 합니다. 그럼 어떤 트리가 최대 트리가 될까요? 최대 트리는 각 노드의 값이 자식 노드의 값보다 크거나 같은 트리를 말합니다. 예를 들어, 다음 그림의 이진 트리는 최대 트리입니다.

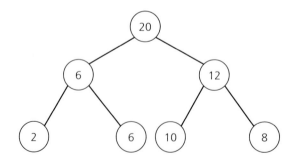

그림 **10-2** 최대 트리의 예

그림 10-2의 이진 트리는 왜 최대 트리인가요? 최대 트리의 정의가 **각 노드의 값이 자식 노드의 값보다 크거나 같은 트리**이기 때문에 실제로 이 조건을 만족하는지 점검해 보면 됩니다. 먼저, 루트 노드의 값이 20으로, 왼쪽 자식 노드의 6과 오른쪽 자식 노드의 12보다 큽니다. **그림 10-3**은 루트 노드에서 최대 트리 조건을 만족한다는 것을 보여줍니다.

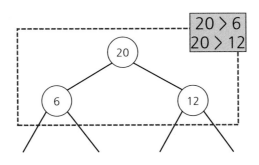

그림 10-3 최대 트리의 검증: 루트 노드

그럼 루트 노드의 자식 노드들을 살펴보겠습니다(**그림 10-4**). 루트 노드의 왼쪽 자식 노드는 어떻습니까? 이 노드의 값 6은 왼쪽 자식 노드 2와 오른쪽 자식 노드 6보다 값이 크거나 같습니다.

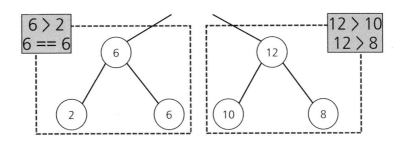

그림 10-4 최대 트리의 검증: 루트 노드의 자식 노드

이뿐만 아니라 루트 노드의 오른쪽 자식 노드인 노드 12는 자신의 왼쪽 자식 노드 10과 오른쪽 자식 노드 8보다 값이 큽니다. 따라서, **그림 10-4**의 이진 트리에서는 트리의 모든 노드가 자신의 자식 노드보다 그 값이 크거나 같다는 것을 알 수 있습니다. 즉, 이 이진 트리는 각 노드의 값이 자식 노드의 값보다 크거나 같은 최대 트리의 조건을 만족합니다. 참고로, 최대 히프는 기본적으로 최대 트리여야 합니다.

마지막으로, 최소 히프는 어떤지 잠깐 살펴보겠습니다. 최소 트리는 루트 노드가 가장 작은 값을 가지게 되는 이진 트리입니다. 이를 위해서 최소 트리는 각 노드의 값이 자식 노드의 키 값보다 작거나 같습니다. 즉, 앞서 살펴본 최대 트리와 정반대의 특징이 있습니다. 다음 그림은 이러한 최소 트리의 한 예를 보여줍니다. 루트 노드의 값은 2로, 왼쪽 자식 노드의 6과 오른쪽 자식 노드의 10보다 작습니다.

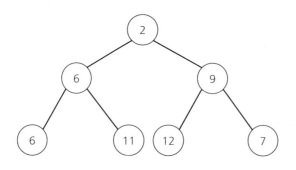

그림 10-5 최소 트리의 예

다음으로, 루트 노드의 왼쪽 자식 노드인 노드 6은 자식 노드의 6과 11보다 작거나 같습니다. 또한, 루트 노드의 오른쪽 자식 노드인 노드 9는 자식 노드 12와 7보다 값이 작습니다. 즉, **그림 10-5**의 이진 트리는 트리의 모든 노드가 자신의 자식 노드보다 키 값이 작거나 같기 때문에 최소 트리라고 부를 수 있습니다. 왜냐하면, 최소 히프는 최소 트리이면서 동시에 완전 이진 트리이기 때문입니다.

1.2 완전 이진 트리

그러면, 이처럼 최소 트리 혹은 최대 트리의 조건을 만족하는 이진 트리면 무조건 히프일까요? 정답은 '아니다'입니다. 히프는 최소 트리 혹은 최대 트리의 특성이 있지만, 한가지 조건을 더 만족해야 합니다. 히프는 완전 이진 트리여야만 합니다.

완전 트리는 앞 절에서 설명한 바와 같이 높이가 h라고 했을 때 레벨 1부터 레벨 h-1까지는 포화 이진 트리와 마찬가지로 꽉 채워져 있다가, 마지막 레벨 h에서는 왼쪽에서 오른쪽으로 노드가 채워져 있는 이진 트리를 말합니다. 즉, 마지막 레벨 h에서는 노드가 왼쪽부터 차례로 채워져야 합니다. 마지막 레벨 h에서는 중간에 빈 노드가 있어서는 안 됩니다. 여기서 **마지막**

레벨에서는 중간에 빈 노드가 없다는 점이 완전 이진 트리의 가장 중요한 특징입니다.

다음 그림은 이러한 완전 이진 트리의 한 예를 보여 줍니다. 최대 레벨이 4이며 레벨 3까지는 모든 노드가 채워져 있고, 레벨 4에서는 왼쪽에서 오른쪽으로 3개 노드 20, 17, 14가 연속해 있습니다.

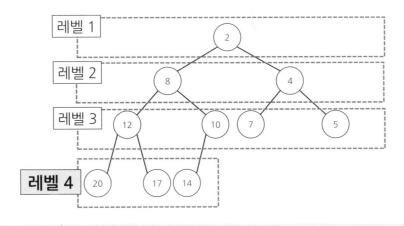

그림 **10-6** 완전 이진 트리의 예

만약 왼쪽 트리에 노드 17이 없다면 어떻게 될까요? 이럴 경우, 다음 그림과 같은 이진 트리는 완전 이진 트리가 될 수 있나요?

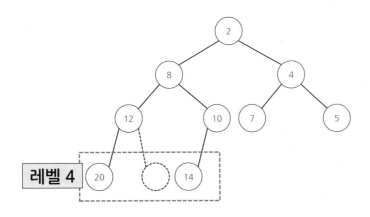

그림 **10-7** 완전 이진 트리가 아닌 예

그림 10-7의 이진 트리는 마지막 레벨 4에 있는 노드 중간에 빈 노드가 있습니다. 즉, 노드 12의 오른쪽 자식 노드가 비어 있습니다. 따라서, 이진 트리는 완전 이진 트리가 될 수 없습니다.

1.3 히프의 정의

지금까지 내용을 정리해 보면 히프(heap)는 완전 이진 트리이면서 동시에 최대 트리 혹은 최소 트리를 말합니다. 완전 이진 트리이면서 동시에 최대 트리인 경우는 최대 히프라고 합니다. 또한, 완전 이진 트리이면서 최소 트리인 경우는 이를 최소 히프라고 합니다. 이러한 히프의 특징 중 꼭 기억해야 할 것은 루트 노드의 특성입니다. 최대 히프에서는 루트 노드의 값이 트리 전체 값 중에 가장 큰 값입니다. 또한, 최소 히프에서는 루트 노드의 값이 트리 전체 값 중에서 가장 작은 값입니다. 이러한 내용을 정리하면 다음과 같습니다.

표 10-1 최대 히프와 최소 히프의 특성

구분	조건	루트 노드의 키 값
최대 히프(Max Heap)	(부모의 노드의 키 값) ≥ (자식 노드의 키 값)	트리 전체 중 최댓값
최소 히프(Min Heap)	(부모의 노드의 키 값) ≤ (자식 노드의 키 값)	트리 전체 중 최솟값

최대 히프의 경우를 보면 루트 노드의 값은 레벨 2인 두 개의 자식 노드 값보다 큽니다. 또한, 레벨 2의 두 개 노드는 레벨 3인 각각 자신들의 자식 노드보다 값이 큽니다. 따라서, 루트 노드는 레벨 3의 노드들보다 키 값이 큽니다. 이런 방식에 따라 레벨별로 부모 노드의 키 값이 자식 노드의 키 값보다 크므로, 결국 루트 노드의 값은 트리 내에서 가장 큰 값이 됩니다. 마찬가지 이유로 최소 히프의 경우에도 루트 노드는 트리 내에서 가장 작은 값이 됩니다.

 〈여기서 잠깐〉 느슨한 정렬 상태란?

참고로 히프의 루트 노드를 제외하고서는 느슨한 정렬 상태를 유지합니다. 여기서 느슨하다는 의미는 완벽하지는 않다는 뜻입니다. 최대 히프의 경우 각 노드 별로 부모 노드가 자식 노드의 키 값보다 크거나 같습니다. 반면, 각 노드가 모든 하위 레벨의 노드보다 크거나 같지는 않습니다. 즉, 느슨하기 때문에 모든 하위 레벨의 노드에 대해서 완벽하게 만족하지 않습니다.

예를 들어, 다음과 같은 최대 히프 그림에서 레벨 2의 노드 6은 자식 노드 6과 5보다는 값이 크거나 같습니다. 반면, 레벨 3의 다른 노드인 노드 8보다는 값이 작습니다.

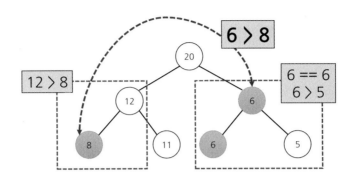

그림 10-8 느슨한 정렬 상태의 예: 최대 이진 트리

이럴 경우에도 당연히 최대 이진 트리의 조건은 만족합니다. 왜냐하면, 노드 8은 노드 6의 자식 노드가 아니기 때문입니다. 노드 8과 노드 6은 최대 이진 트리 관점 에서 보자면 별 상관없는 관계입니다. 반면, 노드 8의 부모 노드는 노드 12입니다. 부모 노드인 노드 12의 관점에서 보자면 자식 노드 8의 값이 자신보다 작기 때문 에 최대 이진 트리의 조건을 만족합니다.

최대 힙의 각 노드는 하위 레벨의 모든 노드보다 값이 크지는 않습니다. 다만, 최대 힙의 각 노드는 자신의 자식 노드보다는 키 값이 크거나 같다는 점에 주의 하기 바랍니다. 또한, 힙에서는 중복된 키 값을 허용하는데요, **그림 10-8**에서처 럼 레벨 2와 레벨 3에 각각 동일한 키 값 6을 가진 두 개의 노드가 부모–자식 관계 에 있습니다.

지금까지 우리는 힙의 정의 및 중요 특성에 대해 살펴보았습니다. 다음으로, 이러한 힙를 구현하는 데 필요한 연산으로 어떤 것이 있는지 힙의 추상 자료형을 살펴보겠습니다.

2. 힙의 추상 자료형

힙의 연산을 살펴보기 전에 힙의 추상 자료형을 먼저 정리해 보면 다음 표와 같습니다.

표 **10-2** 히프의 추상 자료형

이름		Input	Output	설명
히프 생성	createHeap( )	히프의 크기 n	히프 d	최대 n 개의 원소를 가질 수 있는 공백(Empty) 히프 d를 생성
히프 삭제	deleteHeap( )	히프 h	N/A	히프 제거(메모리 해제)
자료 추가	insertHeap( )	히프 h 자료 d	성공/실패 여부	히프에 새로운 자료를 추가
자료 제거	removeHeap( )	히프 h	노드 n	히프의 루트 노드를 제거한 뒤 반환

히프를 생성하고 삭제하는 연산 이외에 히프의 기본 연산은 단 2개입니다. 즉, 히프에 새로운 자료를 추가하거나 혹은 자료를 제거하는 두 가지 연산만 있습니다. 이것으로 히프는 충분하다는 뜻입니다.

단, 이 경우 다른 자료구조처럼 특정 위치에 있는 자료를 정해서 반환하는 것이 아니라, 무조건 히프의 루트 노드가 제거되어 반환된다는 점에 주의해 주세요. 최대 히프의 루트 노드는 히프 내 가장 큰 값이 루트 노드에 저장되기 때문에 최대 히프에서 자료를 제거하면 가장 큰 자료가 반환됩니다. 물론, 루트 노드가 제거되면 그다음 큰 값을 가지는 노드가 새로운 루트 노드가 됩니다. 반면, 최소 히프의 루트 노드는 가장 값이 작은 자료가 저장되기 때문에 최소 히프에서는 언제나 최솟값이 반환됩니다. 아울러 이러한 히프는 배열을 이용하여 구현하는 것이 보통이지만, 경우에 따라서는 연결 리스트를 이용하여 구현할 수도 있습니다. 이 책에서는 설명의 편의를 위해 배열을 이용한 최대 히프를 구현하겠습니다.

3. 최대 히프에서의 추가 연산

최대 히프를 배열을 이용하여 구현하기에 앞서 히프의 핵심 연산 2가지에 대해서 먼저 살펴보겠습니다. 우리는 그중에서도 최대 히프에 새로운 노드가 추가되는 추가 연산을 먼저 배워 보겠는데요, 이러한 추가 연산은 다음과 같이 크게 두 단계로 이루어집니다.

3.1 Step-1) 트리의 마지막 자리에 임시 저장

히프에 새로운 노드가 추가되면, 새로운 노드는 먼저 트리의 가장 마지막 자리에 임시로 저장합니다. 그런데 히프는 완전 이진 트리이기 때문에 가장 큰 레벨의 가장 오른쪽 위치에 노드를 추가해야 합니다. **그림 10-9**와 같은 최대 히프에 새로운 노드 30을 추가하는 예를 보여 줍니다.

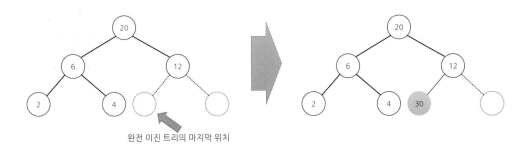

그림 10-9 최대 히프에서의 추가 과정 (1/3)

그림 10-9의 최대 히프는 레벨 3의 완전 이진 트리입니다. 그런데 레벨 3에 아직 빈자리가 남아 있기 때문에 새로운 노드는 레벨 3에 추가할 수 있습니다. 현재 레벨 3의 왼쪽에서 3번째 노드가 비었기 때문에 레벨 3의 3번째 위치에 새로운 노드를 임시로 저장합니다. 왜냐하면, 히프는 **완전 이진 트리**이기 때문입니다.

3.2 Step-2) 부모 노드와 키 값 비교와 이동

Step-1까지만 실행되었다면 아직 히프의 모든 조건을 만족하지는 않습니다. 왜냐하면, 앞의 단계는 단지 완전 이진 트리의 조건만을 만족하는 단계이기 때문입니다. 히프는 한 가지 조건을 더 만족해야 합니다. 바로 **최대 트리** 조건이 그것인데요, 이번 Step-2에서 최대 트리 조건을 만족하도록 해보겠습니다.

우리는 앞서 최대 트리 조건이 **(부모 노드의 키 값) ≥ (자식 노드의 키 값)**라는 것을 배웠습니다. 따라서, 새로 추가된 노드와 이 노드의 부모 노드 사이의 값을 비교해야 합니다. 만약 새로 추가된 노드의 키 값이 더 크다면 새로 추가된 노드와 부모 노드와 위치를 교환해 줍니다. 앞의 예제 이진 트리를 대상으로 이러한 과정을 살펴보면 다음과 같습니다.

〈여기서 잠깐〉 마지막 위치가 없다면?

만약 다음 그림과 같이 가장 큰 레벨의 마지막 위치에 새로운 자료를 추가할 수 없는 경우에는 어떻게 해야 할까요? 다음 그림은 빈 곳이 없이 모든 노드가 꽉 찬 **포화 이진 트리**의 상태를 보여 줍니다. 이러한 경우라면 새로운 자료를 어디에 추가해야 할까요?

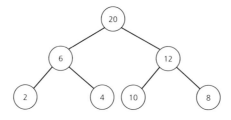

그림 10-10 포화 이진 트리의 예

이럴 경우에는 새로운 레벨을 만들어 주면 됩니다. 레벨 3의 모든 노드가 가득 찼기 때문에 레벨 3에서 추가될 곳이 없는 경우입니다. 이럴 때는 레벨을 한 단계 추가하면 되겠지요? 그러면 새로운 레벨에서 새로운 자료를 추가할 수 있습니다. 다음 그림은 새로운 레벨 4의 제일 왼쪽에 새로운 노드를 추가되는 것을 보여줍니다.

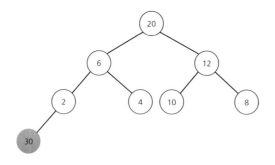

그림 10-11 포화 이진 트리에서의 새로운 노드 추가

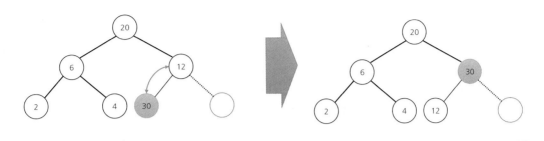

그림 10-12 최대 히프에서의 추가 과정 (2/3)

그림 10-12에서는 새로 추가된 노드의 값이 30인 반면 이 노드의 부모 노드는 값이 12입니다. 따라서, 자식 노드의 키 값이 부모 노드의 키 값보다 크기 때문에 부모 노드와 위치를 교환해 줍니다. 어떻습니까? 이제 최대 트리의 조건을 만족하나요? 그런데 이렇게 부모 노드와 위치를 바꾸어 주어도, 여전히 최대 트리의 조건을 만족하지 못한다는 것을 알 수 있습니다. 왜냐하면, 이제 새로운 부모 노드인 루트 노드의 값이 20인데, 이 값보다 새로 추가된 노드의 값 30이 더 크기 때문입니다.

따라서, 이렇게 한 번 위치를 변경한 이후에도 여전히 부모 노드의 값보다 추가된 노드의 값이 더 클 때에는 다음 그림과 같이 한 번 더 노드의 위치를 교환해 줍니다. 즉, 새로 추가된 노드의 값보다 더 큰 값을 가지는 부모 노드를 만날 때까지 계속 부모 노드와 위치를 교환합니다.

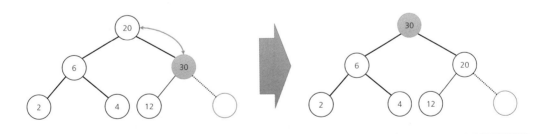

그림 10-13 최대 히프에서의 추가 과정 (3/3)

그림 10-13은 이러한 위치 교환 연산을 통하여 새로 추가된 노드 30이 루트 노드까지 이동된 것을 보여줍니다. 그 결과 부모 노드의 키 값이 자식 노드의 키 값보다 크다는 최대 트리의 속성을 만족하게 되었습니다. 완전 이진 트리에다가 최대 트리 조건을 모두 만족하게 했기 때문에 최대 히프에서의 삽입 연산이 완료되었습니다.

지금까지의 과정을 정리하면 히프에 새로운 노드를 추가하는 연산은 1) 트리의 마지막 자리에 임시로 저장하여 완전 이진 트리 조건을 만족하게 하고 2) 부모 노드와 키 값 비교와 위치 이동을 통하여 최대 트리의 조건을 만족하는 과정으로 요약될 수 있습니다. 다음으로, 히프에서 루트 노드를 삭제하여 가장 큰 값을 반환하는 연산에 대해서 살펴보겠습니다.

4. 히프에서의 제거 연산

히프의 핵심 연산인 제거 연산에 대해 살펴보겠습니다. 최대 히프에서 제거 연산은 다른 말로 최댓값의 반환 연산이라고 합니다. 제거 연산이 왜 최댓값의 반환 연산이 될까요? 그 이유는 다른 자료구조와 달리 히프에서는 오직 현재 루트 노드만 제거하기 때문입니다.

최대 히프에서는 루트 노드의 값이 이진 트리에서 가장 큰 값입니다. 따라서, 최대 히프에서 제거 연산을 실행하면 히프 내에서 가장 큰 값을 가지는 루트 노드가 제거되어 반환됩니다. 최댓값의 반환 연산이 되는 이유가 바로 여기에 있습니다. 물론 최소 히프에서의 제거 연산은 이진 트리에서 가장 작은 값을 반환하겠지요.

그런데 원래 있던 루트 노드가 제거되더라도 히프는 여전히 히프여야 합니다. 즉, 제거된 루트 노드를 대체하여 새로운 루트 노드를 만드는 등의 후처리 과정(post processing)이 필요합니다. 그러면 어떻게 해야 루트 노드가 제거된 이후에도 히프일 수 있을까요? 앞서 우리는 히프의 두 가지 특성으로 1) 완전 이진 트리, 2) 부모 노드의 값이 자식 노드의 값보다 크거나 같다는 것을 배웠습니다. 따라서, 루트 노드가 제거된 이후에도 이러한 특성을 만족하기 위한 처리가 필요합니다. 자 그럼 이제 본격적으로 히프에서의 제거 연산을 살펴보겠습니다.

4.1 Step-1) 루트 노드의 제거

히프에서 제거 연산은 언제나 루트 노드가 대상입니다. 참고로, 최대 히프인 경우에는 루트 노드의 값이 히프 내에서 최댓값이며, 최소 히프의 루트 노드 값은 최솟값입니다. 이러한 루트 노드를 단순히 제거하는 것이 바로 첫 번째 단계에 해당합니다. 다음 그림을 한 번 봐주세요.

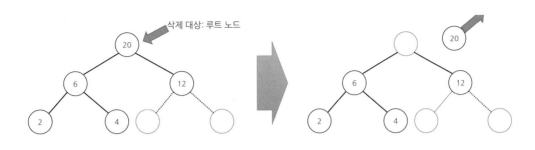

그림 **10-14** 최대 히프에서의 제거 과정 (1/3)

그림 10-14는 최대 히프의 루트 노드인 노드 20을 제거하였다는 것을 보여 줍니다. 이때 제거된 노드는 최댓값을 추출하는 목적으로 사용됩니다. 오른쪽 그림에서 제거 결과 히프의 루트노드가 없어졌다는 것을 확인할 수 있습니다.

4.2 Step-2) 트리 마지막 자리 노드의 임시 이동

두 번째 단계는 완전 이진 트리를 만드는 단계가 됩니다. 사실 지금은 루트 노드가 비었기 때문에 일단은 루트 노드의 빈자리를 채워야 합니다. 그러면 어떤 노드를 루트 노드로 이동시켜야 할까요? 히프는 이진 트리여야 하기 때문에 이 경우 앞서 히프 삽입 연산과 마찬가지로 트리의 가장 마지막 자리에 있는 노드를 임시로 루트 노드 위치로 이동시킵니다. 즉, 히프는 완전 이진 트리이기 때문에 가장 높은 레벨의 가장 오른쪽 노드를 제거하여 루트 노드의 위치로이동시킵니다. 다음 그림은 이러한 완전 이진 트리를 만드는 과정을 보여줍니다.

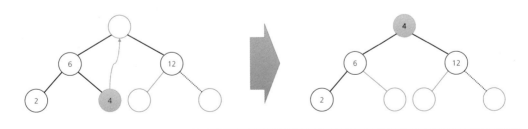

그림 **10-15** 최대 히프에서의 제거 과정 (2/3)

그림 10-15의 왼쪽 그림에서 알 수 있듯이 레벨 3의 가장 오른쪽에 있는 노드 4를 선택하였습니다. 그리고 이렇게 선택된 노드를 루트 노드 자리로 이동시켰습니다. 오른쪽 그림에서 이렇

게 이동시킨 결과 완전 이진 트리가 되었다는 것을 확인할 수 있습니다. 그럼, 이제 최대 히프가 되었나요? 만족시키지 못한 조건이 하나 남았기 때문에 아직은 히프가 아닙니다. 그러면 어떤 조건이 아직 하나 남았나요?.

4.3 Step-3) 자식 노드들과의 값 비교와 이동

그림 10-15를 보면 아직 최대 트리는 아니라는 것을 알 수 있습니다. 새로운 루트 노드의 값 4가 왼쪽 자식 노드 6과 오른쪽 자식 노드 12보다 모두 작습니다. 따라서, 최대 트리의 조건을 만족하기 위해서 현재 루트 노드와 자식 노드의 위치를 서로 교환해야 합니다. 그래서 부모 노드의 값이 자식 노드의 값보다 크도록 만들어 줍니다. 이때 두 개의 자식 노드 중에서 키 값이 더 큰 노드와 부모 노드를 교환해 줍니다. 예를 들어, 이 경우 값이 더 큰 오른쪽 노드 12와 루트 노드를 위치 교환합니다.

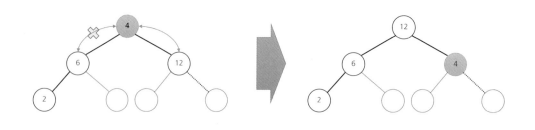

그림 **10-16** 최대 히프에서의 제거 과정 (3/3)

그림 10-16의 부모 노드보다 값이 큰 자식 노드 중에서 더 큰 값을 가지는 노드 12를 선택했다는 것을 보여 줍니다. 그리고 오른쪽 그림은 이렇게 선택된 노드 12와 루트 노드 4의 위치가 교환되어 최대 트리가 된 것을 보여줍니다. 즉, 기존 루트 노드가 제거된 뒤에 새로운 루트 노드가 선택되었을 뿐 아니라, 히프 구조가 그대로 유지되었습니다. 여기서 히프 구조가 그대로 유지되었다는 것은 완전 이진 트리이면서 동시에 각 노드의 키 값이 자식 노드의 키 값보다 큰 최대 트리라는 뜻입니다.

이 예제는 한 번의 노드 교환만으로 최대 트리가 되었습니다. 다만, 경우에 따라서 히프의 노드 개수가 많은 경우 여러 번의 노드 교환이 필요할 수 있습니다. 부모 노드보다 값이 큰 자식 노드가 있으면, 부모 노드와 자식 노드를 교환해 주어야 합니다.

참고로, 히프에 저장되는 자료의 개수를 n이라고 했을 때 히프에 새로운 자료를 추가하는 함수의 시간 복잡도는 $O(\log n)$입니다. $\log n$ 히프에서 최대 자료를 제거(반환)하는 함수 및 최소 히프에서 최소 자료를 제거하는 함수의 시간 복잡도도 $O(\log n)$입니다. 이러한 시간 복잡도를 가지는 이유는 히프는 추가되는 자료를 완전 이진 트리 형태로 저장하기 때문입니다. 즉, 완전 이진 트리 형태로 자료를 저장하기 때문에 자료의 개수가 n 개인 경우에 트리의 높이가 $\log n$ 이 됩니다. 따라서, 히프에 새로운 자료를 추가하거나 혹은 삭제할 경우 $O(\log n)$ 번의 접근을 통해 자료의 추가 혹은 제거가 가능하기 때문에 다른 자료구조에 비해 비교적 빠른 성능을 가집니다. 이제 다음으로 지금까지 살펴보았던 히프 관련 연산들을 실제 소스로 구현해 보겠습니다.

5. 히프의 구현

우리는 이제 배열을 이용하여 최대 히프를 구현해 보겠습니다. 사실 히프는 이진 트리의 한 종류이기 때문에 앞 장에서 살펴본 것처럼 포인터로 구현할 수도 있습니다. 그런데 배열을 이용하여 구현하면 히프의 삽입 혹은 삭제 연산을 더 빠르게 할 수 있습니다. 왜냐하면, 주솟값을 직접 계산할 수 있어 한 번에 원하는 노드로 접근할 수 있기 때문입니다. 더군다나 히프는 완전 이진 트리이기 때문에 중간에 낭비되는 빈 노드가 적습니다. 즉, 배열로 히프를 구현해도 공간적인 측면에서 낭비 문제가 적습니다.

이미 우리는 9장의 '3.1 배열로 구현한 이진 트리'에서 배열로 이진 트리를 구현하는 방법을 살펴보았습니다. 따라서, 여기서는 이러한 배열 이진 트리를 기반으로 최대 히프를 실제 구현해 보겠습니다. 그런데 이번 장에서 히프의 삽입과 삭제 연산을 구현하기 위해 한 가지 지식을 더 배워야만 합니다. 배열을 이용하면 히프에서 부모 노드와 자식 노드를 바로 찾을 수 있습니다. 예를 들어, 루트 노드의 배열에서 위치 인덱스 값은 1입니다. 그렇다면, 루트 노드의 오른쪽 자식 노드는 위치 인덱스 값이 얼마가 될까요? 배열을 이용했다면, 공식에 따라 바로 계산이 가능합니다. 이러한 계산 공식을 이용하면, 히프의 삽입 및 삭제 연산에서 부모 노드와 자식 노드를 서로 교환하는 것을 쉽게 구현할 수 있습니다.

다음은 이번 절에서 사용할 예제 히프에 대한 그림입니다. 최대 히프이기 때문에 루트 노드의 값이 최댓값 90입니다. 레벨이 4이며 노드의 개수가 13개입니다. 참고로 최대 히프이기 때문에 완전 이진 트리이면서, 동시에 각 노드의 키 값이 하위 노드의 키 값보다 큰 최대 트리입니다.

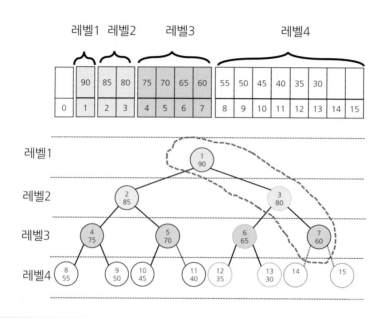

그림 10-17 배열로 구현한 최대 히프의 예

그림 10-17에서 각각의 노드는 정수 값이 자료로 저장되어 있으며 배열 인덱스가 지정되어 있습니다. 예를 들어, 다음 그림의 노드는 배열에서의 위치 인덱스는 3이며, 저장하는 값은 80입니다.

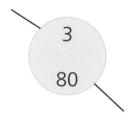

그림 10-18 노드의 예

여기서 중요한 사실이 하나 숨겨져 있습니다. 완전 이진 트리이기 때문에 노드별로 부여된 배열 인덱스 값에 다음과 같은 규칙(식)이 적용된다는 점입니다. 즉, 특정 노드의 위치 인덱스 값을 안다면, 그 노드의 부모 노드와 자식 노드의 위치 값 또한 계산할 수 있습니다. 단, 여기서는 계산의 편의성을 위해 배열의 첫 번째 원소(인덱스 0)는 사용하지 않는다고 가정합니다.

1) 노드 i의 부모 노드 인덱스 $\qquad= \lfloor i/2 \rfloor$, 단, $i > 1$

2) 노드 i의 왼쪽 자식 노드 인덱스 $\qquad= 2 \times i$

3) 노드 i의 오른쪽 자식 노드 인덱스 $\qquad= (2 \times i) + 1$

이 식에서 기호 i는 위치 인덱스 값을 의미합니다. 예를 들어, i 값은 앞의 그림에서는 1부터 15까지 있을 수 있습니다. 또한, 기호 $\lfloor \ \rfloor$의 뜻은 소수점을 버린다는 뜻입니다. 예를 들어, $\lfloor 3.5 \rfloor$ = 3입니다. 왜냐하면, 소수점 이하를 버리기 때문입니다.

그러면 이러한 규칙을 실제 앞의 예에 적용해서 살펴보겠습니다. 만약, 위치 인덱스 값이 $i = 7$인 노드에 대해서 규칙을 적용해 보면, 부모 노드 인덱스는 $\lfloor 7/2 \rfloor = \lfloor 3.5 \rfloor \rightarrow 3$이므로 부모 노드의 인덱스 값은 3이 됩니다. 실제 다음 그림에서 보면 위치 인덱스 7인 노드(자료 60을 저장하는 노드)의 부모 노드의 위치 인덱스는 3이라는 것을 알 수 있습니다. 위치 인덱스 3의 노드에 저장된 값은 60입니다.

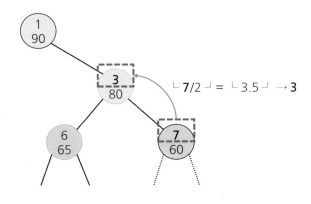

그림 10-19 배열로 구현한 최대 히프에서의 노드 위치 계산 예 (1)

물론, 위치 인덱스 값이 6인 노드의 부모 노드도 3입니다. 왜냐하면, 식에 따라 $\lfloor 6/2 \rfloor = 3$ 이기 때문입니다. 이 경우는 나눈 값 자체가 원래 소수점 이하가 없으므로 그냥 나누기 2를 한 값이 됩니다. 그러니까, 이 식의 핵심은 현재 위치 인덱스 값을 나누기 2하고 소수점을 버리면 부모 노드의 위치 인덱스가 된다는 것입니다.

이제 반대로 i = 3인 노드, 그러니까 위치 인덱스가 3인 노드의 관점에서 자식 노드의 위치 인덱스 값을 계산해 보겠습니다. 식에 따르면 왼쪽 자식 노드 인덱스는 3 × 2 = 6이며, 오른쪽 자식 노드는 7 (= 2 × 3 + 1)입니다. 실제로 다음 그림에서 위치 인덱스가 6과 7인 노드는 위치 인덱스 3인 노드의 자식 노드임을 알 수 있습니다.

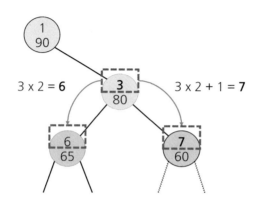

그림 10-20 배열로 구현한 최대 히프에서의 노드 위치 계산 예 (2)

지금까지 우리는 히프가 가지는 완전 이진 트리의 특성을 활용하여 배열에서의 인덱스 계산을 손쉽게 하였습니다. 이제 이러한 개념을 바탕으로 배열로 구현된 최대 히프를 구현해 보겠습니다.

5.1 최대 히프의 구조

먼저 배열로 구현한 히프의 노드(node) 소스는 다음과 같습니다. 여기서는 히프의 노드에 대한 구조체로 HeapNode를 정의하였습니다(줄 5-8). 다만, 정수 데이터 1개만 저장하는 것을 가정하였기 때문에 내부적으로는 멤버 변수 int data만 정의되어 있습니다(줄 7).

예제	10_01.c (1/6)

```
001   #include <stdio.h>
002   #include <stdlib.h>
003   #include <string.h>
004
005   typedef struct HeapNodeType
```

```
006    {
007        int data;
008    } HeapNode;
009
010    typedef struct ArrayHeapType
011    {
012        int maxCount;            // 최대 자료 개수
013        int currentCount;        // 현재 자료 개수
014        HeapNode *pData;         // 노드 저장을 위한 1차원 array
015    } ArrayMaxHeap, ArrayMinHeap;
```

배열 최대 히프 자체는 소스에서 구조체 ArrayMaxHeap로 정의되어 있습니다. 이러한 구조체의 개념을 그림으로 나타내면 다음과 같습니다.

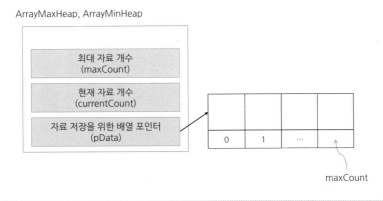

그림 10-21 배열로 구현한 최대 히프의 구조

그림 10-21에서 실제 자료를 저장하는 멤버 변수는 실제 할당된 배열 메모리를 가리키는 pData입니다. 다만, pData 혼자만 있다면 pData가 가리키는 배열의 크기가 얼마인지, 즉 원소의 개수가 몇 개인지 알 방법이 없습니다. 따라서, 배열의 크기를 저장하여 배열 리스트에 최대한 자료를 몇 개까지 저장할 수 있는지 알려주는 멤버 변수 maxCount가 필요합니다.

또한, 배열 리스트에 새로운 자료를 추가하고자 한다면 새로운 자료를 추가할 만큼 배열의 여유가 있는지 현재 몇 개의 자료가 저장되어 있는지 알고 있어야 합니다. 따라서, 현재 배열에 저장된 원소의 개수를 저장하기 위해 멤버 변수 currentCount를 선언해 줍니다.

다만, 배열의 마지막 원소의 위치 인덱스가 maxCount - 1이 아니라 maxCount라는 점에 주의

해 주세요. 이 부분은 바로 다음 절인 히프의 생성 연산에서 살펴보겠습니다.

마지막으로, 소스 줄 15에서 배열로 구현한 최소 히프의 구조체 ArrayMinHeap를 봐주세요. 구조체 정의 자체는 최대 히프 구조체 ArrayMaxHeap와 같기 때문에 이렇게 정의하였습니다. 다만, 자료의 삽입과 제거 알고리즘에만 차이가 있습니다. 최대 히프는 최댓값을 루트 노드에 저장하고 이를 반환하는 반면, 최소 히프는 최솟값을 루트 노드에 저장하였다가 이를 반환합니다.

5.2 히프의 생성

앞서 우리는 히프의 구조와 이에 대한 소스를 직접 구현해 보았습니다. 이제 이러한 구조체 정보를 이용하여 히프를 생성하는 연산을 살펴보겠습니다.

예제 10_01.c (2/6)

```
017   ArrayMaxHeap* createArrayMaxHeap(int maxCount)
018   {
019       ArrayMaxHeap *pReturn = NULL;
020       if (maxCount > 0) {
021           pReturn = (ArrayMaxHeap *)malloc(sizeof(ArrayMaxHeap));
022           pReturn->maxCount = maxCount;
023           pReturn->currentCount = 0;
024           pReturn->pData = (HeapNode *)malloc(sizeof(HeapNode) * (maxCount + 1));
025           memset(pReturn->pData, 0, sizeof(HeapNode) * (maxCount+1));
026       }
027       else {
028           printf("최대 원소 개수는 0보다 커야 합니다\n");
029       }
030
031       return pReturn;
032   }
```

21: 히프 구조체 자체의 메모리 할당

22~23: 구조체 변수 초기화

24~25: 자료 저장을 위한 배열의 메모리 할당과 초기화

소스 줄 24에서 배열을 생성할 때 최대 저장 개수 maxCount보다 1개 더 많이 배열을 할당한다는 점에 주의해 주세요. 이 부분은 앞의 배열로 구현한 히프의 구조 그림(**그림 10-21**)에서도 잠시 언급된 내용이었습니다. C 언어에서는 위치 인덱스가 0부터 시작되기 때문에 배열로 구

현한 다른 자료구조(예를 들어 2장의 배열 리스트)에서는 maxCount‐1 이 마지막 인덱스 값이 됩니다.

반면, 배열로 구현한 히프에서는 최대 저장 개수보다 하나 더 많이 생성합니다. 왜냐하면, 히프에서는 위치 인덱스 0번째는 사용하지 않기 때문입니다. 즉, 0번째 노드 1개가 사용되지 않기 때문에 1개의 노드를 더 사용하도록 메모리를 할당한 것입니다.

아울러, 이 소스는 간결하게 하기 위해 메모리 할당 후 이를 확인하는 부분이 빠져 있습니다. 이 부분은 뒤의 연습 문제에서 다루도록 하겠습니다.

5.3 최대 히프에서의 추가 연산

다음으로, 배열로 구현한 최대 히프에 새로운 자료를 추가하는 추가 연산에 대해 살펴보겠습니다. 일단 다음 소스를 보면 모두 3 부분으로 나누어져 있습니다. 앞서 살펴본 최대 히프의 추가 연산이 2단계였다면 소스에서는 여기에 정합성을 점검하는 부분이 추가되었습니다.

소스 줄 39‐43이 이 부분으로, 히프의 크기를 초과하여 새로운 자료를 추가하려는 경우인지 점검합니다. 만약, 초과하였다면 즉시 실패 값 0을 반환합니다. 물론, 자료 추가에 성공한 경우에는 마지막 줄 54에서 성공 값 1을 반환합니다.

예제 10_01.c (3/6)

```
034    int insertMaxHeapAH(ArrayMaxHeap* pHeap, int value)
035    {
036        int i = 0;
037
038        if (pHeap != NULL) {
039            if (pHeap->currentCount ==  pHeap->maxCount) {
040                printf("오류, 히프가 가득 찼습니다[%d],insertMaxHeapAH( )\n",
041                        pHeap->maxCount);
042                return 0;
043            }
045            pHeap->currentCount++;
046            i = pHeap->currentCount;
047            while((i != 1) && (value > pHeap->pData[i/2
048                pHeap->pData[i] = pHeap->pData[i/2];
```

> **39~43**: 히프의 크기를 초과하여 저장하는지 점검하여 초과 시 실패 값 0을 반환

> **45~46**: Step‐1) 현재 노드 개수를 1 증가시킨다. 변수 i는 히프 마지막 노드의 위치 인덱스

```
049                    i /= 2;
050              }
051              pHeap->pData[i].data = value;
052         }
053
054      return i;
055  }
```

> **47~50:** Step-2) 부모 노드와 키 값 비교와 위치 교환

> **51:** 최종적으로 구한 위치에 새로운 값 삽입

이제 소스의 핵심 부분을 좀 더 살펴보겠습니다. 먼저 줄 45~46 부분은 앞서 살펴본 삽입 연산의 Step-1에 해당합니다. 따라서, 변수 i에 히프의 마지막 노드에 대한 위치 인덱스 값을 저장합니다. 앞의 알고리즘 설명과 달라진 점은 여기서는 단지 위치 인덱스 값만 설정하는 것이지 실제 새로 추가된 값을 바로 배열에 대입하지는 않습니다. 실제 값을 배열에 대입하는 것은 최종 위치가 결정된 줄 51에서 해 줍니다.

다음으로, Step-2에 해당하는 줄 47~50 부분을 주의 깊게 살펴봐 주세요. 먼저, 변수 i는 줄 46에서 배열의 마지막 위치를 가리키게 되어 있는 상태입니다. 그런데 while 문으로 반복해서 줄 48~49 부분을 수행하게 됩니다. 그러면, 언제까지 반복하나요? 여기 줄 47에서는 2가지 조건을 모두 만족해야 합니다. 먼저는 루트 노드를 만나기 전까지 (i != 1)이고 다음으로는 새로 추가되는 값이 부모 노드보다 값이 커야 합니다.

그러면 이러한 반복 while 문이 하는 일은 무엇인가요? 줄 48~49에서 하는 일은 부모 노드의 값을 현재 위치 노드로 옮기고 현재 위치를 부모 노드로 이동하는 것입니다. 즉, 새로 추가되는 값이 부모 노드의 값보다 크다면 부모 노드를 현재 위치로 옮기는 것입니다. 그리고 현재 위치를 부모 노드의 위치로 이동하는 것입니다. 이상의 반복문 내용을 표로 정리해 보면 다음과 같습니다.

표 10-3 최대 배열 히프의 삽입 연산 안의 반복문 구조

초깃값	i는 히프의 마지막 노드를 가리키는 위치 인덱스 (i = pHeap->currentCount)
반복 조건	1) 현재 위치가 루트 노드가 아니다. (i != 1)
	2) 새로 추가된 값이 부모 노드의 값보다 크다. (value > pHeap->pData[i/2].data)

명령어 블록	1) 부모 노드의 값을 현재 위치로 이동 (pHeap->pData[i] = pHeap->pData[i/2])
	2) 부모 노드 위치로 이동 (i /= 2)

참고로, 여기서 i / 2가 의미하는 것은 앞의 알고리즘 설명에서 설명한 $\lfloor i/2 \rfloor$에 해당합니다. 왜냐하면, 변수 i가 정수 int 형이고 숫자 2도 정수 int 형인데, C 언어에서는 (정수/정수) 연산의 경우 무조건 소수점을 버리기 때문입니다.

이렇게 while 문 내용을 수행하고 난 뒤, 줄 51에서는 최종적으로 구해진 위치 i에 새로운 값을 대입합니다. 이 명령이 수행된 시점은 while 문 명령어 블록이 실행된 다음이라 새로 추가된 값보다 작은 값을 가진 노드들은 각각 한 단계씩 자신의 자식 노드 위치로 이동된 이후이기 때문입니다.

〈여기서 잠깐〉 배열 최대 히프에서의 추가 연산의 예

배열로 구현한 최대 히프에서의 추가 함수가 조금 이해하기 어렵나요? 여러분의 이해를 돕기 위해, 한 가지 예를 가지고 앞서 살펴본 소스를 설명하겠습니다. 앞서 본 **그림 10-17**과 같은 배열 최대 히프에서 새로운 키 값 99를 가지는 노드를 추가한다고 가정해 보겠습니다.

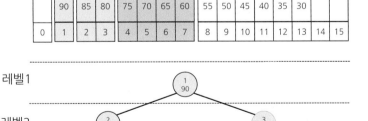

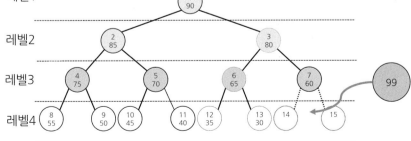

그림 10-22 배열 최대 히프에서의 예: 삽입 연산 전

그러면, 현재 노드 개수가 13개이므로 currentCount의 값과 변수 i의 초깃값이 14가 되어 **그림 10-23**, **그림 10-24**와 같은 단계를 거치게 됩니다.

1 번째 while 루프	2 번째 while 루프
반복 조건 검사 (만족) – 현재 위치: i = 14 부모 노드 위치: 7 (=14/2) – 새로 추가된 값 99 〉 부모 노드 값(60) 명령어 블록 수행 – 부모 노드 값 60을 위치 14에 대입 – 부모 노드로 이동: i = i / 2 → 7	반복 조건 검사 (만족) – 현재 위치: i = 7 부모 노드 위치: 3 (=7/2=3.5→3) – 새로 추가된 값 99 〉 부모 노드 값(80) 명령어 블록 수행 – 부모 노드 값 90을 위치 7에 대입 – 부모 노드로 이동: i = i / 2 = 3.5 → 3

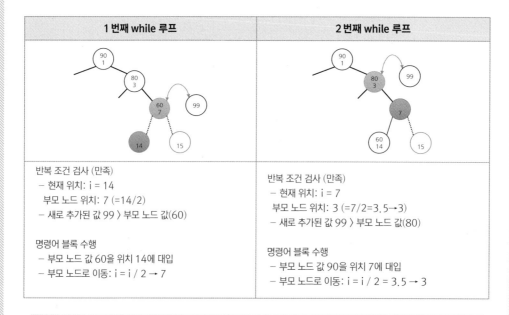

그림 10-23 배열 최대 히프에서의 삽입 연산의 예: 1번째 및 2번째 루프

3 번째 while 루프	4 번째 while 루프
반복 조건 검사 (만족) – 현재 위치: i = 3 부모 노드 위치: 1 (=3/2 = 1.5 → 1) – 새로 추가된 값 99 〉 부모 노드 값(90) 명령어 블록 수행 – 부모 노드 값 90을 위치 3에 대입 – 부모 노드로 이동: i = i / 2 → 1	반복 조 검사 (불만족) – 현재 위치: i = 1 → 루트 노드이므로 루프를 빠져나온다.

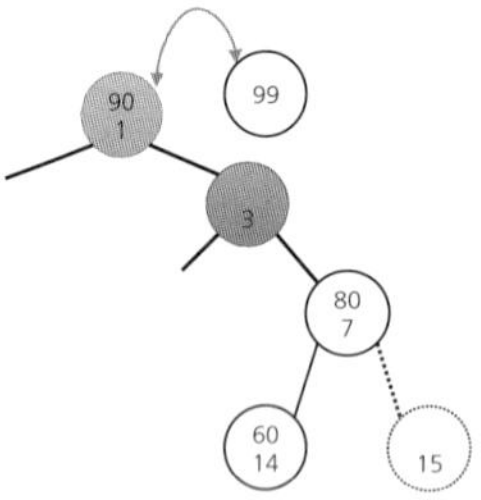

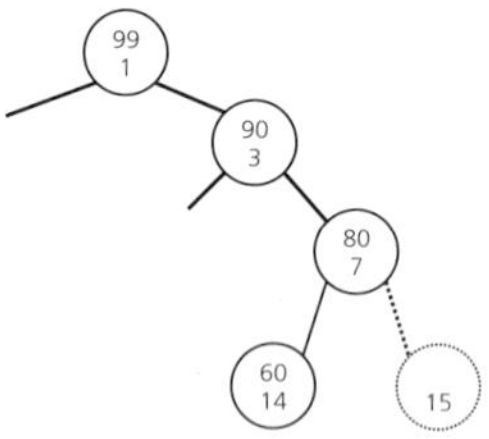

그림 10-24 배열 최대 히프에서의 삽입 연산의 예: 3번째 및 4번째 루프

결국, 위의 4번째 루프를 빠져나오면, 현재 인덱스 (i = 1)에 새로 추가된 값 99를 설정하게 됩니다. 이러한 삽입 연산의 결과 최종적으로 만들어지는 배열 최대 히프를 그림으로 나타내면 다음과 같습니다.

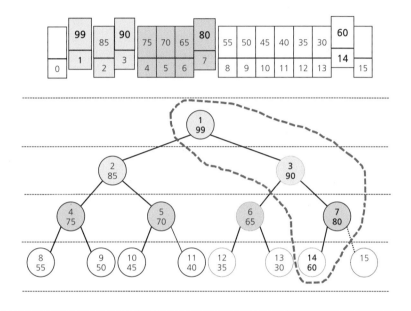

그림 10-25 배열 최대 히프에서의 예: 삽입 연산 후

5.4 최대 히프에서의 제거 연산

이제 다음으로 배열 최대 히프에 루트 노드를 제거하는 연산을 살펴보겠습니다. 다음 소스를 보면 앞서 살펴본 최대 히프의 3단계 제거 연산과 다소 다르게 구현되었다고 생각할 수 있습니다. 왜냐하면, 처음에 뭔가 다른 소스들이 보이기 때문입니다. 하지만, 이 부분은 현재 히프가 빈 히프가 아닌지 점검하는 부분(줄 63)과 반환되는 노드에 대한 메모리를 할당하는 부분(줄 64), 반환 메모리를 점검하는 부분들 입니다(줄 65~68).

즉, 일종의 전처리(pre-processing)에 해당하는 부분으로, 개념적 알고리즘을 실제 소스로 구현하다 보면 이런 전처리 단계가 필요합니다. 하지만, 핵심 개념은 같습니다. 왜냐하면, 그다음부터(줄 69)가 앞의 Step-1에서 Step-3까지에 해당하는 부분이기 때문입니다.

```
057    HeapNode* removeMaxHeapAH(ArrayMaxHeap* pHeap)
058    {
059        HeapNode* pReturn = NULL;
060        HeapNode* pTemp = NULL;
061        int parent =1, child = 2; // 루트 노드(1)와 루트 노드의 왼쪽 자식 노드(2) 인덱스
062
063        if (pHeap != NULL && pHeap->currentCount >  0) {
064            pReturn = (HeapNode*)malloc(sizeof(HeapNode));
065            if (pReturn == NULL) {
066                printf("오류, 메모리 할당, deleteMaxHeapAH( )\n");
067                return NULL;
068            }
069            pReturn->data = pHeap->pData[ 1 ].data;

071            pTemp = &(pHeap->pData[ pHeap->currentCount ]);
072            pHeap->currentCount--;
073
074            while(child <= pHeap->currentCount) {
075                if ((child < pHeap->currentCount)
076                    && pHeap->pData[ child ].data < pHeap->pData[ child+1 ].data) {
077                    child++;
078                }

079                if (pTemp->data >= pHeap->pData[ child ].data) {
080                    break;
081                }

083                pHeap->pData[ parent ] = pHeap->pData[ child ];
084                parent = child;
085                child *= 2;
086            }// end-of-while
087            pHeap->pData[ parent ] = *pTemp;
088        }
089
090        return pReturn;
091    }
```

63: 현재 반환 가능한 노드가 있는지 점검

64~67: 반환되는 노드에 대한 메모리 할당 및 점검

69: Step-1) 반환되는 노드의 값(자료)으로 기존 루트 노드의 자료(data)를 대입

71~72: Step-2) pTemp → 히프의 제일 마지막 노드를 가리킴, 히프에 저장된 자료의 개수를 1 감소시킴

75~78: 왼쪽 자식 노드보다 오른쪽 자식 노드의 키 값이 더 크다면 오른쪽 자식 노드가 비교 대상이 되도록 위치 인덱스 child를 수정한다.

79~81: 앞서 설정한 히프의 제일 마지막 노드와 현재 노드의 키 값을 비교. 만약, 마지막 노드의 값이 현재 노드보다 더 크거나 같다면, 루프를 빠져나온다. 바로 이 위치에서 삽입하면 된다.

83~85: 만약 그렇지 않다면 현재의 노드를 부모 노드의 위치로 한 칸 이동시키고, 다시 아래 레벨로 이동

74~86: Step-3 계속) 반복 조건: 히프의 제일 마지막 위치에 있는 노드를 만날 때까지 루프

87: while 루프를 빠져나온 다음, 현재 위치 parent에 앞서 설정한 히프의 제일 마지막 노드의 값을 대입

먼저, 줄 69는 루트 노드를 제거하는 Step-1에 해당하는 부분으로, 다음 그림처럼 여기서는 반환되는 노드 pReturn의 값(자료)으로 기존 루트 노드의 자료(data)를 대입합니다. 루트 노드는 위치 인덱스 값이 1이기 때문에 pHeap->pData[1]이 루트 노드가 됩니다.

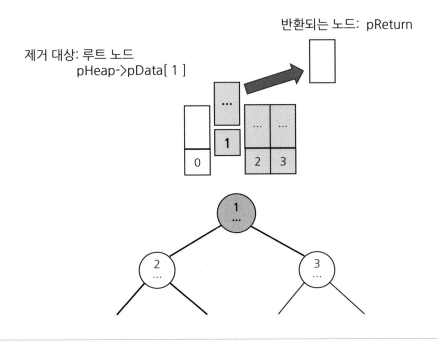

그림 10-26 배열 최대 히프에서 제거 연산의 과정: Step-1

다만, 앞서 알고리즘 설명과 달리 일부러 값을 제거(초기화)하지는 않습니다. 왜냐하면, 다음의 Step-2~Step-3을 거치면서 자연스럽게 기존 루트 노드의 값이 새로운 루트 노드의 값으로 변경(overwrite)될 것이기 때문입니다.

다음으로, 줄 71~72는 Step-2에 해당하는 부분입니다. 따라서, 포인터 변수 pTemp가 히프의 제일 마지막 노드를 가리키도록 설정합니다.

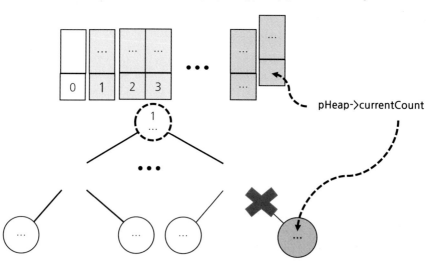

그림 10-27 배열 최대 히프에서 제거 연산의 과정: Step-2

그리고 나서 히프에 저장된 개수 pHeap->currentCount를 1 감소시킵니다(줄 72). 왜냐하면, 앞서 Step-1에서 루트 노드가 제거되었기 때문이며 동시에 마지막 노드 또한 제거되어야 하기 때문입니다. 특히, 변수 pTemp를 마지막 노드로 지정한 다음에야 변수 currentCount를 감소시킨 이유는 일단 감소하기 전의 변수 currentCount 값으로 마지막 노드를 가리키기 위해서입니다. 이후 변수 currentCount 값이 감소하였기 때문에 히프 관점에서 보자면 마지막 노드는 제거된 것이 됩니다. 이렇게 제거된 마지막 노드는 다음 Step-3 단계에서 루트 노드 위치부터 차례로 자식 노드들과 값을 비교합니다.

이제 줄 74~86까지가 마지막 Step-3에 해당합니다. 앞서 Step-2에서 제거된 마지막 노드를 가지고 다음 그림과 같은 반복문을 수행합니다.

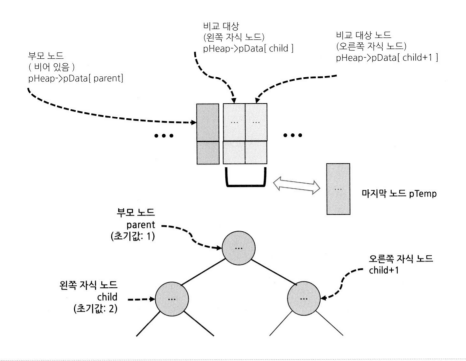

그림 10-28 배열 최대 히프에서 제거 연산의 과정: Step-3

여기서 초깃값으로 parent 변수는 루트 노드를 가리키기 위해서 1이 됩니다. 앞서 루트 노드가 제거되었다고 했는데, 이렇게 빈 곳을 가리키는 역할을 합니다. 다음으로, child 변수는 비교 대상이 되는 자식 노드를 가리키는데, 초깃값으로 루트 노드의 왼쪽 자식 노드를 가리키는 2가 됩니다.

이후 반복되는 명령어 블록(줄 75–85)을 자세히 살펴보면 다음과 같습니다. 먼저, 줄 75–78 부분은 왼쪽 자식 노드와 오른쪽 자식 노드의 값을 비교하는 부분입니다. 2개의 자식 중에서 값이 더 큰 쪽을 pTemp (제일 마지막 노드)와 비교하기 위해서입니다. 만약 오른쪽 자식 노드가 값이 더 크면(줄 76), 오른쪽 자식 노드와 마지막 노드 pTemp의 값을 비교하기 위해 child 변숫값을 1 증가시켜 줍니다.

$$pHeap\text{-}>pData[\ child\ ]\ .data\ <\ pHeap\text{-}>pData[\ child+1\ ].\ data$$

왼쪽 자식 노드   오른쪽 자식 노드

그러면, 비교 대상이 오른쪽 자식 노드가 됩니다. 다만, 이 조건식 앞에 조건식(child < pHeap->currentCount)이 AND 조건으로 추가되어 있습니다. 이 부분은 오른쪽 자식 노드가 존재해야 한다는 뜻이 됩니다. 만약 왼쪽 자식 노드가 이진 트리의 마지막 노드라면, 굳이 오른쪽 자식 노드와 비교할 필요가 없다는 뜻입니다.

이제 줄 79~81 부분입니다. 앞서 설정한 히프의 제일 마지막 노드 pTemp와 현재 선택된 자식 노드의 값을 비교하는 부분입니다. 참고로 현재 선택된 자식 노드란 앞서 조건식(줄 75~78)에 따라 선택된 자식 노드로, 왼쪽 자식 노드와 오른쪽 자식 노드 중에서 값이 더 큰 노드를 말합니다. 만약, 마지막 노드의 값이 현재 선택된 자식 노드보다 더 크거나 같다면, 루프를 빠져나옵니다. 바로 이 위치에 마지막 노드의 값을 삽입하면 되기 때문입니다. 여기서 말하는 '이 위치'란 다음 그림과 같이 현재 값이 비어 있는 **부모 노드**를 말합니다.

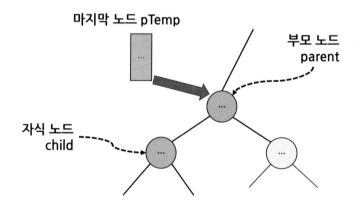

그림 10-29 배열 최대 히프에서 제거 연산의 과정: Step-3 (계속)

만약, 그렇지 않다면 어떻게 해야 할까요? 즉, 현재 선택된 자식 노드의 값이 노드 pTemp의 값보다 큰 경우에는 어떻게 해야 할까요?

이때는 다음 그림과 같이 현재 선택된 자식 노드의 값을 부모 노드에 대입 시킵니다(줄 83). 그리고 다음 반복문을 돌기 위해 비교 대상이 되었던 '선택된 자식 노드'가 새로운 부모 노드로 올라가고(줄 84) '선택된 자식 노드'의 자식 노드가 새로운 자식 노드가 되는 것입니다(줄 85). 참고로, 다음 그림에서 '예전 자식 노드'가 바로 기존의 '선택된 자식 노드'를 말합니다.

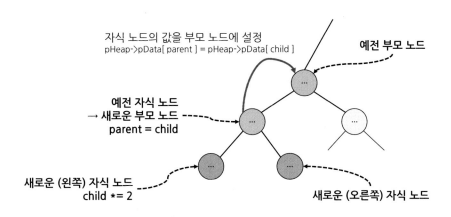

자식 노드의 값을 부모 노드에 설정
pHeap->pData[parent] = pHeap->pData[child]

예전 부모 노드

예전 자식 노드
→ 새로운 부모 노드
parent = child

새로운 (왼쪽) 자식 노드
child *= 2

새로운 (오른쪽) 자식 노드

그림 10-30 배열 최대 히프에서 제거 연산의 과정: Step-3 (계속)

이러한 Step-3의 반복은 비교 대상이 되는 자식 노드(child)가 히프의 제일 마지막 노드를 만
날 때까지 계속 됩니다. 물론, 중간에 제일 마지막 노드의 값이 현재 비교 대상이 되는 자식
노드의 값보다 크거나 같으면 중간에 빠져나갑니다(줄 79~81). 이상의 내용을 표로 정리하면
다음과 같습니다.

표 10-4 최대 배열 히프의 제거 연산 안의 반복문 구조

초깃값	pTemp → 히프의 제일 마지막 노드를 가리킴 parent (부모 노드) → 1 : '루트 노드' 가리킴 child (비교 대상 자식 노드) → 2 : '루트 노드의 왼쪽 자식 노드' 가리킴
반복 조건	child(비교 대상 자식 노드)가 히프의 제일 마지막 노드를 만날 때까지 루프를 돈다. (child <= pHeap->currentCount)
명령어 블록	자식 노드와 키 값 비교와 이동

마지막으로, 앞서 제거 함수에서 주의해야 할 점은 제거 연산의 결과로 반환되는 결과가 동적
으로 메모리가 할당된 노드라는 점입니다. 구조체 HeapNode에 대한 포인터가 전달되는데, 반
환된 노드의 사용이 끝난 다음에는 반드시 메모리를 해제시켜야 합니다. 물론 반환 결과가 없
는 비어 있는 히프의 경우에는 NULL이 반환되기 때문에 제거 연산을 호출한 쪽에서는 호출
반환 결과에 대해서 NULL 점검을 먼저 해주어야 합니다.

5.5 기타

지금까지 우리는 히프의 가장 핵심적인 두가지, 연산 추가와 제거 연산의 소스를 살펴보았습니다. 마지막으로, 남은 함수들을 살펴보도록 하겠습니다. 먼저 히프 자체를 삭제하는 함수 deleteArrayMaxHeap()는 NULL 검사를 한다(줄 95, 96)는 점과 히프 내부의 배열에 대한 메모리를 먼저 해제하고(줄 97), 히프 자체에 대해 메모리를 해제한다(줄 99)는 점에 주의해 주세요.

예제 10_01.c (5/6)

```
093    void deleteArrayMaxHeap(ArrayMaxHeap* pHeap)
094    {
095        if (pHeap != NULL) {
096            if (pHeap->pData != NULL) {
097                free(pHeap->pData);
098            }
099            free(pHeap);
100        }
101    }
103
104    void displayArrayHeap(ArrayMaxHeap* pHeap)
105    {
106        int i = 0;
107        if (pHeap != NULL) {
108            for(i = 1; i <= pHeap->currentCount; i++) {
109                printf("[%d],%d\n", i, pHeap->pData[i].data);
110            }
111        }
112    }
```

다음으로, 히프의 내부 노드 정보를 출력하는 함수 displayArrayHeap()는 인덱스 1부터 히프의 최대 자료 개수까지 루프를 돌면서 히프의 노드 내용을 출력합니다.

다음 소스는 지금까지 구현한 배열 최대 히프를 이용하는 예제 프로그램의 소스입니다. 앞서 히프의 추가 연산에서 살펴보았던 예제를 구현하였습니다. 먼저, 다음 소스에서 main() 함수는 최대 20개의 자료를 저장할 수 있는 최대 히프를 생성합니다(줄 120). 그리고 나서, 13개의 정수 자료 90, 85, 80, 75, 70, 65, 60, 55, 50, 45, 40, 35, 30을 추가하여 최대 히프를 만듭니다(줄 122~134).

```
114    int main(int argc, char *argv[])
115    {
116        int maxHeapSize = 20;
117        ArrayMaxHeap *pHeap1 = NULL;
118        HeapNode *pNode = NULL;
119
120        pHeap1 = createArrayMaxHeap(maxHeapSize);
121        if (pHeap1 != NULL) {
122            insertMaxHeapAH(pHeap1, 90);
123            insertMaxHeapAH(pHeap1, 85);
124            insertMaxHeapAH(pHeap1, 80);
125            insertMaxHeapAH(pHeap1, 75);
126            insertMaxHeapAH(pHeap1, 70);
127            insertMaxHeapAH(pHeap1, 65);
128            insertMaxHeapAH(pHeap1, 60);
129            insertMaxHeapAH(pHeap1, 55);
130            insertMaxHeapAH(pHeap1, 50);
131            insertMaxHeapAH(pHeap1, 45);
132            insertMaxHeapAH(pHeap1, 40);
133            insertMaxHeapAH(pHeap1, 35);
134            insertMaxHeapAH(pHeap1, 30);
135
136            printf("Max Heap:\n");
137            displayArrayHeap(pHeap1);
138
139            insertMaxHeapAH(pHeap1, 99);
140            printf("After insertMaxHeapAH( )-%d\nMax Heap:\n", 99);
141            displayArrayHeap(pHeap1);
142
143            pNode = removeMaxHeapAH(pHeap1);
144            if (pNode != NULL) {
145                printf("removeMaxHeapAH( )-[%d]\n", pNode->data);
146                free(pNode);
147            }
148
```

```
149             printf("Max Heap:\n");
150             displayArrayHeap(pHeap1);
151
152             deleteArrayMaxHeap(pHeap1);
153         }
154
155     return 0;
156 }
```

소스에서 줄 134까지 해서 만들어지는 최대 히프를 출력합니다(줄 137). 다음 그림은 현재까지
의 최대 히프 내용과 실제 프로그램을 실행했을 때의 출력 결과를 보여줍니다.

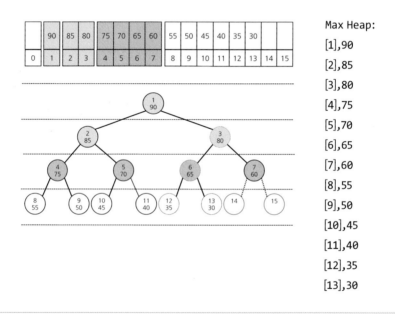

그림 10-31 10_01.exe의 실행 결과 (1/3)

그림 10-31의 왼쪽 그림에서 보이는 배열의 자료 저장 순서대로, 오른쪽 실행 화면에서 그대로
출력된다는 것을 확인할 수 있습니다.

이제 그다음 단계로 최대 히프에 새로운 자료 99를 추가 하고(줄 139) 새로운 자료 99가 추가된
이후의 히프 내용을 출력합니다(줄 141).

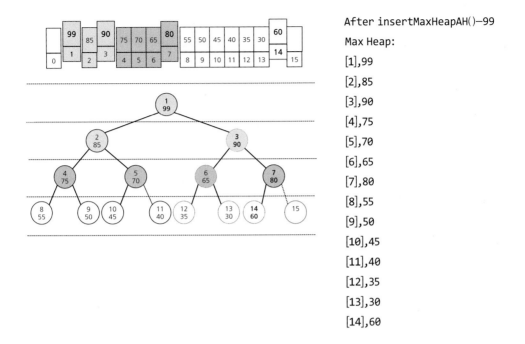

After insertMaxHeapAH( )—99
Max Heap:
[1],99
[2],85
[3],90
[4],75
[5],70
[6],65
[7],80
[8],55
[9],50
[10],45
[11],40
[12],35
[13],30
[14],60

그림 10-32 10_01.exe의 실행 결과 (2/3)

그림 10-32에서도 새로운 자료 99가 추가된 이후의 최대 히프의 저장된 순서대로 실제 출력되고 있다는 점을 확인할 수 있습니다. 루트 노드의 저장된 값이 99이며 저장된 모든 자료의 개수가 14개로 앞서 그림보다 1개 더 늘어났습니다.

이렇게 만들어진 최대 히프를 대상으로 제거 연산을 호출합니다(줄 143). 최대 히프에서 제거 연산을 호출하면 최댓값을 가지는 루트 노드가 반환됩니다. 이때 반환되는 값이 NULL이 아닌지 먼저 점검합니다(줄 144). 만약 NULL이면 이 히프는 내용이 없는 빈 히프가 됩니다.

만약 NULL이 아니라면, 이 노드는 최대 히프에서 저장된 가장 큰 루트 노드의 값을 저장하고 있습니다. 앞서 살펴본 소스 줄 145에서 이렇게 반환된 노드의 값을 출력합니다. 물론 줄 146에서 사용이 끝나고 반환된 노드에 대해서 메모리 해제를 한다는 점을 주의해 주세요.

줄 150에서는 이후의 히프 내용을 한 번 더 출력하고, 줄 152에서 사용이 끝난 히프에 대해서 메모리 해제를 수행하고 있습니다. 다음은 이를 실행한 결과 화면의 마지막 부분입니다.

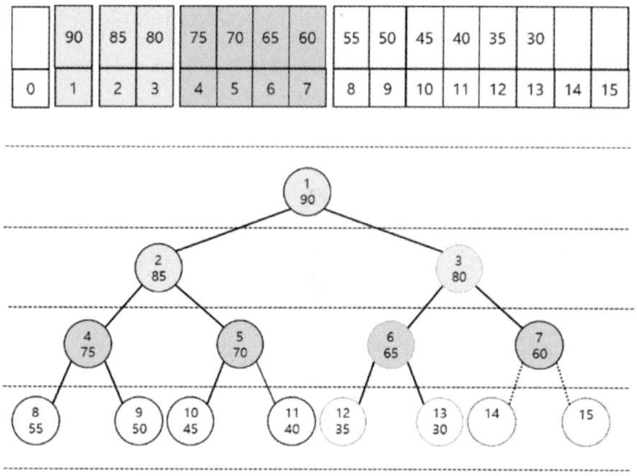

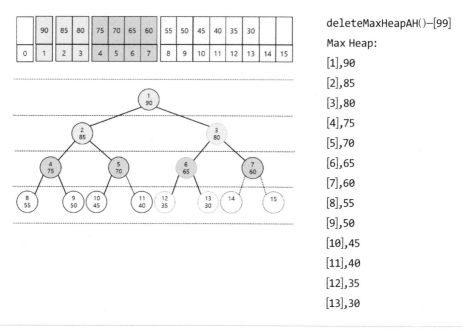

```
deleteMaxHeapAH()-[99]
Max Heap:
[1],90
[2],85
[3],80
[4],75
[5],70
[6],65
[7],60
[8],55
[9],50
[10],45
[11],40
[12],35
[13],30
```

그림 10-33 10_01.exe의 실행 결과 (3/3)

그림 10-33에서는 제거 연산 결과 최댓값 99가 반환되었으며, 제거 연산 이후의 최대 히프의 내용이 그대로 출력되었다는 것을 확인할 수 있습니다.

6. 히프의 응용

지금까지 최대 히프를 중심으로 히프의 개념 및 연산 방법 등에 대해 살펴보았습니다. 이번 절에서는 이러한 히프가 어디에 사용될 수 있는지 응용 분야에 대해서 알아보겠습니다.

6.1 우선순위 큐

먼저 히프는 우선순위 큐(priority queue)를 구현하는 수단으로 사용될 수 있습니다. 우선순위 큐란 노드 반환(dequeue) 시에 큐에서 우선순위가 가장 높거나 혹은 가장 낮은 노드를 먼저 반환하는 큐를 말합니다. 일반적으로 큐(queue)는 가장 먼저 추가된 자료를 가장 먼저 반환하는 선입선출(FIFO, First-In-First-Out)의 특징이 있었습니다. 반면, '최대 우선순위 큐'에서는 우선순위가 가장 높은 노드가 먼저 반환됩니다. 물론 '최소 우선순위 큐'에서는 우선순위가 가장 낮은 노드가 먼저 반환됩니다. 즉, 우선순위 큐에서의 반환 순서는 삽입되는 순서와는 상관없

으며 오직 저장된 자료의 크기로 결정됩니다.

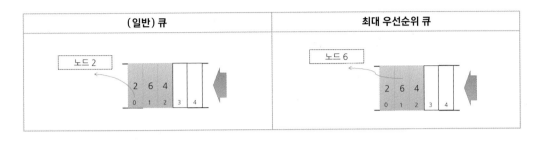

그림 10-34 일반 큐와 우선순위 큐의 비교

그림 10-34의 왼쪽 그림에서 일반 큐는 가장 먼저 삽입된 자료 '2'가 반환됩니다. 반면, 오른쪽 그림에서 최대 우선순위 큐에서는 저장된 자료의 값이 가장 큰 자료 '6'이 먼저 반환됩니다.

히프는 이러한 우선순위 큐를 구현하는 가장 효과적인 방법이 됩니다. 왜냐하면, 최대 히프에서 단순히 자료를 삭제하기만 하면 값이 가장 큰 자료가 반환되기 때문입니다. 그뿐만 아니라 최대 히프를 사용하는 경우에는 자료를 삽입하거나 삭제할 때 시간 복잡도가 $O(\log n)$이 되어 비교적 빠른 속도를 자랑합니다. 만약 최대 우선순위 큐를 기존의 리스트로 구현한다고 하면 자료의 삽입이나 삭제 연산의 시간 복잡도가 $O(n)$가 되어 히프보다 느립니다.

6.2 히프 정렬

정렬(sort)은 순서 없이 배열된 자료들을 값에 따라 순서대로 재배열하는 것을 말합니다. 이때 값이 증가하는 순서대로 배열하는 것을 오름차순(ascending) 정렬이라고 하며, 반대로 큰 값부터 시작하여 값이 감소하는 순서대로 배열하는 것을 내림차순(descending) 정렬이라고 합니다. 예를 들어, 숫자 20, 10, 30이 있다고 하면 오름차순 정렬 및 내림차순 정렬의 결과는 다음과 같습니다.

표 10-5 정렬의 예

정렬 전	오름차순 정렬	내림차순 정렬
20 → 10 → 30	10 → 20 → 30	30 → 20 → 10

6.2.1 히프 정렬의 구현

이러한 정렬을 수행하는 다양한 알고리즘이 있는데, 이번 장에서 배운 최대 히프를 이용하면 손쉽게 내림차순 정렬을 구현할 수 있습니다.

바로 최대 히프에 자료를 추가하였다가 단순히 제거만 하면 되기 때문입니다. 왜냐하면, 최대 히프에서 제거 연산을 호출하면, 현재 가장 큰 값이 반환됩니다. 따라서, 최대 히프가 빈 히프가 될 때까지 제거 연산을 호출하면 가장 큰 값부터 차례대로 반환됩니다. 다음 함수 heapSort()는 최대 히프를 이용하여 내림차순 정렬을 실행하는 함수입니다. 다음 소스를 살펴 보도록 하겠습니다.

참고로, 헤더 파일 arrayheap.h와 책 지면에는 소개되지 않는 arrayheap.c 소스 파일은 앞 절의 10_01.c 소스를 모듈화하여 각각 헤더 파일과 소스 파일로 변환한 파일입니다. 독자 여러분께서 직접 앞 절의 10_01.c 소스 파일을 2개의 파일로 변환해 보기를 권장합니다. 프리렉 홈페이지 자료실에 해당 파일(arrayheap.h, arrayheap.c)을 올려놓았으니 내려받아 참고해주세요.

예제 **10_02.c (1/2)**

```
01    #include <stdio.h>
02    #include <stdlib.h>
03    #include "arrayheap.h"
04
05    void printArray(int value[], int count);
06
07    // 히프 정렬
08    void heapSort(int values[], int count)
09    {
10        int i = 0;
11        ArrayMaxHeap* pHeap = NULL;
12
13        pHeap = createArrayMaxHeap(10);
14        if (pHeap != NULL) {
15            for(i = 0; i < count; i++) {
16                insertMaxHeapAH(pHeap, values[i]);
17            }
18
19            for(i = 0; i < count; i++) {
```

```
20              HeapNode *pNode = removeMaxHeapAH(pHeap);
21              if (pNode != NULL) {
22                  values[i] = pNode->data;
23                  free(pNode);
24              }
25          }
26
27          deleteArrayMaxHeap(pHeap);
28      }
29      else {
30          printf("오류, createArrayMinHeap( ) in heapSort( )\n");
31          return;
32      }
33  }
```

함수 heapSort()는 정수 배열(values[ ])과 배열 개수(count)를 입력 파라미터로 전달 받아(줄 8) 오름차순 히프 정렬을 실행합니다. 소스의 내용을 살펴보면 다음의 순서에 따릅니다.

- **줄 13~14**: 최대 히프를 생성하고 이를 검증한다.

- **줄 15~17**: 전달받은 정수 자료를 최대 히프에 추가한다.

- **줄 19~25**: 전달받은 자료의 개수만큼 최대 히프에서 제거 연산을 실행한다(줄 20).

- **줄 27**: 생성한 최소 히프를 메모리 해제시킨다.

특별히 줄 20에서는 최대 히프에서 제거하여 반환된 노드를 포인터 변수 pNode에 대입합니다. 이후 줄 22에서는 이렇게 전달받은 최댓값 pNode→data를 배열 values에 순서대로 저장합니다. 배열 values는 입력 파라미터로 전달받은 배열인데, 이 배열의 모든 값은 이미 최대 히프에 삽입한 상태이기 때문에 이처럼 바로 덮어쓰기가 가능합니다. 이후 줄 23에서는 최대 히프에서 전달받은 노드에 대해서 메모리를 해제합니다.

이제 나머지 소스를 살펴볼까요? 다음 소스에서 함수 printArray()는 정수 배열 values와 원소 개수 count를 전달받아 배열의 내용을 출력하는 함수입니다. 내용이 그렇게 어렵지 않기 때문에 자세한 설명은 생략하겠습니다.

```
35    // 배열 내용 출력
36    void printArray(int values[], int count)
37    {
38        int i = 0;
39        for(i = 0; i < count; i++) {
40            printf("%d ", values[i]);
41        }
42        printf("\n");
43    }
44
45    int main(int argc, char *argv[])
46    {
47        int values[] = {10, 50, 70, 80, 60, 20, 40, 30 };
48
49        printf("Before Sort\n");
50        printArray(values, 8);
51
52        heapSort(values, 8);
53
54        printf("After Sort\n");
55        printArray(values, 8);
56
57        return 0;
58    }
```

나머지 main() 함수에서는 히프 정렬 함수 heapSort()를 이용하여 정렬되지 않은 정수 자료
{80, 50, 70, 10, 60, 20, 40, 30}을 정렬합니다. 실제 10_02.c를 실행한 결과는 다음과 같은데,
히프 정렬 함수를 호출하기 전과 후의 차이를 확인할 수 있습니다. 히프 정렬 함수 호출 후에
는 내림차순으로 정렬되어 출력되었다는 것을 알 수 있습니다.

프로그램 10_02.exe의 실행 결과

Before Sort
10 50 70 80 60 20 40 30
After Sort
80 70 60 50 40 30 20 10

6.2.2 히프 정렬의 특성

히프 정렬은 히프 자료구조를 이용하여 자료를 정렬하는 알고리즘으로, 정렬하고자 하는 자료를 히프에 삽입하고 단순히 삭제만을 통해 정렬이 이루어집니다. 저장된 자료의 개수를 n 개라고 한다면 자료 1개의 삭제(정렬)에 평균 시간 복잡도는 $O(\log_2 n)$ 입니다. 왜냐하면, 루트 노드의 삭제 자체는 단순히 $O(1)$이지만, 루트 노드 삭제 이후의 완전 이진 트리의 재구성에 평균 $O(\log_2 n)$의 시간이 걸리기 때문입니다. 그런데 전체 n 개의 자료를 정렬한다고 한다면 히프 정렬 전체의 평균 시간 복잡도는 $O(n\log_2 n)$가 됩니다. 참고로, 이러한 히프 정렬 알고리즘의 속도는 다른 정렬 방식과 비교해 상당히 우수한 편에 속합니다.

> 최선, 평균, 최악: $O(n\log_2 n)$

다만, 히프 정렬은 히프를 이용하여 정렬을 수행하기 때문에, 히프 생성에 필요한 추가 메모리가 필요하며 정렬의 안정성은 유지되지 못한다는 단점이 있습니다. 참고로, 여기서 말하는 정렬의 안정성은 정렬에 사용되는 자료의 종류가 2개 이상인 경우에 각 자료의 정렬 결과가 유지되지 않는 것을 말합니다. 정렬과 관련된 자세한 내용은 알고리즘 전문 도서를 참고해주세요.

연습 문제

1. 다음 과정들이 연속하여 발생한다고 가정하였을 때 아래 질문에 답해 보세요.

   (1) 다음 자료를 차례대로 삽입하면서 최대 히프를 구성해 보세요.

10	20	60	15	35	45	25	20

   (2) 제거 연산이 2번 발생하였습니다. 최종적인 최대 히프의 모습을 그려보세요.

2. 다음 의사 코드는 앞서 살펴본 배열로 구현한 최대 히프의 추가 연산과 제거 연산을 기술한 코드입니다. 빈칸을 채워 보세요.

```
insertMaxHeap ( heap, data ) {
   // Step-1)
   heap->currentElementCount ←
   i ←

   // Step-2)
   while ((i != 1) && (data.key > heap->pElement[i/2].key) ) {
      heap->pElement[ i ] ←
      i ←
   }
   heap->pElement[ i ] ← data
}

deleteMaxHeap ( heap ) {
   // Step-1
   result ←

   // Step-2)
   i ←
   temp ←
   heap->currentElementCount ← heap->currentElementCount - 1
```

```
// Step-3)
parent ← 1
child ← 2
while(child <= heap->currentElementCount) {
  if ( (child < heap->currentElementCount)
     &&                                              ) {
        child ← child+1;
  }

  if (temp->key >= heap->pElement[ child ].key) {
    break;
  }



  parent ← child
  child ← child * 2
}

heap->pElement[ parent ] ← temp
return result
}
```

3. [소스의 안정성 보완: 함수 createArrayMaxHeap( )의 유효성 점검]

앞서 구현한 함수 createArrayMaxHeap()는 안정성에 다소 문제가 있습니다. 예를 들어, 입력 파라미터 maxCount의 값으로 0 혹은 −1과 같은 비정상적인 값이 전달되면, 프로그램이 비정상 종료됩니다. 또한, 메모리 할당에 실패한 경우에도 비정상 종료될 가능성이 있습니다. 추가로, 동적으로 할당된 메모리에 대해서 초기화 루틴이 빠져 있습니다. 다음 소스에 유효성 점검 로직 및 초기화 로직을 추가하여 소스의 안정성을 보완해 보세요.

```
ArrayMaxHeap* createArrayMaxHeap(int maxCount)
{
    ArrayMaxHeap *pReturn = NULL;
    if (maxCount > 0) {
        pReturn = (ArrayMaxHeap *)malloc(sizeof(ArrayMaxHeap));
        pReturn->maxCount = maxCount;
```

```
            pReturn->currentCount = 0;
            pReturn->pData = (HeapNode *)malloc(sizeof(HeapNode) * (maxCount + 1));
            memset(pReturn->pData, 0, sizeof(HeapNode) * (maxCount+1));
        }
        else {
            printf("최대 자료 개수는 0보다 커야 합니다\n");
        }

        return pReturn;
    }
```

4. 앞 절의 최대 히프의 소스를 참고해서 최소 히프를 구현해 보세요.

5. 다음 8개의 자료에 대해서 히프 정렬 알고리즘을 이용하여 오름차순으로 정렬해 보세요. 더불어 단계별 내용도 적어보세요.

70	50	80	60(a)	30	90	60(b)	40

* 위의 60(a)와 60(b)는 같은 키 값 60을 가지는 두 개의 자료를 나타낸 것입니다.

DATA STRUCTURE

Chapter

11

그래프

1 그래프란? **2** 그래프의 추상 자료형 **3** 인접 행렬로 구현한 그래프 **4** 인접 리스트로 구현한 그래프
5 무방향 그래프의 구현 **6** 그래프 탐색

이번 장에서는 그래프(graph) 자료구조에 대해서 살펴보겠습니다. 그래프는 지금까지 소개된 자료구조 중에서 표현 능력이 가장 강력한 비선형 자료구조입니다. 표현 능력이 강력하다는 것은 현실 세계의 다양한 시스템을 그래프로 나타낼 수 있다는 뜻입니다. 그럼 어떤 이유에서 그래프는 이런 능력을 갖추게 되었을까요?

지금까지 우리가 배운 다른 자료구조와 비교하면서 그 이유를 알아보도록 하겠습니다. 먼저 처음에 배웠던 선형 자료구조들은 어떻습니까? 리스트, 스택, 큐와 같은 선형 자료구조들은 노드와 노드가 일직선으로 연결되어 있습니다. 따라서, 만약, 노드들이 일대일(1:1, one-to-one) 관계가 아니라면 선형 자료구조로 나타낼 수 없습니다.

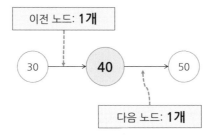

그림 11-1 선형 구조의 예

그다음으로 비선형 자료구조인 트리를 9장에서 살펴보았습니다. 트리는 여러 개의 다음 노드(next node)가 올 수 있다는 점에서 비선형 자료구조입니다. 다만, 이전 노드(previous node)는 오직 하나만 가능했습니다. 여러 개의 다음 노드와 하나의 이전 노드라는 제약 사항은 트리가 계층 구조(hierarchical structure)의 특징을 가지게 합니다. 따라서, 만약, 이전 노드가 여러 개라면 트리로 나타낼 수 없습니다.

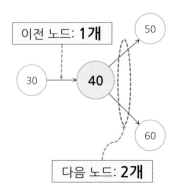

그림 11-2 비선형 구조인 트리의 예

이 트리 예제에서 노드 40은 다음 노드가 2개이지만, 이전 노드는 1개임을 알 수 있습니다. 또한, 다음 노드만 여러 개인 구조를 일대다(1:m, one-to-many) 관계라고도 합니다.

반면 그래프는 노드 사이의 관계에 아무런 제약이 없습니다. 다음 노드뿐 아니라 이전 노드도 여러 개 올 수 있습니다. 예를 들어, 다음 그림에서 노드 40은 다음 노드뿐 아니라 이전 노드도 2개라는 것을 알 수 있습니다.

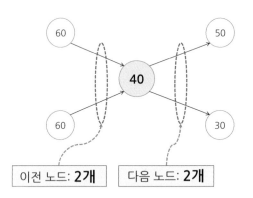

그림 11-3 비선형 구조인 그래프의 예

이런 점에서 그래프는 객체 사이의 연결 관계(connectivity)를 표현하기에 적합한 자료구조라고 합니다. 왜냐하면, 그래프는 객체들 사이의 다대다(m:n, many-to-many) 관계도 표현할 수 있기 때문입니다. 물론, 다대다 관계를 나타낼 수 있으면, 일대일의 선형 관계 및 일대다의 계층 구조까지도 표현할 수 있습니다. 즉, 그래프를 이용하면 리스트, 트리 등도 저장할 수 있습니다. 그렇지만, 간단한 선형 구조를 굳이 복잡한 그래프를 이용하여 저장하지는 않습니다.

이번 장에서는 표현 능력이 강력한 비선형 자료구조인 그래프에 대해서 살펴볼 것입니다. 다만, 그래프는 표현 능력이 강력한 만큼 배워야 할 용어와 개념이 트리보다 좀 더 많아졌습니다. 따라서, 먼저 그래프의 개념과 용어를 배워보고 이를 기반으로 그래프를 실제 소스로 구현해 보겠습니다.

1. 그래프란?

그래프는 노드(node)와 간선(edge)의 집합입니다. 여기서 **노드란** 리스트, 트리 등에서와 마찬가지로 **저장하려는 자료의 단위**를 말합니다. 예를 들어, 10, 20과 같이 단순히 정수 혹은 'A', 'B'와 같은 문자일 수 있습니다. 경우에 따라서는 다음 그림처럼 지도에서 어떤 '위치'가 될 수도 있습니다. 책에 따라서는 그래프의 노드를 다른 말로 정점(vertex)이라고도 합니다만, 이 책에서는 이해를 쉽게 하기 위해 정점 대신에 노드라는 용어를 계속 사용하겠습니다.

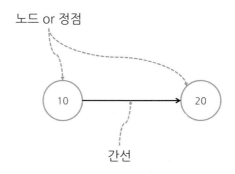

그림 11-4 그래프의 구성 요소

또한, 그래프에서의 **간선**은 이러한 **노드 사이를 연결하는 선**을 말합니다. 노드를 연결하는 선이라는 점에서 트리의 간선이 떠오릅니다. 사실 트리의 간선과 그래프의 간선은 이러한 '연결한다.'는 점에서는 같습니다. 다만, 트리의 간선은 한 가지 제약 사항이 있는 반면, 그래프의 간선은 아무 제약이 없습니다. 트리의 제약 사항이란 바로 이전 노드는 오직 하나만 연결될 수 있다는 것입니다. 반면, 그래프에서는 이러한 제약 사항이 없기 때문에 이전 노드가 여러 개올 수 있습니다.

그럼 그래프의 간선을 실제 예를 통해 조금 더 살펴볼까요? 다음은 이번 장에서 주로 사용할 예제 그림으로, 시내의 버스 노선도를 그래프로 모델링한 결과를 보여줍니다. **그림 11-5**에서 모두 6개의 버스 정류장을 그래프 상의 6개 노드로 표현했습니다.

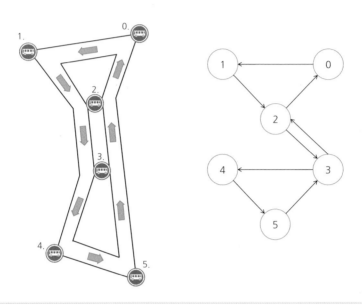

그림 11-5 방향 그래프의 예:버스 노선도

다만, '일방통행'인 도로는 한 방향으로만 이동이 가능합니다. 따라서, 버스 정류장 사이의 간선은 한 방향으로만 화살표가 있습니다. 예를 들어, 다음 그림처럼 노드 0에서 노드 1 사이에는 방향이 있는 간선으로 연결되어 있습니다. 반면 노드 1에서 노드 0으로의 방향으로는 간선이 없습니다. 따라서, 버스가 정류장 0에서 정류장 1로는 바로 이동할 수 있습니다. 하지만, 반대로 버스 정류장 1에서 버스 정류장 0으로는 바로 이동할 수 없습니다.

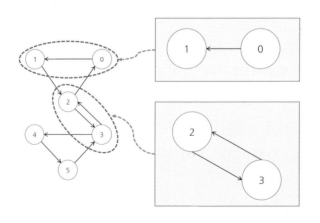

그림 11-6 방향 그래프의 특성:방향이 있는 간선

참고로 이처럼 그래프의 간선에 방향이 있는 그래프를 방향 그래프라고 합니다. 따라서, 이러한 방향 그래프에서는 양방향 통행을 나타내기 위해서 양쪽으로 각각 간선이 있어야 합니다. 예를 들어, 버스 정류장 2와 3 사이에는 방향별로 2개의 간선이 있기 때문에 정류장 2와 정류장 3은 양방향으로 한 번에 이동할 수 있습니다.

이제 그래프 간선의 특징을 잘 알 수 있는 노드 2를 살펴보겠습니다. 노드 2의 경우 노드 2로 연결된 간선이 모두 4개입니다.

이 중에서 노드 2의 이전 노드는 2개이며, 노드 2의 다음 노드도 2개입니다. 방향이 있는 간선에 따라 노드 2의 이전 노드는 노드 1과 노드 3이며, 노드 2의 다음 노드는 노드 0과 노드 3이라는 것을 알 수 있습니다. 우리는 이 예에서 객체들 사이의 다대다(m:n, many-to-many) 관계도 표현할 수 있는 비선형 자료구조인 그래프의 특징을 확인할 수 있습니다.

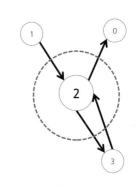

그림 11-7 그래프의 특성: 이전 노드가 여러 개, 다음 노드가 여러 개

앞의 예에서는 일방통행 도로를 나타내는 방향 그래프의 간선을 살펴보았습니다. 하지만, 보통 도로는 일방통행이 아니라 양방향 통행이 많습니다. 고속도로를 그래프로 나타낸 **그림 11-8**처럼 노드 사이에 연결된 간선에 방향성이 없는 경우 말입니다.

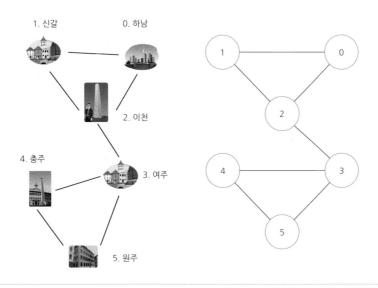

그림 11-8 무방향 그래프의 예:고속도로 지도

그림 8-11에서 각각의 도시는 고속도로로 서로 연결되어 있습니다. 그런데 각 도시 사이의 도로는 양방향 통행이 가능하기 때문에 화살표가 없는 간선으로 연결되었습니다. 그래프에서 화살표가 없는 간선으로 연결된 것은 방향이 없는 간선으로 연결되었다는 뜻입니다. 이러한 그래프를 다른 말로 방향성이 없는 그래프 혹은 줄여서 무방향 그래프라고 합니다.

그런데 이러한 방향성이 없는 간선이란 사실 방향성이 있는 간선 2개가 합쳐진 것과 같은 뜻입니다. 왜냐하면, 양쪽으로 서로 이동이 가능하다는 뜻이기 때문입니다. 예를 들어, **그림 11-8**에서 방향성이 없는 그래프를 다르게 표현하면 다음 그림의 오른쪽과 같습니다.

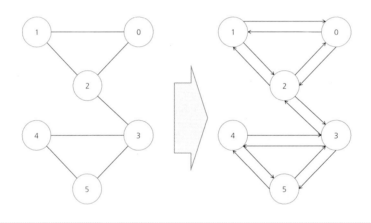

그림 11-9 무방향 그래프의 예:고속도로 지도(계속)

오른쪽 그림에서 보면 각 노드 사이에 연결된 간선이 양방향으로 2개라는 것을 알 수 있습니다. 방향이 없는 간선은 방향이 서로 반대 방향의 2개의 간선이 연결된 것과 같습니다. 다만, 간선은 2개의 노드가 서로 연결되었다는 정보만 나타냅니다. 간선이 연결 여부만 나타내기 때문에 두 그래프가 같습니다. 다만, 간선에 가중치와 같은 다른 추가적인 정보가 있다면 두 그래프가 서로 다를 수 있습니다.

그래프에 대한 수학적 정의를 살펴보는 것으로 이번 절을 마무리하겠습니다. 독자 여러분 중에서 그래프를 좀 더 이론적으로 깊이 있게 공부하려는 분들께서는 다음과 같은 그래프의 수학적 표현식을 기억해 주세요. 다음 식은 "그래프 G는 노드들의 집합 V(G)와 간선들의 집합

E(G)로 구성된다."라는 뜻입니다.

G = (V(G), E(G))

여기서 V(G)는 그래프 G의 노드들(vertex)이라는 뜻이며 E(G)는 그래프 G의 간선(edge)이라는 의미입니다. 단순히 V(G)를 줄여서 V로, E(G)를 줄여서 E로 나타내기도 합니다. 따라서, 이 식을 보다 간단히 적으면 다음과 같습니다.

G = (V, E)

이 식은 **그래프는 노드와 간선의 집합**이라는 정의를 그대로 옮겨 적었다는 것을 알 수 있습니다.

트리에서의 간선이 주로 노드 사이의 연결 여부만을 저장했다면, 그래프에서는 연결의 방향성 (direction)이나 가중치(weight) 값 등 추가적인 정보도 포함합니다. 사실 그래프가 가지는 강력함은 이처럼 간선에 저장되는 정보가 풍부하다는 점에 기반을 둡니다. 그래서 그래프를 자료 구조로 구현할 때에도 간선 정보를 어떤 방식으로 저장할 것인가가 주요 관심 대상이 됩니다.

1.1 간선의 특성에 따른 그래프의 종류

먼저 앞서 살펴본 무방향/방향 그래프에 대해 한번 정리하겠습니다. 무방향 그래프와 방향 그래프를 나누는 기준은 간선에 화살표가 있는지에 따라 결정됩니다. 화살표가 있으면 방향이 있는 방향 그래프가 되고, 화살표가 없으면 방향성이 없는 무방향 그래프가 됩니다.

1.1.1 방향 그래프

방향 그래프(directed graph)는 두 노드를 연결하는 간선에 방향이 있는 그래프를 말합니다. 책에 따라서는 이러한 방향 그래프를 다이그래프(digraph)라고도 합니다. 다음 예를 통해 방향 그래프에 대해서 조금 더 살펴보겠습니다. **그림 11-10**의 방향 그래프 G2는 0부터 5까지의 6개 노드와 9개의 간선으로 구성되어 있습니다.

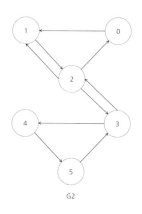

그림 11-10 방향 그래프 G2

여기서도 중요한 점은 간선을 어떻게 표현하느냐입니다. 방향 그래프의 간선은 다음 그림과 같이 꺾쇠 괄호와 괄호 안의 두 개 숫자로 나타냅니다. 물론, 괄호 안의 두 개 숫자는 각각 노드 번호가 됩니다. 예를 들어, 〈0, 1〉의 경우, 0번 노드에서 1번 노드로 이동할 수 있는 간선이 연결되었다는 뜻입니다.

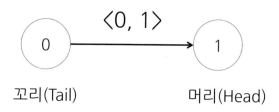

그림 11-11 무방향 그래프에서의 간선

방향 그래프의 간선은 앞서 무방향 그래프의 간선과 큰 차이가 있습니다. 바로 간선에 방향성이 있다는 점인데요, 간선 〈0, 1〉과 간선 〈1, 0〉은 서로 다른 간선입니다. 왜냐하면, 간선 〈0, 1〉은 노드 0에서 노드 1로 이동할 수 있는 간선인데 비해 간선 〈1, 0〉은 노드 1에서 노드 0으로 이동할 수 있는 간선입니다. 즉, 간선 〈Vi, Vj〉와 간선 〈Vj, Vi〉는 서로 다른 간선입니다.

그림 11-11에 꼬리와 머리라는 용어가 있습니다. 꼬리(tail)는 방향 그래프의 간선에서 시작 노드를 말합니다. 머리(head)는 물론 간선의 종료 노드가 됩니다. 즉, 방향 그래프의 간선은 꼬리에서 머리로 그려진 화살표란 뜻이 됩니다. 예를 들어, 간선 〈0, 1〉이라고 하면 시작 노드 혹

은 꼬리는 노드 0이며, 종료 노드 혹은 머리는 노드 1이 됩니다. 꼬리와 머리는 혼동하기 쉬운 용어이니, 꼬리에서 시작해서 머리로 간다는 개념을 정확히 기억해 주세요.

참고로, 방향 그래프 G2의 간선은 모두 9개입니다. 이들 간선을 각각 나열해보면 각각 〈0, 1〉, 〈1, 2〉, 〈2, 0〉, 〈2, 1〉, 〈2, 3〉, 〈3, 2〉, 〈3, 4〉, 〈4, 5〉, 〈5, 3〉입니다. 따라서, 방향 그래프 G2은 다음과 같이 식으로 표현할 수 있습니다.

G2의 노드: V(G2) = {0, 1, 2, 3, 4, 5}

G2의 간선: E(G2) = {〈0, 1〉, 〈1, 2〉, 〈2, 0〉, 〈2, 1〉, 〈2, 3〉, 〈3, 2〉, 〈3, 4〉, 〈4, 5〉, 〈5, 3〉}

실제 그래프 G2에서 위의 간선을 나타내며 보면 다음 그림과 같습니다.

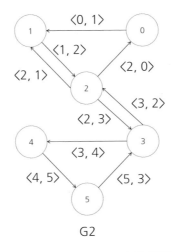

그림 11-12 방향 그래프 G2: 간선 표시

1.1.2 무방향 그래프

무방향 그래프(undirected graph)는 두 노드를 연결하는 간선에 방향이 없는 그래프를 말합니다. 다음 그림에서 정의된 무방향 그래프 G1은 0부터 5까지의 6개 노드와 7개의 간선으로 이루어 졌습니다.

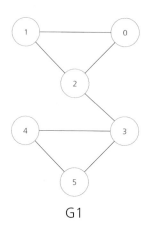

G1

그림 11-13 무방향 그래프 G1

여기서 특별히 중요한 점은 간선을 어떻게 표현하느냐입니다. 무방향 그래프의 간선은 다음 그림과 같이 소괄호 안의 숫자 두 개로 나타냅니다. 여기서 소괄호 안의 숫자 두 개는 각각 노드번호가 됩니다. 예를 들어, (0, 1)의 경우, 0번 노드와 1번 노드를 연결하였다는 뜻이 됩니다.

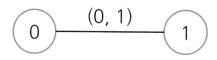

그림 11-14 무방향 그래프에서의 간선

다만, 무방향 그래프에서 간선은 방향이 없으므로 노드 순서는 의미가 없습니다. 즉, 간선 (0, 1)과 간선 (1, 0)은 표현이 달라 보이지만, 정확하게 같은 간선입니다. 노드 0과 노드 1을 방향 없이 연결했기 때문입니다.

무방향 그래프에서의 간선을 일반적인 표현식으로 나타내면 다음과 같습니다. 다음 그림에서 노드 Vi와 노드 Vj를 연결하는 간선은 (Vi, Vj) 혹은 (Vj, Vi)로 나타냅니다.

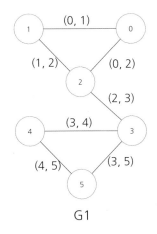

그림 11-15 무방향 그래프에서의 간선 (2)

무방향 그래프의 간선이므로 이 두 개의 간선 표현식은 노드의 순서와 상관없이 서로 같습니다.

이제 무방향 그래프의 간선에 대해서 간단한 문제를 풀어보겠습니다. 앞서 살펴본 그래프 G1에서 간선은 모두 몇 개인가요? 그래프 G1은 무방향 그래프로 모두 7개의 간선이 있습니다. 이러한 G1의 간선은 (0, 1), (0, 2), (1, 2), (2, 3), (3, 4), (3, 5), (4,5)입니다. 따라서, 그래프 G1은 다음과 같이 식으로도 표현할 수 있습니다.

> **그래프 G1의 노드**: V(G1) = {0, 1, 2, 3, 4, 5}
>
> **그래프 G1의 간선**: E(G1) = {(0, 1), (0, 2), (1, 2), (2, 3), (3, 4), (3, 5), (4, 5)}

실제 그래프 G1에서 위의 간선을 나타내며 보면 다음의 그림과 같습니다.

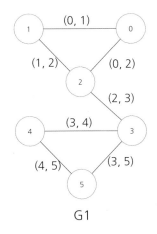

그림 11-16 무방향 그래프 G1: 간선 표시

지금까지 우리는 무방향 그래프와 방향 그래프를 간선을 중심으로 살펴보았습니다. 그런데 이러한 무방향 그래프와 방향 그래프는 각각 어느 때 사용할까요? 그래프의 종류를 결정하는 것은 결국 모델링하려는 시스템의 특성입니다. 모델링하려는 시스템의 구성 요소들이 서로 대칭적으로 연결되어 있는지가 중요합니다. 여기서 말하는 시스템의 구성 요소는 그래프의 노드가 되겠지요. 따라서, 실제 현실 세계에서 이러한 구성 요소들(노드들)이 어떻게 연결되어 있느냐가 그래프의 종류를 결정하게 됩니다.

무방향 그래프는 시스템에서 노드들 사이의 연결 관계가 대칭적일 때 사용하며 방향 그래프는 비대칭적일 때 사용합니다. 여기서 말하는 **연결 관계가 대칭적**이라는 말의 뜻은 0번 노드에서 1번 노드로 갈 수 있다면, 노드 1에서도 당연히 노드 0번으로 갈 수 있다는 의미입니다. 그런데 만약, 연결 관계가 비대칭 혹은 대칭적이지 않다고 가정해 봅시다. 그러면, 0번 노드에서 1번 노드로 갈 수 있다고 해서 당연히 1번 노드에서 0번 노드로 갈 수 없습니다. 왜냐하면, 비대칭이기 때문에 1번 노드에서 0번 노드로 연결이 없을 수 있습니다.

앞서 버스 정류장 노선도 이러한 비대칭 연결의 예가 됩니다. 왜냐하면, 도시 내 일방통행 때문에 한 방향으로만 길이 있는 경우가 있기 때문입니다. 물론, 그 앞의 고속도로 예에서는 도시의 연결이 대칭적이기 때문에 무방향 그래프로 표현되었습니다.

1.1.3 가중 그래프

가중 그래프(weighted graph)는 노드를 연결하는 간선에 가중치(weight)가 있는 그래프를 말합니다. 앞서 무방향 그래프와 방향 그래프는 간선의 방향성으로 그래프의 종류를 나눈 것이었습니다. 따라서, 이 두 그래프의 간선은 단순히 노드와 노드를 연결한다는 의미로만 사용되었습니다. 즉, 노드의 연결 여부 이외에 추가되는 속성은 없었습니다. 반면, 가중 그래프의 간선은 두 개의 노드를 연결한다는 뜻 이외에 추가되는 속성을 가지고 있습니다. 즉, 간선에 추가되는 가중치 속성이 있을 때 이를 가중 그래프라고 합니다. 참고로, 가중 그래프의 '가중치'는 간선 사이의 비용(cost) 혹은 거리(distance) 등 다양한 의미로 사용될 수 있습니다.

추가로, 무방향 그래프에 가중치가 존재할 때 이를 무방향 가중 그래프(undirected weighted graph)라 하며, 방향 그래프에 가중치가 있을 때는 이를 방향 가중 그래프(directed weighted graph)라 합니다. 또한, 책에 따라서는 방향 가중 그래프를 네트워크(network)라고도 부릅니다.

다음은 이러한 무방향 가중 그래프와 방향 가중 그래프의 예를 보여 줍니다.

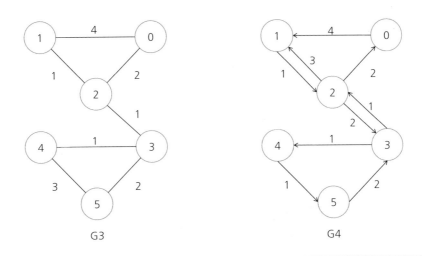

그림 11-17 무방향 가중 그래프 G3과 방향 가중 그래프 G4

그림 11-17에서 그래프 G3은 무방향 가중 그래프의 한 예로, 앞서 무방향 그래프 G1과 같은 구조입니다. 그래프 G3 또한 간선에 방향성은 없으며 노드 사이의 연결 여부는 그래프 G1과 같습니다. 다만, 그래프 G3은 가중 그래프이기 때문에 각 간선에 가중치가 있다는 점이 그래프 G1과 다릅니다.

또한, 그래프 G4는 방향 가중 그래프의 한 예이며 앞서 방향 그래프 G2와 같은 구조입니다. 즉, 그래프 G4는 간선에 방향성이 있으며, 노드 사이의 연결 여부는 그래프 G2와 같습니다. 또한, 그래프 G4는 가중 그래프이기 때문에 간선에 가중치가 있다는 점이 그래프 G2와 다릅니다. 이러한 가중 그래프는 기존의 무방향 그래프 혹은 방향 그래프가 나타내는 노드 사이의 연결 관계 이외에 가중치 속성이 추가로 있습니다.

이러한 간선의 가중치 속성은 의외로 응용 범위가 넓습니다. 왜냐하면, 현실 세계를 모델링할 때 많은 경우 객체 사이에 비용 혹은 거리 등의 추가 속성이 필요하기 때문입니다. 이번 장에서 실제 소스로 작성할 때 이러한 무방향 가중 그래프 혹은 방향 가중 그래프를 위주로 살펴볼 예정입니다.

1.2 구조적 특성에 따른 그래프의 종류

앞서 간선의 특성에 따른 그래프의 종류를 살펴보았습니다. 이번에는 그래프의 구조적 특성에 따라 몇 가지 그래프의 종류를 살펴보겠습니다. 약간의 개념적인 내용으로, 주로 그래프를 이론적으로 좀 더 공부하기 위해서 필요한 지식입니다.

1.2.1 완전 그래프

완전 그래프(complete graph)는 그래프 내의 모든 노드가 1:1 간선으로 연결된 그래프를 말합니다. 모든 노드가 서로 연결되어 더 이상 추가될 간선이 없는 그래프를 말합니다. 더 이상 추가할 간선이 없다는 뜻에서 **완전 그래프는 연결 가능한 최대 간선 수를 가진 그래프**라고도 합니다.

이러한 완전 그래프는 노드의 개수에 따라서 간선의 개수가 정해집니다. 왜냐하면, 그래프의 모든 노드가 서로 연결되어 있기 때문입니다. 노드의 개수를 n이라고 하면 그래프의 최대 간선 수 m은 다음과 같이 n에 대한 식으로 계산됩니다. 다만, 그래프가 무방향 그래프인지 아니면 방향 그래프인지에 따라 각각 최대 간선 수가 달라집니다. 왜냐하면, 무방향 그래프는 두 노드 사이에 간선이 한 개만 올 수 있지만, 방향 그래프는 양방향으로 2개의 간선이 있을 수 있습니다. 즉, 방향 그래프에서의 최대 간선 개수는 무방향 그래프의 2배가 됩니다.

무방향 그래프	$m = \dfrac{n(n-1)}{2}$
방향 그래프	$m = n(n-1)$

예를 들어, 그래프 G1과 같이 노드 개수가 6개인 무방향 그래프라면, 이때의 완전 그래프는 **그림 11-18**의 왼쪽 그래프 G6과 같습니다. 노드 사이에 연결되지 않은 경우가 없다는 것을 알 수 있습니다. 또한, 그래프 G2와 같이 노드 개수가 6개인 방향 그래프라면 이때의 완전 그래프를 그려보면 **그림 11-18**의 오른쪽 그래프 G7과 같습니다. 이 경우도 노드 사이에 연결되지 않은 경우가 없다는 것을 알 수 있습니다.

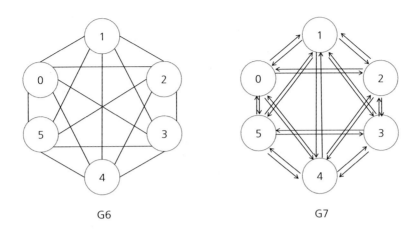

그림 11-18 무방향 완전 그래프 G6과 방향 완전 그래프 G7

또한, **그림 11-18**에서 알 수 있듯이 방향 그래프는 무방향 그래프에 비해서 간선의 개수가 2배 많다는 것을 알 수 있습니다. 예를 들어, 앞서 간선을 구하는 식에 따라 노드 개수 n이 6인 무 방향 완전 그래프 G6의 간선 개수는 6 × 5 ÷ 2 = 15개입니다. 이때, 방향 완전 그래프는 이 값의 2배로 30개가 되는데, 식에 따라서도 6 × 5 = 30개를 구할 수 있습니다.

1.2.2 **부분 그래프**

원래의 그래프에서 일부의 노드나 간선을 제외하여 만든 그래프를 부분 그래프(sub graph)라고 합니다. **부분 그래프**의 정의가 **원래의 그래프에서 노드 혹은 간선을 제외하여 만들어진 그래프**라는 점에 주의해 주세요. 이제 다음으로 이러한 부분 그래프의 속성을 수식을 통해 알아보겠습니 다. 그러기 위해서는 먼저 그래프를 식으로 정의해야 하겠네요.

그래프 G의 부분 그래프를 G'라고 가정해 보겠습니다. 앞서, 우리는 그래프 G의 노드를 V(G) 로 간선을 E(G)로 표현한다고 배웠습니다. 그러면, 부분 그래프 G'의 노드는 V(G')로 간선은 E(G')로 나타낼 수 있습니다. 다음 식은 그래프 G 및 그래프 G의 부분 그래프인 G'를 식으로 나타낸 것입니다.

G = (V(G), E(G))

G' = (V(G'), E(G'))

그러면, 부분 그래프 G'의 노드와 간선의 속성을 살펴볼까요? 부분 그래프 G'의 노드와 간선은 다음 식과 같은 속성을 가지게 됩니다.

$$V(G') \subseteq V(G)$$

$$E(G') \subseteq E(G)$$

식 $V(G') \subseteq V(G)$에서 집합 기호 $\subseteq$는 '~에 포함된다'는 뜻입니다. 따라서, 부분 그래프 G'의 노드 $V(G')$는 노드 $V(G)$에 포함된다는 뜻입니다. 즉, $V(G')$는 $V(G)$의 부분집합이라는 뜻입니다. 마찬가지로, 식 $E(G') \subseteq E(G)$에 따라 부분 그래프 G'의 간선 $E(G')$는 간선 $E(G)$의 부분집합입니다.

그럼, 어떤 이유로 부분 그래프의 노드와 간선이 원래 그래프 G의 노드와 간선의 부분집합이 되었을까요? 부분 그래프를 만들기 위해 그래프 G의 일부 노드와 간선을 제거했기 때문입니다. 따라서, 부분 그래프의 노드와 간선 집합은 원래 그래프의 노드와 간선 집합보다 작거나 혹은 같기 때문에 부분집합이 됩니다.

식으로 이야기해서 그렇지 실제 예를 살펴보면 그렇게 어렵지 않게 이해할 수 있을 것입니다. 다음 그림은 이처럼 그래프 G1에서 몇 개의 노드와 간선을 제거하여 만든 부분 그래프 G8의 예를 보여 줍니다.

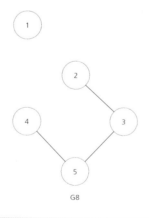

그림 11-19 그래프 G1의 부분 그래프 G8

그럼 그래프 G8의 노드와 간선은 무엇입니까? 이를 식을 정리해 보면 다음과 같습니다.

G8의 **노드**: V(G8) = {1, 2, 3, 4, 5 }

G8의 **간선**: E(G8) = {(2, 3), (3, 5), (4, 5)}

이에 비해 원래 그래프 G1의 노드와 간선은 다음과 같습니다.

V(G1) = {0, 1, 2, 3, 4, 5 }

E(G1) = {(0, 1), (0, 2), (1, 2), (2, 3), (3, 4), (3, 5), (4, 5)}

자 어떻습니까? 그래프 G1에 비해 그래프 G8은 어떤 노드, 어떤 간선이 제외되었나요? 다음 그림에서 노드 0과 간선 (0, 1), (0, 2), (1, 2), (3,4)가 없어졌다는 것을 알 수 있습니다.

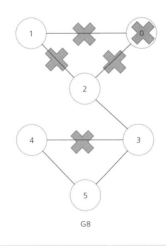

G8

그림 **11-20** 그래프 G1의 부분 그래프 G8: 제거된 간선과 노드

따라서, 그래프 G8의 노드와 간선은 그래프 G1의 노드와 간선에 각각 포함된다는 것을 다음 식과 같이 나타낼 수 있습니다.

G8의 노드: V(G8) = {1, 2, 3, 4, 5 } ⊆ V(G1) = {0, 1, 2, 3, 4, 5 }
            V(G8) ⊆ V(G1)

G8의 간선: E(G8) = {(2, 3), (3, 5), (4, 5)} ⊆ E(G1) = {(0, 1), (0, 2), (1, 2), (2, 3), (3, 4), (3, 5), (4, 5)}
            E(G8) ⊆ E(G1)

이 식에 의해 그래프 G8의 노드 집합 V(G8)은 그래프 G1의 노드 집합 V(G1)의 부분집합이라
는 것과 그래프 G8의 간선 집합 E(G8)은 그래프 G1의 간선 집합 E(G1)의 부분집합이라는 것
을 확인할 수 있습니다.

1.2.3 다중 그래프

마지막으로 살펴볼 개념으로 다중 그래프(multi graph)가 있습니다. 다중 그래프는 중복된 간선
을 포함하는 그래프를 말합니다. 사실 앞서 방향 그래프와 무방향 그래프 모두 두 개의 노드
사이에 중복된 간선은 없었습니다. 방향 그래프의 경우 두 개의 노드 사이에 2개의 간선만이
가능했고, 무방향 그래프는 오직 1개의 간선만이 가능했습니다.

반면, 다중 그래프는 무방향 그래프라 할지라도 2개 이상, 여러 개의 간선이 올 수 있는 그래
프입니다. 왜냐하면, 같은 방향의 간선이 2개 이상 있을 수 있기 때문입니다. 예를 들어, 다음
그림에서 그래프 G10이 이러한 다중 그래프의 예가 됩니다.

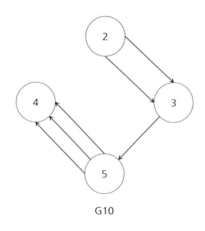

G10

그림 **11-21** 다중 그래프 G10

그림 11-21에서는 노드 2와 노드 3을 연결하는 간선 〈2, 3〉이 2개 있으며 노드 5와 노드 4를 연결하는 간선 〈5, 4〉가 3개 있습니다. 그래프 G10은 두 노드 사이에 같은 간선이 여러 개 있다는 점에서 다중 그래프가 됩니다.

지금까지 우리는 그래프의 개념에 대해서 살펴보았습니다. 특별히 간선의 특성에 따라서 무방향 그래프, 방향 그래프, 가중 그래프를 알아보았습니다. 또한, 그래프의 구조적 특성이 따라서 완전 그래프, 부분 그래프, 다중 그래프를 배웠습니다. 이제 다음으로 추가적인 그래프 관련 용어를 알아보겠습니다. 이러한 용어는 그래프를 실제 소스로 구현하고, 그래프 기반의 여러 알고리즘을 이해하는 데 필수적인 사전 지식이 됩니다.

1.3 그래프 관련 용어

우리가 이번 절에서 배울 그래프 관련 용어는 모두 6개로 인접, 부속, 차수, 경로, 그래프의 동일성, 루프가 됩니다. 이 중 먼저 인접, 부속, 차수는 그래프의 간선과 노드 사이의 **관계**에 관한 개념입니다.

1.3.1 인접

두 개의 노드를 연결하는 간선이 존재하는 경우 두 노드는 **인접**(adjacent)되었다고 합니다. 인접을 다른 말로 연결되었다고도 합니다. 앞서 그래프 G1을 통해 이를 살펴보면 다음과 같습니다.

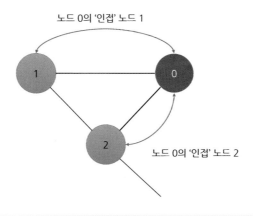

그림 11-22 인접의 예

486
자료구조 입문

그림 11-22에서 그래프 G1의 노드 0과 노드 1은 간선 (0, 1)로 연결되어 있습니다. 따라서, 다른 말로 노드 0과 노드 1은 인접되어 있다고 합니다. 또한, 노드 0과 노드 2도 간선 (0, 2)로 연결되어 있기 때문에 노드 0과 노드 2는 인접되어 있습니다. 즉, 노드 0의 인접 노드는 노드 1과 노드 2입니다.

1.3.2 부속

두 개의 노드를 연결하는 간선이 존재하는 경우 이 간선은 두 노드에 각각 **부속**(incident)되었다고 합니다. 예를 들어, 그래프 G1의 경우를 살펴보면 다음과 같습니다.

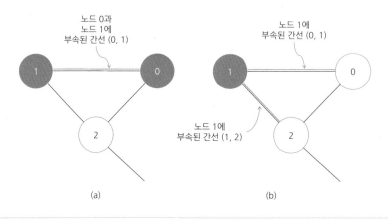

그림 11-23 부속의 예

그림 11-23에서 그래프 G1의 노드 1과 노드 0은 간선 (0, 1)로 연결되어 있습니다. 따라서, 간선 관점에서 살펴보면 간선 (0, 1)은 노드 0에 부속된 동시에 노드 1에도 부속되어 있습니다. 물론, 노드 관점에서 살펴보면 노드 1에 부속된 간선은 간선 (1, 0)과 간선 (1, 2)가 됩니다. 왼쪽 그림 (a)가 노드 0과 노드 1에 부속된 간선 (0, 1)을 보여줍니다. 또한, 오른쪽 그림 (b)는 노드 1에 부속된 간선 (0, 1), (1, 2)를 확인할 수 있습니다.

1.3.3 차수

노드에 부속된(연결된) 간선의 개수를 **차수**(dgree)라고 합니다. 다음 그림의 왼쪽 무방향 그래프에서는 노드 1의 차수는 2입니다. 왜냐하면, 노드 1에 연결된 간선이 (0, 1), (1, 2)로 2개이기 때문입니다.

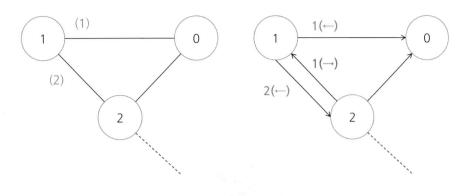

그림 **11-24** 차수의 예

단, 방향 그래프의 경우에는 간선에 방향성이 있기 때문에 추가로 용어가 있습니다. 바로, 노드로 들어오는 간선의 개수를 **진입차수(in-degree)**라고 하고, 노드에서 나가는 간선의 개수를 **진출차수(out-degree)**라고 합니다. 오른쪽 그래프에서 노드 1로 들어오는 간선은 간선 〈2, 1〉로 1개이므로 진입차수는 1입니다. 반면, 위의 오른쪽 그림에서 노드 1에서 나가는 간선은 〈1, 0〉, 〈1, 2〉로 2개이므로, 진출차수는 2입니다.

지금까지 우리는 간선과 노드 사이의 '관계'에 관한 인접, 부속, 차수에 대해서 살펴보았습니다. 다음으로, 경로, 그래프의 동일성, 루프에 대해서 배워보겠습니다.

1.3.4 경로

그래프의 노드 A에서 노드 B까지의 **경로(path)**는 노드 A에서 노드 B까지 통과하는 길을 말합니다. 그런데 이러한 '통과하는 길'이란 간선들을 말할 수도 있고, 혹은 거쳐 간 노드들을 뜻할 수 있습니다. 다만, 그래프에서 정의한 경로란 통과하는 **노드들**을 말합니다.

그래프에서 말하는 경로를 엄격하게 정의하면 **노드 A부터 노드 B에 이르는 간선들의 인접 노드를 순서대로 나열한 목록**을 말합니다. 즉, 간선들과 연결된 노드들이 바로 경로가 됩니다. 예를 들어, 앞서 그래프 G1의 노드 1에서 노드 4까지의 경로는 다음과 같이 모두 4가지가 있습니다.

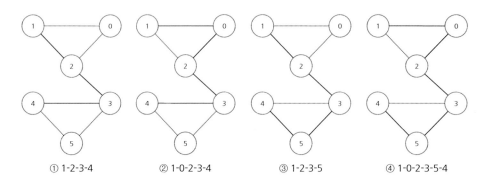

그림 11-25 그래프 G1의 노드 1에서 노드 4까지의 경로

이 그림에서 경로란 노드들의 목록이란 것을 알 수 있는데, 예를 들어, 1-2-3-4란 노드 1, 노드 2, 노드 3, 노드 4를 통과했다는 뜻이 됩니다. 특별히 경로 ④의 경우 1-0-2-3-5-4가 경로인데, 모두 6개의 노드로 구성되어 있습니다. 다른 경로들에 비해서 노드 개수가 더 많은데요, 이때 노드 1에서 4까지 연결된 간선들은 (1, 0), (0, 2), (2, 3), (3, 5), (5, 4)가 됩니다.

경로를 구성하는 간선의 개수를 경로 길이(path length)라 하며 경로 ④는 간선의 개수가 5개이므로 경로 길이가 5입니다. 특히 경로 중에 같은 노드가 존재하지 않는 경우 이를 단순 경로(simple path)라고 합니다. 경로 ④ 1-0-2-3-5-4는 경로 길이가 다른 경로들보다 길지만, 경로를 구성하는 노드(1, 0, 2, 3, 5, 4) 중에는 같은 노드가 없습니다. 즉, 경로에 노드들을 모두 1번씩만 사용한 단순 경로입니다. 만약, 경로를 1-0-2-1-0-2-3-5-4로 한다면 노드 1, 0, 2가 각각 2번씩 사용되었으므로 단순 경로가 아닙니다. 참고로, 방향 그래프에서의 단순 경로는 단순 방향 경로(simple directed path)라고 합니다.

아울러, 단순 경로 중에서 경로의 시작 노드와 마지막 노드가 같은 경로를 사이클(cycle) 혹은 순환이라고 합니다. 예를 들어, 경로 ④ 1-0-2-3-5-4는 시작 노드가 1이고 종료 노드가 4이므로 사이클이 아닙니다. 만약, 경로를 1-0-2-1이라 한다면, 시작 노드와 종료 노드가 모두 노드 1이므로 사이클이 됩니다. 마지막으로, 그래프 내의 모든 노드 사이에 경로가 있을 때 그래프가 연결되었다(connected)고 합니다. 앞서 예제 그래프인 G1에서는 모든 노드 사이에 경로가 있으므로 연결되었다고 합니다.

1.3.5 **그래프의 동일성**

어떤 경우에 두 개의 그래프가 서로 같다고 할까요? 그래프의 동일성은 이러한 질문에서 시작합니다. 예를 들어, 다음 그래프 G1과 G5는 서로 다른 그래프처럼 보입니다. 하지만, 사실은 두 그래프 G1과 G5는 서로 같은 그래프입니다.

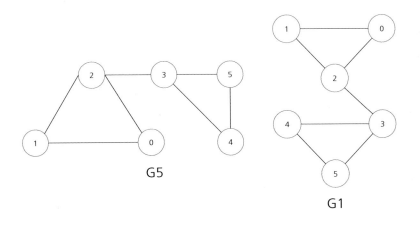

그림 11-26 그래프 G1과 같은 그래프 G5

이 그림에서 우리는 서로 같은 그래프라 할지라도 겉으로 보기에는 다를 수 있다는 것을 알 수 있습니다. 왜냐하면, 노드의 상대적인 위치, 간선의 길이 등 그래프의 시각적 표현이 서로 다를 수 있기 때문입니다. 반면, 그래프의 동일성을 판단하는 기준은 노드와 간선의 집합이 서로 같으냐 입니다.

그래프에서 노드와 간선의 집합이 서로 같으면 같은 그래프입니다. 예를 들어, 그래프 G1과 그래프 G5가 같은 그래프임을 다음과 같이 식을 통해 나타낼 수 있습니다.

G5의 노드: V(G5) = {0, 1, 2, 3, 4, 5}

G1의 노드: V(G1) = {0, 1, 2, 3, 4, 5} = V(G5)

G5의 간선: E(G5) = {(0, 1), (0, 2), (1, 2), (2, 3), (3, 4), (3, 5), (4, 5)}

G1의 간선: E(G1) = {(0, 1), (0, 2), (1, 2), (2, 3), (3, 4), (3, 5), (4, 5)} = E(G5)

그래프 G5의 노드와 그래프 G1의 노드는 서로 구성 요소가 같습니다. 모두 6개의 같은 노드들을 가지는 같은 집합이기 때문에 서로 같습니다. 마찬가지로, 그래프 G5와 그래프 G1의 간선은 같은 간선들을 구성 요소로 가지는 같은 집합입니다. 따라서, 그래프의 노드와 간선이 서로 같으므로 그래프 G1과 그래프 G5는 같은 그래프입니다.

1.3.6 루프

그래프의 한 노드에서 자기 자신으로 이어지는 간선이 있다면 이러한 간선을 루프(loop)라고 합니다. 예를 들어, 다음 그림의 그래프 G9를 봐 주세요. 특별히, 노드 2에서 노드 2를 연결하는 간선이 바로 이러한 루프에 해당합니다.

참고로, 노드 2에서 루프를 식으로 표현하면 〈2, 2〉가 됩니다. 왜냐하면, 간선이 노드 2에서 시작하여 다시 자기 자신으로 이어지기 때문입니다.

지금까지 우리는 그래프의 개념과 관련 용어를 살펴보았습니다. 다음 절에서는 그래프의 구현을 위해 그래프의 추상 자료형을 살펴보겠습니다. 지금까지 우리가 살펴보았던 주요 내용을 정리하면 다음과 같습니다.

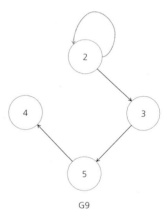

G9

그림 **11-27** 루프의 예

표 **11-1** 그래프의 종류

구분	종류	설명
간선의 방향성	무방향 그래프	간선에 방향이 없는 그래프
	방향 그래프	간선에 방향이 있는 그래프
간선의 가중치	가중 그래프	간선에 가중치가 할당된 그래프
구조적 특징	완전 그래프	연결 가능한 최대 간선 수를 가진 그래프
	부분 그래프	원래의 그래프에서 일부의 노드나 간선을 제외하여 만든 그래프
	다중 그래프	중복된 간선을 포함하는 그래프

2. 그래프의 추상 자료형

지금까지 그래프의 여러 개념과 용어에 대해서 살펴보았습니다. 이제부터는 이러한 기초 지식을 바탕으로, 실제 그래프를 구현해 보도록 하겠습니다. 그런데 그래프를 구현하기 전에 먼저 그래프 사용에 필요한 기본적인 연산을 정리해 볼까요? 다음은 그래프의 추상 자료형을 정리한 표입니다.

표 11-2 그래프의 추상 자료형

	이름	Input	Output	설명
그래프 생성	createGrapOh()	최대 노드 개수 n	그래프 g	n 개의 노드를 가지는 공백(empty) 그래프 g를 생성
그래프 삭제	deleteGraph()	그래프 g	N/A	그래프 g의 모든 노드 V와 간선 E를 제거하고, 그래프 g를 제거
간선 추가	addEdge()	그래프 g 노드 u 노드 v	N/A	그래프 g에 노드 u와 노드 v를 연결하는 새로운 간선 e를 추가
간선 제거	removeEdge()	그래프 g 노드 u 노드 v	N/A	그래프 g의 간선 (u, v) 혹은 〈u, v〉를 제거

그래프를 생성하는 연산 createGraph()는 노드 개수 n을 입력 파라미터로 받아 빈(empty) 그래프를 생성합니다. 간선을 추가하는 연산은 addEdge()이며 제거하는 연산은 removeEdge()입니다. 특별히, 노드를 추가하거나 제거할 때 어떤 노드를 추가 혹은 제거할지 어떻게 지정할 수 있을까요? 이때 사용하는 입력 파라미터는 간선이 부속된(incident) 2개의 노드 u와 v를 입력(input)으로 합니다. 즉, 간선의 시작 혹은 종료 노드를 통해서 어떤 간선이 추가 혹은 제거되는지 알려줍니다.

단, 이때 생성된 그래프가 방향 그래프인지 혹은 무방향 그래프인지에 따라서 입력인 두 개 노드의 순서가 의미가 있습니다. 만약, 무방향 그래프인 경우라면 노드 u와 노드 v의 순서에 상관없이 같은 간선입니다. 반면, 방향 그래프라면 노드 u와 노드 v의 순서가 다르면, 서로 다른 간선으로 여겨집니다. 방향이 있는 간선이므로 u → v와 v → u는 서로 다른 간선입니다. 따라서, 방향 그래프에서 간선을 추가 혹은 제거할 때는 특별히 이러한 간선의 방향성에 주의해야 합니다.

3. 인접 행렬로 구현한 그래프

2차원 배열은 그래프의 간선 정보를 가장 쉽게 저장하는 방법 중 하나입니다. 특별히 그래프의 구현에서 사용하는 2차원 배열을 인접 행렬(adjacency matrix)이라고 합니다. 이름부터 심상치 않은 인접 행렬은 무엇이며, 어떻게 그래프를 구현하는 방법이 되었을까요?

3.1 인접 행렬이란?

두 개의 노드가 간선으로 서로 연결되어 있으면 '인접'하다고 합니다. 예를 들어, 다음 그림에서 노드 0과 노드 1은 간선 〈0, 1〉으로 연결되었기 때문에 인접한 노드가 됩니다. 그래프에서 '인접'은 '노드의 연결'을 말합니다. 따라서, 인접 행렬이란 노드들 사이의 연결 정보를 저장하는 행렬을 말합니다.

노드의 연결 정보란 결국 간선의 정보를 말합니다. 그리고 2차원 배열을 다른 말로 행렬이라고 하는 것은 아시죠? 정리해 보자면 인접 행렬은 노드를 연결하는 간선의 정보를 저장하는 2차원 배열을 말합니다.

그런데 여기서 말하는 간선의 정보란 간선이 존재하는지 여부이거나 혹은 간선의 가중치 값등이 됩니다. 먼저 간선의 존재 여부만을 저장하는 경우를 생각해보겠습니다. 다음 그림은 인접 행렬을 이용하여 방향 그래프의 간선을 저장하는 것을 보여 줍니다.

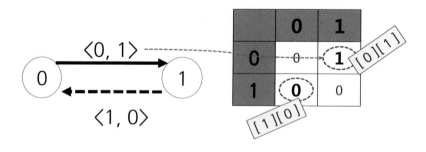

그림 11-28 인접 행렬로 방향 그래프의 간선 정보를 저장

그림 11-28에는 노드 0에서 노드 1을 연결하는 간선 〈0, 1〉이 있습니다. 이러한 간선이 있기 때문에 2차원 배열의 원소 [0][1]의 값은 1이 됩니다. 반면, 노드 1에서 노드 0으로 연결하는 간선 〈1, 0〉은 없습니다. 그 결과 배열 [1][0]의 값은 0입니다. 따라서, 우리는 여기서 행(Row)

은 시작 노드를 의미하고 열(Column)이 종료 노드를 뜻한다는 것을 알 수 있습니다. 이를 식으로 나타내면 다음과 같습니다.

> 간선 〈i, j〉가 존재   → [i][j] = 1
>
> 간선 〈i, j〉가 존재하지 않음 → [i][j] = 0

자 이제 이러한 지식을 바탕으로 방향 그래프 G2를 인접 행렬로 저장하는 경우를 살펴볼까요? 이 책을 읽는 독자 분들은 **그림 11-29**의 왼쪽 그림을 보고 오른쪽의 인접 행렬을 직접 작성해 보세요. 간선이 있는 경우는 1이고 없으면 0이 됩니다. 참고로, 그림에서는 간선 정보를 분명하게 보이게 하기 위해 행렬의 값이 0인 요소는 따로 표시하지 않았습니다.

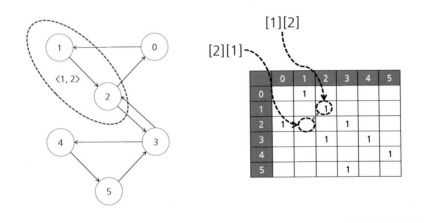

그림 **11-29** 인접 행렬로 방향 그래프 G2의 간선 정보를 저장

그림 11-29에서 그래프 G2는 방향 그래프이므로 비대칭(asymmetric)이라는 것을 알 수 있습니다. 예를 들어, 노드 1에서 노드 2로 연결된 간선은 있지만, 반대로 노드 2에서 노드 1로 연결된 간선은 없습니다. 따라서, 간선 〈1, 2〉가 있으므로 행렬의 [1][2] 값은 1인 반면, 간선 〈2, 1〉은 없으므로 행렬의 [2][1] 값은 0입니다. 즉, 두 개의 간선 〈1, 2〉와 〈2, 1〉이 서로 다른 간선이므로 대칭성이 존재하지 않습니다.

참고로, 이 예에서 노드가 6개이기 때문에 2차원 배열의 원소 개수는 모두 36(=6×6)개입니다. 반면, 간선은 모두 8개로 전체 배열의 약 22 (=8/36)%를 사용했습니다. 전체 배열의 나머지 78%는 값이 설정되지 않아 낭비된 부분이 크다는 것을 알 수 있습니다. 사실 이러한 저장 공간의 낭비 문제는 인접 행렬 대신에 인접 리스트를 사용하게 되는 이유이기도 합니다. 이 부분은 조금 뒤에 살펴보기로 하고, 우리는 여기서 인접 행렬에 대해서 조금 더 살펴보겠습니다.

3.2 인접 행렬의 구조

인접 행렬은 간선의 존재 여부를 저장하는 2차원 배열이라는 것을 배웠습니다. 이러한 2차원 배열을 어떻게 구현해야 할까요? 먼저 인접 행렬의 구조체를 그림으로 나타내면 다음과 같습니다. 참고로, 우리는 여기서 방향 그래프에 대해서 구현하려 합니다. 무방향 그래프는 방향 그래프의 구현이 끝난 다음에 다시 한번 살펴보겠습니다.

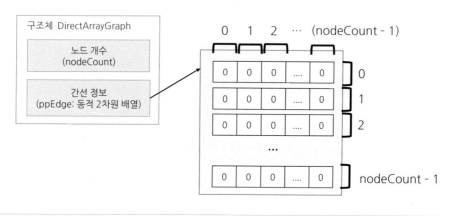

그림 11-30 구조체 DirectArrayGraph의 구조

그림 11-30에서 구조체 DirectArrayGraph는 방향 그래프를 나타냅니다. 여기서 구조체의 이름 DirectArrayGraph의 뜻은 방향 그래프(direct)를 행렬(array)로 구현한 그래프(graph) 구조체라는 뜻입니다. 그리고 구조체 DirectArrayGraph는 내부 멤버 변수로 노드 개수 nodeCount와 간선에 대한 2차원 배열인 ppEdge로 이루어져 있습니다. 여기서 2차원 배열은 노드 개수 nodeCount 만큼 행과 열의 크기가 동적으로 결정되는 동적 2차원 배열입니다.

사실 동적 2차원 배열만 생각하면 멤버 변수 ppEdge만 있어도 되지 않느냐고 생각할 수 있습니다. 하지만, 정적 배열이 아니라 동적 배열이기 때문에 노드 개수가 몇 개인지 알고 있어야 합니다. 따라서, 2차원 배열 자체를 가리키는 멤버 변수와 노드 개수를 저장하는 멤버 변수까지 해서 모두 2개의 멤버 변수를 가집니다. 여기에서 2차원 배열은 간선의 존재 여부(1: 존재,

0: 존재 안 함)를 저장해야 하므로 정수 int 형의 2차원 배열입니다.

C 언어에서는 동적 2차원 배열을 구현하기 위해 더블 포인터를 이용합니다. 멤버 변수 이름 앞에서 pp가 붙는 것도 더블 포인터 형이라는 것을 말해 줍니다. 더블 포인터 변수 ppAdjEdge 가 가리키는 2차원 배열의 세부 구조는 다음에서 다시 살펴보기로 하겠습니다. 그럼, 구조체 DirectArrayGraph의 실제 C 소스를 살펴볼까요?

예제 11_01.c (1/9)

```
001    #include <stdio.h>
002    #include <stdlib.h>
003    #include <string.h>
004
005    typedef struct DirectArrayGraphType
006    {
007        int nodeCount;        // 노드 개수
008        int **ppEdge;         // 간선 저장을 위한 2차원 array
009    } DirectArrayGraph;
```

이 소스 줄 5~9에서 구조체 DirectArrayGraph를 선언하고 있습니다. 줄 7에서 멤버 변수 nodeCount는 노드 개수를 나타냅니다. 또한, 줄 8에서는 실제 간선 정보를 저장하게 되는 int 형의 더블 포인터 변수인 ppEdge가 있습니다.

이제 인접 행렬을 실제 C 소스로 정의했으니 다음 단계로, 앞서 살펴본 추상 자료형의 여러 연산을 차례로 구현해 보겠습니다.

3.3 그래프의 생성

먼저 인접 행렬로 구현한 방향 그래프를 생성하는 함수 createDirectArrayGraph()를 살펴보겠습니다. 모두 3부분의 메모리 할당이 주된 내용이 됩니다.

〈여기서 잠깐〉 C 언어에서의 동적 2차원 배열의 구현

C 언어에서는 2차원 배열을 저장하기 위한 기법으로 **1차원 포인터 배열**을 사용합니다. 물론, 1차원 배열에서 저장하는 각각의 원소는 포인터 변수가 됩니다. 그런데 1차원 배열에 저장되는 각각의 포인터 변수는 다음 그림에서 알 수 있듯이 또 다른 1차원 배열의 시작 주소를 가리킵니다.

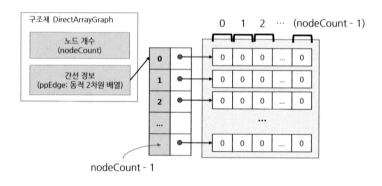

그림 11-31 구조체 DirectArrayGraph의 상세 구조

그림 11-31에서 결국 각각의 포인터 변수가 가리키는 1차원 배열이란 동적으로 할당된 1개의 줄(row)이라는 것을 알 수 있습니다. 여기서 1개의 줄은 내부적으로는 노드 개수 nodeCount 만큼 int 형의 자료를 저장합니다. 즉, 노드를 연결하는 간선이 실제 존재하는지를 1 혹은 0의 값으로 나타냅니다.

C 언어에서 더블 포인터는 '포인터 변수를 저장하는' 1차원 배열의 시작 주소를 가리키기 위해 사용합니다. 따라서, 더블 포인터 변수 ppEdge는 이러한 1차원 배열의 시작 주소를 가리킵니다. 그리고 1차원 배열에 저장되는 포인터 변수는 각각 한 개의 줄을 나타내는 int 형의 배열을 가리킵니다. 사실 동적 2차원 배열을 구현하는 부분이 인접 행렬의 구현에서 가장 이해가 어려운 부분입니다. 동적 2차원 배열의 구현에 대한 보다 자세한 내용은 프리렉에서 출간된 《C 언어 정복 리얼 교과서》와 같은 C 언어 서적을 참고해 주세요.

예제 11_01.c (2/9)

```
011    DirectArrayGraph* createDirectArrayGraph(int nodeCount)
012    {
013        int i = 0;
014        DirectArrayGraph *pReturn = NULL;
015
016        pReturn = (DirectArrayGraph *)malloc(sizeof(DirectArrayGraph));
017        if (pReturn == NULL) {
018            return NULL;
019        }
021        pReturn->nodeCount = nodeCount;
022        pReturn->ppEdge = (int **)malloc(sizeof(int *) * nodeCount);
023        if (pReturn->ppEdge == NULL) {
024            return NULL;
025        }
027        for(i = 0; i < nodeCount; i++) {
028            pReturn->ppEdge[i] = (int *)malloc(sizeof(int) * nodeCount);
029            if (pReturn->ppEdge[i] == NULL) {
030                return NULL;      // 중간에 할당된 메모리 해제 필요
031            }
032            memset(pReturn->ppEdge[i], 0, sizeof(int) * nodeCount);
033        }
035        return pReturn;
036    }
```

> **16~19**: 방향 그래프 구조체 자체의 메모리 할당 및 검증

> **21**: 노드 개수에 대한 멤버 변수 초기화

> **22~25**: '포인터 변수'들의 1차원 배열을 위한 메모리를 할당하고 검증

> **32**: 각 줄(row)별로 메모리 초기화: 0으로 초기화

> **27~33**: 각각의 줄(row)별로 메모리 할당하고 검증함

먼저 구조체 자체에 대한 메모리를 할당하고 이를 검증합니다(줄 16~19). 만약, 메모리 할당에 실패했다면 NULL을 반환합니다. 메모리 할당에 성공했으면 노드 개수를 저장하는 구조체의 멤버 변수 nodeCount의 값을 설정합니다(줄 21).

이제 다음으로 '포인터 변수'들의 1차원 배열을 위한 메모리를 할당하고 이를 검증합니다(줄 22~25). 여기서 1차원 배열의 원소 개수는 nodeCount고 각각의 원소의 크기는 sizeof(int *)가 됩니다. 따라서, 할당되는 메모리의 크기는 sizeof(int *) * nodeCount로 계산됩니다(줄 22).

마지막으로, 노드 개수 nodeCount만큼 루프를 돌면서 메모리를 할당하고 이를 검증합니다(줄 27~33). 각 행(row)마다 칼럼 개수 nodeCount 만큼의 1차원 배열에 대한 메모리가 할당됩니다. 단, 여기서 0으로 1차원 배열을 초기화시켜준다는 점을 주의해 주세요(줄 32).

〈여기서 잠깐〉 메모리 누수 문제

앞서 살펴본 소스를 보면 for 반복문 안에서 메모리를 할당하고 이를 검증합니다. 줄 29를 보면 for 반복문 안에서 메모리 할당을 검증합니다. 만약, 메모리 할당에 실패한 경우 줄 30에 의해 NULL을 반환합니다. 즉, 여기서 함수의 실행 자체가 끝나게 됩니다. 이 소스의 문제점이 무엇인지 혹시 느낌이 오시나요?

소스의 문제점이 무엇인지를 알기 위해 반복문 for가 실행되는 중간에서 오류가 나는 경우를 생각해 봅시다. 예를 들어, 행의 개수가 10개인데, 5번째 행에서 오류가 발생하는 경우를 생각할 수 있습니다. 이럴 경우 소스 줄 29~30에 의해 함수의 실행이 끝나고 NULL이 반환됩니다. 다만, 이 경우 앞서 할당한 4개의 행에 대해서는 추가적인 조치가 필요합니다. 즉, 구조체 자체가 사용되지 못하기 때문에 중간에 할당된 메모리를 해제해 주어야 하는데, 이러한 조치가 없다는 것을 알 수 있습니다.

만약, 이러한 사용되지 못하는 메모리에 대해 해제를 하지 않았다면 무엇이 문제인가요? 이는 메모리 누수(leak)가 발생한 경우입니다. 즉, 사용되지 않는 메모리가 프로그램이 동작하는 동안에 불필요하게 낭비되는 것입니다. 그리고 이러한 누수는 프로그램이 동작하는 동안 점차 증가하여, 결국은 프로그램뿐 아니라 전체 운영 체제의 성능도 저하합니다. 많은 개발자가 귀찮다고 해서 오류 처리를 하지 않아서 프로그램의 품질이 나빠지는 대표적 사례가 됩니다.

따라서, 이 책을 읽는 독자 분들은 반복문 안에서 발생하는 오류에 대한 처리는 확실하게 해주어야 한다는 것을 기억해 주세요. 그러면, 어떻게 처리해 주어야 할까요? 이 부분에 대한 모범 사례는 뒤의 연습 문제에서 살펴보겠습니다.

〈여기서 잠깐〉 동적 메모리 할당의 필요성

혹시 앞서 살펴본 소스가 이해하기 어려워 난처하신 독자 분들 계신가요? 사실, 이 소스가 이처럼 다소 어려워진 이유는 노드의 개수(nodeCount)를 미리 정해 놓지 않고 동적으로 선언하여 사용하기 때문입니다. 만약, 다음과 같이 최대 노드 개수가 고정된, 정적 2차원 배열을 사용하게 되면 메모리 할당과 관련된 소스가 간단해집니다.

```
#define      MAX_VERTEX_COUNT        50
typedef struct DirectArrayGraphType
{
    int nodeCount;
    int ppEdge[MAX_VERTEX_COUNT][ MAX_VERTEX_COUNT];
} DirectArrayGraph;
```

다만, 고정된 최대 노드 개수를 사용하면 불필요한 메모리 낭비가 발생할 가능성이 아주 큽니다. 왜냐하면, 노드 개수가 작은 그래프의 경우에도 최대 노드 개수의 2차원 배열을 사용해야 하기 때문입니다. 즉, 모든 그래프에서 같은 노드 개수를 사용하기 때문에 대부분은 필요 이상의 메모리를 낭비합니다.

3.4 간선의 추가

그래프를 생성했으니까, 이제 간선을 추가하는 함수를 살펴보겠습니다. 앞서 인접 행렬을 생성할 때 간선 정보의 초깃값이 0이었습니다. 즉, 초기에는 그래프에 아무런 간선이 없는 상태로 그래프가 생성된 것입니다. 만약, 그래프에 새로운 간선을 추가하려면 다음 소스의 함수 addEdgeDAG()를 호출하면 됩니다. 참고로, 함수 이름 뒤에 붙은 DAG는 방향 인접 행렬(DirectedArrayGraph)의 약어입니다.

예제 11_01.c (4/9)

```
047   int addEdgeDAG(DirectArrayGraph* pGraph, int fromNode, int toNode)
048   {
049       int ret = 0;
050
051       if (pGraph != NULL
052           && checkVertexValid(pGraph, fromNode)
053           && checkVertexValid(pGraph, toNode)) {
054           pGraph->ppEdge[fromNode][toNode] = 1;
055       }
056       else {
057           ret = -1;
058       }
059
060       return ret;
061   }
```

함수 addEdgeDAG()는 입력 파라미터로 그래프 pGraph와 간선의 시작 노드 fromNode, 종료 노드 toNode를 전달받습니다(줄 47). 그리고 먼저 전달받은 입력 파라미터가 유효한지 점검합니다(줄 51~53). 여기서 시작 노드와 종료 노드가 유효한지를 점검하기 위해서 함수 checkVertexValid()를 호출합니다. 물론, 이러한 유효성 점검이 성공한 경우라면, 줄 54에서 간선을 추가하게 됩니다. 즉, 2차원 배열의 해당 위치의 원소 값을 1로 설정합니다.

함수 checkVertexValid()는 소스 순서상 함수 addEdgeDAG()보다 먼저 와야 합니다. 다만, 여기서는 소스 설명의 편의상 먼저 실었습니다. 함수 checkVertexValid()의 소스는 다음과 같습니다.

예제 11_01.c (3/9)

```
038   int checkVertexValid(DirectArrayGraph* pGraph, int node) {
039       if (pGraph != NULL && node < pGraph->nodeCount && node >= 0) {
040           return 1;
041       }
042       else {
043           return 0;
044       }
045   }
```

소스 줄 39에서 먼저 그래프가 NULL이면 안 됩니다. 다음으로, 노드의 번호(인덱스)가 노드 개수보다 작아야 하고 0보다는 크거나 같아야 합니다.

3.5 간선의 제거

바로 앞에서 우리는 인접 배열로 구현한 그래프에서 간선을 추가하는 함수를 살펴보았습니다. 다음으로, 간선을 제거하는 함수를 살펴볼까요? 함수 removeEdgeDAG()의 소스는 다음과 같습니다.

예제 11_01.c (5/9)

```
063    int removeEdgeDAG(DirectArrayGraph* pGraph, int fromNode, int toNode)
064    {
065        int ret = 0;
066
067
068        if (pGraph != NULL
069                && checkVertexValid(pGraph, fromNode)
070                && checkVertexValid(pGraph, toNode)) {
071            pGraph->ppEdge[fromNode][toNode] = 0;
072        }
073        else {
074            ret = -1;
075        }
076
077        return ret;
078    }
```

함수 removeEdgeDAG()는 함수 addEdgeDAG()와 마찬가지로 입력 파라미터로 그래프 pGraph와 간선의 시작 노드 fromNode, 종료 노드 toNode를 전달받습니다(줄 63). 그리고 먼저 전달받은 입력 파라미터가 유효한지 점검합니다(줄 68~70). 여기서 시작 노드와 종료 노드가 유효한지를 점검하기 위해서 함수 checkVertexValid()를 호출한다는 점도 앞서 함수 addEdgeDAG()와 같습니다. 이러한 유효성 점검이 성공한 경우라면 줄 71에서 간선을 제거합니다. 즉, 2차원 배열의 해당 위치의 원소 값을 0으로 설정합니다.

3.6 간선 얻기와 기타

인접 행렬로 구현된 그래프에서 간선이 존재하는지를 알려주는 함수는 비교적 간단히 구현할
수 있습니다. 다음 소스에서 함수 getEdgeDAG()의 소스를 살펴볼까요?

예제 11_01.c (6/9)

```
080    int getEdgeDAG(DirectArrayGraph* pGraph, int fromNode, int toNode)
081    {
082        int ret = 0;
083
084        if (pGraph != NULL
085            && checkVertexValid(pGraph, fromNode)
086            && checkVertexValid(pGraph, toNode)) {
087            ret = pGraph->ppEdge[fromNode][toNode];
088        }
089
090        return ret;
091    }
```

함수 getEdgeDAG()는 입력 파라미터로 그래프 pGraph와 간선의 시작 노드 fromNode, 종료
노드 toNode를 전달받습니다(줄 80). 먼저 전달받은 입력 파라미터가 유효한지 점검합니다(줄
84~86). 이러한 유효성 점검이 성공한 경우라면 2차원 배열의 해당 위치의 원소 값을 반환하
게 됩니다(줄 87).

그 외의 함수들로 그래프의 현재 내용을 출력하는 함수 displayGraphDAG()와 그래프를 삭제
하는 함수 deleteGraphDAG()가 있습니다. 먼저 함수 displayGraphDAG()는 2중 for 반복문을
돌면서 해당 위치의 간선 정보를 출력합니다. 여기서 간선 정보란 간선이 존재하는지 여부인
데, 앞서 구현한 함수 getEdgeDAG()를 호출합니다(줄 102).

예제 11_01.c (7/9)

```
093    void displayGraphDAG(DirectArrayGraph* pGraph)
094    {
095        int i = 0, j = 0;
096        int count = 0;
```

```
097
098        if (pGraph != NULL) {
099            count = pGraph->nodeCount;
100            for(i = 0; i < count; i++) {
101                for(j = 0; j < count; j++) {
102                    printf("%d ", getEdgeDAG(pGraph, i, j));
103                }
104                printf("\n");
105            }
106        }
107    }
```

마지막으로, 함수 deleteGraphDAG()는 그래프의 메모리를 삭제하는 함수입니다. 먼저, 각 행 (row)별로 반복문을 돌면서 해당 1차 배열의 메모리를 해제합니다(줄 114~116).

예제 11_01.c (8/9)

```
109    void deleteGraphDAG(DirectArrayGraph* pGraph)
110    {
111        int i = 0;
112
113        if (pGraph != NULL) {
114            for(i = 0; i < pGraph->nodeCount; i++) {
115                free(pGraph->ppEdge[i]);
116            }
117            free(pGraph->ppEdge);
118            free(pGraph);
119        }
120    }
```

그다음으로 1차원 포인터 변수 배열에 대한 메모리를 해제하고(줄 117), 최종적으로 그래프 자체의 메모리를 해제합니다(줄 118).

이제 마지막으로 앞서 본문에서 설명한 방향 그래프 G2를 생성하고 이를 출력하는 예제 프로그램 소스를 살펴보겠습니다.

```
122    int main(int argc, char *argv[])
123    {
124        int nodeCount = 6;
125        DirectArrayGraph *pG2 = createDirectArrayGraph(nodeCount);
126        if (pG2 != NULL) {
127            addEdgeDAG(pG2, 0, 1);
128            addEdgeDAG(pG2, 1, 2);
129            addEdgeDAG(pG2, 2, 0);
130            addEdgeDAG(pG2, 2, 3);
131            addEdgeDAG(pG2, 3, 2);
132            addEdgeDAG(pG2, 3, 4);
133            addEdgeDAG(pG2, 4, 5);
134            addEdgeDAG(pG2, 5, 3);
135
136            printf("G2: 방향 그래프\n");
137            displayGraphDAG(pG2);
138
139            deleteGraphDAG(pG2);
140        }
141
142        return 0;
143    }
```

위의 main() 함수에서 먼저 인접 행렬로 구현한 방향 그래프 구조체를 생성하고(줄 125) 앞서 본문에서 정의된 그래프 G2의 간선들을 추가합니다(줄 127~134). 그리고 나서 줄 137에서 그래프의 내용을 출력합니다. 앞서 본문에서 정의된 그래프 G2와 실제 프로그램을 실행시킨 결과는 다음과 같습니다.

그래프 G2와 프로그램 11_01.exe의 실행 결과

그래프 G2	프로그램 11_01.exe의 실행 결과
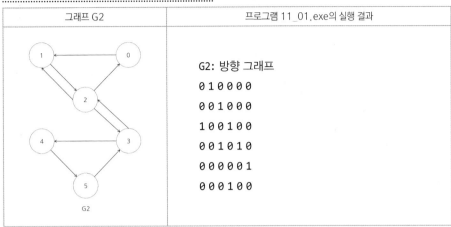	G2: 방향 그래프 0 1 0 0 0 0 0 0 1 0 0 0 1 0 0 1 0 0 0 0 1 0 1 0 0 0 0 0 0 1 0 0 0 1 0 0

방향 그래프 G2의 간선 ⟨0, 1⟩, ⟨1, 2⟩, ⟨2, 0⟩, ⟨2, 3⟩, ⟨3, 2⟩, ⟨3, 4⟩, ⟨4, 5⟩, ⟨5, 3⟩이 인접 행렬로 정상적으로 출력되었다는 것을 알 수 있습니다. 물론 마지막으로 사용이 끝난 그래프에 대해서 메모리를 해제합니다(줄 139).

인접 행렬은 그래프의 노드 개수 n이 증가하면 할수록 낭비되는 메모리의 비율은 더욱 증가합니다. 왜냐하면, 보통의 경우 노드 개수 n과 간선의 개수 m은 선형적으로 증가하는 반면, 2차원 배열의 메모리 양은 크기가 제곱(n^2)으로 커지기 때문입니다. 다음 그림은 이처럼 노드 개수가 증가할 때 인접 행렬의 메모리 증가량을 보여주고 있습니다.

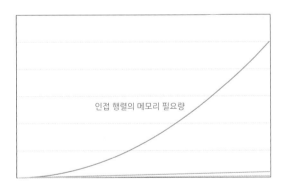

그림 11-32 노드 개수의 증가에 따른 인접 행렬의 메모리 필요량

예를 들어, C/C++의 int 형(4Byte)으로 간선의 유무를 저장한다고 가정해 볼까요? 이 경우 노드의 개수가 10,000개이면 대략 381.4MB (10,000 × 10,000 × 4 = 400,000,000byte ≒ 381.4MB)의

메모리가 필요합니다. 그런데 만약, 모델링하려는 시스템의 실제 연결된 간선 개수가 전체 간선의 10%라고 한다면, 메모리의 90% (343.2MB)가 낭비됩니다. 단순히 무시하기엔 낭비되는 메모리의 양이 많습니다.

인접 행렬에서 이처럼 메모리가 낭비되는 이유 중 하나는 인접 행렬의 메모리 사용량이 간선의 개수와 상관없고 노드 개수의 제곱에 비례하기 때문입니다. 따라서, 만약, 노드 개수가 많고 간선의 개수가 상대적으로 적을 때는 다음 절에 설명할 인접 리스트를 이용하는 것이 바람직합니다.

4. 인접 리스트로 구현한 그래프

이번에는 인접 리스트(adjacency list)를 이용하여 그래프를 구현하는 방법을 살펴보겠습니다. 인접 리스트는 인접 정보를 저장하는 리스트를 말하는데, 여기서 인접 정보는 노드를 연결하는 간선의 정보를 말합니다. 따라서, 인접 리스트는 간선의 존재 여부 혹은 간선의 가중치 정보 등을 저장하는 리스트를 말합니다.

리스트를 이용하기 때문에 앞 절의 인접 행렬보다 메모리 활용이 좀 더 효율적입니다. 메모리 낭비는 줄어들지만, 간선 정보를 확인하는 데 걸리는 속도는 (인접 행렬보다) 다소 늦다는 단점이 있는데, 인접 행렬과의 비교는 뒤에서 자세히 살펴보겠습니다.

4.1 인접 리스트란?

먼저 인접 리스트의 구조를 살펴보도록 하겠습니다. 노드의 개수가 동적으로 정해진다면 인접 리스트는 보통 연결 리스트(linked list)로 구현합니다. 어떻게 연결 리스트에 간선의 존재 여부 혹은 가중치 정보 등을 저장할 수 있을까요? 먼저 노드 개수가 2개인 경우의 인접 리스트를 그림으로 나타내면 다음과 같습니다. 다만, 노드가 2개인데, 이 두 노드 사이에 간선이 없는 경우를 인접 리스트로 나타내면 **그림 11-33**의 오른쪽 그림과 같습니다.

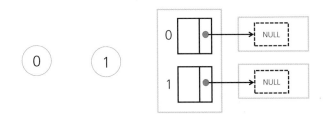

그림 **11-33** 인접 리스트의 기본 구조

그림 11-33에서 우리는 인접 리스트란 결국 연결 리스트의 1차원 배열임을 알 수 있습니다. 즉, 시작 노드를 기준으로 노드 개수만큼의 연결 리스트가 1차원 배열에 저장되어 있습니다. 여기서는 노드의 개수가 2개이기 때문에 연결 리스트 2개가 원소로 있습니다. 특이한 점은 시작 노드를 기준으로 연결 리스트가 저장되어 있습니다. 다만, **그림 11-33**에서는 2개의 연결 리스트 모두 내용이 없는 빈(empty) 연결 리스트입니다. 왜냐하면, 아직 아무런 간선이 추가되지 않은 상태이기 때문입니다.

이처럼 간선이 없는 그래프에 1개의 간선을 추가하는 경우를 살펴볼까요? 다음 그림은 노드 0에서 노드 1을 연결하는 간선 〈0, 1〉을 추가한 이후의 인접 리스트의 상황을 보여줍니다.

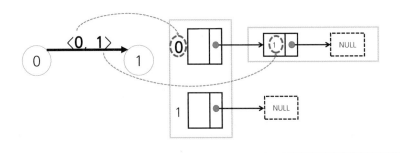

그림 **11-34** 인접 리스트로 방향 그래프의 간선 정보를 저장

그림 11-34에서 노드 0에서 노드 1을 연결하는 간선 〈0, 1〉의 정보가 어디에 저장되어 있나요? 먼저 첫 번째(위치 인덱스 0) 연결 리스트에 저장되어 있다는 것을 알 수 있습니다. 왜냐하면, 시작 노드에 따라 연결 리스트가 결정되는데, 시작 노드가 0이기 때문에 위치 인덱스가 0인 연결 리스트가 선택되었습니다. 다음으로, 종료 노드가 1이기 때문에 앞서 선택된 연결 리스트에 종료 노드의 위치 인덱스 값 1을 저장하는 노드가 추가되었다는 것을 알 수 있습니다. 물론, 시작 노드가 1인 간선은 없기 때문에 **그림 11-34**에서 두 번째(위치 인덱스 1) 연결 리스트에

는 아무 노드가 없다는 것을 알 수 있습니다.

이제 이러한 지식을 바탕으로 방향 그래프 G2를 인접 리스트로 저장하는 경우를 살펴보겠습니다. 이 책을 읽는 독자 분들은 **그림 11-35**의 왼쪽 그림을 보고 오른쪽의 인접 리스트를 직접 작성해 보세요.

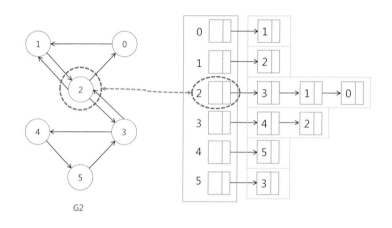

그림 11-35 인접 리스트로 방향 그래프 G2의 간선 정보를 저장

인접 리스트에서 간선 정보를 저장하는 방식은 먼저 시작 노드를 중심으로 연결 리스트가 선택된다는 것입니다. 예를 들어, 노드 2를 시작 노드로 하는 간선들은 3번째 연결 리스트(위치 인덱스 2)에 저장되어 있음을 알 수 있습니다. 그리고 종료 노드의 인덱스 값들이 연결 리스트의 노드에 저장되었습니다.

그림 11-35의 경우 3개의 간선 ⟨2, 0⟩, ⟨2, 1⟩, ⟨2, 3⟩에 대한 정보가 3번째 연결 리스트의 노드에 3, 1, 0으로 저장되어 있습니다. 다만, 여기서 주의할 점은 연결 리스트 내에서 저장되는 종료 노드들의 순서는 정해져 있지 않습니다. 즉, 이 그림에서는 3 → 1 → 0으로 내림차순으로 저장되었지만, 실제 이 순서는 1 → 3 → 0, 0 → 1 → 3 등과 같이 종료 노드의 인덱스 값 크기와 상관없이 저장될 수도 있습니다.

〈여기서 잠깐〉 인접 리스트와 인접 행렬 비교

인접 리스트를 실제 간선의 개수만큼 저장하기 때문에 인접 행렬과 비교해 볼 때 메모리를 절약할 수 있습니다. 왜냐하면, 인접 행렬은 실제 간선의 개수와는 상관 없이 모든 간선의 정보를 2차원 배열에 저장하기 때문입니다. 즉, 인접 리스트는 연결되지 않는 노드 사이의 연결 정보를 저장하지 않기 때문에 불필요한 메모리 낭비를 절약할 수 있습니다.

단, 이러한 인접 리스트의 메모리 절약은 희소 그래프(sparse graph)인 경우에 효과가 있습니다. 희소 그래프는 노드의 개수는 많은데 비해 상대적으로 간선의 개수가 적은 그래프를 말합니다. 희소 그래프에서는 간선의 개수가 무척 적기 때문에 인접 행렬로 저장할 때 2차원 배열의 대부분 값이 0이 된다는 특징이 있습니다. 이러한 특징 때문에 연결된 노드 정보만을 저장하는 인접 리스트는 아주 작은 메모리로 충분히 희소 그래프를 표현할 수 있습니다.

단, 인접 리스트는 저장하는 그래프가 희소 그래프가 아닌 경우에는 오히려 인접 행렬보다 메모리 효율성이 떨어집니다. 예를 들어, 노드의 개수가 많은 밀집 그래프(dense graph)인 경우 인접 행렬의 메모리 효율성은 증가합니다. 반면, 연결 리스트는 노드 사이의 포인터 정보 등 추가로 필요한 정보가 더 많기 때문에 인접 리스트에 저장하는 간선의 수가 증가한다면 오히려 인접 리스트가 메모리를 더 낭비하게 됩니다.

표 11-3 그래프 구현 방식에 따른 메모리 효율성

	인접 행렬	인접 리스트
희소 그래프	↓ 낮음	↑ 높음
밀집 그래프	↑ 높음	↑ 낮음

또한, 앞서 인접 행렬의 경우 배열을 통해 간선으로 바로 접근할 수 있습니다. 노드의 개수를 n이라고 하였을 때 앞서 인접 행렬에서는 특정 간선에 대한 접근이 $O(1)$의 시간 복잡도입니다.

반면, 연결 리스트로 저장한 경우에는 해당 간선에 대한 접근이 연결 리스트의 순회가 필요하기 때문에 접근 시간이 더 필요하다는 단점도 있습니다. 노드의 개수를 n이라고 하였을 때 인접 리스트에서는 평균 $O(n)$의 시간 복잡도를 가집니다. 시작 노드에 해당하는 연결 리스트의 접근까지는 $O(1)$로 가능하지만, 선택된 연결 리스트에서 종료 노드를 찾기 위해 연결 리스트 전체를 뒤져야 하기 때문에 평균 $O(n)$의 시간 복잡도가 필요합니다.

표 11-4 그래프 구현 방식에 따른 자료 접근 시간

인접 행렬	인접 리스트
$O(1)$	$O(n)$

이러한 인접 리스트와 인접 행렬의 특징을 통해 우리는 자료구조의 선택이 결국 프로그램이 사용되는 환경에 따라 달라질 수 있다는 것을 알 수 있습니다. 예를 들어, 간선의 개수가 작아서 메모리 낭비가 심한 희소한 경우이거나 혹은 간선 접근이 그렇게 빠르지 않아도 되는 상황이라면 인접 리스트를 사용해야 할 것입니다. 반면, 간선의 개수가 많거나 혹은 간선 정보에 대해서 빠른 접근이 필요한 경우라면 인접 행렬을 선택해야 할 것입니다.

4.2 인접 리스트의 구조

인접 리스트란 연결 리스트들의 1차원 배열이라는 것을 배웠습니다. 간선의 시작 노드 순서대로 연결 리스트들이 1차원 배열에 저장되어 있습니다. 예를 들어, 배열의 첫 번째 연결 리스트는 첫 번째 노드를 시작 노드로 하는 간선들이 저장되어 있습니다. 물론, 간선의 종료 노드 정보는 연결 리스트의 노드에 저장되어 있습니다. 이러한 인접 리스트의 구조체를 그림으로 나타내면 다음과 같습니다.

참고로, 우리는 여기서 방향 그래프에 대해 구현하려 합니다. 무방향 그래프는 방향 그래프의

구현이 끝난 다음에 다시 한번 살펴보겠습니다.

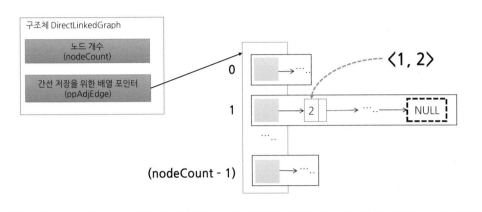

그림 11-36 구조체 DirectLinkedGraph의 구조

구조체 이름 DirectLinkedGraph는 방향(direct) 인접 리스트(linked) 그래프(graph)라는 뜻이 있습니다. 구조체의 멤버 변수 nodeCount는 그래프의 노드 개수가 저장됩니다. 또한, 간선 정보는 멤버 변수 ppAdjEdge가 가리키는 연결 리스트들의 1차원 배열에 저장됩니다.

단, 이 1차원 배열은 원소 개수가 nodeCount 개인 동적으로 할당된 배열입니다. 왜냐하면, 시작 노드의 개수만큼 연결 리스트를 저장할 수 있어야 하기 때문입니다. 실제 **그림 11-36**에서 위치 인덱스 0부터 시작하여 (nodeCount - 1)까지라는 것을 알 수 있습니다.

그래프의 간선 정보는 실제로는 연결 리스트의 노드로 저장됩니다. 여기서 **연결 리스트의 노드**에 저장된다는 점에 주의해 주세요. 예를 들어, 그림에서 간선 〈1, 2〉의 정보는 두 번째(위치 인덱스가 1인) 연결 리스트의 노드에 저장되어 있습니다. 시작 노드의 인덱스 값이 1이기 때문에 두 번째 연결 리스트에 저장되어야 합니다. 또한, 종료 노드의 인덱스 값이 2인데, 이 값은 두 번째 연결 리스트의 노드에 저장되어 있습니다.

이제 그래프의 간선 정보가 어떻게 인접 리스트에 저장되는지 이해가 되시는지요? 이제 이러한 구조체 DirectLinkedGraph의 실제 소스를 살펴보겠습니다.

예제 11_02.c (1/8)

```
001   #include <stdio.h>
002   #include <stdlib.h>
```

```
003    #include <string.h>
004    #include "linkedlist.h"
005
006    typedef struct DirectLinkedGraphType
007    {
008        int        nodeCount;        // 노드 개수
009        LinkedList**ppAdjEdge;    // 간선 저장을 위한 연결 리스트(포인터)의 배열
010    } DirectLinkedGraph;
```

먼저 줄 6~10에서 정의된 구조체 DirectLinkedGraph를 살펴보겠습니다. 멤버 변수 nodeCount는 노드의 개수를 저장하며 멤버 변수 ppAdjEdge는 간선 정보를 저장합니다. 특별히 ppAdjEdge는 연결 리스트를 저장하는 1차원 배열의 시작 주소를 가리킵니다. 다만, 1차원 배열의 원소가 포인터 타입(LinkedList*)이기 때문에 여기서는 더블 포인터(LinkedList **) 타입으로 선언되었습니다. 보기에 따라서 2차원 배열로 이해할 수도 있으나 이 상황에서는 포인터들의 1차원 배열이기 때문에 더블 포인터를 사용했다는 점에 주의해 주세요.

참고로, 앞서 소스 중에서 특이한 점은 줄 4에서 헤더 파일 linkedlist.h를 포함하고 있다는 점입니다. 사실 인접 리스트는 연결 리스트를 이용해서 간선 정보를 저장합니다. 따라서, 앞서 3장에서 구현한 연결 리스트를 사용해야 합니다. 다음은 3장의 소스 03_01.c에서 구조체 정보와 함수의 선언 부분만을 모아서 만든 헤더 파일 linkedlist.h의 소스입니다.

예제 linkedlist.h

```
01    #ifndef _LINKEDLIST_
02    #define _LINKEDLIST_
03
04    typedef struct LinkedListNodeType {
05        int data;
06        struct LinkedListNodeType *pLink;
07    } LinkedListNode;
08
09    typedef struct LinkedListType {
10        LinkedListNode    headerNode;
11        int               currentCount;
12    } LinkedList;
13
```

```
14    LinkedList *createLinkedList( );
15    int getLinkedListData(LinkedList* pList, int position);
16    int addLinkedListData(LinkedList* pList, int position, int data);
17    int removeLinkedListData(LinkedList* pList, int position);
18    void deleteLinkedList(LinkedList* pList);
19    int getLinkedListLength(LinkedList* pList);
20
21    #endif
```

나머지 linkedlist.c 소스 파일은 독자 여러분이 직접 03_01.c 소스 파일을 이용하여 작성해 보세요. 혹시, 작성에 어려움이 있으신 분들은 프리렉 홈페이지에서 linkedlist.h 파일 뿐 아니라 linkedlist.c 파일도 내려받을 수 있습니다.

지금까지 인접 리스트의 구조에 대해 살펴보았습니다. 이제 다음으로 이렇게 정의된 구조체를 이용하여 그래프를 실제 생성하는 함수를 살펴보겠습니다.

4.3 그래프의 생성

인접 리스트 기반의 방향 그래프를 생성하는 함수 createDirectLinkedGraph()의 소스는 다음과 같습니다. 함수 createDirectLinkedGraph()는 크게 3부분으로 이루어져 있습니다.

예제 11_02.c (2/8)

```
012   DirectLinkedGraph* createDirectLinkedGraph(int nodeCount)
013   {
014       int i = 0;
015       DirectLinkedGraph *pReturn = NULL;
016
017       if (nodeCount > 0) {
018           pReturn = ( DirectLinkedGraph *)malloc(sizeof( DirectLinkedGraph));
019           if (pReturn == NULL) {
020               printf("오류, 메모리 할당(1), in createLinkedGraph( )\n");
021               return NULL;
022           }
023           pReturn->nodeCount = nodeCount;
024       }
025       else {
```

```
026              printf("오류, 최대 노드 개수는 0보다 커야합니다\n");
027              return NULL;
028          }
030          pReturn->ppAdjEdge = (LinkedList **)malloc(sizeof(LinkedList*) * nodeCount);
031          if (pReturn->ppAdjEdge == NULL) {
032              printf("오류, 메모리 할당(3), in createLinkedGraph( )\n");
033              if (pReturn != NULL)  free(pReturn);
034              return NULL;
035          }
036          for(i = 0; i < nodeCount; i++) {
037              pReturn->ppAdjEdge[i] = createLinkedList( );
038              if (pReturn->ppAdjEdge[i] == NULL) {
039                  printf("오류, 메모리 할당(4), in createLinkedGraph( )\n");
040                  if (pReturn->ppAdjEdge != NULL)  free(pReturn->ppAdjEdge);
041                  if (pReturn != NULL)  free(pReturn);
042                  return NULL;
043              }
044          }
046          return pReturn;
047      }
```

> **17~28**: 그래프 구조체에 대한 메모리 할당 및 점검

> **30~35**: 1차원 배열의 메모리 할당 및 점검: 연결 리스트의 1차원 배열

> **36~44**: 1차원 배열의 각 연결 리스트의 생성 및 점검

먼저, 줄 17~28에서 그래프 구조체 DirectLinkedGraph에 대해서 메모리를 할당하고 점검합니다. 물론, 노드 개수는 0개보다는 커야겠지요(줄 17). 또한, 메모리 할당이 성공했는지도 점검합니다(줄 19). 구조체에 대한 메모리 할당이 성공했으면, 구조체의 멤버 변수인 노드 개수 nodeCount를 설정합니다(줄 23).

두 번째 부분으로 줄 30~35에서 1차원 배열에 대해 메모리를 할당하고 이를 점검합니다. 여기서 1차원 배열이란 곧 연결 리스트(LinkedList*)의 1차원 배열이 됩니다. 마지막 부분으로 줄 36~44에서 이렇게 할당된 1차원 배열의 각 원소로 연결 리스트를 생성해 줍니다. 줄 37에서 함수 createList()를 호출해서 연결 리스트를 생성합니다.

4.4 간선의 추가

다음으로, 간선을 추가하는 함수 addEdgeDLG()를 살펴볼까요? 참고로, 함수 이름 addEdge 뒤에 붙은 DLG는 방향 그래프(direct)를 위한 인접 리스트(linked)로 구현한 그래프(graph)의 약

어입니다. 그런데 인접 리스트로 구현한 그래프에서 간선을 추가하는 함수는 의외로 소스가 상당히 간단하다는 것을 알 수 있습니다.

예제 11_02.c (4/8)

```
059    int addEdgeDLG( DirectLinkedGraph* pGraph, int fromNode, int toNode)
060    {
061        int ret = 0;
062
063        if (pGraph != NULL
064                && checkVertexValid(pGraph, fromNode)
065                && checkVertexValid(pGraph, toNode)) {
066            addLinkedListData(pGraph->ppAdjEdge[fromNode], 0, toNode);
067        }
068        else {
069            ret = -1;
070        }
071
072        return ret;
073    }
```

먼저 함수의 입력 파라미터로 그래프 pGraph, 시작 노드와 종료 노드의 인덱스 값(fromNode, toNode)을 전달받습니다. 그러면 다음으로 입력 파라미터가 정상적인 값인지 점검합니다(줄 63~65). 여기서 노드의 인덱스 값이 정상 범위인지를 검사하는 함수는 checkVertexValid()인데, 이 함수는 바로 다음에서 살펴보겠습니다.

정상값인지 점검한 이후 실제로 간선을 추가하는데, 놀랍게도 이 부분은 단 한 줄입니다(줄 66). 함수 addLinkedListData()를 호출하는 것이 전부입니다. 이 함수는 앞서 3장에서 살펴본 바와 같이 연결 리스트의 특정 위치에 새로운 자료를 추가하는 함수입니다.

함수 addLinkedListData()에서 첫 번째 입력 파라미터는 새로운 자료를 추가할 연결 리스트가 됩니다. 앞서 소스에서는 pGrah→ppAdjEdge[fromNode]가 첫 번째 입력 파라미터입니다. 여기서 시작 노드의 인덱스 값 fromNode를 이용하여 시작 노드에 해당하는 연결 리스트가 선택되었습니다.

함수 addLinkedListData()의 두 번째 파라미터는 연결 리스트의 어느 위치에 새로운 자료를 추가할지를 정하는 부분입니다. 이 소스에서는 0인데, 연결 리스트의 제일 첫 번째 위치에 자료를 추가한다는 뜻이 됩니다.

마지막으로, 함수 addLinkedListData()의 세 번째 파라미터는 새로 추가할 자료가 됩니다. 여기서는 종료 노드의 인덱스 값인 toNode가 새로 추가될 자료입니다. 정리하자면 위의 함수 addLinkedListData() 호출을 통해 '시작 노드의 인덱스 값으로 선택된' 연결 리스트의 0번째 위치에 종료 노드의 인덱스 값이 추가됩니다. 예를 들어, 간선 〈1, 2〉를 저장한다고 하면, 함수 addLinkedListData(pGraph, 1, 2)가 호출됩니다. 이때의 상황(fromNode: 1, toNode: 2)을 그림으로 나타내면 다음과 같습니다.

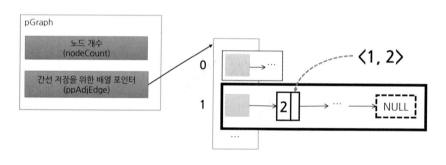

그림 11-37 pGraph

시작 노드의 인덱스 값이 1이므로 두 번째 연결 리스트가 선택되었습니다. 그리고 이렇게 선택된 연결 리스트의 0번째 위치에 새로운 값이 추가되었는데, 바로 종료 노드의 인덱스 값인 2가 저장되었습니다.

마지막으로, 함수 checkVertexValid()는 소스 순서상 함수 addEdgeDLG()보다 먼저 와야 하는데, 여기서는 소스 설명의 편리성으로 먼저 실었습니다. 함수 checkVertexValid()의 소스는 다음과 같습니다. 앞서 인접 행렬로 구현한 그래프에서도 같은 함수가 있었죠?

```
049   int checkVertexValid(DirectLinkedGraph* pGraph, int node)
050   {
051       if (pGraph != NULL && node >= 0 && node < pGraph->nodeCount) {
052           return 1;
053       }
054       else {
055           return 0;
056       }
057   }
```

4.5 간선의 제거

연결 리스트로 구현한 그래프에서 노드와 간선을 제거하는 함수를 살펴보겠습니다. 앞서 간
선을 추가하는 함수에 비해 로직이 조금 더 복잡합니다. 왜냐하면, 제거 대상이 되는 노드가
리스트 내의 어느 위치에 있는지 모르기 때문입니다. 리스트에 저장된 노드들을 차례로 찾아
봐야 합니다. 그럼 간선을 제거하는 함수 removeEdgeDLG()의 소스를 살펴볼까요?

```
075   int removeEdgeDLG(DirectLinkedGraph* pGraph, int fromNode, int toNode)
076   {
077       int ret = -1;
078       LinkedList *pList = NULL;
079       int i = 0, count = 0;
080
081       if (pGraph != NULL
082               && checkVertexValid(pGraph, fromNode)
083               && checkVertexValid(pGraph, toNode)) {
084           pList = pGraph->ppAdjEdge[fromNode];
085           count = getLinkedListLength(pList);
086           for(i = 0; i < count; i++) {
087               if (getLinkedListData(pList, i) == toNode) {
088                   removeLinkedListData(pList, i);
089                   ret = 0;
090                   break;
```

```
091                    }
092                }
093            }
094        else {      // 해당하는 간선이 없는 경우(삭제에 실패한 경우)
095            ret = -1;
096        }
097
098        return ret;
099    }
```

먼저 함수의 입력 파라미터로 그래프 pGraph, 시작 노드와 종료 노드의 인덱스 값(fromNode, toNode)을 전달받습니다. 참고로 앞서 간선을 추가하는 함수 addEdgeDLG()와 입력 파라미터는 같습니다. 그러면 다음으로 입력 파라미터가 정상적인 값인지 시작 노드와 종료 노드의 유효성을 점검합니다(줄 81~83).

이제 실제 제거 대상이 되는 간선을 찾는 단계가 되었습니다. 먼저 시작 노드의 인덱스 값으로 해당 연결 리스트를 구합니다(줄 84). 이렇게 찾은 연결 리스트에서 제거 대상이 되는 간선이 어느 노드에 저장되었는지 차례로 찾습니다(줄 85~92). 찾는 방법은 간단합니다. 연결 리스트의 처음 노드부터 시작해서 마지막 노드까지 하나씩 값을 읽어보는 것입니다.

이 부분에 대한 소스를 좀 더 살펴볼까요? 먼저 연결 리스트에 저장된 자료의 개수를 구합니다(줄 85). 왜냐하면, for 반복문을 이용하여 연결 리스트에 저장된 첫 번째 자료부터 마지막 자료까지 하나씩 비교하기 위해서입니다(줄 86~92). 이러한 반복문 안에서(줄 87) 함수 getLinkedListData()를 호출합니다. 즉, 연결 리스트 pList 내에 인덱스 i 번째에 저장된 값을 얻기 위해서입니다. 이렇게 얻어진 값이 toNode와 같다면, 이 노드가 제거 대상인 것입니다.

만약, 제거 대상이라고 판단되면 줄 88에서 함수 removeLinkedListData()를 호출하여 해당 노드를 연결 리스트에서 제거합니다. 정상적으로 제거되었기 때문에 이때에 반환 값으로 성공했다는 0을 반환하도록 하고(줄 89), for 문을 빠져나옵니다(줄 90).

만약, 제거 대상이 없다면 어떻게 될까요? 예를 들어, ⟨0, 3⟩과 같이 그래프 내에 원래 없는 간선을 제거하려 한다면 어떻게 될까요? 이 경우 for 문을 다 돌았지만, 줄 88~90 부분이 호출되지 못한 경우가 됩니다. 이럴 경우 함수 변수 ret의 초깃값이 −1이기 때문에(줄 77), 변수 ret의 초깃값 그대로인 −1이 반환됩니다.

4.6 간선 얻기와 기타

인접 리스트로 구현된 그래프에서 간선이 존재하는지를 알려주는 함수 getEdgeDLG()의 소스를 살펴보겠습니다.

```
101    int getEdgeDLG(DirectLinkedGraph* pGraph, int fromNode, int toNode)
102    {
103        int ret = 0;
104        LinkedList *pList = NULL;
105        int i = 0, count = 0;
106
107        if (pGraph != NULL
108            && checkVertexValid(pGraph, fromNode)
109            && checkVertexValid(pGraph, toNode)) {
110            pList = pGraph->ppAdjEdge[fromNode];
111            count = getLinkedListLength(pList);
112            for(i = 0; i < count; i++) {
113                if (getLinkedListData(pList, i) == toNode) {
114                    ret = 1;
115                    break;
116                }
117            }
118        }
119
120        return ret;
121    }
```

함수 getEdgeDLG()는 입력 파라미터로 그래프 pGraph와 간선의 시작 노드 fromNode, 종료 노드 toNode를 전달받습니다(줄 101). 먼저, 전달받은 입력 파라미터가 유효한지 점검합니다 (줄 107~109). 이러한 유효성 점검이 성공한 경우라면, 시작 노드의 인덱스 값 fromNode를 이용하여 연결 리스트 pList를 선택합니다(줄 110). 그리고 이 선택된 연결 리스트에 저장된 자료의 개수를 구하여 변수 count에 대입합니다(줄 111).

위 소스의 핵심은 줄 112~117 부분으로, for 반복문을 돌면서 함수 getLinkedListData()를 호출합니다. 즉, 연결 리스트에 저장된 '종료 노드'의 인덱스 값들을 얻습니다. 만약, 이렇게 얻은 인덱스 값이 toNode와 같다면, 종료 노드가 toNode인 간선이 존재한다는 뜻이 됩니다(줄 113). 물론, 이럴 경우 반환 값 ret를 1로 설정하고 for 반복문을 빠져나옵니다(줄 114~115).

만약, 간선이 존재하지 않는 경우면 어떻게 될까요? 시작 노드가 fromNode이고 종료 노드가 toNode인 간선이 없는 경우 말입니다. 이럴 경우라면 줄 103에서 변수 ret의 초깃값이 0이기 때문에 존재하지 않는다는 뜻의 0이 반환됩니다.

그 외의 함수들로 그래프의 현재 내용을 출력하는 함수 displayGraphDLG()와 그래프를 삭제하는 함수 deleteGraphDLG()가 있습니다. 이 중 함수 displayGraphDLG()는 앞서 구현한 함수 getEdgeDLG()를 호출하여 인접 행렬과 같은 형식으로 그래프의 간선 정보를 출력합니다.

예제 11_02.c (7/8)

```
123   void displayGraphDLG( DirectLinkedGraph* pGraph)
124   {
125       int i = 0, j = 0, count = 0;
126
127       if (pGraph != NULL) {
128           count = pGraph->nodeCount;
129           for(i = 0; i < count; i++) {
130               for(j = 0; j < count; j++) {
131                   if (getEdgeDLG(pGraph, i, j)) {
132                       printf("1 ");
133                   }
134                   else {
135                       printf("0 ");
136                   }
137               }
138               printf("\n");
139           }
140       }
141   }
142
143   void deleteGraphDLG( DirectLinkedGraph* pGraph)
144   {
145       int i = 0;
146
147       if (pGraph != NULL) {
148           for(i = 0; i < pGraph->nodeCount; i++) {
```

```
149            deleteLinkedList(pGraph->ppAdjEdge[i]);
150        }
151        if (pGraph->ppAdjEdge != NULL) free(pGraph->ppAdjEdge);
152        free(pGraph);
153    }
154 }
```

마지막으로, main() 함수는 앞서 본문에서 설명한 방향 그래프 G2를 생성하고 이를 출력합니다. 실제 그래프 구조체 및 함수의 이름만 바뀌었지 실제 내용은 앞 절 '3. 인접 행렬로 구현한 그래프'의 예제 소스와 같다는 것을 알 수 있습니다.

예제 11_02.c (8/8)

```
156 int main(int argc, char *argv[])
157 {
158     int nodeCount = 6;
159     DirectLinkedGraph *pG2 = createDirectLinkedGraph(nodeCount);
160     if (pG2 != NULL) {
161         addEdgeDLG(pG2, 0, 1);
162         addEdgeDLG(pG2, 1, 2);
163         addEdgeDLG(pG2, 2, 0);
164         addEdgeDLG(pG2, 2, 3);
165         addEdgeDLG(pG2, 3, 2);
166         addEdgeDLG(pG2, 3, 4);
167         addEdgeDLG(pG2, 4, 5);
168         addEdgeDLG(pG2, 5, 3);
169
170         printf("G2: 방향 그래프\n");
171         displayGraphDLG(pG2);
172
173         deleteGraphDLG(pG2);
174     }
175
176     return 0;
177 }
```

실제 프로그램을 실행시킨 결과는 다음과 같습니다. 방향 그래프 G2의 간선 〈0, 1〉, 〈1, 2〉, 〈2, 0〉, 〈2, 3〉, 〈3, 2〉, 〈3, 4〉, 〈4, 5〉, 〈5, 3〉이 인접 행렬과 같은 방식으로 출력되었다는 것을 알 수 있습니다.

그래프 G2와 프로그램 11_02.exe의 실행 결과

그래프 G2	프로그램 11_02.exe의 실행 결과
	G2: 방향 그래프 0 1 0 0 0 0 0 0 1 0 0 0 1 0 0 1 0 0 0 0 1 0 1 0 0 0 0 0 0 1 0 0 0 1 0 0

5. 무방향 그래프의 구현

지금까지 우리는 인접 행렬 및 인접 리스트로 그래프를 구현하는 방법을 살펴보았습니다. 다만, 앞서 구현한 그래프는 모두 방향 그래프였습니다. 다음 절로 넘어가기 전에 무방향 그래프는 어떻게 구현할 것인지 살펴보겠습니다. 이 책에서는 앞서 구현한 방향 그래프의 소스를 일부 수정해서 방향 그래프를 추가로 구현할 예정입니다.

무방향 그래프는 방향 그래프와 달리 **간선의 대칭성(symmetry)**이라는 고유한 특성이 있습니다. 간선의 대칭성이란 무방향 그래프에서는 시작 노드와 종료 노드가 서로 반대 방향인 간선이 존재한다는 뜻입니다. 이러한 간선의 대칭성은 무방향 그래프의 간선이 "방향성이 없는 간선"이기 때문에 가지게 되는 특성입니다. 예를 들어, **그림 11-38**을 한 번 봐 주세요.

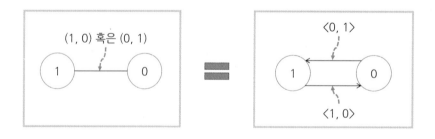

그림 **11-38** 간선의 비교

그림 11-38에서 무방향 그래프의 방향성이 없는 간선 (0, 1)은 방향성이 있는 간선 ⟨0, 1⟩과 ⟨1, 0⟩이 합쳐진 것입니다. 보다 정확하게는 방향성이 있으며, 서로 반대 방향인 2개의 간선

⟨0, 1⟩ 및 ⟨1, 0⟩이 합쳐진 것과 같습니다. 여기서 '서로 반대 방향'이란 다른 말로 '대칭 방향인'이라는 말로도 표현할 수 있습니다.

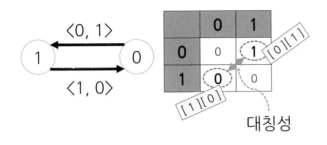

그림 11-39 간선의 대칭성: 무방향 그래프

그림 11-39에서 알 수 있듯이 이러한 서로 반대 방향인 간선은 인접 행렬에서 보자면 대칭 위치에 있는 간선이 됩니다. 예를 들어, [1][0] 간선과 [0][1] 간선은 서로 행(row)과 열(column)의 위치가 서로 바뀐 간선입니다. 행과 열이 서로 바뀌었다는 점에서 **대칭**이라는 것을 알 수 있습니다.

구현 관점에서 보자면, 무방향 그래프는 간선의 대칭성을 위해서 추가되는 로직이 필요합니다. 즉, 간선을 추가할 때 서로 반대 방향의 간선 2개를 추가해야 합니다. 예를 들어, 간선 (0, 1)을 추가한다면, 간선 ⟨0, 1⟩을 추가할 뿐 아니라 추가로 대칭 위치에 있는 간선 ⟨1, 0⟩도 추가해야 합니다. 물론, 간선이 제거될 때에도 서로 반대 방향의 간선 2개 모두가 제거되어야 합니다. 이러한 대칭성 관련 로직이 실제 인접 행렬 및 인접 리스트에서 어떻게 처리되는지 살펴보겠습니다.

5.1 무방향 그래프를 지원하는 인접 행렬 기반의 그래프

인접 행렬로 구현한 그래프가 무방향 그래프를 지원하기 위해 필요한 부분은 무엇일까요? 여기서 무방향 그래프를 지원한다는 뜻은 그래프를 생성할 때 방향 그래프일 수도 있고 혹은 무방향 그래프일 수도 있다는 뜻입니다.

참고로, 이번 절의 소스 11_03.c는 앞서 11_01.c의 소스를 일부 수정/추가하여 작성합니다. 따라서, 전체 소스가 아니라 앞의 소스와 비교하여 달라진 부분을 중심으로 설명하겠습니다. 전체 소스는 프리렉 홈페이지에서 내려받으시기 바랍니다.

5.1.1 그래프의 구조

먼저, 구조체의 정의부터 살펴보겠습니다. 줄 8 및 13에서 구조체의 이름이 기존 DirectArrayGraph에서 ArrayGraph로 바뀌었습니다. 왜냐하면, 방향 그래프 및 무방향 그래프 모두를 지원하기 때문입니다.

예제   11_03.c (일부)

```
005   #define ARRAY_GRAPH_TYPE_DIRECT          0
006   #define ARRAY_GRAPH_TYPE_UNDIRECT        1
007
008   typedef struct ArrayGraphType
009   {
010       int graphType;      // 그래프의 종류: 방향 그래프, 무방향 그래프
011       int nodeCount;      // 최대 노드 개수
012       int **ppEdge;       // 간선 저장을 위한 2차원 배열
013   } ArrayGraph;
```

또한, 줄 5와 6에서 #define 문을 이용하여 방향 그래프 및 무방향 그래프의 종류를 각각 상수 값 0 및 1로 정의하였습니다. 그럼 이렇게 정의한 상수 값을 어디에서 사용할까요? 바로 아래에 구조체 ArrayGraph의 멤버 변수 graphType이 있습니다. 이 멤버 변수 graphType이 그래프 구조체 내에서 그래프의 종류를 저장하는 역할을 합니다(줄 10).

5.1.2 그래프의 생성

이제 다음으로 그래프를 생성하는 함수 createArrayGraph()를 살펴보겠습니다. 아래의 소스 줄 15를 봐 주세요. 앞서 함수 createDirectArrayGraph()와 달라진 점이 무엇이 있나요? 그래프를 생성할 때, 추가 입력 파라미터로 그래프의 종류 graphType을 전달받습니다. 그러면, 줄 25에서 구조체의 멤버 변수로 설정하고 있습니다.

예제 11_03.c (일부)

```
015   ArrayGraph* createArrayGraph(int graphType, int nodeCount)
016   {
017       int i = 0;
018       ArrayGraph *pReturn = NULL;
019
…  (중간 생략) …
024
025       pReturn->graphType = graphType;
026       pReturn->nodeCount = nodeCount;
…  (중간 생략) …
039
040       return pReturn;
041   }
```

5.1.3 간선의 추가

만약, 무방향 그래프로 생성되었다면, 간선을 추가하거나 제거할 때의 로직이 달라집니다. 즉, 반대 방향의 간선도 같이 추가하거나 혹은 제거해 주어야 합니다. 아래의 간선을 추가하는 함수 addEdgeAG()를 보면 줄 72에서 노드 fromNode와 노드 toNode를 연결하는 간선을 추가합니다.

예제 11_03.c (일부)

```
068   int addEdgeAG(ArrayGraph* pGraph, int fromNode, int toNode)
069   {
070       int ret = 0;
071
072       ret = addEdgeInternalAG(pGraph, fromNode, toNode);
073       if (0 == ret && ARRAY_GRAPH_TYPE_UNDIRECT == pGraph->graphType) {
074           ret = addEdgeInternalAG(pGraph, toNode, fromNode);
075       }
076
077       return ret;
078   }
```

위의 줄 72에서 실제 간선을 추가하는 함수는 addEdgeInternalAG()입니다. 이 함수의 정의는 아래에서 다시 한번 보겠습니다. 앞서 11_01.c에서 간선을 추가하는 함수인 addEdgeDAG() 기억나시죠? 이 함수가 이름만 달라진 것이지 실제 소스는 거의 같습니다.

그런데 줄 73에서 만약, 현재의 그래프가 무방향 그래프(ARRAY_GRAPH_TYPE_UNDIRECT)라고 한다면 반대 방향인 노드 toNode에서 노드 fromNode를 연결하는 간선을 추가합니다. 물론, 무방향 그래프라 할지라도 앞서 줄 72에서 간선을 추가하는 함수의 호출이 성공(0 == ret)해야만 합니다. 즉, 앞의 간선 추가가 성공했고 동시에 현재 그래프가 무방향 그래프이면, 반대 방향의 간선도 추가합니다.

예제　11_03.c (일부)

```
052    int addEdgeInternalAG(ArrayGraph* pGraph, int fromNode, int toNode)
053    {
054        int ret = 0;
055
056        if (pGraph != NULL
057            && checkVertexValid(pGraph, fromNode)
058            && checkVertexValid(pGraph, toNode)) {
059            pGraph->ppEdge[fromNode][toNode] = 1;
060        }
061        else {
062            ret = -1;
063        }
064
065        return ret;
066    }
```

5.1.4 간선의 제거

이제 다음으로 간선을 제거하는 함수 removeEdgeAG()를 살펴보겠습니다. 만약, 무방향 그래프로 생성되었다면, 간선을 제거할 때에 반대 방향의 간선도 같이 제거합니다. 다음 소스에서 간선을 제거하는 함수 removeEdgeAG()를 보면 줄 102에서 노드 fromNode와 노드 toNode를 연결하는 간선을 제거합니다. 실제 간선을 제거하는 함수는 removeEdgeInternalAG()입니다.

그런데 줄 103에서 만약, 현재의 그래프가 무방향 그래프(ARRAY_GRAPH_TYPE_UNDIRECT)라고 한다면 반대 방향인 노드 toNode에서 노드 fromNode를 연결하는 간선도 제거합니다. 물론, 무방향 그래프라 할지라도 앞서 줄 103에서 간선을 제거하는 함수의 호출이 성공(0 == ret)해야만 합니다. 즉, 앞서의 간선 제거가 성공했고 동시에 현재 그래프가 무방향 그래프이면, 반대 방향의 간선도 제거합니다.

예제 11_03.c (일부)

```
098    int removeEdgeAG(ArrayGraph* pGraph, int fromNode, int toNode)
099    {
100        int ret = 0;
101
102        ret = removeEdgeInternalAG(pGraph, fromNode, toNode);
103        if (0 == ret && ARRAY_GRAPH_TYPE_UNDIRECT == pGraph->graphType) {
104            ret = removeEdgeInternalAG(pGraph, toNode, fromNode);
105        }
106
107        return ret;
108    }
```

실제 간선을 제거하는 함수인 removeEdgeInternalAG()는 앞서 11_01.c에서 간선을 제거하는 함수인 removeEdgeDAG()가 이름만 달라진 것이지 실제 소스는 거의 같습니다.

예제 11_03.c (일부)

```
081    int removeEdgeInternalAG(ArrayGraph* pGraph, int fromNode, int toNode)
082    {
083        int ret = 0;
084
085
086        if (pGraph != NULL
087            && checkVertexValid(pGraph, fromNode)
088            && checkVertexValid(pGraph, toNode)) {
089            pGraph->ppEdge[fromNode][toNode] = 0;
090        }
091        else {
092            ret = -1;
```

```
093        }
094
095        return ret;
096    }
```

5.2 무방향 그래프를 지원하는 인접 리스트 기반의 그래프

앞서 우리는 무방향 그래프를 지원하는 인접 행렬 기반의 그래프 구현을 살펴보았습니다. 구조체의 정의, 그래프의 생성, 간선의 추가, 제거가 다소 달라졌습니다. 가장 핵심은 그래프의 종류를 추가로 저장하여 그래프의 종류가 무방향 그래프라면 대칭 방향의 간선을 추가하거나 혹은 삭제한다는 것이었습니다. 이러한 변경 내용은 인접 리스트에서도 마찬가지입니다. 이러한 내용의 구현은 앞서 11_02.c의 소스를 일부 수정/추가하여 작성 가능합니다. 다만, 앞의 인접 행렬에서 살펴보았던 내용과 중복이 많기 때문에 연습 문제에서 무방향 그래프를 지원하는 인접 리스트 기반의 그래프 구현을 살펴보겠습니다.

6. 그래프 탐색

그래프 탐색(traversal 혹은 search)은 그래프 상의 모든 노드를 한 번씩 방문하는 것을 말합니다. 그래프의 탐색을 설명하기 위해 잠시 앞 절의 '무방향 그래프의 예: 고속도로 지도'를 잠깐 살펴보겠습니다. 만약, 고속도로를 이용하여 지도의 모든 도시를 방문하려고 한다면 어떤 순서로 도시들을 방문해야 할까요?

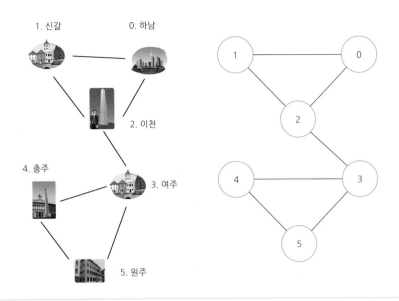

그림 11-40 무방향 그래프의 예: 고속도로 지도

당연하게도, 한 도시에서 다른 도시로 가려면 두 도시 사이에 도로가 있어야만 가능합니다. 이러한 도로를 이용하여 지도에 있는 모든 도시를 방문해야 합니다. 즉, 방문에 빠지는 도시가 있어서는 안 됩니다. 다만, 여러 번 방문하는 도로가 있어도 상관은 없습니다.

예를 들어, 0번 도시에서 1번 도시로 이동했다고 가정해 봅시다. 그리고 나서, 1번 도시에서 2번 도시로 이동한다고 할 때 1번 도시와 2번 도시를 연결하는 도로를 통해 한 번에 갈 수 있습니다. 하지만, 그래프의 탐색에서는 1번 도시에서 2번 도시를 갈 때 $1 \rightarrow 0 \rightarrow 2$와 같이 갈 수도 있습니다. 즉, 기존에 방문했던 도로인 $1 \rightarrow 0$ 도로를 이용하여 2번 도시로 이동할 수도 있습니다. 따라서, 그래프의 탐색은 간선을 이용하여 그래프 상의 모든 노드를 한 번씩 방문하는 것인데 같은 간선을 여러 번 방문할 수도 있습니다.

이러한 그래프 탐색의 방법으로 가장 대표적인 방법은 두 가지가 있습니다. 먼저는 깊이-우선 탐색(DFS: depth-first search) 방법이고 다른 하나는 넓이-우선 탐색(BFS: breadth-first search) 방법입니다. 이번 절에서는 가장 기초적이면서도 대표적인 방법인 깊이-우선 탐색과 넓이-우선 탐색에 대해 자세히 살펴보겠습니다.

표 11-5 깊이-우선과 넓이-우선 비교

구분	다음 노드 선택 기준	
깊이-우선 탐색	더 깊은 노드	현재 방문 노드 기준
넓이-우선 탐색	더 넓은 노드	이전 방문 노드 기준

깊이-우선 탐색은 다음에 이동할 노드를 선택할 때 더 깊은 노드를 선택하는 알고리즘입니다. 여기서 핵심은 '더 깊은 노드'가 되는데, 어떤 노드가 더 깊은 노드가 될까요? 물론 넓이-우선 탐색에서는 '더 넓은 노드'가 선택됩니다. 다음 그림을 통해 탐색 알고리즘에서 말하는 깊이, 넓이의 개념을 먼저 살펴보겠습니다.

그림 11-41에서 노드 0은 노드 1과 노드 2와 연결되어 있고 노드 1은 또한 노드 3과 연결되어 있습니다.

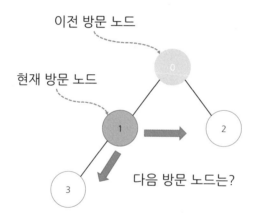

그림 11-41 그래프 탐색: 깊이-우선과 넓이-우선

그림 11-41에서 현재 방문한 노드(current visited node)는 노드 1입니다. 현재 방문 노드인 노드 1에 연결된 노드로 노드 0과 노드 3이 있습니다. 이 중에서 노드 0은 이전 방문 노드(previous visited node)입니다. 그러니까, 현재 방문 노드인 노드 1로 오기 바로 직전에 노드 0을 방문했었고 노드 0 다음으로 노드 1로 이동했었다는 것을 알 수 있습니다.

자, 그러면 여기서 질문입니다. 노드 1의 방문 이후에 어느 노드로 이동해야 할까요? 아직 방문하지 않은 노드 중에 노드 1과 연결된 노드 3이 있고, 노드 0과 연결된 노드 2가 있습니다. 노드 1 다음으로 노드 2로 이동할까요? 아니면 노드 3으로 이동할까요?

이 경우 깊이를 우선한다면 노드 3을 선택할 것이고 넓이를 우선한다면 노드 2를 선택할 것입니다. 왜냐하면, 깊이 우선은 현재 선택된 노드와 연결된 노드를 먼저 선택하는 것을 말하기 때문입니다. 즉, 깊이 우선으로 하였을 경우 다음 그림에서 알 수 있듯이 현재 노드와 연결된 노드 중에서 아직 방문하지 않은 노드 3이 선택됩니다.

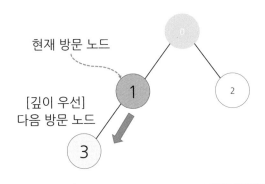

그림 11-42 깊이-우선: 현재 방문 노드 기준

반면, 넓이 우선은 이전 방문 노드와 연결된 다른 노드를 먼저 탐색합니다. 예를 들어, 다음 그림에서 알 수 있듯이 현재 방문 노드인 노드 1의 이전 방문 노드는 노드 0입니다. 이전 노드 0과 연결된 노드 중에서 아직 방문하지 않는 노드가 선택됩니다. 이 경우 이전 노드인 노드 0과 연결된 노드 중에서 아직 탐색이 되지 않은 노드가 노드 2이기 때문에 노드 2로 이동합니다.

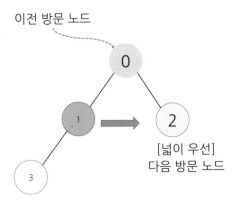

그림 11-43 넓이-우선: 이전 방문 노드 기준

어떻습니까? 깊이-우선과 넓이-우선의 기본 개념이 그렇게 어렵지 않죠? 이번 절에서 이러한 깊이-우선 탐색과 넓이-우선 탐색에 따라 그래프를 탐색하는 알고리즘을 자세히 살펴보고 실제 구현까지 해보겠습니다. 먼저 깊이-우선 탐색부터 시작하겠습니다.

6.1 깊이-우선 탐색

깊이 우선 탐색은 다음 방문할 노드로 현재 방문한 노드와 연결된 노드를 먼저 선택하는 방법입니다. 물론, 이때 선택되는 노드는 현재 노드와 연결된 노드 중에서 아직 방문하지 않는 노드여야 합니다. 아무튼, 깊이-우선에서는 '현재 방문한 노드'가 선택 기준이라는 점이 중요합니다. 이러한 깊이-우선 탐색을 어떻게 구현할지 생각해 보면, 가장 간단한 방법으로 재귀 호출(recursive call)을 사용하는 방법을 생각해 볼 수 있습니다.

먼저, 다음의 재귀 호출로 깊이-우선 탐색을 하는 함수 traversalDFS()를 봐 주세요. 함수 traversalDFS()는 의사 코드로 작성되었는데, 함수 이름 중에 사용되는 DFS는 깊이(depth) 우선(first) 탐색(search)의 약어입니다. 왜 재귀 호출 함수냐면 함수 traversalDFS() 안에서 다시 자기 자신인 함수 traversalDFS()를 호출하기 때문입니다.

```
traversalDFS (node startNode) {
    startNode ← 방문;
    for( all nextNode ∈ (startNode의 인접 노드들) ) {
        if (nextNode != 방문) {
            traversalDFS ( nextNode );
        }
    }
}
```

함수 traversalDFS()는 입력 파라미터로 노드 startNode를 전달받습니다. 그러면, 전달받은 노드 startNode가 방문을 시작할 노드가 됩니다. 따라서, 당연히 시작 노드 startNode를 실제로 가장 먼저 방문합니다. 소스를 보면 의사 코드이기 때문에 노드 startNode를 방문하는 것을 'startNode ← 방문'이라고 표현하였습니다.

여기서 깊이-우선의 핵심 개념이 나오는데, 앞서 노드 startNode를 방문했기 때문에 현재 방문 노드가 startNode가 됩니다. 그래서 다음 노드를 선택할 때 현재 방문 노드인 노드

startNode의 인접 노드들에 대해서 하나씩 함수 traversalDFS()를 호출합니다. 앞서 의사 코드에서 'for(all nextNode ∈ (startNode의 인접 노드들)) { ' 부분이 여기에 해당합니다. 단, 의사 코드이기 때문에 실제 인접 노드들을 어떻게 구하는지는 생략되어 있습니다.

아울러, startNode의 인접 노드 중에서 기존에 방문하지 않은 노드에 대해서만 방문해야 합니다. 의사 코드에서는 'if (nextNode != 방문) { '가 이 부분에 해당합니다. 물론, 이 부분도 실제 C 소스로 어떻게 구현되는지 주의해서 살펴봐 주세요.

그러면, 실제 구현된 C 소스를 살펴볼까요? 다만, 함수 traversalDFS()의 소스를 보기 전에 먼저 이 함수를 호출하는 소스를 먼저 살펴보겠습니다. 이렇게 하는 이유는 함수 traversalDFS()를 왜 이렇게 구현했는지 보다 잘 이해하기 위해서입니다.

참고로, 다음 소스에서 사용하는 그래프 자료구조는 앞에서 살펴본 '3. 인접 행렬로 구현한 그래프'가 됩니다. 소스 파일 11_03.c에서 구현하였던 것 기억나시죠? 그래서 다음 소스를 보면 구조체 ArrayGraph가 사용되고 있습니다. 물론 함수 traversalDFS()에서도 이 구조체가 계속 사용됩니다.

예제 11_05.c (2/2)

```
24   int main(int argc, char *argv[])
25   {
26       int nodeCount = 4;
27       ArrayGraph *pG1 = createArrayGraph(ARRAY_GRAPH_TYPE_UNDIRECT, nodeCount);
28       int *pVisit = malloc(sizeof(int) * nodeCount);
30       if (pG1 != NULL && pVisit != NULL) { // 메모리의 유효성 점검
31           addEdgeAG(pG1, 0, 1);
32           addEdgeAG(pG1, 0, 2);
33           addEdgeAG(pG1, 1, 3);
36           memset(pVisit, 0, sizeof(int) * nodeCount);
37           printf("G1: DFS\n");
38           traversalDFS(pG1, 0, pVisit);
40           deleteGraphAG(pG1);
41           free(pVisit);
42       }
43
44       return 0;
45   }
```

27: 노드 개수가 4개인 무방향 그래프 생성

28: 노드 방문 여부를 저장하는 int 형의 배열

31~33: 그래프의 초기화 (간선 추가)

36: 노드 방문 여부의 초기화(0으로 초기화. 0: 방문 안 함. 1: 방문함)

38: 함수 traversalDFS() 호출. 노드 0이 시작 노드임

소스를 보면, 먼저 노드 개수가 4개인 무방향 그래프를 생성합니다(줄 27). 그리고 간선을 추가하여 탐색을 수행할 실제 대상이 되는 그래프를 만들어 줍니다(줄 31~33).

그런데 이러한 그래프 초기화 이외에 포인터 변수 pVisit를 이용하여 동적으로 메모리를 할당하는 소스가 있습니다(줄 28). 또한, 동적으로 메모리를 할당한 다음 0으로 메모리를 초기화합니다(줄 36). 재미있는 점은 이 포인터 변수 pVisit가 가리키는 배열은 노드 개수인 nodeCount 개만큼의 int 값을 저장한다는 것입니다.

이 pVisit는 어디에 사용될까요? 이 배열은 함수 traversalDFS()의 입력 파라미터로 전달됩니다(줄 38). 함수 traversalDFS()는 깊이-우선으로 그래프를 탐색하는 함수인데, 입력 파라미터로 그래프 pG1, 시작 노드 0, 동적 배열 pVisit가 전달됩니다.

결론적으로 위의 pVisit는 각각의 노드 별로 방문 여부를 저장하는 배열을 가리킵니다. 참고로, 앞서 예제 소스에서는 그래프의 노드 개수 nodeCount가 4입니다. 이럴 경우 방문 여부를 저장하는 배열은 다음 그림처럼 4개의 원소를 가지게 됩니다. 그리고 이 4개의 원소마다 해당 노드의 방문 여부를 저장합니다. 단, 배열의 각 원소에 초깃값으로 설정된 0은 방문을 하지 않았다는 뜻입니다. 만약, 노드를 방문하게 되며 값을 1로 변경합니다.

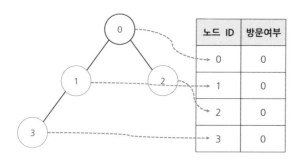

그림 11-44 각 노드별 방문 여부의 저장

자 그러면 다음 단계로 그래프를 깊이-우선으로 탐색하는 함수 traversalDFS()를 살펴보겠습니다. 앞서 설명한 '각 노드 별로 방문 여부를 저장하는 1차원 배열 pVisit'를 어떻게 사용하는지 벌써 궁금해지지 않습니까?

〈여기서 잠깐〉 C 소스 정리

다음 페이지에서 설명하는 함수 traversalDFS( )가 11_05.c 파일의 1번째 부분 소스입니다. 줄 수를 보시면 알겠지만, 앞서 설명한 함수 main( )은 11_05.c 파일의 2번째 부분 소스입니다. 즉, 함수 traversalDFS( )보다 함수 main( )가 먼저 있는 소스입니다. 다만, 설명의 편의상 함수 main( )을 먼저 소개했다는 점 양해 부탁합니다. 혹시, 소스의 순서가 혼란스런 분들은 프리렉 홈페이지에서 이번 절의 소스 파일을 내려받기해서 참고해 주세요.

다음으로, 함수 traversalDFS( )에서는 입력 파라미터로 인접 행렬로 구현한 그래프인 ArrayGraph 구조체를 사용하고 있습니다. 이 자료구조를 사용하기 위해서 줄 4에서 헤더 파일 arraygraph.h를 포함하고 있습니다.

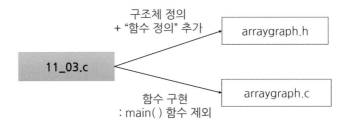

그림 11-45 소스 파일 11_03.c의 모듈화

그런데 구조체 ArrayGraph의 정의를 포함하고 있는 헤더 파일 arraygraph.h와 관련 C 소스 파일인 arraygraph.c를 이 책에서는 자세히 설명하지 않습니다. 왜냐하면, 앞의 11_03.c 파일을 각각 헤더 파일과 C 소스 파일로 모듈화한 것이기 때문입니다. 물론, 헤더 파일 arraygraph.h에는 추가로 함수 정의가 추가되어야 하고, 소스 파일 arraygraph.c에서는 main( ) 함수는 제외되어야 합니다.

독자 여러분이 스스로 11_03.c 소스 파일을 arraygraph.h, arraygraph.c 파일로 변환해 보시기를 먼저 권해 드립니다. 혹시 이러한 모듈화 작업이 부담스러우신 분들은 프리렉 홈페이지에서 이번 절의 소스 파일을 내려받아서 사용해 주세요.

다음 소스에서 함수 traversalDFS()의 입력 파라미터로 그래프 pGraph, 시작 노드 startNodeID, 노드 방문 여부를 저장하는 배열 pVisit가 전달됩니다. 그러면, 먼저 시작 노드 startNodeID를 방문 처리합니다(줄 10-11). 즉, 방문 여부를 저장하는 배열 pVisit의 해당 원소에 값을 1로 설정하고 화면에 노드를 방문했다고 출력합니다. 앞의 의사 코드에서 'startNode ← 방문'에 해당합니다.

예제 11_05.c (1/2)

```
04    #include "arraygraph.h"
05
06    void traversalDFS(ArrayGraph* pGraph, int startNodeID, int *pVisit)
07    {
08        int i = 0;
09
10        pVisit[startNodeID] = 1;                              10~11: 현재 노드 방문 처리
11        printf("노드-[%d] 방문\n", startNodeID);
13        for(i = 0; i < pGraph->nodeCount; i++) {
14            if (i != startNodeID) {
15                if (0 != getEdgeAG(pGraph, startNodeID, i)){ // 간선이 존재하는지 점검
16                    if ( 0 == pVisit[i] ) {                  // 기존 방문 여부를 점검
17                        traversalDFS(pGraph, i, pVisit);
18                    }
19                }
20            }
21        }
22    }
```

시작 노드를 방문했기 때문에 현재 노드가 startNodeID가 됩니다. 깊이-우선 탐색이기 때문에 현재 노드 startNodeID의 인접 노드들에 대해서 하나씩 함수 traversalDFS()를 호출합니다. 여기서 인접 노드들을 구하는 부분이 바로 줄 13~15가 해당합니다. 즉, 현재 노드 startNodeID를 시작 노드로 하여 간선이 존재하는지를 함수 getEdgeAG()를 호출해서 확인합니다. 단, for 문을 통해 종료 노드가 그래프의 나머지 모든 노드를 대상으로 점검합니다. 또한, 줄 14에서 종료 노드가 자기 자신(startNodeID)이 되어서는 안 되도록 점검합니다. 물론, 실제 간선이 존재해야 합니다(줄 15). 앞서 의사 코드에서 생략된 현재 방문 노드의 인접 노드를 구하는 부분 'for(all nextNode ∈ (startNode의 인접 노드들)) { '이 바로 여기에 해당합니다.

마지막 조건문으로 줄 16에서 종료 노드가 기존에 방문했는지 조사를 하게 됩니다. 앞서 의사 코드의 조건식 'if (nextNode != 방문) { '에 해당하는 부분입니다. 이러한 조건을 모두 만족하는 노드에 대해서 줄 17에서 재귀 호출로 다시 자기 자신인 함수 traversalDFS()를 호출합니다. 즉, 현재 방문 노드의 인접 노드 중에서 기존에 방문하지 않은 노드들에 대해서 함수 traversalDFS()를 호출합니다.

실제로 이처럼 구현된 경우 앞서 main() 함수를 수행한 결과는 다음과 같습니다. 앞서 설명했던 것과 마찬가지로 시작 노드가 0이기 때문에 0 → 1 → 3 → 2 순서로 방문한다는 것을 알 수 있습니다.

그래프 G1과 프로그램 11_05.exe의 실행 결과

그래프 G1	프로그램 11_05.exe의 실행 결과
	G1: DFS 노드-[0] 방문 노드-[1] 방문 노드-[3] 방문 노드-[2] 방문

독자 여러분께서는 시작 노드를 0으로 하고 손으로 직접 깊이-우선 탐색을 진행했을 때 위의 결과와 같이 방문하는지 확인해 주세요. 깊이-우선의 개념을 정확하게 이해하는 것이 실제 구현의 가장 기본이 되기 때문에 중요합니다. 이제 다음으로 넓이-우선 탐색 알고리즘에 대해서 살펴보도록 하겠습니다.

〈여기서 잠깐〉 깊이-우선 탐색 알고리즘의 성능은?

이러한 깊이–우선 탐색은 성능이 어떻게 될까요? 탐색에 해당하므로 시간 복잡도를 구하는 것이 타당할 것입니다. 그래프의 노드의 수가 n 개이며 간선의 수가 m 개인 그래프를 가정해 볼까요? 이 경우 인접 행렬을 이용하느냐 혹은 인접 리스트를 활용하느냐에 따라 시간 복잡도가 다릅니다.

먼저, 인접 행렬을 사용한 경우라면 $O(n^2)$이 됩니다. 왜냐하면, n 개의 노드를 방문하기 위해 기본적으로 n번의 함수 호출이 필요합니다. 다만, 이 n번의 호출마다 다음 방문 노드를 찾기 위해 (인접한 노드를 선택하기 위해) 내부적으로 다시 노드 n 개를 대상으로 루프를 돌기 때문입니다.

표 11-6 깊이–우선 탐색 알고리즘의 성능

구분	성능
인접 행렬로 구현한 그래프	$O(n^2)$
인접 리스트로 구현한 그래프	$O(n+m)$

반면, 인접 리스트로 구현된 경우에만 시간 복잡도 $O(m+n)$입니다. 왜냐하면, n 개의 노드를 방문하는 동안 각 노드에 연결된 간선 정보만을 확인하면 되기 때문입니다.

6.2 넓이–우선 탐색

넓이–우선 탐색은 다음 방문할 노드를 선택할 때 현재 방문한 노드가 아니라 이전에 방문했던 노드와 연결된 노드를 먼저 선택하는 방법입니다. 즉, '이전 방문 노드'와 직접 연결된 모든 노드가 먼저 방문되어야 합니다. 이러한 넓이–우선 탐색(BFS: breadth first search)은 일반적으로 선입선출(First-In-First-Out) 방식의 큐(queue)를 통하여 구현될 수 있습니다. 다음 의사 코드는 이러한 넓이–우선 탐색의 알고리즘을 구현한 함수 traversalBFS()를 보여줍니다. 참고로, 함수 traversalBFS()는 재귀 호출 방식이 아니라 반복 호출 방식으로 구현되었습니다.

함수 traversalBFS()는 입력 파라미터로 노드 startNode를 전달받습니다. 그러면, 먼저 큐를 만듭니다. 그리고서 시작 노드 startNode를 먼저 방문합니다. 다음 소스를 보면 의사 코드이 기 때문에 노드 startNode를 방문하는 것을 'startNode ← 방문'이라고 표현하였습니다.

```
traversalBFS (node startNode) {
    큐 Q;

    startNode ← 방문;
    enqueue(Q, v);
    while( not is_empty(Q) ) {
        u ← dequeue(Q);
        for( all w ∈ (u의 인접 노드들) ) {
            if (w != 방문) {
                w ← 방문;
                enqueue(Q, w);
            }
        }
    }
}
```

여기서 넓이-우선의 핵심 개념이 나오는데, 바로 'enqueue(Q, v)' 부분입니다. 앞서 노드 startNode를 방문했기 때문에 현재 방문 노드가 startNode가 됩니다. 넓이-우선 탐색에서는 현재 방문 노드를 바로 큐에 삽입(인큐)합니다. 앞서 우리는 넓이-우선 탐색이 '이전 방문 노드' 와 직접 연결된 모든 노드가 먼저 방문되어야 한다고 배웠습니다. 이러한 로직을 구현하기 위 한 방법이 현재 방문한 노드를 선입선출의 큐에 인큐하는 것입니다. 왜냐하면, 큐에서 '이전에 방문한 노드'를 꺼내어(디큐) 이 노드와 연결된 다른 노드들을 방문할 것이기 때문입니다. 물론, 이렇게 방문한 노드는 다시 큐에 삽입(인큐)합니다.

잘 이해가 안 된다고요? 일단 그다음 소스를 조금 더 살펴봅시다. 그다음 소스는 큐가 공 백(empty)이 될 때까지 반복한다는 부분인데, 이 부분에 해당하는 소스는 'while(not is_ empty(Q)) {'가 됩니다. 그럼 이 반복문 안의 내용은 무엇일까요?

네, 이전에 방문한 노드인 노드 u의 인접 노드들에 대해서 하나씩 함수 traversalBFS()를 호출 합니다. 의사 코드에서 'for(all w ∈ (u의 인접 노드들)) {'부분이 여기에 해당합니다. 단, 의 사 코드이기 때문에 실제 인접 노드들을 어떻게 구하는지는 생략되어 있습니다. 큐에서 꺼낸 노드가 '이전에 방문한 노드 u'라는 점에 주의해 주세요. 아울러, 이렇게 구한 인접 노드 w는 기존에 방문하지 않은 노드에 대해서만 방문해야 합니다. 의사 코드에서는 'if (w != 방문) { ' 가 이 부분에 해당합니다. 물론, 이 부분도 실제 C 소스로 어떻게 구현되는지 주의해서 살펴봐 주세요.

자 그리고 마지막으로 그다음이 또한 매우 중요한 부분입니다. 이렇게 해서 꺼낸 (아직 방문한 적이 없는) 노드 w를 방문했으면(w ← 방문)이 방문한 노드 w를 다시 큐에 삽입(인큐)해 줍니다 (enqueue(Q, w)). 왜냐하면, 이전에 방문한 노드의 인접 노드를 다시 방문해야 하기 때문입니다. 다만, 선입선출의 큐에 삽입했기 때문에 기존에 큐 내부에 이미 저장되어 있는 노드들에 대해서 모두 처리가 끝난 이후에야 이번에 새로 삽입한 노드 w의 인접 노드가 방문될 수 있습니다. 큐의 선입선출 특성 때문에 넓이-우선 탐색이 가능한 것입니다.

그러면, 실제 구현된 C 소스를 살펴볼까요? 다만, 함수 traversalBFS()의 소스를 보기 전에, 먼저 이 함수를 호출하는 소스를 살펴보겠습니다. 이렇게 하는 이유는 함수 traversalBFS()를 왜 이렇게 구현했는지 보다 잘 이해하기 위해서입니다. 참고로, 다음 소스에서 사용하는 그래프 자료구조는 앞의 '3. 인접 행렬로 구현한 그래프'에서 본 ArrayGraph입니다. 앞서 깊이-우선에서도 사용했던 것 기억나시죠?

예제 11_06.c (4/4)

```
55    int main(int argc, char *argv[])
56    {
57        int nodeCount = 4;
58        ArrayGraph *pG1 = createArrayGraph(ARRAY_GRAPH_TYPE_UNDIRECT, nodeCount);
59
60        if (pG1 != NULL) {
61            addEdgeAG(pG1, 0, 1);
62            addEdgeAG(pG1, 0, 2);
63            addEdgeAG(pG1, 1, 3);
64
65            printf("G1: BFS\n");
66            traversalBFS(pG1, 0);
67
68            deleteGraphAG(pG1);
69        }
```

```
70
71      return 0;
72   }
```

앞서 깊이−우선 탐색에서 살펴본 함수 main()과 달라진 점이 있다면, 호출되는 함수가 traversalBFS()라는 점입니다. 그 외에 생성하는 그래프와 간선 정보는 같습니다. 다만, 한 가지 달라진 점이 있다면 노드별로 방문 여부를 저장하는 동적 배열 pVisit가 여기서는 없다는 점입니다. 왜냐하면, 함수 traversalBFS()가 재귀 호출 방식이 아니라 반복 호출 방식이기 때문에 함수 밖에서 미리 생성하여 전달해 줄 필요가 없기 때문입니다. 노드 별로 방문 여부를 저장하는 pVisit는 함수 traversalBFS() 내부에서 메모리를 할당하여 사용됩니다.

〈여기서 잠깐〉 C 소스 정리

다음으로, 실제 넓이−우선 탐색을 수행하는 함수 traversalBFS()를 살펴보려 하는데, 한 가지 더 고려할 점이 있습니다. 이번 넓이−우선 탐색에서는 내부적으로 큐를 사용합니다. 이를 위해서 이번 장에서는 앞서 7장의 연결 큐를 사용하려 합니다. 연결 큐를 사용하기 위해 헤더 파일 linkedqueue.h를 다음과 같이 포함하고 있습니다(줄 04). 이 헤더 파일 linkedqueue.h는 앞서 7장의 연결 큐 소스인 07_03.c 파일을 모듈화한 것입니다.

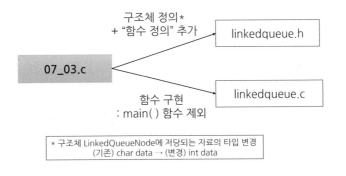

그림 11-46 소스 파일 07_03.c의 모듈화

다만, 달라진 점이 있다면 구조체 LinkedQueueNode 내부에서 저장하는 자료의 타입이 char에서 int로 바뀌었다는 것입니다.

예제 linkedqueue.h (일부)

```
01 :    #ifndef _LINKED_QUEUE
02 :    #define _LINKED_QUEUE
03 :
04 :    typedef struct LinkedQueueNodeType
05 :    {
06 :        int data;
07 :        struct LinkedQueueNodeType* pLink;
08 :    } LinkedQueueNode;
```

독자 여러분이 스스로 07_03.c 소스 파일을 linkedqueue.h, linkedqueue.c 파일로 변환해 보시기를 먼저 권해 드립니다. 추가로, 7장에서 다룬 소스에 혹시 이러한 모듈화 작업이 부담스러우신 분들은 프리렉 홈페이지에서 이번 절의 소스 파일을 내려받아서 사용해 주세요.

이제 실제 넓이-우선 탐색을 수행하는 함수 traversalBFS()를 살펴볼까요? 함수 traversalBFS()를 구현하기 위해 먼저 연결 큐에 대한 헤더 파일 linkedqueue.h를 포함하고(줄 04) 다음으로 인접 행렬로 구현한 그래프에 대한 헤더 파일 arraygraph.h를 포함하고 있습니다(줄 05).

예제 11_06.c (1/4)

```
01    #include <stdio.h>
02    #include <stdlib.h>
03    #include <string.h>
04    #include "linkedqueue.h"
05    #include "arraygraph.h"
```

다음 소스에서 함수 traversalBFS( )의 입력 파라미터로 그래프 pGraph와 시작 노드 startNodeID가 전달됩니다. 다만, 먼저 큐를 생성하고(줄 19) 노드 방문 여부를 저장하는 배열 pVisit을 동적으로 할당합니다(줄 20). 물론, 이렇게 동적 할당된 배열에 대해서 메모리를 0으로 초기화 해줍니다(줄 26). 그래야, 아무 노드도 방문하지 않은 것이 되기 때문입니다.

그리고 나서 시작 노드 startNodeID를 방문 처리합니다(줄 27). 즉, 방문 여부를 저장하는 배열 pVisit의 해당 원소에 값을 1로 설정하고 화면에 노드를 방문했다고 출력합니다. 의사 코드에서 'startNode ← 방문'에 해당합니다. 물론, 이렇게 방문을 했기 때문에 방문한 노드를 큐에 인큐합니다(줄 28). 의사 코드에서 'enqueue(Q, v)' 부분에 해당합니다.

예제 11_06.c (2/4)

```
07    void traversalBFS(ArrayGraph* pGraph, int startNodeID)
08    {
09        int i = 0;
10        int nodeID = 0;
11        LinkedQueue* pQueue = NULL;
12        LinkedQueueNode* pQueueNode = NULL;
13        int *pVisit = NULL;
14
15        if (pGraph == NULL) {
16            return;
17        }
19        pQueue = createLinkedQueue( );
20        pVisit = malloc(sizeof(int) * pGraph->nodeCount);
22        if (pQueue == NULL|| pVisit == NULL) {
23            return;
24        }
26        memset(pVisit, 0, sizeof(int) * pGraph->nodeCount);
27        pVisit[startNodeID] = 1;
28        enqueueLQ(pQueue, startNodeID);
```

15~17: 그래프가 NULL인지 점검

19~20: 큐의 생성. 노드 방문 여부를 저장하는 동적 배열 할당

22~24: 유효성 점검. 큐, 배열에 대한 NULL 여부 점검

26: 노드 방문 여부를 모두 '방문하지 않음: 0'으로 초기화

그다음 소스는 큐가 공백(empty)이 될 때까지 반복한다는 부분인데(줄 30~49) 의사 코드에서는 'while(not is_empty(Q)) {'가 됩니다. 그럼 이 반복문 안의 내용은 무엇일까요?

네, 먼저 디큐(dequeue) 연산을 통하여 큐에 저장된 노드 하나를 꺼냅니다(줄 31). 이 노드는 당

연히 기존에 이미 방문한 노드가 됩니다. 따라서, 줄 34에서 노드 방문 정보를 출력합니다.

예제 11_06.c (3/4)

```
30          while(isLinkedQueueEmpty(pQueue) == 0) {
31              pQueueNode = dequeueLQ(pQueue);
32              if (pQueueNode != NULL) {
33                  nodeID = pQueueNode->data;
34                  printf("노드-[%d] 방문\n", nodeID);
37                  for(i = 0; i < pGraph->nodeCount ; i++) {
38                      if (i != nodeID) {       // 종료 노드가 디큐한 노드가 되어서는 안 됨
39                          if (0 != getEdgeAG(pGraph, nodeID, i)) {
40                              if ( 0 == pVisit[i] ) {
41                                  pVisit[i] = 1;
42                                  enqueueLQ(pQueue, i);
43                              }
44                          }
45                      }
46                  }               // end-of-for
47                  free(pQueueNode);
48              }
49          }               // end-of-while
50
51      deleteLinkedQueue(pQueue);
52      free(pVisit);
53  }
```

31~34: 큐에서 디큐 연산을 수행하여 꺼낸 노드에 대해 방문 정보를 출력함

39: 간선이 존재하는(인접한) 노드인지 점검

40: 기존에 방문한 적이 없는 노드여야 함

41~42: 방문 처리하고 큐에 인큐함

37~46: 디큐한 노드에 인접한 노드들에 대해서 처리함

30~49: 큐가 공백(empty)상태가 될 때까지 while 반복문을 돈다.

그리고 나서 이전에 방문한 노드 nodeID에 인접한 노드들을 인큐해줍니다. 바로 for 반복문을 이용하여 노드 nodeID를 제외한 나머지 노드들에 대해서 하나씩 점검합니다(줄 37~46). 앞의 의사 코드에서 'for(all w ∈ (u의 인접 노드들)) {'부분이 여기에 해당합니다. 즉, 디큐한 노드 nodeID를 시작 노드로 하여 간선이 존재하는지를 함수 getEdgeAG()를 호출해서 확인합니다. 단, 줄 38에서 종료 노드가 자기 자신(nodeID)이 되어서는 안 되도록 점검합니다. 물론, 실제 간선이 존재해야 합니다(줄 39).

마지막 조건문으로 줄 40에서 종료 노드가 기존에 방문했는지까지 조사를 하게 됩니다. 앞서 의사 코드의 조건식 'if (w != 방문) {'에 해당하는 부분입니다. 그리고 이러한 조건을 모두 만족하는 노드에 대해서 줄 41에서 방문 처리를 하고 큐에 인큐하게 됩니다(줄 42). 앞서 의사 코

드에서 'w ← 방문   enqueue(Q, w)'에 해당하는 부분입니다. 왜냐하면, 이전에 방문한 노드의 인접 노드를 다시 방문해야 하기 때문입니다. 다만, 선입선출의 큐에 삽입했기 때문에 기존에 큐 내부에 이미 저장되어 있는 노드들에 대해서 모두 처리가 끝난 이후에야 처리가 될 것입니다. 즉, 큐의 선입선출의 특성 때문에 넓이−우선 탐색이 가능하게 됩니다.

실제로 이처럼 구현된 경우 앞서 main( ) 함수를 수행한 결과는 다음과 같습니다. 앞서 설명했던 것과 마찬가지로 시작 노드가 0이기 때문에, 0 → 1 → 2 → 3 순서로 방문한다는 것을 알 수 있습니다. 앞 절의 깊이−우선 탐색에서의 0 → 1 → 3 → 2와 순서가 달라졌다는 점에 주의해 주세요.

그래프 G1 및 프로그램 11_06.exe의 실행 결과

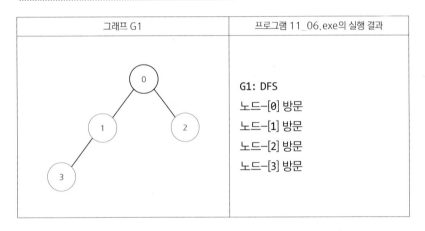

그래프 G1	프로그램 11_06.exe의 실행 결과
	G1: DFS 노드−[0] 방문 노드−[1] 방문 노드−[2] 방문 노드−[3] 방문

독자 여러분께서는 시작 노드를 0으로 하고 손으로 직접 넓이−우선 탐색을 진행했을 때 위의 결과와 같이 방문하는지 확인해 주세요.

참고로, 이러한 넓이−우선 탐색은 그래프가 인접 리스트로 구현된 경우에 시간 복잡도는 $O(m+n)$입니다. 앞서 깊이−우선 탐색과 마찬가지로 모든 노드에 대해서 탐색을 하지만, 각 노드에 연결되어 있는 간선들만을 대상으로 조사하기 때문입니다. 반면, 그래프가 인접 행렬을 사용한 경우라면 시간 복잡도가 $O(n^2)$입니다. 왜냐하면, 노드별로 인접한 노드를 찾기 위해 다른 모든 노드를 대상으로 점검해 보아야 하기 때문입니다.

연습 문제

1. 다음과 같이 정의된 그래프 G1을 그려보세요.

노드 V={r, a, b, d}, 간선={(r,a), (r,b), (a,b), (a,d)}

2. 아래의 그래프 G2를 다음과 같은 그래프의 식으로 나타내보세요.

G2 = (V, E)

V(G2) =

E(G2) =

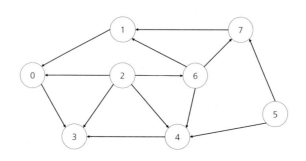

그림 11-47 그래프 G2

3. 문제 2의 그래프 G2에 대해서 다음을 구해보세요.

1) 각 노드에 인접한 노드들의 집합

2) 각 노드에서의 진입차수와 진출차수

3) 인접 행렬 표현

4) 인접 리스트 표현

4. 아래의 그래프 G3에 대해서 다음을 구해보세요.

　　1) 노드 a에서 출발하여 깊이−우선 탐색을 수행했을 때 방문 순서

　　2) 노드 a에서 출발하여 넓이−우선 탐색을 수행했을 때 방문 순서

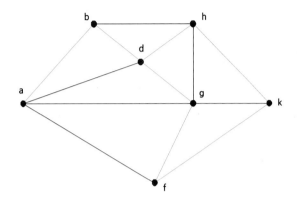

그림 11-48 그래프 G3

5. 다음과 같은 그래프 G4에서 노드 0을 시작 노드로 하여 넓이−우선 탐색을 실행한다고 합니다. 이때 노드 0부터 시작하여 그래프 G4의 모든 노드를 방문할 동안, 큐에 인큐/디큐되는 과정을 그려보세요.

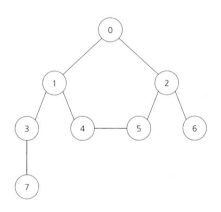

그림 11-49 그래프 G4

예를 들어, 시작 노드 0을 인큐하고 난 뒤의 과정은 다음과 같습니다. 노드 0을 디큐하고 노드 0과 인접한 노드 1과 노드 2를 인큐합니다.

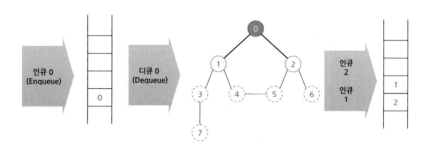

그림 11-50

이 이후의 노드를 방문하는 과정을 **그림 11-50**처럼 큐의 상태와 함께 그려보세요. 단, 인접한 노드를 선택하는 순서는 노드 번호가 높은 노드부터입니다. 예를 들어, 위 그림에서는 노드 2가 노드 1보다 먼저 인큐되었습니다.

6. [가중 그래프의 구현]

가중 그래프는 노드를 연결하는 간선에 가중치(Weight)가 있는 그래프를 말합니다. 앞서 소스 11_04.c 파일을 수정하여 이러한 가중 그래프를 실제 구현해보세요.

(1) 먼저, 인접 리스트로 구현한 그래프에 다음의 간선을 추가하는 함수를 구현해보세요. 기존의 함수 addEdgeLG()는 단순히 간선만 추가하였지, 간선의 가중치 정보는 설정하지 않았습니다.

```
int addEdgewithWeightLG(LinkedGraph* pGraph,
        int fromNode, int toNode,
        int weight);
```

```
(기존) int addEdgeLG( LinkedGraph* pGraph, int fromNode, int toNode)
```

(2) 간선의 정보를 반환하는 다음의 함수를 추가로 구현해보세요. 기존의 함수 getEdgeLG()는 간선이 존재하면 1을, 없으면 0을 반환했습니다. 추가되는 함수 getEdgeWeightLG()는 간선이 존재하지 않으면 NULL을 반환합니다. 간선이 존재

하면, 해당 가중치 값을 가리키는 포인터 변수를 반환합니다.

```
int* getEdgeWeightLG(LinkedGraph* pGraph,
            int fromNode, int toNode);
```

참고로, 추가되는 함수getEdgeWeightLG()를 사용하는 예제는 다음과 같습니다.

```
(기존) int getEdgeLG(LinkedGraph* pGraph, int fromNode, int toNode)
```

```
int *pWeight = getEdgeWeightLG(pGraph, 0, 1);
if (NULL == pWeight) {
    printf("간선이 존재하지 않습니다\n");
}
else {
    printf("가중치는 %d 입니다\n", *pWeight);
}
```

7. **[반복 호출 방식으로 깊이-우선 탐색의 구현]**

깊이-우선 탐색의 구현을 재귀 호출이 아닌 반복 호출 방식으로 구현할 수 있습니다. 이를 구현하는 가장 대표적인 방법은 다음의 의사 코드처럼 스택을 이용하는 방법입니다. 다. 의사 코드(Pseudo Code)를 보고 스택을 이용하여 깊이-우선 탐색을 수행하는 함수 traversalDFS() 를 구현해 보세요.

```
traversalDFS (node v) {
    스택 S;
    v ← 방문;
    push(S, v);
    while( not is_empty(S) ) {
        u ← pop(S);
        for( all w ∈ (u의 인접 노드들) ) {
            if (w != 방문) {
                w ← 방문;
                push(S, w);
            }
        }
    }
}
```

8. 문제 5에서의 그래프 G4를 대상으로 깊이-우선 탐색을 실행한다고 합니다. 단, 이때
문제 7에서 구현한 반복 호출 방법을 이용한다고 가정해 보겠습니다. 이때 노드 0부터
시작하여 **그림 11-49** '그래프 G4'의 모든 노드를 방문할 동안 큐에 푸시/팝되는 과정을
그려 보세요.

예를 들어, 시작 노드 0을 푸시(Push)하고 난 뒤의 과정은 다음과 같습니다. 노드 0을 팝
(Pop)하고 노드 0과 인접한 노드 2와 노드 1을 푸시합니다.

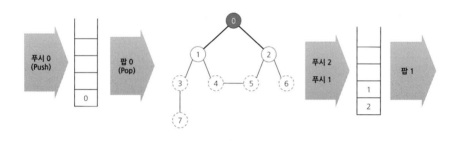

그림 11-51

이 이후의 노드를 방문하는 과정을 **그림 11-51**처럼 큐의 상태와 함께 그려 보세요. 단,
인접한 노드를 선택하는 순서는 노드 번호가 높은 노드부터 입니다. 예를 들어, 이 그림
에서는 노드 2가 노드 1보다 먼저 푸시되었습니다.

DATA STRUCTURE

Chapter

12

검색

1 순차 검색 **2** 색인 순차 검색 **3** 이진 검색 **4** 이진 검색 트리

지금까지 우리는 리스트부터 시작하여 트리와 그래프에 이르기까지 다양한 자료구조를 살펴 보고 사용했습니다. 이번 장은 이 책의 마지막 장으로 검색과 관련하여 살펴보도록 하겠습니 다. 지금까지 우리가 배운 리스트 및 트리 등의 여러 자료구조를 응용하여 검색이라는 문제를 해결하는 방법을 공부하려 합니다.

여러분은 검색하면 먼저 어떤 것이 떠오르나요? 최근 인터넷의 발달로 보통 인터넷 검색을 생 각하실 것입니다. 이런 인터넷 검색의 가장 기본이 되는 것은 기존에 저장된 자료 중에서 내 가 원하는 자료를 찾는 것이 됩니다. 찾고자 하는 자료를 다른 자료들과 구별시켜주는 키를 검 색 키(search key)라고 합니다. 검색은 이러한 검색 키를 가지는 내가 원하는 자료를 찾는 것을 말합니다. 예를 들어, 네이버나 구글과 같은 인터넷 검색 엔진들은 다음 그림과 같이 사용자 가 입력한 검색 키워드(keyword)로 자료를 검색합니다. 따라서, 인터넷 검색에서는 검색 키워드 가 검색 키에 해당합니다.

그림 12-1 웹 검색의 예

이번 장에서는 이러한 검색의 가장 기본이 되는 순차 검색을 먼저 살펴보고 난 뒤 이러한 순차 검색을 보다 개선한 색인 순차 검색을 살펴보겠습니다. 아울러, 트리를 이용하여 검색을 보다 효율적으로 하게 하는 이진 검색 트리를 마지막으로 배울 텐데요, 그전에 이진 검색 기법에 대해서도 알아보겠습니다.

1. 순차 검색

순차 검색(sequential search)은 **일렬**(sequential)**로 저장된 자료들을 차례대로 비교하는 검색 방법**을 말합니다. 일렬로 저장된 자료를 검색하기 때문에 선형 검색(linear search)이라고도 합니다. 검색 알고리즘 중에서 가장 단순하면서 직관적인 검색 방법 중 하나입니다. 따라서, 구현이 쉬운 장점이 있는 반면, 비교적 자료가 적은 경우에만 사용할 수 있다는 단점이 있습니다. 왜냐하면, 자료가 많아지면 검색 성능이 상당히 떨어지기 때문입니다. 어떤 검색 방법이기에 이러한 단점이 생기는 것일까요?

1.1 자료가 미리 정렬되지 않은 경우

만약, 여러분이 다음 그림과 같이 4개의 숫자 중에서 70을 찾는다고 생각해 봅시다. 어떻게 찾을 수 있을까요? 이 경우 가장 간단한 검색 방법은 처음부터 시작하여 차례로 하나씩 숫자를 비교해서 찾는 방법입니다.

80	20	70	50

그림 12-2 자료가 미리 정렬되지 않은 경우의 예

그림 12-2에서는 80 → 20 → 70 → 50 순서로 저장되어 있는데, 아무런 규칙이 없이 그냥 나열되어 있습니다. 오름차순 혹은 내림차순으로 정렬되어 있지 않습니다. 특별히 선처리(pre-processing)하지 않는 경우라면 그림과 같이 자료들이 순서 없이 그냥 저장된 경우가 대부분입니다. 이럴 경우 순차 검색은 내가 찾으려는 자료를 찾을 때까지 처음 자료부터 마지막 자료까지 차례로 살펴봅니다. 즉, 내가 찾으려는 검색 키와 값이 같은지 자료의 키 값과 비교합니다.

1.1.1 검색이 성공한 경우

만약, 검색하는 도중에 자료를 찾았다면 검색이 성공한 경우입니다. 앞서 본 자료를 대상으로 검색에 성공하는 경우를 살펴볼까요? 다음 그림은 정렬되지 않는 4개의 자료 80 → 20 → 70 → 50 중에서 70으로 검색하는 과정을 보여 줍니다.

그림 12-3 검색이 성공한 경우의 예: 검색 키 70

그림 12-3을 보면 가장 먼저 Step-1에서 첫 번째 자료 80과 검색 키 값 70을 비교합니다. 내가 찾는 키 값이 아니기 때문에 다음으로 두 번째 자료 20과 비교합니다. 이 경우도 내가 찾으려는 키 값 70이 아니네요. 따라서, 다음 단계로 세 번째 자료의 키 값을 비교하는데, 이 경우 찾고자 하는 키 값과 같기 때문에 검색에 성공하였습니다. 검색에 성공했기 때문에 아직 네 번째 자료 50이 남았지만, 검색 과정은 여기서 중단됩니다. 순차 검색에서는 검색이 성공하면 더 이상 다음 자료를 살펴보지 않고 검색을 중단하게 됩니다.

1.1.2 검색이 실패한 경우

반면, 내가 찾고 싶은 자료가 검색 대상에 없을 수도 있습니다. 이럴 경우 검색이 실패한 경우가 됩니다. 다만, 자료가 미리 정렬되어 있지 않다면, 마지막 자료까지 비교해 봐야만 비로소 검색이 실패했다는 것을 알 수 있습니다. 다음 **그림 12-4**는 앞서 살펴본 예와 같이 4개의 정렬되지 않은 자료 {80, 20, 70, 50}을 대상으로 순차 검색을 하는 것을 보여 줍니다. 단, 예와는 달리 검색 키 값이 25인 경우가 됩니다. 그러고 보니 4개의 자료 중에서 키 값 25는 없네요. 따라서, 검색이 실패할 수밖에 없는 경우입니다. 순차 검색에서는 어떠한 과정을 거치는지 살펴보겠습니다.

80 ≠ 25
20 ≠ 25
70 ≠ 25
50 ≠ 25

그림 12-4 검색이 실패한 경우의 예: 검색 키 25

이 그림을 보면 가장 먼저 Step-1에서 첫 번째 자료 80과 검색 키 값 25를 비교합니다. 내가 찾는 키 값 25가 아니기 때문에 다음으로 두 번째 자료 20과 비교합니다. 이 경우도 키 값이 다르기 때문에 세 번째 자료도 값을 비교합니다. 검색 키 값과 다르기 때문에 마지막 네 번째 자료와 비교하는데, 물론 마지막 자료 50도 검색 키 값 25가 아닙니다. 즉, 마지막 자료에서도 검색 키 값과 같은 자료가 없기 때문에 검색이 실패하였습니다.

검색이 성공한 경우 혹은 실패한 경우에서 알 수 있듯이 자료가 미리 정렬되지 않은 경우의 순차 검색은 일단 첫 번째 자료부터 키 값을 비교합니다. 그리고 자료를 찾을 때까지 차례로 자료의 검색 키를 비교합니다. 따라서, 찾으려는 자료가 실제로 있는지는 마지막 자료까지 비교해 보아야 알 수 있습니다.

1.1.3 검색 성능

우리는 지금까지 미리 정렬되지 않은 자료들에 대해서 순차 검색을 실행하는 경우를 살펴보았습니다. 이러한 경우 순차 검색 알고리즘의 성능은 어떻게 될까요? 검색 대상이 되는 자료가 n 개라고 했을 때 얼마만큼의 연산이 필요할까요? 참고로 앞서 1장에서 연산의 횟수를 통해 알고리즘의 성능을 나타내는 것을 시간 복잡도라고 배웠습니다.

순차 검색에서 자료를 찾을 때까지 필요한 연산의 횟수는 찾으려는 자료의 위치에 따라 정해집니다. 예를 들어, 첫 번째 자료는 비교 연산을 1번만 수행하면 됩니다. 두 번째 자료라면 첫 번째 자료에서 1번, 2번째 자신에게서 1번, 이렇게 모두 2번이 필요합니다. 만약, 마지막 자료가 찾을 대상이라고 한다면 비교 연산이 n번 필요합니다. 이처럼 1번에서 n번까지 달라질 수 있는 경우에는 보통 평균으로 계산합니다. 이러한 평균값을 계산해 보면 다음 식과 같습니다.

$$O\left(\frac{1}{n} \times (1+2+3+...+n)\right) = O\left(\frac{n+1}{2}\right) = O(n)$$

다만, 이 식에서는 1장에서 배운 빅-오 표기법을 이용하였습니다. 따라서, 자료가 미리 정렬되지 않는 경우의 순차 검색은 평균 시간 복잡도 $O(n)$을 가지는 것을 알 수 있습니다. 여기서 $O(n)$의 의미는 자료의 개수 n이 증가함에 따라 검색에 소요되는 시간도 자료의 개수에 비례하여 증가한다는 뜻입니다.

따라서, 자료의 개수가 많은 경우에는 순차 검색의 효율성이 감소한다는 단점을 여기서 확인할 수 있습니다. 그뿐만 아니라, 자료가 미리 정렬되어 있지 않기 때문에, 만약, 찾으려는 자료가 없을 경우에는 반드시 모든 자료를 대상으로 비교 연산을 수행해야 합니다. 따라서, 검색 대상이 되는 자료의 개수가 많은 경우라면 특별히 검색이 실패할 경우, 순차 검색이 비효율적이라는 것을 알 수 있습니다.

1.2 자료가 미리 정렬된 경우

다음으로 살펴볼 방법은 검색 대상이 되는 자료를 미리 정렬해 두고 나서 순차 검색을 하는 방법입니다. 자료를 미리 정렬해 두고 나서란 어떤 뜻일까요? 예를 들어, 다음 그림과 같이 작은 값이 먼저이고 큰 값이 나중에 나오도록 하는 오름차순으로 자료를 정렬한 경우를 들 수 있습니다.

그림 12-5 자료가 미리 정렬된 경우의 예: 오름차순 정렬

그림 12-5에서는 크기 순서에 따라 가장 작은 값 20이 먼저 오고, 그다음으로 큰 순서에 따라 50, 70, 80이 차례대로 정렬되어 있습니다.

1.2.1 검색이 성공한 경우

이처럼 자료를 미리 정렬해둔 경우라 하더라도 순차 검색의 기본적인 방법은 앞서 '자료가 미리 정렬되지 않은 경우'와 같습니다. 첫 번째 자료부터 시작하여 마지막 자료까지 차례로 키 값을 비교합니다. 예를 들어, 다음 그림은 키 값 70을 찾는 경우를 보여주고 있습니다.

그림 12-6 검색이 성공한 경우의 예: 검색 키 70

그림 12-6에서 보면 첫 번째 자료부터 시작하여 차례로 키 값을 비교하여 내가 원하는 자료를 찾아간다는 것은 같습니다. 또한, 검색 도중에 찾으려는 자료를 찾았다면 검색이 성공하였기 때문에 검색을 중단합니다. 여기까지는 '자료가 미리 정렬되지 않은 경우'와 정확히 같습니다. 다만, 키 값을 비교할 때 '같다' vs. '다르다' 대신에 '같다' vs. '크거나 작다'와 같이 키 값이 크거나 작은 것을 고려한다는 것을 알 수 있습니다. 이러한 키 값의 크기 비교는 검색이 실패한 경우에 대해서 '자료가 미리 정렬되어 있지 않은 경우'와 달라지게 합니다.

1.2.2 검색이 실패한 경우

'자료가 미리 정렬된 경우'가 '정렬되지 않은 경우'와 서로 다른 점은 검색이 실패할 때 드러납니다. 왜냐하면, '자료가 미리 정렬된 경우'라면 마지막 자료까지 찾지 않아도 중간에 검색을 중단할 수 있기 때문입니다. 검색이 실패한 경우에 어떻게 이런 일이 가능할까요? 예를 들어, 앞서 미리 정렬해 둔 자료를 가지고 검색 키 값 25를 찾는 경우를 생각해 보겠습니다.

그림 12-7 검색이 실패한 경우의 예: 검색 키 25

그림 12-7에서 검색 키 값이 25인 경우의 순차 검색 과정을 보여주고 있습니다. 첫 번째 원소 20부터 차례대로 키 값을 비교하여 진행하다가 찾으려는 키 25보다 큰 키 값인 50을 만나면서 검색이 실패로 끝났습니다. 왜냐하면, 자료가 오름차순으로 정렬되어 있기 때문에 이제 남은 자료들은 모두 50보다 큰 키 값을 가지고 있기 때문입니다. 따라서, 검색 키 값 25보다 더 큰 값밖에 남아있지 않기 때문에 더 이상 비교할 필요가 없습니다.

그림 12-7은 자료를 오름차순으로 정렬했을 때를 기준으로 설명하고 있는데, 만약, 자료구조가 내림차순으로 정렬되어 있다면 어떨까요? 이 경우도 첫 번째 자료부터 차례대로 키 값을 비교하는 것은 같습니다. 다만, 검색 키 값보다 값이 작은 자료가 나온다면 검색이 실패한 경우가 됩니다.

1.2.3 검색 성능

자료가 미리 정렬된 경우의 순차 검색은 비교 연산의 횟수가 '자료가 미리 정렬되지 않은 경우'와 같습니다. 물론, 검색이 실패한 경우에 대해서는 자료가 미리 정렬되지 않았을 때와 비교해서 평균 비교 횟수가 반으로 줄어듭니다. 하지만, 그럼에도 빅-오 표기법으로 표현되는 시간 복잡도는 여전히 $O(n)$입니다. 따라서, 자료의 개수가 증가함에 따라 검색에 소요되는 시간도 비례하여 증가하는 비교적 느린 검색 알고리즘임을 알 수 있습니다.

순차 검색보다 더 빠른 검색 방법은 없을까요? 자료의 개수에 늘어나도 자료 개수에 따라 속도가 느려지지 않는 검색 방법은 없을까요? 이 주제는 다음 절에서 살펴보기로 하고 우선은 지금까지 배운 순차 검색 방법을 실제 소스로 구현해 보도록 하겠습니다.

1.3 순차 검색의 구현

앞서 우리는 순차 검색의 기본 개념에 대해서 살펴보았습니다. 그 순서에 따라서, 먼저 자료가 미리 정렬되지 않은 경우의 순차 검색 함수를 살펴보겠습니다. 물론, 그다음으로 자료가 미리 정렬된 경우의 순차 검색 함수도 배우겠습니다. 먼저, 정렬되지 않은 배열을 대상으로 순차 검색을 실행하는 함수 sequentialSearchNotSorted()의 소스를 살펴볼까요?

함수 이름 sequentialSearchNotSorted가 조금 길어서 헷갈릴 수 있습니다. 이 이름은 순차 검색(Sequential Search)인데 자료가 미리 정렬되지 않은 경우(Not Sorted)의 줄임말입니다. 입력 파라미터로 정수 배열 values와 배열의 크기 size, 검색 키 값 key를 전달받습니다. 검색이 성공하였을 경우, 검색된 자료의 위치 인덱스 값을 반환합니다. 예를 들어, 배열의 첫 번째 위치에서 발견되었다면 0이 반환됩니다. 단, 검색이 실패한 경우에는 −1을 반환합니다.

예제 12_01.c (1/4)

```
001   #include <stdio.h>
002   #include <stdlib.h>
003   #include <string.h>
004
005   int sequentialSearchNotSorted(int values[], int size, int key)
006   {
007       int ret = -1;
008       int i = 0;
009
010       for(i = 0; i < size && values[i] != key; i++) {
011       // do nothing.
012       }
014       if (i < size) {
015           ret = i;
016       }
018       return ret;
019   }
```

> 10~12: 배열 values의 처음부터 끝까지 루프를 돌면서 검색 키 값을 가지는 자료를 찾음

> 14~16: 검색이 성공한 경우에 대한 처리

이 소스 중에서 줄 10~12부분이 핵심인데, 입력 파라미터로 전달받은 배열의 처음부터 끝까지 루프를 돌면서 검색 키 값을 가지는 자료를 찾는 부분입니다. 루프를 돌면서 만약, 검색 키 값을 가지는 자료를 발견했다면, 루프를 빠져나오게 됩니다. 기존의 단순 루프를 도는 for 문

에 추가된 부분이 무엇인가요?

$$\text{for(i = 0; i < size } \boxed{\&\& \text{ values[i] != key}} \text{) \{}$$

배열의 원소의 값과 검색 키 값 비교
: 달라야(!=) 루프를 계속 돈다.
→ 만약 같다면 루프를 빠져 나온다.

for 문의 조건식에서 '&& values[i] != key'라는 부분입니다. 이 부분의 뜻은 배열 values의 i번째 원소 값과 key 값이 서로 달라야 루프를 계속 돈다는 뜻이 됩니다. 만약, i번째 원소 값과 key 값이 같다면 어떻게 되나요? 네 for 문을 빠져나오게 됩니다. 즉, 찾으려는 값을 찾았기 때문에 더 이상 루프를 돌 필요가 없기 때문입니다.

이후 줄 14에서 현재 인덱스 i의 값을 배열의 크기 size와 비교합니다. 만약, 검색이 성공하였다면 배열의 크기 size보다 i의 값이 작아야 합니다(i<size). 왜냐하면, 앞서 for 문에서 i번째 원소의 값이 검색 키 값과 같기 때문에 루프를 빠져나온 경우이기 때문입니다. 따라서, 반환 변수 ret의 값에 i를 대입해 줍니다(줄 15).

만약, 배열의 크기와 같다면(i >= size) 이 경우는 어떤 경우인가요? 네, 이 경우는 배열 values에서 찾으려는 자료를 못 찾아서 배열의 끝까지 간 경우입니다. 이 경우는 검색 실패의 경우이므로 ret 변수의 초깃값인 −1을 반환합니다.

다음으로, 함수 sequentialSearchAsendingSorted()의 소스를 살펴보겠습니다. 이 함수는 오름차순으로 정렬된 배열을 대상으로 순차 검색을 실행하는 함수입니다. 오름차순 정렬된 (asending sorted) 자료가 반드시 입력 파라미터로 전달되어야 정상 동작할 수 있는 함수가 됩니다. 입력 파라미터는 앞서 함수 sequentialSearchNotSorted()와 같습니다. 정수 배열 values와 배열의 크기 size, 검색 키 값 key를 전달받습니다. 검색이 성공하였을 경우, 검색된 자료의 위치 인덱스 값을 반환합니다. 물론, 검색에 실패한 경우에는 −1을 반환합니다.

예제 12_01.c (2/4)

```
021    int sequentialSearchAsendingSorted(int value[], int size, int key)
022    {
023        int ret = -1;
024
```

```
025        int i = 0;
026        for(i = 0; i < size && values[i] < key; i++) {
027        // do nothing.
028        }
030        if (i < size && values[i] == key) {
031            ret = i;
032        }
034        return ret;
035    }
```

> **26~28**: 배열 values의 처음부터 끝까지 루프를 돌면서 검색 키 값을 가지는 자료를 찾음

> **30~32**: 검색이 성공한 경우에 대한 처리

이 소스 중에서 줄 26~28부분이 핵심인데, 입력 파라미터로 전달받은 배열의 처음부터 끝까지 루프를 돌면서 검색 키 값을 가지는 자료를 찾는 부분입니다. 단, 루프를 돌면서 만약, 배열의 원소 값이 검색 키 값보다 작아야 합니다. 만약, 같거나 크다면 루프를 빠져나오게 됩니다.

for(i = 0; i < size   **&& values[i] < key** +) {

배열의 원소의 값과 검색 키 값 비교
: 작아야 (<) 루프를 계속 돈다.
→ 만약 **같거나 크다면** 루프를 빠져 나온다.

for 문의 조건식에서 '&& values[i] < key'라는 부분이 바로 이 부분에 해당합니다. 배열 values의 i번째 원소 값이 key 값보다 더 작아야 루프를 계속 돈다는 뜻이 됩니다. 만약, i번째 원소 값과 key 값이 같거나 혹은 크다면 어떻게 되나요? 네, for 문을 빠져나오게 됩니다. 즉, 현재의 배열 values는 오름차순으로 정렬되어 있기 때문에 더 이상 루프를 돌 필요가 없습니다.

이후 줄 30에서 현재 인덱스 i의 값을 배열의 크기 size와 비교합니다. 그리고 추가로 배열 values의 i번째 원소 값이 key 값을 비교합니다. 만약, 검색이 성공하였다면 배열의 크기 size보다 i의 값이 작아야 합니다(i<size). 그리고 i번째 원소 값이 key 값과 같아야 합니다(values[i] == key). 왜냐하면, 앞서 for 문에서 i번째 원소의 값이 검색 키 값과 같거나 크기 때문에 루프를 빠져나온 경우이기 때문입니다. 따라서, 반환 변수 ret의 값에 i를 대입해 줍니다(줄 31).

참고로, 독자 여러분 중에서는 왜 이렇게 구현해야 하는지, 앞서 줄 26에 for 문의 조건식에서 '&& values[i] < key' 대신에 '&& values[i] <= key'를 사용하면 안 되는지 궁금한 분이 있을 겁니다. 만약, 이처럼 조건식에 등호(<=)를 추가하였다면 결국은 줄 30에서 해주는 점검 로직

은 여전히 필요합니다. 왜냐하면, 검색에 실패하는 경우가 있기 때문입니다. 이럴 경우를 점검하기 위해 줄 30에서처럼 이전 위치의 원소 값(values[i-1])이 검색 키 값과 같은지 비교해야 합니다.

만약, 배열의 크기와 같다면(i >= size) 혹은 i번째 원소 값이 key 값과 다른 경우는 어떤 경우인가요? 네, 이 경우는 배열 values에서 찾으려는 자료를 못 찾아서 배열의 끝까지 가거나 혹은 배열 values에서 key 값보다 큰 원소에 다다른 경우입니다. 이 경우는 검색 실패의 경우이므로 ret 변수의 초깃값인 -1을 반환합니다.

이제 지금까지 구현한 함수 sequentialSearchNotSorted()와 sequentialSearchAsendingSorted()를 이용하는 소스를 살펴볼까요? 그전에 다음 소스에서 사용하는 함수 showArray()는 정수 배열 values와 배열의 크기 size를 전달받아 배열의 내용을 출력하는 함수입니다. 또한, 함수 showSearchResult()는 키 값과 인덱스 값을 전달받아 검색 결과가 성공했는지를 출력합니다.

예제 **12_01.c (3/4)**

```
037    // 배열의 내용을 출력
038    void showArray(int values[], int size) {
039        int i = 0;
040
041        printf("position,key\n");
042        printf("------------\n");
043        for(i = 0; i < size; i++) {
044            printf("%d,%d\n", i, values[i]);
045        }
046    }
047
048    void showSearchResult(int key, int index) {
049        if (index >= 0) {
050            printf("키-%d,위치-%d\n", key, index);
051        }
052        else {
053            printf("키-%d,검색 실패\n", key);
054        }
055    }
```

줄 49에서 index 값이 0보다 적다면 검색이 실패한 경우에 해당합니다.

마지막으로, 다음 소스의 함수 main( )에서는 앞서 구현된 순차 검색 함수인
sequentialSearchNotSorted()와 sequentialSearchAsendingSorted()를 이용하여 각각 정렬되지
않은 자료 {80, 20, 70, 50}과 오름차순으로 정렬된 자료 {20, 50, 70, 80}을 대상으로 키 값 70,
25로 검색합니다.

예제 12_01.c (4/4)

```
057   int main(int argc, char *argv[])
058   {
059       int index = 0, count = 0;
060       int notSortedArray[] = {80, 20, 70, 50};
061       int ascSortedArray[] = {20, 50, 70, 80};
062
063       // 1. 정렬되어 있지 않은 경우
064       count = sizeof(notSortedArray)/sizeof(int);
065       showArray(notSortedArray, count);
066
067       // 1-1.검색 성공의 경우: 키 값 70
068       index = sequentialSearchNotSorted(notSortedArray, count, 70);
069       showSearchResult(70, index);
070
071       // 1-2.검색 실패의 경우: 키 값 25
072       index = sequentialSearchNotSorted(notSortedArray, 6, 25);
073       showSearchResult(25, index);
074
075       // 2. 정렬되어 있는 경우
076       count = sizeof(ascSortedArray)/sizeof(int);
077       showArray(ascSortedArray, count);
078
079       // 2-1.검색 성공의 경우: 키 값 70
080       index = sequentialSearchAsendingSorted(ascSortedArray, count, 70);
081       showSearchResult(70, index);
082
083       // 2-2.검색 실패의 경우: 키 값 25
084       index = sequentialSearchAsendingSorted(ascSortedArray, count, 25);
085       showSearchResult(5, index);
086
087       return 0;
088   }
```

이 소스를 컴파일하여 실제 실행시킨 결과는 다음과 같습니다. 앞서 살펴본 내용과 동일하게 출력된다는 것을 알 수 있습니다.

프로그램 12_01.exe의 실행 결과

```
position,key
------------
0,80
1,20
2,70
3,50
키-70,위치-2
키-25,검색 실패

position,key
------------
0,20
1,50
2,70
3,80
키-70,위치-2
키-5,검색 실패
```

다음으로, 자료가 미리 정렬된 경우에 인덱스(색인)를 사용하여 효율성을 증가시키는 색인 순차 검색에 대해 살펴보겠습니다. 색인(인덱스)을 이용했기 때문에 자료의 개수가 늘어나도 자료 개수에 비례해서 속도가 늦어지지 않는 첫 번째 방법이 됩니다. 색인이 어떤 역할을 함으로써 이런 검색 속도가 가능한지 주의 깊게 살펴봐 주세요.

2. 색인 순차 검색

색인 순차 검색(index sequential search)은 자료가 미리 정렬된 경우에 색인 테이블(index table)을 이용하여 검색의 효율을 높이는 검색 방법입니다. 앞서 살펴본 '자료가 미리 정렬된 경우'의 순차 검색은 자료 개수에 비례해서 검색 속도가 느려지는 한계가 있었습니다. 이번 절에서 살펴볼 색인 순차 검색은 색인을 이용하여 순차 검색이 가지는 이러한 한계를 극복하는 방법이 됩니다.

2.1 색인과 색인 테이블

먼저, 색인은 무엇일까요? 보통 **색인**이라면 책에서 어떤 주제가 어느 페이지(page)에 있는지 알려줍니다. 다음 그림은 이러한 일반적인 책에서 사용되는 색인을 보여 줍니다. 예를 들어, 다음 그림에서 '그래프(Graph)'에 해당하는 페이지는 591입니다.

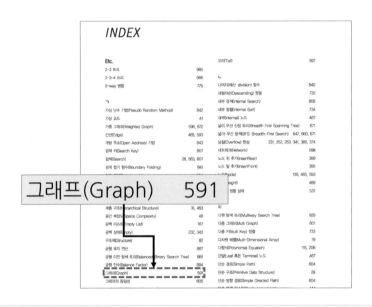

그림 **12-8** 책에서 색인(index)의 예

따라서, 색인으로 내가 원하는 그래프에 대한 내용을 보고 싶으면 바로 591페이지를 펼쳐 보면 됩니다. 책의 색인과 마찬가지로, 자료구조의 색인은 내가 찾으려는 검색 키 값을 가지는 자료의 위치를 저장한 것입니다. 예를 들어, 검색 키 값 50에 해당하는 자료의 위치는 배열의 3번째 원소라는 것을 들 수 있습니다. 즉, 자료구조 색인에서 자료의 위치란 보통 배열에서 원소의 위치 혹은 변수의 주솟값 정도가 됩니다. 다음 그림은 이러한 자료구조의 색인에 대한 예를 보여 줍니다.

그림 **12-9**를 보면 먼저 모두 6개의 자료가 저장된 배열을 볼 수 있습니다. 단, 색인을 사용하

려면 먼저 자료들이 정렬되어 있어야 하는데, 이 책에서는 일단 오름차순 정렬을 가정하겠습니다. 그림에서는 가장 작은 값 10이 제일 먼저 오고, 그다음으로 크기 순서에 따라 20 → 50 → 60 → 70 → 80으로 저장되어 있습니다.

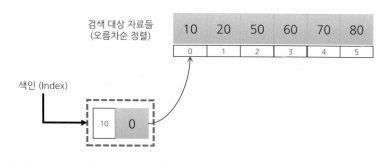

그림 12-9 검색에서 색인(index)의 예

또한, 그림에서 색인을 확인할 수 있습니다. 색인(index 혹은 인덱스)이란 특정 키 값에 대한 해당 자료의 위치라고 배웠습니다. 예를 들어, **그림 12-9**에서는 이러한 '키 → 위치'의 예로 인덱스 10 → 0이 저장되어 있습니다. 즉, 키 값 10을 가지는 자료의 위치가 0이라는 뜻이 됩니다. 이러한 색인을 통하여, 키 값 10을 가지는 자료로 한 번에 이동할 수 있습니다. 왜냐하면, 우리는 색인을 통하여 배열에서 해당 자료의 위치 값을 알기 때문입니다.

자 그럼 다음으로 색인 테이블(index table)은 무엇일까요? 색인 테이블이란 색인들이 모여 있는 테이블을 말합니다. 다음 그림은 이러한 색인 테이블의 예를 보여 주고 있습니다.

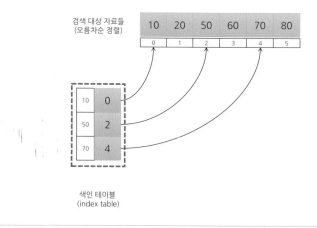

그림 12-10 검색에서 색인 테이블(index table)의 예

그림 12-10에서는 색인 테이블에 저장된 3개의 색인이 보입니다. 인덱스 10 → 0, 50 → 2, 70 → 4가 저장되어 있는데, 키 값 10을 가지는 자료의 위치가 0이며 키 값 50을 가지는 자료의 위치는 2라는 뜻이 됩니다.

또한, 이 경우 색인 테이블이 색인의 키 값에 대해서 오름차순으로 정렬되어야 합니다. 예에서 색인 테이블에 저장된 검색 키 값이 10 → 50 → 70으로 오름차순으로 저장되어 있습니다. 이처럼 색인 테이블이 검색 키 값에 대해 오름차순으로 정렬된 이유는 원-자료(source data) 자체가 오름차순으로 정렬되어 있기 때문입니다. 즉, 원-자료가 오름차순으로 정렬되어 있기 때문에 원-자료를 가리키는 색인 테이블 또한 색인에 대해서 오름차순으로 정렬되어야 합니다.

그런데 색인 테이블은 마치 리스트처럼 보입니다. 그럼에도, 색인 리스트라고 하지 않고 굳이 색인 테이블이라고 하는 이유는 무엇일까요? 책에 따라서는 색인 리스트라고 하는 경우도 간혹 있습니다. 하지만, 보통 색인 테이블이라고 많이 부르는데, 이처럼 테이블로 부르는 이유는 저장되는 자료가 '키-값'처럼 쌍(pair)을 이루는 자료이기 때문입니다. 즉, 키-값 쌍을 이루는 자료가 저장될 때는 이를 테이블로 부릅니다. 색인 테이블에서도 검색 키와 해당 자료의 위치가 쌍을 이루어 저장되기 때문에 색인 테이블이라고 합니다.

마지막으로, 이 책에서는 색인이라는 용어만 사용하는데, 영어 index를 보면 알겠지만, 색인의 또 다른 말은 인덱스입니다. 다만, 우리는 지금까지 이 책에서 인덱스라고 하면 배열에서 원소의 위치 값이란 뜻으로 주로 사용했습니다. 따라서, 독자 여러분의 혼란을 막고자 색인 순차 검색에서 사용하는 인덱스에 대해서 이 책에서는 **색인**이라고 한정하여 사용하겠습니다. 다른 책에서 혹은 다른 분들과 이야기 나눌 때는 '인덱스 순차 검색' 혹은 '색인 테이블' 모두 가능하니 이해 부탁합니다.

2.2 색인 테이블의 사용

우리는 바로 앞에서 색인 테이블의 기본 개념이 무엇인지 살펴보았습니다. 색인 테이블은 '검색 키-해당 위치'의 색인이 모여 있는 테이블이었습니다. 이제는 이러한 색인 테이블을 실제로 활용하여 기존의 순차 검색의 성능을 개선해 보겠습니다.

먼저 간단한 예를 통해서 색인 테이블을 이용하는 색인 순차 검색의 전체 과정에 대해서 살펴보겠습니다. 여기서 검색 대상이 되는 자료는 오름차순으로 정렬된 6개의 자료 {10, 20, 50, 60, 70, 80}이 됩니다. 또한, 여기에 대한 색인 테이블은 3개의 색인 {10-0, 50-2, 70-4}로 구성됩니다. 원래 자료가 오름차순이기 때문에 색인 테이블 또한 오름차순 정렬이라는 점에 주의해 주세요. 그리고 이러한 자료를 대상으로 검색 키 값은 40이라고 가정해 보겠습니다.

2.2.1 Step-1. 색인 테이블 검색

색인 순차 검색에서는 먼저 색인 테이블을 검색 키로 검색합니다. 단, 색인 테이블에서의 검색은 검색 범위를 찾기 위한 검색입니다. 따라서, 정확한 키 값을 찾으려는 것이 아니라 검색 키 값보다 큰 색인을 만나는 것이 목적입니다. 참고로 여기서는 오름차순 정렬이기 때문에 검색 키 값보다 큰 색인을 찾는 것이고요. 만약, 내림차순 정렬이라면 검색 키 값보다 작은 색인을 찾아야 합니다.

이 책에서는 색인 테이블이 오름차순으로 정렬되어 있다고 가정합니다. 다음 그림에서는 키 값 60으로 색인 테이블에서 순차 검색을 하고 있습니다. 먼저, 색인 테이블에서 첫 번째 색인은 키 값이 10입니다. 10은 검색 대상 60보다 작기 때문에 다음 색인으로 이동합니다. 다음 색인은 키 값이 50으로, 검색 대상 60보다 여전히 작습니다. 그럼, 그다음 색인은 키 값이 얼마인가요? 그다음 색인은 키 값이 70으로 60보다 큽니다.

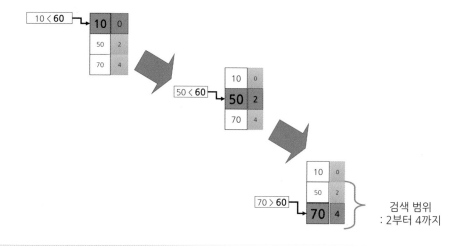

그림 12-11 Step-1. 색인 테이블 검색

따라서, 검색 키 값 60보다 크기 때문에 색인 테이블의 검색은 여기서 중지됩니다. 그리고 검

색 범위가 결정되었는데, 현재 색인부터 바로 직전까지의 사이가 검색 범위가 됩니다. 정확하게 말하자면, 현재 색인의 자료 위치부터 직전 색인의 자료 위치가 검색 범위입니다.

그림 12-11에서는 현재 색인의 '실제 자료 위치'는 4이고, 직전 색인의 '실제 자료 위치'는 2입니다. 따라서, 위치 값 2부터 위치 값 4까지가 검색 대상이 됩니다. 왜냐하면, 찾으려는 자료가 있다면 그 키 값은 50보다는 크고 70보다는 작을 것이기 때문입니다.

2.2.2 Step-2. 자료 검색

이제 앞서 색인 테이블 검색 결과로 얻은 '검색 범위'에서 실제 자료를 찾는 단계입니다. 색인 테이블의 자료 위치 정보로 검색 범위가 좁아졌다는 것을 알 수 있습니다. 예를 들어, 검색 키 60의 경우 단순 순차 검색이었다면 위치 0부터 검색을 해야 했습니다. 반면, 색인 순차 검색인 경우 앞서 색인 테이블 검색으로 위치 2부터 4까지 검색해야 한다는 것을 알 수 있습니다. 즉, 색인 테이블 검색은 순차 검색에서 검색 범위를 감소시킨다는 것을 알 수 있습니다.

그림 12-12에서 검색 범위는 위치 2부터 위치 4까지입니다. 하지만, 우리는 위치 4에 저장된 자료가 검색 키 값보다 큰 값이라는 것을 이미 알고 있습니다. 그래서, 실제 자료 검색 과정에서는 위치 4가 아니라 위치 3 (=4-1)까지만 검색합니다. 이를 식으로 나타내면 다음과 같습니다.

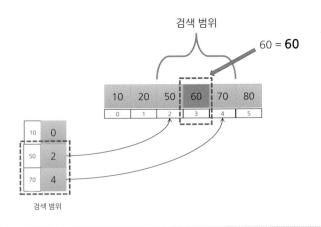

그림 **12-12** Step-2. 자료 검색

```
IndexTable[ i - 1 ].key ≤  key < IndexTable[ i ].key              ······ (A)
⇒ IndexTable[ i - 1 ].position ≤ 검색 범위 < IndexTable[ i ].position    ······ (B)
```

식 (A)는 찾으려는 검색 키(key)를 색인 테이블(IndexTable)에서 순차 검색하여 i 위치를 찾는다는 것을 먼저 보여 줍니다. 여기서 i 위치란, 검색 키 값보다 큰 키 값을 가지는 최초의 색인이라는 뜻입니다. 따라서, (i − 1) 위치에서는 검색 키 값보다 작거나 같은 키 값을 가지는 색인이 있을 수 있습니다. '작거나 같은' 키 값이 (i − 1) 위치 색인이라는 점에 주의해 주세요.

식 (B)는 해당 검색 범위를 대상으로 실제 key 값을 가지는 자료를 찾는 것을 뜻합니다. 단, i 번째 자료는 검색 키보다 큰 값을 가지기 때문에 검색 범위가 IndexTable[i].position보다 작다(〈)는 점에 주의해 주세요.

이 식을 앞의 예제에 적용해 보자면, key는 60이며 i는 2가 됩니다. 이 경우 IndexTable[1].key는 50이며 IndexTable[2].key는 70입니다. 그러면 IndexTable[1].position은 2이고 IndexTable[1].position은 4입니다. 따라서, 위치 2부터 위치 3(=4−1)까지가 검색 대상이 됩니다.

```
IndexTable[ i - 1 ].key ≤  key < IndexTable[ i ].key          ...... (A)
     50                   ≤  key <        70

⇒ IndexTable[ i - 1 ].position ≤ 검색 범위 < IndexTable[ i ].position   ...... (B)
        2                        ≤ 검색 범위 <        4
```

앞서 살펴본 단순 순차 검색이 비효율적이라고 한 까닭은 자료의 개수가 증가하면 검색에 걸리는 시간이 비례하여 증가했기 때문입니다. 그럼, 이처럼 검색에 걸리는 시간이 자료 개수에 비례하는 까닭은 왜일까요? 가장 근본적인 이유는 단순 순차 검색에서는 자료의 모든 키 값을 차례로 비교해야 하기 때문입니다. 즉, 자료 개수만큼 검색 키와 비교를 해야만 하기 때문에 속도가 늦어질 수밖에 없다는 것입니다.

이에 비해 색인 테이블을 이용하는 순차 검색에서는 먼저 색인 개수만큼만 비교하면 되기 때문에 검색 속도를 빠르게 할 수 있습니다. 왜냐하면, 색인 테이블의 색인과 비교 연산을 통해 검색의 범위를 줄이기 때문입니다. 색인 테이블은 일정한 간격으로 정렬된 자료를 저장하기 때문에 비교 연산을 해야 하는 전체 자료의 개수를 줄여 줍니다. 또한, 색인 검색 결과로 얻어진 검색 범위를 대상으로 순차 검색을 하기 때문에 전체 비교 연산의 횟수가 줄어들게 됩니다.

끝으로 이러한 색인 순차 검색의 성능을 정리해 볼까요? 검색 대상이 되는 전체 자료의 개수가 n 개이고 색인 테이블의 인덱스 개수가 m 개라고 가정하겠습니다. 그러면 먼저 색인 테이블에서 m번 키 값을 비교해야 합니다. 그러면 색인 테이블에서 검색 범위가 정해지기 때문에 실제 자료에서는 n/m번 키 값을 비교하면 됩니다. 전체 자료를 색인의 개수로 나누어 평균적인 자료의 개수를 사용하였습니다. 따라서, 색인 순차 검색의 성능은 이 둘 값의 합이 되므로 $O(m+n/m)$의 시간 복잡도를 가지게 됩니다.

2.3 색인 순차 검색의 구현

지금까지 살펴본 색인 순차 검색 알고리즘을 실제 소스로 구현해 볼까요? 먼저, 색인 순차 검색에서 핵심이 되는 색인의 자료구조를 살펴보겠습니다.

색인 테이블은 색인의 집합입니다. 이 책에서는 C 언어에서 제공하는 배열로 구현할 계획입니다. 그러면 색인은 어떻게 구현되어야 할까요? 앞서 살펴본 바와 같이 자료에 대한 키와 해당하는 자료의 위치 값을 저장해야 합니다. 이러한 색인 테이블을 구현하기 위해 다음 소스에서는 구조체 SimpleIndex를 정의하였습니다.

예제 12_02.h (1/6)

```
001   #include <stdio.h>
002   #include <stdlib.h>
003   #include <string.h>
004
005   typedef struct SimpleIndexType {
006       int position;
007       int key;
008   } SimpleIndex;
```

이 소스에서 구조체 SimpleIndex는 키 값을 저장하는 key와 배열에서의 자료 위치를 저장하는 position으로 구성되어 있습니다. 다음으로, 이렇게 정의된 구조체 SimpleIndex를 이용하여 실제 색인 순차 검색을 구현한 함수들을 살펴볼까요?

2.3.1 색인 테이블의 생성

먼저 색인 테이블을 만드는 함수인 createIndexTable()에 대해서 살펴보겠습니다. 함수 cre-ateIndexTable()은 입력 파라미터로 3개를 전달받습니다. 먼저 검색 대상이 되는 배열 values와 배열의 원소 개수인 size가 됩니다. 마지막 입력 파라미터인 indexSize는 색인 테이블에서 색인의 개수가 됩니다. 이러한 입력 파라미터를 이용하여 함수 createIndexTable()은 색인 테이블을 반환하게 됩니다. 단, 여기서는 메모리 할당을 통하여 동적으로 할당된 색인 배열을 반환하게 됩니다. 참고로, 다음 소스는 입력 파라미터 점검과 메모리 할당 점검 등의 일부 소스가 생략되었습니다.

예제 **12_02.c (2/6)**

```
011   SimpleIndex* createIndexTable(int values[], int size, int indexSize)
012   {
013       SimpleIndex* pReturn = NULL;
014       int i = 0, ratio = 0;
016
022       ratio = size / indexSize;
023       if (size % indexSize > 0) {
024           ratio = ratio + 1;
025       }
026
027       pReturn = (SimpleIndex*) malloc(sizeof(SimpleIndex) * indexSize);
032
033       for(i = 0; i < indexSize; i++) {
034           pReturn[i].position = i * ratio;
035           pReturn[i].key = values[ i * ratio ];
036       }
037
038       return pReturn;
039   }
```

그럼 이제 색인 테이블을 생성하는 함수 createIndexTable()의 내부를 자세히 살펴볼까요? 이 함수의 핵심은 색인을 어떻게 만드느냐입니다. 색인은 검색 대상인 어떤 자료를 가리켜야 합니다. 따라서, 이 질문은 어떤 자료를 가리키도록 색인을 만드느냐로 요약할 수 있습니다. 색인을 만드는 다양한 방법이 있을 수 있겠지만, 여기서는 단순히 '색인의 개수'에 맞추어 균등하게 자료를 가리키는 방식으로 색인을 만들겠습니다.

먼저 줄 22에서 색인 1개가 다루어야 하는 평균적인 자료의 개수 ratio를 구합니다. 즉, 색인 테이블의 크기 size를 색인의 개수 indexSize로 나누어서 ratio를 구합니다. 단, 나눈 나머지가 있는 경우에는 줄 23~25에서 1을 더해 줍니다. 이 부분이 이해가 조금 어렵나요? 그럼 앞서 살펴본 예를 가지고 간단히 살펴보겠습니다.

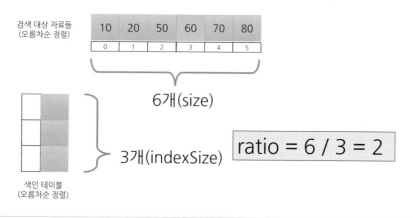

그림 12-13 색인 범위의 계산

그림 12-13에서 자료의 개수 size는 6이며 색인 테이블에서 색인의 개수 indexSize는 3입니다. 따라서, 색인 1개가 다루어야 하는 평균 자료의 개수 ratio는 2로 계산됩니다.

자 이렇게 ratio 계산이 끝난 다음, 줄 27에서 색인 테이블에 대해 동적으로 메모리를 할당합니다. 단, 여기서 색인의 개수는 앞서 전달한 색인 개수 indexSize만큼이 됩니다. 다만, 소스에서는 동적으로 할당된 메모리를 검증하는 부분이 생략되어 있는데, 프리렉 홈페이지에서 내려받는 소스에는 포함되어 있습니다.

이제 다음 단계는 앞서 구한 ratio와 동적으로 할당된 색인 테이블을 이용하여 실제 색인 테이블의 내용을 채우는 부분(줄 33~36)입니다. 색인 테이블의 크기 indexSize만큼 루프를 돌면서 각 색인을 만듭니다.

루프를 돌면서 색인을 만드는 부분에 대해서는 앞의 예를 가지고 간단히 살펴보겠습니다. 가장 먼저 i = 0인 경우를 생각해 볼까요? 이 경우 i의 값이 0이기 때문에 첫 번째 색인이 가리키는 자료의 위치는 0이 됩니다(줄 34). 그리고 이때 위치 0의 자료는 키 값이 10입니다.

```
pReturn[ 0 ].position = 0;
pReturn[ 0 ].key = values[ 0 ];
```

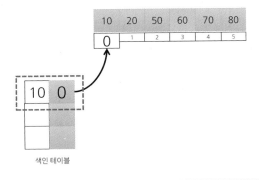

그림 12-14 첫 번째 색인 만들기

그림 12-14에서 첫 번째 색인이 가리키는 자료는 0번째 위치이고, 키 값은 10이라는 것을 알 수 있습니다.

그럼, 다음 단계로 i = 1인 경우를 생각해 볼까요? 드디어 앞서 구한 ratio가 실제로 계산에 사용됩니다. 여기서는 i의 값이 1이고 ratio가 2이기 때문에 pReturn[1].position의 값으로 2가 대입됩니다. 즉, 두 번째 색인이 가리키는 원−자료의 위치 값은 2입니다.

```
pReturn[ 1 ].position = 2;        // i = 1, ratio = 2이므로 1*2 = 2
pReturn[ 1 ].key = values[ 2 ];
```

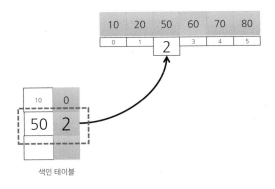

그림 12-15 두 번째 색인 만들기

따라서, **그림 12-15**를 보면 두 번째 색인은 검색 대상의 세 번째 원소(위치 값은 2)를 가리키게 되었습니다. 그리고 세 번째 원소의 값 values[2]가 두 번째 색인의 검색 키가 됩니다. 이 경우 values[2]의 값은 50이기 때문에 pReturn[1].key에 저장되는 값은 50입니다.

마지막으로, 세 번째 색인도 마찬가지로 만들어집니다. 여기서는 i의 값이 2이고 ratio가 2이기 때문에 pReturn[2].position의 값으로 4가 대입됩니다. 그리고 세 번째 색인이 가리키는 원-자료의 값은 70이기 때문에 pReturn[2].key에는 70이 저장됩니다.

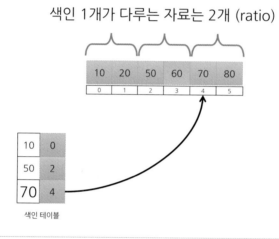

그림 12-16 세 번째 색인 만들기

이제 지금까지의 루프 과정을 정리해 볼까요? 앞서 구한 ratio를 이용하여 각각의 색인을 만들어 색인 테이블에 설정해 주었습니다. 다만, 이 경우 앞서 구한 ratio는 색인 1개가 다루는 자료의 개수라는 것을 알 수 있습니다.

그림 12-16에서는 ratio가 2인데, 이 경우 색인 1개가 다루는 자료가 2개입니다. 왜냐하면, 첫 번째 색인은 원-자료의 위치 0과 1 이렇게 두 개를 다룹니다. 또한, 두 번째 색인은 2와 3을, 그리고 세 번째 색인은 4와 5를 다루고 있습니다. 즉, 색인 1개가 다루는 자료의 범위는 앞서 구한 ratio가 된다는 것을 알 수 있습니다.

자 그럼 다시 소스로 돌아오겠습니다. 앞의 소스 마지막 단계로 함수 createIndexTable()은 이렇게 만들어진 색인 테이블을 줄 36에서 반환합니다. 동적으로 메모리 할당된 배열이기 때문에 함수 createIndexTable()을 호출한 쪽에서는 전달받은 색인 테이블에 대해서 사용이 끝난 다음 반드시 메모리를 해제해주어야 합니다.

2.3.2 색인 순차 검색 함수

앞서 우리는 색인 테이블을 만드는 함수를 살펴보았습니다. 그럼, 이제는 이렇게 만들어진 색인 테이블을 이용하여 정말로 색인 순차 검색을 실행하는 함수를 구현해 보겠습니다. 함수 sequentialIndexSearch()가 이러한 색인 순차 검색을 수행하는 함수입니다.

이 함수는 입력 파라미터가 모두 5개입니다. 먼저, 처음 2개는 검색 대상 자료에 대한 입력 파라미터입니다. 검색 대상 자료 values와 자료의 개수 size가 이에 해당합니다. 단, 색인 순차 검색의 대상이기 때문에 자료가 정렬되어 있어야 합니다. 다만, 이 책에서는 오름차순으로 정렬되어 있다고 가정합니다.

다음으로, 색인 테이블에 대한 입력 파라미터로 색인 테이블 자체인 indexTable과 색인의 개수를 나타내는 indexSize가 전달됩니다. 물론, 색인 테이블 또한 원-자료와 마찬가지로 오름차순으로 정렬되어 있습니다. 마지막으로, 찾으려는 자료를 나타내는 검색 키 값은 key로 전달됩니다.

함수 sequentialIndexSearch()는 검색이 성공하였을 경우 검색된 자료의 위치 값을 반환합니다. 배열 내에서의 위치 값이 되므로 검색이 성공한 경우 0 이상의 정수 값이 반환됩니다. 단, 검색이 실패한 경우에는 −1이 반환됩니다.

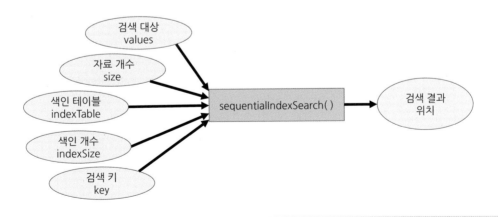

그림 12-17 함수 sequentialIndexSearch()의 구조

앞서 색인 순차 검색은 크게 2단계로 이루어진다고 배웠습니다. 먼저, Step-1 색인 테이블 검색을 통해 검색 범위를 정하는 색인을 먼저 찾습니다. 그리고 Step-2 자료 검색 단계에서는 앞서 구한 범위에서 검색을 실행합니다. 함수 sequentialIndexSearch()는 이러한 순서에 충실하게 구현되어 있습니다.

예제 12_02.c (4/6)

```
058    int sequentialIndexSearch(int values[], int size,
059                       SimpleIndex indexTable[], int indexSize, int key)
060    {
061        int ret = -1;
062        int i = 0;
063        int start = 0, end = 0;
064
065        if (key >= values[0] && key <= values[size-1]) {
066            for(i = 0; i < indexSize; i++) {
067                if (indexTable[i].key > key) {
068                    break;
069                }
070            }
071            if (i < indexSize) {
072                start = indexTable[i-1].position;
073                end = indexTable[i].position - 1;
074            }
075            else {
076                start = indexTable[i-1].position;
077                end = size - 1;
078            }
079
080            ret = sequentialRangeSearch(values, start, end, key);
081        }
082
083        return ret;
084    }
```

먼저, 소스에서 줄 66~70은 'Step-1 색인 테이블 검색'에 해당하는 부분입니다. 색인 테이블에 저장된 색인을 처음부터 차례로 검사합니다. 그래서 검색 키 값(key)보다 큰 키 값을 가지는 색인에서 루프를 빠져나옵니다(줄 67~68). 이 경우 검색 대상 키 값보다 큰 색인의 위치는 변수 i에 저장됩니다.

그런데 줄 71~78 부분은 어떤 내용인가요? 변수 start와 end의 값을 설정하는 부분인데, 이 변수들은 검색 범위의 처음과 마지막으로 저장하는 변수입니다. 예를 들어, 줄 72~73 부분은 앞서 설명한 다음 식에 따라 검색 범위를 정하는 부분입니다.

```
IndexTable[ i - 1 ].position ≤ 검색 범위 < IndexTable[ i ].position       …… (B)
```

검색 범위의 시작 위치에 해당하는 start 변수에는 어떤 값이 대입되나요? 여기서는 줄 76에서 색인 (i − 1)의 position이 대입되었습니다. 왜냐하면, 이 색인은 검색 대상 키 값보다 작거나 같은 값을 가지는 색인이기 때문입니다.

그러면 다음으로 검색 범위의 마지막 위치에 해당하는 end 변수에는 i번째 색인의 position이 대입되나요? 줄 77에서 알 수 있듯이 indexTable[i].position에서 1을 뺀 값이 대입되었습니다. 왜일까요? 왜냐하면, i번째 색인은 검색 키 값보다 큰 값을 가지기 때문입니다. 굳이 이 색인이 가리키는 자료를 비교할 필요가 없기 때문입니다.

그러면 줄 76~77 부분은 어떤 부분인가요? 먼저, 줄 71에서 변수 i의 값이 indexSize보다 작은지(i < indexSize) 점검합니다. 이 조건을 만족했다는 것은 검색 키 key보다 큰 값을 가지는 색인이 색인 테이블에 있다는 것입니다. 이 경우라면 앞서 줄 72~73에서 처리를 해주면 됩니다.

만약, 그렇지 않다면 검색 키 key의 값이 색인 테이블의 모든 색인보다 큰 경우입니다. 줄 76~77이 바로 이 경우에 대한 처리 부분입니다. 참고로, 검색 키가 모든 색인보다 크다면 변수 i의 값이 indexSize와 같습니다. 왜냐하면, for 루프문의 종료 조건(줄 66)에 따라 루프를 빠져나온 경우이기 때문입니다. 또한, 이런 경우라면 검색 범위가 마지막 색인이 가리키는 자료부터 배열의 끝까지를 검사하면 됩니다.

자, 지금까지 'Step-1 색인 테이블의 검색' 부분이 끝났습니다 이 단계에서 검색 범위가 정해졌기 때문에 정해진 검색 범위로 실제 자료를 검색하는 'Step-2 자료 검색'이 됩니다. 여기서는 이 부분에 대하여 다음 소스와 같이 별도 함수 sequentialRangeSearch()를 구현했습니다. 원래 소스 파일에서는 컴파일을 위해 함수 sequentialIndexSearch()보다 먼저 구현되어 있지만, 설명의 편의상 먼저 설명하였습니다. 소스 순서가 다소 혼란스러운 독자 분은 프리렉 홈페이지에서 이번 장 소스 파일을 내려받아 참고해 주세요.

함수 sequentialRangeSearch()는 앞의 단순 순차 검색 함수인 sequentialSearchAsendingSorted ()와 핵심 로직은 거의 같습니다. 다만, 검색 범위가 한정되었다는 점에서 입력 파라미터로 배열의 크기(size) 대신에 배열에서의 검색 시작 위치와 마지막 위치(start, end)를 전달받습니다. 또한, 검색이 성공하였을 경우 검색된 자료의 위치를 반환하는데, 만약, 검색이 실패한 경우에는 −1을 반환합니다.

예제 12_02.c (3/6)

```
042   int sequentialRangeSearch(int values[], int start, int end, int key)
043   {
044       int ret = -1;
045       int i = 0;
046       for(i = start; i <= end && values[i] < key; i++) {
047       // do nothing.
048       }
049
050       if (i <= end && values[i] == key) {
051           ret = i;
052       }
053
054       return ret;
055   }
```

순차 검색을 시작할 때 키 값을 비교하는 자료의 위치가 0이 아니라 start라는 점에 주의해 주세요(줄 46). 또한, 키 값을 비교하는 마지막 위치가 end입니다. 줄 50에서 검색 키에 의해 자료를 찾았는지 점검하여 결과 값 ret를 반환합니다. 나머지 자세한 설명은 앞 절에서 설명한 함수 sequentialSearchAsendingSorted()를 참고해 주세요.

2.3.3 그 외 함수들

그 외 함수로 색인 테이블의 내용을 출력하는 함수인 showIndexTable()과 검색 대상이 되는 자료 배열의 내용을 출력하는 함수 showArray()가 있습니다. 내용이 그렇게 어렵지 않기 때문에 자세한 설명은 생략하겠습니다.

예제 12_02.c (5/6)

```
086    // 색인 테이블 내용을 출력.
087    void showIndexTable(SimpleIndex* pIndexTable, int indexSize)
088    {
089        int i = 0;
090
091        printf("인덱스 테이블\n");
092        printf("위치,키\n");
093        printf("------------\n");
094        for(i = 0; i < indexSize; i++) {
095            printf("%d,%d\n", pIndexTable[i].position, pIndexTable[i].key);
096        }
097    }
099
100    // 배열의 내용을 출력.
101    void showArray(int value[], int size)
102    {
103        int i = 0;
104
105        printf("위치, 키 값\n");
106        printf("------------\n");
107        for(i = 0; i < size; i++) {
108            printf("%d,%d\n", i, value[i]);
109        }
110    }
```

마지막으로, main( ) 함수에서는 앞서 구현된 색인 순차 검색 함수인 함수 sequentialIndexSearch( )를 이용하여 오름차순으로 정렬된 자료 {10, 20, 50, 60, 70, 80}을 대상으로 검색하는 예제입니다.

먼저 검색 대상이 되는 자료를 출력합니다(줄 121). 그리고 나서 색인 테이블을 생성하고 생성된 색인 테이블의 내용을 출력합니다(줄 122, 124). 이후 색인 순차 검색을 실행하는데, 먼저 키 값 60으로 검색에 성공한 경우(줄 126)와 키 값 65로 검색에 실패한 경우(줄 136)로 구성되어 있습니다.

```
112   int main(int argc, char *argv[])
113   {
114       SimpleIndex* pIndexTable = NULL;
115       int indexSize = 3;
116       int index = 0;
117       int key = 0;
118       int ascSortedValues[] = {10, 20, 50, 60, 70, 80};
119       int arraySize = 6;
120
121       showArray(ascSortedValues, arraySize);
122       pIndexTable = createIndexTable(ascSortedValues, arraySize, indexSize);
123       if (pIndexTable != NULL) {
124           showIndexTable(pIndexTable, indexSize);
125
126           key = 60;
127           index = sequentialIndexSearch(ascSortedValues,
                                    arraySize, pIndexTable, indexSize, key);
128           if (index >= 0) {
129               printf("키-%d,위치-%d\n", key, index);
130           }
131           else {
132               printf("키-%d,검색 실패\n", key);
133           }
134
135           key = 65;
136           index = sequentialIndexSearch(ascSortedValues,
                                    arraySize, pIndexTable, indexSize, key);
137           if (index >= 0) {
138               printf("키-%d,위치-%d\n", key, index);
139           }
140           else {
141               printf("키-%d,검색 실패\n", key);
142           }
143
144           free(pIndexTable);
145       }
146
147       return 0;
148   }
```

특별히 소스에서 한 번 생성한 색인 테이블(줄 122)을 두 번의 검색에 사용하였다가 마지막에 메모리를 해제시켜 준다는 점에 주의해 주세요(줄 144).

이 소스를 컴파일하여 실제 실행시킨 결과 화면 다음과 같습니다. 앞서 살펴본 내용과 동일하게 먼저 검색 대상이 되는 6개의 자료가 출력되고 다음으로 인덱스 테이블의 내용이 출력됩니다.

프로그램 12_02.exe의 실행 결과 위치, 키 값

```
 _____

0,10
1,20
2,50
3,60
4,70
5,80

인덱스 테이블
위치,키
 _____

0,10
2,50
4,70

키-60,위치-3
키-65,검색 실패
```

마지막으로, 키 값 60으로 검색에 성공하여 검색 결과 위치가 3이라는 것을 알 수 있습니다. 물론, 키 값 65의 경우에는 −1이 반환되어, 검색에 실패했다는 메시지를 출력해 주고 있습니다.

색인 순차 검색의 평균 시간 복잡도는 앞서 살펴보았듯이 $O(m+n/m)$입니다. 이 시간 복잡도에서 알 수 있듯이 색인 순차 검색의 성능 향상은 최적의 m과 n의 결정에 있습니다. 너무 큰 m 혹은 적절하지 않은 m과 n의 비율은 성능을 떨어뜨리게 됩니다.

예를 들어, 자료의 개수 n이 상당히 커져서 색인 테이블의 크기인 m마저도 커져야 하는 경우를 들 수 있습니다. 이럴 경우라면 성능 향상을 위해 색인 테이블에 대한 색인 테이블(2차 색인 테이블)을 생성해야 합니다. 또한, 2차 색인 테이블의 크기가 커져서 성능 저하가 발생할 때에 는 다시 3차 색인 테이블을 생성할 수도 있습니다. 언제 새로운 색인 테이블을 생성할 것인지 또한 색인 테이블의 크기를 얼마로 할 것인지는 저장되는 자료의 성격에 따라 결정해야 하는 다소 복잡한 문제입니다.

이와는 별개로 색인 순차 검색이 가지는 제약 사항으로 자료가 변경될 경우 색인 테이블도 같 이 변경해야 하는 점도 있습니다. 즉, 색인 테이블을 사용하기 위해서는 자료의 정렬이 필요한 데, 만약, 중간에 새로운 자료가 삽입되거나 기존 자료가 제거되었다고 가정해 봅시다. 이런 경우라면 원 자료를 가리키는 기존에 생성된 색인 테이블 또한 변경해 주어야 합니다. 따라서, 이러한 제약 사항으로 말미암아 색인 순차 검색은 한번 자료가 추가되면 이후에 자료의 변경 이 없는 경우에 주로 사용됩니다.

지금까지 순차 검색을 기본으로 하여 색인을 이용하는 색인 순차 검색까지 살펴보았습니다. 검색의 기본 개념은 검색 키와 자료를 하나씩 비교하여 검색하였습니다. 다음에 살펴볼 이진 검색은 이러한 순차 검색과는 달리 값을 예측하여 검색하는 방법이 됩니다.

3. 이진 검색

이진 검색(binary search)은 **미리 정렬된 자료를 대상으로 검색 범위를 반으로 감소시켜 가면서 검색 키 를 찾는 검색 방법**입니다. 자료가 오름차순으로 정렬되었다고 가정해 봅시다. 그러면 이진 검색 은 가운데에 있는 자료의 키 값을 비교하여 찾으려는 자료보다 작으면 왼쪽으로 이동하고, 크 면 오른쪽으로 이동합니다. 물론 이동한 뒤에 다시 반씩 비교하는 이진 검색을 계속 실행합니 다. 언제까지 이렇게 할까요? 물론 찾으려는 자료를 찾을 때까지 합니다. 다만, 검색에 실패한 경우에 대한 처리는 필요합니다.

이진 검색은 이러한 분할과 비교 연산을 반복하여 검색 대상이 되는 자료를 찾습니다. 참고로, 여기서 이진(binary)은 검색 범위를 반씩 감소시키기 때문에 붙여진 이름입니다. 경우에 따라 서는 이진 검색을 이분 검색이라고도 하며 검색 위치를 예측하여 검색하기 때문에 보간 검색 (interpolation search)의 한 종류로 분류합니다.

3.1 이진 검색의 예

이진 검색의 개념을 실제 예를 통해서 살펴보겠습니다. 앞서 순차 검색에서 사용했던 예제를 여기에서도 적용해 보겠습니다. 다음 그림과 같이 오름차순으로 정렬된 6개 자료 {10, 20, 50, 60, 70, 80}을 대상으로 이진 검색의 과정을 살펴보겠습니다.

10	20	50	60	70	80
0	1	2	3	4	5

그림 12-18 이진 검색의 대상 예

그림 12–18과 같이 오름차순으로 정렬된 6개 자료를 대상으로 키 값이 60인 자료를 이진 검색하는 과정은 다음과 같습니다. 앞서 설명한 바와 같이 이진 검색은 중간 위치에 있는 자료의 키 값을 비교하는 것부터 검색이 시작됩니다.

3.1.1 Step 1: 중간 위치 2

이진 검색은 검색 범위를 절반씩 줄여가는 검색 방법입니다. 절반을 줄이기 위해 먼저 검색 범위의 중간을 정해야 합니다. 따라서, 중간 위치를 구해야 하는데, 이 경우 시작 위치 0과 마지막 위치 5의 중간 위치를 구하면 됩니다. 다음과 같은 식을 통해 이진 검색에서 중간 위치를 구합니다.

$$\frac{\text{시작 위치} + \text{마지막 위치}}{2} = \frac{0+5}{2} = 2.5 \rightarrow 2$$

다만, 식의 결과 중간값이 소수 값이 나왔습니다. 이번 예에서는 모두 6개의 자료가 검색 대상이기 때문에 배열의 크기가 짝수일 때 중간값은 2.5와 같이 소수 값이 나옵니다. 이럴 경우 색인을 저장하는 변수는 보통 정수(integer) 형이기 때문에 정수 부분만을 취하게 됩니다. 즉, 이 예에서는 2.5에서 정수 부분인 2만을 택하여 중간 위치가 2가 됩니다.

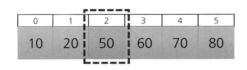

그림 12-19 Step-1. 중간 위치 2의 자료 50

따라서, **그림 12-19**에서 알 수 있듯이 중간 위치 2의 자료는 50이 됩니다. 그러면 다음 단계로 어떻게 해야 할까요? 중간 위치 자료 50과 내가 찾으려는 검색 키 값 60을 비교해야 합니다.

3.1.2 **Step 2: 중간 위치 2에 있는 자료 50과 검색 키의 비교**

중간 위치에 있는 자료는 키 값이 50이 됩니다. 반면, 검색 키 값은 60입니다. 당연히, 검색 키 값이 더 크기 때문에 계속 검색을 진행해야 합니다. 다만, 이 경우 검색 키 값이 더 크기 때문에 검색 대상 중에서 값이 더 큰 오른쪽으로 이동해야 할 것입니다.

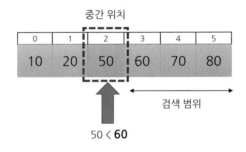

그림 12-20 Step-2. 중간 위치 자료 50과 검색 키 60의 비교

그림 12-20에서는 중간 위치 자료 50보다 검색 키 값 60이 더 크기 때문에 새로운 검색 범위로 중간 위치보다 오른쪽 범위가 선택되었다는 것을 알 수 있습니다. 그러면 이제 다시 새로운 중간 위치를 구하는 다음 단계로 넘어가게 됩니다.

3.1.3 **Step 3: 중간 위치 4**

앞 단계를 통해 새롭게 정의된 검색 범위는 위치 3부터 5까지입니다. 여기서 위치 3은 기존 중간 위치 2보다 한 칸 오른쪽이 됩니다. 그리고 위치 5는 검색 대상의 마지막 위치가 됩니다. 즉, 새로운 시작 위치는 3이 되고 새로운 마지막 위치는 5가 됩니다. 따라서, 새로운 중간 위치는 다음 식에 따라 4로 구해집니다.

$$\frac{\text{시작 위치 + 마지막 위치}}{2} = \frac{3+5}{2} = 4$$

따라서, 새로운 중간 위치는 4가 되어 중간 위치 자료의 값은 70이 됩니다.

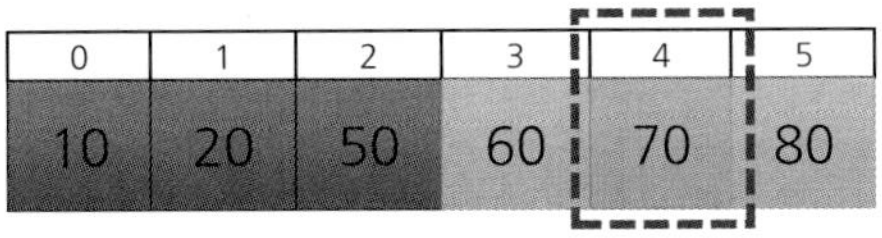

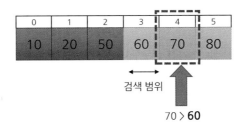

그림 12-21 Step-3. 중간 위치 4의 자료 70

3.1.4 Step 4: 중간 위치 4에 있는 자료 70과 검색 키의 비교

앞서 새로운 중간 위치에 있는 자료는 키 값이 70입니다. 반면, 검색 키 값은 60입니다. 검색 키 값이 중간 자료의 값보다 더 작기 때문에 계속 검색을 진행해야 합니다. 다만, 이 경우 검색 키 값이 더 작으므로 검색 대상 중에서 값이 더 작은 왼쪽으로 이동해야 할 것입니다.

그림 12-22 Step-4. 중간 위치 자료 70과 검색 키 60의 비교

그림 12-22에서는 중간 위치 자료 70보다 검색 키 값 60이 더 작기 때문에 새로운 검색 범위로 중간 위치보다 왼쪽 범위가 선택되었다는 것을 알 수 있습니다. 그러면 이제 다시 새로운 중간 위치를 구하는 다음 단계로 넘어가게 됩니다.

단, 이때 검색 범위가 배열 전체가 아니라 분할된 범위인 점에 주의해 주세요. 앞서 Step-3에서 검색 범위의 시작 위치가 3이었기 때문에 다음 단계로 넘어갈 때도 시작 위치는 3이 됩니다. 또한, 마지막 위치는 현재의 중간 위치 4보다 한 칸 더 왼쪽이어야 하기 때문에 3(=4-1)이 됩니다.

3.1.5 Step 5: 중간 위치 3

앞 단계에서 전달된 시작 위치는 3이며, 동시에 마지막 위치도 3입니다. 따라서, 앞에서 본 식에 따라 중간 위치는 3이 됩니다. 단, 여기서 주의할 점이 한가지 있습니다. 바로 시작 위치와 마지막 위치가 같다는 점입니다. 왜냐하면, 시작 위치와 마지막 위치가 같기 때문에 더 이상 추가로 이동하여 검색할 자료가 남지 않았다는 뜻이기 때문입니다.

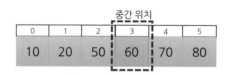

그림 **12-23** Step-5. 중간 위치 3의 자료 60

3.1.6 Step 6: 중간 위치 3에 있는 자료 60과 검색 키의 비교

앞서 새로운 중간 위치에 있는 자료는 키 값이 60입니다. 또한, 검색 키 값은 60입니다. 검색 키 값과 중간 자료의 값이 같기 때문에 이 경우는 검색이 성공하면서 끝나게 됩니다.

3.2 이진 검색이 실패로 끝난 예

앞의 예에서는 검색 결과가 성공한 것으로 이진 검색이 끝났습니다. 반면, 이진 검색에서 검색이 실패로 끝나는 경우는 어떤 경우일까요? 앞의 예에서 검색 키 값을 65로 바꿔서 생각하면 됩니다. 이 경우 Step-5까지는 검색 키가 60인 경우와 65인 경우가 똑같이 진행됩니다. 이 부분은 독자 여러분의 숙제로 남겨 두겠습니다. 정말로, 검색 키 60 대신 65로만 바꾸어서 진행하면 됩니다. 다만, Step-6에서 다음과 같이 달라집니다.

	검색이 성공으로 끝나는 경우	검색이 실패로 끝나는 경우
검색 키	60	60
마지막 남은 자료의 키 값	60	65
마지막 비교 연산 결과	같음	다름

Step-6에서 마지막 비교 연산을 합니다. 여기서 마지막 비교 연산이라고 하는 이유는 시작 위치와 마지막 위치가 같기 때문에 더 이상 검색 범위가 남지 않았기 때문입니다.

다만, 검색 키 값이 65인 경우라면 마지막 남은 자료의 키 값이 60이라서 마지막 비교 연산 결과가 '다름'으로 끝납니다. 물론, 더 이상 비교할 자료는 없습니다. 따라서, 검색 대상 자료 중에서는 키 값 65인 자료가 없으므로 검색 결과는 실패로 끝나게 됩니다. 즉, 이진 검색에서 검색이 실패한 경우는 마지막 남은 자료의 키 값이 검색 키 값과 다른 경우가 됩니다.

3.3 의사 코드

지금까지의 과정을 의사 코드로 정리하면 다음과 같습니다. 참고로 다음 알고리즘은 재귀 호출로 구현된 이진 검색 알고리즘입니다. 일단, 의사 코드에서 입력 파라미터는 검색 대상이 되는 자료의 배열인 values, 배열의 시작 위치 start, 마지막 위치 end, 검색 키 key가 됩니다. 이진 검색에서는 검색 범위를 1/2씩 줄여나가다가 마지막 남은 자료가 찾으려는 자료와 키 값이 같으면 성공한 것이고 다르면 실패한 경우가 됩니다.

재귀 호출에서 가장 중요한 점은 **종료 조건**이 있어야 한다는 점입니다. 다음 소스에서 종료 조건은 무엇인가요? 소스에서 'if (start <= end) {'부분이 바로 이 종료 조건에 해당합니다. 예를 들어, 검색에 실패한 경우라면, 즉 마지막 비교 연산이 같지 않다면 start > end의 상황이 되어 result의 값이 FAIL이 됩니다. 정말로 그러한지는 연습 문제에서 풀어보세요.

```
binarySearchRecursive(values, start, end, key)
{
    result ← FAIL

    if (start <= end) {
        middle ← (start + end) / 2
        if (key == values[middle]) {
            result ← middle
            break
        }
        else if (key < values[middle]) {
            result ← binarySearchRecursive (values, start, middle - 1, key)
        }
```

```
        else {
            result ← binarySearchRecursive (values, middle + 1, end, key)
        }
    }
    return result
}
```

앞서 중간 위치를 구하는 부분은 'middle ← (start + end) / 2'입니다. 그래서, 중간 위치에 있는 자료의 값을 검색 키 값과 비교하여 같다면 'if (key == values[middle]) {' 해당 위치를 반환합니다. 만약, 검색 키 값이 중간 위치의 값보다 작다면 'else if (key 〈 values[middle]) {' 왼쪽 범위를 검색합니다. 여기서 왼쪽 범위라고 하면 시작 위치가 start고 마지막 위치가 middle − 1입니다. 즉, 마지막 위치가 중간 위치보다 한 칸 왼쪽이라는 점에 주의해 주세요. 만약, 검색 키 값이 중간 위치 자료의 값보다 크다면 'else {' 오른쪽 범위를 검색합니다. 여기서 오른쪽 범위라고 하면 시작 위치가 middle + 1이고 마지막 위치가 end입니다. 즉, 시작 위치가 중간 위치보다 한 칸 오른쪽이라는 점에 주의해 주세요.

물론, 이렇게 검색 범위를 재설정한 다음 다시 자기 자신 binarySearchRecursive()를 호출합니다. 앞서 종료 조건이 start 〉 end가 되는 상황이라고 하였습니다. 앞서 검색 범위를 재설정하는 가운데 마지막 위치가 middle −1이 되거나 혹은 시작 위치가 middle + 1이 됩니다. 이러면서 middle −1의 값이 start보다 작거나 혹은 middle + 1의 값이 end보다 커진다면 검색이 실패한 경우가 됩니다.

❸.❹ 이진 검색의 구현

이제 앞서 설명한 이진 검색 알고리즘을 실제 구현된 소스를 통해 살펴보도록 하겠습니다. 앞서 의사 코드에서 설명된 내용이 다음 소스의 함수 binarySearchRecursive()로 어떻게 구현되었는지 살펴보겠습니다.

예제 12_03.c (1/2)

```
01    #include <stdio.h>
02
03    int binarySearchRecursive(int values[], int start, int end, int key)
```

```
04    {
05        int ret = -1;
06        int middle = 0;
07
08        if (start <= end) {
09            middle = (start + end) / 2;
10            if (key == values[middle]) {
11                ret = middle;
12            }
13            else if (key < values[middle]) {
14                ret = binarySearchRecursive(values, start, middle - 1, key);
15            }
16            else {
17                ret = binarySearchRecursive(values, middle + 1, end, key);
18            }
19        }
20
21        return ret;
22    }
```

순환으로 구현된 함수 binarySearchRecursive()는 검색에 성공하였을 때 검색된 자료의 위치를 반환합니다. 단, 검색에 실패하였다면 -1을 반환해야 하기 때문에 반환 변수 ret의 초깃값을 -1로 설정합니다(줄 05).

앞서 설명한 바와 같이 종료 조건을 점검하는 로직이 줄 08에 있습니다. 즉, 시작 위치 start 가 종료 위치 end보다 작거나 같아야 합니다. 다음으로, 중간 위치를 계산하는데(줄 09), 정수 (integer) 형이기 때문에 소수 자리는 무시합니다. 예를 들어, 중간값이 2.5면 소수점 이하는 생략되기 때문에 2가 됩니다.

이제 계산된 중간 위치에 있는 자료의 값과 검색 키 값을 비교하는 부분입니다. 만약, 중간 자료의 값과 검색 키 값이 같다면(줄 10), 검색이 성공한 경우가 됩니다. 다음으로, 검색 키 값이 중간 자료의 값보다 작다면 왼쪽 범위의 자료를 검색해야 합니다(줄 13~14). 반대로, 검색 키 값이 중간 자료의 값보다 크다면 오른쪽 범위의 자료를 검색합니다(줄16~17). 이렇게 구해진 결과 값을 줄 21에서 반환합니다.

이제 이렇게 구현된 이진 검색 함수 binarySearchRecursive()를 실제 호출하는 소스를 살펴보겠습니다. 다음 소스에서 오름차순으로 정렬된 자료 {10, 20, 50, 60, 70, 80}을 대상으로 검색 키 60, 65로 각각 검색합니다.

```
24    int main(int argc, const char * argv[]) {
25        int key = 0;
26        int index = 0;
27        int ascSortedArray[] = {10, 20, 50, 60, 70, 80};
28
29        key = 60;
30        index = binarySearchRecursive(ascSortedArray, 0, 5, key);
32            printf("키-%d,위치-%d\n", key, index);
33        }
34        else {
35            printf("키-%d,검색 실패\n", key);
36        }
37
38        key = 65;
39        index = binarySearchRecursive(ascSortedArray, 0, 5, key);
40        if (index >= 0) {
41            printf("키-%d,위치-%d\n", key, index);
42        }
43        else {
44            printf("키-%d,검색 실패\n", key);
45        }
46
47        return 0;
48    }
```

이 소스를 컴파일하여 실제 실행시킨 결과는 다음과 같습니다.

프로그램 12_03.exe의 실행 결과

키-60,위치-3
키-65,검색 실패

키 값 60으로 검색에 성공하여 검색 결과 위치가 3이라는 것을 알 수 있습니다. 물론, 키 값 65의 경우에는 −1이 반환되어 검색에 실패했다는 메시지를 출력해 주고 있습니다.

4. 이진 검색 트리

우리가 이 책에서 마지막으로 다루게 되는 자료구조는 이진 검색 트리(binary search tree)입니다. 이진 검색 트리의 핵심을 요약하면 검색을 위한 이진 트리가 됩니다. 이름에 검색이 들어갔기 때문에 당연히 이진 검색 트리를 사용하는 목적은 검색이라는 것을 예상할 수 있습니다.

혹시 독자 분들 중에서는 앞서 배운 이진 검색과 이진 검색 트리가 무슨 관련이 있는지 생각할 수 있습니다. 결론적으로 말하자면 관련성이 낮습니다. 먼저, 이진 검색은 검색 알고리즘의 하나입니다. 또한, 주로 정렬된 배열을 대상으로 하는 자료를 찾는 데 사용합니다.

표 12-1 이진 검색과 이진 검색 트리 비교

	이진 검색	이진 검색 트리
구분	알고리즘의 한 종류	자료구조의 한 종류
대상	정렬된 배열	이진 트리
공통점	검색	검색

반면, 이진 검색 트리는 이진 트리라는 자료구조의 한 종류입니다. 물론, 이렇게 제안된 이진 검색 트리를 검색을 위한 목적으로 주로 사용합니다. 다만, 이진 검색 트리를 이용하여 검색할 때에는 이진 검색 알고리즘을 직접 사용하기보다는 이진 검색 트리를 이용하는 별도의 알고리즘을 사용합니다. 따라서, 독자 여러분께서는 검색을 위한 목적으로 사용되는 이진 트리라고 해석하는 것이 이진 검색 트리의 이해에 더 도움이 됩니다.

예를 들어, 다음 그림과 같이 만들어진 이진 검색 트리가 있다고 가정하겠습니다. 이 트리에서 내가 찾고 싶은 검색 키 60이 있는지를 쉽게 찾아낼 수 있습니다. 이 책에서는 다음 그림과 같은 이진 검색 트리를 어떻게 만들고, 또 어떻게 사용할 수 있는지 자세히 살펴보겠습니다.

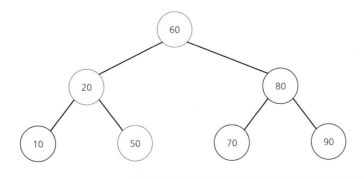

그림 12-24 이진 검색 트리의 예

책에 따라서는 이진 탐색 트리라고도 하는데 이 책에서는 '검색'이라는 용어를 Search라는 개념으로 계속 사용했기 때문에 일관성을 위해서 이진 검색 트리라고 하겠습니다.

이진 검색 트리는 효율적인 자료 검색을 목적으로 기존 이진 트리에 몇 가지 제약 사항을 추가했습니다. 이런 제약 사항으로 이진 검색 트리는 특정 키 값에 해당하는 노드를 신속하게 찾을 수 있게 됩니다. 이번 장에서는 효율적으로 자료를 검색할 수 있게 하는 이진 검색 트리의 구조와 이와 관련된 알고리즘을 알아보겠습니다.

4.1 이진 검색 트리의 개념

이진 검색 트리는 추가적인 제약 사항이 있는 이진 트리(binary tree)를 말합니다. 이진 트리는 앞서 9장에서 살펴본 것처럼 모든 자식 노드의 개수가 2개 이하인 트리를 말합니다. 자식 노드 개수가 2개 이하이므로 자식이 없거나 1개 혹은 2개가 있을 수 있습니다.

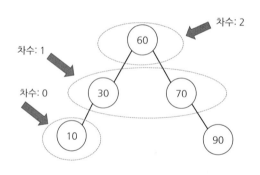

그림 **12-25** 이진 트리: 노드의 차수는 2

예를 들어, **그림 12-25**에서 트리의 모든 노드는 자식 노드 개수가 0개, 1개, 2개입니다. 그림에서 키 값 60을 가지는 루트 노드는 자식 노드가 왼쪽, 오른쪽 모두 2개입니다. 그 외의 내부 노드인 노드 30, 70은 각각 왼쪽 자식 노드와 오른쪽 자식 노드를 1개씩만 가지기 때문에 차수가 1이 됩니다. 마지막으로, 단말 노드인 노드 10과 90은 자식 노드가 없기 때문에 차수가 0이 됩니다.

참고로, 자식 노드가 2개 이하라는 것을 다른 말로 '노드의 차수가 2 이하'라고도 합니다. 왜냐하면, 앞서 9장에서 살펴보았듯이 노드의 차수란 노드가 가지는 자식 노드의 개수를 말하기 때문입니다.

이진 검색 트리는 이러한 이진 트리의 특성 이외에 다음 추가적인 특성을 만족하는 이진 트리를 말합니다.

이진 검색 트리의 제약 사항

1) 왼쪽 서브트리에 있는 모든 노드의 키는 루트의 키보다 작다.
2) 오른쪽 서브트리에 있는 모든 노드의 키는 루트의 키보다 크다.
3) 왼쪽 서브트리와 오른쪽 서브트리도 모두 이진 검색 트리이다.

먼저, 현재 노드를 기준으로 왼쪽 서브트리에 있는 모든 노드는 현재 노드의 키보다 작아야 합니다. 또한, 반대로 오른쪽 서브트리에 있는 모든 노드는 현재 노드의 키보다 커야 합니다. 다음 그림은 이러한 특성을 만족하는 이진 검색 트리의 예입니다.

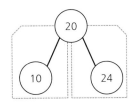

그림 **12-26** 이진 검색 트리의 예: 레벨이 2인 이진 검색 트리

그림 12-26의 트리는 레벨이 2인 가장 단순한 형태의 이진 검색 트리입니다. 루트 노드의 키 값은 20인데, 왼쪽 서브트리의 키 값은 10으로 루트 노드보다 작습니다. 또한, 오른쪽 서브트리의 키 값은 14로 루트 노드보다 큽니다. 따라서, **그림 12-26**의 이진 트리는 이진 검색 트리의 조건을 만족합니다.

만약, 다음 그림과 같은 이진 트리가 있다면, 이진 검색 트리가 될까요?

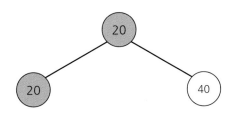

그림 **12-27** 이진 검색 트리가 아닌 예: 중복된 키

그림 12-27에서 루트 노드의 키 값이 20인데, 왼쪽 서브트리의 키 값 또한 20입니다. 즉, 왼쪽 서브트리의 키 값이 루트 노드보다 작지 않습니다. 따라서, 예제의 이진 트리는 이진 검색 트리가 될 수 없습니다.

다음으로, 이진 검색 트리가 되려면 각 노드의 왼쪽 서브트리와 오른쪽 서브트리도 모두 이진 검색 트리여야 합니다. 앞서 9장에서 이진 트리의 각 노드를 루트 노드로 하는 서브트리를 만들면 어떻게 되는지 혹시 기억나세요?

이진 트리에서 이렇게 만들어진 서브트리 역시 이진 트리입니다. 마찬가지로, 이진 검색 트리의 아무 노드를 루트 노드로 선택하여 서브트리를 만들면 이렇게 만들어진 서브트리 역시 이진 검색 트리가 됩니다. 앞서 살펴본 간단한 예를 조금 더 확대해서 레벨이 3인 이진 검색 트리를 만들어서 정말 그러한지 살펴보겠습니다.

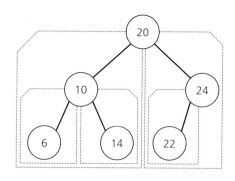

그림 12-28 이진 검색 트리의 예: 레벨이 3인 이진 검색 트리

그림 12-28에서 루트 노드의 키 값은 20입니다. 루트 노드의 왼쪽 서브트리의 키 값들은 6, 10, 14입니다. 이들 모두 루트 노드의 값인 30보다 작습니다. 반면, 루트 노드의 오른쪽 서브트리의 키 값은 22, 24로 모두 루트 노드보다 큽니다. 왼쪽 서브트리는 모든 노드는 루트 노드의 키 값보다 작고 오른쪽 서브트리의 모든 노드는 루트 노드의 키 값보다 크기 때문에 이진 검색 트리의 제약 사항을 모두 만족합니다.

이제 레벨 2의 노드들을 살펴볼까요? 먼저 노드 10을 기준으로 살펴보면 노드 10의 왼쪽 서브트리의 키 값은 6으로 20보다 작습니다. 또한, 노드 10의 오른쪽 서브트리의 키 값은 14로, 10보다 큽니다. 마지막으로, 노드 24를 기준으로 살펴보겠습니다. 노드 24의 왼쪽 서브트리는 키 값이 22로 24보다 작습니다. 노드 24의 오른쪽 서브트리는 없기 때문에 제약 사항을 점검할 필요가 없습니다. 따라서, 레벨 2의 노드들도 이진 검색 트리의 모든 조건을 만족하기 때문에 이진 검색 트리의 서브트리도 이진 검색 트리가 된다는 것을 확인할 수 있습니다.

4.2 이진 검색 트리의 추상 자료형

이제 이러한 이진 검색 트리를 이용하여 어떤 연산이 가능한지 이진 검색 트리의 추상 자료형을 정리해 보겠습니다. 앞서 9장의 이진 트리와 비교해 보면 오히려 연산의 개수가 감소했다는 것을 알 수 있습니다. 왜냐하면, 검색이 주요 목적이기 때문에 이진 트리에서처럼 왼쪽 자식 트리로 추가하기 혹은 오른쪽 자식 트리로 추가하기 등의 세부 연산이 필요 없기 때문입니다. 단순히 자료만 추가하거나 혹은 제거하는 연산만 있어도 충분합니다. 단, 앞의 이진 검색 트리의 제약 사항을 만족하도록 자료를 추가 하거나 제거해야만 합니다.

표 12-2 이진 검색 트리의 추상 자료형

이름		Input	Output	설명
이진 검색 트리 생성	createBinSearchTree( )	–	이진 검색 트리	이진 검색 트리를 생성
자료 추가	insertData( )	이진 검색 트리 bst 키 key 값 value	성공 여부	새로운 노드를 추가
자료 제거	deleteData( )	이진 검색 트리 bst 키 key	성공 여부	기존 노드를 제거
자료 검색	search( )	이진 검색 트리 bst 키 key	트리 노드	검색 키에 해당하는 노드를 반환
이진 트리 삭제	deleteBinSearchTree( )	이진 검색 트리 bst	N/A	이진 검색 트리를 삭제(메모리 해제)

아울러, 이진 검색 트리는 자료의 검색이 일차적인 목적이기 때문에 자료를 검색하는 search( ) 연산이 기본적으로 필요합니다. 아울러 이진 검색 트리에 새로운 자료를 추가 insertData( ) 하거나, 기존 자료를 제거 deleteData( ) 할 수 있어야 합니다. 물론, 당연히 이진 검색 트리를 만들거나 혹은 사용이 끝난 이진 검색 트리를 제거하는 연산인 createBinTree( ), deleteBinSearchTree( )도 제공되어야 하겠습니다.

이진 검색 트리는 구현 방법에 따라 배열을 이용하는 경우와 포인터를 이용하는 두 가지 경우로 나눌 수 있습니다. 여기서는 포인터를 이용하여 이진 검색 트리를 구현하겠습니다. 앞서 이 야기한 연산을 하나씩 살펴보면서 이진 검색 트리에 대해 공부해 보겠습니다.

4.3 이진 검색 트리에서의 검색 연산

앞서 살펴본 바와 같이 이진 검색 트리의 모든 서브트리에 대해서 왼쪽 서브트리의 모든 키 값 이 현재 노드의 키 값보다 작습니다. 또한, 오른쪽 서브트리의 모든 키 값이 현재 노드의 키 값보다 큽니다. 이러한 이진 검색 트리의 특성에 따라 이진 검색 트리의 모든 노드는 유일한 키 값을 가지게 됩니다.

이러한 제약 조건으로 키 값이 저장된 이진 검색 트리를 대상으로 검색하는 경우를 생각해 볼 까요? 입력 파라미터로 전달되는 것은 '키'가 됩니다. 이진 검색 트리의 검색 연산은 루트 노드 를 시작으로 이 검색 키(key) 값으로 단계마다 다음 3가지 연산을 실행하면 됩니다.

> ① '검색 키' 값과 '현재 노드의 키' 값이 같은 경우: 검색 종료(성공)
>
> ② '검색 키' 값이 '현재 노드의 키' 값보다 작은 경우: 왼쪽 서브트리로 이동
>
> ③ '검색 키' 값이 '현재 노드의 키' 값보다 큰 경우: 오른쪽 서브트리로 이동

검색 키 값과 현재 노드의 키 값이 같다면(①) 원하는 노드를 찾은 경우입니다. 따라서, 검색 이 성공으로 끝나게 됩니다. 그렇지 않다면 검색 키 값이 현재 노드의 키 값보다 작은지 점검 합니다.

만약, 검색 키 값이 현재 노드의 키 값보다 더 작다면 위의 ②번 경우에 해당하므로 왼쪽 서브 트리로 이동합니다. 이러한 방식은 앞서 살펴본 이진 검색과 비슷해 보입니다. 다만, 이진 검색 에서는 시작과 종료 범위를 구한 다음, 중간 위치로 이동하는 것이 핵심이었다면 이진 검색 트 리에서는 왼쪽 서브트리의 루트 노드로 이동한다는 것이 다릅니다.

그런데 검색 키 값이 현재 노드의 키 값보다 크다면 어떻게 되나요? 이 경우는 위의 ③번 경우 에 해당하므로 현재 노드의 오른쪽 서브트리로 이동합니다.

이진 검색 트리에서의 검색은 결국 이진 검색 트리가 가지는 구조적 특성을 활용한 알고리즘 이라는 것을 알 수 있습니다. 현재 노드의 값보다 검색 키 값이 작다면 왼쪽 서브트리로, 현재

노드의 값보다 검색 키 값이 크다면 오른쪽 서브트리로 이동하는 것이 핵심입니다. 지금까지
의 알고리즘을 의사 코드(pseudo code)로 정리하면 다음과 같습니다.

```
search( tree, key ) {
    result ← tree->pRootNode

    while(result != NULL) {
        if (key == result ->key) {
            break
        }
        else if (key < result ->key) {
            result = result ->pLeftChild
        }
        else {
            result = result ->pRightChild
        }
    }

    return result
}
```

4.3.1 검색 성공의 예

위의 알고리즘을 적용하여, 다음 그림과 같은 이진 검색 트리를 대상으로 키 값이 50인 노드
를 찾는 경우를 살펴보겠습니다.

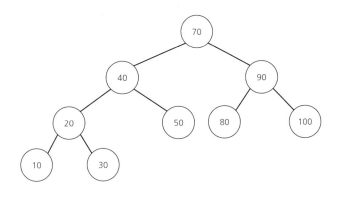

그림 12-29 이진 검색 트리의 예

먼저 루트 노드를 현재 노드로 하여 검색을 시작합니다. 그러면 검색 키 50이 현재 노드의 키 값이 70보다 작습니다. 따라서, 왼쪽 서브트리로 이동합니다. 다음 그림에서 50 (검색 키) 〈 70 (현재 노드의 키) 이기 때문에, 왼쪽 서브트리로 이동한다는 것을 확인할 수 있습니다.

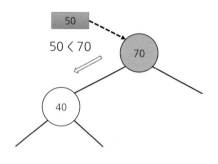

그림 12-30 1단계. 루트 노드 70과 비교: 왼쪽 서브트리로 이동

이제 왼쪽 서브트리로 이동하여 새로운 현재 노드는 키 값이 40이 되었습니다. 검색 키 값 50이 현재 노드 키 값 40보다 큽니다. 따라서, 이번에는 오른쪽 서브트리로 이동합니다.

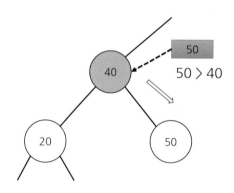

그림 12-31 2단계. 노드 40과 비교: 오른쪽 서브트리로 이동

앞의 이동으로 새로운 현재 노드는 키 값이 50입니다. 입력 키 값과 같기 때문에 검색 대상 찾기에 성공한 것으로 검색이 끝나게 됩니다.

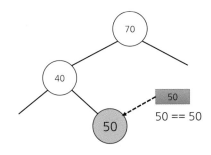

그림 12-32 3단계. 노드 50과 비교: 검색 성공

지금까지의 검색 과정을 표로 정리하면 다음과 같습니다.

표 12-3 검색 키 50의 검색 과정

단계	'현재 노드'의 키 값	키 값 비교	결과
1	70 (루트 노드)	50 〈 70	왼쪽 서브트리로 이동
2	40	50 〉 40	오른쪽 서브트리로 이동
3	50	50 == 50	키 값의 발견 (성공으로 종료)

4.3.2 검색 실패의 예

위의 예는 검색 키 값 50을 대상으로 하는 검색 과정입니다. 만약, 찾으려는 키 값이 55라면 어떻게 될까요? 앞서 살펴본 표에서 검색 키 값으로 55를 대신 대입해 보면 2단계까지는 같습니다.

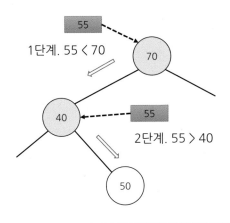

그림 12-33 1~2단계. 검색키가 55인 경우

다만, 3단계에서 키 값 비교(55 > 50)에 따라 오른쪽 서브트리로 이동하려 할 것입니다. 왜냐하면, 검색키 55가 현재 노드 50보다 크기 때문입니다.

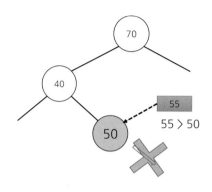

그림 **12-34** 3단계. 검색키가 55인 경우 노드 50과 비교: 검색 실패

하지만, 노드 50은 단말 노드이기 때문에 더 이동할 자식 노드가 없습니다. 따라서, 이 단계에서 검색 실패로 종료하게 됩니다. 이를 정리하면 다음의 표와 같습니다.

표 **12-4** 검색 키 55의 검색 과정

단계	'현재 노드'의 키 값	키 값 비교	결과
1	70 (루트 노드)	55 < 70	왼쪽 서브트리로 이동
2	40	55 > 40	오른쪽 서브트리로 이동
3	50	55 > 50	오른쪽 서브트리 없음 (실패로 종료)

4.4 이진 검색 트리에서의 추가 연산

이진 검색 트리에서 새로운 노드를 추가하는 연산은 크게 다음과 같이 2단계로 이루어집니다.

　① 적절한 삽입 위치 찾기: 부모 노드 찾기

　② 앞단계에서 찾은 위치에 새로운 노드 추가하기

먼저 이진 검색 트리에 새로운 노드를 추가할 적절한 위치를 찾아야 합니다. 여기서 말하는 적절한 위치란 이진 검색 트리의 제약 사항을 만족하는 위치를 말합니다. 앞서 살펴본 것처럼 이진 검색 트리는 현재 노드보다 키 값이 작은 노드는 왼쪽 서브트리에 있어야 하고 키 값이 큰 노드는 오른쪽 서브트리에 있어야 합니다. 따라서, 이러한 제약 조건을 만족하도록 적절한 부모 노드를 찾아야 합니다.

그런데 이러한 적절한 추가 위치를 찾는 가장 손쉬운 방법은 앞서 살펴보았던 검색 연산을 이용하는 것입니다. 추가하려는 자료의 키 값으로 검색 연산을 수행했을 때 검색이 실패로 끝난 바로 그 지점이 새로운 노드를 추가해야 하는 지점이기 때문입니다. 검색이 실패로 끝났기 때문에 현재 노드는 NULL이고(없음) 부모 노드만 존재하는 상태입니다.

만약, 추가하려는 자료의 키 값이 부모 노드보다 큰 경우는 오른쪽 자식 노드로 추가하며, 반대로 부모 노드보다 키 값이 작은 경우는 왼쪽 자식 노드로 추가하면 됩니다. 이러한 이진 검색 트리에서의 추가 연산 과정을 간단한 예를 통해 살펴보겠습니다.

4.4.1 빈 트리에 추가할 경우의 예: 키 값 70

막 생성되어 기존에 아무 노드가 없는 이진 검색 트리에 새로운 키 값 70을 가지는 노드를 삽입한다고 가정해 보겠습니다. 그러면 비교 대상이 없기 때문에 자연스럽게 최상위 루트 노드로 새로운 노드가 추가됩니다. 그 결과 아마도 다음 그림과 같이 이진 검색 트리가 변경될 것입니다.

그림 12-35 빈 이진 검색 트리에 새로운 노드를 추가한 경우

그림 12-35는 키 값 70을 가지는 새로운 노드가 루트 노드로 추가된 결과를 보여주고 있습니다.

4.4.2 왼쪽 자식 노드로 추가하는 예: 키 값 40

이제 앞의 이진 검색 트리에 키 값 40을 가지는 새로운 노드를 추가한다고 가정해 보겠습니다. 그러면 앞서 설명처럼 적절한 삽입 위치를 찾기 위해 먼저 키 값 40을 가지고 검색 연산을 실행해보면 됩니다.

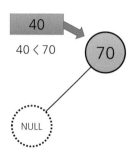

그림 **12-36** 왼쪽 자식 노드로 새로운 노드를 추가하는 예: 키 값 40으로 위치 찾기

그러면 먼저 루트 노드부터 시작하여 검색 연산을 실시합니다. 즉, 새로 추가하는 자료의 키 값 40과 루트 노드의 키 값 70을 비교합니다. 검색 키 값이 현재 노드보다 작으니까 왼쪽 자식 노드로 이동해야 합니다. 그런데 현재 노드 70의 왼쪽 자식 노드가 NULL이기 때문에 여기서 검색이 실패로 끝납니다. 즉, 새로운 자료를 삽입하기에 적합한 위치를 찾은 것입니다.

그러면 다음 단계로 해당 위치에 새로운 노드 40을 추가합니다. 그 결과 다음 그림과 같이 이진 검색 트리가 변경될 것입니다.

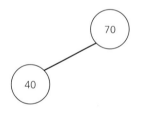

그림 **12-37** 왼쪽 자식 노드로 새로운 노드를 추가하는 예: 키 값 40

여기서 주의할 점은 마지막 현재 노드가 NULL인 바로 그 지점이 새로운 노드가 추가될 위치라는 것입니다. 또한, 바로 직전 단계에서 현재 노드보다 키 값이 작아서 왼쪽 자식 노드가 되었다는 점도 주의해 주세요. 왜냐하면, 바로 다음으로 오른쪽 자식 노드로 새로운 노드를 추가하는 예를 살펴볼 것이기 때문입니다.

4.4.3 오른쪽 자식 노드로 추가하는 예: 키 값 90

이제 앞서 살펴본 이진 검색 트리에 키 값 90을 가지는 새로운 노드를 추가한다고 가정해 보겠습니다. 그러면 앞서 설명에서처럼 적절한 삽입 위치를 찾기 위해 먼저 키 값 90을 가지고 검색 연산을 실행해보면 됩니다.

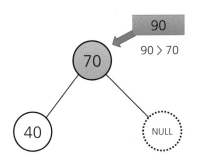

그림 12-38 오른쪽 자식 노드로 새로운 노드를 추가하는 예: 키 값 90으로 위치 찾기

그러면 먼저 루트 노드부터 시작하여 '검색' 연산을 합니다. 즉, 새로 추가하는 자료의 키 값 90과 루트 노드의 키 값 70을 비교합니다. 검색 키 값이 현재 노드보다 크니까 오른쪽 자식 노드로 이동해야 합니다. 그런데 현재 노드 70의 오른쪽 자식 노드가 NULL이기 때문에 여기서 검색이 실패로 끝납니다. 즉, 새로운 자료를 삽입하기에 적합한 위치를 찾은 것입니다.

그러면 다음 단계로 해당 위치에 새로운 노드 90을 추가합니다. 그 결과 다음 그림과 같이 이진 검색 트리가 변경될 것입니다.

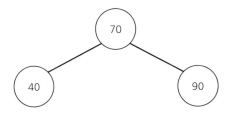

그림 12-39 오른쪽 자식 노드로 새로운 노드를 추가하는 예: 키 값 90

여기서 주의할 점은 마지막 현재 노드가 NULL인 바로 그 지점이 새로운 노드가 추가될 위치라는 것입니다. 또한, 바로 직전 단계에서 현재 노드보다 키 값이 커서 오른쪽 자식 노드가 되었다는 점도 주의해 주세요.

이제 제거 연산으로 가기 전에 지금까지 배웠던 추가 연산을 정리하는 차원에서 다음의 경우를 살펴보겠습니다. 만약, **그림 12-40**과 같은 이진 검색 트리에 키 값 30을 가지는 노드를 추가 한다고 가정해 보겠습니다. 추가한 결과, 이진 검색 트리가 어떻게 변화될까요? 답을 보기 전에 독자 여러분이 스스로 한 번 풀어보기 바랍니다.

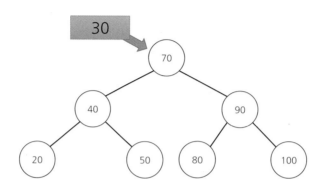

그림 12-40 새로운 노드를 추가하는 예: 키 값 30

이진 검색 트리에 키 값 30을 가지는 노드를 추가하면 아마도 다음 그림과 같은 과정을 거칠 것입니다.

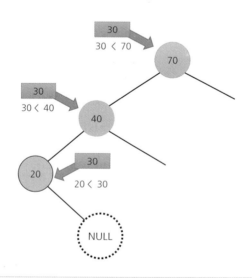

그림 12-41 새로운 노드를 추가하는 과정: 키 값 30으로 검색 연산 수행

그림 12-41을 보면 루트 노드 70부터 시작하여 키 값 30으로 검색 연산을 수행합니다. 그러면 70보다는 값이 작아서 왼쪽 자식 노드로 이동합니다. 그러면 이제 왼쪽 자식 노드의 키 값 40

과 비교를 합니다. 검색 키 값 30이 40보다 더 작기 때문에 왼쪽 자식 노드로 이동합니다. 그러면 노드 20과 비교해야 하는데, 검색 키 값 30이 20보다 크기 때문에 이번에는 오른쪽 자식 노드로 이동합니다.

그런데 노드 20의 오른쪽 자식 노드는 없기 때문에(NULL이기 때문에) 검색은 여기서 실패합니다. 따라서, 이렇게 검색이 실패한 이 자리에 새로운 노드 30을 추가합니다. 즉, 부모 노드 20의 오른쪽 자식 노드로 노드 30이 추가됩니다. 이렇게 만들어지는 이진 검색 트리는 최종적으로 다음과 같습니다.

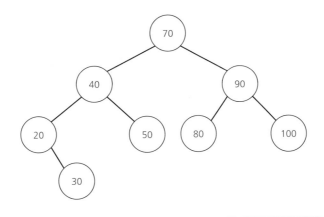

그림 **12-42** 새로운 노드의 추가 결과: 키 값 30

이진 검색 트리에서 새로운 노드를 추가하는 연산을 정리해 보자면, 먼저 검색 연산을 합니다. 그래서, 검색이 실패로 끝난 바로 그 빈 위치에 새로운 노드를 추가합니다.

이제 다음으로 이진 검색 트리에서 기존에 있던 자료를 삭제하는 연산에 대해서 살펴보겠습니다.

4.5 이진 검색 트리에서의 제거 연산

이제 마지막으로 이진 검색 트리 연산 중에서 로직이 가장 복잡한 제거 연산에 대해서 살펴보겠습니다. 이진 검색 트리에서 기존 노드를 제거하기 위해서는 먼저 키 값으로 검색을 실행하여 제거하려는 대상 노드를 찾아야 합니다. 이렇게 제거 대상을 찾은 연산은 앞의 검색 연산과 같습니다. 물론, 제거하려는 해당 노드를 찾지 못했다면 제거 연산은 실패하게 됩니다.

제거할 노드를 찾았다고 하면 제거할 노드의 자식 노드 수에 따라 다음 세 가지 경우로 나누어집니다. 왜냐하면, 제거하려는 노드가 자식 노드를 가진 부모 노드라면 자식 노드에 대한 처리가 필요하기 때문입니다.

　　① 제거하려는 노드의 자식 노드가 없는 경우(단말 노드인 경우)

　　② 제거하려는 노드의 자식 노드가 1개인 경우

　　③ 제거하려는 노드의 자식 노드가 2개인 경우

4.5.1 Case-1. 제거하려는 노드의 자식 노드가 없는 경우

가장 단순한 경우로, 제거하려는 노드에 자식 노드가 없는 경우입니다. 이 경우에는 제거하려는 노드가 단말 노드이기 때문에 단순히 노드를 제거하기만 하면 됩니다. 그리고 제거 노드를 가리키는 부모 노드의 연결(link)을 NULL로 설정합니다. 예를 들어, 앞서 제시된 이진 검색 트리에서 키 값 30으로 제거 연산을 실행하는 예를 살펴보겠습니다.

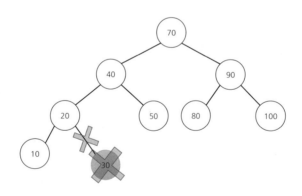

그림 12-43 단말 노드의 제거: 키 값 30

그림 12-43에서 알 수 있듯이, 키 값 30을 가지는 노드는 자식 노드가 없는 단말 노드입니다. 따라서, 먼저 제거 대상 노드인 노드 30을 메모리 해제합니다. 그리고 노드 30의 부모 노드인 노드 20의 해당 링크를 제거하면 됩니다.

4.5.2 **Case-2. 제거하려는 노드의 자식 노드가 1개인 경우**

다음으로, 제거하려는 노드의 자식 노드가 1개 있는 경우를 생각해 보겠습니다. 이때는 제거 대상 노드를 제거하고 나서 추가적인 처리가 필요합니다. 왜냐하면, 제거될 노드에 자식 노드 가 있기 때문입니다. 제거 대상 노드를 제거한다고 해서 자식 노드까지 제거해서는 안 되기 때 문입니다.

여기서 말하는 추가적인 처리란 제거 노드의 자식 노드를 제거 노드의 위치에 이동시켜 주는 것입니다. 자식 노드가 제거된 노드의 역할을 대신하는 것이 됩니다. 이러한 과정을 조금 더 자세히 말씀드리자면 제거 노드의 자식 노드가 제거 노드의 부모 노드의 새로운 자식 노드가 되는 것입니다. 조금 복잡하다고요? 다음 그림을 가지고 이러한 처리를 살펴보도록 하겠습니 다. 그림에서 키 값이 20인 노드가 제거 대상이 됩니다.

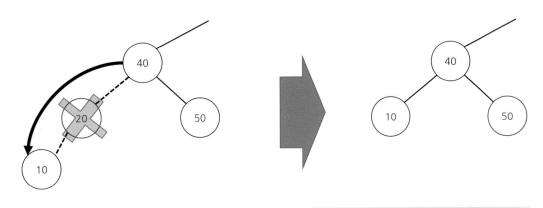

그림 12-44 자식 노드가 1개인 노드의 제거: 키 값 20

그림 12-44의 왼쪽 그림에서 알 수 있듯이 키 값 20을 가지는 노드는 자식 노드가 1개인 노드 입니다. 먼저, 이 노드 20의 부모 노드인 노드 40을 봐주세요. 그리고 노드 20의 유일한 자식 노드인 노드 10을 봐주세요.

노드 20이 제거된다고 했을 때 제거되는 노드 20의 부모 노드인 '노드 40'의 새로운 왼쪽 자식 노드로 제거되는 노드 20의 자식 노드인 '노드 10'이 설정됩니다. 손자 노드가 새로운 자식 노 드가 되는 것입니다. 오른쪽 그림은 이러한 추가 처리 후 최종적으로 재구성된 이진 검색 트리 를 보여주고 있습니다.

4.5.3 Case-3. 제거하려는 노드의 자식 노드가 2개인 경우

이진 검색 트리의 제거 연산 중에서 가장 복잡한 경우가 남았습니다. 바로, 제거하려는 노드의 자식 노드가 2개인 경우입니다. 이 경우는 단순히 제거 노드의 자식 노드 중 하나를 부모노드의 새로운 자식 노드로 설정해서는 안 됩니다. 일단 다음 그림과 같은 이진 검색 트리에서 자식 노드가 2개인 '노드 70'을 제거하는 경우를 생각해 보겠습니다.

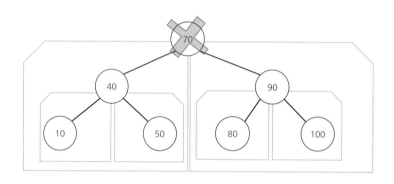

그림 12-45 자식 노드가 2개인 노드의 제거: 키 값 70

그림 12-45와 같은 이진 검색 트리에서 노드 70이 제거되고 노드 70의 서브트리 중 한 노드가 제거되는 노드 70을 대체한다고 생각해보겠습니다. 그러면 이 새로운 노드는 이진 검색 트리의 특성을 만족해야 합니다. 즉, 왼쪽 서브트리의 모든 노드 키 값보다는 커야 하고 오른쪽 서브트리의 모든 노드 키 값보다는 작아야 합니다.

따라서, 이런 조건을 만족하려면 서브트리 노드 키 값의 중간이 되는 노드이어야 합니다. 다음 **그림 12-46**과 같이 1) 왼쪽 서브트리의 가장 큰 키 값을 가지는 노드와 2) 오른쪽 서브트리의 가장 작은 키 값을 가지는 노드가 제거 노드의 대체 노드로 가능합니다.

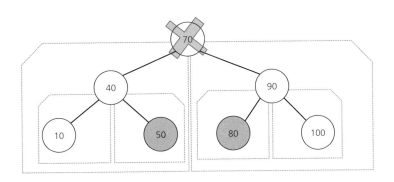

그림 12-46 제거 노드 70의 대체 노드: 노드 50 혹은 노드 80

그림 12-46에서 알 수 있듯이, 이진 검색 트리에서 제거되는 노드 70의 자리를 대체할 수 있는 노드는 왼쪽 서브트리의 가장 큰 키 값을 가지는 노드 50 혹은 오른쪽 서브트리의 가장 작은 키 값을 가지는 노드 80입니다.

2가지 대안 중 어느 것을 선택하여도 상관없지만, 이 책에서는 왼쪽 서브트리의 가장 큰 키 값을 가지는 노드를 대체 노드로 선택하겠습니다. 이 그림에서는 노드 50이 되겠습니다. 즉, 노드 70을 제거한 후 노드 50이 이를 대체합니다. 이러한 과정을 그림으로 나타내면 다음과 같습니다.

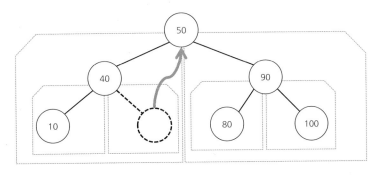

그림 12-47 노드 50이 제거 노드를 대체함

그림 12-47에서 기존 제거 노드를 대신하여 노드 50이 새로운 루트 노드가 되었다는 것을 보여주고 있습니다. 자 여기까지 해서 자식 노드가 2개인 노드에 대한 제거 연산을 끝내고 싶은데, 문제가 아직 마무리되지 못했습니다. 어떤 이유로 해서 마무리되지 못했는지 다음 그림을 먼저 살펴봐 주시기 바랍니다.

먼저, 다음 그림은 노드 70이 제거되면서 노드 50이 이를 대체하는 과정을 보여줍니다. 그런데 이런 대체 과정 이후에 이진 검색 트리의 중간에 빈 곳이 생겼습니다. 즉, 대체된 노드가 이동되면서 대체 노드의 기존 자식 노드 때문에 문제가 발생한 것입니다. 대체 노드의 기존 자식 노드는 자신의 부모 노드가 제거되면서 부모 노드가 없어져 버렸기 때문입니다.

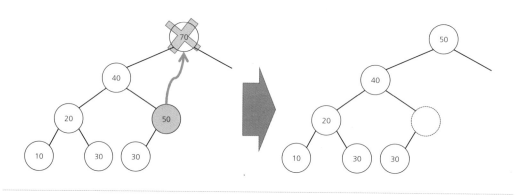

그림 12-48 문제 상황: 노드 30의 부모 노드가 없음

여기서 대체 노드(노드 50)에 대해 한가지 짚고 넘어가야 할 중요한 특징이 있습니다. 바로 대체 노드에는 오른쪽 자식 노드가 존재하지 않는다는 점입니다. 왜냐하면, 오른쪽 자식 노드가 있다면 오른쪽 자식 노드의 키 값이 대체되는 노드의 키 값보다 크기 때문에 앞서 왼쪽 트리에서 가장 큰 키 값을 가지는 노드라는 조건에 위배가 됩니다. 따라서, 이 경우 왼쪽 서브트리의 가장 큰 키 값을 가지는 노드의 오른쪽 자식 노드는 없습니다. 그림에서 노드 50에는 오른쪽 자식 노드가 있을 수 없습니다.

그렇다면, 왼쪽 자식 노드는 있을 수 있을까요? 왼쪽 자식 노드의 키 값은 현재 노드의 키 값보다 작으므로 왼쪽 자식 노드는 존재할 수 있습니다. 노드 30이 대체되는 노드 50의 왼쪽 자식 노드가 됩니다. 따라서, 이 경우 왼쪽 자식 노드인 노드 30을 기존 노드 50의 위치로 이동시켜 주어야 합니다. 다음 그림은 바로 이러한 과정을 보여주고 있습니다.

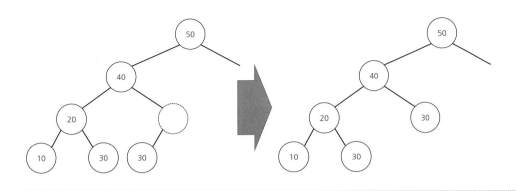

그림 12-49 문제 상황 해결: 노드 30의 이동

정리해 보겠습니다. 자식 노드가 2개인 노드를 제거할 경우 왼쪽 서브트리의 가장 큰 키 값을 가지는 노드와 오른쪽 서브트리의 가장 작은 키 값을 가지는 노드가 제거 노드의 대체 노드로 가능합니다. 이 책에서는 이 중에서 왼쪽 서브트리의 가장 큰 노드를 대체 노드로 선택하였습니다. 단, 이 대체 노드의 왼쪽 자식 노드가 있다면 왼쪽 자식 노드를 대체 노드의 위치로 이동시켜 주어야 합니다.

이제 실제 소스를 살펴보면서 앞서 설명한 이진 검색 트리의 여러 연산이 실제로 어떻게 구현되는지를 살펴보겠습니다.

4.6 이진 검색 트리의 구현

4.6.1 이진 검색 트리의 구조

먼저, 이진 검색 트리에 대한 구조체부터 볼까요? 구조체 BinSearchTreeNode는 이진 검색 트리의 노드를, 그리고 구조체 BinSearchTree는 이진 검색 트리 자체를 나타냅니다. 이진 검색 트리의 노드를 나타내는 구조체 BinSearchTreeNode는 키(key), 저장되는 자료(data), 왼쪽 자식 노드 포인터 pLeftChild, 오른쪽 자식 노드 포인터 pRightChild로 이루어져 있습니다. 여기서 특별히 키와 저장되는 자료를 2개 구분해서 검색 키와는 별개로 다양한 타입의 자료가 저장될 수 있도록 하였습니다.

```
001   #include <stdio.h>
002   #include <stdlib.h>
003
004   typedef struct BinSearchTreeNodeType
005   {
006       int     key;
007       char    value;
008
009       struct BinSearchTreeNodeType* pLeftChild;
010       struct BinSearchTreeNodeType* pRightChild;
011   } BinSearchTreeNode;
012
013   typedef struct BinSearchTreeType
014   {
015       BinSearchTreeNode *pRootNode;
016   } BinSearchTree;
```

다음으로, 이진 검색 트리를 나타내는 구조체 BinSearchTree는 멤버 변수로 루트 노드 포인터 pRootNode 하나로 이루어져 있습니다.

4.6.2 이진 검색 트리의 생성

다음으로, 이진 검색 트리를 만드는 함수 createBinSearchTree()를 살펴볼까요? 기존의 다른 자료구조에 대한 생성 함수와 마찬가지로, 메모리 할당과 검증으로 구성되어 있습니다. 특별히 어려운 부분이 없어서 자세한 설명은 생략하겠습니다.

```
018   BinSearchTree* createBinSearchTree( )
019   {
020       BinSearchTree *pReturn = NULL;
021       pReturn = (BinSearchTree *)malloc(sizeof(BinSearchTree));
022       if (pReturn != NULL) {
023           pReturn->pRootNode = NULL;
024       }
025       else {
```

```
026             printf("오류, 메모리 할당,createBinSearchTree( )\n");
027     }
028
029     return pReturn;
030 }
```

4.6.3 이진 검색 트리에서의 검색 연산

이진 검색 트리에서 검색 키로 해당 노드를 찾는 검색 연산에 대해서 살펴보겠습니다. 함수 searchBST()가 바로 이러한 검색 기능을 구현한 함수에 해당합니다. 여기서 BST는 이진 검색 트리(Binary Search Tree)의 약어에 해당합니다. 아울러, 이 함수는 반복 호출로 자료를 찾는 방식으로 구현하였습니다.

예제 12_04.c (3/13)

```
032 BinSearchTreeNode* searchBST(BinSearchTree* pBinSearchTree, int key)
033 {
034     BinSearchTreeNode* pReturn = NULL;
035
036     if (pBinSearchTree == NULL) {          // 이진 검색 트리가 NULL인지 유효성 점검
037         return NULL;
038     }
039     pReturn = pBinSearchTree->pRootNode;   // 루트 노드가 시작 노드
040     while(pReturn != NULL) {               // 종료 조건 조사: 더 남은 노드가 없음
041         if (key == pReturn->key) {         // 검색 키로 자료를 찾은 경우
042             break;
043         }
044         else if (key < pReturn->key) {     // 검색 키가 현재 키보다 작은 경우
045             pReturn = pReturn->pLeftChild;
046         }
047         else {                             // 검색 키가 현재 키보다 큰 경우
048             pReturn = pReturn->pRightChild;
049         }
050     }
051
052     return pReturn;
053 }
```

루트 노드를 시작으로 검색을 실시합니다(줄 40). 그리고 더 이상 남은 노드가 없을 때까지 (NULL을 만날 때까지) 루프를 돕니다(줄 40). 만약, 검색 키로 원하는 자료를 못 찾으면서 NULL 노드를 만났다는 것은 검색이 실패한 경우입니다.

현재 노드의 키와 검색 키를 비교하는데, 만약, 검색 키와 현재 노드의 검색 키가 같다면 검색이 성공한 경우입니다(줄 41). 단, 검색 키가 현재 노드의 키 값보다 작다면 왼쪽 서브트리로 검색을 계속합니다(줄 45). 그렇지 않다면 검색 키 값이 현재 노드의 키 값보다 큰 경우가 되겠지요? 이 경우라면, 오른쪽 서브트리로 계속 검색할 수 있도록 합니다(줄 48).

결국, 함수에서 while 반복문을 빠져나오는 경우는 줄 41~43에 의해 검색 키를 찾은 경우거나 혹은 줄 40에 의해 이진 검색 트리 전체에서 찾지 못한 경우가 됩니다. 만약, 찾았다면 해당 노드의 주소가 pReturn으로 반환될 것이고 찾지 못했다면 NULL 값이 반환될 것입니다 (줄 52).

4.6.4 이진 검색 트리에서의 추가 연산

이진 검색 트리에 새로운 노드를 추가하는 함수 insertDataBST()의 소스는 다음과 같습니다. 입력 파라미터로 이진 검색 트리 pBinSearchTree, 검색 키 key, 저장하는 자료 value를 전달받습니다. 만약, 새로운 자료의 추가가 실패했다면 0을, 성공했다면 1을 반환합니다.

예제 12_04.c (6/13)

```
117    int insertDataBST(BinSearchTree* pBinSearchTree, int key, char value)
118    {
119        int ret = 1;
120        BinSearchTreeNode* pParentNode = NULL;
121        BinSearchTreeNode* pNewNode = NULL;
122
123        if (pBinSearchTree == NULL) {        // 유효성 점검: NULL이 전달되었는지 점검
124            ret = 0;
125            return ret;
126        }
127
128        ret = getParentNode( pBinSearchTree->pRootNode, key, &pParentNode);
```

```
129        if (0 == ret) {
130            return ret;
131        }
132
133        pNewNode = createNewBinSearchTreeNode(key, value);
134        if (NULL == pNewNode) {
135            return 0;
136        }
137
138        insertNewBinSearchTreeNode(pBinSearchTree, pParentNode, pNewNode);
139
140        return ret;
141    }
```

실제 가장 중요한 부분은 앞서 설명한 바와 같이 크게 두 부분으로 이루어집니다. 새로운 노드를 삽입할 위치를 찾는 부분(줄 128)과 실제로 새로운 노드를 추가하는 부분(줄 138) 말입니다. 단, 실제 구현 소스이기 때문에 두 부분이 더 추가되어 실제로는 모두 네 부분으로 이루어져 있습니다.

① 유효성 점검: NULL이 전달되었는지 확인(줄 123~126)

② 적절한 삽입 위치 찾기: 부모 노드 찾기 → 함수 getParentNode() 호출

③ 새로운 노드의 생성 → 함수 createNewBinSearchTreeNode() 호출

④ 앞서 찾은 위치에 새로운 노드 추가하기 → 함수 insertNewBinSearchTreeNode() 호출

이제 함수 insertDataBST() 내부에서 사용되는 함수들에 대해서 소스를 살펴보겠습니다. 줄 수를 보시면 알겠지만, 앞서 설명한 함수 insertDataBST()보다 먼저 있는 소스입니다. 다만, 설명의 편의상 먼저 소개했다는 점 양해 부탁합니다. 혹시, 소스의 순서가 혼란스런 분들은 프리렉 홈페이지에서 이번 절의 소스 파일을 내려받아서 참고해 주세요.

먼저, 자세히 살펴볼 함수는 적절한 삽입 위치를 찾는 함수 getParentNode()가 됩니다. 이 함수는 검색 키로 해당 자료를 찾는 함수 searchBST()와 기본 동작 방식은 같습니다. 다만, 반환해야 하는 값이 2가지입니다. 먼저, 검색 키로 해당 자료가 기존에 이미 있는지를 반환해야 합니다. 왜냐하면, 이미 존재하는 검색 키면 새로운 자료 추가에 실패해야 하기 때문입니다. 만

약, 기존에 존재하는 검색 키가 아니라면, 새로운 자료를 추가하기 적절한 위치인 '부모 노드'를 추가로 반환해야 합니다. 따라서, 다음 함수의 정의를 보면 반환 값의 타입이 int임을 알 수 있습니다. 만약, 기존에 이미 있는 검색 키이면 0을 반환하여 새로운 자료 추가에 실패하도록 합니다(줄 59~63).

반면, 검색 키로 검색이 실패한 경우라면(줄 58에서 while 문을 빠져나가는 경우) 1을 반환하여 새로운 자료 추가를 계속 진행해야 합니다. 다음 소스 줄 57에서 변수 ret의 값이 1로 초기화된 이유가 바로 이 때문입니다. 또한, 이렇게 성공을 반환하는 경우라면 추가로 새로운 노드를 추가할 적절한 위치에 해당하는 부모 노드를 반환해야 할 것입니다. 함수 getParentNode()에서 부모 노드를 반환할 목적으로 사용되는 것인 더블 포인터 타입으로 전달된 ppResult 입력 파라미터입니다.

예제 12_04.c (4/13)

```
055    int getParentNode(BinSearchTreeNode *pCurrentNode, int key,
                     BinSearchTreeNode **ppResult)
056    {
057        int ret = 1;
058        BinSearchTreeNode *pParentNode = NULL;
059
060        while(pCurrentNode != NULL) {
061            if (key == pCurrentNode->key) {
062                printf("오류,중복된 키-[%d],getParentNode( )\n", key);
063                ret = 0;
064                return ret;
065            }
066            else if (key < pCurrentNode->key) {
067                pParentNode = pCurrentNode;
068                pCurrentNode = pCurrentNode->pLeftChild;
069            }
070            else {
071                pParentNode = pCurrentNode;
072                pCurrentNode = pCurrentNode->pRightChild;
073            }
074        }
075        if (1 == ret) {
076            *ppResult = pParentNode;
```

```
077        }
078
079        return ret;
080    }
```

줄 67, 71을 보면, 자식 노드로 이동하기 전에 현재 노드 pCurrentNode를 부모 노드 pParentNode에 임시로 저장해 둔다는 것을 알 수 있습니다. 만약, 줄 60에 의해 현재 노드 pCurrentNode가 NULL이 되어 루프를 빠져나간다면 앞서 저장해둔 pParentNode의 값이 줄 76에서 더블 포인터에 의해 반환됩니다.

단, 줄 75에서 현재 오류가 발생하지 않은 상태인지 점검한다는 점도 주의해 주세요. 변수 ret 의 값이 0이라면 중복된 키가 존재하여 실패한 경우라서 부모 노드 값을 세팅해 줄 필요가 없기 때문입니다.

이제 남은 함수는 새로운 노드를 생성하는 함수 createNewBinSearchTreeNode()와 앞서 찾은 위치(부모 노드)에 새로운 노드를 추가하는 함수 insertNewBinSearchTreeNode()입니다. 먼저 함수 createNewBinSearchTreeNode()는 내부 로직이 그렇게 어렵지 않기 때문에 자세한 설명은 생략하겠습니다.

예제 12_04.c (5/13)

```
082    BinSearchTreeNode* createNewBinSearchTreeNode(int key, char value)
083    {
084        BinSearchTreeNode* pNewNode = NULL;
085
086        pNewNode = (BinSearchTreeNode *)malloc(sizeof(BinSearchTreeNode));
087        if (pNewNode != NULL) {
088            pNewNode->key = key;
089            pNewNode->value = value;
090            pNewNode->pLeftChild = NULL;
091            pNewNode->pRightChild = NULL;
092        }
093
094        return pNewNode;
095    }
096
```

```
097    void insertNewBinSearchTreeNode(BinSearchTree* pBinSearchTree,
          BinSearchTreeNode* pParentNode, BinSearchTreeNode* pNewNode)
098    {
099        if (pParentNode == NULL) {
100            pBinSearchTree->pRootNode = pNewNode;
101        }
102        else {
103            if (pNewNode->key < pParentNode->key) {
104                pParentNode->pLeftChild = pNewNode;
105            }
106            else {
107                pParentNode->pRightChild = pNewNode;
108            }
109        }
110    }
```

다음으로, 함수 insertNewBinSearchTreeNode()는 먼저 전달받은 부모 노드 pParentNode가 NULL인지 점검합니다(줄 99). 만약, 부모 노드 pParentNode가 NULL이라면, 이 경우는 이진 검색 트리 pBinSearchTree가 내용이 빈(Empty) 이진 검색 트리라는 뜻이 됩니다. 따라서, 이때에는 새로 추가하는 노드인 pNewNode를 이진 검색 트리 pBinSearchTree의 루트 노드로 설정해 줍니다(줄 100). 이런 경우라 아니라면, 부모 노드 pParentNode의 키와 자식 노드 pNewNode의 키를 비교하여 왼쪽 자식 노드로 추가하거나 혹은 오른쪽 자식 노드로 추가합니다(줄 103~108).

4.6.5 이진 검색 트리에서의 제거 연산

다음으로, 이진 검색 트리에서 검색 키 값으로 노드를 제거하는 함수 deleteDataBST()의 소스를 살펴보겠습니다. 함수 deleteDataBST()는 앞서 설명했던 것처럼 크게 두 부분으로 나누어집니다. 먼저는 제거 대상 노드를 찾는 부분 searchWithParentNodeBST()와 제거 대상 노드를 제거하는 부분(줄 257~265)입니다. 또한, 노드를 실제 제거하는 부분은 제거 대상 노드의 자식 노드가 0개인 경우 deleteNodeNoChild(), 제거 대상 노드의 자식 노드가 2개인 경우 deleteNodeTwoChildren(), 제거 대상 노드의 자식 노드가 1개인 경우 deleteNodeOneChild()로 나누어 처리합니다.

예제 12_04.c (11/13)

```
241   int deleteDataBST(BinSearchTree* pBinSearchTree, int key)
242   {
243       int ret = 1;
244       BinSearchTreeNode *pDelNode = NULL, *pParentNode = NULL;
245
246       if (pBinSearchTree == NULL) {
247           ret = 0;
248           return ret;
249       }
250       pDelNode = searchWithParentNodeBST(pBinSearchTree, key,
              &pParentNode);
251       if (pDelNode == NULL) {
252           printf("오류, 존재하지 않는 키-[%d],deleteDataBST( )\n", key);
253           ret = 0;
254           return ret;
255       }
256
257       if (pDelNode->pLeftChild == NULL && pDelNode->pRightChild == NULL) {
258           deleteNodeNoChild(pBinSearchTree, pParentNode, pDelNode);
259       }
260       else if (pDelNode->pLeftChild != NULL && pDelNode->pRightChild
            != NULL) {
261           deleteNodeTwoChildren(pBinSearchTree, pParentNode, pDelNode);
262       }
263       else {
264           deleteNodeOneChild(pBinSearchTree, pParentNode, pDelNode);
265       }
266
267       free( pDelNode );
268       return ret;
269   }
```

물론, 제일 마지막으로 이진 검색 트리에서 제거된 노드에 대해서 메모리를 해제하는 부분(줄 267)이 있습니다.

이제 함수 deleteDataBST( ) 내부에서 사용되는 함수들에 대해서 소스를 살펴보겠습니다. 줄 수를 보시면 알겠지만, 앞서 설명한 함수 deleteDataBST( )보다 먼저 있는 소스입니다. 다만,

설명의 편의상 먼저 소개했다는 점 양해 부탁합니다. 혹시, 소스의 순서가 혼란스런 분들은 프리렉 홈페이지에서 이번 절의 소스 파일을 내려받아서 참고해 주세요.

먼저 검색 키로 제거 대상 노드를 찾는 함수 searchWithParentNodeBST()에 대해 살펴보면 다음과 같습니다. 입력 파라미터로 전달받은 키 값 key를 이용하여 제거 대상 노드를 찾습니다. 다만, 이 함수도 반환되어야 하는 값이 제거 대상 노드뿐 아니라 제거 대상의 부모 노드도 있습니다.

따라서, 반환 값 자체는 제거 대상 노드에 대한 포인터가 되고 제거 대상 노드의 부모 노드에 대해서는 더블 포인터 ppParentNode를 이용하여 반환한다는 점에 주의해 주세요. 만약, 제거 대상 노드를 찾지 못했으며 연산을 중지합니다(줄 153~154). 물론, 이 경우라면 반환되는 **제거 대상 노드**는 NULL이 됩니다.

예제 12_04.c (7/13)

```
143    BinSearchTreeNode* searchWithParentNodeBST(BinSearchTree* pBinSearchTree,
       int key, BinSearchTreeNode** ppParentNode)
144    {
145        BinSearchTreeNode* pReturn = NULL;
146        BinSearchTreeNode* pParentNode = NULL;
147
148        if (pBinSearchTree == NULL) {
149            return NULL;
150        }
151        pReturn = pBinSearchTree->pRootNode;
152        while(pReturn != NULL) {
153            if (key == pReturn->key) {
154                break;
155            }
156            pParentNode = pReturn;
157
158            if (key < pReturn->key) {
159                pReturn = pReturn->pLeftChild;
160            }
161            else {
162                pReturn = pReturn->pRightChild;
163            }
164        }
```

```
165
166      if (NULL != ppParentNode) {
167          *ppParentNode = pParentNode;
168      }
169
170      return pReturn;
171  }
```

다음으로, 자식이 없는 노드를 삭제하는 함수 deleteNodeNoChild()를 살펴보겠습니다. 입력 파라미터로 삭제 대상 노드 pDelNode뿐 아니라 이 노드의 부모 노드인 pParentNode도 전달받습니다.

예제 12_04.c (8/13)

```
173  void deleteNodeNoChild(BinSearchTree* pBinSearchTree,
                BinSearchTreeNode* pParentNode, BinSearchTreeNode* pDelNode)
174  {
175      if (pParentNode != NULL) {
176          if (pParentNode->pLeftChild == pDelNode) {
177              pParentNode->pLeftChild = NULL;
178          }
179          else {
180              pParentNode->pRightChild = NULL;
181          }
182      }
183      else {
184          pBinSearchTree->pRootNode = NULL;
185      }
186  }
```

제거 대상 노드 pDelNode는 자식이 없기 때문에 자식 노드에 대해서는 처리할 필요가 없습니다. 다만, 부모 노드 pParentNode에 대해서는 추가적인 처리가 필요합니다. 왜냐하면, 이 부모 노드의 자식 노드인 pDelNode가 제거될 것이기 때문입니다.

부모 노드 pParentNode는 제거 대상 노드를 왼쪽 자식 노드 혹은 오른쪽 자식 노드로 가지고 있습니다. 따라서, 먼저 제거 대상 노드가 왼쪽 자식 노드 혹은 오른쪽 자식 노드인지 점검합니다. 만약, 부모 노드의 왼쪽 자식 노드라면 부모 노드의 왼쪽 자식 노드가 NULL이 되도록 초기화 합니다(줄 176~178). 그렇지 않다면(오른쪽 자식 노드라면) 부모 노드의 오른쪽 자식 노드에 NULL을 대입합니다(줄 180).

만약, 부모 노드가 NULL이라면 이 경우는 제거하려는 노드가 루트 노드인 경우입니다(줄 184). 이 경우에는 이진 검색 트리의 루트 노드 pBinSearchTree→pRootNode에 NULL을 대입합니다.

다음으로, 자식 노드가 1개인 노드를 제거하는 함수 deleteNodeOneChild()를 살펴보겠습니다. 여전히 입력 파라미터는 제거 대상 노드 pDelNode와 이 노드의 부모 노드인 pParentNode입니다.

예제 12_04.c (9/13)

```
188    void deleteNodeOneChild(BinSearchTree* pBinSearchTree,
                  BinSearchTreeNode* pParentNode, BinSearchTreeNode* pDelNode)
189    {
190        BinSearchTreeNode* pChildNode = NULL;
191
192        if (pDelNode->pLeftChild != NULL) {
193            pChildNode = pDelNode->pLeftChild;
194        }
195        else {
196            pChildNode = pDelNode->pRightChild;
197        }
198
199        if (pParentNode != NULL) {
200            if (pParentNode->pLeftChild == pDelNode) {
201                pParentNode->pLeftChild = pChildNode;
202            }
203            else {
204                pParentNode->pRightChild = pChildNode;
205            }
206        }
207        else {
208            pBinSearchTree->pRootNode = pChildNode;
209        }
210    }
```

제거 대상 노드 pDelNode는 자식이 1개 있기 때문에 이 자식 노드에 대해서 처리가 필요합니다. 왜냐하면, 이 자식 노드의 부모 노드인 pDelNode가 제거될 것이기 때문입니다.

따라서, 먼저 제거되는 노드 pDelNode가 왼쪽 자식 노드를 가지는지 아니면 오른쪽 자식 노드를 가지는지 점검합니다. 만약, 제거 노드가 왼쪽 자식 노드를 가지면 이 왼쪽 자식 노드가 자신의 대체 노드 pChildNode가 됩니다(줄 192~193). 그 외 경우라면(오른쪽 자식 노드를 가지면) 오른쪽 자식 노드가 제거 노드의 대체 노드가 됩니다(줄 196).

이제 제거되는 노드의 대체 노드를 찾았으므로 다음 단계로 대체 노드가 제거 노드를 대신하도록 변경해 줍니다. 즉, 제거 노드의 부모 노드가 pParentNode인데, 이 노드의 새로운 자식 노드로 바로 이 대체 노드가 되도록 바꿔 줍니다. 만약, 제거 노드가 왼쪽 자식 노드이면, 대체 노드가 부모 노드의 새로운 왼쪽 자식 노드가 되도록 합니다(줄 200~201). 그렇지 않다면 (제거 노드가 부모 노드의 오른쪽 자식 노드), 대체 노드가 부모 노드의 오른쪽 자식 노드가 되도록 설정합니다(줄 204).

물론, 부모 노드가 NULL이면, 이 경우는 루트 노드를 제거한 경우가 됩니다. 이때는 이진 검색 트리의 새로운 루트 노드로 대체 노드 pChildNode를 대입합니다(줄 208).

마지막으로, 자식 노드가 2개인 노드를 제거하는 함수 deleteNodeTwoChildren()을 살펴보겠습니다. 앞서 설명한 바와 함수 deleteNodeTwoChildren()은 먼저 제거 노드의 대체 노드를 찾습니다. 이러한 대체 노드로 여기서는 왼쪽 서브트리 중에서 가장 큰 키 값을 가지는 노드를 이용합니다. 이러한 개념을 앞서 살펴본 소스를 참고하여 그림을 그려보면 다음과 같습니다.

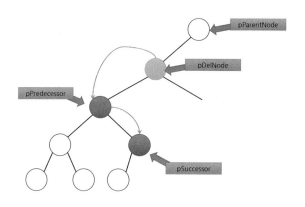

그림 12-50 자식 노드가 2개인 노드 pDelNode의 제거 전

그림 12-50에서 제거 대상 노드는 pDelNode이며 이 제거 대상 노드의 부모 노드는 pParentNode입니다. 그리고 제거 노드를 대신하는 대체 노드는 pSuccessor인데, 제거 대상 노드의 왼쪽 서브트리 중에서 가장 큰 키 값을 가지는 노드입니다. 이 노드들의 위치를 이 그림에서 확인할 수 있습니다.

그러면 pPredecessor 노드는 무엇인가요? 이 노드는 전임 노드로, 대체 노드의 바로 직전 노드에 해당합니다. 그러니까, 여기서는 대체 노드를 찾기 위해서 사용하는 일종의 임시 노드라고 보시면 됩니다. 이러한 배경 지식을 가지고 다음 소스를 한 번 살펴볼까요?

먼저, 다음 소스의 전반부인 줄 216~222까지는 대체 노드를 찾는 부분이 됩니다. 왼쪽 서브트리에서 가장 큰 키 값을 가지는 노드 찾기 위해 제거 노드의 왼쪽 자식 노드를 시작으로 왼쪽 서브트리의 오른쪽 자식 노드를 따라 계속 이동하는 부분입니다.

예제 12_04.c (10/13)

```
212    void deleteNodeTwoChildren(BinSearchTree* pBinSearchTree,
           BinSearchTreeNode* pParentNode, BinSearchTreeNode* pDelNode)
213    {
214        BinSearchTreeNode *pPredecessor = NULL, *pSuccessor = NULL;
215
216        pPredecessor = pDelNode;
217        pSuccessor = pDelNode->pLeftChild;
219        while(pSuccessor->pRightChild != NULL) {
```

> 216~217: 노드 초기화. 대체 노드 pSuccessor는 삭제 노드의 왼쪽 자식 노드로 초기화. 전임 노드 pPredecessor는 삭제 노드로 초기화

```
220            pPredecessor = pSuccessor;
221            pSuccessor = pSuccessor->pRightChild;
222        }
223    }
224    pPredecessor->pRightChild = pSuccessor->pLeftChild;
225    pSuccessor->pLeftChild = pDelNode->pLeftChild;
226    pSuccessor->pRightChild = pDelNode->pRightChild;
227
228    if (pParentNode != NULL) {
229        if (pParentNode->pLeftChild == pDelNode) {
230            pParentNode->pLeftChild = pSuccessor;
231        }
232        else {
233            pParentNode->pRightChild = pSuccessor;
234        }
235    }
236    else {
237        pBinSearchTree->pRootNode = pSuccessor;
238    }
239 }
```

> **219~222**: 왼쪽 서브트리에서 가장 큰 키 값을 가지는 노드 찾기. 왼쪽 서브트리의 오른쪽 자식 노드를 따라 계속 이동

> **224**: 대체 노드 pSuccessor의 자식 노드를 전임 노드 pPredecessor의 자식 노드로 변경

> **225~226**: 제거 노드 pDelNode의 자식 노드를 대체 노드 pSuccessor의 자식 노드로 변경

> **228~235**: 대체 노드 pSuccessor를 부모 노드 pParentNode'의 새로운 자식 노드로 설정

> **237**: 단, 부모 노드 pParentNode가 NULL이면 루트 노드가 제거되었다는 의미이기 때문에 대체 노드 pSuccessor를 이진 탐색 트리의 새로운 루트 노드로 설정

이제 그다음 단계는 앞 단계에서 찾은 대체 노드 pSuccessor 및 전임 노드 pPredecessor를 이용하여 제거 노드 pDelNode를 대체하는 부분입니다. 소스 줄 224~238까지의 내용을 그림으로 정리해 보면 다음과 같습니다. 대체 노드 pSuccessor가 제거 노드 pDelNode를 대신하여 부모 노드 pParentNode의 새로운 자식 노드가 되었습니다. 아울러, 대체 노드 pSuccessor의 자식 노드가 전임 노드 pPredecessor의 자식 노드로 변경되었습니다.

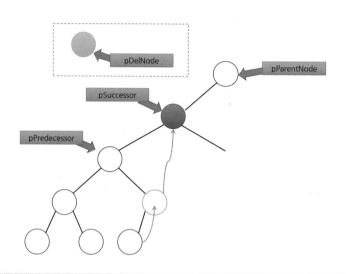

그림 12-51 자식 노드가 2개인 노드 pDelNode의 제거 후

줄 224 부분인 대체 노드 pSuccessor의 자식 노드를 전임 노드 pPredecessor의 자식 노드로 변경하는 부분입니다. 그리고서 제거 노드 pDelNode의 자식 노드를 대체 노드 pSuccessor의 자식 노드로 변경합니다(줄 225~226).

마지막으로, 줄 228~235에서 대체 노드 pSuccessor를 부모 노드 pParentNode의 새로운 자식 노드로 설정합니다. 즉, 제거된 노드가 부모 노드의 왼쪽 자식 노드 혹은 오른쪽 자식 노드였는지를 판단하여 해당 자식 노드로 지정해 줍니다. 단, 줄 237에서 추가로 부모 노드 pParentNode가 NULL인 경우를 처리해 주고 있습니다. 왜냐하면, 루트 노드가 제거되었다는 의미이기 때문에 대체 노드 pSuccessor를 이진 탐색 트리의 새로운 루트 노드로 설정합니다.

4.6.6 기타

순환적으로 트리 노드의 메모리를 해제하는 함수는 deleteBinSearchTreeInternal()입니다. 그리고 이러한 함수 deleteBinSearchTreeInternal()을 이용하여 이진 검색 트리를 제거하는 함수는 deleteBinSearchTree()입니다. 따라서, 함수 deleteBinSearchTree()는 먼저 루트 노드를 시작으로 하여 순환적으로 트리의 노드를 메모리 해제시킵니다. 물론, 이진 검색 트리의 노드에 대한 메모리 해제가 끝났으면, 트리 자신의 메모리를 해제시킵니다(줄 284).

```
271    void deleteBinSearchTreeInternal(BinSearchTreeNode* pTreeNode)
272    {
273        if (pTreeNode != NULL) {
274            deleteBinSearchTreeInternal(pTreeNode->pLeftChild);
275            deleteBinSearchTreeInternal(pTreeNode->pRightChild);
276            free(pTreeNode);
277        }
278    }
279
280    void deleteBinSearchTree(BinSearchTree* pBinSearchTree)
281    {
282        if (pBinSearchTree != NULL) {
283            deleteBinSearchTreeInternal(pBinSearchTree->pRootNode);
284            free(pBinSearchTree);
285        }
286    }
287
288    void displayBinSearchTree(BinSearchTreeNode *pTreeNode, int level, char type)
289    {
290        int i = 0;
291
292        if (pTreeNode != NULL) {
293            for (i = 0; i < level ; i++) {
294                printf("    ");
295            }
296
297            printf("-(%c)-key: %i,value-%c\n", type,
298                    pTreeNode->key, pTreeNode->value);
299
300            displayBinSearchTree(pTreeNode->pLeftChild, level + 1, 'L');
301            displayBinSearchTree(pTreeNode->pRightChild, level + 1, 'R');
302        }
303
304    }
```

추가로 함수 displayBinSearchTree()는 이진 검색 트리의 내부 내용을 전위 순회(Preorder Traversal) 방식에 따라 표현해 줍니다. 노드의 키와 저장된 자료뿐 아니라 왼쪽 자식 노드인 경우에는 L을, 오른쪽 자식 노드인 경우에는 R을 표시해 줍니다.

마지막으로, 앞서 구현한 소스를 이용하는 main() 함수는 10개의 노드를 이진 검색 트리에 삽입하고 이후 키 값 30으로 노드를 검색하는 것을 보여줍니다(줄 329). 또한, 키 값이 70인 기존 노드를 제거하고 실제 제거가 되었는지를 이진 검색 트리의 내용을 출력합니다(줄 339~340). 또한, 없는 키 값 35로 검색하여 검색 기능을 다시 확인합니다(줄 342).

예제 12_04.c (13/13)

```c
306   int main(int argc, char *argv[])
307   {
308       BinSearchTree *pTree = NULL;
309       BinSearchTreeNode *pSearchNode = NULL;
310       int key = 0;
311
312       pTree = createBinSearchTree();
313       if (pTree != NULL)
314       {
315           insertDataBST(pTree, 70, 'A');
316           insertDataBST(pTree, 40, 'B');
317           insertDataBST(pTree, 90, 'C');
318           insertDataBST(pTree, 20, 'D');
319           insertDataBST(pTree, 60, 'E');
320           insertDataBST(pTree, 80, 'F');
321           insertDataBST(pTree, 100, 'G');
322           insertDataBST(pTree, 10, 'H');
323           insertDataBST(pTree, 30, 'I');
324           insertDataBST(pTree, 50, 'J');
325           displayBinSearchTree(pTree->pRootNode, 0, '-');
326
327
328           key = 30;
329           pSearchNode = searchBST(pTree, key);
330           if (pSearchNode != NULL) {
331               printf("검색: 키-[%d],자료-[%c]발견하였습니다\n", key,
                       pSearchNode->value);
332           }
333           else {
334               printf("검색: 키-[%d],발견하지 못하였습니다\n", key);
```

```
335            }
336
337            key = 70;
338            printf("자료 제거: 키-[%d]\n", key);
339            deleteDataBST(pTree, key);
340            displayBinSearchTree(pTree->pRootNode, 0, '-');
341            key = 35;
342            pSearchNode = searchBST(pTree, key);
343            if (pSearchNode != NULL) {
344                printf("검색: 키-[%d],자료-[%c]발견하였습니다\n", key,
                       pSearchNode->value);
345            }
346            else {
347                printf("검색: 키-[%d],발견하지 못하였습니다\n", key);
348            }
349
350            deleteBinSearchTree(pTree);
351        }
352
353        return 0;
354    }
```

소스의 실제 내용을 실행한 결과는 다음과 같습니다. 처음에 자료 10개를 추가하여 생성된 이진 검색 트리의 내용을 보여줍니다. 그리고 키 값 30으로 검색이 성공했음을 알 수 있습니다.

프로그램 12_04.exe의 실행 결과

```
-(-)-key: 70,value-A
  -(L)-key: 40,value-B
    -(L)-key: 20,value-D
      -(L)-key: 10,value-H
      -(R)-key: 30,value-I
    -(R)-key: 60,value-E
      -(L)-key: 50,value-J
  -(R)-key: 90,value-C
    -(L)-key: 80,value-F
    -(R)-key: 100,value-G
검색: 키-[30],자료-[I]발견하였습니다
```

```
자료 제거: 키-[70]
-(-)-key: 60,value-E
  -(L)-key: 40,value-B
    -(L)-key: 20,value-D
      -(L)-key: 10,value-H
      -(R)-key: 30,value-I
    -(R)-key: 50,value-J
  -(R)-key: 90,value-C
    -(L)-key: 80,value-F
    -(R)-key: 100,value-G
검색: 키-[35],발견하지 못하였습니다
```

그리고 나서, 키 값 70으로 해당 노드를 제거한 다음의 이진 검색 트리를 보여 줍니다. 앞서 배웠던 알고리즘에 따라 이진 검색 트리가 재구성되는지 알 수 있습니다. 이후 검색 키 35로 검색을 시도했지만, 해당 검색 키가 이진 검색 트리에 없기 때문에 검색은 실패했습니다. 참고로, 앞서 텍스트로 표현된 이진 검색 트리의 내용을 그림으로 나타내면 다음과 같습니다.

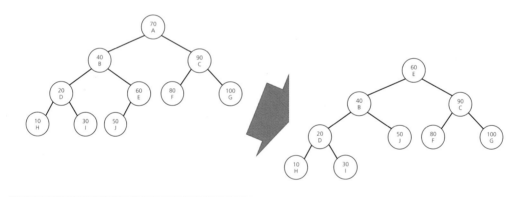

그림 12-52 노드 70을 제거하기 전, 후의 이진 검색 트리의 예

연습 문제

1. 다음과 같이 저장된 레코드를 대상으로 이진 검색을 이용해서 14를 찾을 경우 몇 번의 비교 연산을 실행하게 될까요?

> 1 → 2 → 3 → 4 → 5 → 6 → 7 → 8 → 9 → 10 → 11 → 12 → 13 → 14 → 15 → 16 → 17

2. 다음과 같은 자료들로 만들 수 있는 (1) 높이가 가장 낮은 이진 탐색 트리와 (2) 높이가 가장 높은 이진 탐색 트리를 그려보세요.

> 1   2   3   4   5   6   7   8   9   10   11   12   13   14   15

3. **문제 2에서 만들어진 '높이가 가장 낮은 이진 탐색 트리'에서 노드 8, 노드 9, 노드 7이** 차례로 제거되었다고 했을 때 최종적인 이진 탐색 트리를 그려보세요.

4. 다음 소스의 빈칸을 채워서 재귀 호출이 아니라 반복 호출로 이진 검색을 수행하는 함수 binarySearch()를 구현해 보세요. 함수 binarySearch()는 함수 binarySearchRecursive()와 마찬가지로 검색에 성공하였을 경우 검색된 자료의 위치를 반환하며, 검색에 실패하였다면 FAIL(-1)을 반환합니다.

```
27    int binarySearch(int value[], int start, int end, int key)
28    {
29        int ret = -1;
30        int tempStart = 0, tempEnd = 0;
31        int middle = 0;
32
```

```
33          tempStart = start;
34          tempEnd = end;
35          while (                    ) {
36
37              if (key == value[middle]) {
38                  ret = middle;
39                  break;
40              }
41              else if (key < value[middle]) {
42
43              }
44              else {
45
46              }
47          }
48
49          return ret;
50      }
```

찾아보기